Die Türkei

0
150
300 km
KASPISCHES MEER
GEORGIEN
Batumi
Tbilisi (Tiflis)
Samsun
Kirovakan
ARMENIEN
Trabzon
ASERBAIDSCHAN
Baku
Kura
Sivas
Erzurum
Erewan (Eriwan)
Elaziğ
Van-See
Malatya
Van
Diyarbakır
Tabriz (Täbris)
Şanlıurfa
Gaziantep
Orumiyeh
Orumieh (Urmia-See)
Rasht
Halab
Al-Mawsil (Mossul)
Kirkuk
IRAN
SYRIEN
IRAK
Hamadan
Bakhtaran
Baghdad
(Bagdad)
Tigris
Euphrates
SAUDI-ARABIEN
PERS. GOLF
Al-Kuwayt (Kuwait)

Udo Steinbach
Die Türkei im 20. Jahrhundert

Udo Steinbach

Die Türkei im 20. Jahrhundert

Schwieriger Partner Europas

Gustav Lübbe Verlag

Erläuterung zu Schreibweise und Aussprache

Für die Schreibweise von türkischen Begriffen, Eigennamen, Ortsbezeichnungen usw. wird die moderne türkische Orthographie verwendet. Besonderheiten der Aussprache ergeben sich bei folgenden Zeichen:

â/î	Längenzeichen
c	wie in »*Dsch*ungel«
ç	tsch wie »Ku*tsch*e«
ğ	Zäpfchen-r wie in »*R*inde«
h	immer konsonantischer Hauchlaut, nicht Dehnungszeichen
ı	für das »dumpfe« i
j	wie in französisch »*j*ournal«
r	stets Zungen-r
ş	wie in »*Sch*ande«
y	wie deutsches j
z	wie in »*S*and«

Osmanische Begriffe usw. werden so weit wie möglich in moderner türkischer Orthographie wiedergegeben.

Bildnachweis

Ullstein, Berlin: 4, 5, 6, 7, 8, 11, 12, 13, 14, 15, 16, 17, 18, 19, 20
Verlagsarchiv/HRF: 1, 2, 10
Hackenberg, Rainer, Köln: 9, 21
Archiv für Kunst und Geschichte, Berlin: 3
dpa, Frankfurt/M.: 22
Neubeck, v.; Dillingen/Do.: 23

Originalausgabe

Lektorat: Helmut Feller
Textredaktion und Zeittafel: Heike Rosbach, Nürnberg
Register: Gundula Krüger, Uelzen
Schutzumschlag: KOMBO KommunikationsDesign GmbH, Köln
Autorenfoto Schutzumschlag: Foto Schmidt
Satz: Bosbach & Siebel Print Media Concept, Lindlar
Druck und Einband: Friedrich Pustet, Regensburg

Printed in Germany
ISBN 3-7857-0828-9

3 2 1

Inhalt

Kein Volk ist uns optisch so nah; kaum ein Tag, an dem wir nicht in der einen oder anderen Weise einem Türken in Deutschland begegneten. Und doch bleiben sie uns fremd; fremder jedenfalls als Angehörige anderer Völker, die in Deutschland oder in unserer Nachbarschaft leben. Mit etwa zwei Millionen Menschen bilden sie die größte Gruppe von Ausländern oder Einwanderern bei uns.

Auch über die Türkei selbst weiß der durchschnittliche Deutsche wenig – trotz der großen Beliebtheit, deren sie sich bei vielen als Urlaubsland erfreut. Über viele Jahre schien dies auch entbehrlich, da von dem Land in den Medien nicht viel zu hören war. Als Mitglied der NATO waren die Türken ein treuer Verbündeter, dessen war man sich sicher, und damit konnte es sein Bewenden haben.

Das hat sich in den letzten Jahren geändert. Über die Türkei wird viel gesprochen und geschrieben. Dies aus einer Reihe von Gründen: Zum einen hält die türkische Führung noch immer daran fest, eines Tages Vollmitglied in der Europäischen Union zu werden. So versteht es sich von selbst, daß man sich in Europa diesen Kandidaten erst einmal gründlicher ansieht, fragt, wer er ist, und daß man seine Stärken und Schwächen abwägt, um am Ende eine Entscheidung zu treffen. Mitglied der EU zu werden setzt Standards voraus, um deren Erreichung jedes Land sich bemühen muß. Davon, daß die Türken »Europäer« sind, muß etwa ein Deutscher, der auch nur Minimalkenntnisse der Geschichte hat, erst einmal überzeugt werden. Von daher mag es einleuchten, daß die Masse der Berichte und Informationen über die Türkei hierzulande eher einen kritischen Tenor aufweist.

Zum anderen haben die weltpolitischen Veränderungen des letzten Jahrzehnts, in deren Mittelpunkt der Zusammenbruch der Sowjetunion und das Ende des Ost-West-Konflikts standen, der Türkei einen neuen Stellenwert von durchaus weltpolitischem

Zuschnitt gegeben. Das Land ist jetzt nicht mehr nur ein Wurmfortsatz Europas auf dem asiatischen Kontinent bzw. ein zwar treues, aber stets unterstützungsbedürftiges Mitglied des westlichen Verteidigungsbündnisses. Unter den neuen weltpolitischen Gegebenheiten liegt die Türkei an der Schnittstelle dreier geopolitischer Großräume mit jeweils eigener politischer und kultureller Dynamik: Europas, der mediterran-nahöstlichen Region und Zentralasiens. Das kompliziert die türkische Außenpolitik enorm, die sich mit einem Mal einer schwierigen Gemengelage von Konflikten und Herausforderungen gegenübersieht. Damit hat sich das Land von einem relativ passiven Mitläufer »westlicher« Politik in die Rolle eines Akteurs und Gestalters in seinem geographischen und politischen Umfeld verwandelt. Da wir aber, als Europäer wie als Deutsche, an dieser »Schnittstelle«, also auf dem Balkan, im Kaukasus und in Zentralasien sowie im Raum Mittelmeer/Naher Osten, enorme politische und wirtschaftliche Interessen haben, kann es uns nicht gleichgültig sein, ob und wie die Türkei mit ihrer neuen Rolle zurechtkommt bzw. nicht zurechtkommt.

Dies aber führt unmittelbar zum dritten Grund, aus dem heraus uns der Zustand der Türkei verstärkt interessieren muß. Zwei elementare Konfliktmomente, die die Nachbarn der Türkei erfaßt haben, machten auch vor diesem Land nicht halt: die Probleme des Zusammenlebens von Menschen unterschiedlicher ethnischer Zugehörigkeit und das Aufkommen eines islamischen »Fundamentalismus«, der die Gültigkeit eines an westlich-europäischen Werten orientierten Entwicklungsweges herausfordert. Das hätte man noch vor nicht allzulanger Zeit mit dem bekannten Zitat aus Goethes Faust: »Wenn hinten, weit, in der Türkei die Völker aufeinanderschlagen...« abtun können. Dann wäre es eine Aufgabe der Außenpolitik gewesen, Schadensbegrenzung zu betreiben, wie man das ja auch etwa im Falle Algeriens oder Ägyptens tut. Nur, die inneren Probleme der Türkei haben längst begonnen, auch innere Probleme hier bei uns zu werden. Wer hätte noch vor fünf Jahren gedacht, daß wir an einen Punkt kommen würden, an dem wir darüber nachdenken müssen, ob jeder »Türke« auch wirklich Türke ist oder ob wir ihn damit nicht verletzen, weil er eine andere Identität, die eines Kurden nämlich, in sich spürt. Der ethnische Konflikt zwischen Teilen der Kurden und dem türkischen Staat, der sich nach wie vor weigert, der Realität Rechnung zu tragen, daß ein erheblicher Teil des Staatsvolkes eben nicht Türken sind, wird bereits auf deutschem Boden ausgetragen. Er könnte sich in den nächsten Jahren zu einem dominierenden inneren Konflikt bei uns entwickeln, wenn es nicht gelingt, ihn in der Türkei mit politischen Mitteln zu lösen. Immerhin sind etwa ein Viertel der »Türken« bei uns Kurden.

Haben wir hier schon ein akutes Problem bei uns, so könnte die deutsche Gesellschaft mit dem anwachsenden islamischen Fundamentalismus in der Türkei künftig einem weiteren gegenüberstehen. Unübersehbar haben sich die Spannungen zwischen den Fundamentalisten und jenen, die an einer Ordnung festhalten, in der die Religion aus dem politischen und gesellschaftlichen Raum herausgehalten wird, verstärkt. Eine Verschärfung dieser Spannungen würde auch auf Deutschland übergreifen. Dies um so mehr, als sich die Ableger der türkischen Fundamentalisten hierzulande gut organisiert haben. Die Furcht geht um, daß Deutschland dann in einer Weise von einem Religionskonflikt betroffen wird, wie dies im Falle Frankreichs auf Grund seiner engen Verbundenheit mit Algerien bereits der Fall ist.

Dies alles hat die Türkei in den deutschen Medien, die noch vor wenigen Jahren über dortige Ereignisse ausschließlich von Athen aus berichteten, in die Schlagzeilen gebracht, im Guten wie im weniger Guten. Unter dem Strich aber geht von »der Türkei« für eine breite Öffentlichkeit eher etwas Beunruhigendes aus.

Dabei war das doch einmal anders gewesen. Die »deutsch-türkischen Beziehungen« standen für Völkerfreundschaft schlechthin. Ob das immer im vollen Wortsinn zu nehmen war, darüber wird in einem eigenen Kapitel etwas zu sagen sein. Tatsache ist, daß heute beide Seiten nur eine eingeschränkte Wahrnehmung voneinander haben. Denn auch auf der türkischen Seite hat sich seit den achtziger Jahren eine zunehmend kritische Sicht Deutschlands durchgesetzt, die sich nahezu ausschließlich an den negativen Aspekten der Situation türkischer Mitbürger in Deutschland festmacht. Wie von hier aus die Schlagworte »Menschenrechtsverletzungen« und »Kurdenfrage« hinüberhallen, so schallen von dort Vorwürfe wie »Ausländerfeindlichkeit« und »Rassismus« zurück. Dies führt nicht nur zu einer wachsenden Belastung der deutsch-türkischen Beziehungen, sondern auch zu Harthörigkeit auf türkischer Seite, wenn es um einen deutsch-türkischen Dialog über jene Probleme geht, die der deutschen Seite mit Blick auf die Türkei besonders am Herzen liegen. Vielmehr erschwert die anhaltende türkische Kritik an den »Zuständen« in der Bundesrepublik auch das Zusammenleben von Türken und Deutschen hierzulande.

Unbehagen und Beunruhigung in einer breiten Öffentlichkeit haben das Gefühl der Freundschaft in den Hintergrund treten lassen. An die Stelle der Erinnerung an die Waffenbrüderschaft während des Ersten Weltkrieges und an die großartige Geste der Gastfreundschaft, die die Türkei jenen Gelehrten und Künstlern gewährte, die während der Nazi-Herrschaft Verfolgung und Diskriminierung erleiden mußten, tritt eher die Wahrnehmung einer Bedrohung: Würde man nicht einer unkontrollierbaren Völkerflut und muslimischen Radikalen Tür und Tor öffnen, wenn man die Türkei in die Europäische Union (EU) aufnähme? Wäre das dann nicht definitiv das Ende einer gedeihlichen Integration der Türken in Deutschland, die schon jetzt angesichts der zivilisatorischen und kulturellen Unterschiede vielen schwierig oder gar unmöglich erscheint?

Wie gesagt: Unsere Wahrnehmung in bezug auf die Türkei ist inzwischen eingeschränkt. Deshalb versucht dieses Buch, den Blick wieder zu öffnen sowie ein umfassendes und differenziertes Bild des Landes zu präsentieren. Eines Landes und eines Volkes mit einer sehr langen Geschichte. Diese Geschichte hat Höhepunkte und Tiefen gehabt, hat in diesem Jahrhundert dramatische Wendungen genommen und ist während der letzten Jahrzehnte nicht aus der Geschichte Europas auszublenden.

Die weltpolitischen Entwicklungen der letzten Jahre geben der Türkei Anlaß und Chance, ihren Standort neu zu bestimmen. Dabei geht es nicht um ein Entweder-Oder: etwa um Europa – oder islamische Welt. Gerade in der Verschmelzung der verschiedenen Einflüsse und Kraftfelder, denen das Land heute ausgesetzt ist, könnte die Leistung der politischen und geistigen Elite der Türkei liegen. Eigentlich wäre sie von der Geschichte her darauf vorbereitet.

Fast zwangsläufig muß eine derart weitreichende Herausforderung zugleich innenpolitische Krisen und außenpolitische Irritationen hervorrufen. Auch traditionelle Bündnis- und Beziehungsgeflechte können auf den Prüfstand gestellt werden. Für Deutschland, dessen Interessen sich auf dem Balkan, im Mittleren Osten und in Zentralasien mit denen der Türkei berühren, gibt es heute, wie schon in der Vergangenheit, gute Gründe, freundschaftliche Beziehungen mit einer stabilen und selbstbewußten Türkei zu suchen, die die politischen Wertvorstellungen Europas teilt.

Die komplexe Gegenwart der Türkei im Lichte der Geschichte und mit vorsichtigem Blick auf die Zukunft darzulegen, darum geht es in diesem Buch. Es richtet sich mithin nicht an den Fachwissenschaftler, sondern an den breiten Kreis jener, die sich fragen, was es mit jenem Land und seinen Menschen wirklich auf sich hat, das uns – wie eingangs gesagt – so nahe ist wie kaum ein anderes. Die Schlagzeilen der Medien, die sich allein auf die krisenhaften Tatbestände konzentrieren, sollen in eine breitere Perspektive gestellt werden. Jenseits der Beunruhigung, die aus jenem Medienbild erwächst und die das Ergebnis einer verkürzten Wahrnehmung ist, soll die Perspektive einer Partnerschaft für die Zukunft erwachsen, die gerade den Deutschen einer erheblichen politischen, gesellschaftlichen, wirtschaftlichen und kulturellen Bemühung wert sein sollte.

Geschichte, Kultur und Geographie

Nicht zuletzt die Deutschen haben in ihrer vielhundertjährigen Geschichte erfahren, wie nachhaltig die geographische Lage das politische Schicksal eines Landes bestimmt. Dies gilt genauso für die Türkei: Die Lage am Bosporus macht sie zu einem Teil Asiens, aber auch Europas. Und nach dem Ende des Ost-West-Konflikts kommt ihr am Schnittpunkt von Europa, dem Mittelmeerraum und Nahen Osten sowie Zentralasien neue Bedeutung zu.

Geschichte hat eine prägende Wirkung. Auch die Türken können sich ihr nicht entziehen – vielleicht in Zukunft noch weniger als in den letzten Jahrzehnten. 1987 klopfte die Türkei an das Tor der Europäischen Gemeinschaft, indem Ankara einen Antrag auf Vollmitgliedschaft stellte. Viele Türken sahen diesen Schritt in geschichtlicher Dimension. Jahrhundertelang war das Osmanische Reich ein mächtiger Faktor europäischer Großmachtpolitik gewesen. Schon im 16. Jahrhundert war es für europäische Mächte ein Alliierter, den sie in der Auseinandersetzung mit europäischen Rivalen für sich zu gewinnen suchten. Und das Ende der Osmanen wurde dadurch hinausgezögert, daß sich die europäischen Mächte nicht darüber verständigen konnten, wie das Fell des Bären zu zerlegen wäre.

Schließlich die Kultur. Der Staatsgründer Mustafa Kemal Atatürk wollte das Land europäisieren. Und so war vielleicht der radikalste Teil seiner Revolution eine Kulturrevolution. Die neue Türkei sollte ein europäisches Gesicht haben – bis hin zur Kleidung ihrer Bürger. Doch wer sich heute die Türkei ansieht, erkennt, daß sich Kulturen nicht einfach ablegen und wechseln lassen wie Kleidungsstücke. Jahrhundertelang waren die Türken von der islamischen Kultur geprägt, und sie haben diese über Bosporus und Dardanellen nach Europa getragen. Wird die Frage nach der Vollmitgliedschaft der Türkei am Ende mit kulturellen und religiösen

Argumenten entschieden? Für viele Europäer sind die Türken nicht »europäisch« genug, ja, können sie keine Europäer sein, da sie als Muslime einer Religion und einem Kulturkreis angehören, die an der Entfaltung europäischer Kultur kaum Anteil hatten.

Geschichte, Kultur und Geographie sollen am Anfang dieser Darstellung der Türkei stehen. Nicht um ihrer selbst willen, sondern nur insoweit, als sie Bezugspunkte für die Entwicklung des Landes in den letzten Jahrzehnten bilden. Eine solche Betrachtungsweise erleichtert das Verständnis des Geschehenen und ermöglicht eine Standortbestimmung in einer sich rasch wandelnden Welt.

Spurensuche in der Geschichte: Der lange Weg nach Westen

Landnahme in Anatolien

Ende Oktober 1992 war Ankara Schauplatz eines historischen Ereignisses. Zum ersten Mal trafen sich die Staatsoberhäupter der Türkei und der soeben entstandenen fünf turksprachigen Staaten im Kaukasus und in Zentralasien. Die Führer fünf politischer Gebilde also, die es so in der Geschichte noch nicht gegeben hatte. Presse und Öffentlichkeit der Türkei waren bewegt, und die politische Führung war es auch. Wie bewegt, das spiegelte sich in einer Vision des damaligen türkischen Ministerpräsidenten Süleyman Demirel: Die Türkei, so sagte er, verstehe sich jetzt nicht mehr als ein Staat zwischen Bosporus und Iğdır (einer Provinz an der iranischen Grenze), sondern zwischen der Adriatischen See und der Chinesischen Mauer.[1] War Demirel über Nacht zum »Pantürkisten« geworden? Seit dem Ende des 19. Jahrhunderts hatten diese die politische Vereinigung aller Turkvölker zwischen dem Balkan und der – heute westchinesischen – Provinz Xinjiang gefordert. Gewiß wird man das dem Mann, der seit drei Jahrzehnten die Geschicke der Türkei mitbestimmt, nicht unterstellen dürfen. Was er aber in Erinnerung rief, war die Tatsache, daß die Heimat auch der Türken in Kleinasien eben jene fernen Teile Zentralasiens sind, aus denen einige der politischen Führer, die sich in Ankara zu der denkwürdigen Premiere versammelten, stammen.

Es ist gerade ziemlich genau ein Jahrtausend her, daß die ersten Türken ihren Fuß auf anatolisches Gebiet setzten und dieses zu besiedeln und bald zu beherrschen begannen. 1071 hatte sich bei der ostanatolischen Stadt Mantzikert in der Nähe des heutigen Van der byzantinische Kaiser Romanos IV. Diogenes einem Heer türkischer Seldschuken entgegengestellt. Diese hatten wenige Jahre zuvor (1055) in Bagdad, der Hauptstadt des islamischen Kalifats, die

Macht übernommen und setzten den Kampf gegen das christliche Reich von Byzanz fort. Der Sieg über den Kaiser öffnete das Tor nach Anatolien, an das die Türken, Seldschuken und Turkmenen, schon jahrzehntelang geklopft hatten. Erst vier Jahrhunderte später (1453) freilich sollte es dann den türkischen Osmanen gelingen, Byzanz, nach zähem Widerstand nunmehr zusammengeschrumpft auf das Gebiet der Stadt selbst, zu erobern.

Der Sieg von Mantzikert war nur eine weitere Station auf dem jahrhundertelangen Weg der Türken aus ihrer zentralasiatischen Heimat. Die Gebirgszüge Altai und Sajan an der sibirisch-mongolischen Grenze, Tienschan an der Grenze zwischen dem heutigen Turkistan und Chinesisch-Turkistan, Altyn Dag an der Nordwestgrenze Tibets und Schingan in Nordostchina bilden die Grenzen ihres Heimatgebietes.

Wie also gelangten die Turkstämme nach Kleinasien? »Turk« ist ein sehr alter Name. Zum ersten Mal wird er in chinesischen Chroniken des 6. Jahrhunderts als *T'u-küe* (modern: *Tuerqi*) erwähnt, mit denen Chronisten die in der Mongolei und im Altai nomadisierenden Stämme bezeichnen. Jedoch existierten Turkstämme und Turksprachen schon lange, bevor ihre Visitenkarte mit dem Namen »Turk« in den Annalen der Geschichte registriert wurde. Die Bedeutung des Wortes ist umstritten; viele halten es für eine Selbstbezeichnung – mit der Bedeutung von »stark« oder »mächtig«.[2]

Die Türkei-Türken sind europäischen Typs. Ihre Sprache aber weist nach Asien hin; die Turksprachen gehören zur altaischen Sprachgruppe. Die erste größere nomadische Vereinigung, an der Turkstämme beteiligt waren, entstand im 3. Jahrhundert vor unserer Zeitrechnung. Es war der Verband der Hunnen. Infolge von Eroberungen umfaßte der Staat der asiatischen Hunnen ein Territorium, das sich von Transbaikalien bis Tibet, von Mittelasien bis zum Fluß Huangho in China erstreckte. Den Kern dieses Hunnenverbandes bildeten mongolische Stämme; im Westen jedoch überwogen in ihm Turkvölker. Die – freilich relativ kurzlebigen – Reiche der Türken umfaßten wie das der asiatischen Hunnen das riesige Gebiet vom Huangho bis zum Kaspischen Meer und von Tibet bis zum Ural-Vorland. Vom 6. Jahrhundert an berichten über Turkvölker nicht mehr nur chinesische, sondern auch armenische, byzantinische und iranische Chroniken.

Die Türken machten zuerst im Raum zwischen Byzanz, Iran und China, nördlich der uralten Handelsstraßen, von sich reden. Im 6. Jahrhundert schwang sich im Norden Chinas ein Stammesverband von Türken, eben die *T'u-küe*, zur Großmacht Zentralasiens auf. 568 berichtete der byzantinische Gesandte Zemarchos dem Kaiser Justinos II. von einem türkischen Nomadenreich, das sich bis ans Schwarze Meer erstrecke. In diesem Jahr kam sogar ein Bündnis zwischen Byzanz und dem *Kaghan* (Fürsten) der Türken gegen Persien zustande. Das türkische Reich teilte sich schließlich in eine Ost- und eine Westhälfte, und es gelang der chinesischen Diplomatie, sich mit der einen zu verbünden und diese gegen die andere auszuspielen. Trotzdem mußten die Chinesen wiederholt Niederlagen durch die Türken einstecken, bis die türkischen Uiguren sich gegen ihre Stammesbrüder und Beherrscher erhoben und daraufhin die Chinesen 629/30 das türkische Ostreich unterwerfen konnten. Sein *Kaghan* mußte sich an den chinesischen Hof begeben, über eine Million Türken sollen als Sicherungsmaßnahme nach China umgesiedelt worden sein. Das Westreich bestand aber weiter, und auch das Ostreich konnte sich wieder befreien und dauerte bis 745 fort. Andere, zum Teil kurzlebige Reiche von Turkvölkern traten danach an ihre Stelle.

Die ersten schriftlichen Originalquellen des türkischen Volkes stammen aus den Jahren 731 und 734. Es sind eigenartige Stelen aus Stein an den Ufern des Flusses Orchon, südlich vom Baikal-See. Auf ihnen berichten zwei fürstliche Brüder, Bilgä Kaghan und Kültegin, von ihren Taten. Seit diese runenartigen Inschriften in den neunziger Jahren des 19. Jahrhunderts entziffert werden konnten, wissen wir mehr über das soziale Gefüge eines Volkes, das bereits den Namen »Türk« führt, noch nicht ganz seßhaft ist und von mächtigen »Führern« *(Bäg)* und einem selbstbewußten Fürsten *(Kaghan)* regiert wird. Es verehrt die Götter der Höhe und der Tiefe und über allem den Himmel, personifiziert als *Tängri*. Der Zauberpriester, der Schamane, hat die Macht, die bösen Geister unter der Erde zu bannen und den Segen der gutgesinnten zu beschwören.

Ein Selbstbewußtsein, wie man es auch heute noch von Türken zu vernehmen glaubt, klingt da schon an: »Als oben der blaue Himmel und unten die Erde erschaffen wurden, wurden zwischen diesen beiden die menschlichen Wesen geschaffen. Über die menschlichen Wesen wurden meine Vorfahren … zu Herrschern. Nachdem sie Herrscher geworden waren, organisierten und regierten sie den Staat und die Einrichtungen des türkischen Volkes. In allen vier Himmelsrichtungen hatten sie Feinde. Sie marschierten mit ihren Armeen und eroberten die Völker in allen vier Richtungen und machten sie zu Untertanen. Sie veranlaßten die stolzen Feinde, sich zu verbeugen, und die Mächtigen, in die Knie zu fallen.«[3]

Chinesische Chronisten haben eine ganze Reihe von Legenden der Turkvölker über deren Herkunft aufgezeichnet. So auch die Sage vom »grauen Wolf«, jenem mythischen Symbol, das heute vor allem wieder von den Türken politisch instrumentalisiert wird, die von der politischen Vereinigung aller Turkvölker zwischen der Türkei und Zentralasien, der Urheimat der Türken, träumen. Dieser genealogische Mythos ähnelt ein wenig der Sage von Romulus und Remus, den von einer Wölfin gesäugten Begründern Roms: Einst vernichteten Feinde einen ganzen Stamm. Der einzig Überlebende war ein zehnjähriger Knabe, den eine Wölfin vor dem Hungertod rettete, indem sie ihm Fleisch brachte. Als dieser herangewachsen war, gebar ihm die Wölfin in den Bergen des Altai zehn Söhne. Diese holten sich dann Frauen aus Turfan, und diesen Ehen entsprossen der Sage zufolge die ersten Turkstämmigen.

Über das tägliche Leben wissen wir wenig. Einen lebhaften Reflex vom Leben jener frühen Zeiten in der Steppe, das sich ja auch kaum von dem jener unterschieden haben mag, die weiter als Nomaden lebten, dürfen wir aber wohl aus einer Sammlung von Erzählungen entnehmen, die sich um den Dede Korkut, einen heiligen und weisen Mann, gruppieren. Lebensinhalt der Männer ist der Krieg. Eine typische Geschichte ist etwa die von Egrek, dem Sohn Uschun Kodschas: »In der Zeit der Oghusen lebte ein Mann namens Uschun Kodscha, der zwei Söhne besaß … Als er nun, mein Chan, eines Tages dasaß und die Bege seine Wichtigkeit spüren ließ, sprach zu ihm ein junger Oghuse namens Ters Usamisch: ›O Sohn Uschun Kodschas, jeder einzelne der Bege, die hier sitzen, hat sich seinen Platz durch seinen Säbel und durch seine Taten erworben. Hast du schon Köpfe abgeschlagen, Blut vergossen, Hungrige gespeist und Nackte gekleidet?‹ ›Ters Usamisch‹, versetzte Egrek, ›ist Köpfe abschlagen und Blut vergießen etwa ein Beweis von Tüchtigkeit?‹ ›Sicher ist es ein Beweis von Tüchtigkeit!‹ erwiderte Ters

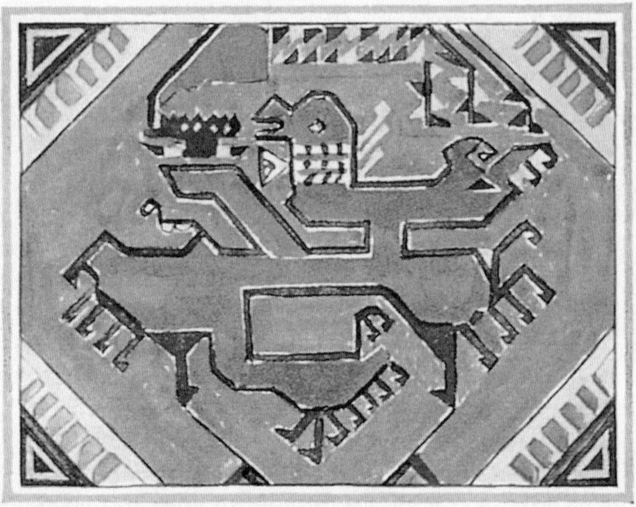

DAS BUCH
DES DEDE KORKUT

Ein Nomadenepos aus türkischer Frühzeit

—

Aus dem Oghusischen übersetzt und erläutert
von Joachim Hein

MANESSE BIBLIOTHEK DER WELTLITERATUR

Usamisch. Diese Worte verfehlten ihre Wirkung auf Egrek nicht. Er erhob sich und bat Kasan Beg um die Erlaubnis zu einem Streifzug, den dieser auch gestattete. Egrek erließ einen Aufruf, und Streifschärler strömten herbei. Dreihundert mit gelben Lanzen bewehrte junge Krieger scharten sich um ihn. Fünf Tage lang schmauste und zechte man in der Schenke. Darauf schlug Egrek das Land von der Grenze von Schürükün bis zum Göktsche-See und sättigte sich an Siegen...«[4] Im übrigen fällt der hohe, den Männern ebenbürtige Rang der Frau, als Mutter wie als Geliebte, dem heutigen Leser des »Dede Korkut« auf.

Das »Dede Korkut« ist heute eine in der Türkei weitverbreitete Lektüre. Gerade bei denen, deren Programm einer politischen Vereinigung aller Türken sich an der türkischen Frühzeit inspiriert. Sie verklären die Zeit, bevor sich die Türken mit Persern und Arabern vermischten, deren Kultur und Zivilisation übernahmen, um am Ende noch den Verlockungen des europäischen Westens zu verfallen. Ja, manche gehen so weit, auch den Islam – jene »Religion der Araber« – zu einer Verirrung zu erklären, die die Türken ihrer eigentlichen Rasse und Kultur entfremdet habe. Aber dies ist nur eine kleine Minderheit im kulturellen und politischen Spektrum der heutigen Türkei. Allerdings haben sie, seit die Sowjetunion zerfiel und eine zentralasiatische Staatenwelt entstand, die zur Mehrheit turksprachig ist, politisch Konjunktur.

Den Islam nahmen die Türken erst im 10. Jahrhundert freiwillig an. Bis dahin hatten die muslimischen Waffen in diversen Feldzügen die Islamisierung der Türken kaum vorantreiben können. Für die Geschichte der Türken aber und der islamischen Welt sollte die Verbindung des Islam und der Türken herausragende Bedeutung haben.

Aus dem Auf und Ab türkisch-nomadischer politischer Gebilde sollte der Stammesverband der Oghusen in die Geschichte eingehen – genauer, einer ihrer Unterstämme, der sich nach seinem Stammvater »Seldschuken« nannte. Das Herrschaftsgebiet dieses Oghusenstaates reichte von den Gebieten südöstlich des Kaspischen Meeres bis in die Wolgasteppen.

1 Manche nähren mit dem alten Epos »Das Buch des Dede Korkut« den Traum von einer großtürkischen Zukunft

Seldschuk nahm um 970 samt seinen Gefolgsleuten den Islam an, trat in die Dienste der persischen Dynastie der Samaniden in Buchara und ließ sich mit seinem Gefolge in der Gegend der Hauptstadt nieder. Als die Macht der Samaniden 999 gebrochen wurde, war die Zeit für die Nachkommenschaft Seldschuks, die Seldschuken, gekommen. Die Brüder Çağrı Beg Da'ud und Tuğrıl Beg Mohammed (etwa 1037–63) eroberten an der Spitze ihrer nomadischen Reitertruppen blitzartig riesige Gebiete. Sie setzten sich zunächst in der Landschaft Khorasan, der Nordostecke des heutigen Iran, fest. Von hier aus wandte sich der eine in Richtung Afghanistan, der andere in Richtung der Kernlande des islamischen Kalifats. Sie eroberten Iran, den Irak, Syrien, Aserbaidschan; 1055 zog der erste Seldschukensultan, Tuğrıl Beg, in Bagdad, der Hauptstadt des arabischen Kalifats, ein.

Schon früher, nämlich Ende der zwanziger Jahre des 11. Jahrhunderts, hatten turkmenische Reiter – in den islamischen Quellen werden die islamisierten Oghusen »Turkmenen« genannt – einen Beutezug in das armenisch-byzantinische Grenzgebiet unternommen. Seit den vierziger Jahren wurden derartige Überfälle häufiger.

Der Damm brach, als Alp Arslan (1063–72), Neffe und Nachfolger Tuğrıl Begs, 1071 – wie schon berichtet – bei Mantzikert die byzantinischen Streitkräfte schlug. Kleinasien wurde in den folgenden Jahren von den Turkmenen überflutet. Sie stellen ethnisch gesehen im wesentlichen die Urahnen des türkischen Bevölkerungsteils der heutigen »Türkei« dar. Allerdings hoben sich diese nomadischen Krieger hinsichtlich Rasse, Sprache und Kultur schon deutlich von den alten Turkvölkern ab. Auf ihrem räumlich und zeitlich langen Weg vom Altai bis zu den Grenzen Anatoliens hatten diese oghusischen und turkmenischen Stämme viele fremde Elemente, namentlich auch iranische, in sich aufgenommen, die sie von den in Zentralasien zurückbleibenden Turkvölkern erheblich unterschieden.

Als die ersten turkstämmigen Reiter in die anatolischen Steppen eindrangen, werden sie kaum geahnt haben, daß ihre Nachkommen ziemlich rasch in diesem Lande ansässig und sich allmählich von Nomaden zu Steppenbauern und Städtern verwandeln würden. Die im 11. Jahrhundert wie eine Sturzflut nach Anatolien hereinstürmenden Nomaden waren bereits im 15. Jahrhundert in ihrer

Mehrzahl seßhaft geworden. Die Turkvölker der zentralasiatischen Steppe hatten sich in die »Türken« verwandelt. Sie sollten die Träger der Geschichte Kleinasiens werden.

Ein Zweig der Seldschuken gründete in Anatolien das Sultanat »Rum«. Dieser Name, mit dem die Turkstämme auch die in Byzanz lebenden Griechen bezeichneten, steht für die arabisierte Bezeichnung von »Rom«. Die Seldschuken erhoben damit gewissermaßen Anspruch auf das römische Erbe. Die Herrschaftszeit von Sultan Alaeddin Keikubad I. (1220–37) stellte einen ersten politischen und kulturellen Höhepunkt der Herrschaft der Türken in Kleinasien dar.

Soviel von der Heimat der Türken und ihrer langen Wanderung von dort in jenes Land, wo wir sie heute finden. Durch den Fall des Sowjetimperiums sind die vielfältigen Turkvölker Zentralasiens wieder auf der politischen Bühne erschienen. Lange standen sie unter der Knute des russischen Imperialismus. Dieser hatte schon am Ende des 18. Jahrhunderts unter den Zaren eingesetzt. Nach 1920 dann wurde der koloniale Zugriff mit der Ideologie des Kommunismus bemäntelt. Eine neue Welt turksprachiger Völker tut sich heute auf. Sie stehen vor der historischen Herausforderung, sich als nationale Staaten zu organisieren, für die es freilich in der Geschichte Zentralasiens keine Vorbilder gibt. Nur an einer Stelle konnten sich Türken erfolgreich als eigenständiger Nationalstaat organisieren und behaupten – in Kleinasien. So ist die kleinasiatische Türkei also mit dem Schicksal der Turkvölker Zentralasiens verbunden. Neuartige Formen der Kommunikation und Zusammenarbeit zwischen Kleinasien und Zentralasien werden möglich. Über diese neue Situation wird noch mehr zu sagen sein.

Hat die Wanderung der Türken in der Türkei ihr Ende gefunden? Die Frage ist berechtigt. Denn seit 1960 haben sich viele von ihnen wieder aufgemacht. Diesmal zogen sie zuerst als Arbeiter weiter. Am Ende des Jahrtausends haben sie den Atlantik erreicht. Nahezu 3,5 Millionen leben schon in Westeuropa. Und ihr Mutterland klopft an das Tor der Europäischen Union. Auch bei dem Wunsch der Türkei, Vollmitglied in der EU zu werden, wird man also die Geschichte nicht übersehen können. Für viele Türken wäre eine Vollmitgliedschaft der historische Endpunkt dieses Aufbruches nach Westen.

Der Islam – Religion der Türken

Die Türkei selbst aber ist wiederum nur die Restmasse eines gewaltigen Imperiums, das sich über Jahrhunderte noch weiter nach Westen erstreckte, des Osmanischen Reiches. 1918 untergegangen, hat es dennoch seinem bescheideneren Nachfolgestaat ein Erbe mitgegeben, das in ihm heute – stärker als in früheren Jahrzehnten – noch nachwirkt. Jedenfalls zeigt sich immer mehr, daß sich die zeitgenössische Türkei trotz aller Bemühungen um »Europäisierung« seiner nicht leicht hat entledigen können.

Die türkische Geschichte war über ein Jahrtausend Teil der Geschichte der islamischen Welt. Mit der Eroberung von Byzanz durch die Osmanen (1453) und der Aneignung des Kalifats nach der Eroberung von Kairo (1517) war türkische Geschichte identisch mit der Geschichte der islamischen Welt zwischen Nordafrika und dem Indischen Ozean. Darüber muß etwas gesagt werden. Denn ohne den Islam und das Erbe des Osmanischen Reiches ist die Geschichte der Türkischen Republik nicht zu verstehen. Und noch weniger kann man den Islam mit Blick auf ihre Zukunft ausblenden.

»Ich glaube, daß kein Gott ist außer Gott und daß Mohammed der Prophet Gottes ist.« Dies ist das Glaubensbekenntnis des Muslims. Wer es ausspricht, bekennt sich zu der Gemeinde Allahs, jenes einen Gottes also, den Mohammed, Kaufmann in Mekka, Anfang des 7. Jahrhunderts christlicher Zeitrechnung zu verkünden begann. Im Glaubensbekenntnis bringt der Gläubige zugleich die zentrale Glaubensbotschaft zum Ausdruck: die Einheit Gottes. Der göttlichen Allmacht gegenüber ziemt dem Menschen nur eine Haltung – die Unterwerfung, arab.: *Islam*. Der Gläubige ist zugleich der sich Unterwerfende: *Muslim*.

Die Verkündigung veränderte in wenigen Jahren die Welt: die Welt der Mekkaner, der Araber und auch der benachbarten Regionen. Es sollte sich bald zeigen, daß nicht nur eine neue Religion entstanden, sondern mit ihr eine revolutionäre politische Neuordnung verbunden war. Dabei schien das »dem Gepriesenen« – das bedeutet Mohammed – keineswegs in die Wiege gelegt. Etwa 570 christlicher Zeitrechnung geboren, hatte er den Vater noch vor seiner Geburt verloren. Er wuchs deshalb im Hause des Großvaters und des Bruders seines Vaters auf.

Anschaulich schildert Ibn Ishaq, ein Biograph aus der ersten Hälfte des 8. Jahrhunderts, die Berufung. »Als ich schlief«, so erzählte der Prophet später, »trat der Engel Gabriel zu mir mit einem Tuch wie aus Brokat, worauf etwas geschrieben stand, und sprach: ›Lies im Namen deines Herrn, des Schöpfers, der den Menschen erschuf aus geronnenem Blut! Und der Edelmütigste ist dein Herr. Er, der das Schreibrohr gebrauchen lehrte. Der die Menschen lehrte, was sie nicht wußten.‹«[5] Dies war die erste Offenbarung (Sure 96, Vers 1–4); andere Offenbarungen folgten.

Unter dem Druck der mekkanischen Kaufleute, die einem vielgestaltigen Polytheismus anhingen und denen sowohl die Lehre von dem Einen Gott als auch die Existenz einer Gemeinschaft, die sich nicht in das geschäftliche und öffentliche Leben Mekkas integrierte, ein Ärgernis waren, mußten Mohammed und seine noch immer recht kleine Gemeinde im Dezember 622 nach Medina auswandern. Die Auswanderung nach Medina *(Hidschra)* ist ein Schlüsseldatum im Leben des Propheten Mohammed und seiner Gemeinde. Die Muslime haben das selbst bald erkannt und den Beginn der Geschichte des Islam zu diesem Zeitpunkt angesetzt. Das Jahr der *Hidschra* wurde das Jahr eins islamischer Zeitrechnung. Jetzt erst zählte der Islam. Aus dem Glauben eines relativ kleinen Häufchens von Menschen in feindseliger Umwelt wurde eine gestaltende gesellschaftliche und politische Kraft. Der Islam trat aus der Sphäre des bloßen Glaubens in die Sphäre der Politik und damit der Geschichte ein.

Der Prophet hatte seine Nachfolge nicht ausdrücklich geregelt. Seine Söhne waren als Kleinkinder gestorben; seine einzige Tochter, Fatimah, war mit seinem Vetter Ali verheiratet. Wer sollte die Gemeinde als Stellvertreter Gottes, *Khalifat Allah*, führen; wer darüber wachen, daß sie wirklich nach der Regel Allahs leben konnte? Die Mehrheit trat für eine Wahl ein. Eine – wenn auch sehr starke – Minderheit argumentierte, daß der Nachfolger aus dem Blut des Propheten sein müsse. Für sie kamen deswegen nur Ali und dann dessen Söhne aus der Ehe mit Fatimah in Frage. Gegen die »Partei Alis« (*Shi'at Ali*, deshalb Schiiten) setzten sich die Sunniten durch, diejenigen, die sich eng der Praxis des Propheten verbunden fühlten. Schließlich wurde der Schwiegervater Mohammeds, Abu Bakr, zum Kalifen (Stellvertreter) ausgerufen. Er starb bald darauf, seine beiden Nachfolger wurden ermordet. Ali wurde erst als vierter 656 Kalif. Schon 661 fiel er einem Attentat zum Opfer. Sein sunnitischer Rivale, Mu'awiya, übernahm die Macht und gründete die Dynastie der Umaiyaden. Die Geschichte des islamischen Kalifats wurde durch die Jahrhunderte von den Sunniten bestimmt. Die Schiiten aber haben an dem Anspruch festgehalten, daß nur Ali und seine Nachkommen, die sie *Imame,* das sind die eigentlich legitimen Vorsteher der islamischen Gemeinde, nennen, eine rechtmäßige Herrschaft auf Erden errichten können. Mehr und mehr enttäuscht, haben sie schließlich im Jahre 874 den Zwölften Imam in die Verborgenheit entrückt. Von dort wird er als Erlöser, als *Mahdi,* eines Tages wiederkommen, um eine gerechte Herrschaft auf Erden zu etablieren.

Beim Tode des Propheten im Jahre 632 hatte sich der Islam schon über weite Teile der Arabischen Halbinsel ausgedehnt. Freiwillig oder unter Druck hatten die Araber die Verkündigung des Einen Gottes angenommen. War diese zunächst an die Araber gerichtet, so hatte der Prophet selbst die Weichen für eine weitere Ausbreitung gestellt.

Natürlich reichten die göttlichen Vorschriften bald nicht mehr, Regierung, Verwaltung und Rechtswesen in einem so großen Reich zu regeln. Das Recht mußte weiterentwickelt werden. Berufen dazu waren die Theologen als Kenner des Korans. Dieser, aber auch das, was der Prophet selbst noch gesagt und getan, gebilligt oder mißbilligt hatte, die *Sunna,* das heißt »die Gewohnheit«, wurde Grundlage des von den Theologen ausgearbeiteten Rechts, der *Scharia* (türk.: *Şeriat*).

Repräsentant der von Allah, seinem Wort und Gesetz geleiteten Gemeinde war der Kalif. Nach den vier »rechtgeleiteten Kalifen« ging das Kalifat 661 in die Hände von Dynastien über: erst der Umaiyaden, ab 750 der Abbasiden. Vom 10. Jahrhundert an begann deren Macht zu sinken, und zahllose andere Potentaten und Dynastien übten die tatsächliche Macht im Riesenraum zwischen Nordafrika und Zentralasien aus. Von der Eroberung Bagdads, das sich der Kalif al-Mansur 756 hatte erbauen lassen, durch die Seldschuken war bereits die Rede. Die Macht des Kalifen war nur noch ein Schatten ihrer selbst. Gleichwohl aber legten alle Potentaten Wert darauf, sich die Ausübung ihrer Macht von Bagdad bestätigen zu lassen. Und erst die

Verwüstung der Stadt durch die Mongolen im Jahre 1258 versetzte auch dem Kalifat den Todesstoß – ein Schock für die islamische Welt. Jahrhunderte später erst sollte sich der Osmanensultan Selim I. bei der Eroberung von Kairo im Jahre 1517 unter noch nicht ganz aufgeklärten Umständen das Kalifat wieder aneignen. Er erwarb sich damit die religiöse Legitimation zu herrschen. Mehr als 400 Jahre später hat dann ein anderer Türke, Mustafa Kemal Atatürk, das Kalifat ebenfalls angetastet, diesmal durch Beschluß des türkischen Parlaments. Es schien seinem auf Verwestlichung aufbauenden Erneuerungsprogramm im Wege zu stehen.

Das Zusammentreffen des Islam mit den benachbarten Hochkulturen setzte enorme kulturelle Kräfte frei. In Wissenschaft und Kunst entstand seit dem 8. Jahrhundert eine eigene islamische Hochkultur, deren Errungenschaften zwischen Nordafrika und Indonesien, Schwarzafrika und Zentralasien noch heute zu bewundern sind. Auch die Türken wurden mit ihrem Eintritt in die islamische Welt zutiefst von der islamischen Kultur, auf die sie in Iran und in den arabischen Ländern stießen, durchdrungen. Freilich, die Türken nahmen nicht nur den orthodoxen Islam an. In vielfältiger Weise lebten auch heterodoxe Glaubenselemente fort. Hierzu gehörten die Heiligenverehrung und magische Vorstellungen des Volksglaubens, aber auch Spuren der vorislamischen Religionen und Kulturen Anatoliens, die heute wieder stärker hervortreten. Namentlich aber der mystische Islam (Sufismus) hat sich in zahlreichen Bewegungen entfaltet. Die Derwisch-Orden haben ihren Beitrag zur islamischen Kultur Anatoliens geleistet. Sie sind zugleich in das politische und militärische Establishment eingedrungen und bauten Netzwerke auf, die auf politische Entscheidungen Einfluß nahmen. Sie kehren heute auf die politische Bühne zurück.

Das Osmanische Reich – Supermacht der Türken

Eines der Kleinfürstentümer, die beim Zerfall des Reiches der anatolischen Seldschuken – der Name von Sultan Keikubad fiel schon – entstanden, war das Osmanische Emirat. Als Osman, Sohn des Ertoğrul, in der Umgebung des heutigen westanatolischen Eskişehir seine ersten »Razzien« unternahm, ahnte noch niemand, daß daraus in kurzer Zeit ein Reich werden sollte, das Teile Südosteuropas unterwerfen und dann selbst Mitteleuropa drei Jahrhunderte lang bedrohen würde.

Aşık-Paşa-zâde, ein osmanischer Historiker des 15. Jahrhunderts, berichtet in seiner Chronik über die »Denkwürdigkeiten und Zeitläufte des Hauses Osman« von einem Traum: »Osman Gazi betete, und eine Weile weinte er; dann überkam ihn der Schlaf. Da hatte er einen Traum. Es lebte nämlich unter ihnen ein heiliger Scheich... Wie Osman Gazi also schlief, da träumte er, aus der Brust dieses Heiligen steige ein Mond auf, komme zu Osman Gazi und senke sich in seine Brust. Und im Augenblick, da dieser Mond in Osman Gazis Brust versank, wuchs aus seinem Nabel ein Baum empor, dessen Schatten über die ganze Welt reichte. Und in seinem Schatten lagen Berge, und am Fuße jedes Berges entsprangen Flüsse, und die Menschen tranken von diesen Flüssen oder bewässerten Gärten oder speisten damit Brunnen...«[6] Überflüssig zu sagen, daß es sich hier um eine Weissagung künftigen Herrschertums handelte.

Unter dem Sohn des Osman, Orhan (1326–59), überquerten die türkischen Heere um 1352 die Dardanellen und drangen nach Europa vor. Bereits 1326 hatte Orhan mit der Eroberung Bursas den ersten bedeutenden Erfolg errungen. Mit Adrianopel wurde 1361 die erste größere europäische Stadt eingenommen, die zur Residenz der Osmanen wurde und den Namen Edirne erhielt.

Die Schlacht auf dem Amselfeld (Kosovo Polje) entschied 1389 das Schicksal Serbiens. Sie war für die Serben ein schicksalhaftes Ereignis, das sie nie vergessen haben; auch in dem 1992 ausgebrochenen Krieg zwischen den Serben und Bosniaken, den »Türken«, wie die Serben sie nennen, in Bosnien-Herzegowina, wirkt es fort. 1453 wurde Konstantinopel erstürmt, das Sultan Mehmet II. Fatih (»der Eroberer«) zu seiner Residenz machte. Neben den alten Namen »Konstantinopel« trat nun ein anderer, türkisierter: »Istanbul«. Die Umwandlung der byzantinisch-christlichen Kirche, die der »Heiligen Weisheit« (Hagia Sofia) geweiht war, in eine Moschee war ein symbolischer Akt; ihr türkischer Name ist seither Ayasofya. Die Hauptstadt des Byzantinischen Reiches am Bosporus, welches über Teile Europas und Asiens geherrscht hatte, wurde nun zum Mittelpunkt des osmanisch-islamischen Imperiums.

Es ist bezeichnend, daß sich die Osmanen an die Eroberung und

Beherrschung des islamischen Ostens erst dann machten, als das Reich bereits weite Teile Südosteuropas umfaßte. 1514 zerschlug Sultan Selim I. Yavuz (»der Gestrenge«, 1512–20) in der Schlacht von Çaldıran, nordöstlich des Van-Sees, das Heer des persischen Schahs Ismail, seines großen Rivalen, der 1501 die Macht ergriffen und die Dynastie der Safawiden begründet hatte, und besetzte die kurdischen Teile Anatoliens; 1517 eroberten die Türken Ägypten. Von nun an erstreckte sich das Osmanische Reich über Gebiete dreier Kontinente.

Die Eroberung Kairos sollte auch eine religiöse Dimension haben, auf die die osmanischen Herrscher erst beim Niedergang des Reiches zurückkamen und die die Gemüter vieler Muslime – über die Türkei hinaus – in den zwanziger Jahren dieses Jahrhunderts bewegte. Selim ließ nämlich den abbasidischen Schattenkalifen, der seit der Eroberung Bagdads durch die Mongolen (1258) in Kairo residiert hatte, in seine Hauptstadt bringen. Der ohnehin jeder weltlichen Macht ledige letzte Abbasidenkalif soll dort bald darauf die Kalifenwürde auf den Osmanenherrscher übertragen haben. Als Oberhäupter der islamischen Gemeinschaft suchten sich die letzten Osmanenherrscher noch einmal der Loyalität der Gläubigen zu vergewissern. Deshalb bedeutete die Abschaffung des Kalifats durch Mustafa Kemal im März 1924 die Abschaffung einer religiös-politischen Institution, die mit dem Islam von Anfang an verbunden war.

Unter Süleyman (»dem Prächtigen«, 1520–66) erhielt schließlich das Reich seine größte Ausdehnung. Er konnte die Wirren, die in Europa durch die Reformationskriege und die Zwistigkeiten der europäischen Mächte entstanden waren, ausnutzen und auf dem Balkan weitere Gebietsgewinne erzielen. Der erste Versuch der Osmanen (1529), in einem Großangriff Wien zu erobern, scheiterte zwar, doch behielten sie weite Teile Ungarns bis einschließlich Ofen, der alten ungarischen Hauptstadt (heute Buda, der westlich der Donau liegende Stadtteil von Budapest). Der systematische Aufbau einer Flotte verschaffte ihnen zeitweilig gegen Venedig die Vorherrschaft im östlichen Mittelmeer, und mit der Eroberung von Tunis (nach einigen Rückschlägen endgültig 1570) vermochten sie ihren Einfluß bis nach Nordafrika auszudehnen.

Beim Tode Süleymans beherrschten die Osmanen wie der Widersacher Habsburg ein »Reich, in dem die Sonne nicht unterging«:

von Armenien bis Ofen, von der ukrainischen Steppe, die zum Herrschaftsbereich des Khanats der dem Sultan tributpflichtigen Krimtataren gehörte, bis nach Nordafrika; es schloß auch große Teile der Arabischen Halbinsel ein und wurde im Osten vom Roten Meer, dem Indischen Ozean und dem Persischen Golf begrenzt.

Diplomatisch-politisch aber war das Reich des Sultans eher eine europäische als eine asiatische Macht. Die »Hohe Pforte« wurde immer mehr ein Partner europäischer Diplomatie. Das Eingangstor zum Palast des Großwesirs stand für ein Reich, das die europäischen Herrscher in ihr diplomatisches Kalkül einbezogen. Mit dem zunehmend mächtiger werdenden Habsburgischen Reich standen die Osmanen nach der gescheiterten Belagerung von Wien in einer dauernden Folge von kriegerischen und diplomatischen Kontakten. Ähnliches gilt auch für einige der italienischen Stadtstaaten, vornehmlich Venedig.

Am nachdrücklichsten aber wurde die Anerkennung des Osmanischen Reiches als Machtfaktor in Europa in jenem Vertrag bekundet, den Frankreich und die Hohe Pforte 1536 abschlossen und der in der europäischen historischen Literatur als »Kapitulation« bezeichnet wird. Seine »Kapitel« regelten Fragen des Handels, der Rechtsprechung über Franzosen auf osmanischem Territorium, der konsularischen Vertretung von Franzosen bei der Hohen Pforte sowie der Behandlung von Kriegsgefangenen. Zur Zeit des Abschlusses entsprach der Vertrag den Interessen beider Mächte, konnte man doch hoffen, auf diese Weise den gemeinsamen Gegner, das Habsburgische Reich, in die Zange nehmen zu können. In späteren Zeiten freilich, als das Reich kaum mehr war als ein Spielball europäischer Mächte, wurden ähnliche »Verträge« zu einem Instrument, die Souveränität und innere Stabilität des Osmanischen Reiches zu unterminieren. Sie wurden Ausdruck immer neuer »Kapitulationen« des einst so mächtigen Reiches vor dem Willen der immer überlegeneren europäischen Mächte.

Das Ende der Ära Süleymans des Prächtigen markierte zugleich den Wendepunkt in der Geschichte des Osmanischen Reiches. Unter ihm hatte es seine größte Prosperität und innere Stabilität erreicht. Unter seinen Nachfolgern setzte der politische und wirtschaftliche Niedergang ein. Die staatlichen Einrichtungen verloren an Stärke und Effizienz; der bürokratische Apparat begann zu verfallen. Unglücklicherweise brach mit Süleyman auch die Reihe der fähigen und in der Politik wie im Felde energischen Osmanenherrscher abrupt ab. Für einige Zeit saßen Sultane auf dem Thron, die entweder noch minderjährig waren oder wenig Interesse an der Politik zeigten. Im Fall von Mustafa I., der den Thron gleich zweimal innehatte (1617–18 und 1622–23), lenkte gar ein geistesschwacher Mann die Geschicke des Reiches. Die Geschichtsschreibung nennt diese Epoche die »Zeit der Weiberherrschaft«, die in Kösem Sultan, der Mutter Murats IV. (1623–40), eine der wohl politisch einflußreichsten Frauengestalten der osmanischen Geschichte erlebte. Mit der Ernennung von Köprülü Mehmet Pascha zum Großwesir (1656–61) ging die Herrschaft nun mehr und mehr in die Hände von Großwesiren über, von denen es einigen tatsächlich gelang, den Niedergang des Reiches vorübergehend aufzuhalten.

Der Niedergang der Osmanenmacht

Selim II. (1566–74), der seinem Vater Süleyman nach dessen sechsundvierzigjähriger Herrschaft auf dem Thron folgte, verkörperte diesen »neuen Typ« von Sultan. Sein wenig schmeichelhaftes Bild zeichnete der venezianische Gesandte Barbaro so: »Wer sein vom Wein aus Zypern gerötetes Gesicht und seine kleine, durch Maßlosigkeit beim Essen fett gewordene Gestalt sah, der wurde sich bald darüber klar, daß er weder einen Krieger noch einen Anführer von Soldaten vor sich sah. Er zog die Gesellschaft von Eunuchen und Frauen jeder anderen Gesellschaft vor, und im Serail hielt er sich weit lieber auf als in seinem Heerlager. Seine Tage verbrachte er in sinnlicher Lust, im Rausch und in träger Untätigkeit.«[7]

Der Harem, auf den Barbaro anspielt, war zur Zeit der Machtübernahme Selims II. keineswegs nur ein Ort vergnüglicher Sinnlichkeit. Schon seit Mehmet II. (1451–81) wiederholte sich anläßlich jedes Thronwechsels das gleiche grausame Ritual: Der neue Herrscher ließ seine Brüder und, falls vorhanden, deren Söhne von seinen Häschern mit der Bogensehne erdrosseln. Die Beseitigung von Thronrivalen war bereits seit Bayezit I. (1389–1402) Praxis und wurde erst von Ahmet I. (1603–22) zugunsten einer ebenfalls harten

Maßnahme aufgegeben: der Einsperrung der Prinzen in den sogenannten »Prinzenkäfig« *(Kafes)*.

Die Söhne des Sultans, ob von derselben Mutter oder mehreren Frauen des Sultans, standen sich also in tödlicher Rivalität um die Thronfolge gegenüber; und die Position der Prinzenmütter, die abgeschoben wurden, wenn ihre Söhne im Machtkampf unterlagen, war stets gefährdet. Die erste Frau, die aus der Anonymität des osmanischen Herrscherharems hervortrat, war eine Gattin Süleymans des Prächtigen, Roxelane, die Mutter Selims I., wahrscheinlich ukrainischer Herkunft. Schon ihren Aufstieg von einer Sklavin im Harem des Sultans zu dessen Lieblingsfrau hat sie planvoll betrieben. Ebenso schön wie intrigant, gelang es ihr dann lange vor dem Tod des Sultans, alle möglichen Rivalen ihrer eigenen Söhne auszuschalten. Mustafa, aussichtsreichster Kandidat für die Thronfolge, fiel 1553 ihrer Intrige zum Opfer, als der Sultan ihn vor ihren Augen erdrosseln ließ. Den Machtkampf unter ihren eigenen Söhnen jedoch, den am Ende einzig Selim überlebte, hat sie nicht mehr erlebt. Sie starb 1558.

Das Militärwesen und der Verwaltungsapparat des Osmanischen Reiches waren im 15. und 16. Jahrhundert den zeitgenössischen christlichen Staaten überlegen gewesen. Aber gerade aus der allumfassenden Bürokratie und der Macht der Elitetruppen, der Janitscharen, sollten dem Reich Gefahren in dem Moment erwachsen, da die Zentralgewalt schwächer wurde und eine starke Führung von der Spitze her nicht mehr gegeben war. Als die *Yeni çeri*, die »neue Armee«, unter Murat I. (1359–89) aufgestellt wurde, war sie eine Art Fremdenlegion. Rekrutiert aus jungen Kriegsgefangenen oder »aufgelesen« unter nichtislamischen Untertanen, erhielten die Krieger eine harte Ausbildung, nachdem sie zum Islam übergetreten waren. Auch danach blieben sie in den Kasernen; sie waren harter Zucht unterworfen und durften nicht heiraten. Dem Sultan waren sie besonders eifrig ergeben.

Zu dem langen Verfallsprozeß führten vielerlei Faktoren: Änderungen in den großen Handelsrouten, die die wirtschaftliche Grundlage des Reiches unterminierten; die Korruption in einer aufgeblähten Bürokratie und die Verelendung der bäuerlichen Bevölkerung; sowie der Niedergang der Janitscharen, die mehr und mehr den Militärdienst nur noch als sicheren Nebenerwerb betrachteten.

Dem »Säufer« Selim folgte Murat III. (1574–95), der vollkommen unter dem Einfluß seiner Lieblingssklavin Safiye stand. Mit der Epoche von Mehmet III. (1595–1603) bis Ibrahim I. (1640–48), der Zeit der »Weiberherrschaft«, wird der Niedergang des Reiches ganz der nun wachsenden politischen Bedeutung des Harems angelastet. Regierungsentscheidungen wurden das Ergebnis komplizierter Intrigen und Machtkämpfe unter der weiblichen Umgebung des Sultans und deren Söhnen. Seit Ahmet I., der als dreizehnjähriger zur Sultanswürde kam, wurden die Thronnachfolger nicht mehr praxisnah in der Provinz auf ihr Amt vorbereitet. Die späteren Sultane wuchsen jetzt, abgeschirmt von aller Welt und ohne fundierte Kenntnis von den Angelegenheiten des Reiches, im schon genannten »Prinzenkäfig« im Herrscherpalast auf.

Der »Weiberherrschaft« machte schließlich ein fast achtzigjähriger Greis albanischer Abstammung ein Ende, Köprülü Mehmet, der 1656 das Amt des Großwesirs antrat. Seine fünfjährige Amtszeit nützte er dazu, den Harem und die Janitscharenführer zu entmachten, gegen die Verschwendungssucht bei Hofe einzuschreiten und Korruption und Mißwirtschaft der Bürokratie mit brutaler Härte zu verfolgen. Sein Sohn Ahmet (1661–76), der ihm im Amt des Großwesirs folgte, setzte die Reformpolitik des Vaters fort. Und so gelang es für kurze Zeit, dem inneren Verfall des Reiches Einhalt zu gebieten.

Außenpolitisch aber mußte das Reich jetzt eine katastrophale Niederlage hinnehmen: Der Großwesir Kara Mustafa (1676–83) stand an Ehrgeiz seinem Amtsvorgänger nicht nach und nahm einen Streit mit den Habsburgern in Ungarn zum Anlaß, 1683 mit einem 250 000 Mann starken Heer den Angriff gegen sie zu wagen. Die Niederlage der Osmanen vor Wien wurde ein epochales Ereignis. Sie machte den europäischen Gegnern der Osmanen mit einem Schlag klar, daß der islamische Erbfeind im Osten nicht unbesiegbar war. Zugleich bildete sie den Auftakt zu einer langen Kette von weiteren Kriegen an der europäischen Front, die sich über das ganze 18. Jahrhundert hinzogen und fast alle mit territorialen Einbußen der Osmanen endeten, zumal sich zu den alten Gegnern Venedig und Habsburg im Westen mit dem erstarkenden Russischen Reich ein Gegner im Norden hinzugesellte.

Die Niederlage vor Wien war vor allem zunächst ein Fanal zu einer Serie militärischer Rückschläge, die das Reich in seinen europäischen Teilen rasch zusammenschrumpfen ließen. Habsburg, Polen, Venedig und der Papst schlossen sich 1684 zu einer Heiligen Liga gegen die Osmanen zusammen. 1686 konnte die ungarische Hauptstadt Ofen nach fast anderthalb Jahrhunderten den Osmanen entrissen werden; wenig später, am 12. August 1687, erlitt das osmanische Heer auf dem Schlachtfeld von Mohács eine weitere katastrophale Niederlage – der osmanische Besitz in Ungarn ging an Habsburg verloren.

Kleinere Erfolge der Osmanen, die den Reformen von Großwesir Fazıl Mustafa zu verdanken waren, konnten den Niedergang nur kurzfristig aufhalten. Prinz Eugen von Savoyen, der für die nächsten Jahre an der Spitze der kaiserlich-habsburgischen Truppen stand, bereitete den Osmanen 1697 bei Zenta eine neue schwere Niederlage. Im Frieden von Karlowitz (1699) verlor das Osmanische Reich alle durch Kriegshandlungen besetzten Gebiete an Österreich, Venedig, Polen und Rußland. Zwar leistete das Osmanische Reich, durch die Reformen im Inneren ein wenig gestärkt, erbitterten Widerstand. Auf dem Balkan aber rückten die Truppen der europäischen Mächte dennoch voran. Weitere Gebietsverluste mußten im Frieden von Passarowitz (1718) hingenommen werden.

Mehr und mehr trat nunmehr auch eine Macht in Erscheinung, die nicht unmittelbar Frontstaat war: England. Für die nächsten zwei Jahrhunderte war die englische Politik darauf ausgerichtet, insbesondere den Russen die Beherrschung über den Nahen Osten zu verwehren. Seit diese unter Zar Peter dem Großen um 1700 das Asowsche Meer erreicht hatten, wurde es immer mehr das Ziel russischer Politik, den Balkan, namentlich aber auch die Meerengen zwischen dem Schwarzen und dem Mittelmeer zu kontrollieren. England andererseits ging es zum einen um ein Gleichgewicht in Europa, zum anderen darum, seine Interessen in Indien und im Mittleren Osten wirkungsvoll zu fördern. Immerhin verlieh der Friede von Passarowitz dem Reich eine Phase der Erholung, die bis 1730 dauerte und in der »Tulpenära« sogar eine Periode des kulturellen Aufschwungs erlebte.

1736 brach wieder ein Krieg mit Rußland aus, und diesem folgten weitere. Trotz des österreichisch-russischen Bündnisses konnte die osmanische Armee Belgrad zurückerobern; der anschließende

Friedensvertrag von Belgrad (1739) stellte sogar vorübergehend die osmanische Oberhoheit über die Stadt wieder her. Zugleich erneuerte der Vertrag die osmanischen Hoheitsrechte über das Schwarze Meer und stärkte die Stellung des Reiches in Europa. Für einen Augenblick schien der Niedergang aufgehalten zu sein.

Die Russen empfanden den Frieden von Belgrad jedoch als Schmach und rüsteten sich zu neuen Kriegen. Erst 1768 freilich ließ sich Sultan Mustafa III. (1757–74) auf einen neuen Waffengang mit Rußland ein. Er dauerte alles in allem sechs Jahre und endete mit der türkischen Niederlage. Um zu retten, was zu retten war, entschloß sich Mustafas Nachfolger, Abdülhamit I. (1774–89), den Krieg um jeden Preis zu beenden. Am 21. Juli 1774 verlor das Reich im Friedensvertrag von Küçük Kaynarca, im heutigen Nordostbulgarien, große Teile seiner Gebiete auf dem Balkan und im Kaukasus. Darüber hinaus mußte die Regierung in Konstantinopel einem Schutzrecht Rußlands für die orthodoxen Christen auf osmanischem Territorium zustimmen, so wie Frankreich die Schutzherrschaft über die Katholiken des Reiches schon früher, in der Kapitulation von 1740, zugestanden worden war.

Mit dem Vertrag von Küçük Kaynarca büßte das Osmanenreich seine Großmachtstellung endgültig ein. Daß es nicht schon völlig zerfiel, war dem Umstand zu verdanken, daß es zum Zankapfel der rivalisierenden europäischen Mächte wurde, die sich über seine Aufteilung nicht einigen konnten. Diese Interessenkollision der Großmächte hinsichtlich der Zukunft des Osmanischen Reiches wurde nun als »orientalische Frage« zu einem Problem, das die Aufmerksamkeit der europäischen Mächte fast anderthalb Jahrhunderte lang, zeitweilig in höchstem Maße, in Anspruch nehmen sollte.

Die langen und verlustreichen Kriege beschleunigten die Verfallserscheinungen im Inneren. Es kam zu Revolten, bei denen sich unzufriedene Armee-Einheiten mit notleidenden Bevölkerungsteilen zusammenrotteten. Sie konnten nur mit brutaler Härte niedergeschlagen werden. Reformen, die in Reaktion auf diese Krisenerscheinung angestrengt wurden, erschöpften sich in dem Versuch, die alten Zustände wiederherzustellen, indem man die offensichtlichsten Mißstände bekämpfte. An notwendige strukturelle Veränderungen dachten nur wenige, und zaghafte Schritte in diese Richtung, so der Versuch einer Heeresreform, stießen sofort auf den erbitterten Widerstand der immer noch mächtigen Janitscharen und der orthodoxen islamischen Rechtsgelehrten.

Trotzdem machten sich bereits seit Anfang des 18. Jahrhunderts europäische Einflüsse bemerkbar. Gesandtschaften, die in politischer Mission an die Höfe im Westen gereist waren, begeisterten nach ihrer Rückkehr die »High Society« in Konstantinopel mit ihren Schilderungen der prächtigen europäischen höfischen Kultur. Der Einfluß Europas sollte sich von nun an ausbreiten, und die Auseinandersetzung mit der geistigen, politischen und wirtschaftlichen Form des Kriegsgegners wurde Bestandteil der Modernisierung des Osmanischen Reiches, die vor allem seit dem Beginn des 19. Jahrhunderts die politische Elite betrieb.

Zunächst freilich wurde nur die Fassade aufpoliert. Ihren ersten Höhepunkt erreichte die Europäisierung des höfischen Lebens während der sogenannten »Tulpenära« *(Lâle devri)* unter Ahmet III. (1703–30). Mitten in der Bedrängnis durch schwierige äußere Verwicklungen und trotz der fortschreitenden Auflösung des gesamten sozio-ökonomischen Gefüges pflegten der Sultan und sein Hofstaat einen kultiviert-verschwenderischen Lebensstil. Man vertrieb sich die Zeit mit Schach und Muschelspiel, man ergötzte sich an Poesie und Musik. Pompöse Feierlichkeiten wurden veranstaltet. Zu den Glanzleistungen höfischer Selbstdarstellung gehörte die Gartenbaukunst. Neue farbenprächtige Tulpenarten wurden gezüchtet.

In jener Zeit vollzog sich also eine erste Öffnung nach Europa; in der Oberschicht der osmanischen Gesellschaft machte sich eine ausgeprägte Neigung zu europäischer Lebensart bemerkbar. Nach dem Muster von Versailles wurden Paläste und Gärten angelegt. In Mode kamen immer häufiger Stühle und Sessel als Sitzgelegenheiten anstelle von Kissen und »Ottomanen«. 1727 wurde durch den ungarischen Renegaten Müteferrika Ibrahim im Auftrag des Sultans offiziell der Buchdruck eingeführt. Die in der Folgezeit zahlreichen gedruckten Werke trugen nicht unwesentlich zur kulturellen Blüte bei.

Doch dies war zunächst eher eine Randerscheinung der Geschichte. Die Wirklichkeit war durch anhaltenden politischen Niedergang gekennzeichnet. Dem Sultan schwebte wohl vor, durch einen neuerlichen Krieg den unrühmlichen Frieden von Küçük Kaynarca rückgängig zu machen, und so ließ er sich 1787 erneut auf eine militärische Auseinandersetzung mit Rußland ein, um die Krim zurückzugewinnen. Österreich eilte seinem russischen Verbündeten zu Hilfe, doch der wachsende Unmut der Bevölkerung, geschürt durch die Nachrichten vom Ausbruch der Französischen Revolution im Jahre 1789, zwang die Regierung in Wien, den Krieg 1791 abzubrechen. Im Frieden von Jassy in Moldawien zwischen Rußland und dem Osmanischen Reich mußte Konstantinopel 1792 sogar einen weiteren Gebietsverlust hinnehmen: Die Grenze mit dem Zarenreich bildete nunmehr der Dnjestr.

Der Einbruch Europas

Der nächste Schlag gegen die Osmanen kam wie ein Blitz aus heiterem Himmel: Im Jahre 1798 startete Napoleon Bonaparte seine Expedition nach Ägypten. Nach dem Sieg Napoleons bei den Pyramiden am 21. Juli 1798 über die Armee der Mamluken folgte unverzüglich die osmanische Kriegserklärung. In Reaktion auf das französische Vorgehen beeilte sich die osmanische Staatsführung, mit Großbritannien Anfang 1799 ein Verteidigungsbündnis zu schließen, in dessen Folge ein osmanisches Truppenkontingent und englische Einheiten nach Ägypten verlegt wurden. Bonaparte sah sein Unternehmen gescheitert. Angesichts der schwierig gewordenen Lage der französischen Republik, die durch den Angriff einer Koalition europäischer Mächte bedroht wurde, setzte sich der französische Feldherr im Sommer des Jahres 1799 nach Frankreich ab.

Als nach dem Rückzug der europäischen Truppen aus Ägypten die Hohe Pforte versuchte, Ägypten wieder enger an sich zu binden, stieß sie auf den Widerstand der einheimischen Mamluken-Emire, die ihre frühere Machtposition wiederherzustellen suchten. (Übrigens waren auch diese »Mamluken« – was arabisch so viel wie »Knecht« bedeutet – die späten Nachkommen einer türkischen Dynastie, die im 13. Jahrhundert in Kairo an die Macht gelangt war.) Zwar konnten sich die osmanischen Truppen durchsetzen; doch blieb die Lage instabil. Mehrere Anwärter rangen um die Macht; in den Straßen Kairos kam es zu Protesten gegen eine bedrückende Besteuerung. Den Machtkampf gewann schließlich ein Mann, der für die nächsten Jahrzehnte die Geschicke Ägyptens bestimmen sollte: Mehmet Ali, der Kommandant einer albanischen Truppeneinheit des osmanischen Heeres. 1805 mußte ihn die Hohe Pforte zu ihrem Generalgouverneur ernennen. Er sollte Ägypten bald in den Status einer Quasiunabhängigkeit führen. Somit hatte sich das Land de facto – wenn auch noch nicht de jure – aus dem osmanischen Staatsverband gelöst.

Seit dem Ende des 18. Jahrhunderts war die tödliche Krise des Osmanischen Reiches unübersehbar geworden. Sultan Selim III. (1789–1807) und seine Nachfolger unternahmen nun ernsthafte Versuche einer strukturellen Reform der Bürokratie, der Provinzverwaltung, des Heereswesens und des Bildungswesens. So wurde das 19. Jahrhundert trotz schier unüberwindlicher innen- wie außenpolitischer Probleme ein Jahrhundert der Reformen.

Mit der gewaltsamen Ausschaltung der ehemaligen Elitetruppe der Janitscharen im Jahre 1826 wurde der Weg frei für eine Modernisierung der Armee. Der Europa gegenüber sehr aufgeschlossene Sultan Mahmut II. (1808–39), Sohn einer von Korsaren entführten und an den großherrlichen Harem von Istanbul verkauften französischen Adligen, holte zu diesem Zweck preußische Militärexperten ins Land. Der Bekannteste unter diesen ersten »Militärberatern« der Osmanen war Helmuth von Moltke. Damals konnte niemand vorhersehen, welche Rolle der spätere Generalfeldmarschall als Chef des preußischen Generalstabs und Sieger der Kriege gegen Dänemark (1864), Österreich (1866 bei Königgrätz) und Frankreich (1870–71) einmal für die Gründung des deutschen Kaiserreiches (1871) spielen sollte. In seinen Erinnerungen »Unter dem Halbmond. Erlebnisse in der alten Türkei (1835–1839)« hat Moltke anschauliche Berichte vom Zustand des niedergehenden Osmanischen Reiches hinterlassen.

Ein besonderes Anliegen war Mahmut II. die Einrichtung von technischen Schulen, in denen nicht nur Offiziere, sondern auch Beamte eines neuen Typs ausgebildet werden sollten, um die konservativen Beamten vergangener Zeiten ablösen zu können. In einem säkularen, das heißt nichtreligiösen, Grundschulsystem sollten die Schüler auf den Besuch der technischen Schulen vorbereitet werden. Als äußeres Zeichen des Modernisierungswillens erließ der Sultan eine Kleiderverordnung, die das Tragen der traditionellen Pluderhosen und des Turbans verbot. Statt dessen mußten die Beamten nun einen rockähnlichen schwarzen Mantel, eng anliegende schwarze Hosen und den roten Fes tragen – ein Kleidungsstück, das Atatürk etwa 100 Jahre später im Zuge seiner Reformen wieder abschaffen und durch den europäischen Hut ersetzen sollte.

Mahmuts Versuch, die im Aufbau befindliche neue Armee in der Konfrontation mit dem aufmüpfigen ägyptischen Statthalter Mehmet Ali einzusetzen, führte 1839 in der Schlacht von Nisip zu einem militärischen Desaster. Moltke hatte davon abgeraten, sich auf die Schlacht einzulassen; zu wenig fortgeschritten war noch der Aufbau des neuen Heeres.

2 Eine wichtige Quelle über das späte Osmanenreich sind Helmuth v. Moltkes Reiseerinnerungen »Unter dem Halbmond«.

In seiner Würdigung Mahmuts II. läßt Moltke den reformfreudigen Sultan eher als tragische Gestalt erscheinen. »Sultan Mahmud hat ein tiefes Leid durchs Leben getragen: Die Wiedergeburt seines Volks war die große Aufgabe seines Daseins, und das Mißlingen dieses Plans sein Tod.«[8] Moltke sah klar die zahlreichen hohen Hürden, die einer Modernisierung des Heeres, ja erst des Reiches, entgegenstanden. Die traditionellen politischen, kulturellen und religiösen Strukturen waren zu tief verwurzelt, als daß ein einzelner Mann mit reformerischem Geist sie in wenigen Jahren hätte aufsprengen können. »Allein jetzt wurde es fühlbar, wieviel leichter es ist, die Mängel eines Staatsgebäudes zu erkennen als ihnen abzuhelfen. Wieviel schwerer aufzubauen als einzureißen.« So waren fremde Helfer notwendig, keineswegs aber willkommen: »Es blieb demnach übrig, sich Rat bei den Fremden zu holen; aber in der Türkei wird die beste Gabe verdächtigt, sobald sie aus der Hand eines Christen kommt. Peter der Große hatte 500 Offiziere, Ingenieure, Artilleristen, Wundärzte, Künstler für seinen Dienst persönlich angeworben; sie teilten seine Mühe und ernteten die Früchte derselben. In Rußland konnten die Fremden gehaßt sein, in der Türkei sind sie verachtet. Ein Türke räumt unbedenklich ein, daß die Europäer seiner Nation an Wissenschaft, Kunstfertigkeit, Reichtum, Kühnheit und Kraft überlegen seien, ohne daß ihm im entferntesten in den Sinn käme, daß um deswillen ein Franke sich einem Moslim gleichstellen dürfte.«

Daß die Religion einer umfassenden Erneuerung im Wege stand, hat Moltke auch erkannt: »Zwar ist der Großherr zugleich der Kalif, aber als solcher ist er doppelt gebunden, sich streng an den Lehrsätzen des Mohammedanismus zu halten. Wie das mosaische Gesetz verbreitet sich auch der Islam über eine Menge ganz äußerlicher Gegenstände; er schreibt dem Ideengang seiner Anhänger eine bestimmte Richtung vor und erhebt polizeiliche Vorschriften zu religiösen Lehrsätzen, welche zum Teil der Fortbildung des Geistes, der Entwicklung des gesellschaftlichen Zustandes und der Förderung materieller Interessen hemmend entgegentreten… So ist der Kalif, wenn er der Sultan eines Osmanischen Reiches sein will, in die unglückliche Lage versetzt, an den Lehrsätzen des Islam rütteln zu müssen, aus deren Beachtung er seine Machtvollkommenheit schöpft.«

»So viele und so große Hindernisse stellten sich dem Plan des

Sultans entgegen.«[9] Die Reformen hatten meist in Äußerlichkeiten bestanden, in Namen und Projekten. Hundert Jahre später sollten die Reformen des jungtürkischen Revolutionärs Mustafa Kemal (Atatürk) dann entschieden radikaler ausfallen. Er hatte aus den Fehlern der Geschichte gelernt und wollte nun eine radikale Reform, die auf der Eliminierung des Islam aus dem öffentlichen Leben beruhte.

Der taumelnde Riese

Mit dem Tode Sultan Mahmuts schien die Geschichte des glorreichen Osmanischen Reiches nun tatsächlich dem Ende entgegenzugehen. Das Reich, das er hinterließ, war – wie Moltke hier bemerkt – »im traurigsten Zustande…, schwach wie ein Kind und hinfällig wie ein Greis in den älteren Institutionen, welche sich überlebt haben.«[10]

Die Modernisierung, die unter Mahmut II. einen ersten Höhepunkt erfuhr, prägt die Geschichte des Reiches bis zu seiner Auflösung. Schließlich scheiterte sie daran, daß die Reformschritte, die von einzelnen Sultanen bzw. ihren Kabinetten unternommen wurden, eher halbherzig waren und auf den Widerstand der bestehenden, in Tradition und Islam verwurzelten Strukturen stießen. Das Reich erwies sich am Ende als nicht mehr zu retten. Immerhin aber waren damit Vorzeichen gesetzt für die radikalen Reformen, die nach seinem Untergang von Mustafa Kemal, dem Gründer der neuen Türkei, – dann allerdings radikal gegen Tradition und Religion – durchgeführt wurden.

Am Anfang stand die Erkenntnis – sie hatte schon Selim III. und Mahmut II. zu ihren Reformen motiviert –, daß die osmanischen Heere jenen der Österreicher, der Russen und der anderen europäischen Mächte unterlegen waren. Mahmut II. hatte aus dieser Erkenntnis Konsequenzen gezogen und die Janitscharen abgeschafft. Die militärischen Reformen, zu deren Planung und Durchsetzung man den jungen Hauptmann von Moltke ins Land gerufen hatte, nahmen hier ihren Anfang. Der Sohn und Nachfolger Sultan Mahmuts, Abdülmecit I. (1839–61), setzte das Werk seines Vaters entschieden und auf breiterer Grundlage fort. Kurz nach seinem Regierungsantritt ließ der neue Sultan in einem Erlaß, dem »Hohen Sendschreiben« *(Hatt-i şerif)*, 1839 die Grundprinzipien niederlegen, die den Reformen seines Vaters und seinen eigenen künftigen Schritten zugrunde lagen. Nach der Niederlage des soeben neu aufgestellten Heeres lag wohl das Motiv zu seiner Verkündigung darin, den europäischen Mächten zu zeigen, daß die Osmanen sich selbst zu modernisieren vermochten. Zum ersten Mal wurden so etwas wie Menschen- bzw. Bürgerrechte proklamiert, auch wenn diese von europäischen Vorstellungen noch weit entfernt waren: Sicherheit des Lebens und der Ehre aller Osmanen (darunter waren sowohl Muslime wie Nichtmuslime zu verstehen) sowie ihres Besitzes; Ende der Steuerpacht und ihrer Mißbräuche; reguläre Rekrutierung in die Armee; gerechte und öffentliche Gerichtsbarkeit für alle Angeklagten; Gleichheit aller Bürger vor dem Gesetz. Namentlich dies letztere stellte in einer Gesellschaft, die bisher in verschiedenen Religionsgemeinschaften gelebt hatte, unter denen die muslimische die herrschende war und bleiben sollte, die größte Neuerung dar. Die Reihe von Reform-»Erlassen« *(Tanzimat)*, die dem *Hatt-i şerif* folgten, gaben den kommenden Jahren ihren Namen: Man spricht von der Tanzimat-Epoche.

Der eigentliche Autor des Sendschreibens war freilich Mustafa Reşit Pascha (1800–58). Ein Mann der Verwaltung, war er 1834 als Botschafter nach Paris berufen worden. Später übernahm er das osmanische Außenministerium. Er kannte das westliche Ausland gut genug, um in seinen Reformen die Vorteile der europäischen Organisationsformen und Verwaltungstechniken nützen zu können.

Mehrfach in Ungnade gefallen, kehrte er 1849 als Großwesir an die Spitze der Verwaltung zurück. Von da an gewann die Modernisierung des Schulsystems – ein weiterer Faktor für die Rückständigkeit des Osmanischen Reiches gegenüber den europäischen Mächten – an Tempo. Ein Komitee von hohen Würdenträgern wurde ernannt, um die Lage der bestehenden Schulen zu untersuchen und Vorschläge für Neugründungen zu machen. Große Pläne wurden geschmiedet, die sich aber angesichts des islamischen Widerstandes nur teilweise verwirklichen ließen; immerhin entstanden die ersten höheren Schulen, die um die Mitte des Jahrhunderts 870 Schüler aufzuweisen hatten. Eine Universität wurde geplant, blieb jedoch in den Anfängen stecken.

Am 18. Februar 1856 erließ der Sultan ein neuerliches »Majestätisches Sendschreiben« *(Hatt-i humayun)*: Darin wurden die Grundlagen des *Hatt-i şerif* bestätigt und die Gleichheit aller Osmanen vor dem Gesetz, ungeachtet ihrer Religion, wurde deutlicher unterstrichen. Dies geschah zweifellos, um den europäischen Mächten, die damals gerade zur Konferenz von Paris zusammentraten, mit der sie den Krim-Krieg (1853–56) zu einem Abschluß zu bringen gedachten, ein neues Signal für den Reformwillen des Reiches zu geben. In Artikel 9 des Pariser Vertrages vom 30. März 1856 wird das »Majestätische Sendschreiben« ausdrücklich zur Kenntnis genommen.

Weitere Reformen folgten unter den »Jüngern« Reşit Paschas, Ali Pascha und Fuat Pascha. Ein Bodenrechtskodex entstand; das Strafrecht wurde neu gefaßt; Handelsrecht und Handelsgerichtsbarkeit wurden reformiert.

Die finanzielle Lage erwies sich als die eigentliche Achillesferse der reformbedürftigen Türkei. Die ersten Sultane des Jahrhunderts hatten zur Abwertung der Währung gegriffen, wenn sie in Finanzschwierigkeiten gerieten. Im Jahr 1840 ging die »Ottomanische Bank« zur Einführung von Papiergeld über. Diese »Kaime« genannten Scheine waren in Wirklichkeit nur ein Geldersatz; sie hatten den Charakter von Staatsanleihen mit einer achtjährigen Laufzeit bei einem Zinssatz von acht Prozent. In den sechziger Jahren geriet der Staat finanziell zunehmend in die Klemme; mit immer neuen Kunstgriffen suchte er sich Einnahmen zu verschaffen: Salz-, Tabak-, Stempelgebühren; Alkoholsteuer; Seidensteuer; Zölle auf Einfuhren usw. wurden der Ottomanischen Bank als Garantien für die Schulden des Staates überschrieben. Mit der Verwaltung der »Osmanischen Schuld« *(Dette ottomane)* trat der Staat praktisch einen Teil seiner Hoheitsrechte an seine ausländischen Gläubiger ab. Die Finanzverwaltung geriet in hohem Maße unter die Kontrolle des Auslandes.

Neben diesen staatlichen Schuldoperationen gab es private europäische Konzessionäre aller Art, die Häfen, Eisenbahnen und Elektrizitätswerke bauten sowie Bergwerke und Wasserwerke oder die Gasversorgung der Städte betrieben. Aus ihren Operationen zogen sie beträchtliche Gewinne. Gegen Ende des Jahrhunderts beteiligte sich auch Deutschland daran; berühmt wurde das Engagement Berlins beim Bau der anatolischen Bahnen und der Bagdad-Bahn, das insbesondere auch durch die damals noch junge Deutsche Bank finanziert wurde.

Im Zusammenhang mit diesen Abhängigkeiten vom Ausland kam den »Kapitulationen« eine verhängnisvolle Rolle zu. Wie erwähnt, liegt deren Ursprung in jenen Ausländern eingeräumten Vergünstigungen, mit denen diese der Gerichtsbarkeit ihrer eigenen Konsuln oder anderer Vertreter der jeweiligen Ausländergemeinschaft unterstellt und so der osmanischen Rechtsprechung entzogen wurden. Dieses Privileg entwickelte sich in der Zeit bis zum Ersten Weltkrieg dann zum Vehikel der Ausbeutung und Abhängigkeit. So manchem skrupellosen Handelsmann oder Unternehmer gelang es auf diese Weise, sich mit Hilfe der Gerichtsbarkeit durch seine Landsleute praktisch Straffreiheit zu verschaffen und mit den kühnsten Schwindeloperationen zu Lasten osmanischer Bürger und des Staates ungeschoren davonzukommen.

Der Einfluß Europas auf die osmanischen Institutionen und die Verwaltung nahm stetig zu; dies auch infolge der Reformen, genauer, der »Europäisierung« der Mentalität und Methoden der staatstragenden osmanischen Führungsschicht. Ideen begannen, zu politischen Kräften zu werden. Der bürgerliche Liberalismus war ein solches politisches Ferment. Eine Gruppe, die »Jungen Osmanen« *(Yeni osmanlılar)*, die sich in der einen oder anderen Weise liberalen Ideen Europas verbunden fühlten, begann, diese dem Absolutismus der Sultane entgegenzustellen. In ihrem Denken bedeuteten Patriotismus, Reformwille und Liberalismus eine Einheit. Der Gruppe gehörten Angehörige aus den besten Familien der osmanischen Elite an. Um Mustafa Fazıl, einem Enkel des ägyptischen *Khediven* Mehmet Ali, bildete sich ein Kreis von Journalisten und Beamten, der um 1865 nahezu 200 Mitglieder zählte. Auch der bedeutendste türkische Dichter der Epoche, Namık Kemal (1840–88), gehörte ihm an.

1876 brachen sich diese Ideen politisch Bahn. Ihr Vorkämpfer war Mithat Pascha. Als junger Mann in der Ämterlaufbahn aufgestiegen, hatte er einen Studienurlaub in Europa verbracht und war danach in verschiedenen Positionen im Dienst des Sultans tätig. 1872 war er für kurze Zeit Großwesir, später hatte er andere Ministerposten in Istanbul inne. 1876 kam es zu Straßenunruhen, und Mithat ließ am 30. Mai 1876 den Sultan absetzen. Abdülhamit II. (1876–1908) gelangte auf den Thron. Vor seiner Erhebung zum Sultan versprach der Prinz, eine Verfassung zu erlassen, die Mithat bereits im Wortlaut vorlegen konnte. Das Dokument ging in wesentlichen Teilen auf die belgische Verfassung von 1831 zurück.

Freilich, die Zeit war noch nicht reif für so weitreichende Schritte. Mithat Pascha wurde entlassen und nach Arabien verbannt; 1884 wurde er ermordet. Das Parlament, das 1876 gewählt wurde und im März 1877 zusammentrat, löste der Sultan elf Monate später wieder auf: Eine Reihe von Abgeordneten hatte Courage gezeigt und einige Minister aufgefordert, vor der Kammer zu erscheinen und über ihre Tätigkeit Rechenschaft abzulegen. Der Sultan ordnete die Rückkehr der Abgeordneten in ihre Provinzen an; erst 30 Jahre später sollte er sie wieder zusammenrufen. Die Verfassung wurde zwar jedes Jahr im Staatskalender abgedruckt, doch der Sultan regierte durch Dekrete.

Zwar hängt ihm für seine Regierungszeit der Ruf des Diktators an, der diese ausgehende Ära des Osmanischen Reiches eher düster erscheinen läßt. Immerhin aber muß man einräumen, daß Abdülhamit II. das durch die Tanzimat begonnene Reformwerk zu einem logischen Abschluß führte. Er vermochte es, die Staatsfinanzen zu sanieren und dafür auch die Mitarbeit ausländischen Kapitals zu gewinnen. Er baute das Schulwesen großzügig aus; die Provinzverwaltung wurde unter ihm saniert und rationalisiert. Die Universität von Istanbul öffnete ihre Tore. Das Kommunikationssystem, Eisenbahn, Telegraph und Straßen, wurde erweitert und ermöglichte so das Vordringen der Reformen in die entfernteren Provinzzentren und eine engere Kontrolle der Beamten des weit ausgedehnten Reiches.

Die »Jungtürken« – Ende und Neubeginn

Unübersehbar war, daß das schwankende Reich auf eine neue Grundlage würde gestellt werden müssen – doch auf welche? Die Konstitutionalisten schlugen vor, durch eine Verwirklichung der Verfassung und die Wiedereinsetzung des Parlaments alle Schichten und Gruppen an der Machtausübung zu beteiligen. Demgegenüber traten die Spannungen zwischen Muslimen, also Türken, Arabern, Kurden und balkanischen Muslimen, auf der einen Seite und den christlichen Untertanen, Orthodoxen wie Armeniern, auf

BOSNIEN
RUMÄ
SERBIEN
Rom (Roma)
Sofia (Sofija)
MONT.
ITALIEN
ALBANIEN
Saloniki
(Thessaloniki)
GRIECHENLAND
Athe
(Athe
MITTELMEER
Tripolis
(Tarabulus)
Derna
(Darnah)
Bengasi
(Banghazi)
CYRENAICA
TRIPOLIS
Verluste 1879–1914
Osmanisches Reich 1915
Heutige türkische Staatsgrenze
0
200
400 km

Osmanisches Reich 1879–1915

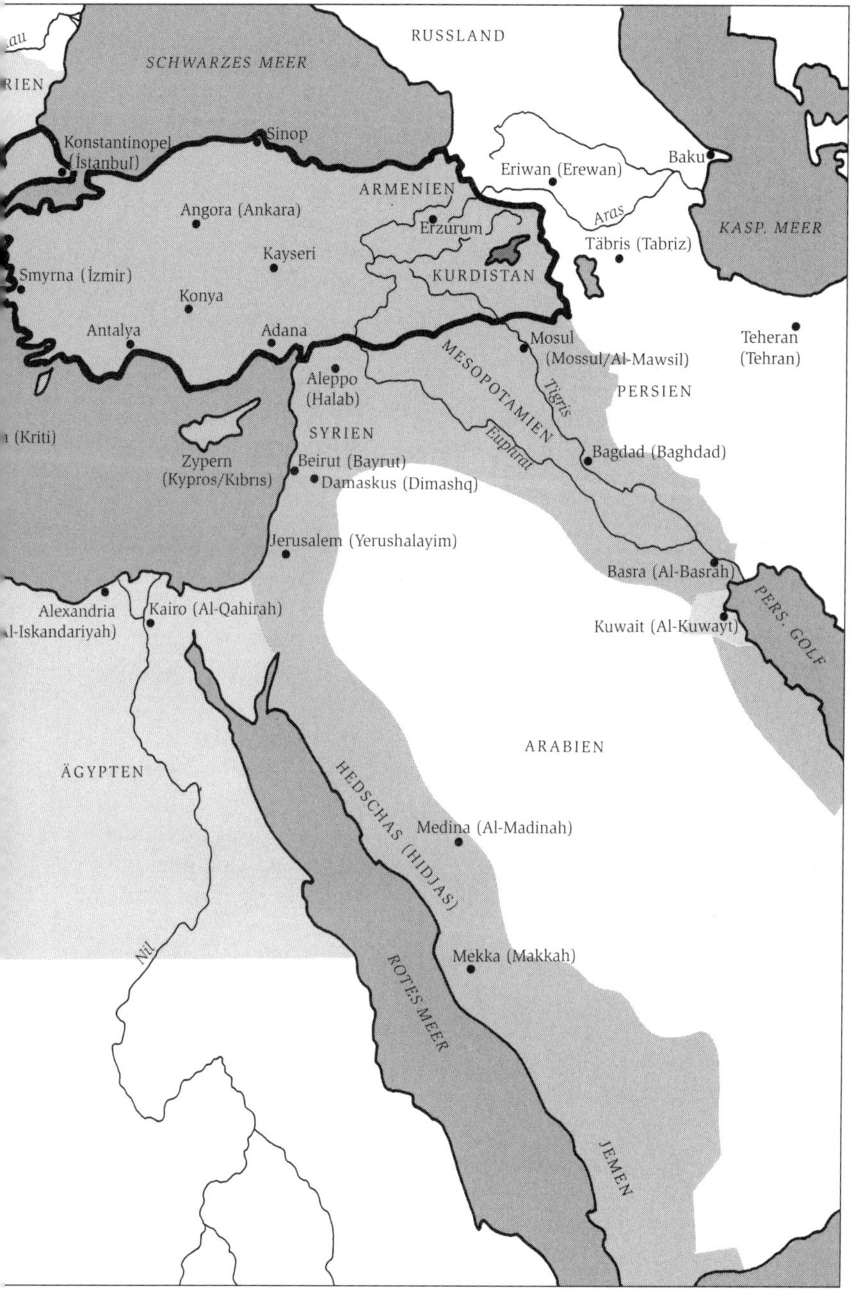
RUSSLAND
SCHWARZES MEER
RIEN
Konstantinopel (İstanbul)
Sinop
ARMENIEN
Eriwan (Erewan)
Baku
Aras
Angora (Ankara)
Erzurum
KASP. MEER
Täbris (Tabriz)
Kayseri
KURDISTAN
Smyrna (İzmir)
Konya
Antalya
Adana
Mosul (Mossul/Al-Mawsil)
Teheran (Tehran)
MESOPOTAMIEN
Aleppo (Halab)
Tigris
PERSIEN
(Kriti)
SYRIEN
Euphrat
Bagdad (Baghdad)
Zypern (Kypros/Kıbrıs)
Beirut (Bayrut)
Damaskus (Dimashq)
Jerusalem (Yerushalayim)
Basra (Al-Basrah)
Alexandria
l-Iskandariyah)
Kairo (Al-Qahirah)
Kuwait (Al-Kuwayt)
PERS. GOLF
ARABIEN
ÄGYPTEN
HEDSCHAS (HIDJAS)
Medina (Al-Madinah)
Nil
Mekka (Makkah)
ROTES MEER
JEMEN

der anderen Seite immer deutlicher zutage. Eine osmanische Staatsbürgerschaft war folglich kaum zu verwirklichen. Der Pantürkismus, also eine Ausrichtung auf die türkischsprechenden Zentralasiaten, war eine andere Variante. Wieder andere schließlich traten für einen Panislamismus ein und forderten, ein Reich zu schaffen, das im wesentlichen die muslimischen Untertanen des Sultans umfassen würde.

Während diese Ideen noch diskutiert wurden, setzte sich der innere Zerfall des Reiches rasch fort. Staatsbeamte, Offiziere, Intellektuelle und Lehrer schlossen sich zu Geheimgesellschaften zusammen; nationalistisch denkende Gruppen in der arabisch-islamischen Elite, aber auch seit Anfang des Jahrhunderts unter Kurden, belegten, daß auch die Gemeinsamkeit der islamischen Religion hinter nationalen Aufwallungen zurückzutreten begann.

Unter den Gruppen, die gegen die autoritäre Herrschaft von Sultan Abdülhamit II. zu agitieren anfingen, war auch eine Gruppierung mit Namen Komitee für Einheit und Fortschritt *(Ittihat ve terakki cemiyeti)*. Sie sollte die einflußreichste und am Schluß die bestimmende Kraft werden und die Politik des Reiches im letzten Jahrzehnt seines Bestehens prägen. Im Ausland waren ihre Anhänger als »Jungtürken« bekannt. Unter sich in mehrere Unterorganisationen gespalten, forderten die einen die Wiedereinführung der Verfassung sowie die Versöhnung und Zusammenarbeit mit den nationalen Minderheiten durch Dezentralisierung und Föderalisierung des osmanischen Staates. Andere stellten demgegenüber einen starken türkischen Nationalismus als integrierendes Element in den Vordergrund.

1908 kam es zur Kraftprobe zwischen den Jungtürken und dem Sultan. Entscheidend war, daß es dem Komitee für Einheit und Fortschritt gelungen war, Teile der Armee auf seine Seite zu ziehen. Auf ein Ultimatum der 3. (mazedonischen) und der 2. (thrakischen) Armee hin sah sich Abdülhamit II. im Juli 1908 gezwungen, die Verfassung wiederherzustellen. Das Komitee, das die Fäden gezogen hatte, blieb zwar im Hintergrund, bestimmte jedoch die Ereignisse auf der politischen Bühne in Istanbul. Unter allgemeiner Euphorie ließ das Komitee als eine seiner ersten Amtshandlungen Wahlen durchführen. Es ging daraus als überlegener Sieger hervor.

Noch freilich war die starre Ordnung, die Abdülhamit II. in den über drei Jahrzehnten seiner Regierung errichtet hatte, nicht überwunden. Am 12. April 1909 kam es zu einem Gegencoup; das Komitee mußte vorübergehend die Hauptstadt verlassen. Noch immer aber hatte es bei der Armee die besseren Karten. Am 24. April rückten Armee-Einheiten in Istanbul ein. Der Sultan wurde abgesetzt und verbannt; der neue Sultan, Mehmet V. Reşat (1909–18), stand unter der Gewalt des Komitees für Einheit und Fortschritt.

Seit der Revolution von 1908 schien das politische Leben für einen Augenblick vom Druck der vergangenen Jahrzehnte befreit. Zwischen Muslimen und Nichtmuslimen war es zu Verbrüderungsszenen gekommen. Parteien konnten sich organisieren, namentlich aber die Presse hatte einen weiten Freiraum. Doch das Aufatmen sollte schnell neuer Unterdrückung weichen. »Einheit« war eines der Schlagworte der Jungtürken gewesen. Diese glaubten sie nun gewaltsam herbeiführen zu können. Alle regionalen Verbände oder Vereinigungen von Minderheiten, die Klubs der Armenier, der Bulgaren etc., wurden verboten. Rasch wurde klar, daß an die Stelle der Diktatur Abdülhamits II. eine Diktatur des Komitees getreten war. »Einheit« erhielt sehr bald auch eine türkisch-nationalistische Einfärbung, die in wachsendem Maße alle nichttürkischen Völker des Reiches, besonders aber die nichtmuslimischen Minderheiten, entfremdete.

Es war die Tragödie der Armenier, daß sie sich ausgerechnet zu jenem Zeitpunkt als Nation zu begreifen begonnen hatten. Schon Jahrzehnte zuvor waren die Spannungen zwischen Armeniern und ihrem muslimischen Umfeld – Türken, namentlich aber auch Kurden – gestiegen und hatten sich bisweilen pogromartig entladen. Armenisch-nationalistische Gruppen forderten einen armenischen Staat und arbeiteten mit Rußland zusammen. Die Ende des 19. Jahrhunderts einsetzenden Verfolgungen trafen hauptsächlich die an diesen politischen Umtrieben unbeteiligte armenische Bevölkerung.

Mit dem Vordringen der Russen in Nordostanatolien Anfang 1915 spitzte sich die Situation der Armenier dramatisch zu. Einige Tausend schlossen sich den vorrückenden russischen Truppen an; hinter den Linien kam es zu Desertionen armenischer Soldaten aus der osmanischen Armee und zu armenischen Guerilla-Aktivitäten. In dieser Situation beschloß die osmanische Regierung auf Betreiben von Innenminister Talât Pascha die Umsiedlung der Armenier aus der Kriegszone nach Deir ez-Zor inmitten der syrischen Wüste. Für die Armenier Anatoliens (und darüber hinaus) wurden die Ereignisse eine Katastrophe. Denn es kam nahezu überall im ganzen Reich, wo Armenier wohnten, zu Deportationen oder eben direkt zu Massenmorden. Wenn auch genaue Zahlen über die Opfer naturgemäß nicht existieren, liegen vorsichtige Schätzungen der Historiker bei 600 000 bis 800 000 Toten. Umstritten ist auch, inwieweit die osmanische Regierung selbst für die Massaker verantwortlich zu machen ist. Während die offizielle Türkei dies bis heute von sich weist und diese den Zuständen in Anatolien zuschreibt, lassen insbesondere die Berichte zeitgenössischer deutscher Beobachter und Untersuchungen unparteiischer Historiker darauf schließen, daß – wenn nicht die Regierung als ganze – so doch ein innerer Kreis des Komitees unter der Führung von Talât entschlossen war, die »östliche Frage« durch die Auslöschung der Armenier zu lösen. Die Deportationen erscheinen dafür nur als Vorwand. Der Dichter Franz Werfel hat in seinem Roman »Die vierzig Tage des Musa Dagh« eine erschütternde Darstellung von den Leiden der Armenier gegeben.

Die Auswirkungen der türkisch-nationalistischen Politik der Jungtürken waren aber auch unter den muslimischen Arabern zu spüren. Sie begannen einen eigenen Nationalismus zu entwickeln. Unter den christlichen arabischen Minderheiten hatte es Bestrebungen in diese Richtung schon früher gegeben; doch für die große Mehrheit der muslimischen Araber wurde die Erfahrung des türkischen Nationalismus, der für sie eine Zurücksetzung in den Bereich von Bürgern zweiter Klasse bedeutete, der entscheidende Anstoß zu nationaler Selbstbesinnung. Seit 1916 kämpften sie, von den Briten mit der Aussicht auf die Errichtung eines eigenen arabischen Staates geködert, gegen das osmanische Imperium, an dessen Spitze ja noch immer der Kalif stand, der eigentlich die Einheit der *Umma*, der islamischen Gemeinde, hätte manifestieren sollen. Der Nationalismus hatte diese Einheit gesprengt; und der Aufruf des Sultans zum *Cihad*, zum »Heiligen Krieg«, verhallte deshalb unter den Muslimen weithin ungehört.

Angesichts der tiefen und militanten Friktionen konnte die Verfassung, deren Wiedereinsetzung die Jungtürken so lange erstrebt hatten, keine Wirkung zeigen. Zwischen 1909 und 1911 bildeten sich

Oppositionsbewegungen innerhalb des Parlaments; die Konfrontation zwischen ihnen und dem Komitee verschärfte sich. Aus den Wahlen im Frühjahr 1912, bekannt als die Wahlen mit dem »Knüppel« *(Sopalı seçim)* und berüchtigt wegen des damit verbundenen Ausmaßes an Gewalt und Einschüchterung, ging das Komitee mit einem mühsam errungenen Sieg hervor.

In den Augen der Opposition freilich besaß dieses Parlament keine Rechtmäßigkeit mehr. Sie konnte auf die Unterstützung von Offizieren rechnen, die sich zum Teil aus Unzufriedenheit vom Komitee abgespalten, zum Teil von vornherein einer Vermischung von Politik und Militär, wie sie die noch jungen Militärs des Komitees betrieben, ablehnend gegenübergestanden hatten. Unter ihrem Druck kam im Sommer 1912 eine Regierung der nationalen Einheit zustande. Das Parlament wurde aufgelöst; die Mitglieder des Komitees wurden verfolgt und mußten zum Teil ins Ausland fliehen.

Der Gegencoup des Komitees vom 23. Januar 1913 sollte den letzten innenpolitischen Umschwung vor dem Ende des Reiches einleiten. Pläne, die Regierung aus dem Amt zu jagen, scheinen schon Ende 1912 auf dem Höhepunkt der Repressalien gegen das Komitee entstanden zu sein. Die »Rechtfertigung« eines gewaltsamen Regierungswechsels ergab sich aber erst nach dem katastrophalen Ausgang des ersten Balkankrieges vom Herbst dieses Jahres. Die Forderungen der europäischen Mächte, die sich im Dezember zu Beratungen in London versammelt hatten, waren maximal: Aufgabe nahezu aller Territorien auf dem Balkan, einschließlich Edirnes, der Hauptstadt des Osmanischen Reiches bis zur Eroberung von Byzanz im Jahr 1453. Die Gefahr, daß sich die Regierung den Forderungen beugen würde, war groß. Am 23. Januar machte sich deshalb eine Gruppe von Offizieren zur Hohen Pforte auf, brach in den Raum ein, in dem gerade das Kabinett beriet, erschoß den Kriegsminister und setzte das Kabinett gefangen.

Von nun an kontrollierte das Komitee die Lage vollständig. Die Wahlen im Winter 1913/14 waren für die Machtverhältnisse bedeutungslos. Als Kern des Machtapparats begannen jene drei Männer hervorzutreten, die man als das »Triumvirat« bezeichnet hat. Talât, ein ehemaliger Postbeamter, wurde Innenminister. Enver wurde zum Pascha (General) befördert und zum Kriegsminister ernannt. Auch Cemal erhielt eine Beförderung zum Pascha; er blieb Militärgouverneur der Hauptstadt. Obwohl andere Mitglieder des Komitees keineswegs an Einfluß verloren, lag die eigentliche Macht doch bis zum Ende des Ersten Weltkrieges beim »Triumvirat«, wobei wiederum Cemal im Schatten von Enver und Talât stand.

Die »orientalische Frage« spitzt sich zu

Das Reich war freilich nur zum Teil an seiner inneren Schwäche, die auch durch die halbherzigen Reformbestrebungen nicht hatte behoben werden können, gescheitert. Seit dem 18. Jahrhundert hatten europäische Mächte systematisch das Ihre dazu beigetragen, das Reich nach und nach zu schwächen. Daß es so schwierig war, das Fell des osmanischen Bären zwischen den europäischen Großmächten, insbesondere Rußland, England und Frankreich, zu verteilen, hatte diesem noch eine relativ lange Lebensdauer beschert. Mit der französischen Landung in Ägypten unter Napoleon Bonaparte (1798) und der anschließenden Machtübernahme durch Mehmet Ali wurde die faktische Unabhängigkeit Ägyptens vom Sultan in Konstantinopel eingeläutet. Der blieb zwar bis zum Ausbruch des Ersten Weltkrieges nominell der Oberherr. Der *Khedive*, wie sich der ägyptische Herrscher nun nannte, handelte faktisch aber unabhängig – nicht selten gegen den Sultan –, bis England ab 1882 die unmittelbare Kontrolle in Ägypten ausübte.

Die erste erfolgreiche Freiheitsbewegung unter den Völkern des Reiches führte 1829 zur Unabhängigkeit Griechenlands. Sie war das Ergebnis eines Freiheitskrieges, der 1821 begonnen hatte, und in dem keine Seite einen wirklichen Sieg hatte erringen können. Die Vernichtung der türkischen Flotte bei Navarino durch eine vereinigte Flotte Englands, Frankreichs und Rußlands, die auf seiten der bedrängten Griechen eingriff, öffnete den Weg für ein Diktat der europäischen Mächte, das zur Entstehung eines griechischen Nationalstaates führte, der sich bis zu den Balkankriegen (1912/13) mehr und mehr nach Norden ausdehnen sollte. Den griechischen Träumen, das Byzantinische Reich eines Tages wieder zu erneuern, bereitete erst die türkische Nationalbewegung nach der Niederlage des Osmanischen Reiches unter Mustafa Kemal ein Ende.

Ein schon fast lebensbedrohender Konflikt innerhalb des Reiches entzündete sich, als der Sohn von Mehmet Ali, Ibrahim Pascha, – selbst noch Vasall des Sultans – 1832 daran ging, Syrien der Herrschaft des *Khediven* einzugliedern. Das Heer des Sultans wurde vernichtend geschlagen; und nur auf den Druck Englands und Frankreichs hin, die fürchteten, daß der Sultan gezwungen wäre, sich zu weit an Rußland auszuliefern, mußte Ibrahim seine Eroberungen 1840 wieder räumen.

Das nächste größere Kräftemessen der Großmächte endete im Krim-Krieg. Dieser Streit, der über eine zunächst eher nebensächliche Problematik, nämlich die Rolle der Großmächte als Beschützer der Heiligen Stätten in Palästina, ausbrach, sah bald die Russen auf der einen Seite und eine Allianz zwischen Großbritannien, Frankreich, später auch Österreich und der Türkei auf der anderen. Es ging darum, ein weiteres Vordringen Rußlands, das darauf gerichtet war, Teile des Balkans seiner Herrschaft zu unterwerfen, zu verhindern. Auf der Konferenz von Paris (1856) wurden die Walachei und Moldau autonom, verblieben aber unter russischer Oberhoheit. (Sie sollten sich in den folgenden Jahren zu dem Staat Rumänien zusammenschließen.) Einen ähnlichen Status erhielt Serbien. Das Schwarze Meer und die Donau wurden internationalisiert. Das Osmanische Reich hatte erneut wertvolle Gebiete abgeben müssen.

1861 intervenierte Frankreich in einem Streit zwischen Drusen und christlichen Maroniten im Libanon. Daraus entstand die autonome Provinz des Mont Liban, die Urzelle des heutigen Libanon.

Auf dem Balkan kamen die Völker nicht mehr zur Ruhe. Rußland intervenierte zugunsten der Serben. 1877 erreichten russische Truppen die Stadt Edirne und nahmen im Osten die Stadt Kars ein, konnten aber vor Erzurum zum Stehen gebracht werden. Auf dem Kongreß in Berlin (1878), bei dem Reichskanzler Otto von Bismarck als »ehrlicher Makler« fungierte, wurden auf dem Balkan neue Grenzen gezogen: Serbien, Montenegro und Rumänien bekamen die Unabhängigkeit; Bulgarien wurde autonom; Ost-Rumelien erhielt Autonomie und ein Sonderstatut unter den Türken; Griechenland wurden Thessalien und ein Stück von Mazedonien zugeteilt; Herzegowina und Bosnien wurden von Österreich besetzt, blieben aber Teil des Osmanischen Reiches. Rußland durfte Kars, Batum und Ardahan im Osten behalten; Frankreich wurde als Schutzmacht der katholischen Christen im Orient anerkannt. Die etwas provisorische Regelung für Bulgarien entwickelte sich in den nächsten Jahren zur »Mazedonischen Frage«. In der Gegenwart ist sie mit dem Streit zwischen der 1992 unabhängig gewordenen Republik Mazedonien und Griechenland von neuem aufgeflammt.

Die Balkankriege (1912/13) sind das letzte Glied dieser Kette von Kriegen und Verwicklungen, bevor das Osmanische Reich im Ersten Weltkrieg unterging. Eine von Rußland unterstützte Koalition aus Serbien, Bulgarien, Griechenland und Montenegro führte im Oktober und November 1912 einen erfolgreichen Krieg gegen die Türken. Die Griechen nahmen die Ägäischen Inseln ein; die bulgarische Armee rückte über Edirne hinaus bis knapp vor Istanbul. Wie sehr die Ereignisse die inneren Entwicklungen in Istanbul zur Jahreswende 1912/13 berührten, wurde bereits erwähnt. Ein Frieden kam im Frühling 1913 zustande; er ließ der Türkei nur ein winziges Stück europäischen Besitzes. Doch im zweiten Balkankrieg, der über die Teilung der eroberten Gebiete ausbrach, gelang es dem Reich, Edirne von den Bulgaren zurückzugewinnen. 1913 erhielt die Türkei auch die beiden Inseln unmittelbar am Eingang zu den Dardanellen, Tenedos und Imbros, durch einen Beschluß der Großmächte zurück.

Es war die Entscheidung des Triumvirats in Konstantinopel, die das Reich an der Seite Deutschlands in den Krieg führte. Der starke Einfluß der prodeutschen Fraktion im Komitee, aber auch eine unglückliche Verquickung von Umständen und politischen Fehlkalkulationen waren am Ende für den Kriegseintritt bestimmend. Die Tatsache, daß der russische Erbfeind auf der Gegenseite stand, dürfte ebenfalls zur Entscheidung der Türken zugunsten der Zentralmächte beigetragen haben.

Doch der Krieg sollte sich als Gnadenstoß für das Reich erweisen. Er führte zur Loslösung seiner arabischen Gebiete und zum militärischen Zusammenbruch des Großteils der türkischen Armeen. Noch einmal war die Hohe Pforte gezwungen, einen Mehrfrontenkrieg zu führen, den sie ebensowenig gewinnen konnte wie Deutschland in der Lage war, die osmanische Armee wirksam zu unterstützen. Im Kaukasusgebiet stand dem Osmanischen Reich Rußland, im Irak und am Suezkanal England gegenüber. An den Dardanellen, der Meerenge zwischen der europäischen und asiatischen Türkei, hinderten die osmanischen Truppen eine britisch-französische Flotte am Vorstoß gegen Konstantinopel. Auf der Halbinsel Gallipoli, am europäischen Ufer der Dardanellen, trieben sie ein Expeditionscorps aus Briten, Australiern und Neuseeländern ins Meer zurück. Die Schlacht, die von April 1915 bis Januar 1916 dauerte, sollte dem türkischen Nationalstolz erheblichen Auftrieb geben. Außerdem kämpften osmanische Verbände in Galizien, Mazedonien und Rumänien. Von Ägypten aus stieß der englische General Allenby, mit Hilfe arabischer Aufständischer, nach Palästina vor; im September 1918 besetzten diese Kräfte mit arabischer Unterstützung Syrien.

Einer der wenigen türkischen Generäle, die im Weltkrieg Erfolge aufzuweisen hatten, war Mustafa Kemal. Er war unter dem Oberkommando des deutschen Generals Liman von Sanders der eigentliche Sieger in der Schlacht von Gallipoli, einer der blutigsten Schlachten des Weltkrieges. Seinen Truppen war es zu verdanken, daß die englischen und australischen Angreifer kurz nach der Landung den entscheidenden Durchbruch über die Küstenberge nicht bewerkstelligten. Und es war ebenfalls Mustafa Kemal, der den entscheidenden Gegenangriff führte, der Anfang August 1915 die Höhenzüge über den Dardanellen befreite und damit die Voraussetzung für den türkischen Sieg schuf. Von Mustafa Kemal wird noch zu berichten sein.

Als der Krieg bereits verloren war, setzte Kriegsminister Enver Pascha noch einmal einen besonderen militärischen und politischen Akzent. Mit dem Rückzug Rußlands aus dem Krieg nach der »Großen Sozialistischen Oktoberrevolution« schien im Kaukasus nunmehr ein Vakuum entstanden zu sein. Damit eröffnete sich nicht nur die Chance, die 1878 an Rußland verlorenen Gebiete im Nordosten Anatoliens zurückzugewinnen. Enver sah darüber hinaus die Möglichkeit, nach dem unaufhaltsamen Verlust des Reiches in den turksprachigen Gebieten des Kaukasus und Zentralasiens ein neues Reich – der Türken – zu errichten. Im September 1918 besetzten türkische Truppen Baku, die Hauptstadt Aserbaidschans.

Diese Episode konnte das Ende des Krieges natürlich nicht mehr aufhalten. Nach dem Rückzug der deutschen Truppen in Frankreich, dem Zusammenbruch Bulgariens und dem Durchbruch der Briten in Palästina mußte die osmanische Regierung einen Waffenstillstand zu erreichen suchen. Er kam am 30. Oktober in der Ortschaft Mudros auf der Insel Lemnos zustande.

Geschichte und Gegenwart

Wo sind die Spuren dieser geschichtlichen Schlaglichter in der türkischen Politik von heute sichtbar? Was läßt sich daran ablesen? Zweifellos läßt sich der Islam in der Türkei nicht übersehen. Später wird noch auf das Wiedererstarken dieser Religion im Erscheinungsbild und in der Politik der heutigen Türkei einzugehen sein. Immerhin scheint sie so stark vom Islam geprägt, daß nicht wenige Beobachter argumentieren, das Land befinde sich auf dem Weg zu einer islamischen Republik. Dies ist freilich aus einer Reihe von Gründen unwahrscheinlich, die an anderer Stelle noch genauer zur Sprache kommen werden. Hier nur soviel: Der türkische Islam war in den langen Jahrhunderten osmanischer Herrschaft aufs engste mit der politischen Macht verflochten. Zwar gab es religiöse Bruderschaften, die zugleich politische Bünde waren und insbesondere in der langen Agonie des Reiches neben dem offiziellen Islam beträchtlichen politischen Einfluß ausübten. Dies reichte bis zur Absetzung bzw. Einsetzung von Sultanen, bei denen – wie erwähnt – die Janitscharen eine immer stärkere Rolle spielten. Und diese waren vor allem dem islamischen Orden der Bektaşi verbunden. Der Islam an sich aber war Teil des politischen Establishments. Jedenfalls bildeten seine Vertreter keine politische Kraft, die das System selbst zu unterminieren und islamisch-revolutionäre Ordnungen zu errichten gesucht hätte.

Wichtiger noch ist, daß der offizielle Islam durchweg den Interessen der politischen Führung untergeordnet war. Der Sultan/Kalif war nicht nur politischer Herrscher, sondern auch verantwortliche Instanz dafür, daß die Gebote und Gesetze des Islam in der islamischen Gemeinde durchgesetzt wurden und Geltung fanden. Dafür stand ihm der *Şeyhülislâm* zur Seite, die oberste Instanz für die Auslegung und Weiterentwicklung des islamischen Rechts. Bei Konflikten zwischen ihm und dem Sultan mußte ersterer den kürzeren ziehen. Der Islam, verkörpert durch den obersten Theologen und Rechtsgelehrten, hat der Politik und den politischen Interessen und Entscheidungen nicht im Wege gestanden. Eine Bewegung wie der islamische Fundamentalismus, der auf der Grundlage eines politischen Islamverständnisses, das aus dem Koran geschöpft wird, die bestehende Ordnung auszuhebeln und durch eine »islamische Ordnung« zu ersetzen trachtet, hat in der türkischen Geschichte keine Tradition.

Eine andere Spur des langen Zuges der Türken durch den Mittleren Osten sind die tiefgreifenden persischen und arabischen Kultureinflüsse, von denen sie geprägt wurden. Bis zu ihrem Eintreten in den islamischen Kulturkreis war die Kultur der zentralasiatischen Türken von ihrem nomadischen Leben geprägt. An den benachbarten Hochkulturen Chinas, Irans oder des Byzantinischen Reiches hatten sie kaum Anteil gehabt. Jetzt, da sie als eroberndes Herrenvolk in den islamischen Kulturkreis eintraten, nahmen sie dessen Kultur tief in sich auf. Diese war freilich alles andere als uniform. Die Iraner hatten ihr eine eigentümliche Ausprägung gegeben, die in der darstellenden Kunst und Architektur, aber auch in Literatur und Wissenschaft hervortrat. Persisch war weithin die Sprache der Gebildeten. Das Arabische andererseits war die Sprache der Religion selbst und der Religionsgelehrten.

Wie tiefgreifend die Abkehr von ihrer zentralasiatischen Kulturtradition war, zeigte sich an der Entwicklung der türkischen Sprache. Immer stärker wurde sie von Elementen des Persischen und Arabischen überlagert. Die Hofsprache der Osmanen schließlich war eine Kunstsprache, die nur noch zu einem kleinen Teil ihre türkische Substanz verriet. Arabischer Wortschatz und persische Ausdrucksformen gaben dem *Osmanlı* ein eigenes Gepräge. Man muß sich dies vor Augen halten – und darauf wird noch zurückzukommen sein –, um zu ermessen, warum der Bruch, den der Staatsgründer der neuen Türkei, Mustafa Kemal Atatürk, mit der Vergangenheit vollzog, um das Heil schließlich in der Nachahmung Europas zu suchen, so radikal sein mußte. Als die Türken sich als türkische Nation zu verstehen begannen, mußten sie auch deren sprachliche Grundlagen erst einmal unter einer dicken Schicht persischer und arabischer Einflüsse, die von der islamischen Religion und Kultur kaum zu trennen waren, freilegen. Gleichzeitig stellte sich damit die skeptische Frage, ob eine so radikale Ablösung, wie sie der Staatsgründer gewollt hat, wirklich möglich und dauerhaft sein konnte. Mit Blick auf das Bestreben, die Türkei zum Vollmitglied in der Europäischen Union zu machen, hat die Frage an Eindringlichkeit gewonnen: Ist die Türkei durch Geschichte und Kultur denn wirklich ein Teil Europas?

Die Zeit der Türkenherrschaft ist lange vorbei, doch die psychologischen Nachwirkungen bei den beherrschten Völkern sind noch immer spürbar. Das Stichwort »Herrenvolk« ist schon gefallen. Wo die Türken im Nahen Osten auftauchten, suchten sie bald die Macht zu übernehmen. Man holte sie als begehrte Soldaten aus ihrer asiatischen Heimat zum Schutz von Herrschern, die sich ihrer Macht nicht sicher wähnten. Als Angehörige eines »importierten« Volkes, dem auch die einheimische Sprache fremd war, schienen sie eine sichere Bastion gegen eine dem Herrscher feindlich gesinnte Umgebung zu sein, mit der sie nicht gemeinsame Sache machen konnten. Diese Prätorianergarden freilich griffen dann in vielen Fällen bald nach der Macht und gründeten eigene Dynastien. Die erste im Herzen der arabischen Welt war die Dynastie der Tuluniden in Ägypten (868–905). Andere folgten, kurz- oder längerlebige. Noch die Dynastie, die mit dem *Khediven* Mehmet Ali Anfang des 19. Jahrhunderts in Ägypten gegründet wurde und die 1952 von Oberst Nasser und seinen »Freien Offizieren« gestürzt wurde, sprach bis weit in dieses Jahrhundert hinein neben der arabischen Landessprache türkisch. Desgleichen die Qadscharen, von denen Reza Schah, der Vater des 1979 gestürzten Schah von Persien, 1925 die Macht übernahm.

Die Seldschuken waren die ersten Türken, die von Bagdad, der Hauptstadt des Kalifats, aus über weite Teile des Nahen Ostens herrschten. Mit den Osmanen, die 1517 Kairo und 1534 Bagdad eroberten, waren wieder Türken über vier Jahrhunderte die Herren über weite Teile der islamischen Welt. Das hat sie nicht beliebt gemacht. Zwar haben die muslimischen Araber länger dem Osmanischen Reich die Treue gehalten als die christlichen Untertanen des Sultans, die sich seit dem frühen 19. Jahrhundert zu befreien versuchten. Aber am Schluß (1916–18) erhoben sie sich dann doch gegen den Sultan und schlugen so den letzten starken Nagel in den Sarg des Osmanischen Reiches. Die psychologischen Beziehungen zwischen dem türkischen »Herrenvolk« und seinen muslimischen »Untertanen« von einst sind bis heute belastet. Viele Türken sehen mit Geringschätzung auf die Araber herab und wollen ihnen den Verrat ihres Aufstands an der Seite eines britischen Agenten, des berühmten Lawrence »von Arabien«, nicht verzeihen. Die Araber ihrerseits machen die Türken für jahrhundertelange Ausbeutung und Rückständigkeit verantwortlich. Was viele ihnen schließlich bis heute auch nicht vergessen, ist, daß die Gründer der modernen Türkei mit ihrem radikalen und aggressiven Säkularismus und der Hingabe an den Westen den Islam verletzt, muslimische Solidarität gebrochen und somit – nach ihrer Einschätzung – die Kräfte innerislamischer Erneuerung und islamischer Selbstbehauptung gegen den Westen geschwächt haben. So wollen Entkrampfung und Annäherung zwischen der Türkei und ihrem arabischen Hinterland auch heute keine rechten Fortschritte machen. Das gilt übrigens genauso für Iran, mit dem das Osmanische Reich seit dem 16. Jahrhundert zahlreiche Kriege führte.

Alte türkisch-arabische Ressentiments traten zum Beispiel in neuerer Zeit wieder zutage, als es nach der zweiten Krise am Golf im Frühjahr 1991 darum ging, dort ein regionales Sicherheitssystem zu errichten. Zunächst schien das eine arabische Angelegenheit zu sein. Dann meldete sich die Islamische Republik Iran mit dem Argument, daß ohne eine Beteiligung Irans, der stärksten Macht am Golf, ein solches System nicht denkbar sei. Das komplizierte die Sache vor dem Hintergrund der geschichtlichen, aber auch aktuellen Animositäten zwischen Iran und den Arabern, die sich zuletzt im irakisch-iranischen Krieg (1980–88) entladen hatten. Aber als schließlich der türkische Präsident Turgut Özal mit Blick auf die Rolle Ankaras in der Allianz gegen Saddam Husain klarmachte, daß auch die Türkei nun eine regionale Macht sei und mithin ebenfalls in puncto Sicherheit der Region ein Wort mitzureden habe, mußte die Verwirklichung des Vorhabens in weite Ferne rücken. Schwer vorstellbar ist jedenfalls, daß angesichts der herzlichen gegenseitigen Abneigung aller Beteiligten ein von Arabern, Iranern und Türken getragenes und von allen akzeptiertes Sicherheitssystem zustande kommen wird.

Was außerdem noch bleibt von der Geschichte ist ein relativ – nicht vollständig – unverkrampftes Verhältnis zum Westen. Anders als die Araber waren die Türken nicht dem vollen Zugriff der europäischen Kolonialmächte ausgesetzt. Die arabische Welt wurde nach dem Ende des Osmanischen Reiches skrupellos nach den Interessen europäischer Mächte aufgeteilt. Das wirkt bis heute nach, wenn sich die Araber in kritischen Situationen einer westlichen Verschwörung ausgesetzt fühlen, an der nicht zuletzt auch ihr Erzfeind

Israel erheblichen Anteil hat. Ihr Verhältnis zum Westen ist tief von Skepsis und Mißtrauen gekennzeichnet.

Dies gilt auch für die Perser, in deren Politik sich westliche Mächte, namentlich Rußland und England, seit Anfang des 19. Jahrhunderts massiv einmischten. Die Islamische Revolution kann durchaus als eine späte Reaktion darauf verstanden werden. Das nachrevolutionäre Regime hegt eine tiefe Abneigung gegen alles, was aus dem Westen kommt. Teheran ist auf Abgrenzung, allenfalls auf kontrollierte Annäherung aus.

In den Geschicken des Osmanischen Reiches hatten die europäischen Mächte gleichfalls ihre Finger – und zwar massiv. Ob sie die Unabhängigkeitsbestrebungen der christlichen Untertanen des Sultans unterstützten oder sich in die Wirtschafts- und Finanzpolitik des moribunden Reiches einmischten – das Schicksal des Reiches wurde in hohem Maße in den europäischen Hauptstädten entschieden. Aber Istanbul war als Zentrum eigenständiger politischer Entscheidungen nicht ausgeschaltet – bis zum bitteren Ende, das heißt bis zur Entscheidung des jungtürkischen Triumvirats, an der Seite Deutschlands in den Ersten Weltkrieg einzutreten. Als die europäischen Mächte dann ihre Hand auf die Türkei zu legen versuchten, widersetzten sich die anatolischen Türken erfolgreich. Mit der Waffe erkämpften sie die Gründung des neuen türkischen Staates und formten ihn nun nach ihrem eigenen Willen.

Zwar lassen sich die Türken auch heute noch nur widerwillig von Europa in ihre eigenen Angelegenheiten hineinreden. Zum Teil aus Stolz; zum Teil, weil sie fürchten, daß dieses Europa und andere auswärtige Mächte noch immer versucht sein könnten, in der türkischen Politik ihr eigenes Süppchen zu kochen. Vor allem, wenn es um die kurdische Frage geht, fühlen sich viele Türken an das Jahrhundert vor dem Ende des Osmanischen Reiches erinnert, als mit europäischer Unterstützung eine »Nation« nach der anderen aus dem Reich herausgebrochen wurde. Auf der anderen Seite aber haben große Teile der türkischen Elite bis in die Gegenwart Europa bewundert. Nachdem der Versuch europäischer Mächte, die Türkei zu kolonisieren, erst einmal zurückgeschlagen war, entschieden sich die türkischen Führer rückhaltlos für einen Entwicklungsweg, der konsequent nach Westen weisen sollte.

Nicht ohne Koketterie verweisen Türken heute gern auf ihre

Westwanderung, wenn sie ihre Bemühungen begründen wollen, Vollmitglied in der Europäischen Union zu werden. Zunächst noch einmal abgewehrt, hätten sie sich nicht entmutigen lassen. Jetzt am Ende des 20. Jahrhunderts stünden sie schließlich am Atlantik. Nicht mehr als Eroberer, sondern mit friedlichen Absichten. Dreieinhalb Millionen Türken leisteten als Einwanderer in vielfältiger Weise ihren Beitrag zur Entwicklung europäischer Gesellschaften und Volkswirtschaften. In dieser Argumentation wird die Vollmitgliedschaft in der Europäischen Union zum logischen Abschluß eines historischen Prozesses.

Welche Barrieren auf diesem Wege standen und stehen und warum das Land doch nicht so weit gekommen ist, wie es sich die Gründer des Staates vorgestellt haben, wird noch deutlich zu machen sein.

Freilich, die Entwicklungen der letzten Jahre haben es den Türken ermöglicht, den Blick auch wieder auf eine andere Dimension ihrer Geschichte zu werfen. Der Zusammenbruch des sowjetischen Imperiums öffnet den Blick nach Osten – über den Kaukasus hinweg nach Zentralasien. Sie sind sichtbar fasziniert von der Möglichkeit, mit den Räumen Zentralasiens zu kommunizieren, die sie vor mehr als tausend Jahren verlassen haben, wo aber Turkvölker nie zu existieren und eigene, zum Teil bedeutende Reiche zu schaffen aufgehört haben.

Wie werden sich diese Beziehungen gestalten lassen? Und welche Position werden die Türken zwischen Westwanderung und Streben nach Europa auf der einen und Rückbesinnung auf die asiatische Turkfamilie auf der anderen Seite einnehmen? Werden sich am Ende auch neue Perspektiven für die Gestaltung der Beziehungen zum historischen Vor- und Hinterland zwischen dem Balkan und der mediterranen und mittelöstlichen Welt ergeben, nachdem diese sich ebenfalls anschicken, ihren Platz in der Welt neu zu definieren?

Hier tritt schließlich die osmanische Dimension ins Bild. Islamisierung im Inneren und die Herausforderung zu einer umfassenden Standortbestimmung nach außen lassen Stimmen hörbar werden, die einem »Neo-Osmanismus« das Wort reden. Anstatt auf dem unsicheren Weg nach Europa voranzustolpern, verweisen sie auf die geschichtliche Größe des Osmanischen Reiches. Daraus ergäben sich eine besondere Aufmerksamkeit, besondere Verpflichtungen und ausgeprägte Interessen der Türkei für jene Regionen, die einst Teil des Osmanenreiches waren. Tun sich damit für die zukünftige türkische Außen- und Sicherheitspolitik neue Koordinaten in den Dimensionen der Vergangenheit auf? In jedem Fall gibt es eine ganze Reihe von Fragen, die sich den Türken gegenwärtig in einer Zeit des Umbruchs mit Blick auf die Vergangenheit stellen.

Die Kultur: Auf der Suche nach einer eigenständigen Identität

Vom Osmanen zum Türken

Wie tief Geschichte und Kultur im Falle der Türken miteinander verflochten sind, wurde bereits angedeutet. Die Türken sind dabei mehr die Nehmenden gewesen. Sicher haben auch sie Originelles hervorgebracht. Da, wo die Kunst im Volk verwurzelt ist, etwa in der Lyrik der Volkssänger, Derwische und islamischen Mystiker, findet sich ein eigener »türkischer« Ausdruck. Türkisches Kunsthandwerk, so im Bereich von Textilien und Keramik, hat Stücke von hervorragender Schönheit vorzuweisen. Originell ist auch die Leistung der türkischen Architektur, die ihren Höhepunkt in Baumeister Sinan (1489–1588) fand, einem »Türken« wahrscheinlich griechischer Herkunft. In den Moscheen, deren grandioseste Ausführungen man in Istanbul findet, wird architektonisch der Wille zu einer Raumgestaltung sichtbar, der anscheinend auch die Politik des Osmanischen Reiches bestimmte.

Aber sonst blieb die osmanische Hochkultur an Originalität hinter den persischen und arabischen Vorbildern zurück. Hier sind die Türken den Römern vergleichbar. Diese übernahmen die Formen und großen Stoffe der Griechen, setzten hier und da neue Akzente, erreichten aber nicht Ursprünglichkeit und künstlerische Aussagekraft der großen Vorbilder.

Warum sind es gerade die Türken gewesen, die am radikalsten den Islam aus Politik und Gesellschaft zu verdrängen suchten? Warum haben sich gerade die Türken so rückhaltlos dem Westen verschrieben? Der Bruch mit dem Osmanischen Reich mußte auch ein Bruch mit der Kultur sein, die ihm seine Legitimation als islamische Ordnung verlieh. Denn der Islam, in dem die osmanische Kultur ihre Wurzeln hatte, war ja die Grundlage von Gesellschaft und Politik. Das Osmanische Reich war vom Islam als einer Religion, einer

kulturellen Manifestation und einer politischen Macht nicht zu trennen.

Der Gründer der modernen Türkei, Mustafa Kemal Atatürk, hatte aus der Geschichte seine Lehren gezogen. Warum hatten die Reformen, die die Sultane über mehr als ein Jahrhundert vorgenommen hatten, den Verfall des Reiches nicht aufhalten können? Mustafa Kemals Antwort: Weil der Islam einer wirklichen Modernisierung im Wege gestanden hatte. Wie konnte man ein modernes Schulwesen einrichten, wenn daneben das islamische Ausbildungswesen der Medrese, an der die wissenschaftliche und pädagogische Entwicklung Europas vorbeigegangen war, fortbestand? Und wie war ein Recht zu schaffen, das den gesellschaftlichen Wandlungen und der politischen Modernisierung entsprach, wenn man an dem islamischen Recht festhielt, das vor mehr als 1000 Jahren unter Bedingungen entstanden war, die mit den politischen, zivilisatorischen und kulturellen Bedingungen, die nun mehr und mehr von Europa bestimmt wurden, nichts mehr zu tun hatten?

Atatürk kam zu dem Schluß, daß der Islam der Erneuerung einer türkischen Gesellschaft, die der europäischen Herausforderung wirkungsvoll würde begegnen können, hinderlich war. Das richtete sich nicht gegen den Islam als individuelles Glaubensbekenntnis. Dieser sollte weiterhin Sache des einzelnen Muslim bleiben. (Allerdings sind sehr abfällige Worte Atatürks über den Islam belegt.) Aber die Gesellschaft, der Staat, die Politik als Ganzes würden vom Islam befreit werden müssen. Es war Atatürks feste Überzeugung, daß die Stärke der europäischen Mächte wesentlich auf der Trennung von Religion und Politik beruhte, die sich über die Jahrhunderte in Europa durchgesetzt hatte. Somit wurde der »Laizismus« oder Säkularismus ein Kernstück der kemalistischen Revolution. Über die weitreichenden politischen Reformen wird noch zu sprechen sein. Reformen, die aus einer islamisch geprägten Ordnung mit dem Sultan/Kalifen an der Spitze eine westorientierte Republik machten, aus der nach dem Zweiten Weltkrieg schließlich eine Demokratie werden sollte, die europäischen Vorbildern nahezukommen sucht. Doch hinter der Fassade eines tiefgreifenden politischen

3 Innenraum der Hagia Sophia in Istanbul im 19. Jahrhundert

Wandels ist die kemalistische Revolution in erster Linie eine Kulturrevolution gewesen.

Wie wenig Politik und Kultur beim Übergang vom Osmanischen Reich zur Türkischen Republik überhaupt zu trennen waren, wird unter anderem an der Einführung des – neben dem Laizismus – nicht weniger weitreichenden revolutionären Prinzips deutlich, auf dem der neue Staat beruhen sollte: des Nationalismus. Der Islam kennt den Begriff der Nation nicht. Für den Muslim gibt es nur eine »Nationalität«, die islamische. Mit dem Islam gehört der Gläubige zur »Gemeinde«, der einen und eigentlich durch nichts zu teilenden Umma (türkisch: *Ümmet*). In ihr ist jeder Gläubige gleich. Ob Araber, Perser, Türke, Inder, Europäer und wo immer sich der Islam ausbreitete – in der Gemeinde sollten diese Abstammungen und Zugehörigkeiten im Prinzip keine Rolle spielen. »Der Gläubige ist für den Gläubigen wie der Bau; der eine Teil hält den anderen fest«, lautet ein Wort des Propheten Mohammed, das uns über mehrere anerkannte Autoritäten überliefert ist. Sie alle sind demselben Recht unterworfen, das überall dort gilt, wo Muslime leben. Ein eigenes »nationales« Recht kann es daneben nicht geben. (In der Praxis freilich hat das jeweilige lokale Gewohnheitsrecht (arab./türk.: *Adet*) immer mehr oder minder Geltung gehabt.)

Auch der Herrscher ist dem islamischen Recht unterworfen; seine besondere Stellung ist nur gerechtfertigt, solange er diesem Geltung verschafft und sicherstellt, daß der Gläubige ein Leben als Muslim führen kann.

Dies war natürlich ein Ideal. So idyllisch ist es in der Realität der islamischen Welt kaum jemals hergegangen. Denn bald schon entstanden auf dem Boden des Islam eigenständige Staaten mit territorialen, ethnischen oder sprachlichen Eigenheiten. Als Nationen, wie sie sich in Europa seit dem 16. Jahrhundert herausgebildet haben, verstanden sie sich aber nicht. Denn sie blieben Teil der islamischen Umma.

Das Osmanische Reich war der letzte Vielvölkerstaat in der islamischen Welt. Es konnte an machtvolle Vorgänger anknüpfen – an das arabisch-islamische umaijadische Reich, das weite Teile des Nahen Ostens und Nordafrikas umfaßt hatte. Um 750 war es vom abbasidischen Kalifat in Bagdad abgelöst worden, das sich weit nach

Osten ausdehnte und in dem nun andere Völker wie die Perser oder die Türken eine bestimmende politische Rolle spielten.

Im Osmanischen Reich waren die Türken das herrschende Volk. Aber Angehörige anderer Völker hatten Aufstiegschancen; ja selbst Angehörige christlicher Völker konnten bis in höchste Staatsämter aufsteigen, sofern sie zum Islam übertraten.

Die Nichtmuslime, das heißt also vornehmlich die Christen unterschiedlicher konfessioneller Richtung und die Juden, waren naturgemäß Bürger zweiter Klasse. Schon der Prophet Mohammed hatte den »Buchreligionen« *(Ahl al-kitâb)* besondere Toleranz entgegengebracht. Deren Anhänger wurden nicht zur Bekehrung gezwungen, sondern hatten als Gemeinden ein vertraglich geregeltes Verhältnis zu den Muslimen. Allerdings mußten sie eine besondere »Kopfsteuer« zahlen und waren Einschränkungen im politischen Leben ausgesetzt. Mit den Jahren hatten es viele Nichtmuslime deshalb vorgezogen, sich zum Islam zu bekehren. Andererseits aber ist es dieser besonderen rechtlich-politischen Stellung der religiösen Minderheiten innerhalb der islamischen Imperien zu danken, daß Angehörige der Buchreligionen dort bis in die Gegenwart überlebt haben.

Die Osmanen haben dieses System unter ihrer Verwaltung rechtlich und politisch verfeinert. Diese *Millet* genannten Religionsgemeinschaften besaßen ein hohes Maß an rechtlicher Eigenständigkeit und politischer Autonomie; solange sie dem Sultan Steuern entrichteten, ließ man sie weitgehend in Ruhe. Wirtschaftlich waren sie sogar den Türken voraus. Dies gilt für den Handel, aber vor allem auch für die im 19. Jahrhundert einsetzende Industrialisierung.

1992 trat diese islamisch-osmanische Variante der Toleranz ins Blickfeld, als man in Europa, in Israel und anderswo, wo Juden in der Vergangenheit gelebt hatten oder noch leben, der Vertreibung der Juden und Muslime aus Spanien vor 500 Jahren (1492) gedachte. Mit Stolz konnten die Türken darauf verweisen, daß damals viele vertriebene Juden im Osmanischen Reich Aufnahme gefunden hatten.

Viele dieser *Millets* wurden im 19. Jahrhundert – die einen früher, die anderen später – vom Fieber des Nationalismus ergriffen. Daß dabei die europäischen Mächte kräftig Öl ins Feuer gossen, wurde schon erwähnt. Der Bedeutungswandel des Begriffs *Millet* selbst verrät den Übergang vom Status einer geduldeten Religionsgemeinschaft zur »Nation«. Im modernen Türkischen bedeutet *Millet* heute »Nation«. Aus den religiösen Gemeinschaften wurden »Nationen« (wie unter anderen die der Serben, Griechen, Bulgaren oder Armenier).

Die Türken als die Herren im Reich gehörten zu den letzten, die zur »Nation« fanden. Seit Beginn des 19. Jahrhunderts hatten sich christliche »Nationen« aus dem Reich gelöst. Im Falle des Nationalismus des armenischen Volkes sollte dieser Kampf eine tragische Dimension erhalten und mit der weitgehenden Ausrottung der Armenier in Anatolien enden. Aber auch Muslime – so namentlich die Araber – begannen, ihre Nationalität zu entdecken. Zunächst waren es allerdings christliche Araber, die sich in der Mitte des 19. Jahrhunderts daranmachten, nach den Spuren des Arabertums zu suchen, die durch die Jahrhunderte der Türkenherrschaft verschüttet worden waren. Mehr und mehr schlossen sich ihnen muslimische Araber an. Dies freilich zunächst mehr im Sinne einer »Renaissance«, eines kulturellen Wiedererwachens also. Anders als bei den christlichen Untertanen griechischer, serbischer, bulgarischer, montenegrinischer usw. »Nation« führte die nationale »Wiedergeburt« der muslimischen Untertanen nicht fast zwangsläufig zu separatistischen Bewegungen. Diese Tendenz verschärfte sich erst am Vorabend des Ersten Weltkrieges, als die an der Macht befindlichen Jungtürken ihrerseits einem türkischen Nationalismus verfielen und damit eine unheilbare Kluft in die islamische Umma rissen. Um jedoch den letzten Schritt des Aufstands der arabischen »Nation« gegen den Sultan/Kalifen zu tun, bedurfte es weiteren zusätzlichen britischen Drängens und britischer Verheißungen, bevor die muslimischen Araber in den Krieg gegen ihren politischen und religiösen Oberherrn eintraten.

Die türkische »Nation« war zunächst nicht einfach zu entdecken. Der ungarische Orientalist Hermann (Arminius) Vámbéry (1832–1913), der jahrelang in Konstantinopel lebte, berichtet in einem seiner Bücher, er habe dort unter den Türken keine einzige Person angetroffen, die sich mit der Frage des türkischen Nationalismus oder den Turksprachen ernsthaft beschäftigte.[11] Ziya Gökalp (1875–1924), geistiger Vater des türkischen Nationalismus, begann erst 1896 Interesse für die frühe türkische Geschichte zu entwickeln, nachdem er Werke von Léon Cahun (1841–1900) über die Geschichte der Türken gelesen hatte. Cahun, Lehrer und Schriftsteller, war mit seinen Büchern zu türkischen Themen auch in der Türkei bekannt geworden.

Noch bis in die ersten Jahre dieses Jahrhunderts wurde an osmanischen Bildungseinrichtungen nichts über »türkische« Geschichte gelehrt. Bis zur Revolution von 1908 waren die Türen der Medresen sogar der türkischen Sprache verschlossen. Gelehrt wurde nur die osmanisch-islamische Geschichte, die mit der Geburt des Propheten einsetzte. Die Entdeckung der türkischen Nation ist also nicht zuletzt auch von Europa aus in die osmanische Gesellschaft hineingetragen worden.

In gewisser Weise war das verständlich. Durch die Identifikation der Osmanen mit dem Islam, die gegen Ende des Reiches immer nachdrücklicher propagiert wurde, konnte eine türkische Eigenart, die das herrschende Volk zu einer eigenständigen Nation gemacht hätte, nicht ins Blickfeld treten. Ja, die Bezeichnung »Türken« hatte geradezu den Beigeschmack des bäurischen, geistig zurückgebliebenen Landvolkes oder von Nomaden.

Noch bis zur kemalistischen Revolution besaßen die Türken keine einheitliche Bezeichnung für sich selbst, weder eine einheitliche Sprache noch Familiennamen. Als *Osmanlı*, das heißt Osmanen, bezeichneten sich die Eliten in den Städten und die Feudalherren. Osmanen oder – in französischer Version – Ottomanen hießen die Türken auch in den Ländern Europas. Zumindest die privilegierten Schichten der türkischen feudalen Führerschaft hatten das Gefühl für ihre Herkunft, die Verbindung zum Volk weitgehend verloren. Sie selbst verwendeten für sich nicht den ethnischen, sondern den konfessionellen Namen »Muslime« oder eben nach der Staatsbürgerschaft »Osmanen«. Auf die Frage: »Sind Sie Türke oder nicht«, hätte man in der Oberschicht geantwortet: »Muslim«. Das gilt auch für die, die von einem anderen Glauben, etwa ursprünglich christliche Griechen oder Armenier, zum Islam übergetreten waren und »Karriere« gemacht hatten.[12]

Nur langsam und unter ausländischem Einfluß entdeckten die Türken gegen Ende des Jahrhunderts ihre eigene »nationale« Identität – unabhängig vom osmanischen Staat, dem sie freilich weiterhin angehörten, und von der islamischen Religion. Erst nachdem die kemalistische Revolution der türkischen Nation ihren politischen Ausdruck gegeben hatte, bezeichnete sich das ganze Volk selbst mit dem Namen »Türken«.

Die Entscheidung für den türkischen Nationalstaat war von nicht geringerer Tragweite als die Durchsetzung des Laizismus. Sie war eine Absage an den islamischen Vielvölkerstaat der Osmanen. Für ihn hatten »türkische« Truppen jahrhundertelang an vielen Fronten Krieg geführt. Immer mehr waren sie damit überfordert gewesen. Der Laizismus war aber auch eine Absage an die Visionen jener Träumer wie Enver Pascha, die auf den Ruinen des osmanischen Vielvölkerstaates das Großreich der Türken zwischen Bosporus und Zentralasien zu errichten gedachten. Die Türken würden des Türken einziger Freund sein – wie ein türkisches Sprichwort sagt –, nachdem sie von ihren nichttürkischen Untertanen so schnöde verlassen worden waren. Davon hielt Atatürk nichts. Für ihn waren Anatolien und sein europäisches Vorland der geographische und politische Raum, in dem die Türken ihren neuen Staat aufbauen würden. Atatürk war kein Mann für abenteuerliche Visionen. Er stand realistisch auf dem – anatolischen – Boden.

»*Ne mutlu Türküm diyene* – Wie erhaben ist es zu sagen: Ich bin ein Türke« – dieses Zitat schmückt landauf, landab die türkischen Städte, ja die Landschaften, wie der Reisende in Anatolien nicht selten beobachten kann. Es bringt die Selbstversicherung der Türken zum Ausdruck. Damit hoben sie ihr Haupt und reklamierten ihren Platz in der internationalen Gemeinschaft. Aus dem von Europa herumgeschubsten und entwürdigten »kranken Mann am Bosporus« war eine Nation geworden, die sich mit den europäischen Nationen auf eine Stufe zu stellen beanspruchte. Politik sollte sich ausschließlich am nationalen Interesse der Türken orientieren. Sie würden sich um ihr eigenes Wohl kümmern, sich nicht mehr durch religiöse Visionen oder fremde Interessen verführen lassen. »Friede daheim, Friede in der Welt« wurde der außenpolitische Leitsatz, dem die Türkei künftig verpflichtet sein sollte.

So ganz sicher schien sich freilich der Staatsgründer seiner Sache nicht zu sein. Nicht nur, weil der nationale Gedanke vor dem Hintergrund der islamischen Geschichte einer breiten Öffentlichkeit, die noch jahrzehntelang weiter in islamischen Traditionen verharrte, schwer zu vermitteln war. Auch der Blick auf die anatolische Geschichte, in der sich viele Kulturen abgelöst hatten, ließ Zweifel nicht unberechtigt erscheinen, daß Anatolien tatsächlich die Nationalheimat der Türken war.

So wurde eine Geschichtsideologie geschaffen, die den Anspruch der Türken auf Anatolien begründen sollte. 1931 wurde die Gesellschaft zum Studium der Türkischen Geschichte (*Türk Tarihi Tetkik Cemiyeti*, später *Türk Tarih Kurumu*) ins Leben gerufen. Die Vorgeschichtsforschung hatte gerade in jenen Jahren auf anatolischem Boden bedeutende Fortschritte gemacht. Auch die Türkische Geschichtskommission beteiligte sich nun an Grabungen und stieß in Alaca Hüyük auf aufsehenerregende Funde aus der Frühzeit der Hetiter. Diese Entdeckungen, nicht allzuweit von Ankara, regten die historische Phantasie zu kühnen Höhenflügen an. Gelang es, eine Verwandtschaft zwischen Türken und den Trägern jener alten Kulturen nachzuweisen, so waren die Türken auf anatolischem Boden nicht späte Einwanderer und Erben einer alten Kultur, sondern vielmehr Autochthone, anatolischem Boden entsprossen. Mit Hilfe einer oberflächlichen Etymologie nahm man aber auch die sumerische Kultur in Mesopotamien, ja sogar die ägyptische, griechische, etruskische und keltische als Gründungen türkischer Volksgruppen an, die durch die Austrocknung der innerasiatischen Steppengebiete zu Wanderungen nach allen Randländern, nach China, nach Indien und nach dem Westen gezwungen gewesen sein sollten.

Gab es eine bessere Möglichkeit, das durch die Verwestlichung unsicher gewordene Selbstgefühl wiederherzustellen? Holte man nicht nur zurück, was einst aus türkischer Wurzel erwachsen war? Diese »türkische Geschichtstheorie«, die 1932 zum ersten Mal verkündet wurde, hat sich jedoch nicht lange gehalten und mußte schnell revidiert werden. Für einen Augenblick aber wurde sie – sogar vom Staatsgründer selbst – propagiert. Der kulturelle Turanismus (Pantürkismus) ersetzte den politischen, den man rechtzeitig beiseite gelegt hatte, weil man spürte, daß dieser nicht zu verwirklichen wäre.

Auch der türkischen Sprache galt es ein »Bürgerrecht« in der Türkei zu verschaffen. Im Osmanischen Reich waren bei den Türken praktisch drei Sprachen in Gebrauch: Arabisch als Sprache der Religion, Osmanisch-Türkisch (Hochosmanisch) als Amts- und Literatursprache der Gebildeten und die türkische Umgangssprache. Dazu kam noch Persisch als häufig gebrauchte Sprache der Literatur.

Es waren die Jungtürken, die die osmanische Sprache zu entrümpeln und eine »nationale« Sprache zu fordern begannen. Aber erst die Gründung des türkischen Nationalstaates gab einer durchgreifenden Sprachreform die entscheidenden Impulse. Das Gesetz zur Reform des türkischen Alphabets, das das arabische ablöste, wurde 1928 angenommen, der praktische Übergang zur neuen Schrift setzte 1929 ein. Über die Vor- und Nachteile des arabischen Alphabets für die türkische Sprache war bereits in der Vergangenheit diskutiert worden. Konservative Kreise hatten allerdings Änderungsvorschläge nachhaltig blockiert. Mit den innenpolitischen Säuberungen seit 1925 – von denen noch zu sprechen sein wird – war der Weg zu Reformen nun frei.

Mustafa Kemal setzte sich persönlich für die revolutionäre Maßnahme ein. Am 9. August 1928 schrieb er auf einem Volksfest der von ihm gegründeten Republikanischen Volkspartei etwas auf einen Block und forderte dann das Publikum auf zu lesen, was dort geschrieben stehe. Ein junger Freiwilliger blieb vor den lateinischen Buchstaben stumm. Mustafa Kemal erklärte den Umstehenden: »Dieser junge Mann ist verwirrt, weil er das echte türkische Alphabet nicht kennt.« Der Text begann: »Unsere reiche und wohltönende Sprache kann sich nun in neuen türkischen Buchstaben zeigen …«[13]

In der Folge lehrte Mustafa Kemal selbst die Abgeordneten und das Volk das neue Alphabet auf der Wandtafel. Die Zeitungen erschienen für kurze Zeit doppelt gedruckt, in arabischer und lateinischer Schrift. Die lateinische Schrift wurde als die »türkische« bezeichnet; damit wurde sie gegenüber der abgeschafften »arabischen« gleichsam national vereinnahmt. Alle Abgeordneten zogen in ihre Wahlkreise, um die neue Schrift zu lehren und zu propagieren.

Die Bedeutung der Reform lag zum einen darin, daß die lateinische Schrift leichter zu lernen war und besser zum Türkischen paßte als die arabische, für eine semitische Sprache bestimmte. Andererseits – was wohl wichtiger war – bedeutete ihre Einführung einen entscheidenden Schritt fort von der islamischen Tradition und ihrer Literatur; diese veraltete auf einen Schlag und wurde bald schon von der heranwachsenden Generation kaum noch gelesen.

Dies war durchaus gewollt: Die neue Türkei sollte radikal von ihrer muslimischen Vergangenheit abgeschnitten werden. Die Quellen aus osmanischer Zeit sollten keine Beachtung mehr finden. Unmittelbar einsichtige Argumente gab es dafür natürlich auch: Die lateinischen Buchstaben konnten, mit wenigen Zusätzen versehen, die Lautwerte der türkischen Sprache viel besser ausdrücken als die arabischen. Das arabische Alphabet berücksichtigt die Vokale weitaus weniger als die Konsonanten, obwohl die Vokale im Türkischen ebenso unveränderlicher Bestandteil eines Wortes sind wie in den indoeuropäischen Sprachen. Da das lateinische Alphabet einfacher zu erlernen ist, würde auch die Zahl der Analphabeten im Lande sinken. Es ging also um mehr als nur um Buchstaben: Es ging letztlich um den geistigen Anschluß der Türkei an die Erkenntnisse moderner Wissenschaft auf allen Gebieten. Vor diesem Hintergrund ist auch die Ersetzung der arabischen Ziffern, die bekanntlich nicht identisch sind mit dem, was die Europäer mit »arabischen« Ziffern bezeichnen, durch die im Westen üblichen zu verstehen.

Mit der Schriftrevolution ging die Ablösung des Hochosmanischen durch das eigentliche Türkische in allen Bereichen des staatlichen Wirkens und gesellschaftlichen Lebens einher. Die türkische Sprache wurde einer »Säuberung« von den zahlreichen arabischen und persischen Wörtern unterzogen. An ihre Stelle setzte man Wörter aus alten turksprachigen Texten, oder aber man schuf auf der Grundlage turksprachiger Wurzeln künstlich neue. Parallel zur Geschichtskommission wurde die Türkische Sprachkommission *(Türk Dil Kurumu)* gegründet, die zum wissenschaftlichen Zentrum für das Studium und die Erneuerung der türkischen Sprache wurde. Die Sprachkommission und die Geschichtskommission sind also als zwei zentrale Instrumente zur Identitätsfindung der »neuen Türken« zu verstehen.

Wie die Geschichte der Türken, so wurde auch ihre Sprache durch eine Theorie überhöht. Nach der 1935 verkündeten Theorie der »Sonnensprache« *(Güneş Dil Teorisi)* sollten alle Sprachen von einer einzigen in Zentralasien gesprochenen Ursprache abgeleitet sein. Dieser Sprache sei das Türkische am nächsten, und alle Sprachen hätten sich aus der Ursprache heraus durch das Türkische hindurch gebildet. Trotz ihrer wissenschaftlichen Fragwürdigkeit genoß die Theorie eine Zeitlang politische Unterstützung von allerhöchster Stelle.

Als Ergebnis der Sprachreform entstand eine neue türkische Literatursprache, die sich selbst von der Sprache der zwanziger und dreißiger Jahre immer stärker zu unterscheiden begann. Der neuen Sprache verschaffte man mit Nachdruck Eingang in die Volksbildung und in die Hochschulen. Schul- und Hochschullehrbücher wurden in dieser Sprache geschrieben, auch der Rundfunk und die meisten Journalisten bedienten sich ihrer. Endgültig wurde sie zu einer Nationalsprache aber durch die türkische Literatur, die in den dreißiger und vierziger Jahren große Erfolge erzielte, als der Stil des türkischen kritischen Realismus entstand. In jenen Jahren tauchten solche später berühmten Dichter und Schriftsteller(innen) wie Nazım Hikmet (1902–1963), Orhan Kemal (1914–1970), Yaşar Kemal (geb. 1922), Kemal Tahir (1910–1973), Suat Derviş (1905–1972) und Aziz Nesin (1915–1995) auf. Sie machten nicht nur die türkische Literatur weit über die Grenzen des Landes hinaus bekannt, sondern leisteten auch einen großen Beitrag zur Entwicklung der türkischen Gegenwartssprache.

Es war unausweichlich, daß die rasche Entwicklung der Sprache zu Verständigungsschwierigkeiten führte. Diese wurden zusätzlich durch die abrupte Einführung des lateinischen Alphabets verschärft. Selbst heute noch kann oft der Großvater die Hausaufgaben des Enkels weder verstehen noch sie ihm erklären, da die Schulbücher in einer ihm schwer verständlichen Sprache abgefaßt sind. Zur Überwindung dieser zwischen den Generationen aufgebrochenen Sprachbarriere wurden eigens Wörterbücher »Osmanisch-Türkisch« herausgegeben, in denen die alten Wörter durch die neuen erklärt werden und umgekehrt. Mit Hilfe dieser Wörterbücher lesen viele ältere Leute die Zeitungen, Jugendliche aber auch die vor 1930 geschriebenen Werke von Schriftstellern.

Wie weit sich altes und neues – »reines« – Türkisch auseinanderentwickelten, mußten auch die Gralshüter des Erbes von Atatürk, die türkischen Offiziere, erfahren. Atatürks Sprüche zieren die Wände der Militärakademien und Kasernen – in zweifacher Fassung: einmal im – freilich bereits ins lateinische Alphabet transkribierten – Original und darunter in ihrer Übersetzung in die dem jungen Offizier allein verständliche moderne türkische Sprache.

Auch heute noch sind die Relikte der alten Sprache nicht völlig ausgemerzt, im Gegenteil, sie werden zum Politikum. Konservative türkische Buchausgaben, Zeitungen und Zeitschriften, besonders solche islamischer Orientierung, verwenden ganz bewußt weithin die einstigen arabischen und persischen Ausdrücke, die die Verbundenheit mit der islamischen Kultur und Weltanschauung zum Ausdruck bringen sollen. Die »kemalistischen« und »linken« Publikationen bedienen sich demgegenüber mehr des »reinen« Türkisch *(Öz türkçe)*.

In ihrem Übereifer, die Spuren der alten Sprache zu tilgen, haben die Sprachreformer das Pendel nicht selten ins andere Extrem ausschlagen lassen. Nicht nur in Wissenschaft, Technik und Kultur fanden viele Wörter aus westeuropäischen Sprachen Eingang ins Türkische. Vielmehr sind auch Ausdrucksbereiche des täglichen Lebens der »Europäisierung« verfallen. Bis zum Zweiten Weltkrieg kamen diese Wörter vorwiegend aus dem Französischen – der Kuaför, aus dem französischen Coiffeur, Friseur, ist hierfür ein Beispiel; in den fünfziger und sechziger Jahren geriet die türkische Sprache – wie die Türkei selbst – in die Einflußsphäre der USA, und damit wuchs die Zahl der Amerikanismen.

Die Sprachreform sollte bald jeden Türken persönlich einholen; es ging um seinen Namen. Nach europäischem Vorbild sollte er einen »Familiennamen« erhalten. Das Gesetz über dessen Einführung trat am 1. Januar 1935 in Kraft. Bis zu dieser Reform besaß ein Türke nur einen einfachen Namen, der meist arabischen Ursprungs und mit dem Islam gekommen war: Ali, Hasan, Hüseyn, Ibrahim, Kemal, Mustafa, Osman usw. Es gab auch iranische, die über die persische Literatur in die türkische Namensgebung Eingang gefunden hatten, wie etwa: Ferhat, Rüstem, Ruşen usw. Rein türkische Namen waren selten geworden: Orhan, Yaşar, Dursun, Ertuğrul, Demir.

Das Fehlen von Nachnamen mußte sich beim Aufbau der Verwaltung hinderlich auswirken; so im Postbetrieb, bei Behörden oder in der Statistik. Deswegen veröffentlichte man Listen mit Familiennamen, die von turksprachigen Wurzeln abgeleitet waren und aus denen sich jeder Bürger der Türkischen Republik nach Belieben einen aussuchen konnte. Im übrigen war es auch gestattet, sich selbst einen Nachnamen auszudenken. Vielen Türken bereitete die Namenswahl kein großes Kopfzerbrechen, und so gibt es heute in türkischen Dörfern und Provinzstädten massenhaft gleichlautende Familiennamen, die den Empfehlungslisten entnommen waren: Öztürk (echter Türke), Kocatürk (großer Türke), Şentürk (lustiger Türke) usw. Intellektuelle wie Offiziere dachten sich da schon eher neue Familiennamen aus. So nahm ein Schriftsteller den Namen Yazar (Schreibender) an, ein Arzt nannte sich Yankurteran (Lebensretter), ein Flieger Uçanör (Fliegender) und ein Beamter Yurdakul (Diener des Landes). Ein Sondererlaß der Großen Türkischen Nationalversammlung verlieh 1934 Mustafa Kemal Pascha den Namen Atatürk (Vater der Türken) und würdigte damit dessen herausragende Verdienste um die türkische Nation.

Die Entrümpelung der Sprache machte auch vor den zum Teil altehrwürdigen Städtenamen nicht halt, die ihren byzantinisch-römischen Ursprung teilweise bewahrt hatten. »Istanbul« hatte sich zwar schon an die Stelle von »Konstantinopel« gesetzt und »Ankara« an die Stelle von »Angora«. Doch »Alexandrette« mußte erst zu »Iskenderun« werden, »Cäsarea« zu »Kayseri«, »Adrianopel« zu »Edirne«.

Die politische und die kulturelle Revolution sind zwei Seiten ein und derselben Medaille. Der politische Neuanfang bedeutete zugleich einen Ausstieg aus der überkommenen kulturellen Tradition. Daß sich erhebliche Widerstände auftaten, versteht sich da fast von selbst. Darauf wird noch zurückzukommen sein. In ihrer Radikalität hat die kemalistische Revolution kaum ihresgleichen in der Geschichte.

Namentlich bei der Landbevölkerung sind die Reformen trotz aller Bemühungen, sie dort zu verbreiten, kaum verstanden worden. Wie hätten sie auch: Ein Schäfer in Anatolien, der in seinem Leben nie einen Fes getragen hatte, hatte keine Meinung zu seinem Verbot. Da seine Frau keinen Schleier trug, waren Bestrebungen, diesen abzuschaffen, für sie und ihn ohne Bedeutung. Da er weder lesen noch schreiben konnte, war ihm die Art der Schrift gleichgültig. Zwar wurde er 1934 gezwungen, einen Familiennamen anzunehmen, aber jeder im Dorf nannte ihn trotzdem bei seinem ersten Namen. Und wenn schließlich das neue Familiengesetz die Polygamie verbot, nahm einer, der es sich finanziell leisten konnte, eben heimlich eine zweite Frau ins Haus und überschrieb die Kinder, wenn es denn sein mußte, auf die legale Frau. Diese Situation macht es verständlich, daß nach 1950 Sand ins Getriebe der Modernisierung in der Türkei gekommen ist. Eine Re-Islamisierung setzte ein, die heute ein bestimmender Zug im Gesamtbild des Landes ist.

Die kulturelle Revolution aber blieb eine entscheidende Voraussetzung für die innere und äußere Entwicklung der Türkei seit den zwanziger Jahren. Der Übergang zur Mehrparteiendemokratie ist ohne sie ebenso undenkbar wie die Mitgliedschaft im westlichen Bündnis und die Assoziierung an die Europäische Union, die – im Prinzip – noch immer die Perspektive einer vollen Mitgliedschaft beinhaltet.

Daß das kemalistische Konzept der kulturellen Revolution aber am Ende des Jahrhunderts, das den Zusammenbruch des Osmanischen Reiches und die Entstehung der Türkischen Republik gesehen hat, herausgefordert wird, ist nicht zu übersehen. Islamische Kräfte stellen die laizistische Grundlage von Staat und Gesellschaft in Frage. Und der türkische Nationalismus, die Legitimation für den türkischen Staat auf anatolischem Boden, bekommt etwas Fiktives, wenn sich eine wachsende Zahl von »Türken« als Kurden bekennen und man ihnen als »Separatisten« den Kampf ansagt.

Die Geographie – Schicksal der Politik

Zu den Gegebenheiten, die das politische Schicksal der Türkei – wie eines jeden Landes – prägen, gehört zweifellos die geographische Lage. Anatolien mit seinem europäischen Brückenkopf ist es, was den Türken vom Osmanischen Reich noch blieb. Dies sollte der Staat der Türken werden, mit klaren und unbestrittenen Grenzen; mit friedlichen und berechenbaren Beziehungen zu den Nachbarn. Ansprüche auf die Region von Mossul im Norden des heutigen Irak hatte man 1926 ad acta gelegt. Die Erdölvorkommen der Region sollten weiterhin unter der Kontrolle Großbritanniens bleiben, das in Bagdad das Sagen hatte. Lediglich mit dem Anschluß der Provinz von Alexandrette (Iskenderun) wurde 1939 eine Veränderung der Grenze mit Syrien zugunsten der Türken vorgenommen. Sie belastet die Beziehungen zwischen Ankara und Damaskus noch heute.

Daß ein Wegweiser auf Kontinente weist, kommt naturgemäß nicht häufig vor. In Istanbul findet man solche. Nach Westen weisend ist »Evropa«, nach Osten »Asya« angezeigt. Istanbul, die Türkei am Berührungspunkt zweier Kontinente. Schon die Griechen, die um 660 v. Chr. auf der Westseite des Bosporus den Ort Byzantion gründeten, haben diesem Platz, dem Hellespont, in Mythos und Dichtung eine besondere Aura gegeben. Auch Byzanz, später die »Stadt des Konstantin«, Konstantinopel, hatte sich als Hauptstadt einer zugleich asiatischen und europäischen Macht verstanden. Der Sultan/Kalif, der als Muslim einer asiatischen Religion angehörte, herrschte gleichfalls über Teile Europas, über »Rum«, wie es die Osmanen beziehungsreich nannten.

Mit dem Ende des Reiches stellte sich zwangsläufig die Frage nach der Hauptstadt des neuen türkischen Staates. Istanbul war aufs engste mit dem alten Regime verknüpft, das die Leute um Mustafa Kemal Schritt für Schritt entmachteten; das Regime des Sultans in Istanbul hatte sich zudem eng mit den Mächten eingelassen, gegen die die türkische Nationalbewegung ihren Befreiungskampf führte. Dieser Kampf wiederum hatte seine Triebkräfte und militärische Schlagkraft wesentlich in Anatolien; dort wurden die entscheidenden Schlachten des Befreiungskrieges geschlagen.

Das erste »türkische« Parlament, das die Befreiungsbewegung national legitimierte, trat am 23. April 1920 in Ankara zusammen. Diese Stadt im Herzen Anatoliens hatte vor anderen zahllosen Nestern in der anatolischen Hochebene das Plus, daß sie per Bahn direkt mit Istanbul verbunden war, eine für die Befreiungsbewegung wichtige Kommunikationsschiene mit ihren Leuten in der Sultanmetropole. Im Altertum war Angora ein wichtiger Straßenknotenpunkt im Verkehr zwischen Bosporus, Persien und Armenien gewesen. Von dieser Bedeutung zeugt heute nur noch der Rechenschaftsbericht des Kaisers Augustus, das »Monumentum Ancyranum«: der Bericht über sein Leben, seine Kriege und seine Amtsführung als Konsul sowie später als Kaiser, eingemeißelt an den Innenseiten des Vorraums des ehemaligen Augustus-Tempels.

1923 wurde die Hauptstadt endgültig nach Ankara verlegt. Als Symbol dafür, daß der neue Staat »türkisch« war; daß seine »Nationalität« in den Menschen Anatoliens gründete.

Istanbul aber blieb die »heimliche Hauptstadt«. Abgesehen von dem Umstand, daß die türkische Regierung in Ankara residiert, war und ist doch Istanbul noch weithin das Zentrum der modernen Türkei. Sie ist die bevölkerungsreichste Stadt (etwa elf Millionen); ein Umstand, der freilich in wachsendem Maße zum Fluch wird, stellt er doch die Stadtverwaltung vor nahezu unlösbare Probleme. In Istanbul ist außerdem das wirtschaftliche Potential konzentriert. Und Istanbul ist der Platz mit international angehauchtem Kulturleben, das auf dem kargen anatolischen Boden in Ankara trotz der Anstrengungen der türkischen Regierungen nicht so recht gedeihen will.

Die Stadt am Bosporus manifestiert also trotz aller Wandlungen immer noch das doppelte Gesicht der Türkei, das gleichermaßen europäische wie asiatische. Und sie macht auch in der Gegenwart sinnfällig, warum die Führung des islamischen Landes, das mit den Jahrzehnten auch ein zunehmend islamisches Aussehen gewonnen hat, weiter an dem Ziel festhält, Mitglied in der Europäischen Union zu werden.

Über diese Symbolik der geographischen Lage hinaus aber hat die Türkei ihren Platz in einem Umfeld, das eine Reihe handfester Probleme und Herausforderungen aufwirft. Diese haben sich nach dem Zusammenbruch des sowjetischen Imperiums nach dem Ende des Ost-West-Konflikts verschärft und vervielfältigt. In der in Paris erscheinenden Tageszeitung »International Herald Tribune« vom 18. Mai 1995 wurde das salopp auf den Punkt gebracht: Die Türkei – ein Land in schlechter Nachbarschaft. »Schon bei einem Blick auf die Karte der Türkei bietet sich der Ausblick auf alle troublespots der Welt nach dem Kalten Krieg. Die Türkei ist geographisch, ethnisch oder politisch mit den Problemen des Irak, Irans, Armeniens, Aserbaidschans, Persiens, Zyperns, Griechenlands, Bulgariens, Rußlands, Tadschikistans, Syriens und des islamischen Fundamentalismus verbunden. Was den Türken noch fehlt, ist eine Grenze mit Tschetschenien. Die türkische Außenpolitik ist ein Alptraum von 360 Grad.«

Bis zum Ende des Zweiten Weltkrieges köchelte Ankaras Außenpolitik eher auf kleiner Flamme. Die türkische Führung konzentrierte sich darauf, das Land im Inneren politisch zu konsolidieren, die kulturelle Ausrichtung auf den Westen durchzusetzen, soweit es die mangelhafte Infrastruktur und der geringe Bildungsgrad vor allem der Menschen auf dem Lande zuließen, und eine eigene Wirtschaft unter den schwierigen Bedingungen der Weltwirtschaftskrise und dann des Zweiten Weltkrieges auf die Beine zu stellen. Seit dem Zweiten Weltkrieg konnte sich die Türkei der weltpolitischen Polarisierung nicht entziehen; die Beziehungen zu den USA und die Mitgliedschaft in der NATO wurden Eckpfeiler türkischer Außenpolitik. Das regionale Umfeld spielte lediglich insofern eine Rolle, als es – wie das Zypernproblem oder die Beziehungen zu Griechenland – die Türkei unmittelbar berührte.

In dem Maße freilich, wie in den sechziger Jahren Interessendivergenzen mit der westlichen Führungsmacht deutlicher zutage traten, begann man in Ankara, das politische Augenmerk auch wieder dem regionalen Umfeld zuzuwenden und nach gemeinsamen Interessen mit den näheren und weiteren Nachbarn zu suchen. Der Aufbau einer »Freundschaftszone« wurde ein neues Ziel der türkischen Außenpolitik – einer Politik, die engere Beziehungen zu den Staaten des Nahen Ostens und des Balkans herzustellen beabsichtigte. Damit knüpfte man wieder an die Außenpolitik Atatürks an, der seine Unabhängigkeitspolitik durch eine Politik des regionalen Ausgleichs abzusichern versucht hatte.

Es lag nahe, dabei den Staaten des islamischen Nahen und Mittleren Ostens besonderes Gewicht beizumessen. Jahrhundertelang hatten die Türken über diese Region geherrscht. Vom »Herrenvolk«, aber auch vom islamischen Geist des Imperiums war bereits die Rede. Die Abschaffung des Kalifats im Jahre 1924 war unter anderem eine symbolische Demonstration für die Entschlossenheit Ankaras, aus dem politischen und kulturellen Rahmen, in den die Türken jahrhundertelang eingebunden waren, auszusteigen. War damit auch die Verflechtung der türkischen Geschicke mit denen der nahöstlichen Welt aufgehoben, so mußte Ankara doch versuchen, die erstrebte »vollständige Unabhängigkeit« durch eine Politik der Freundschaft mit den Nahoststaaten auf der Ebene gleichberechtigter, selbständiger Staaten abzusichern. Der Vertrag von Saadabad vom 8. Juli 1937 zwischen der Türkei, Iran, dem Irak und Afghanistan war das Resultat dieser Außenpolitik, die noch genauer zu besprechen sein wird.

Die Beziehungen der Türkei zu den arabischen Staaten nach dem Zweiten Weltkrieg waren durch die amerikanische Nahostpolitik und deren Interessen, die sich die Türkei zu eigen gemacht hatte, wesentlich mitbestimmt. Auch darüber wird später noch zu reden sein. Der Bagdad-Pakt (1955) zwischen England, der Türkei, Iran, dem Irak und Pakistan wurde von den arabischen Nationalisten unter Führung des ägyptischen Präsidenten Gamal Abd al-Nasser (Naser) als kolonialistisches Komplott gegen die arabischen Staaten abgelehnt. Der Türkei wurde vorgeworfen, Erfüllungsgehilfe dabei zu sein. Als Ankara die jordanisch-irakische Föderation, die am 12. Februar 1958 als Gegenstück zu der kurz zuvor gegründeten syrisch-ägyptischen Vereinigten Arabischen Republik (VAE) ins Leben gerufen worden war, unmittelbar anerkannte und ein Teil der amerikanischen Soldaten, die im Juli desselben Jahres in die innenpolitische Krise im Libanon eingriffen, von türkischen Basen aus in Marsch gesetzt wurde, sanken die Beziehungen der Türkei zu den meisten arabischen Regierungen auf den Nullpunkt. Die türkische Haltung gegenüber Israel war ein weiteres Element der Spannung. Hatte die Türkei auch 1947 in der UNO gegen einen jüdischen

Staat auf palästinensischem Gebiet gestimmt, so waren doch 1952 volle diplomatische Beziehungen zu dem jüdischen Staat aufgenommen worden.

Im Hintergrund dieser Irritationen aber wirkte noch immer die Enttäuschung der Araber über den »Austritt« der Türken aus der islamischen Welt nach. Wie stark diese Isolierung die Wahrung türkischer Interessen beeinträchtigt hat, zeigte sich schließlich in dem 1963 ausbrechenden Konflikt um Zypern: Alle arabischen Staaten stellten sich hinter Griechenland und den griechisch-zyprischen Führer, Erzbischof Makarios. Erst nach 1965 hat Ankara die Beziehungen mit den wichtigsten arabischen Staaten zu normalisieren gesucht.

Kein Punkt des geographischen Umfeldes aber hat die türkische Außenpolitik so beschäftigt wie der Nachbar Griechenland. Als die osmanischen Heere schon Mitte des 14. Jahrhunderts die Meerengen in Richtung Europa überschritten, hatten sie ihre Herrschaft genau dort angetreten, wo seit dem 19. Jahrhundert das heutige Griechenland entstand.

Die jahrhundertelange türkische Besetzung hatte die griechische Identität fast ausgelöscht. Und der Jahrzehnte währende Befreiungskampf Griechenlands, der schrittweise zur Herstellung des griechischen Staates in seinen jetzigen Grenzen führte, hinterließ auf beiden Seiten ein tiefverwurzeltes Feindbild. Es bricht auch dort durch, wo verbindende Gemeinsamkeiten die beiden Staaten und Völker aufeinander zubewegen sollten. So machte am Ende die Zypernfrage der Politik des Ausgleichs und der Zusammenarbeit, die seit den zwanziger Jahren angesagt und von Mustafa Kemal Atatürk und Eleftherios Venizelos begonnen worden war, ein Ende. In der Gegenwart wirken die Unterschiede der Interessen auf dem Balkan zunehmend verschärfend auf die Beziehungen zurück. Auch dies ist ein Thema für eine ausführlichere Darstellung.

Die Geschichte hat gezeigt, wie sehr die Geschicke beider Staaten miteinander verflochten sind: Der Verzicht auf die Verwirklichung ideologisch-politischer Tendenzen wie des Osmanismus, Panislamismus oder Pantürkismus von türkischer und die Aufgabe der *Megali idea*, das heißt der Vision eines Groß-Griechenland, das weite Teile jener Gebiete einbezieht, wo in der Geschichte Griechen gelebt haben, von griechischer Seite waren die Voraussetzung für eine Entspannung der Beziehungen und den Ausgleich, welcher in den Freundschafts-, Neutralitäts- und Nichtangriffspakten vom Juni 1930 bzw. September 1933 seinen Ausdruck fand.

Auch die politische Entwicklung nach dem Zweiten Weltkrieg weist Gemeinsamkeiten auf: Beide Staaten waren kommunistisch-sowjetischem Druck ausgesetzt; beide Seiten suchten Unterstützung bei westlichen Mächten; die Truman-Doktrin, die ihnen im März 1947 amerikanische Hilfe gegen kommunistische Bedrohung zusicherte, war auf beide gleichermaßen gemünzt, über beider NATO-Beitritt wurde am selben Tag beschlossen (22. Oktober 1951, Beitritt am 18. Februar 1952); beide haben im Februar 1953 den Balkan-Pakt (Vertrag über Freundschaft und Zusammenarbeit) mit Jugoslawien geschlossen, und beide haben sich in den frühen sechziger Jahren mit der Europäischen Gemeinschaft assoziiert.

Das Zypernproblem ist einer jener politischen Konflikte, die zutiefst im Selbstverständnis der Akteure wurzeln und deshalb schwer lösbar sind. Für die Griechen ist Zypern das letzte in großer Mehrheit von Landsleuten bewohnte Gebiet, das noch nicht zu Griechenland gehört. Auf der Grundlage der *Megali idea*, des Traums von der Wiedererrichtung des Byzantinischen Reiches mit der Hauptstadt Konstantinopel, hat Athen mit unterschiedlichem Nachdruck den Anspruch auf Vereinigung der Insel mit dem Mutterland, *Enosis*, vertreten. In anderer Weise als für die Türken, für die es als Teil der »nationalen Ehre« zu verhindern galt, daß ihrer Volksgruppe der Status einer Minderheit aufgedrückt würde, war Zypern auch für Griechenland eine »nationale Angelegenheit«. War das Hauptziel der Enosis schon nicht durchzusetzen, so war es doch »nationale Aufgabe«, einen politischen Status für das Hellenentum auf der Insel zu suchen, der ihrem »hellenischen Charakter« entsprach. In diesem Sinne war der zyprische Einheitsstaat, repräsentiert durch einen starken griechischen Staatspräsidenten, für die Griechen die beste aller schlechten Möglichkeiten. Die türkische Volksgruppe konnte nur am Rande politische Bedeutung haben. Die Tiefe der »nationalistischen« Dimension der Zypernfrage erschließt sich erst vor diesem Hintergrund.

Daneben wirkt die im geschichtlichen Raum wurzelnde griechisch-türkische Rivalität noch immer nach. Sie hat auch nach dem Zweiten Weltkrieg trotz der an der Oberfläche herrschenden »Normalität« fortbestanden: Den Griechen kam es darauf an zu demonstrieren, daß sie der Repräsentant Europas und des Westens im östlichen Mittelmeer seien. Die Türken suchten demgegenüber zu beweisen, daß sie nicht länger der »kranke Mann«, sondern eine starke, für den Westen unverzichtbare Macht seien. Beide Seiten haben sich argwöhnisch beobachtet und in ihrer wirtschaftlichen Entwicklung, der Ausrüstung ihrer Streitkräfte, dem Werben um internationale Unterstützung, dem Erhalt von Wirtschaftshilfe etc. rivalisiert.

Mit der Aufnahme Griechenlands in die Europäische Gemeinschaft Anfang 1981 scheinen die Griechen einen weiteren »Beweis« dafür in der Hand zu halten, daß sie Europa näher stehen als die Türkei. Seither haben sie alle Versuche Ankaras, das Tor zur Vollmitgliedschaft in der EG bzw. EU zu durchschreiten, blockiert.

Griechenland ist aber nicht nur als solches ein Problem für die türkische Außenpolitik. Griechenland ist vielmehr auch in die politische Situation auf dem Balkan verwickelt, die für die Türkei immer komplizierter und herausfordernder wird. In dem Maße, in dem sich die Beziehungen zur Sowjetunion entspannten, war Entspannung auch in den türkischen Beziehungen zu den Balkanländern angesagt. Während mit Jugoslawien (und Griechenland) bereits im Februar 1953 ein Freundschaftsvertrag und im August 1954 ein Verteidigungspakt, der »Balkan-Pakt«, geschlossen wurde, setzte ein Normalisierungsprozeß mit Albanien, Rumänien und Bulgarien erst im Jahre 1966 ein. Er beschränkte sich auf den diplomatischen und wirtschaftlichen Bereich: Neben vollen diplomatischen Beziehungen wurden Abkommen auf den Gebieten des Verkehrs und Kommunikationswesens, des Tourismus sowie vor allem der Handels- und Wirtschaftsbeziehungen geschlossen; auch auf kulturellem Gebiet wurde die Zusammenarbeit intensiviert.

Trotz dieser Entwicklung konnte von einer »Balkanpolitik« kaum gesprochen werden. Alle Beziehungen waren ausschließlich bilateral, und nach wie vor stand eine Anzahl von Problemen jeder Multilateralisierung des politischen Geflechts auf dem Balkan entgegen: Zu ihnen gehörten die unterschiedliche ideologische, politische und sicherheitspolitische Orientierung, die unterschiedlichen Wirtschaftsstrukturen, territoriale Streitigkeiten und ethnische Probleme sowie der Zypernkonflikt. Mit dem Ende des Ost-West-Konflikts hat sich für die Türkei wieder ein geopolitischer Raum in der Nachbarschaft geöffnet, innerhalb dessen das Land seine Rolle zu bestimmen begonnen hat.

Auch bei dem östlichen Nachbarn, der Islamischen Republik Iran, handelt es sich um ein schwieriges außenpolitisches Terrain. Die Beziehungen zwischen Iran und seinem westlichen Nachbarn haben zahlreiche Spannungen durchgemacht. Als das Osmanische Reich unter Sultan Selim und Iran unter Schah Ismail I. 1516 bei Çaldıran in Ostanatolien aufeinanderstießen, war das mehr als ein Kräftemessen zweier aufsteigender Großmächte. Das Osmanische Reich befand sich noch in voller Expansion; der Ausdehnung auf dem Balkan sollte nun die Ausweitung nach Osten und Südosten, in den arabischen Raum hinein, folgen.

An der Ostgrenze des Reiches hatte wenige Jahre zuvor (1501) Schah Ismail seine Herrschaft durchgesetzt und einen Staat gegründet, dessen Grenzen bald in groben Zügen mit denen des modernen Iran identisch waren. Die Machtübernahme des Begründers der Dynastie der »Safawiden« war mit der gewaltsamen Ausbreitung des schiitischen Islam verbunden, der zur Staatsreligion des neuen Staates wurde. Mit dem Sieg der sunnitischen Osmanen über die schiitischen Safawiden bei Çaldıran waren zwar die militärischen Mächteverhältnisse geklärt, doch hielt der Spannungszustand durch die Jahrhunderte an. In Ostanatolien, wo die Macht des Sultans nur eher indirekt fühlbar war, überlagerten sich die Einflüsse der sunnitischen Osmanen und des schiitischen Safawidenreiches. Spuren davon haben sich dort in den kulturellen und religiösen Mischungsverhältnissen bis heute erhalten. Das Schicksal der Kurden, die gleichsam in einer Pufferzone zwischen beiden Seiten lebten, sollte von der Rivalität der beiden Mächte erheblich mitgeprägt werden. Auch die heute wieder aufbrechende Problematik der religiösen Minderheit der Alewiten ist vor dem Hintergrund dieser Geschichte Ostanatoliens zu sehen.

Zwar wurde mit dem Untergang des Osmanischen Reiches auch in den türkisch-persischen Beziehungen eine neue Seite aufgeschlagen. Dies zumal, als 1925 mit Reza Khan, einem Offizier, die »Pahlewi« an die Macht kamen. Reza Schah, der erste Pahlawi, war von den kemalistischen Reformen im Nachbarland beeindruckt und suchte sie in seinem Land zu imitieren. Der schon genannte Vertrag von Saadabad sollte die politische Grundlage für ein friedliches Zusammenleben zwischen Staaten werden, deren Führer sich einer Modernisierung ihrer Gesellschaften und Staaten nach dem Vorbild Europas verschrieben hatten.

Im Februar 1955 wurden die Türkei – seit 1952 in der NATO – und Iran (zusammen mit Pakistan und Großbritannien) Mitglieder des Bagdad-Pakts, der nach dem Austritt des Irak im März 1959 in *Central Treaty Organization* (CENTO) umbenannt wurde. Dabei handelte es sich um ein Militärbündnis, das das westliche Sicherheitssystem in den Nahen Osten hinein fortsetzen sollte. Doch richtig warm wurden die Beziehungen zwischen den beiden Nachbarn dennoch nicht. Dies zeigte sich vor allem daran, daß Iran nach 1970 über beträchtliche finanzielle Öleinkommen verfügte, die auch zur Entwicklung namentlich der Osttürkei, wo Iran insbesondere im Bereich des Ausbaus der Infrastruktur starke Interessen hatte, hätten verwendet werden können. Die Taschen von Mohammed Reza Schah, dem Sohn Reza Schahs, blieben aber verschlossen.

Mit der Islamischen Revolution im Jahre 1979 in Iran gingen beide Länder wieder auf jene Distanz zueinander, die seit den Tagen der osmanisch-safawidischen Rivalität bestanden hatte. Zwischen dem laizistischen System der Türken und der Islamischen Republik liegen Welten. Zwar wurde an der Oberfläche wirtschaftliche Zusammenarbeit praktiziert. Denn angesichts der tiefen Isolierung war die Islamische Republik auf eine Kooperation mit der Türkei angewiesen, lief doch ein großer Teil des iranischen Handels über die Transitrouten durch den westlichen Nachbarn. Ankara seinerseits konnte industrielle und landwirtschaftliche Produkte an die Islamische Republik verkaufen und verdiente am Transit. Hinter der Fassade aber bestehen erhebliche ideologische Gegensätze fort. In der Propaganda des islamischen Regimes wurde Mustafa Kemal Atatürk zu einer Art satanischer Erscheinung, die für die Misere der islamischen Welt wesentlich verantwortlich war. Besucher aus Teheran weigerten sich, dem üblichen Ritual Folge zu leisten und das Mausoleum Atatürks in Ankara zu besuchen. Die türkische Presse und Öffentlichkeit zeigte sich jedesmal verletzt und erging sich ihrerseits in Polemik gegen das »Mullah-Regime«. Immer wieder tauchten Verdachtsmomente auf, Teheran unterstütze fundamentalistische Gruppen in der Türkei, ja sei der Drahtzieher hinter terroristischen Anschlägen.

Im Norden schließlich grenzt die Türkei an den Kaukasus. Jahrzehntelang war diese Grenze zur ehemaligen Sowjetunion hermetisch abgeriegelt. Dies wird dem Reisenden noch heute deutlich, wenn er die Wachtürme sieht, mit denen sich die »sowjetische« Macht nach Süden abschirmte. Mit dem Zusammenbruch des sozialistischen Imperiums hat sich dies von Grund auf geändert. Die Unabhängigkeit Georgiens, Armeniens und Aserbaidschans hat die Grenze durchlässig gemacht, zugleich aber den Kaukasus in ein Pulverfaß verwandelt. Das Ringen um die Macht in den kaukasischen Staaten, Auseinandersetzungen mit separatistischen Minderheiten und zwischenstaatliche Konflikte könnten von dort auf die Türkei überspringen bzw. das Land in diese hineinziehen. Dies könnte als von eher lokaler Bedeutung abgetan werden, öffneten sich dahinter nicht die Weiten Zentralasiens; und wäre da nicht Rußland, das entschlossen an seiner Präsenz, ja Vorherrschaft dort festhält, wo es über Jahrhunderte eine koloniale Herrschaft ausübte. Der Kaukasus ist für die Türkei das Tor nach Zentralasien. Nur wenn es offensteht, kann die Türkei bei den Veränderungen in dieser Weltgegend jene »neue Rolle« spielen, von der die türkische Führung heute träumt.

In Moskau ist man über einen allzu starken türkischen Einfluß in der Region, die im Süden an die Russische Föderation grenzt, besorgt. Mitte 1992 orakelte Marschall Schaposchnikow, der damalige Generalstabschef der Streitkräfte der Gemeinschaft Unabhängiger Staaten (GUS), im Kaukasus könne der Dritte Weltkrieg ausbrechen. Nähere Erklärungen gab er freilich nicht. Drei Jahre nach dem Zusammenbruch der sowjetischen Herrschaft aber sandte Moskau 1993 unmißverständliche Signale aus, daß man im Kaukasus und in Zentralasien ein Comeback vorhabe. Der Machtwechsel im aserbaidschanischen Baku, durch den die alte kommunistische Nomenklatura wieder an die Macht gelangte, verriet genauso die Handschrift Moskaus wie die militärischen Erfolge des kleinen Volkes der Abchasen in Georgien und der Armenier in der Enklave Nagorny Karabach gegen die aserbaidschanische Armee. Damit konnte Moskau der Türkei das Tor nach Zentralasien fürs erste einmal wieder verschließen. Die türkische Regierung reagierte darauf mit Verärgerung. »Im Kaukasus reden wir mit«, ließ sich die türkische Ministerpräsidentin Tansu Çiller vernehmen, und bezeichnenderweise führte sie ihr erster Auslandsbesuch nach ihrem Regierungsantritt nach Moskau – zum jahrhundertealten Erbfeind.

Schon ein erster Überblick also illustriert, daß der oben zitierte Journalist des »International Herald Tribune« ein realistisches Schlaglicht auf die geopolitische Lage der Türkei geworfen hat. Man könnte es auch noch anders formulieren: Die Türkei liegt an der Schnittstelle dreier geopolitischer Großräume – Europas, Zentralasiens und des mittelmeerisch-mittelöstlichen Raumes. Aus allen dreien wirken Impulse in das Land hinein; in allen dreien hat die Türkei eine Rolle zu spielen. Wie wird sich das Land in diesem Spannungsfeld behaupten? Wohin wird es sich entwickeln, im Inneren wie nach außen? Der Wegweiser an der Grenze zwischen »Evropa« und »Asya« wird schwerer zu lesen und zu verstehen. Als man ihn dahin stellte, war die Orientierung klar: Aus dem einen Kontinent kam man, auf den anderen bewegte man sich zu. Nunmehr könnte sich die Türkei als Nachbar beider Erdteile fühlen und die Neigung verspüren, sich zwischen ihnen anzusiedeln. Dies aber hätte nicht nur für die Türkei, sondern auch für Europa schwerwiegende Konsequenzen. Wenngleich das Ergebnis dieser Standortbestimmung alles andere als ausgemacht ist, so ist doch eines unübersehbar: Die Beziehungen zwischen Europa und der Türkei werden schwieriger. Sie sind nicht mehr selbstverständlich; vielmehr bedarf es für ihre Gestaltung und ihre Qualität besonderer Anstrengungen von beiden Seiten.

Auf dem Weg nach Europa: Die Türkische Republik bis 1945

Historische Errungenschaften

Die moderne Türkei, die aus den Ruinen des Osmanischen Reiches erstand, ist aus mancherlei Gründen bemerkenswert. So etwa in der Weise, in der das Land den Übergang von einem Großreich zum Nationalstaat vollzogen hat. Zwischen dem islamischen Imperium mit seinem Mosaik der Völker, Kulturen und Religionen und dem türkischen Nationalstaat liegen Welten. In einem erfolgreichen Befreiungskrieg konnten die Türken die auswärtigen Mächte abschütteln, die sich an der territorialen Erbmasse des zerfallenden Reiches zu bereichern versucht hatten. Der neue Staat, dessen Existenz 1923 im Vertrag von Lausanne von der internationalen Gemeinschaft bestätigt wurde, entwickelte sich von nun an mit kräftigem Selbstbewußtsein. Das zerfallene Reich war fern und nah zugleich. Fern insofern, als der Gründer des neuen Staates, Mustafa Kemal – später Atatürk –, einen radikalen Schnitt zur osmanischen Vergangenheit zu machen suchte. Nah deshalb, da die Keimzelle des Osmanischen Reiches auf jenem anatolischen Boden gelegen hatte, auf dem auch der neue türkische Staat entstand. Darin tritt eine nahezu eintausendjährige Kontinuität zutage.

Bemerkenswert ist ferner die einzigartige Radikalität, mit der das Reformprogramm des Staatsgründers umgesetzt wurde. In keinem anderen Teil der islamischen Welt wurde »der Westen« so vorbehaltlos das Entwicklungsmodell wie in der Türkei. Nirgendwo sonst etwa wurde der Säkularismus, der den Grundlagen des Islam vollkommen widerspricht, so rigoros durchgesetzt und wurden die Spuren des Islam in Gesellschaft und Politik so nachhaltig beseitigt wie in der Türkei. Atatürk fand in seiner und in der nachfolgenden Generation in weiten Teilen der islamischen Welt zahlreiche Bewunderer und Nachahmer; an Radikalität ist ihm jedoch niemand gleichgekommen. Relikte der islamischen Religion lebten in den Gesellschaften des Nahen und Mittleren Ostens nahezu allenthalben fort.

Die Dynamik, mit der aus einem von Militärs gegründeten und geführten Regime eine Mehrparteiendemokratie hervorging, die sich – wenn auch unter großen Belastungen – westlichen Vorbildern anzunähern bemüht ist, ist ein Drittes, das den Entwicklungsprozeß der Türkei so bemerkenswert macht. Militärs gründeten den neuen Staat, zogen zugleich aber ihre Uniform aus. Atatürk regierte bis zu seinem Tod (1938) über eine »Erziehungsdiktatur«, die sich auf das Militär stützte und in einer Einheitspartei organisiert war. Der innere Wandel in der Türkei während der Kriegsjahre und die neuen internationalen Rahmenbedingungen, die das Land zur Anlehnung an die USA zwangen, führten zu einer Öffnung des immer mehr erstarrten politischen Systems. Der Demokratisierungsprozeß vollzog sich zwar nicht geradlinig; dreimal wurde er von militärischer Einmischung unterbrochen. Doch ließen die Militärs nie einen Zweifel daran, daß sie, dem kemalistischen Erbe treu, die Macht wieder in die zivile Hand politischer Parteien zurücklegen würden.

Als eines der ersten »Entwicklungsländer«, wenn nicht das erste überhaupt – auch dies ist bemerkenswert –, vollzog die Türkei den politischen, gesellschaftlichen und wirtschaftlichen Wandel auf der Grundlage einer eigenen Entwicklungskonzeption. Mit dem »Kemalismus« hatte das Land eine programmatische Basis, auf der es über eine Reihe von Jahrzehnten eine »autozentrierte« Entwicklungsstrategie verfolgen konnte. Die Zielpunkte der Entwicklung orientierten sich wohl an westlichen Standards. Ihre Verwirklichung aber erfolgte nach Maßgabe dessen, was die »Kemalisten« dem Entwicklungsstand des Landes zuträglich empfanden.

1952 wurde die Türkei als einziges islamisches Land Mitglied der NATO. 1963 schloß Ankara mit der Europäischen (Wirtschafts-)Gemeinschaft ein Assoziierungsabkommen, das auch die Vollmitgliedschaft in der (heute) Europäischen Union vorsieht, wenn das Land eines Tages darauf ausreichend vorbereitet ist. Damit ist die Türkei das einzige islamische Land – andere islamische Länder, insbesondere in Nordafrika, wünschten sich eine ähnliche Chance –, das institutionell zu Europa gehören und damit auch kulturell und politisch definitiv eine neue Identität annehmen würde. Als Mitglied der NATO hat das Land in den Zeiten des Kalten Krieges als Wächter über Bosporus und Dardanellen vielfach seine absolute

Loyalität nicht nur gegenüber dem Bündnis, sondern auch gegenüber den dem Bündnis zugrundeliegenden Wertvorstellungen bewiesen.

Dies war nur möglich – auch dies ein Unikum vor dem Hintergrund der Geschichte des islamischen Nahen und Mittleren Ostens –, weil sich die Türkei vollkommen aus den zahlreichen Konflikten in der Region herausgehalten hat. Atatürk hatte die Parole »Friede daheim, Friede in der Welt« ausgegeben. Nicht länger wollte man sich in jene zahllosen Konflikte hineinziehen lassen, derentwegen das Osmanische Reich an diversen Fronten letzten Endes untergegangen war. Der politische und kulturelle Austritt aus dem islamischen Orbit und die Hinwendung zu Europa machten es der türkischen Führung über Jahrzehnte relativ einfach, eine Politik zu verfolgen, die sich ausschließlich am nationalen Interesse der Türkei orientierte. Und dieses lag – bis in die Tage der Allianz gegen den irakischen Diktator Saddam Husain im Jahre 1990/91 – nicht in den Verwicklungen der Nachbarregion, mit der die Türkei immerhin durch die Geschichte und die islamische Religion verbunden ist.

Die neue Türkei ist das Ergebnis eines revolutionären Umbruchs nach dem Kollaps des Osmanischen Reiches. Wie stets bei Revolutionen haben viele Kräfte – auch widerstreitende – daran mitgewirkt. Am Ende aber hat dieser Revolution ein Mann die Richtung gegeben, dem das türkische Parlament 1934, nach getaner Arbeit, den Namen »Atatürk«, »Vater der Türken«, verliehen hat. Von ihm muß zunächst die Rede sein.

Mustafa Kemal – ein politischer Offizier

»Im Jahre 1881 – nach Angabe seiner Mutter an einem Frühlingstag – in Saloniki im Stadtteil Ahmet Subaşı, in einem einfachen Holzhaus, das jetzt als Museum besichtigt werden kann, wurde Kemal Atatürk, der spätere Staatsgründer, geboren. Das blonde Kind von guter Gestalt wurde ›Mustafa‹ genannt – einer der einhundertundein Namen des Propheten Mohammed. In der Schule erhielt das Kind vom Mathematiklehrer, der ebenfalls ›Mustafa‹ hieß, den Beinamen ›Kemal‹, und von nun an hieß er ›Mustafa Kemal‹. Viel später, als Atatürk die Sakarya-Feldschlacht gewonnen hatte, erhielt er zusätzlich den Ehrennamen ›Gazi‹ – der Siegreiche. Und einige Zeit darauf wurde ihm durch ein Gesetz der Name ›Atatürk‹ (›Vater der Türken‹) zuerkannt.«

So beginnt die Biographie des Schöpfers der modernen Türkei aus der Feder eines Bewunderers, Professor Dr. Sadi Irmaks, Ministerpräsident der Türkei von 1974–75, die – neben vielen anderen – zum hundertsten Geburtstag Atatürks (1981) veröffentlicht wurde.[14] Irmak hat Atatürk selbst noch erlebt. Die Worte verraten etwas von jener fast kultischen Bewunderung, die dem Staatsgründer viele derer entgegenbrachten, die an seiner Seite und nach ihm die neue Türkei geschaffen haben. Bis heute halten viele »Kemalisten« an der idealisierten Gestalt des »Vaters der Türken« und seines Lebenswerkes fest.

Tatsächlich wurde Atatürk seine historische Rolle nicht gerade in die Wiege gelegt. Gleichwohl sollte aus ihm eine der großen Gestalten der Geschichte werden, ein Revolutionär von historischer Tragweite wie nur wenige in der Geschichte. Mustafa wurde in eine Zeitenwende geboren, da das Osmanische Reich, das letzte der großen Weltreiche des Islam, unabwendbar seinem Ende entgegenging und die islamische Welt – für die meisten freilich noch unbewußt – herausgefordert wurde, sich ihren Platz in einer Welt zu

suchen, die nunmehr nicht mehr von den Anhängern des Propheten bestimmt wurde. Der Soldat, der sich sehr früh zur Politik hingezogen fühlte, sollte dann nach dem erfolgten Sturz und der Auflösung des Reiches nicht nur die Grundlagen für eine neue Türkei schaffen; mit seiner Revolution hat er auch die Zukunft weiter Teile der islamischen Welt entscheidend beeinflußt. Von vielen bewundert, die sein Grundanliegen teilten, nämlich die islamische Welt in eine neue Ära, ins 20. Jahrhundert, zu führen, wurde und wird er zugleich von jenen gehaßt und verteufelt, die an der geschichtlichen Aufgabe, den Islam gegenüber einer von Europa bestimmten Moderne bestehen zu lassen, scheiterten. Kein Wunder, daß er am Ende dieses Jahrhunderts jenen geradezu als Satan erscheint, die die islamische Welt auf religiöser Grundlage zu »erretten« suchen.

Selten in der Geschichte sind Revolutionen so von einer einzigen Gestalt dominiert worden wie im Falle der türkischen. Diese Feststellung gilt auch dann, wenn man anerkennen muß, daß viele seiner revolutionären Maßnahmen in den Modernisierungsbemühungen zurückliegender Jahrzehnte ihre Wurzeln hatten; nicht umsonst war Mustafa Kemal Mitglied der jungtürkischen Bewegung. Wenn auch der Weg, den der Mann aus den kleinen Anfängen im Holzhaus in Selânik zum Köşk, so die Bezeichnung der Villa des Staatspräsidenten in Çankaya, damals noch ein ländlicher Ort weit außerhalb Ankaras, ging, nicht geradlinig verlief, so ist doch unverkennbar, daß die Vision von einem Neubeginn, gepaart mit der Verachtung für das dem Untergang geweihte Alte, in dem jungen Offizier früh ausgebildet war. Es gehört zu den genialen Seiten Atatürks, daß er in den verschiedenen Stadien der Entwicklung revolutionäre Umgestaltungen immer nur so weit vorgenommen hat, wie sie für den Augenblick politisch durchsetzbar waren. Die Revolution wurde so ein geschichtlicher Prozeß; das Revolutionäre und das Machbare erscheinen im nachhinein jeweils nahezu deckungsgleich.

Hier liegen auch die Unterschiede zwischen Mustafa Kemal Atatürk und Wladimir Iljitsch Lenin. Beide lebten und handelten beinahe zur gleichen Zeit und unter in manchem vergleichbaren Rahmenbedingungen. Zwei geschichtliche Ordnungen waren an ihr Ende gekommen. Die leninistische Revolution beruhte auf

4 Mustafa Kemal, genannt Atatürk, mit seiner Frau Latife

einem ideologischen Konzept, das in der Geschichte und in der Gegenwart keine Entsprechung hatte. Es galt, die Kopfgeburt nun in die politische Wirklichkeit umzusetzen. Mustafa Kemal besaß eine klare Einsicht in die Ursachen des Niedergangs und der Rückständigkeit der osmanisch-islamischen Ordnung. An deren Stelle trat eine konkrete Vision von einer neuen, modernen Ordnung, wie sie sich – politisch nachvollziehbar und faßbar – in Europa entwickelt hatte und die sich längst auf weite Teile der Welt ausdehnte. Diese konkrete Vision galt es nun Schritt für Schritt zu verwirklichen. Die zu schaffende neue Ordnung bezog ihre Legitimation aus der machtvollen Existenz Europas bzw. des Westens. Auch wenn diese am Ende des Ersten Weltkrieges eine Krise durchmachte, so war das für Mustafa Kemal Atatürk doch kein Argument gegen die überlegene Dynamik, die dieser europäisch-westlichen Ordnung innewohnte.

Diese konkrete Utopie unterscheidet Atatürk auch von seinem großen Gegenspieler und Gegen-Revolutionär Ayatollah Ruhollah Khomeini etwa ein halbes Jahrhundert später. Dessen utopischer Staats- und Gesellschaftsentwurf ist gleichsam das Gegenstück zu denen des Türken Atatürk und des Russen Lenin. Atatürk wollte den Islam als Religion nicht ausmerzen; er sollte aber im Rahmen einer laizistischen Ordnung Sache des einzelnen sein. Lenin verwarf die Religion und den bürgerlichen demokratischen Staat als Produkt eines falschen Bewußtseins und wollte den sozialistischen Menschen schaffen. Khomeini verabsolutierte die Religion als Richtschnur des Handelns für den einzelnen und als Grundlage von Staat und Gesellschaft. Auch sein Modell hatte kein Gegenstück in der Geschichte. Wie die Utopie Lenins mußte auch die Utopie Khomeinis mit einem enormen Ausmaß an Gewalt durchgesetzt werden. Am Ende stellte sich heraus, daß der Sozialismus eine Ideologie blieb und in der Anwendung versagte. Auch der Islamismus eines Khomeini erweist sich nach etwa anderthalb Jahrzehnten der »Islamischen Republik« kaum als realistische und machbare programmatische Anleitung, die geistige, politische, gesellschaftliche und wirtschaftliche Krise eines großen islamischen Landes wie Iran zu meistern.

Der »Kemalismus« ließ sich ebenfalls nicht gewaltfrei durchsetzen. Das Ausmaß an Gewaltanwendung freilich stand in keinem

Vergleich zu den beiden anderen Ideologien. Gewaltanwendung war für Atatürk punktuell notwendig, aber nicht – wie für Lenin (und insbesondere seinen Nachfolger Stalin) und Khomeini – gleichsam flächendeckend gerechtfertigt. Seine Vita wird zeigen, daß die Gewaltanwendung für Atatürk in vielen Fällen eher als Schubkraft diente für die Überleitung in eine neue politische Wirklichkeit, die am Ende die Mehrheit der Türken davon überzeugte, daß sie auf dem Weg waren, aus der Hinterlassenschaft eines verachteten und heruntergekommenen Imperiums zu einem geachteten Mitglied in der Völkergemeinschaft des 20. Jahrhunderts zu werden.

Ohne Zweifel ist die Umformung der Türkei gelungen. Sie steht heute auf der Schwelle, ein moderner westlicher Staat zu werden. Gerade deshalb aber muß die Frage gestellt werden, ob der »Kemalismus« eine unveränderbar festgefügte Ideologie oder eine pragmatische Abfolge von Rezepten für eine Modernisierung ist, die durchaus neuen Befunden angepaßt werden können und müssen, um das Ziel einer Gesundung des »Kranken Mannes am Bosporus« nicht verlorengehen zu lassen. Es wird noch zu zeigen sein, auf welche politischen, gesellschaftlichen, wirtschaftlichen, religiösen und kulturellen Herausforderungen die »Kemalisten« reagieren müssen, um auf dem begonnenen Wege voranzuschreiten. Der Staatsgründer selbst hätte sich wohl für pragmatische Anpassung entschieden.

Die Karriere des Soldaten

Schon sein Geburtsort mag nicht ohne Einfluß auf den Werdegang Atatürks gewesen sein. Das osmanische Selânik, das heutige Thessaloniki, war ein Schmelztiegel vieler Völker zwischen Asien und Europa. Die drei Weltreligionen lebten hier friedlich zusammen, das Klima war weltoffen. Europäische Ideen entfalteten ihre Wirkung in zahlreichen intellektuellen und politischen Strömungen in der Stadt und im Umfeld. Die politische Ordnung aber, die der osmanische Herrscher, Sultan Abdülhamit II., zu bewahren, ja zu restaurieren versuchte, stand in scharfem Kontrast zu den weltoffenen Diskussionen, die hier geführt wurden: zu dieser Zeit über Liberalismus, Pluralismus und Konstitutionalismus.

Das Ringen um den Bildungsweg des Knaben war bezeichnend. Seine Mutter, eine Bauerntochter anatolischer Herkunft und Tradition, hätte dem Knaben gern eine traditionelle, religiös bestimmte Ausbildung in einer der Medresen, des klassischen islamischen Schultyps, angedeihen lassen. Der Vater, zunächst kleiner Beamter und später erfolgloser Kaufmann, setzte am Ende den Besuch einer weltlichen Schule durch. Damit war für den Knaben aus ganz kleinen Verhältnissen die Voraussetzung gegeben, seine erste selbständige Entscheidung zu verwirklichen: auf den Beruf des Soldaten zuzusteuern. Die Mutter war strikt dagegen (der Vater war schon 1890 verstorben). Mustafa setzte sich durch, und so waren die Weichen für die Laufbahn eines Jungen gestellt, der unter anderen Bedingungen kaum aus seinem armseligen Milieu hätte ausbrechen können. Die Karriere eines Offiziers eröffnete dem Knaben die Möglichkeit zur Entfaltung seiner Persönlichkeit und zum gesellschaftlichen Aufstieg – einer willensstarken, häufig herrischen Persönlichkeit mit Führungsqualität, einem Blick für das Wesentliche und mit der Fähigkeit, Verantwortung zu übernehmen.

1893 also begann er ganz unten, mit dem Eintritt in die Militärschule von Saloniki. Schon 1895 schloß er diese ab und wurde daraufhin in die »höhere Militärschule« eingeschrieben, die sich in Monastir, dem heutigen Bitola, befand.[15] Die Hauptstadt Mazedoniens war zu jener Zeit ein lebhafter Ort von 20 000 Einwohnern. Im Herzen des Balkan gelegen, glimmte »das Feuer des Aufstands unter der Asche«, wie der Gouverneur von Mazedonien in seinen Berichten schrieb, die er an das Innenministerium sandte: Aufstände allerorten unter der nichtmuslimischen Bevölkerung gegen die osmanische Besatzungsmacht einerseits und politische Umtriebigkeit unter aufmüpfigen Offizieren andererseits. Hier auf dem Balkan war zudem der militärische Niedergang spürbar wie kaum anderswo in dem Riesenreich.

Mustafa Kemal verfiel dieser Mischung aus Frustration und revolutionärem Idealismus rasch. Er verbesserte sein Französisch und las die großen französischen Philosophen des revolutionären Zeitalters. Er nahm Unterricht in der freien Rede und schrieb Artikel für eine Zeitung der Untergrundbewegung, in denen er das Reich mit einem Augiasstall verglich und nach einem »neuen Herkules« rief. Zugleich trat er mit Persönlichkeiten und Strömungen in

Berührung, die auf eine Veränderung der Zustände in Konstantinopel hinarbeiteten. Freilich, neben der geistigen Vitalität äußerte sich – und das sollte ihn sein Leben lang begleiten – die körperliche Vitalität. Er begann schon damals dem Rakı, dem türkischen »Nationalschnaps«, zuzusprechen, der am Ende eine wesentliche Ursache für sein relativ frühes Ableben werden sollte. Der Umgang mit Frauen ersetzte ihm zeitlebens, was er an tieferer menschlicher Beziehung nicht aufbauen und finden konnte. Schon in Monastir blieb er trotz seiner revolutionären Kontakte ein Außenseiter, ein einsamer »grauer Wolf«, wie man ihn häufig charakterisiert hat. Die Einsamkeit sollte ihn auch nicht verlassen, als er später als Revolutionär und »Vater der Türken« einem ganzen Volk den Weg wies.

Mustafa Kemal vernachlässigte darüber allerdings nicht sein Studium. Er wurde vom Leiter der Schule als ein »junger Mann von schwierigem Charakter, sehr begabt, aber unfähig, freundschaftliche Bande zu knüpfen«, bezeichnet. 1899 begann er seine Offiziersausbildung an der Harbiye, der Kriegsakademie in Konstantinopel. 1902 wurde er zum Leutnant befördert; eine Generalstabsausbildung schloß sich an. Mustafa Kemal verließ die Harbiye 1905 im Rang eines Hauptmanns.

War der Verfall des Reiches schon in Monastir unübersehbar und hatte die Unzufriedenheit dort zu zahlreichen oppositionellen Aktivitäten angestachelt, so konnte Mustafa Kemal in Konstantinopel nun den Puls eines zerfallenden Reiches unmittelbar im Zentrum spüren. Sofort war er angetan von dem neuen politischen Klima, das sich ihm hier öffnete. Begeistert schloß er sich dem Treiben eines revolutionären Klubs an der Kriegsakademie an, der sich den Namen Vatan gegeben hatte (arab.: *watan*, Vaterland). Die jungen Offiziere trafen sich außerhalb der Kaserne, und bald hatte sich Vatan von einem »Studienkreis« zu einem der zahlreichen Geheimbünde gewandelt, die sich in der Hauptstadt bildeten.

Es dauerte freilich nicht lange, und die unbotmäßigen Aktivitäten Mustafa Kemals wurden entdeckt. Er wurde verhaftet und wochenlang verhört.

Man mag ihm dies als Jugendsünde ausgelegt haben, doch entledigte man sich seiner vorsichtshalber, indem man ihn als Hauptmann zum Stab der 5. Armee nach Damaskus versetzte. Seine Aktivitäten im Untergrund setzte er dort jedoch fort und gründete 1906 eine Zelle der Geheimgesellschaft *Vatan ve hürriyet* (Vaterland und Freiheit). Mit Argwohn betrachtete das Kriegsministerium das Treiben des jungen Offiziers. Aber sein Einfluß unter den Kameraden wuchs, und es gelang ihm im September 1907, wieder auf den Balkan, genauer gesagt zum Stab der 3. Armee nach Selânik, zurückzukehren, wo er dem Puls der Dinge näher war als im Vorderen Orient.

Mit Enttäuschung mußte er allerdings zur Kenntnis nehmen, daß er in dem vorrevolutionären Konzert nicht unter den ersten Geigen spielte. An der Revolution vom 23. Juli 1908, durch die die Verfassung von 1876 wieder in Kraft gesetzt wurde, war Mustafa Kemal nicht führend beteiligt. Die Initiative lag in den Händen des Komitees für Einheit und Fortschritt, an dessen Spitze Talât und Enver standen. Der Konflikt mit einzelnen Mitgliedern des Komitees, namentlich die ständigen Reibereien mit Enver Pascha, bestimmte von nun an bis zum Ende der Tage des Osmanischen Reiches und zum Sturz des jungtürkischen Triumvirats Mustafa Kemals politische und auch militärische Karriere.

Für Mustafa Kemal war die Revolution nicht radikal genug. »Das Sultanat muß zerstört werden. Die Struktur des Staates muß auf einer homogenen Grundlage beruhen. Religion und Staat müssen voneinander getrennt werden. Wir müssen uns der östlichen Zivilisation entziehen und der westlichen zuwenden. Wir müssen die Unterschiede zwischen Mann und Frau aufheben und so eine neue soziale Ordnung gründen. Wir müssen die Schrift, die uns hindert, an der westlichen Zivilisation teilzunehmen, abschaffen, wir müssen ein Alphabet, das auf der lateinischen Schrift beruht, finden, und wir müssen uns in jeder Beziehung bis hin zu unserer Kleidung auf den Westen hin ausrichten. Seien Sie ganz sicher, eines Tages werden wir das alles erreichen.«[16]

Der Staatsmann in dem jungen und ambitionierten osmanischen Offizier sollte freilich auf seine Stunde noch etwa ein Jahrzehnt warten müssen. Verschiedene militärische Kommandos und Missionen dokumentieren in der Folge mehr die Streitigkeiten mit dem Komitee in Konstantinopel als hervorragende militärische Leistungen. Eine Mission nach Libyen (1911) und ein Kommando während der Balkankriege (1912/13) sind eher unerheblich und können als Vorspiele jener militärischen Leistungen gewertet werden, die

Mustafa Kemal dann mit einem Schlag zu einem der berühmtesten Offiziere der osmanischen Armee machten und nach dem Untergang des Reiches den Grundstein für die Wandlung vom Offizier zum Politiker legten.

Mustafa Kemal war entschieden gegen den Eintritt des Osmanischen Reiches an der Seite Deutschlands in den Ersten Weltkrieg: »Es ist eine Dummheit, den Deutschen die Kontrolle über unsere Armee einzuräumen, denn die Armee ist geradezu die Basis unserer nationalen Existenz und im Unglücksfall der einzige Garant für unser Überleben! Sind die Türken etwa nicht selber imstande, ihre Armee zu reorganisieren? Sich auf diese Preußen zu stützen, das ist eine Beleidigung für jeden von uns!«[17]

Auch in späteren Jahren wurde er kein Freund Deutschlands. Zu den deutschen Offizieren in der osmanischen Armee hatte er während des Ersten Weltkrieges ein bestenfalls gespaltenes Verhältnis. Lediglich General Liman von Sanders schätzte er wegen dessen militärischer Qualitäten hoch, ohne ihm jedoch menschlich nahezukommen. Ein Besuch in Berlin, den er als Begleiter des Kronprinzen Vahdettin von Dezember 1917 bis Januar 1918 unternahm und bei dem er an Gesprächen auch mit Kaiser Wilhelm II. sowie führenden deutschen Generälen (u.a. von Hindenburg und Ludendorff) teilnahm, verstärkte eher noch seine Abneigung. Dem Faschismus der dreißiger Jahre stand er ablehnend gegenüber, auch wenn die nationalistische deutsche Propaganda Atatürk zu einer Art »Führer« stilisierte, der – ähnlich wie in Deutschland – das türkische Volk aus der von ausländischen Mächten auferzwungenen »Schande« herausführe.

Doch es war der Krieg, der ihm militärischen Ruhm bringen sollte; und dieser bildete später die solide Grundlage für seinen politischen Aufstieg. Der erste Schauplatz waren die Dardanellen, wo die osmanische Armee zu einem schließlich siegreichen Kampf gegen eine englisch-französische Invasionsarmee antrat. Der Sieg verhinderte einen frühzeitigen Fall Konstantinopels.

Am 2. Februar 1915 erhielt Mustafa Kemal den Befehl, bei Tekirdağ eine neue Division aufzustellen. Diese 19. Division stand unter dem Oberbefehl Liman von Sanders', der die Verteidigung der Meerengen gegen den erwarteten englisch-französischen Angriff leitete. »Liman von Sanders hat alle Eigenschaften, die ein hervorragender General haben muß. Wir sind oft uneinig, aber sobald er mir seine Befehle gegeben hat, läßt er mir alle Freiheit, um sie nach meinem Gutdünken auszuführen.«[18]

Am 25. April 1915 begann die Offensive der Alliierten. Wochenlang tobte die Schlacht in Nacht- und Nahkämpfen mit unerbittlicher Grausamkeit. Mustafa Kemal, mittlerweile zum Oberst befördert, stellte seine herausragenden Qualitäten in der militärischen Operation wie Menschenführung unter Beweis. Daß am Ende die türkischen Reihen hielten und die Schlacht gewonnen wurde, war wesentlich sein Verdienst. Die Zeitungen priesen ihn als den Retter und Helden des Vaterlandes; zum ersten Mal hörte man von ihm jenseits der Grenzen des Reiches.

Die Niederlage des Reiches war allerdings auch durch brillante militärische Einzelleistungen nicht aufzuhalten. In seinen militärischen Kommandos in den nächsten drei Jahren vermochte selbst Mustafa Kemal nicht mehr, als die schlimmsten Dammbrüche zu verhindern. 1916 übertrug man ihm das Kommando über das 16. Armeekorps um Edirne; später, mittlerweile als (ab 1. April 1916) »Pascha«, das heißt General, den Oberbefehl über die östliche Front, in die die Russen bereits tief eingebrochen waren. Seine letzte »Verwendung« im Krieg fand er im August des Jahres 1918, als er zum Kommandeur der 7. Armee in Syrien ernannt wurde. Dort mußte er – gemeinsam mit Marschall Liman von Sanders – die unausweichliche Niederlage erleben. Am 19. September brachen die Engländer an der Küste bei Jaffa durch. Die osmanische Armee mußte sich Schritt für Schritt zurückziehen. Immerhin kam es auch hier nicht zu einem Dammbruch. Das Gebiet, das später zum Staatsgebiet des türkischen Nationalstaates werden sollte, wurde – im Südosten wenigstens – nicht von den Alliierten besetzt. »Mustafa Kemal legte hier die neue türkische Staatsgrenze mit türkischen Bajonetten de facto fest«, formuliert die offiziöse Atatürk-Biographie.

Das Ende des Reiches wurde am 30. Oktober 1918 im Waffenstillstand von Mudros mit der bedingungslosen Kapitulation besiegelt. Die Regierung, darunter Kemals politische Erzrivalen Enver und Talât, hatten abgewirtschaftet und das Land bereits am 14. Oktober verlassen. Auch Liman von Sanders mußte das Kommando über alle Streitkräfte in der südlichen Türkei abgeben – an Mustafa Kemal. Während sie in einem Kaffeehaus in Adana die üblichen

Formalitäten (am 31. Oktober) erledigten, sagte Liman von Sanders: »Ich kenne Sie, Exzellenz, seit dem Tage, wo Sie die Anafarta-Front geleitet haben. Ich schmeichle mir, als erster Ihre ungewöhnlichen Fähigkeiten erkannt zu haben. Wir sind oft uneinig gewesen. Dennoch trennen wir uns als Freunde. Mein einziger Trost in dieser für unsere beiden Länder schmerzlichen Stunde ist, daß ich meine Befehlsgewalt in so fähige Hände wie die Ihrigen lege.«[19] Am 7. November 1918 wurde er nach Istanbul zurückberufen, wo er knapp eine Woche später eintraf.

Der Zusammenbruch des Osmanischen Reiches setzte nicht nur den Schlußstrich unter eine vielhundertjährige Geschichte des Aufstiegs und Niedergangs des letzten islamischen Großreiches. Es stellte auch einen Bruch in der Geschichte der islamischen Welt insgesamt dar. Die Ursachen von Niedergang und Zusammenbruch sind vielfältig. Doch die Zersetzung des Reiches durch den Bazillus des Nationalismus war gewiß mit am wirkungsvollsten.

In der Agonie des Reiches standen die Türken fast allein da. Vergeblich hatte Sultan Mehmet V. Reşat (1909–18), der ja als Kalif zugleich geistiges Oberhaupt der Muslime zu sein beanspruchte, wenigstens diese zum Heiligen Krieg *(Cihad)* aufgerufen, nachdem der Kriegseintritt an der Seite Deutschlands entschieden war. Allerdings ohne erwähnenswerte Resonanz. Am Ende war der osmanische Herrscher bereits ein türkischer Herrscher geworden. Den letzten Kampf um das Reich führten im wesentlichen die Türken selbst. Schon oben ist angedeutet worden, wie tief die Enttäuschung unter Türken auch heute noch darüber nachwirkt, daß sich die muslimischen Araber ab 1916 im »arabischen Aufstand« auf die Seite Englands schlugen, um gegen die Osmanen die Errichtung eines eigenen »nationalen« arabischen Staates zu erkämpfen. Damit hatten auch sie den Rahmen des islamischen Imperiums verlassen.

Der Weg zum neuen Staat

Während des Krieges hatten die Entente-Mächte eine Reihe von Verträgen geschlossen, die das Fell des Bären teilen sollten, bevor dieser selbst erlegt war. Dies nicht nur untereinander; auch den Arabern waren 1916 Versprechungen auf einen eigenen Staat gemacht worden, und im November 1917 hatte der britische Außenminister, Lord Balfour, dem Führer der zionistischen Bewegung in England, Lord Rothschild, zugesagt, daß Großbritannien die Errichtung einer jüdischen nationalen Heimstätte in Palästina unterstützen würde. Im Januar 1918 verkündete Präsident Woodrow Wilson mit seinen »Vierzehn Punkten« die amerikanischen Kriegsziele; diese anerkannten das »Recht auf Selbstbestimmung der Völker«, was wiederum bei der britischen und französischen Regierung auf Widerstand stieß.

Viele dieser Verträge und Versprechungen widersprachen einander, was zum Teil schon bekannt wurde, als die neue russische Regierung unmittelbar nach der bolschewistischen Revolution vom Oktober 1917 diese »imperialistischen« Verträge veröffentlichte. Deshalb war die Ausgangslage kompliziert, als man sich nach Kriegsende in Paris versammelte, um die unterschiedlichen Ansprüche und Erwartungen auf einen Nenner zu bringen. Die Angelegenheit wurde durch Ansprüche Griechenlands und Italiens, die beide gegen Kriegsende der Entente beigetreten waren, erschwert. Auch die armenische Frage, die mit den Deportationen von 1915/16 eine tragische Zuspitzung erfahren hatte, erforderte eine Lösung.

So hatten die Entente-Mächte genug zu tun, ihre Ansprüche zu harmonisieren. Verhandlungen mit den betroffenen Völkern im Nahen Osten bzw. mit der Türkei fanden praktisch nicht statt. Der Regierung des Sultans wurde am 11. Mai 1920 ein Vertragsentwurf präsentiert, der ein Ende der Türkei bedeutete, bevor sie überhaupt als neuer Staat in Erscheinung treten konnte. Istanbul weigerte sich, die Bedingungen zu akzeptieren. Erst am 10. August wurde der Vertrag von Sèvres von einer Delegation des Sultans unterschrieben. Was blieb, war ein Rumpfstaat mit Istanbul als Hauptstadt. Ost-Thrazien und die Region Izmir wurden Griechenland zugeschlagen, die Meerengen internationalisiert. In Ostanatolien sollte ein unabhängiger armenischer Staat entstehen. Frankreich errichtete Mandate in Syrien und im Libanon sowie eine Einflußzone in Südanatolien; Großbritannien war entsprechendes in Palästina, Transjordanien und Mesopotamien (Irak), das die ölreiche Provinz Mossul umfaßte, eingeräumt worden. Der südwestliche Teil von Kleinasien sollte italienisches Einflußgebiet werden. Die kurdische Region nördlich von Mossul verblieb zwar beim osmanischen Staat, sollte aber einen autonomen Status erhalten und das Recht haben, innerhalb eines Jahres beim Völkerbund die Unabhängigkeit zu beantragen.

Widerstand und Neuordnung

Tiefer konnte der Sturz eines einstmals mächtigen Imperiums nicht sein. Die Türkei als Nachfolge-»Staat« geriet politisch, wirtschaftlich und finanziell in die denkbar größte Abhängigkeit von einer Reihe europäischer Mächte, die entschlossen waren, sie durch ein System von Kommissionen – militärische Kontroll-, Meerengen-, Justiz-, Finanz- und Schiedskommissionen – selbst zu verwalten. Mit dem Interventionsrecht zugunsten der Minderheiten wurde der Rumpfstaat auch noch jeder Autorität im Inneren beraubt. Durch eine ständige Besetzung der Stadt Konstantinopel und der Einflußzonen sollte die wehrlos gemachte Türkei unter ständigem Druck gehalten werden.

Freilich, zu mehr als bis zur Entgegennahme der Friedensbedingungen reichte die Macht des Sultans nicht mehr, denn in die Tat umsetzen konnte er sie nicht. Inzwischen war nämlich der Kampf um die Zukunft der Türkei bereits in die Hände der Widerstandsbewegung in Anatolien übergegangen. Sie hatte von dort ihren Ausgang genommen und war nun dabei, der ganzen Türkei eine völlig neue Grundlage ihrer politischen Existenz zu schaffen. Wenn es noch einer Rechtfertigung für eine solche Bewegung bedurft hätte, dann waren es der Vertrag von Sèvres und die Ohnmacht der in den Augen der siegreichen Alliierten noch immer allein legitimen Regierung des Sultans, sich dem Diktat zu widersetzen.

Tatsächlich lag ein Jahr stürmischer innerer Bewegung hinter dem ausgebluteten Land, das nach außen nurmehr ein Spielball fremder Mächte zu sein schien. Nur widerwillig hatte sich Mustafa Kemal nach Istanbul zurückbegeben. Seine Verbindungen zu den in Anatolien verbliebenen restlichen Verbänden der osmanischen Armee hatte er deswegen keineswegs abgebrochen. Auch aus der Ferne sorgte er dafür, daß nötigenfalls der bewaffnete Widerstand von Anatolien aus mobilisiert werden konnte. Als die Regierung in Istanbul ihn als Inspekteur zur 3. Armee entsandte, um die Unruhen in Anatolien zu beenden und die Aufständischen zu entwaffnen, war er ohnehin bereits entschlossen gewesen, sich dorthin – wie andere Offiziere vor ihm – abzusetzen.

Seit dem Waffenstillstand hatte das Komitee für Einheit und Fortschritt begonnen, in den Provinzen die öffentliche Meinung dafür zu sensibilisieren, daß Teile des Landes der Gefahr ausgesetzt waren, von der Rumpf-Türkei, auf die das Imperium zusammengeschmolzen war, abgetrennt zu werden. Nummer zwölf von den »Vierzehn Punkten« Präsident Wilsons sicherte den türkischen Gebieten des Reiches Souveränität zu; um zu verhüten, daß türkische Gebiete vom Rest des Landes abgespalten würden, galt es vordringlich zu demonstrieren, daß abtrennungsgefährdete Gebiete in ihrer überwältigenden Mehrheit tatsächlich türkisch-muslimisch waren und beim Mutterland verbleiben wollten. In den Provinzhauptstädten gründeten die örtlichen Vertreter und Agenten des Komitees deshalb Gesellschaften für die Verteidigung nationaler Rechte *(Müdafaa-i hukuk-u milliye cemiyeti)*.

Noch heute wird der 19. Mai als nationaler Feiertag begangen. Denn an diesem Tag im Jahre 1919 landete Mustafa Kemal in Samsun, um den Befehl des Sultans auszuführen, die nationalistischen Unruhen in Zentralanatolien zu beenden, über die die Alliierten, die Istanbul kontrollierten, verständlicherweise beunruhigt waren. Am 15. Mai, einen Tag bevor Mustafa Kemal in Istanbul an Bord gegangen war, hatten griechische Truppen Smyrna (Izmir) besetzt; und als er in Samsun landete, riefen Griechen im benachbarten Trapezunt (Trabzon) eine »Pontische Republik« aus. Mit Ermutigung aus Athen waren die Griechen Anatoliens allenthalben dabei, darauf hinzuwirken, ihre Vision der »großen Idee«, das heißt der Wiederherstellung jenes griechischen Reiches, zu verwirklichen, das 1453 nach jahrhundertelangem Existenzkampf mit der Eroberung von Byzanz durch die Türken untergegangen war.

Umgehend nach seiner Ankunft begann Mustafa Kemal, den Befehlen des Sultans und den Erwartungen der Alliierten zuwiderhandelnd, den diffusen militärischen Widerstand zu organisieren. Zwar war die osmanische Armee durch Niederlagen, Seuchen und Desertion geschwächt und dezimiert; aber sie bildete noch immer eine Einheit. Ihre Kommandostruktur war intakt, und ihre führenden Offiziere unterstützten den Widerstand nahezu ausnahmslos. Sie sabotierten die Entwaffnung und Demobilisierung ihrer Truppen und versorgten die lokalen Widerstandsorganisationen heimlich mit Waffen und Munition.

Dennoch war die militärische Schlagkraft in den meisten Teilen Anatoliens und Thraziens alles andere als eindrucksvoll. Noch bis 1921 mußten türkische und tscherkessische Freischärler die reguläre Armee unterstützen. Lediglich im Osten, wo von den östlichen, südöstlichen und kaukasischen Fronten zurückverlegte Verbände stationiert waren, sah die militärische Situation ein bißchen besser aus.

Neben der militärischen Reorganisation bestand eine weitere Aufgabe darin, dem Widerstand einen politischen Rahmen, eine politische Rechtfertigung zu geben. Der Aufforderung des Kriegsministers, nach Istanbul zurückzukehren, verweigerte sich Mustafa Kemal. Vielmehr legte er nunmehr die Uniform eines osmanischen Pascha ab und kündigte an, für das »heilige Ziel«, das Vaterland vor der Gefahr der Zerstückelung zu bewahren, mit der Nation bis zum Ende zusammenzuarbeiten. Es sollte für Mustafa Kemals künftige Rolle in der anatolischen Befreiungsbewegung von ausschlaggebender Bedeutung sein, daß die Armee weiterhin hinter ihm stand, obwohl er ihr formal nicht mehr angehörte. Als Schlüsselfiguren an der Seite Mustafa Kemals sind hier die führenden Generäle Kâzım Pascha (sein Nachname wurde später Karabekir) und Ali Fuat Pascha (Cebesoy) zu nennen.

Als erstes mußte die Bewegung eine Art verfassungsmäßige Grundlage und ein Programm erhalten. Eine repräsentative Versammlung war einzuberufen, in deren Hände »die Nation« ihre Geschicke legen würde. Am 23. Juli 1919 trafen sich in Erzurum die Deputierten aller *Sancaks* Anatoliens, also der überkommenen Verwaltungseinheiten, die nicht unter unmittelbarer Kontrolle durch die Regierung in Istanbul standen. Man tagte in einer Volksschule. Beschlossen wurde eine Zehn-Punkte-Resolution: Sie bestätigte die Entschlossenheit der sechs östlichen Provinzen, im Reich zu verbleiben; zugleich aber wurde darin die territoriale Integrität und nationale Souveränität aller Landesteile innerhalb der Waffenstillstandslinien sowie anderer Territorien, in denen Muslime die Mehrheit bildeten, gefordert. Die nationalen Kräfte sollten beauftragt werden, die nationale Unabhängigkeit zu erhalten sowie Sultanat und Kalifat zu schützen. Die Konferenzteilnehmer bekundeten ihre Entschlossenheit, sich allen Versuchen, Teile osmanischen Territoriums vom Reich abzutrennen, zu widersetzen; dies auch dann, wenn unter auswärtigem Druck die Regierung in Konstantinopel gezwungen würde, sie abzugeben. Am Ende wurde ein »Repräsentativkomitee« mit Mustafa Kemal als Präsident gewählt.

Dem Kongreß von Erzurum folgte vom 4. bis 11. September ein Kongreß in Sivas. Auf ihm wurden die Beschlüsse von Erzurum bestätigt; darüber hinaus konstituierte sich der Kongreß als Gesellschaft zur Verteidigung der nationalen Rechte von ganz Anatolien und Thrazien *(Anadolu ve Rumeli müdafaa-i hukuk-u milliye cemiyeti)*. Das neu gewählte »Repräsentativkomitee« – wieder mit Mustafa Kemal an der Spitze – verstand sich von jetzt an als nationale Exekutive der Widerstandsbewegung. Noch bedeutete das freilich nicht den Bruch mit der verfassungsmäßigen Ordnung. Der Kongreß versicherte den Sultan seiner uneingeschränkten Loyalität und verlangte lediglich die Einsetzung einer neuen patriotischen Regierung in Konstantinopel. Es war ein kluger Schachzug, dem Monarchen die Regierungsverantwortung zu nehmen, ihn gleichzeitig aber in seiner Stellung zu bestätigen und seine Autorität für die eigenen Zwecke einzusetzen – solange man sie noch brauchte.

Im Dezember 1919 verstand sich der Sultan tatsächlich zu Wahlen zum Parlament in Konstantinopel. Die Nationalisten und Gesinnungsfreunde Mustafa Kemals gewannen die Mehrheit. Organisiert als Gruppe zur Rettung des Vaterlandes *(Felâh-i vatan grubu)*, verabschiedeten sie am 20. Januar 1920 ein Dokument, das als »Nationalpakt« *(Misak-i millî)* Grundlage der nationalen Aspirationen der Widerstands- und Befreiungsbewegung werden sollte. Neben den bereits bekannten Grundsätzen von Erzurum und Sivas enthielt es die Forderung nach Volksabstimmungen in den drei Provinzen von Batum, Kars und Ardahan (die von 1878 bis zum Ausscheiden der Russen aus dem Krieg russisch besetzt gewesen waren), in Westthrazien und in den Gebieten mit arabischer Mehrheit, sowie Forderungen bezüglich der Sicherheit von Konstantinopel und der Meerengen, der Rechte der Minderheiten und der wirtschaftlichen Unabhängigkeit des Reiches. Bemerkenswert war, daß der »Nationalpakt« nicht die nationale Souveränität »der Türken«, sondern aller »muslimischen Osmanen« forderte. Im wesentlichen bedeutete dies: von Türken und Kurden.

Der Versuch, in Anatolien gewählte »kemalistische« Abgeordnete in das Parlament von Istanbul zu entsenden, war als ein Kompromißangebot der Kemalisten an den Sultan gemeint. Das scheiterte, als britische Truppen am 16. März 1920 Istanbul besetzten, vornehmlich um die vielfältigen Kanäle politischer und militärischer Kommunikation und Zusammenarbeit zwischen Kreisen in der Hauptstadt mit der nationalen Widerstandsbewegung in Anatolien zu unterbinden. Zugleich suchten die Briten die Arbeit des Parlaments zu behindern. Als sie führende Mitglieder der Felâh-Fraktion gefangensetzten, löste sich das letzte osmanische Parlament aus Protest auf.

Bereits im Dezember war das »Repräsentativkomitee« nach Ankara umgezogen, das wegen seiner zentralen Lage und der direkten Eisenbahnverbindung mit Istanbul als Standort günstig erschien. Am 17. Februar 1920 hatte es den »Nationalpakt« als offizielles Aktionsprogramm angenommen und agierte mithin von nun an als Sprecher der Widerstandsbewegung. Als die Nachricht von der Besetzung Istanbuls Ankara erreichte, lud Mustafa Kemal die Parlamentarier ein, nach Ankara zu kommen und ihre Sitze in einer »Nationalversammlung« einzunehmen. 92 Abgeordneten gelang es in den nächsten Wochen durchzukommen. Zusammen mit 232 anderen Abgeordneten, die durch die lokalen Ableger der Gesellschaft zur Verteidigung der Rechte gewählt worden waren, konstituierten sie die »Große Nationalversammlung« *(Büyük millet meclisi)*. Am

23. April trat sie unter der Präsidentschaft Mustafa Kemals zum ersten Mal zusammen.

Damit war das Tischtuch durchschnitten. Die Autorität des Sultans wurde zwar nominell anerkannt. Das Parlament in Ankara aber verstand sich nun selbst als Ausdruck des nationalen Willens: »Grundsätzlich muß anerkannt werden, daß sich der nationale Wille, der in der Nationalversammlung vertreten ist, der Geschicke des Vaterlandes annimmt, und daß es keine höhere Macht im Lande als die Große Türkische Nationalversammlung gibt. Wenn der Sultan und Kalif von Zwang und Drohung frei ist, soll er innerhalb der gesetzlichen Grenzen, die die Nationalversammlung festlegen wird, seinen Platz einnehmen«, so Mustafa Kemal.[20] Gleichzeitig beanspruchte das Hauptquartier der nationalen Bewegung den Charakter einer regelrechten Regierung; alle Gesetze der Regierung in Istanbul, die nach dem 16. März erlassen worden waren, wurden für ungültig erklärt.

Der aufgerissene Graben wurde von Istanbul aus durch ein *Fetwa* (religiöses Gutachten) des *Şeyhülislam*, der noch immer höchsten religiösen Instanz, vertieft. In ihm wurden Mustafa Kemal und seine Umgebung zu Renegaten, Ketzern und Geächteten erklärt. Sie waren gleichsam exkommuniziert, zum Tode verurteilt; es wurde ein Preis auf ihren Kopf ausgesetzt und verkündet, wer dieses Urteil vollstrecke, erfülle eine heilige Pflicht und werde in dieser und in der anderen Welt seinen Lohn empfangen. Mustafa Kemal reagierte mit einem Gegen-*Fetwa* des *Müftü* von Ankara. Die Regierung wurde des Verrats bezichtigt. Dabei unterstrichen die Nationalisten aber nochmals, daß sie für die Erhaltung des Sultanats und Kalifats kämpften, und konzentrierten ihre Vorwürfe auf die Regierung und die auswärtigen Mächte. Zugleich betonten sie den religiösen Charakter ihres Kampfes.

Zwischen den beiden nun rivalisierenden Hauptstädten Istanbul und Ankara begann der Kleinkrieg der Sultanstreuen, der »Kalifatsarmee«, und der Nationalisten. Er sollte nicht nur die Türken spalten; auch innerhalb der kemalistischen Bewegung führte die Verbundenheit mit der alten Ordnung, mit der viele bei aller Hingabe an die Sache der nationalen Befreiung nicht brechen wollten, in der Folge zu Spannungen und Spaltungen.

In dieser konfliktgeladenen Situation schlug im August die

Nachricht vom Abschluß des Vertrages von Sèvres mit seinen erniedrigenden Bedingungen wie eine Bombe ein. Im Herzen Anatoliens brach nun erst recht elementarer Haß gegen die Sieger auf. Die Nationalversammlung in Ankara lehnte den Vertrag ab und klagte die Regierungsvertreter als Hochverräter an; das war ein Sturzbach auf die Mühlen Mustafa Kemals und seiner Gefolgschaft. Nicht länger erschienen sie als Rebellen gegen eine geheiligte Ordnung; sie waren nunmehr die Avantgarde im Überlebenskampf der Türkei. Jetzt strömten ihm die Menschen zu, Soldaten, Zivilisten, Beamte, die dem Sultan die Loyalität aufkündigten. Der militärische Kampf gegen die Okkupanten konnte beginnen.

Der Kampf um Unabhängigkeit

Noch im September 1920 schlug Kâzım Karabekir, ein Offizier, der seine Loyalität zum Sultan – nicht leichten Herzens – der Gefolgschaft Mustafa Kemals geopfert hatte, gegen die Armenier los. Es wurde ein kurzer und gnadenloser Feldzug, der die soeben entstandene Republik Armenien militärisch schnell in die Knie zwang. In rascher Folge liefen eine Reihe von Operationen gegen die Kurden und die »Kalifatsarmee« ab. Das ausgeklügelte Vertragssystem von Sèvres schien in wenigen Monaten durch die militärischen Erfolge der Nationalisten hinfällig zu werden.

Damit waren die alliierten Interessen nun unmittelbar berührt; doch begannen Risse zwischen ihnen sichtbar zu werden. In einer Situation, da die Alliierten sich insbesondere militärisch unfähig fühlten, die Durchführung des Vertrags von Sèvres zu vollstrecken, bot sich Griechenland an, dies für sie zu übernehmen. Besondere Rückendeckung erhielt die Regierung in Athen dabei von Großbritannien, das beabsichtigte, auf diese Weise vor allem eventuelle italienische Absichten zu blockieren.

Ausgehend von dem »Brückenkopf« Smyrna (Izmir), der mit der Landung im Mai 1919 geschaffen worden war, hatten die Griechen im Laufe des Sommers 1920 die asiatische Küste des Marmarameeres besetzt und drangen nun ins Landesinnere vor, um durch Besetzung von Eskişehir die Bahnlinie Istanbul-Konya in die Hand zu bekommen. Die türkischen Kräfte konnten keinen Widerstand leisten und zogen sich auf Mustafa Kemals Weisung in die umliegende, unübersichtliche Berg- und Hügellandschaft zurück.

Der Winter 1920/21 brachte dann eine erste Wende im Kampf der Türken um ihre Unabhängigkeit. Die Bemühungen wurden verstärkt, die losen Freischärlerformationen straffer in die Armee einzugliedern. Neuaufgestellte reguläre Einheiten wurden nach Kütahya in Marsch gesetzt. Bei der Ortschaft Inönü konnte Ismet Pascha (der später den Namen dieser Ortschaft zu seinem Familiennamen machte) den Griechen am 10. Januar 1921 einen ersten schweren Schlag zufügen. Wie lange hatten die Türken nicht mehr eine »europäische« Armee zu besiegen vermocht! Dieser Sieg gab Auftrieb. Zugleich stärkte er Mustafa Kemals Ansehen, das durch die Entwicklung der letzten Monate Schaden zu nehmen gedroht hatte.

Mustafa Kemal war entschlossen, den Sieg auch politisch zu nutzen. Am 20. Januar 1921 berief er die Nationalversammlung in Ankara zu einer Plenarsitzung ein und forderte sie auf, ein Grundgesetz anzunehmen, das »Gesetz über die grundlegende Organisation« *(Teşkilât-i esasiye kanunu)*. In diesem Dokument, der De-fac-

5 Ismet Inönü (Ismet Pascha)

to-Verfassung der Widerstandsbewegung, hieß es nun klipp und klar: »Die Grundlage des türkischen Staates ist die Souveränität des Volkes.« Damit war ein vehementer Schlag gegen die osmanische Verfassung geführt; zum ersten Mal wurden hier der Souveränität des Sultan/Kalifen das demokratische Prinzip entgegengestellt und somit das ganze verfassungsmäßige Recht und alle politische Macht von der Souveränität des Volkes abgeleitet. Einmal mehr freilich hütete sich Mustafa Kemal, zu weit zu gehen. Zwar nannte sich die Regierung, deren Präsident er war, nicht länger »provisorische Regierung«. Noch aber maß sie sich nicht den Titel einer »türkischen Regierung« an. Sie bezeichnete sich bescheidener als »Regierung der Nationalversammlung« und gab so zu verstehen, daß sich ihre Macht nur über die vom Feind nicht besetzten Gebiete erstreckte, wo das Volk seinen Willen frei hatte kundtun können.

Tatsächlich war der griechische Angriffswille nach der Niederlage bei Inönü nicht gebrochen. Im März 1921 rückten griechische Truppen einmal mehr auf Eskişehir vor, doch es gelang den türkischen Truppen unter Ismet erneut, sie zurückzuwerfen (7. April). Im Juli stießen die Griechen dann zum dritten Mal auf die Stadt vor. Sie durchbrachen die türkischen Linien und besetzten Afyon-Karahisar, Kütahya und den Eisenbahnknotenpunkt von Eskişehir. Am 23. August kam es am Sakarya-Fluß zur ersten wirklich entscheidenden Schlacht. Diesmal führte Mustafa Kemal selbst die türkischen Truppen an. Er setzte auf Zermürbungstaktik – mit Erfolg. In dreiwöchigen ununterbrochenen Kämpfen schmolz die materielle Überlegenheit der Griechen dahin. Am 13. September begannen sie sich zurückzuziehen. Über 30 000 Tote hatte die Schlacht gekostet; König Konstantin, der sich höchstselbst zur Truppe begeben hatte, wäre von der beweglichen türkischen Reiterei beinahe gefangengenommen worden und floh eiligst nach Griechenland. Aber auch die türkische Armee war erschöpft; von einer weiteren Verfolgung mußte sie zunächst Abstand nehmen.

Der Erfolg fand ein Echo weit über die Türkei hinaus – in anderen Ländern, die im Kampf gegen den europäischen Kolonialismus standen. Glückwunschtelegramme kamen von Reza Khan, dem militärischen Machthaber Persiens, Mahatma Gandhi aus Indien, dem afghanischen König Amanullah und von Abd el-Krim, der sich im Maghreb gegen Frankreich und Spanien erhoben hatte. Die Nationalversammlung verlieh Mustafa Kemal den Ehrentitel *Ğazi*. Dieser arabische Titel ehrte den, der den *ğazw*, den Streifzug im Namen des Glaubens (das deutsche Wort Razzia leitet sich daraus ab), führte. Ihn hatten einst die ruhmvollen Sultane der osmanischen Frühzeit getragen. Der charismatische General des Weltkrieges hatte sein militärisches Genie abermals unter Beweis gestellt. Würde der Konflikt nun mit den Mitteln der Diplomatie beigelegt werden können?

Schon nach den beiden Schlachten von Inönü hatten Italien und Frankreich zu erkennen gegeben, daß sie auf eine Durchsetzung des Vertrages von Sèvres um jeden Preis verzichten würden. Sie schieden bereits 1921 aus der Allianz, die Griechenland unterstützen konnte, aus. England stand zwar weiterhin an der Seite der Griechen, doch war man auch in London bereit, nach einem Ausweg zu suchen. Dies um so mehr, als im Dezember 1921 der indische Nationalkongreß mit der Proklamation der Unabhängigkeit Indiens gedroht hatte, falls England den Vertrag von Sèvres nicht revidieren würde. Als die Griechen schließlich nicht auf Verhandlungen eingehen wollten, war Londons Geduld ebenfalls erschöpft.

So begann am 26. August 1922 der letzte Akt des Dramas. Fast genau ein Jahr hatten die türkischen Truppen gebraucht, um sich auf die letzte entscheidende Schlacht vorzubereiten. Auf breiter Front durchbrachen sie am 30. August bei Dumplupınar die griechischen Stellungen und versuchten, ihnen den Rückzug nach Izmir südwestlich von Afyon-Karahisar abzuschneiden. Bald begann sich die griechische Armee aufzulösen; in regelloser Flucht strömten die Soldaten zurück in Richtung auf die Küste. Die türkische Kavallerie trieb sie vor sich her, und das selbstbewußte Unternehmen, die *Megali idea* von der Wiedererrichtung eines großen griechischen Reiches zu verwirklichen, endete in einem grausamen Blutbad. Die Griechen retteten sich in Boote, wo immer sie welche fanden; ein Teil der Flüchtenden wurde von englischen und französischen Kriegsschiffen, die vor Izmir lagen, aufgenommen. Am 9. September marschierten die türkischen Truppen in Izmir ein; dabei brannte die Stadt allerdings großenteils ab. Der 30. August, an dem der Sieg der türkischen Truppen zweifelsfrei feststand, ist als »Siegestag« auch heute noch ein türkischer Feiertag.

Bei Mudanya am Marmarameer verhandelten am 11. Oktober 1922 die Alliierten, und nicht die Griechen, mit Ismet Pascha über die Waffenstillstandsbedingungen. Sie lauteten: Räumung Thraziens durch Rückzug der griechischen Truppen binnen 14 Tagen hinter die Maritsa und Errichtung einer türkischen Verwaltung in den geräumten Gebieten. Von griechischen Rechten in Kleinasien war keine Rede mehr.

Mudanya sollte nach dem Willen der Alliierten Vorspiel zu einer Friedenskonferenz sein, auf der in Lausanne ein Friedensvertrag mit der Türkei ausgehandelt werden sollte. Dazu sandten sie Einladungen – sowohl nach Istanbul als auch nach Ankara, das im Laufe der Ereignisse mehr und mehr das Profil einer neuen Hauptstadt anzunehmen begonnen hatte. Die Frage der Vertretung in Lausanne war somit zugleich die Frage nach der legitimen Regierung der Türkei. Entweder die Sultan-Regierung oder die nationale Regierung in Ankara – eine doppelte Vertretung konnte es nicht geben.

Am 30. Oktober tagte die Große Nationalversammlung und beriet über das Schicksal nicht nur Sultan Mehmet VI. Vahdettins, über dessen Absetzung ein breiter Konsens bestand, sondern über das Schicksal des Sultanats als staatsrechtlicher Institution überhaupt. Die Diskussionen verliefen tumultartig. Viele Abgeordnete, auch enge Vertraute Atatürks, die den langen Weg mit ihm gegangen waren, plädierten zwar für die Absetzung des Sultans, bekannten aber ihre Loyalität zu der historischen Einrichtung des Sultanats unter dem Hause Osman. Als der Tumult seinen Höhepunkt erreicht hatte, verlangte Mustafa Kemal das Wort und stieg auf die Tribüne. »Es gibt nur eine Art, auf die wir aus der Sackgasse herauskommen, in der wir uns befinden«, erklärte er. »Das Parlament möge ein Gesetz erlassen, das das Sultanat vom Kalifat trennt, das Sultanat abschafft und den Sultan des Landes verweist.«[21] Der Widerstand war enorm, und Mustafa Kemal mußte wachsenden Druck auf die Abgeordneten ausüben. Am 1. November 1922 beschloß das Parlament nach außen einstimmig, im Inneren freilich zerrissen, die Aufhebung des Sultanats. Zwei Tage später löste sich die Regierung des Sultans auf. Am 17. November verließ Mehmet VI. in aller Heimlichkeit den Palast und begab sich an Bord eines britischen Schiffes, das ihn nach San Remo ins Asyl brachte. Seinen Nachfolger, der nun nur noch die Würde des Kalifen bekleidete, ernannte bereits die Große Nationalversammlung in Ankara. Es war sein Neffe Abdülmecit.

So war die Türkei auf der Konferenz von Lausanne, die die völkerrechtliche Grundlage für den neuen Staat international absichern sollte, durch die nationale Regierung in Ankara vertreten, die nun die allein legitimierte Regierung der neuen Türkei war. Kurzerhand hatte Mustafa Kemal den bewährten Mitstreiter Ismet zum Leiter der türkischen Delegation ernannt, der neben seinen militärischen Qualitäten nunmehr ungeahnte diplomatische Fähigkeiten entwickelte. Ismet weigerte sich, den Vertrag von Sèvres überhaupt als zu revidierende Verhandlungsgrundlage in Erwägung zu ziehen. Für ihn war der Waffenstillstand von Mudanya der Ausgangspunkt. Zähe Verhandlungen folgten. Für die türkische Delegation war selbstverständlich der von der Großen Nationalversammlung beschlossene »Nationalpakt« Verhandlungsgrundlage. Auch eine Berücksichtigung der »Kapitulationen« des Osmanischen Reiches, welche mit der wiederherzustellenden Souveränität der Türkei vollständig unvereinbar waren, kam nicht mehr in Frage. Ebenso unannehmbar war für die türkische Seite ein besonderes Minderheitenrecht im Staate, das den Alliierten abermals die Möglichkeit der Intervention eröffnet hätte. Das Mossul-Problem, das heißt die Frage nach der Zugehörigkeit der erdölreichen Provinz, die England zu seinem neuerworbenen Protektorat Irak schlagen wollte, wurde ausgeklammert. Am 24. Juli 1923 wurde das Abkommen unterschrieben.

Das Abkommen von Lausanne ist Ausdruck des umfassenden Erfolges der Nationalisten. Im großen und ganzen wurden die Ziele des Nationalpaktes erreicht, und innerhalb der von ihm umrissenen Grenzen entstand die Türkei als ein nun vollständig souveräner Staat. Die Provinz Mossul, die zwar von der Türkei beansprucht, von Großbritannien aber besetzt war, sollte Teil des Irak bleiben, solange eine diesbezügliche Entscheidung des Völkerbundes anhängig war; der *Sancak* von Alexandrette (Iskenderun) blieb bei dem von Frankreich als Protektorat verwalteten Syrien, und mit Ausnahme von Imbros (Imroz) und Tenedos sollten die Kleinasien vorgelagerten Ägäischen Inseln, auf die die Türkei ebenfalls Anspruch erhoben hatte, zu Griechenland und Italien gehören.

Aber Anatolien und Ostthrazien wurden Teile des neuen Staates, und an keiner Stelle war mehr von »Armenien« oder »Kurdistan« die Rede. Die Meerengenzone wurde internationalisiert – in der entsprechenden Kommission sollte ein Türke den Vorsitz haben – und bis auf eine Garnison von bis zu 12 000 Mann in Istanbul demilitarisiert. Die »Kapitulationen« blieben abgeschafft, doch sollte die Türkei alle bestehenden ausländischen Konzessionen honorieren; Einschränkungen bestanden auch im Bereich des Zollwesens bis 1929. Die Versuche der Siegermächte, Einfluß auf das türkische Rechtssystem zu nehmen, waren gescheitert, und alle Einwohner der Türkei, Ausländer eingeschlossen, waren von nun an türkischer Gerichtsbarkeit unterworfen. Die Reparationsforderungen aus der Kriegszeit wurden zurückgewiesen. Soweit die Minderheiten betroffen waren, verpflichtete sich die türkische Regierung, ihre Bürger selbst zu schützen, unabhängig vom Glauben, von der Nationalität oder der Sprache; die Türkei sollte keinerlei Aufsicht beim Umgang mit ihren Minderheiten unterliegen.

Das Parlament billigte den Friedensvertrag. Die »Siegermächte« begannen umgehend mit dem Abzug ihrer Besatzungstruppen; und am 1. Oktober 1923 verließen die letzten britischen Soldaten Istanbul.

Mustafa Kemals Resümee reflektiert die türkische Sicht der Dinge: »Dieser Vertrag ist ein Dokument über das Mißlingen eines großen Anschlags, den man seit Jahrhunderten gegen die türkische Nation vorbereitet hatte und den man glaubte, mit dem Vertrag von Sèvres vollendet zu haben. Dies ist ein politischer Sieg, der in der Geschichte des Osmanischen Reiches nicht seinesgleichen hat.«[22]

Innere Opposition

Die Jahre zwischen 1919 und 1922 sind die Zeit des Aufstiegs von Mustafa Kemal Pascha, dem späteren Atatürk, zum Führer der türkischen National- und Befreiungsbewegung. Freilich, seine Autorität war streckenweise alles andere als unangefochten. Zwar blieben die Streitkräfte auf seiner Seite, trotz seiner Entlassung durch die Regierung in Istanbul. Politische Autorität war jedoch eine andere Angelegenheit. Die militärischen Vorbereitungen für den Widerstand hatte zunächst nicht er getroffen. Denn schließlich waren es Mitglieder des Komitees für Einheit und Fortschritt gewesen, die die zahlreichen lokalen Widerstandsgruppen vorsorglich ausgerüstet und mit ihren Kongressen mobilisiert hatten. Dies war eine wesentliche Voraussetzung des militärischen Erfolges gewesen. Einflußreichen Komitee-Leuten und lokalen Führern blieb die Tatsache bewußt, daß sie als erste auf der Bühne gewesen waren, und ihre Loyalität Mustafa Kemal gegenüber war deshalb keineswegs automatisch gegeben.

Erste Differenzen gab es mit jenen Offizieren, die im Kriegsministerium in Istanbul die Sache der Nationalisten unterstützt hatten, seit in der zweiten Hälfte des Jahres 1919 die anatolische Bewegung eine eigenständige Linie zu verfolgen schien. Durch die Besetzung Istanbuls im März 1920 und die Deportation führender Mitglieder von Widerstandsorganisationen dort nach Malta ging dann freilich endgültig die Kontrolle über den nationalen Widerstand auf Ankara über.

Zwischen der Besetzung Istanbuls und dem endgültigen Sieg von 1922 schließlich lassen sich zwei Formen der Opposition gegen Mustafa Kemal ausmachen; sie können grosso modo als der »linke« und der »rechte« Flügel bezeichnet werden. Ersterer bestand nicht so sehr aus in der Wolle eingefärbten »Linken«, sondern aus Gruppen, die eine Mischung von islamischen, antiimperialistischen und sozialistischen Ideen unterstützten. Ihr gemeinsamer Nenner war eine antiwestliche Haltung. Im Januar 1921 gelang es, nicht nur diese »Linke« in den Reihen der Nationalisten selbst, sondern auch eine externe kommunistische Partei, die im Frühjahr 1920 im aserbaidschanischen Baku gegründet worden war und von Mustafa Suphi angeführt wurde, auszuschalten.

Eine ernsthaftere Herausforderung bildeten die politischen Aktivitäten Enver Paschas, des langjährigen Rivalen Mustafa Kemals aus der Zeit des jungtürkischen Triumvirats. Enver Pascha hatte sich im Herbst 1918 zunächst nach Berlin abgesetzt. Hier suchte er Kontakt mit den Bolschewiken und nahm im September 1920 an dem von den Sowjets gesponserten »Kongreß der Völker des Ostens« in Baku teil. Im Anschluß daran gründete er eine eigene Partei mit teils islamischen, teils sozialistischen Programmelementen. Auf dieser Grundlage versuchte er, die Unterstützung der Sowjets zu gewinnen, indem er sich als die verläßlichere »linke« Alternative zu Mustafa Kemal darstellte. In Wirklichkeit beabsichtigte er freilich, mit Geld und Waffen aus Rußland eine Armee im Kaukasus aufzustellen und mit ihr nach Anatolien zurückzukehren.

Am Ende entschieden sich die Bolschewiken jedoch für Ankara als ihren Verbündeten. Ausdruck dieser Allianz wurde der zwischen den türkischen Nationalisten und den Bolschewiken am 16. März 1921 geschlossene Freundschaftsvertrag. Auch Envers Versuch, innerhalb des nationalen Widerstandes Anhänger zu mobilisieren, scheiterte. Mit dem Sieg am Sakarya im September 1921 war Mustafa Kemals Position innerhalb der Widerstandsbewegung gefestigt. Seinen Traum, ein neues islamisch-türkisches Reich zu errichten, gab Enver bis zuletzt nicht auf. Er starb im Juni 1922 im Kampf gegen die Rote Armee an der Spitze von turksprachigen Guerillatruppen in der Nähe der afghanischen Grenze.

Auch auf der »Rechten« war Widerstand zu überwinden. Im März 1921 war unter dem Namen Gemeinschaft für die Erhaltung der geheiligten Institutionen *(Muhafaza-i mukadessat cemiyeti)* eine Organisation gegründet worden, deren Mitglieder mehrheitlich aus Ostanatolien kamen. Die Gründung war eine Reaktion auf Befürchtungen, Mustafa Kemal könne sich allzu weit den Sowjets annähern. Zentrale Programmpunkte waren die Wahrung der Religion und die Stärkung von Sultanat und Kalifat.

Als Antwort auf die diversen oppositionellen Bestrebungen entschloß sich Mustafa Kemal, Gefolgsleute, auf die er im Parlament zählen konnte, zu einer Art Fraktion zusammenzuschließen. Diese nannte sich Gruppe zur Verteidigung der Rechte *(Müdafaa-i hukuk grubu)*. Zwar konsolidierte sich seine Position unter den Nationalisten im Herbst 1921, doch erhielt die Opposition einen neuen Schub, als Ende des Jahres die von den Briten auf Malta festgehaltenen Aktivisten freigelassen wurden und nach Ankara zurückkehrten, die seinerzeit nach Kriegsende das Ihre zum Aufbau des Widerstandes in Anatolien beigetragen hatten. Einige schlossen sich der Opposition an und gründeten Anfang 1922 die Zweite Gruppe, das Gegenstück zur Ersten Gruppe unter Mustafa Kemal. Weltanschaulich und politisch äußerst heterogen, wurde die Zweite Gruppe in erster Linie durch die gemeinsame Opposition gegen die nach ihrer Meinung zunehmend autokratischen und sich radikalisierenden Reformschritte Mustafa Kemals zusammengehalten.

Erst mit dem endgültigen Sieg der Nationalisten im September 1922 konnte sich Mustafa Kemal entschlossen der Opposition entledigen. Am 6. Dezember kündigte er zum ersten Mal seine Absicht an, die Gruppe zur Verteidigung der Rechte in eine echte politische Partei mit Namen Volkspartei *(Halk Fırkası)* umzuwandeln. An diesem Punkt äußerte er sich auch erstmals öffentlich in Gesprächen mit Journalisten zur Abschaffung des Kalifats und zur Errichtung einer Republik. Am 15. April 1923 wurde eine Reihe von repressiven Maßnahmen getroffen: so die Verschärfung des »Gesetzes über Hochverrat« von 1920, die jegliche auf die Rückkehr des Sultanats gerichtete Kampagne für illegal erklärte; dies und die Auflösung des Parlaments einen Tag später waren entscheidende Schläge in der Auseinandersetzung mit der Opposition. Bei den Wahlen im Juni/Juli 1923 gelang kaum einem Mitglied der Zweiten Gruppe die Rückkehr ins Parlament. Dieses trat am 11. August zum ersten Mal zusammen.

Die Gruppe zur Verteidigung der Rechte, die nunmehr das ganze Parlament umfaßte, gründete sich jetzt als Volkspartei. Die neue Partei übernahm das gesamte Eigentum der Vereinigung für die Verteidigung der nationalen Rechte von Anatolien und Rumelien, was ihr zugleich zu einer landesweiten Organisation verhalf. Dieses neu konstituierte, von Mustafa Kemal nunmehr vollständig dominierte Parlament war es, das den Friedensvertrag von Lausanne zwischen der Türkei und den »Siegermächten« ratifizierte.

Am Vorabend der »neuen« Türkei

So hatte das Land am Ende seine Unabhängigkeit und territoriale Integrität erhalten – eine neue Türkei zeichnete sich ab. Aber die Ausgangsbedingungen für den Wiederaufbau waren geradezu verzweifelt schwierig. Die Demographie zeigte die verheerenden Spuren der Ausrottung und Bevölkerungsverschiebungen sowie des Massensterbens während des letzten Jahrzehnts. Die osmanische Armee hatte ihre Soldaten seit jeher überwiegend unter der ländlichen Bevölkerung Kleinasiens ausgehoben; deshalb hatten die hohen Verluste in den Feldzügen im Kaukasus, auf Gallipoli, in Palästina und in Mesopotamien verheerende Auswirkungen auf die

Bevölkerungsstatistik Anatoliens. Darüber hinaus war Ostanatolien selbst von Anfang 1915 an Kriegsschauplatz geworden. Dies hatte erhebliches Leid unter der muslimischen Bevölkerung zur Folge, die zum Teil dem Rückzug der osmanischen Armeen gefolgt war. Die Kriegsereignisse hatten schließlich auch die Deportation und teilweise Auslöschung der armenischen Volksgruppe mit sich gebracht. Dem großen Krieg folgte der Unabhängigkeitskrieg, dessen Feldzüge sowohl im Osten wie im Westen der Türkei geführt worden waren. An der westlichen Front hatten die griechischen Truppen auf dem Rückzug erhebliche Ausschreitungen unter der muslimischen Bevölkerung begangen, und im Gegenzug hatten vorrückende türkische Truppen brutale Revancheakte gegen die griechisch-orthodoxe Bevölkerung verübt.

2,5 Millionen Muslime in Anatolien verloren ihr Leben; hinzu kamen etwa 600 000 bis 800 000 Armenier und etwa 300 000 Griechen. Alles in allem sank die Bevölkerung Anatoliens um etwa 20 Prozent – ein Prozentsatz, der zwanzigmal höher war als derjenige Frankreichs, dem am schlimmsten betroffenen Land unter den kriegführenden Parteien Europas im Ersten Weltkrieg. Aber auch diese Zahl ist noch trügerisch. In den Kriegszonen waren die Verluste wesentlich höher: In einigen Provinzen war die Hälfte der Bevölkerung getötet, ein weiteres Viertel zu Flüchtlingen geworden. In zwölf Provinzen, vor allem in den westlichen Landesteilen, lag der Prozentsatz der Witwen bei über 30 Prozent. Hunger und Epidemien, vornehmlich Cholera und Typhus, hatten ein übriges bewirkt.

Neben der Sterberate waren die Wanderungsströme ein weiteres demographisches Problem. Infolge des Krieges von 1878 und der Balkankriege von 1912/13 waren Hunderttausende von Muslimen (vornehmlich Türken) als Flüchtlinge ins Land gekommen. Während und nach dem Krieg waren etliche Hunderttausend Armenier von Anatolien ausgewandert – in die Sowjetunion, nach Frankreich und in die USA. Ihnen folgte eine große Anzahl Griechen aus Westanatolien. Unter den Bedingungen des Vertrages von Lausanne schließlich wurde der Rest der griechisch-orthodoxen Bevölkerung Anatoliens (mit Ausnahme Istanbuls), etwa 900 000 Menschen, gegen Muslime von Griechenland (mit Ausnahme der Volksgruppe in Westthrazien), etwa 400 000 Menschen, ausgetauscht – nach den Deportationen von Armeniern ein weiterer Fall von »ethnischer Säuberung«, für die das 20. Jahrhundert so unrühmlich bekannt werden sollte.

Dieser Bevölkerungsaustausch hatte kulturelle Konsequenzen: Das Anatolien von 1923 unterschied sich erheblich von jenem etwa zehn Jahre zuvor. Die größeren christlichen Gemeinschaften waren praktisch ausgewandert oder vertrieben (die armenische war auf etwa 65000, die griechische von circa 2 Millionen auf 120000 geschrumpft); und Anatolien, das vor den Kriegen zu etwa 80 Prozent muslimisch war, hatte nun einen muslimischen Bevölkerungsanteil von rund 98 Prozent. Sprachlich waren nur zwei größere Gruppen zurückgeblieben: die Türken und die Kurden – und daneben ein halbes Dutzend kleinerer Gruppen (Griechen, Armenier und surianisch sprechende Christen, spanisch sprechende Juden, Tscherkessen, Lasen und arabisch sprechende Muslime). Die Stadtbevölkerung sank sogar noch stärker als die auf dem Land. Als Resultat dieser »Verländlichung« der Türkei lebten nun etwa nur noch 18 Prozent der Bevölkerung in den Städten, im Vergleich zu 25 Prozent vor den Kriegen.

Auch die wirtschaftlichen Auswirkungen der Kriege waren erheblich. Zwar war der physische Schaden begrenzt: Es hatte relativ wenige Industrieanlagen gegeben, die hätten beschädigt werden können, und von ihnen waren die meisten in der Gegend von Istanbul angesiedelt, also nicht direkt vom Krieg betroffen. Erheblichere Zerstörungen hatten die Eisenbahnen und Brücken in Westanatolien zu verzeichnen. Noch schwerer wog die Tatsache, daß das Land durch die Auswanderung der Griechen und Armenier zugleich einen großen Teil seiner Unternehmer und wirtschaftlich aktiven Bevölkerungsteile verlor. Mit ihnen ging ein nicht leicht zu ersetzendes Potential an industriellem und kommerziellem Knowhow verloren. Der türkische Außenhandel wies deshalb 1923 ein um etwa zwei Drittel niedrigeres Volumen als zehn Jahre zuvor auf. Zwar erholte sich der wichtigste Teil der türkischen Wirtschaft, die Landwirtschaft, nach 1923 relativ schnell. Doch das Bruttosozialprodukt erreichte erst 1930 wieder das Niveau der Vorkriegszeit.

Die »kemalistische Revolution«

Die tiefgreifende Revolutionierung der türkischen Gesellschaft beginnt nicht erst mit dem Lausanner Vertrag, der die Grundlage für die Souveränität und die internationale Anerkennung des neuen türkischen Staates bildete. Schon die Betonung des Volkswillens, der den neuen Staat aus dem osmanischen Vielvölkerstaat heraus erstehen lassen sollte, zeigte, daß Mustafa Kemal bei den Denkern in die Schule gegangen war, die in der europäischen Aufklärung die geistigen Grundlagen des modernen Europa geschaffen hatten. Jean-Jacques Rousseau (1712–78) ist der bekannteste Name unter ihnen. Keiner der reformerischen Staatsmänner in der islamischen Welt während der vergangenen hundert Jahre hatte sich so vorbehaltlos für den europäischen Weg entschieden. Die Reformen, die im Osmanischen Reich durchgeführt worden waren, aber auch etwa jene in Tunesien unter dem großen Staatsmann Khair ad-Din Pascha, wo seit 1830 der französische Einfluß dominierte, waren eher halbherzig gewesen. Man hatte zwar Europa im Blick gehabt, aber am Althergebrachten nicht wirklich gerüttelt. Und gewiß hatten sich schon die »Jungosmanen« und mehr die »Jungtürken« des Komitees für Einheit und Fortschritt, in dessen Programm Mustafa Kemal seit über zwei Jahrzehnten geistig verwurzelt war, zur Verwestlichung, *ğarbçılık* (von *ğarb,* Westen), bekannt. Es war eines der Modeworte der Epoche gewesen. Aber der Fortbestand des Reiches, in dem trotz des Abfalls zahlreicher Nationalitäten in den vergangenen Jahrzehnten noch immer viele Völker und Religionen nebeneinander fortlebten bzw. – mehr und mehr gewaltsam – zusammengehalten werden mußten, setzte den Neuerungen politische Grenzen.

Auch Mustafa Kemal hatte sich nicht in die Karten schauen lassen. Er brauchte den Islam, solange er auf die religiösen Loyalitäten der Völker Anatoliens – und dazu gehörten vor allem auch die Kurden – angewiesen war. Als er die Republik ausrufen ließ, war es noch geraten zu verschweigen, daß dies nur der erste Schritt zur Verabschiedung aus dem politischen Rahmen der islamischen Religion war, der sich in der Institution des Kalifats darstellte.

Man wird Mustafa Kemal kaum als Ideologen bezeichnen können, wie es sein großer Zeitgenosse Wladimir Iljitsch Lenin gewesen ist. Bei ihm stand nicht ein abstraktes gedankliches Konstrukt am Anfang der Umwandlung. Natürlich muß er früh eine ziemlich konkrete Vorstellung von Prinzipien besessen haben, auf denen eine politische Ordnung würde beruhen müssen, die den Türken ihre Würde wiedergeben könnte. Aber das jeweils Notwendige erwuchs aus einer nüchternen Lagebeurteilung vor dem Hintergrund eines totalen geschichtlichen Umbruchs. Es entspricht diesem Geist, wenn Mustafa Kemal seinen großen Rechenschaftsbericht vor der Republikanischen Volkspartei vom 15. bis 20. Oktober 1927 beginnt: »Meine Herren, am 19. Mai 1919 landete ich in Samsun. Dies waren die Lage und das allgemeine Bild: …« Mustafa Kemal war sich über die historische Einzigartigkeit der entscheidenden Jahre des türkischen Befreiungskampfes (1919–22) klar; er bestand darauf, daß die nationale Bewegung, der er die entscheidenden Impulse gab, nicht demokratisch, sozialistisch, bolschewistisch, pantürkisch oder panislamisch war bzw. irgendeiner vorgefaßten Theorie, wie etwa der Trennung der Gewalten oder Rousseaus direkter Demokratie, entsprach. »Die große Nationalversammlung der Türkei und ihre Regierung im Namen der Nation sind sehr gemäßigt und vollständig fern von Phantasie sowie vollständig realistisch.«[23] Er war davon überzeugt, daß die Beratung (wie sie in der Nationalversammlung stattfand) das wichtigste Prinzip politischer Legitimation sein würde. Mustafa Kemal begann nicht mit einem Katalog von theoretischen Vorschlägen zur Gründung einer politischen Bewegung, um sie zu verwirklichen, das heißt, um am Ende die Macht zu erobern und dieses vorgefaßte Programm durchzusetzen. Sein Verfahren war geradezu umgekehrt: von der politischen Führerschaft zur Schaffung politischer Institutionen.

Diesem Pragmatismus entspricht sein Werdegang in den Jahren zwischen dem Beginn seiner Mission in Anatolien und der Ausrufung der Republik. Im April 1920 wurde er Vorsitzender der Großen Nationalversammlung *(Büyük millet meclisi)*, die man nach Ankara einberufen hatte – als Reaktion auf die britische Besetzung Istanbuls. Mustafa Kemals Beitrag in dieser wichtigen Periode war die landesweite Koordinierung, zuerst unter dem Titel der Autorität des Sultans und dann – in wachsendem Maße – als deren Herausforderer. Die Bewegung, deren Führung er übernommen hatte, nannte sich schlicht: Verteidigung der Rechte *(Müdafaa-i hukuk)* bzw. Zurückweisung der Annexion *(Redd-i ilhak)*. Mustafa Kemals Reden und Aufrufe betonten das Konzept der Nation, ließen aber offen, ob es sich um eine osmanische, islamische oder türkische Nation handelte. Im Sommer 1920 rief Kemal zur »Volksbewegung« *(Halkçılık)* auf, der zentrale Begriff, der seine Bewegung vom Bolschewismus, von Demokratie oder Sozialismus unterscheide.[24] 1921 wurde aus dem Parlament in Ankara die Große Türkische Nationalversammlung *(Türkiye büyük millet meclisi)*, und nach dem Sieg im Unabhängigkeitskampf wurden das Sultanat abgeschafft (1. November 1922) und die Türkei zur Republik erklärt (29. Oktober 1923). Im November 1924 schließlich wurde der Name der von Mustafa Kemal geführten politischen Bewegung von Volkspartei in Republikanische Volkspartei *(Cumhuriyet Halk Partisi, CHP)* umgewandelt.

Die Abschaffung des Kalifats schließlich sollte der radikalste Schritt für einen Neubeginn sein. Die bislang getroffenen Maßnahmen hatten in erster Linie die politischen Strukturen des Reiches und der osmanischen Herrschaft erschüttert. Jetzt wurde ein politischer, zugleich aber wesentlich auch kultureller Umbruch eingeleitet, der die ohnehin schon entstandene Kluft zur Vergangenheit nur noch vertiefte. Damit waren die Brücken abgebrochen – wie gründlich, das wurde schon am Beispiel der Schrift (aber auch der türkischen Sprache) angedeutet.

Es ist müßig, darüber zu spekulieren, ob es Mustafa Kemal darum ging, der islamischen Religion selbst den Todesstoß zu versetzen. Tatsache ist, daß er sich in private Dinge, die den Islam betrafen, nicht einmischen wollte. Er beabsichtigte, die Spuren des Islam in Gesellschaft und Politik zu tilgen. Zahlreiche Äußerungen belegen freilich, daß er eine sehr negative Einschätzung des Islam hatte. »Seit mehr als 500 Jahren haben die Regeln und Theorien eines alten Araberscheichs (damit meinte er Mohammed, U. S.) und die abstrusen Auslegungen von Generationen von schmutzigen und unwissenden Pfaffen in der Türkei sämtliche Zivil- und Strafgesetze festgelegt. Sie haben die Form der Verfassung, die geringsten Handlungen und Gesten eines Bürgers festgesetzt, seine Nahrung, die Stunden für Wachen und Schlafen, den Schnitt der Kleider, den Lehrstoff in der Schule, Sitten und Gewohnheiten und selbst die intimsten Gedanken. Der Islam, diese absurde Gotteslehre eines unmoralischen Beduinen, ist ein verwesender Kadaver, der unser Leben vergiftet.«[25]

Für ihn, der die Türkei auf einen neuen Weg führen und sie Europa ebenbürtig machen wollte, war der Islam vollkommen entwicklungsunfähig. Neben der französischen Aufklärung, vor allem in Person von Jean-Jacques Rousseau, der er das Prinzip der Souveränität des Volkes entlehnt hatte, war Auguste Comte (1798–1857) ein weiterer französischer Denker, dem er für die Analyse des künftigen Entwicklungsweges der Türkei viel verdankte. Nach Comtes positivistischer Philosophie folgte dem anfänglich theologischen das unbefangenere metaphysische Denken, bis sich der menschliche Geist schließlich im technischen Denken, das auch Politik und Moral einbezog, von allem wirklichkeitsfremden Ballast und Aberglauben befreite. Das war die neue Weltanschauung im europäischen 19. Jahrhundert gewesen; und aus ihr schöpfte Mustafa Kemal seine Entschlossenheit, die Türkei durch einen Kraftakt auf den Weg der fortgeschrittenen Zivilisationen zu bringen. »Es gibt verschiedene Länder, aber nur eine Zivilisation. Voraussetzung für den Fortschritt der Nation ist, an dieser einen Zivilisation teilzuhaben.«[26] Oder, wie Abdullah Cevdet, ein Vertreter der Jungtürken, im Jahre 1913 bereits einmal geschrieben hatte: »Es gibt keine zweite Zivilisation; Zivilisation bedeutet europäische Zivilisation, und sie muß eingeführt werden – mit ihren Rosen und ihren Dornen.«[27]

Der Prozeß der radikalen Umgestaltung der Türkei aber war unumkehrbar geworden. Dies trotz erheblichen Widerstandes in den Reihen derer, die den Weg der nationalen Befreiung bislang mitgegangen waren. Er mußte alle jene auf den Plan rufen, die nach wie vor an der überkommenen Ordnung hingen.

Differenzen mußten einmal mehr aufbrechen, als die Mehrheit in der Nationalversammlung auf Druck Mustafa Kemals am 29. Oktober 1923 die »Türkische Republik« ausrief – mit Mustafa Kemal als ihrem Präsidenten und Ismet (Inönü) als Ministerpräsidenten. Zwei

Wochen zuvor hatte die Regierung beschlossen, Ankara zur Hauptstadt zu machen; auch dies war eine symbolische Maßnahme, die jene aufbringen mußte, die mit der alten Hauptstadt das Fortleben überkommener politischer Institutionen verbanden.

Die Entmachtung des Sultans, dem – als Kalifen – nur noch zeremonielle Funktionen bleiben sollten, rief über die Türkei hinaus in weiten Teilen der islamischen Welt Beunruhigung hervor. Die Führer der Türkischen Republik mußten nun erfahren, was es hieß, auf türkischem Boden ein Relikt jener Ordnung zu beherbergen, das für die Muslime ein Symbol der »islamischen Ordnung« gewesen war – selbst dann noch, als dieses Symbol keinerlei tatsächliche politische Macht, die Geschicke der islamischen Welt zu bestimmen, mehr besaß.

Hier könnte der Ausgangspunkt für die Entschlossenheit liegen, den letzten Schritt noch zu vollziehen, selbst wenn er in der islamischen Welt Empörung hervorrufen mußte. Bei Licht besehen freilich war sich Mustafa Kemal darüber im klaren, daß er seine Hausarbeiten im großen und ganzen gemacht hatte, das heißt, daß von Protesten seitens der islamischen Welt für die neue Türkei keine inneren und äußeren politischen Gefährdungen mehr ausgehen konnten, und das war es, was für ihn zählte.

Am 1. März 1924 begann eine neue Sitzungsperiode des Parlaments; am 3. März brachten Mustafa Kemals Anhänger drei Gesetzesentwürfe ein: Das Amt des Kalifen sei abgeschafft, alle Angehörigen des Hauses Osman seien des Landes zu verweisen. Die Ministerien für geistliche Angelegenheiten (unter anderen das *Şeriats*-Ministerium) und geistliche Stiftungen seien aufgehoben. Das gesamte Erziehungswesen sollte den Geistlichen *(Ülema)* genommen und einem Unterrichtsministerium unterstellt werden. Die Nationalversammlung billigte die Vorlagen umgehend. Noch in derselben Nacht wurde Abdülmecit in aller Stille rücksichtslos über die bulgarische Grenze abgeschoben, innerhalb von 48 Stunden sollten ihm die restlichen in Istanbul verbliebenen Mitglieder des Hauses Osman folgen. Die Bevölkerung nahm diese Entscheidung erstaunlich ruhig auf.

Eine radikale Kulturrevolution

Die großen Reformen hatten ihre scheinbar kleinen Vorspiele. Mustafa Kemal war sich bewußt, wieviel symbolische Bedeutung gerade äußerliche Details manchmal haben, so etwa die Kopfbedeckung. Er selbst erschien Ende August 1925 in der religiös konservativen, aber nationalbewußten Stadt Kastamonu, landeinwärts vom Schwarzen Meer, mit einem Panamahut. Die Bewohner waren zuerst sprachlos; denn der Hut war das sichtbarste Zeichen der Ungläubigen. Zur Begründung ließ er sich folgendermaßen vernehmen: »Meine Herren, das türkische Volk, das die Türkische Republik gegründet hat, ist zivilisiert; es ist zivilisiert in Geschichte und Realität. Aber ich sage Ihnen ..., die Bevölkerung der Türkischen Republik, die Anspruch darauf erhebt, zivilisiert zu sein, muß ihre Zivilisation beweisen, durch ihre Ideen, ihre Mentalität, durch ihr Familienleben und ihre Lebensweise ... Ist unsere Kleidung zivili-

6 Türken in traditioneller Kleidung in einem Kaffeehaus, Ende des vorigen Jahrhunderts

siert und national? Meine Freunde, wir müssen nicht die alten Trachten von Turan aufsuchen und neu beleben. Eine zivilisierte, internationale Kleidung ist würdig und passend für unsere Nation, und wir werden sie auch tragen. Stiefel oder Schuhe an unseren Füßen, Hosen an unseren Beinen, Rock und Krawatte, Jacke und Weste – und natürlich zur Vervollständigung eine Kopfbedeckung mit einem Rand. Darauf lege ich besonderen Wert. Diese Kopfbedeckung nennt sich Hut.« Dabei schwenkte er den Panamahut, den er mitgebracht hatte.[28] Der Hut löste den Fes ab. Dieser war zwar erst unter dem Reform-Sultan Mahmut II., von dem schon die Rede war, eingeführt worden und hatte damals seinerseits als ein Symbol des Fortschritts gegenüber dem Turban gegolten. Jetzt freilich sollte der Hut manifestieren, daß die neue Türkei entschlossen war, zu einer höher bewerteten Zivilisation aufzuschließen.

Der Einführung des Hutes folgte im September 1925 ein Verbot, »klerikale« Gewänder, gemeint war die Tracht mit weiten Pluderhosen, Mantel und Turban, zu tragen. Das Verbot galt für alle Bürger, die nicht ein staatlich anerkanntes religiöses Amt bekleideten. Alle Beamten mußten westliche Kleidung und Hut anlegen. Am 25. November war die Übergangsfrist abgelaufen, von nun an war das Aufsetzen des Fes ein Delikt. Was half es, daß sich die berühmte islamische Universität in Kairo, die al-Azhar, und der in diesen Dingen zuständige oberste ägyptische Geistliche in einem Gutachten ausführlich dagegen aussprachen. Die Polizei griff durch. Komische Szenen waren bisweilen dabei gar nicht zu vermeiden: So trugen die Männer eines Dorfes auf einmal europäische Damenhüte, die ihnen schnell geliefert worden waren. »Es war notwendig, den Fes abzuschaffen, der auf den Köpfen unserer Nation als ein Zeichen von Ignoranz, Nachlässigkeit, Fanatismus und Haß von Fortschritt und Zivilisation saß …«[29]

Noch symbolträchtiger war ein anderes Detail: Am 26. Dezember 1925 wurde ohne Abstriche der Gregorianische Kalender eingeführt. Er ersetzte damit die »islamische« Jahreszählung nach dem Mondzyklus, nach der jeder Monat 28 Tage hat, und die das Jahr der Übersiedlung Mohammeds von Mekka nach Medina (622 n. Chr.) zum Ausgangspunkt nahm. Ein Gesetz über die Messung der Zeit nach dem abendländischen 24-Stunden-Rhythmus ergänzte diese Reform. Der Freitag als muslimischer Feiertag mußte dem europäischen Sonntag weichen. Auch hier nahm Mustafa Kemal keine Rücksicht auf die muslimischen Gefühle seiner Landsleute. Der »christliche« Feiertag hatte sich nun einmal als Ruhetag in der »zivilisierten« Welt durchgesetzt.

Diese Reformen mögen nur die Oberfläche betroffen haben. Mustafa Kemal machte dabei jedoch nicht halt. Es galt auch, überkommene Gesellschaftsstrukturen aufzubrechen, die aber in jahrhundertealter islamischer Tradition wurzelten. Die Befreiung der Frau war die radikalste unter ihnen. »Wenn sich eine Gesellschaft damit begnügt, daß von beiden Geschlechtern nur eines die Errungenschaften des Jahrhunderts erwerben kann, dann bleibt diese Gesellschaft mehr als zur Hälfte schwach.«[30] Das war ein prinzipieller Punkt, doch Kemals Emanzipationsbemühungen waren zudem eine Anerkennung dafür, daß die türkische Frau im Befreiungskrieg für die Daheimgebliebenen gesorgt und die ohnehin kärgliche Wirtschaft des Landes mit ihrem Einsatz am Leben erhalten hatte.

Wenngleich – wie üblich – in kaum einem Geschichtsbuch vermerkt, so hatten doch gerade Frauen einen erheblichen Anteil an den Lasten des Krieges, aber auch am schließlichen Sieg. Versorgung und Nachschub hatten zum Teil in ihren Händen gelegen; wo sie es von Ausbildung und gesellschaftlicher Stellung her vermochten, hatten sie politische Verantwortung getragen. Am Tage, als Mustafa Kemal in Samsun landete, hatte die Schriftstellerin Halide Edip im Herzen von Istanbul auf einer Massenveranstaltung zum patriotischen Widerstand gegen die Sieger in einem Stil aufgerufen, wie es der Ğazi selbst nicht besser gekonnt hätte: »Schwört eure Treue zur osmanischen Flagge und daß ihr sterben werdet, wenn es notwendig ist! Auch wenn wir keine Waffen in unseren Händen halten, gibt es eine wirksamere Waffe als das: Gott und seine Gerechtigkeit… Wir, die türkischen Mütter, haben genug Eifer für unser Vaterland, um auf die Kanonen der Feinde zu spucken! Wir verlangen zusammen mit unseren Männern eine mutige, starke Regierung, die unsere Interessen vertritt!« Von Erzurum sandte eine Frauengruppe ein Telegramm an die Alliierten in Istanbul und wies sie auf die Ungerechtigkeit der Besetzung Izmirs, Antalyas und Kilikiens hin. In Sivas wurde damals, Ende 1919, unter dem Vorsitz der Ehefrau des Gouverneurs die Anatolische Frauenvereinigung zur Verteidigung des Vaterlands gegründet.[31]

Wiederum zwang Mustafa Kemal seine Umgebung, die von ihm durchgesetzten Reformen selbst vorzuleben. Seine Beamten mußten Bälle geben, damit ihre Damen Gelegenheit erhielten, sich ungezwungen zu bewegen. Seine Schwester Makbula mußte durch ihren propagandistischen Einsatz im Rahmen der Partei ihres Bruders zeigen, daß er die Emanzipation der Frauen auch bei seiner eigenen Verwandtschaft ernst nahm. Sie reiste von Stadt zu Stadt, ebenso wie Mustafa Kemal und Latife, seine Frau, hielt Vorträge und gewann Geschmack an pädagogisch-politischer Tätigkeit. Schrittweise erhielten die Frauen das aktive und passive Wahlrecht, durch Gesetz von 1934 auch für die Nationalversammlung.

Das »Türkische Bürgerliche Gesetzbuch« von 1926 sah innerhalb der Familie gleiche Rechte für Mann und Frau vor. Den Mädchen wurden die Möglichkeiten der höheren Schulbildung eröffnet; sie konnten die Universitäten des Landes besuchen und ins Berufsleben eintreten. Wiederum wurde die Kleidung zum Symbol der Modernisierung. Diesmal waren es der Schleier und der schwarze Überwurf zum Gang über die Straße, der *Çarşaf*, die für Mustafa Kemal äußere Zeichen der Rückständigkeit und Hindernisse auf dem Weg zur Emanzipation waren. Er erzwang die Ablegung nicht, sondern ließ es bei moralischen Aufforderungen bewenden: »Unsere Frauen sind bewußte und denkende Menschen wie wir. Nachdem wir bisher den Grundsatz vertreten hatten, ihnen Moral und die heiligen Dinge beizubringen, ihnen unseren nationalen Ehrenkodex zu erläutern und ihren Kopf mit Licht und Lauterkeit zu erfüllen, brauchen wir keinen Egoismus mehr. Die Frauen sollen ihre Gesichter der Welt zeigen, und sie sollen die Welt mit ihren Augen aufmerksam betrachten können. Dabei gibt es doch nichts zu befürchten.«[32]

Es war Mustafa Kemals tiefste Überzeugung, daß Europas Überlegenheit auf seiner Wissenschaft beruhe. »*Hayatta en iyi mürşit ilim dir* – Im Leben ist der beste Führer das Wissen«, dieses Motto steht noch heute über der Universität Ankara, die Mustafa Kemal 1925 zusammen mit der juristischen Fakultät eröffnete. Bildung und Aufklärung des Volkes waren für ihn Kernpunkt der Mobilisierung und Modernisierung der Türken. Er verkündete durch Gesetz die allgemeine und unentgeltliche Schulpflicht. Das »Gesetz über die Vereinheitlichung des Unterrichts« stellte sicher, daß der Klerus keinen Einfluß mehr auf die allgemeine Erziehung erhielt. Der Vereinheitlichung fielen die Medresen zum Opfer, der herkömmliche islamische Schultyp also, wie ihn auch der junge Mustafa in Selânik kennengelernt hatte. Die Spezialschulen für Prediger und Gemeindevorsteher wurden gleichfalls geschlossen.

Ein Kernstück der Reformen schließlich betraf das Recht. Zwar hatten schon die Jungtürken erhebliche Eingriffe in das bis dahin weithin islamische Recht *(Şeriat)* vorgenommen. An vielen Stellen aber hatte es fortgegolten. Das Recht allerdings ist ein zentraler Bestandteil der islamischen Religion, denn in ihm gründet die Rechtleitung des Muslim und seiner Gesellschaft, und über die Befolgung des Rechts gelangt er schließlich zum Heil. Eine radikale Säkularisierung der Gesellschaft, wie sie mit der Abschaffung des Kalifats angezeigt war und sich 1928 in der Entfernung der Klausel, daß der Islam Staatsreligion sei, vertiefte, mußte also gerade im Rechtsbereich umwälzende Konsequenzen haben.

Mit der Einführung des italienischen Strafrechts und des Schweizer Zivilrechts im Jahre 1926 nahm die türkische Regierung der Geistlichkeit den letzten ihr verbliebenen Rechtsbereich, das Familienrecht, aus den Händen. Dies griff tief in das Leben eines jeden Türken ein: Die Einehe wurde darin ebenso rechtlich verankert, wie es Auflage wurde, eine Ehe nicht mehr vor dem *Imam*, dem Dorfgeistlichen, sondern dem staatlich bestallten Standesbeamten zu schließen. Das Strafgesetzbuch verbot die Gründung von Vereinen auf religiöser Grundlage.

Die Ausmerzung aller Spuren des islamischen Rechts muß insbesondere mit Blick auf die Erfahrungen anderer islamischer Staaten in den folgenden Jahrzehnten gewürdigt werden. Sei es über Bestimmungen in der Verfassung, die dem Islam einen Einfluß auf die Gesetzgebung einräumten, sei es über islamische Relikte gerade im Familienrecht, ist das islamische Gesetz vor allem seit den siebziger Jahren als Element des Rechtssystems islamischer Staaten zurückgekehrt, nachdem es von säkularisierenden Eliten über Jahrzehnte zurückgedrängt worden war. Dadurch wurde der Islamisierung von Staat und Gesellschaft Vorschub geleistet. Die rigorose Säkularisierung des Rechts in der Türkei hat dazu beigetragen, daß die Islamisierung insgesamt sehr viel langsamer verlaufen ist als in anderen Teilen der islamischen Welt. Der Staat wurde so strikt dem Laizismus verpflichtet.

Die Erziehungsdiktatur

Es ist wiederholt schon angeklungen, daß der Weg der radikalen Revolution nicht ohne Widerstand beschritten wurde. Einige der ersten Getreuen Mustafa Kemals, die mit ihm zusammen den Widerstand in Anatolien organisiert hatten, blieben nach und nach zurück. Der alten Ordnung noch innerlich verhaftet, wollten sie an deren Sturz nicht teilnehmen. Eine Mischung aus Charisma, das Mustafa Kemal durch seine politischen Erfolge und militärischen Siege im Befreiungskrieg erwuchs, und diktatorischer Gewalt sollte namentlich in den entscheidenden zwanziger Jahren seine Machtausübung charakterisieren.

Zum ersten Mal hatte er am Scheideweg gestanden, als das Gegenparlament in Ankara sich als die Große Türkische Nationalversammlung zur souveränen politischen Instanz im Lande aufwarf. Das hatte praktisch eine Entmachtung des Sultans bedeutet, dessen künftige Machtbefugnisse dann durch vom Parlament gesetzte Grenzen abgesteckt wurden.

Später machten die Abschaffung des Sultanats und die Neuwahl des Parlaments eine Neuordnung des politischen Lebens erforderlich. Zur Durchsetzung seines Modernisierungsprogramms suchte sich Mustafa Kemal nunmehr eine feste Basis durch eine Partei, die den Namen Volkspartei annahm. Sie sollte zugleich das Instrument sein, das ihm im Kampf gegen die politischen Gegner seiner Reformen Oberwasser verschaffte. Im April 1923 veröffentlichte die Partei ihr Wahlmanifest, in dem außer den erreichten Reformen und dem Grundsatz der Volkssouveränität, ausgeübt in repräsentativer Demokratie, weitere Reformen angekündigt wurden.

Träger des Widerstandes gegen Mustafa Kemal wurden nun einige seiner engsten Mitstreiter, allen voran Hüseyin Rauf Pascha. Nach seiner Rückkehr aus der Verbannung nach Malta hatte er hohe Positionen in der Nationalbewegung innegehabt, aber zugleich politische Distanz zu Mustafa Kemal gewahrt. Zu ihm stießen Kâzım Karabekir, der Kommandant in Erzurum, der die ersten Feldzüge zur Befreiung Anatoliens im Jahre 1919 angeführt hatte; sowie Refet Pascha, vormals Kommandeur des 3. Armeekorps und Sieger über die »Kalifatsarmee«, als Kavallerist Befehlshaber der im griechischen Krieg so überaus wirkungsvollen Truppe. Dazu trat noch

Ali Fuat (Cebesoy), der mit Mustafa Kemal zusammen gleich nach Kriegsende die Demobilisierung hintertrieben hatte, damals das Armeekorps in und um Ankara befehligte und mit diesem die Kongresse von Erzurum und Sivas abgesichert hatte.

Nicht zuletzt der autokratische Stil, in dem der Revolutionsführer seine politischen Schritte durchsetzte, hatte sie entfremdet. Mustafa Kemal hatte versucht, sie in seine Volkspartei einzubinden, doch sie sahen darin keine Möglichkeit, auf demokratische Weise ihre abweichende Politik zu artikulieren. Am 9. November 1924 traten sie aus der Volkspartei aus und gründeten am 17. November eine eigene Partei, die Fortschrittliche Republikanische Partei *(Terakkiperver Cumhuriyet Fırkası)* mit Kâzım Karabekir als Vorsitzendem und Ali Fuat als Generalsekretär. 25 Abgeordnete der Nationalversammlung folgten ihnen.

Das Programm der Partei sprach diejenigen an, die sich der Radikalität der kemalistischen Umwälzung widersetzten. Gefordert wurde eine tolerante Haltung gegenüber dem Islam und seinen Vertretern. Das stieß noch immer in breitesten Kreisen auf Resonanz. Deshalb bekam die Partei Zulauf von allen, die noch irgendwie an der alten osmanischen Ordnung hingen. Wollte die Volkspartei nicht einen massiven Einbruch erleiden, mußte sie rasch reagieren. Schon der Name sollte der neuen Gruppierung Wasser abgraben. Am 10. November 1924 erfolgte die Umbenennung in Republikanische Volkspartei; und am 21. November wurde Ismet als Ministerpräsident durch Ali Fethi Bey (Fethi Okyar) ersetzt, einen der engsten Freunde und Vertrauten Mustafa Kemals. Vielen galt er als versöhnlicher als der radikal »kemalistische« Ismet.

Die gleichwohl anhaltenden Auseinandersetzungen zwischen Opposition und Regierungspartei wurden bald von einem neuen, größeren Problem überlagert, einem Aufstand der Kurden. Er spielte am Ende den »Radikalen« in die Hände und lieferte den Vorwand für eine Generalabrechnung mit der Opposition.

Die Kurden, denen noch ein Kapitel zu widmen sein wird, stellten die einzige größere ethnische Minderheit dar, die nach Vernichtung, Vertreibung und Umsiedlung der Armenier und Griechen in der neuen Türkei verblieben war. Sie erhoben sich unter Scheich Said von Palu, dem örtlichen Chef der religiösen Bruderschaft der Nakşibendi-Derwische, eines auch unter den Kurden einflußreichen mystischen Ordens. Eine Mischung von feudalen Stammesinteressen, kurdisch-nationalen Gefühlen und religiöser Reaktion, begann die Rebellion in Dersim (Tunceli) im Februar 1925 und bedrohte die Städte Elazığ und Diyarbakır.

Der Ausbruch des Konflikts verschärfte die Auseinandersetzung zwischen Regierungspartei und Opposition. Die Hardliner der Republikanischen Volkspartei warfen der Opposition vor, sie hätten die Rebellion der Kurden durch religiöse Propaganda gefördert. Dies war auch die Linie Mustafa Kemals. Mit der Zustimmung Ismets wurde ein Regierungswechsel inszeniert: Fethi wurde abgesetzt, und Ismet übernahm die Regierung von neuem.

Die gesetzliche Grundlage zur Bekämpfung des Aufstandes sollte auch zur Zerschlagung der Opposition »herhalten«. Das Gesetz gegen Hochverrat wurde dahingehend verschärft, daß der politische Gebrauch der Religion zu den Straftatbeständen des Verrats gezählt wurde. Ismets erste Amtshandlung wurde die Verabschiedung des »Gesetzes über die Aufrechterhaltung der Ordnung« *(Takrir-i sükûn kanunu)*. Es sollte zunächst zwei Jahre gelten und wurde später um zwei weitere Jahre verlängert. Sondergerichte, die beschönigend »Unabhängigkeitsgerichte« genannt wurden, sollten für seine Durchführung sorgen.

Der Kampf gegen den kurdischen Aufstand entwickelte sich zu einem regelrechten Feldzug. Der Scheich wurde eingekreist. Es war ihm nicht gelungen, alle kurdischen Stämme zur Erhebung zu bringen. Auch hatte er nicht vermocht, Diyarbakır, die »Hauptstadt« des Kurdengebiets, einzunehmen. Mitte April ergab er sich. Man brachte ihn nach Diyarbakır und hängte ihn dort mit etwa 40 Anhängern vor der großen Moschee.

Sie waren freilich keineswegs die einzigen Opfer des Aufstandes. Mustafa Kemal beschloß nun, die Gelegenheit wahrzunehmen und jede Opposition zu beseitigen. Die Zeitungen wurden unter strenge Zensur gestellt; viele wurden verboten. Die Unabhängigkeitsgerichte waren rasch mit Todesurteilen zur Hand. Am 3. Juni 1925 wurde die Fortschrittspartei verboten, nachdem zwei ihrer führenden Mitglieder mit der Beschuldigung verurteilt worden waren, sie hätten die »religiöse Reaktion« gefördert. Ein weiterer Ansatz zur Demokratisierung war damit gescheitert.

Mustafa Kemal ging auch gegen die Geistlichkeit vor, die zum

Teil mit dem Kurdenaufstand sympathisiert hatte. Im September 1925 wurden die Klöster der populären Derwischorden, die jahrhundertelang eine volkstümliche Frömmigkeit verbreitet hatten – unter ihnen auch der Orden der bekannten »Tanzenden Derwische« in Konya – geschlossen. Zu Recht sahen die Kemalisten sie als Zentren eines Widerstandes an, der sich gegen die anstehenden Reformen zu richten begonnen hatte. Aus ihrem Umfeld wurden auf der Grundlage des »Ordnungsgesetzes« fast 17500 Menschen verhaftet und 660 hingerichtet.

Tatsächlich markiert die Niederschlagung des kurdischen Aufstandes einen Kreuzweg. Der Weg der Reformen, die seit dem siegreich beendeten Befreiungskrieg durchgeführt worden waren, war relativ liberal und demokratisch gewesen. 1923/24 konnten so weitreichende Weichenstellungen vorgenommen werden. Jetzt waren Mustafa Kemal und seine Umgebung davon überzeugt, um der Revolution, und das hieß für sie zugleich um des Staates willen, einen härteren Kurs einschlagen zu müssen. Im Spannungsfeld zwischen Demokratie und Liberalität auf der einen und den Interessen des Staates auf der anderen Seite entschieden sich die Kemalisten erst einmal für letzteren. Das Dilemma stellte sich später noch häufiger.

Im Sommer des folgenden Jahres, 1926, kam ein Anschlag ans Licht, den einige unzufriedene Politiker mit Hilfe von bezahlten Mördern in Izmir gegen Mustafa Kemal hatten durchführen wollen. Er wurde noch vor seiner Ausführung verraten. Die Urheber waren zum Teil Männer, die persönliche Streitigkeiten mit Mustafa Kemal hatten. Doch der »Unabhängigkeitsgerichtshof«, der aus Ankara herbeigeholt wurde, ging aufs Ganze. Angeklagt wurden auch Mitglieder der verbotenen Fortschrittspartei; ihnen wurde vorgeworfen, mit den »Verrätern« in Kontakt gestanden zu haben. Schließlich wurden auch ehemalige Angehörige des Komitees für Einheit und Fortschritt in den Prozeß hineingezogen. So erschienen einige der ältesten Mitbegründer des nationalen Widerstandes vor dem Gericht: Kâzım Karabekir, Refet Pascha (Bele), Ali Fuat (Cebesoy) und zwei andere Generäle. Hüseyin Rauf (Orbay) und Dr. Adnan (Adıvar) wurden ebenfalls angeklagt, doch befanden sie sich in Europa.

Das Gericht, dem zwei berüchtigte Gestalten der Zeit vorsaßen, der »Kahle Ali« und der »Schwert-Ali«, fällte 16 Todesurteile. Rauf und sieben andere Angeklagte erhielten Gefängnisstrafen und mußten anschließend ins Exil; die meisten Mitglieder der Fortschrittspartei, darunter Karabekir, Refet und Ali Fuat, wurden freigesprochen. Im August fand in Ankara ein weiterer Prozeß gegen mehr als 50 politische Persönlichkeiten statt, unter ihnen wichtige Aktivisten des Komitees. Noch stärker als das vorangegangene geriet dieses Verfahren zum Schauprozeß, in dem es mehr um die Politik des Komitees und seine Beziehungen zu Mustafa Kemal ging als um das Komplott vom Juni. Vier Angeklagte wurden gehängt; andere wurden zu Gefängnisstrafen verurteilt.

Im Sommer 1927 kehrte Mustafa Kemal zum ersten Mal seit acht Jahren nach Istanbul zurück. Der Yıldız-Palast der letzten Sultane wurde in seine Residenz umgewandelt. Hier verbrachte er die Sommermonate damit, einander ablösenden Sekretären den langen Text zu diktieren, den er auf dem nächsten Parteikongreß der Republikanischen Volkspartei zu halten gedachte.

Vom 15. bis 20. Oktober faßte er in einer insgesamt sechsunddreißigstündigen Rede seinen Weg zusammen, den er von Samsun bis zu dem nun erreichten Punkt gegangen war. Diese Rede *(Nutuk)*, die ins Deutsche, Englische und Französische übersetzt wurde, begann in ungeschmücktem, militärisch-knappem osmanischem Türkisch mit den Sätzen: »Meine Herren, am 19. Mai 1919 landete ich in Samsun. Dies waren die Lage und das allgemeine Bild: Die Allianz, an der der Osmanische Staat teilgenommen hatte, war im Weltkrieg geschlagen, die osmanische Armee an allen Fronten aufgerieben, ein Waffenstillstand mit schweren Bedingungen unterschrieben; die Nation in den langen Jahren des Großen Krieges in erschöpfter und armseliger Verfassung...« Hinter diesem Rechenschaftsbericht stand die Absicht, seine eigene Rolle als die bestimmende für den Gang der Dinge herauszustellen. Mit seinem Eintritt in den Gang der Ereignisse fing die Geschichte an. Die Entwicklungen vergangener Jahrzehnte, vor allem unter den Jungtürken, ohne die die kemalistischen Reformen nicht verständlich sind, ja kaum denkbar gewesen wären, wurden mit keinem Wort erwähnt. Das Cäsarsche »*Veni, vidi, vici* – Ich kam, sah und siegte« auf Kemalisch. Ein Rechenschaftsbericht, kalkuliert auf innenpolitische Wirkung, wie auch Cäsars »Gallischer Krieg«. Bis heute prägt er das offiziös verbreitete Atatürk-Bild entscheidend. Es verlautete der Rechenschaftsbericht eines Mannes, dessen Kampf nicht der Erhaltung des Osmanischen Reiches, sondern der Erschaffung eines neuen türkischen Staates galt.

Nach diesen inneren Stürmen schien es Mustafa Kemal erneut an der Zeit, ein demokratisches Experiment zu riskieren. So wurde im Sommer 1930 wieder eine Oppositionspartei ins Leben gerufen. Die Unzufriedenheit im Lande war gestiegen – in erster Linie eine Auswirkung von wirtschaftlichen Rückschlägen, die mit der weltweiten Rezession zusammenhingen. Mag sein, daß Mustafa Kemal das Gefühl hatte, seine Minister würden ihn nicht immer auf dem laufenden halten. Die zensierte Presse konnte ihm auch nicht viel Information bieten. So war die neue Partei zugleich eine Art Stimmungsbarometer.

Von Anfang an freilich sollte sichergestellt sein, daß das Experiment nicht wieder aus dem Ruder laufen würde. Mustafa Kemal ließ seinen alten Freund Fethi (Okyar) nach Ankara kommen – er hatte während der letzten Jahre als Botschafter in Paris gedient – und überredete ihn, eine Partei zu gründen. Dabei sicherte er zu, er werde beide künftige Parteien gleichermaßen respektieren. Die neue Oppositionspartei sollte Freie Republikanische Partei *(Serbest Cumhuriyet Fırkası)* heißen. Gemeint war dies wohl im Sinne einer »liberalen« Partei; vor allem sollte sie für mehr Privatwirtschaft stehen. Abgeordnete der Republikanischen Volkspartei wurden aufgefordert, zu ihr überzutreten. Doch es war nicht leicht, eine genügende Anzahl von ihnen dazu zu bewegen. Immerhin belebten sich die Debatten in der Nationalversammlung zusehends.

Bald konnte sich die neue Oppositionspartei nicht mehr über einen Mangel an Popularität in einer breiten Öffentlichkeit beklagen. Im Gegenteil, ihre allzu große Popularität wurde ihr rasch zum Verhängnis. In Izmir hatte Fethi bei seinem ersten Besuch derartigen Zulauf, daß es zu Zusammenstößen mit der Polizei kam. Mehrere Menschen wurden verletzt, ein Junge getötet. Lange unterdrückte Ressentiments gegen die Regierung machten sich Luft; islamische Fahnen und Slogans wurden wieder hervorgeholt, wenn auch gegen den Willen des Oppositionschefs.

Im Oktober wurden Gemeinderatswahlen abgehalten. Trotz massiver Behinderung konnte die junge Partei in 30 (von 512) Gemeinderäten gewinnen. Als Fethi im Parlament protestierte, wurden die Debatten bitter und persönlich; an ihrem Ende erhielt die Regierungspartei ein überwältigendes Vertrauensvotum. Fethi beschloß, das Experiment abzubrechen. Er machte seinem Freund deutlich, die Opposition sei unter der Voraussetzung gebildet worden, daß sie sich nicht gegen den Staatschef wenden würde. Nun scheine jedoch diese Gefahr zu bestehen, und er ziehe es daher vor, sie aufzulösen. Dies geschah am 16. November. Im Hinblick auf die spätere Entwicklung ist an dem Experiment interessant, daß die Opposition schlagartig auf Popularität stieß. Ein Teil der Bevölkerung versuchte sie dabei spontan, und durchaus gegen den Willen ihrer Führung, mit islamischen Akzenten zu infiltrieren.

Der Katechismus des »Kemalismus«

Zug um Zug war die Türkei umgestaltet worden. In zehn Jahren war aus einem zusammengebrochenen Reich, das durchaus noch mittelalterliche Züge getragen hatte, ein neues Staatsgebilde entstanden. Zwar war es noch keineswegs im Inneren gefestigt. Die Krise um die Freie Republikanische Partei hatte das einmal mehr an den Tag gebracht. Auch befand sich die Wirtschaft in äußerst kritischem Zustand. Aber die Konturen der »Türkischen Republik« waren zu erkennen, und es zeichneten sich die Orientierungsmarken ihrer künftigen Entwicklung ab. Obwohl pragmatisch umgesetzt, war der kemalistische Entwicklungsweg doch ein »System«, das auf der Vision des Staatsgründers fußte. Mustafa Kemal Atatürk hat wohl als erster Politiker jenes Teils der Welt, der später als die »Dritte« bezeichnet werden sollte, einen eigenen Entwicklungsweg beschritten. Konnte man ihn als »ideologisch« bezeichnen? Immerhin hat Atatürk selbst versucht, die Kernpunkte herauszustellen, die er für die Entwicklung der neuen Türkei als zentral erachtete. Er mag dazu um so mehr tendiert haben, als doch die dreißiger Jahre in der europäischen Politik das Jahrzehnt der Ideologisierung waren. Warum sollte die Entwicklung der Türkei nicht auch auf einem »ideologischen« Fundament, das systematische und umfassende Entwicklung verhieß, beruhen?

Der Katechismus des »Kemalismus« (*Kemalism* oder *Atatürkçülük*) umfaßt sechs Prinzipien, auf denen der neue Staat gründen sollte. Grundsätzlich gelten sie heute noch fort, doch hat sich – davon wird noch zu sprechen sein – ihre Relevanz zunehmend differenziert.

Zuoberst steht das Prinzip des Nationalismus *(Milliyetçilik)*. Dieser hatte schon den jungen osmanischen Offizier umgetrieben, der mit Unmut wahrnahm, wie die europäischen Mächte das Reich entmündigten. Nationalstolz war es, der ihn getrieben hatte, sich zum Führer der anatolischen Widerstandsbewegung aufzuwerfen. Er war davon überzeugt, von der türkischen Nation die Rechtfertigung erhalten zu haben, die zwar altehrwürdige, aber überlebte Ordnung zu zerschlagen. Im positiven Sinne bedeutete der Nationalismus die Forderung nach vollständiger politischer Unabhängigkeit der Türken; im negativen die Aufgabe osmanischer Herrschaftsansprüche über die islamischen Länder und den Balkan. Aber auch panislamischen, pantürkischen oder anderen über die Türkei hinausgreifenden politischen Phantasien wurde damit entsagt. Er knüpfte ganz einfach an allgemein akzeptierte Überzeugungen an: »Heute anerkennen die Nationen in der ganzen Welt nur eine Souveränität: die nationale Souveränität.«[33] Nachdem der Bruch mit dem Sultan einmal vollzogen war, machte Mustafa Kemal unmißverständlich klar, daß es die türkische Nation war, zu deren Verteidigung die Widerstandsbewegung organisiert worden war. Andere Bemühungen, zum Beispiel in der Sprach- bzw. Geschichtskommission der dreißiger Jahre, die zentralasiatischen Ursprünge der Türken zu untermauern und ihre Sprache von den zahlreichen arabischen und persischen Elementen zu befreien, unterstrichen nur noch nachdrücklicher den Bruch mit osmanischen und islamischen Traditionen. Kein Zweifel, das Prinzip des Nationalismus sollte es den modernen Türken erleichtern, in die – wie er es verstand – universale zeitgenössische Zivilisation einzutreten – und diese war westlich geprägt, nicht religiös und gründete auf dem Nationalstaat.

So waren der Nationalismus und das zweite Prinzip: Laizismus *(Lâiklik)* untrennbar miteinander verbunden. Der Islam sollte im öffentlichen Leben nicht mehr in Erscheinung treten. Während der osmanische *Şeyhülislam* im gleichen Rang wie der Großwesir gestanden hatte, war der oberste Vertreter des Islam in der Regierung in Ankara nur noch Chef einer nachgeordneten Behörde. 1924 wurde das Ministerium für religiöses Recht und Stiftungen zusammen mit dem Kalifat und den religiösen Schulen abgeschafft. Was blieb, war eine Abteilung ohne Kabinettsrang: das »Amt für religiöse Angelegenheiten« *(Diyanet işleri reisliği)*. Im Zuge der Sprachreform wurde schließlich sogar der Gebetsruf von den Minaretten in »reines Türkisch« übersetzt: Aus »Allahü ekber« (arab.: *Allahu akbar*) wurde »Tanrı uludur«.

Die endgültige Absage an die monarchische Staatsform, die soeben abgeschafft worden war, wurde im Prinzip des Republikanismus *(Cumhuriyetçilik)* festgeschrieben. Im Grunde war dies schon in der von der Nationalversammlung im Januar 1921 angenommenen Verfassung niedergelegt. Was freilich damals ein praktischer Schritt war, dessen Notwendigkeit sich aus der Dynamik des Befreiungskampfes heraus ergab, wurde nun gleichsam programmatisch fixiert.

Die Gründung der Republik erscheint aber als nahezu zwangsläufige Konsequenz der Mobilisierung des Volkes, einer elementaren Bewegung, die Atatürk als Populismus *(Halkçılık)* in seinem Prinzipienkatalog festhalten sollte. Die Betonung der Mobilisierung des Volkes erwuchs organisch aus der Notwendigkeit für die Nation, zu Hause Souveränität und nach außen Respekt zu erringen, vorrangige Anliegen in der historischen Situation der Jahre 1919/20. Umfassende politische und gesellschaftliche Mobilisierung war notwendig, um diese Ziele zu erreichen. »Wenn eine Nation sich um ihre Existenz und ihre Rechte nicht mit ihrer gesamten Stärke einsetzt…, dann kann sie nicht gerettet werden… Wir beginnen unser Werk bei dem Dorf und bei der Nachbarschaft und bei den Menschen um uns herum, das heißt bei dem Individuum. Um sich selbst zu retten, muß sich jedes Individuum für seine Geschicke einsetzen. Eine Struktur, die in dieser Weise von unten nach oben aufsteigt, von den Grundlagen zum Dach, wird unzweifelhaft fest sein.«[34]

Das fünfte Prinzip – der Revolutionismus *(Inkilâpçılık)* – sollte der kemalistischen Revolution gleichsam ihren historischen Stellenwert geben – neben der Französischen oder Russischen Revolution. Während der frühen Jahre radikaler Umgestaltung war es gelegentlich notwendig gewesen, auch mit Gewalt zu drohen, ja solche anzuwenden. So hatte Mustafa Kemal in der Diskussion um die Abschaffung des Sultanats sich nicht gescheut, die Warnung auszusprechen, daß »einige Köpfe rollen«[35] könnten. In der zweiten Hälfte der zwanziger Jahre war ein hohes Maß an Gewalt gegen Kurden und innenpolitische Gegner zur Absicherung der Revolution eingesetzt worden. Später freilich wurde der Begriff der »Revolution« eher im Sinne einer gewaltlosen Umwandlung bestehender Zustände gebraucht. So wurde es üblich, von der »Hutrevolution«, der »Schriftrevolution« oder »Sprachrevolution« zu sprechen.

Die wirtschaftliche Hinterlassenschaft des Osmanischen Reiches und die weltwirtschaftlichen Schwierigkeiten der ausgehenden zwanziger und frühen dreißiger Jahre schließlich machten es erforderlich, auch das Wirtschaftssystem in den Katalog von Entwicklungsprinzipien des neuen türkischen Staates aufzunehmen. Der Etatismus *(Etatism)*, also die staatliche Lenkung, war das letzte Prinzip in der Entfaltung des »Kemalismus« und im offiziellen Prinzipienkatalog. Da große Teile der türkischen Volkswirtschaft im 19. Jahrhundert in Form wirtschaftlicher Privilegien an Europäer und ihre »Protegés« unter den nichtislamischen Minderheiten »veräußert« wurden, war die Rückgewinnung vollständiger wirtschaftlicher Unabhängigkeit jetzt ein vorrangiges Ziel der nationalen Befreiungsbewegung. Zahlreiche Unternehmen in ausländischer Hand wurden zu Beginn der Republik staatliches Eigentum, so etwa die Eisenbahnen, die Dampfschiffahrtslinien, die Telegraphenverbindungen und einige Banken. Der Staat begann sich in der Schwerindustrie sowie in der Exploration und Ausbeutung der Bodenschätze zu engagieren. Insgesamt freilich bedeutete Etatismus lediglich eine nur vage definierte, gestaltende, aber nicht alleinbestimmende Rolle des Staates in der Wirtschaft des Landes.

Die sechs Punkte des kemalistischen Katechismus kamen als Bestandteil des Programms der Republikanischen Volkspartei in ihrem Emblem mit sechs Pfeilen *(Altı ok)* zum Ausdruck. 1937 wurden sie in die türkische Verfassung aufgenommen.

Nach dem Scheitern des Experiments mit einer »Oppositionspartei« im Jahre 1930 war die Republik in ruhigeres politisches Fahrwasser übergegangen. Der junge türkische Staat begann sich relativ rasch zu konsolidieren; die »Erziehungsdiktatur«, die in den zwanziger Jahren noch ihr blutiges Gesicht gezeigt hatte, wich einer relativ liberalen und offenen Führung seitens Mustafa Kemals und seiner Partei. (Auf die Unterdrückung der kurdischen Aufstände in den dreißiger Jahren wird im Kapitel über dieses Volk noch eingegangen.) Als im Zuge der »Namenrevolution« das türkische Parlament Mustafa Kemal 1934 den Namen »Vater der Türken«, Atatürk, verlieh, stand dies durchaus im Einklang mit der Bewunderung und Zuneigung, aber auch dem distanzierten Respekt, den die meisten Türken ihrem Führer nunmehr entgegenbrachten.

Darüber, ob Atatürks Weg der entschiedenen Verwestlichung erfolgreich gewesen ist, wird am Ende nachzudenken sein. Immerhin ist die moderne Türkei eine Realität, die über ihren Gründer hinaus Bestand hat. Noch immer stellt sie ohne jeden Zweifel eine lebendige politische, gesellschaftliche und geistige Ordnung dar. Wenn sich auch die Identitätskrise der Türkei in der Gegenwart mehr und mehr zuspitzt, so weist der »Kemalismus«, vielleicht gerade weil er relativ locker gefügt, interpretierbar und somit anpassungsfähig war, doch noch immer eine Richtung, in die sich die Mehrheit der Türken politisch, gesellschaftlich und wirtschaftspolitisch orientiert.

Die Größe Atatürks kann man nur erkennen, wenn man sich ein Bild davon macht, was die Türkei in dem Augenblick war, als er die Verantwortung für sie übernahm und sich entschloß, sie einem neuen Geschick entgegenzuführen. Gewiß war er zunächst nur ein Element einer nationalen Bewegung gewesen, deren Anfänge irgendwo um die Jahrhundertwende lagen. Aber nach 1919 hat Mustafa Kemal ihr bald seine Richtung gewiesen. Seine überragende Begabung war wohl die Strategie. Bei ihm stand am Anfang die Vision dessen, was am Ende herauskommen soll. Zugleich besaß er eine unvergleichliche Einsicht in die Mentalität seiner Gegner und konnte mit erstaunlicher Sicherheit voraussagen, wie diese sich verhalten würden. Damit einher ging ein fast unfehlbares Gefühl für den richtigen Augenblick und den richtigen Ort, an denen politische Entscheidungen getroffen werden mußten. Das galt für die militärische Seite seines Wirkens so gut wie für die politische. Solche strategischen Fähigkeiten sind unabdingbar mit Realitätssinn verbunden, sie können nur in einem Geist zur Geltung kommen, der den Realitäten, den menschlichen, politischen, militärischen, nahe genug steht, um sie genau zu erkennen und richtig einzuschätzen.

Wahrscheinlich ist es auch sein unbestechlicher Realitätssinn gewesen, der Mustafa Kemals Verhältnis zum Islam und umgekehrt zur einzigen Zivilisation bestimmte, die er als solche anerkannte: Ungeachtet aller emotionalen Bindungen und aller Traditionen war das die westliche Zivilisation seines Zeitalters – real im Sinne einer politisch, wirtschaftlich, wissenschaftlich und technisch überwältigenden Potenz, die es zu beherrschen galt, wenn man nicht von ihr beherrscht werden wollte.

Atatürk starb am 10. November 1938. Jahrelanger starker Alkoholgenuß hatte seine Gesundheit ruiniert. Der Stunde seines Todes wird auch heute noch in der Öffentlichkeit gedacht: Landesweit stehen die Flaggen auf halbmast. Politiker jeder Couleur und Militärs versammeln sich am Mausoleum, Anıtkabir, in Ankara zu einem Trauerakt. Um 9.05 Uhr, dem Zeitpunkt seines Ablebens, wird in öffentlichen Einrichtungen, vor allem an den Schulen, des Lebens und Lebenswerkes von Atatürk gedacht. Die Fortwirkung des Kemalismus und die Legitimierung der Kemalisten als Erben der »reinen Lehre« und der rechten Führung des Landes sind von einer idealisierten Biographie Mustafa Kemal Atatürks nicht zu trennen.

»Friede daheim, Friede in der Welt«

Die Entstehung des neuen türkischen Staates, seit dem Lausanner Vertrag in Gestalt jenes geographischen Rechtecks mit dem europäischen Brückenkopf, beruht auf Beschränkung. Politische Ordnungsvorstellungen, die während der letzten Jahre des untergehenden Osmanischen Reiches unter der politischen und intellektuellen Elite des Landes diskutiert worden waren, wurden verworfen, so etwa der »Panislamismus«. Der neue Staat sollte nicht ein islamisches Reich – ohne die christlichen Völker, die das Osmanische Reich auch umfaßt hatte – werden. Darüber hatte die Geschichte spätestens mit dem Aufstand der in ihrer überwältigenden Mehrheit muslimischen Araber gegen den Sultan/Kalifen in Istanbul den Stab gebrochen.

Innerlich schwerer tat sich Mustafa Kemal wohl mit dem Verzicht auf den Versuch, dem neuen Staat eine »pantürkische« Dimension zu geben. Die Faszination einer Vision, die die Türken in Anatolien als Teil einer großtürkischen »Nation« sah, zu der die turksprachigen Völker des Kaukasus und Zentralasiens gehören würden, hat er im Laufe seines Lebens wiederholt anklingen lassen. Enver Pascha war dieser Vision erlegen. 1921 hatte er sich den Bolschewiken angedient, die ihn nach Buchara schickten, um die Muslime dort auf ihre Seite zu bringen. Dann aber hatte er sich auf die Seite der örtlichen Widerstandsbewegung geschlagen. Politische Phantasterei lautete einer der Vorwürfe, die Mustafa Kemal gegen Enver erhoben hatte. Schon Envers Entscheidung, in den Krieg einzutreten, war von ihm scharf kritisiert worden. Warum sollte er sich jetzt »politischen Phantastereien« hingeben, die unausweichlich scheitern mußten?

Auf den ersten Blick war unübersehbar, daß eine nationalpolitische Neuordnung auf pantürkischer Grundlage, unter Einbeziehung der Türken bis zur Chinesischen Mauer, nach Lage der Dinge völlig außerhalb der Karten lag, die jetzt gespielt werden mußten. Vor allem würden Ansprüche in dieser Richtung jene Macht als Gegner auf den Plan rufen, deren Unterstützung die nationale Bewegung in der bedrängten inneren und äußeren Situation unbedingt benötigte, das nachrevolutionäre Rußland. Der Zusammenbruch des Zarenreiches hatte die Türken vom ständigen Druck des »Erbfeindes« aus dem Norden befreit und ihnen damit überhaupt erst die Möglichkeit gegeben, den nationalen Kampf zu führen. Auf der anderen Seite bemühte sich die noch ungefestigte bolschewistische Regierung, mit den Verlierern des Weltkrieges als ihren natürlichen Partnern zu freundschaftlichen Beziehungen zu kommen. Lenin ging davon aus, daß der Bosporus nicht in englische bzw. – was politisch damals keinen großen Unterschied gemacht hätte – griechische Hände fallen dürfe. War doch England eine der Interventionsmächte im russischen Bürgerkrieg. Mustafa Kemals außenpolitische Gegner waren im Augenblick auch die Gegner Lenins. Schon für die osmanische Politik hatte der Grundsatz gegolten, daß das Reich entweder mit England oder mit Rußland auf freundlichem Fuße stehen mußte – 1921 also mit Rußland.

Daran, daß die Allianz mit Rußland nur ein Zweckbündnis war und nicht auf ideologischer Affinität beruhte, kann kein Zweifel bestehen. Immer wieder hat sich Mustafa Kemal unmißverständlich vom Bolschewismus – wie auch von anderen Ideologien seiner Zeit – abgesetzt. »Es ist jedem bekannt, daß unsere Prinzipien keine bolschewistischen Prinzipien sind.«[36] Jetzt aber hatten beide Seiten an der gemeinsamen kaukasischen Grenze Probleme, an deren Regelung im jeweils eigenen Interesse und in beiderseitigem Zusammenwirken den neuen Regimen in Moskau und Ankara gelegen sein mußte.

Moskau benützte die türkisch-armenische Konfrontation, um der Großarmenischen Republik mit Einheiten der Roten Armee vom Kaukasus her in den Rücken zu fallen und sie, die Batum und Baku für sich beansprucht hatte, als unabhängiges Staatswesen zu liquidieren. Daß die Bolschewiken die ehemals russischen Gebiete südlich des Kaukasus in ihr Reich zurückzwingen konnten, verdankten sie also auch den türkischen Nationalisten. Mustafa Kemal zeigte bei diesem Handel wiederum, daß er an pantürkischen Expansionsbestrebungen nicht interessiert war, sonst hätte er die Bevölkerung von

Aserbaidschan, die eine dem Türkischen verwandte Turksprache sprechenden Aseris, nicht der russischen Herrschaft ausgeliefert. Seinerseits nahm er die Geld- und Waffenhilfe der Sowjetunion dankbar an, denn seiner Armee mangelte es bedenklich an Material. Schon zuvor hatte Armenien – zum Auftakt des türkischen Befreiungskrieges – im Frieden von Gümrü (Alexandropolis) am 2. Dezember 1920 die Provinzen Kars und Ardahan an die Türken abtreten müssen, ein Gebiet, das 1878 an Rußland gefallen war.

Wie sehr sich die Dinge verändert hatten, zeigt der Abschluß des Freundschaftsvertrages zwischen der Sowjetunion und der »nationalen« Regierung (die noch keineswegs »die Türkei« vertrat) in Ankara am 16. März 1921: Seit dem 18. Jahrhundert waren Verträge zwischen dem zaristischen Rußland und dem Osmanischen Reich eher Diktate gewesen. Jetzt schlossen Türken und Russen einen Vertrag auf der Grundlage der Gleichberechtigung. Den Freundschaftsvertrag ergänzte im Dezember 1925 ein Vertrag über Freundschaft und Neutralität. Erst als Stalin 1945 einmal mehr versuchen sollte, alte russische Interessen, nämlich die Kontrolle der Meerengen von Bosporus und Dardanellen, unverblümt durchzusetzen, trat die alte Feindschaft wieder zutage. Im rauhen Klima des ausbrechenden Kalten Krieges sollte auch Ankara schließlich gezwungen sein, im westlichen Lager Schutz zu suchen. Zunächst aber war die neue Regierung in Ankara bemüht, eine Art »blockfreier« Politik zu verfolgen, das heißt gleichen Abstand zu West und Ost zu wahren, mit einer Neigung gen Westen – denn über das machtpolitische Übergewicht des nördlichen Nachbarn gab Mustafa Kemal sich keinerlei Illusion hin.

In gewissem Maße freilich orientierte sich sein wirtschaftspolitischer Kurs, der Etatismus, in den dreißiger Jahren am sozialistischen Modell. Die Vormacht des Sozialismus honorierte dies 1932 mit einem Beitrag über acht Millionen Dollar in Gold zur Unterstützung des türkischen Industrialisierungsprogramms. Der erste Fünfjahresplan, der 1933 aufgestellt wurde, trug unübersehbar auch die sowjetische Handschrift.

»Friede daheim, Friede in der Welt« *(Yurtta sulh, cihanda sulh)*, das war der Kernsatz kemalistischer Außenpolitik. Damit einher ging der Grundsatz der »vollständigen Unabhängigkeit« *(Tam bağımsızlık)*. Im Rückblick auf die Geschichte des Osmanischen

Reiches betrachtet, namentlich der letzten hundert Jahre, drängten sich diese Prinzipien für die Außenpolitik des neuen Staates geradezu auf. Sie setzten allerdings erhebliches diplomatisches Geschick voraus, um der Türkei einen Platz in der Region wie in der internationalen Politik zu verschaffen, der auf allseits anerkannten vertraglichen Grundlagen beruhen würde. Ankara selbst durfte keine territorialen Ansprüche an seine Nachbarn anmelden; und diese – aber auch die europäischen Großmächte – mußten sich verpflichten, den Staat, der mit dem Abkommen von Lausanne im Jahre 1923 international hoffähig geworden war, in seinen Grenzen vertraglich anzuerkennen.

Mit den östlichen Nachbarn, Iran und – weiter noch – Afghanistan, konnten bald gute Beziehungen hergestellt werden. Reza Khan, der als starker Mann seit 1920 mit britischer Unterstützung Iran regiert hatte und sich 1925 als Reza Schah zum Begründer der »Pahlewi«-Dynastie machte, war ein Bewunderer Atatürks und suchte diesen nachzuahmen, wo immer es die Umstände in Persien erlaubten. Im Juli 1934 begab er sich zum Staatsbesuch nach Ankara. Die neue Eisenbahnverbindung zwischen beiden Ländern wurde zum sichtbaren Zeichen ihrer entspannten Nachbarschaft.

Schon 1928 hatte der afghanische König Amanullah Ankara besucht. Dem imponierte es ebenso wie dem Perser, daß Mustafa Kemal sein Land von britischem Einfluß befreit hatte. So begann er in seinem Land mit einem Modernisierungsprogramm, das »kemalistische« Züge trug. Die bis dahin so verschlossene afghanische Gesellschaft sollte diese Erschütterung freilich nicht ertragen; kurz nach seinem Besuch in Ankara kostete ihn diese »kemalistische« Radikalität im Januar 1929 den Thron.

Die guten bilateralen Beziehungen mit den näheren und ferneren Nachbarn mündeten im Juli 1937 in den Nichtangriffspakt von Saadabad, damals ein Dorf in den Bergen im Norden von Teheran, heute ein Teil der iranischen Hauptstadt.[37] Dieser sollte nicht zuletzt auch den Irak, der unter starkem britischen Einfluß stand, hinsichtlich türkischer Ansprüche auf das Gebiet von Mossul beruhigen. Diesbezüglich hatte die Konferenz von Lausanne zunächst einen Streitpunkt zwischen der Türkei und England, das sich die Ölquellen dieses Gebiets sichern wollte, offengelassen. Aber von seiten Ankaras war Flexibilität angezeigt: Denn England, Frankreich und die USA waren sich über die Ausbeutung des Erdöls dort durch eine westliche Macht einig. Auch unterstützte der Völkerbund die Zugehörigkeit des Gebiets von Mossul zu dem neu geschaffenen Staat Irak. Ein Beharren auf türkischen Ansprüchen hätte darüber hinaus einen Reibungspunkt mit der arabischen Welt erzeugt, an dem den türkischen Nationalisten nicht gelegen sein konnte. Im Juni 1926 stimmte die Türkei deshalb dem Anschluß Mossuls an den Irak zu. Die Aussöhnung zwischen den türkischen Nationalisten, die die Pläne Englands am Bosporus und in Kleinasien so nachhaltig durchkreuzt hatten, und der Vormacht im Mittleren Osten wurde schließlich beim Besuch von König Edward VIII. im September 1936 besiegelt. In seinen Erinnerungen, die er später als Herzog von Windsor schrieb, hielt er fest: »Wir unterhielten uns auf deutsch.«[38]

Schwieriger gestaltete sich die Normalisierung der Beziehungen zu Frankreich. Ankara hatte schließlich seine Ansprüche auf Mossul aufgegeben, doch es bestand auf der Rückgabe der Provinz Hatay, dem *Sancak* von Alexandrette (heute Iskenderun). Dieser war Teil des von den Franzosen verwalteten Mandatsgebiets Syrien. Auf Grund der gewandelten internationalen Szene in den dreißiger Jahren erschien die Erfüllung der türkischen Ansprüche hier realistisch. So machte sich Atatürk ganz zielbewußt die steigenden Spannungen in Europa zunutze, die die englische und französische Außenpolitik belasteten: das Erstarken des nationalsozialistischen Deutschland und die offen bekundete Entschlossenheit Mussolinis, im Mittelmeer und in Ostafrika Expansionspolitik zu betreiben.

Grundlage des Vorstoßes zur Eingliederung des *Sancak* in die Türkei war der französisch-türkische Vertrag von Ankara im Oktober 1921, in dem immerhin eine türkische Bevölkerungsmehrheit in Hatay anerkannt und dementsprechend der Bevölkerung dort kulturelle Autonomierechte verbrieft worden waren. Ein kompliziertes Ringen um das Gebiet, das von Türken und Arabern bewohnt wird, setzte ein. 1937 wurde der Völkerbund in den französisch-türkischen Streit eingeschaltet; Hatay sollte nun, befand dieser, ein »unabhängiges Territorium« werden, in auswärtigen Angelegenheiten jedoch durch Syrien vertreten. Die Wahlen, die im April 1938 abgehalten wurden, waren von blutigen Unruhen begleitet und mußten annulliert werden.

Unterdessen hatte sich die internationale Lage so bedrohlich entwickelt, daß Frankreich Bereitschaft zeigte, mit der Türkei zu einer Vereinbarung zu kommen, um sich die Unterstützung Ankaras gegen Deutschland und Italien zu sichern. Neue Wahlen im Juli ergaben eine knappe türkische Mehrheit im Parlament, das in seiner ersten Sitzung die unabhängige Republik Hatay ausrief. Ein Jahr später, am 29. Juli 1939, verkündete es schließlich die Vereinigung mit der Türkei. Syrien freilich hat diese Lostrennung der Provinz bis heute nicht anerkannt, und das belastet seine Beziehungen zur Türkei bis in die Gegenwart. Für Frankreich war am Ausgang der Hatay-Frage entscheidend, daß man angesichts des heraufziehenden Weltkrieges keine grundlegenden Differenzen mit der Türkei haben würde.

Die Erschütterungen in der internationalen Politik der dreißiger Jahre sollten schließlich auch eine Revision des nach dem Vertrag von Lausanne entmilitarisierten Status der Meerengen ermöglichen. Ankara trug eine entsprechende Forderung offiziell vor dem Völkerbund vor. Daraufhin trat im Frühjahr 1936 in Montreux am Genfer See eine Konferenz aller Signatarmächte des Vertrages von Lausanne zusammen. Nach dreimonatiger Verhandlung war das Vertragswerk perfekt. Einmal mehr hatten die Türken ihre – realistischen – Ziele erreicht: volle Souveränität auch entlang des Bosporus und der Dardanellen (die sofort mit dem Einmarsch türkischer Truppen dort besiegelt wurde); die Abschaffung der internationalen Kontrollkommission; die Kontrolle über die Durchfahrt fremder Kriegsschiffe in Kriegszeiten und, falls die Türkei sich bedroht fühlen würde, auch in Friedenszeiten. Als einzige Signatarmacht von Lausanne hatte sich Italien ferngehalten. Jetzt legten die deutsche und italienische Regierung Gegenentwürfe zur Konvention von Montreux vor. Sie wurden scharf zurückgewiesen – ein Anzeichen dafür, daß die Achsenmächte auf Ankaras Entgegenkommen im Falle von Verwicklungen im Mittelmeerraum keineswegs zählen durften.

Vor dem Hintergrund der jüngeren Geschichte freilich mußte die türkische Außenpolitik den Beziehungen zu Griechenland besondere Dringlichkeit beimessen. Wie sollten zwei Staaten friedlich zusammenleben, die sich mehr oder weniger anhaltend im Kriegszustand miteinander befunden hatten, seit Griechenland 1829 mit

Unterstützung europäischer Mächte die Unabhängigkeit vom Osmanischen Reich erhalten hatte? Es war zunächst nur ein kleines Stück Land gewesen, auf dem die Griechen ihre nationale Wiedergeburt hatten organisieren können. Beflügelt von der »großen Idee« *(Megali idea)*, hatten sie dann vom langsamen Rückzug des Reiches aus dem Balkan profitiert und ihren Staat Zug um Zug nach Norden ausdehnen können. So ist es nachvollziehbar, daß Athen mit dem Ende des Ersten Weltkrieges die Zeit gekommen sah, den Fuß wieder auf kleinasiatischen Boden zu setzen.

Mit der türkischen Landnahme in Kleinasien im Laufe des 11. Jahrhunderts und der Errichtung seldschukischer Fürstentümer dort (aus denen seit Ende des 13. Jahrhunderts nach und nach das Osmanische Reich als Weltmacht hervorging) war ja keineswegs eine Vertreibung der dort ansässigen Bevölkerungen verbunden gewesen. Die Kernlande des Osmanischen Reiches waren dieselben wie die von Byzanz: der Balkan und Anatolien. In diesen Gebieten lebten unter dem türkischen Sultan Griechen und Türken neben anderen Völkern wie Armeniern, Kurden, Bulgaren, Rumänen und Albanern praktisch Tür an Tür. Starke griechische Volksgruppen gab es bis zum Beginn des 20. Jahrhunderts an der Südküste des Schwarzen Meeres (Trabzon/Trapezunt, Samsun), bei Konya, an der Ostküste der Ägäis (Smyrna/Izmir), natürlich in Konstantinopel, aber auch in der heutigen Südosttürkei, wo sie in Städten wie Mersin (über 50 Prozent) und auf dem Lande lebten. Türken siedelten in Thessalien und im westlichen Thrazien als stärkste Volksgruppe und bildeten nach der Eroberung Zyperns (1571) und Kretas (1669) auf diesen Inseln stattliche Minderheiten.

Das Abkommen von Lausanne regelte – neben anderen Punkten – hauptsächlich griechisch-türkische Streitfragen. Diese betrafen die Grenze in Thrazien, die nationale Zugehörigkeit und den militärischen Status der Ägäischen Inseln, die zwangsweise Umsiedlung der Volksgruppen und einen Minoritätenschutz für diejenigen Gruppen, vornehmlich in Thrazien und Konstantinopel, die nicht umgesiedelt wurden. Auch der Status des griechisch-orthodoxen Patriarchen in Konstantinopel war geregelt worden.

Der leidvollste und doch wichtigste Abschnitt des Lausanner Friedensvertrages betraf die zwangsweise Umsiedlung der Minderheiten in beiden Ländern. Alle Griechisch-Orthodoxen, mit Ausnahme derjenigen, die vor dem 30. Oktober 1918 in Konstantinopel ansässig gewesen wären, sollten aus der Türkei ausgesiedelt werden. Ein gleiches Schicksal war allen Muslimen aus Griechenland zugedacht, ausgenommen denjenigen, die in West-Thrazien lebten. Der Austausch der Bevölkerungsgruppen wurde von einer gemischten Kommission überwacht, die auch die mit der Umsiedlung aufgeworfenen Eigentumsfragen lösen sollte.

Die zeitliche Abfolge und das Ausmaß der Umsiedlung sind nicht mehr feststellbar oder umstritten. Schon von 1912 bis 1914 hatten circa 135 000 Muslime Griechenland verlassen und in der Türkei den Platz der Griechen eingenommen, die zur gleichen Zeit Kleinasien den Rücken kehrten. Gegen Ende 1924 fand die Umsied-

7 Eleftherios (Eleutherios) Venizelos

lung des größten Teils der Minoritäten unter oft kaum erträglichen Bedingungen statt. Insgesamt dürften es 1,2 Millionen Griechen gewesen sein, die in den Jahren 1912–24 die Türkei verließen, während nahezu 400 000 Türken den umgekehrten Weg nahmen. Für das arme, vom Weltkrieg auf dem Balkan und vom verlorenen Krieg in Anatolien zerrüttete und erschöpfte griechische Heimatland bedeutete die Aufnahme der griechischen Landsleute aus Anatolien eine schmerzliche Belastung. Sie ist in ihren Dimensionen etwa mit der Integration der Flüchtlinge aus dem Sudetenland, dem Balkan und den deutschen Ostgebieten im westlichen Nachkriegsdeutschland zu vergleichen. 1928 waren 20 Prozent der griechischen Bevölkerung Umsiedler.

Auch mit Bulgarien wurde ein Bevölkerungsaustauschprogramm vereinbart (zwischen 1923 und 1991 nahm die Türkei etwa 800 000 Türken auf). Schließlich kehrten in dem selben Zeitraum auch aus Jugoslawien etwa 300 000 Türken in ihr Mutterland zurück. Trotzdem blieben noch Türken in Europa jenseits der Maritsa wohnen, nämlich in Griechisch-Thrazien, dem Rhodope-Gebirge auf bulgarischer Seite und in der Dobrudscha an der bulgarisch-rumänischen Grenze. Auch im Kosovo und in Mazedonien leben heute noch türkische Minderheiten.

Auf griechischer Seite ist es der Autorität und großen Popularität von Eleftherios Venizelos insbesondere bei den Flüchtlingen zu danken, daß nach 1928, als dieser Ministerpräsident wurde, in den griechisch-türkischen Beziehungen eine von beiden Seiten gewollte und geförderte Entspannung eintrat. In der Türkei verfügte Mustafa Kemal in gleichem Maße über die notwendige Autorität und Unterstützung, um den unpopulären Ausgleich mit Griechenland zuwege zu bringen. Vielleicht rührte die beidseitige Einsicht in die schmerzhafte Operation daher, daß Venizelos auf der damals noch türkischen Insel Kreta, also als osmanischer Bürger, geboren wurde, während Mustafa Kemal aus Thessaloniki (Selânik) stammte, der auch 1930 schon zweitgrößten Stadt Griechenlands.

Im Oktober 1930 kam Venizelos zum Staatsbesuch nach Ankara. Die persönliche und politische Atmosphäre des Treffens war gut. Schon am 10. Juni hatten beide Länder ein Abkommen über die noch ungelösten Probleme des Bevölkerungsaustausches geschlossen. Sein Besuch in Ankara wurde am 31. Oktober durch den Abschluß eines griechisch-türkischen Freundschaftsvertrages gekrönt. Im Jahr darauf stattete der türkische Ministerpräsident Ismet Inönü Griechenland einen Gegenbesuch ab. Er machte deutlich, daß auch das türkische Volk bereit war, die alte Feindschaft mit Griechenland zu vergessen und auf einer neuen Grundlage zum gegenseitigen Vorteil mit dem Gegner von gestern zusammenzuarbeiten.

Dieser neue Geist türkisch-griechischer Beziehungen spiegelte sich in der salomonischen Entscheidung eines kulturellen Streitpunkts zwischen beiden Nationen wider: Wenn die Griechen in Istanbul wohnhaft bleiben durften, sollte ihnen dann die nach der türkischen Eroberung Konstantinopels 1453 zur Moschee umgewandelte Hauptkirche Hagia Sofia nicht für den orthodoxen Kultus zurückgegeben werden, da doch die neue türkische Regierung am Islam offiziell kein Interesse mehr hatte? Würde das aber auf türkischer Seite nicht bedeuten, eine letzte Spur des Byzantinischen Reiches wieder sichtbar zu machen, ging doch die ruhmreiche Tradition dieser Kirche bis auf Kaiser Justinian (527–565) zurück? Atatürk befand neutral, daß die Hagia Sofia *(Ayasofya)* in ein Museum umzuwandeln sei. Diese Lösung favorisierte die Griechen nicht, sie konnte von ihnen aber trotzdem akzeptiert werden. Noch heute ist sie haltbar. Islamische Kräfte im Lande versuchen allerdings immer vehementer, die Hagia Sofia wieder zur Moschee zu machen. Durch ihr Erstarken in der türkischen Innenpolitik ist dieser Druck während der letzten Jahre stetig stärker geworden.

Der türkisch-griechische Ausgleich war zugleich ein wichtiger Baustein bei der Errichtung einer Friedenszone auf dem Balkan, wie sie Atatürk vorschwebte. Die Vereinbarungen mit Griechenland wurden durch weitere Abkommen mit einzelnen Staaten ergänzt, die am 9. Februar 1934 in den »Balkan-Pakt« mündeten.[39] Die Türkei, Griechenland, Jugoslawien und Rumänien waren die Unterzeichner. Bulgarien hatte eine separate Vereinbarung mit der Türkei, hielt sich also aus dem die ganze Region überwölbenden Abkommen heraus, da es seinerseits nach wie vor gegenüber Griechenland, Jugoslawien und Rumänien territoriale Ansprüche hegte. Das Vertragswerk, das nach dem Willen der Unterzeichner »die Aufrechterhaltung der gegenwärtig auf dem Balkan herrschenden Ordnung sichern« sollte, brach unter dem deutschen und italienischen Ausgreifen in den Jahren 1939 und 1940 zusammen. Es hatte zwar das Wohlverhalten der Partner untereinander stabilisieren können, aber den Besitzstand der vertragschließenden Parteien kollektiv gegen starke auswärtige Mächte zu sichern, dazu reichte es nicht. Machtpolitisch gesehen war der Balkan-Pakt also, genauso wie sein östliches Gegenstück von Saadabad, ohne große Bedeutung. Aber beide Vertragswerke hatten daneben ja noch den Zweck, der Türkischen Republik außenpolitische Reputation zu verleihen. Sie sollten signalisieren, daß sich die Außenpolitik des neuen türkischen Nationalstaates in Koordinaten bewegen würde, die von denen seines Vorgängers, des Osmanischen Reiches, vollkommen verschieden sein würden.

Die weltpolitischen Veränderungen der kommenden Jahre mußten naturgemäß tiefgreifende Auswirkungen auf die Außenpolitik der Türkei haben. Das Prinzip Atatürks aber, sich aus den politischen Verwicklungen im geographischen Umfeld des Landes herauszuhalten, hatte Bestand – bis zum Ende des Ost-West-Konflikts am Anfang der neunziger Jahre. Das gilt für den Balkan ebenso wie für den Nahen und Mittleren Osten. Dazu aber mehr am gegebenen Platze.

Die türkische Politik während des Zweiten Weltkrieges sollte schließlich zeigen, wie entschlossen die Führung war, das Land nicht noch einmal an der Seite anderer Mächte in einen Krieg zu verwickeln. Eine unmittelbare Bedrohung war gegeben, als Italien im April 1939 Albanien besetzte. Lange Verhandlungen mit England und Frankreich um ein gegenseitiges Beistandsabkommen setzten ein; aber erst, als mit dem Bekanntwerden des Molotow-Ribbentrop-Pakts zwischen Deutschland und der Sowjetunion (August 1939) keine Chance mehr bestand, den mächtigen Nachbarn im Norden ins Lager von Deutschlands Gegnern zu holen, wurde am 19. Oktober 1939 der Englisch-Französisch-Türkische Vertrag über wechselseitigen Beistand unterzeichnet. Darin wurde unter anderem bestimmt, daß die Türkei »wirkungsvoll zusammenarbeiten« würde, wenn es auf Grund der Aggression einer europäischen Macht im Mittelmeer zum Krieg käme.[40] Mit der Kriegserklärung Italiens an Frankreich und England schien für die Regierungen in Paris und London der Bündnisfall gekommen.

Nun hatte sich aber mit der Niederlage Frankreichs das Kräftegleichgewicht erheblich verändert, und der Krieg erreichte mit der deutschen Besetzung Griechenlands und dem Bündnis Bulgariens mit den Achsenmächten die türkische Grenze. Unter diesen Bedingungen konnte ein Kriegseintritt der Türkei kaum im Interesse des Landes liegen, und Ankara widersetzte sich entsprechendem britischem Druck mit allen Mitteln. Im Juni 1941 kam es sogar zum Abschluß eines Freundschaftsvertrages zwischen Ankara und Berlin.

Erst die deutsche Niederlage in Stalingrad im November 1942 zwang Ankara wieder zur Annäherung an England. Im Januar 1943 verständigten sich Churchill und Inönü über Vorbereitungen zur Aufnahme alliierter Flugzeuge in der Türkei, doch kamen diese kaum voran. Der alliierte Druck verstärkte sich auf der Konferenz von Kairo im Dezember 1943, an der Inönü, Churchill und Roosevelt teilnahmen. Die Drohung, daß die Türkei nach dem Krieg isoliert dastehen würde, konnte ihre Wirkung nicht verfehlen.

Noch immer freilich geschah nicht viel; erst im August 1944 wurden die diplomatischen Beziehungen mit Berlin abgebrochen. Ankaras Lavieren wurde noch prekärer, als England und die USA auf der Konferenz von Jalta im Februar 1945 Stalin Änderungen an der Meerengen-Konvention von Montreux einräumten. Wenig später erklärte dann die Türkei Deutschland doch noch den Krieg. Ein symbolischer Akt, denn ein Schuß wurde nicht mehr abgefeuert. Wenn die Kriegserklärung keine Wirkung auf den Kriegsverlauf mehr hatte, so hatte sich Ankara aber mit Blick auf die Zukunft dafür qualifiziert, im April 1945 in San Francisco Gründungsmitglied der Vereinten Nationen zu werden. Damit wurde ein neues Kapitel türkischer Außenpolitik aufgeschlagen.

Die Entwicklung nach dem Zweiten Weltkrieg

Aufbruch zur Demokratie

Das Ende der Alleinherrschaft

Mit Ismet Inönü (geb. 1884) hatte nach dem Tod Atatürks (1938) ein Mann das Ruder in Ankara übernommen, der wie wohl kaum ein anderer Mustafa Kemal nahegestanden hatte. Manches verband ihn mit dem Staatsgründer, etwa das militärische Ansehen, das er sich im Befreiungskrieg erworben hatte. Nicht zufällig war General Ismet, Ismet Pascha, sein neuer »bürgerlicher« Name nach jenem Ort verliehen worden, an dem sich unter seinem Kommando Anfang 1921 das Kriegsglück zugunsten der türkischen Nationalisten gewendet hatte, nach der kleinen Ortschaft Inönü in der Nähe der nordwestanatolischen Stadt Eskişehir. So war sein Name mit dem Befreiungskrieg aufs engste verbunden; und auch danach hat sich Atatürk – trotz gelegentlicher Turbulenzen – seiner unbedingten Loyalität gerade in schwierigen Situationen stets sicher sein können. Bis zu seinem Lebensende als hochbetagter Mann hat ihn dieses Charisma begleitet. Zu Recht wird er nach einer ihm gewidmeten Biographie der »zweite Mann«, *Ikinci adam*, genannt. Der »zweite Mann« nach dem – unangefochtenen – »ersten Mann«, *Tek adam*, Atatürk selbst. Ismet Inönü starb am 25. Dezember 1973. Er hat die Nachkriegsgeschichte der Türkei wesentlich mitgestaltet.

Am Ende des Krieges freilich sah sich die kemalistische Regierung zunächst einmal einem Popularitätstief gegenüber. Die wirtschaftliche Lage breiter Teile der Bevölkerung, die ohnehin von der Revolution durch die Jahre wenig Besserung erfahren hatte, so die Bauern, Land- und Industriearbeiter, hatte sich durch kriegswirtschaftlich bedingte Maßnahmen der Regierung verschlechtert. Aber auch unter jenen Gruppen, die den Kern des kemalistischen Regimes bildeten, die Offiziere und Bürokraten, die Händler in den Städten und die Großgrundbesitzer auf dem Land, stießen die wirtschaftspolitischen Maßnahmen der Regierung auf wachsende Ablehnung. Inflation und Preiskontrolle, zusätzliche Besteuerung (darunter die berüchtigte »Vermögenssteuer« – *Varlık vergisi* –, die zwar vornehmlich die nichtmuslimische Geschäftswelt traf, gleichwohl aber unter der türkischen Bourgeoisie insgesamt Unruhe hervorrief) und die künstliche Niedrigpreispolitik für landwirtschaftliche Erzeugnisse sowie das Landverteilungsgesetz vom Januar 1945 – die Wirkung dieser Maßnahmen zusammen unterminierte die Koalition politischer und gesellschaftlicher Gruppen und Kräfte, auf denen das kemalistische System beruhte.

Darüber hinaus hatte sich die gesellschaftliche und politische Differenzierung unter den spezifischen wirtschaftlichen Bedingungen des Krieges beschleunigt. Der private Sektor war stärker geworden, und die Landwirtschaft hatte sich zwangsläufig weiter kommerzialisiert. Dies hatte zur Verselbständigung unternehmerischer Gruppen in den Städten und zur Entstehung neuer einflußreicher Kräfte auf dem Lande geführt; diese neuen Kräfte begannen, das Herrschaftsmonopol der Bürokraten in Frage zu stellen. Und die zwar langsame, aber stetige Industrialisierung ließ eine Industriearbeiterschaft entstehen, die ihrerseits Druck ausübte, das System zu öffnen.

So waren neue gesellschaftliche Schichten und »pressure groups« entstanden, und zwischen ihnen und der Regierung wuchs die Spannung. Der Anspruch der Republikanischen Volkspartei *(Cumhuriyet Halk Partisi, CHP)*, die Nation als Ganzes zu vertreten, war fragwürdig geworden. Zusätzlicher Druck auf Öffnung kam von außen. Die abrupte Verschlechterung der Beziehungen zur Sowjetunion, die der Aufkündigung des Freundschaftsvertrages von 1925 und den Forderungen Stalins folgte – darauf wird noch einzugehen sein –, zwang Ankara zu einer Anlehnung an die USA. Dies und der Wunsch Ankaras, an den Segnungen des Marshall-Plans teilzuhaben, der der wirtschaftlichen Entwicklung Europas wesentliche Impulse geben sollte, ließen es geraten erscheinen, den ordnungs- und wirtschaftspolitischen Vorstellungen der USA, also Demokratie und freie Marktwirtschaft, entgegenzukommen.

Erste Andeutungen auf eine politische Öffnung machte Präsident Inönü bei einer Reihe von Gelegenheiten seit Ende 1944. Die parlamentarische Debatte aber um das »Landverteilungsgesetz«

(Çiftçiyi topraklandırma kanunu) im Mai 1945 gab der politischen Opposition innerhalb der CHP die Chance, ihre politischen und wirtschaftspolitischen Vorstellungen klarer zu artikulieren. Deutlich standen die Verfechter der Interessen der Großgrundbesitzer und die einer stärker markt- und privatwirtschaftlich orientierten Wirtschaftsverfassung sowie einer demokratischen politischen Ordnung im selben Lager. Ende 1945 wurde eine Reihe von Opponenten aus der Republikanischen Volkspartei ausgeschlossen bzw. verließ die Partei freiwillig, unter ihnen zwei profilierte Politiker: Celâl Bayar und Adnan Menderes.

Aus innerparteilichen Opponenten sollte bald eine politische Oppositionspartei werden, denn am 7. Januar 1946 wurde die Demokratische Partei *(Demokrat Parti, DP)* gegründet. Die eilig von der CHP-Regierung anberaumten Wahlen gerieten durch massiven Wahlbetrug zur Farce. Ganze 65 Sitze konnte die DP erringen, die ihren eigentlichen Anteil bei 279 Sitzen sah. Wie immer – die spontane Popularität deren führender Vertreter mußte die CHP, die sich an das Politikmonopol über Jahrzehnte gewöhnt hatte, und in der es Kräfte gab, die dazu tendierten, politische Opposition und Hochverrat gleichzusetzen, irritieren.

Programmatisch war der entscheidende Unterschied zur CHP die Forderung nach mehr Marktwirtschaft; weltanschaulich stand die DP auf dem Boden des Kemalismus, das heißt vor allem von Nationalismus und Säkularismus. Auf ihrem ersten Parteitag im Januar 1947 verabschiedete die Partei den »Freiheitspakt« *(Hürriyet misakı)*. Nicht zufällig weckte er Assoziationen zum bereits genannten »Nationalpakt« *(Millî misak* oder *Misak-i millî)*. Hatte jener nationale Unabhängigkeit und eine Erneuerung der türkischen Gesellschaft gebracht, so sollten diese nun durch die Einführung der Demokratie ergänzt werden. Fast dreieinhalb Jahre dauerte es dann noch bis zum ersten Test in wirklich freien Wahlen im Mai 1950. Auf diesem langen Weg lieferten sich die beiden Parteien einen heftigen politischen Kampf. Immerhin war ein neues politisches Klima entstanden, in dem sich auch weitere kleine Gruppierungen herausbilden konnten.

Präsident Ismet Inönüs persönliche Rolle an dem Öffnungsprozeß darf nicht unterschätzt werden. Als er am 19. Mai 1945 eine politische Öffnung und die Hinwendung zu einem Mehrparteiensystem verkündete, schien er damit in gewisser Weise das Werk Atatürks zu vollenden. Die demokratischen Versuche des Staatsgründers hatten unter keinem guten Stern gestanden. Am Ende hatte sich stets herausgestellt, daß die türkische Gesellschaft auf eine Demokratisierung nach europäischem Vorbild noch nicht vorbereitet gewesen war. Von tiefen Gräben und Spannungen durchzogen, wirtschaftlich unterentwickelt und nur in der oberen Bevölkerungsschicht alphabetisiert, bedurfte das Land bis auf weiteres der Führung durch den *Tek adam*, einer Führung, die nach der blutigen Niederschlagung der Aufstände Ende der zwanziger Jahre in den dreißiger Jahren in eine relativ gemäßigte »Erziehungsdiktatur« übergegangen war. Aber gleichwohl war der politische Mittelpunkt des Handelns für den Staatsgründer das »Volk«, die »Nation« *(Millet)* gewesen, deren Souveränität er beharrlich hervorhob. Daß sich diese Nation eines Tages aus sich selbst regieren sollte, hat er in seinen Reden immer wieder hervorgehoben.

Die Demokratisierung der Türkei entsprang also auch einer inneren Dynamik. Die Betonung der »Nation« war in der Tat eine wesentliche Vorbedingung für die Demokratisierung. »*Hakimiyet şartsız ve kayıtsız milletindir* – Die Souveränität liegt bedingungslos und vorbehaltlos bei der Nation«, steht noch auf dem etwas groben Stein unmittelbar am Eingang zu Atatürks Mausoleum (Anıtkabir) in Ankara. Für einen Muslim eine gewagte Aussage (die heute von den Islamisten geradezu als blasphemisch provokant empfunden wird), denn für ihn kann die Souveränität nur bei Gott liegen. Die liberale westliche Demokratie beruht auf der Trennung von Religion und Politik; in Europa dauerte es Jahrhunderte, bis diese Trennung allgemein durchgesetzt war. Die Souveränität Gottes aber spiegelt sich in der Geltung des islamischen Gesetzes. Über das kann nicht abgestimmt werden, es muß im Konsens bejaht werden. Um aus einem islamischen Milieu eine Mehrparteiendemokratie zu entwickeln, hatte es also einer langen Entwicklung oder eben jenes Gewaltakts kemalistischer Laizisierung bedurft.

Auch vor diesem Hintergrund wird einmal mehr klar, wie wesentlich die Trennung von Religion und Politik, das heißt die kompromißlose Einführung des Prinzips des »Laizismus« gewesen ist. Es handelte sich mithin nicht nur um eine entwicklungspolitische Maßnahme, die Türkei von den Fesseln einer Religion zu befreien, die sich mit einer vom Westen geprägten Moderne schwer zu tun schien und scheint. Vielmehr sollte der Laizismus auch die Voraussetzung dafür werden, die Türkei am Ende politisch Europa anzuschließen. Und das würde früher oder später bedeuten, sich zu den politischen Spielregeln westlicher Demokratie, die sich nicht zuletzt auch mit dem Ende des Zweiten Weltkrieges endgültig durchgesetzt zu haben schienen, bekennen zu müssen. Als die türkische Regierung am 12. September 1963 ein Assoziierungsabkommen mit der Europäischen (Wirtschafts-)Gemeinschaft unterschrieb, das ihr in späteren Jahren die Vollmitgliedschaft in Aussicht stellte, war die Stabilisierung einer westlichen Demokratie in der Türkei eines der erklärten Ziele dieses Aktes.

Was sich da in Ankara tat, war also bemerkenswert. Die Macht der Republikanischen Volkspartei war fest verankert. Denn weder gab es eine organisierte Opposition noch einen stärkeren äußeren Druck, der die politische Führung unweigerlich gezwungen hätte, das System grundlegend zu verändern. Die Partei verzichtete vielmehr von sich aus auf ihr Machtmonopol und stellte sich der Herausforderung in der politischen Arena. Naturgemäß gab es starke Kräfte in der CHP, die das Rad der Geschichte zurückzudrehen versuchten. Am 12. Juli 1947 mußte Inönü selbst intervenieren: In einer Erklärung legitimierte er die Existenz der Opposition und forderte den Staatsapparat auf, unparteilich zu sein und beide Parteien gleich zu behandeln. Die Ein-Parteien-Herrschaft, in der sich die schmale Elite der modernisierenden Bürokratie nahezu diktatorisch organisiert hatte, sollte ihr Ende finden.

Celâl Bayar, neben Adnan Menderes die führende Persönlichkeit unter den »Demokraten«, konnte auf eine lange politische Karriere zurückblicken. Gelernter Banker – er hatte unter anderem für die Deutsche Orientbank in Bursa gearbeitet –, hatte er sich 1907 dem Komitee angeschlossen und war für ein Jahrzehnt dessen verantwortlicher Sekretär in Izmir gewesen. 1919 hatte er sich dem Widerstand verschrieben, und im gleichen Jahr wurde er in das letzte osmanische Parlament gewählt. Mit der Wirtschaft blieb er verbunden: 1924 wurde er der erste Direktor der »Arbeitsbank« *(Iş bankası)*, 1932–37 fungierte er als Wirtschaftsminister. Für zwei Jahre, 1937–39, war er sogar Ministerpräsident.

Die von ihm mitgegründete Demokratische Partei sollte sich

bald als die dynamischste unter den Oppositionsgruppen erweisen. Ende 1946 zeichnete sich ab, daß es ihr gelingen würde, eben jene Bevölkerungsschichten anzusprechen und zu mobilisieren, die bislang in der herrschenden Elite keinen Platz gefunden hatten und sich nun gegen die soziale und kulturelle Entfremdung auflehnten, die die Republikanische Volkspartei im Namen der »Modernisierung« in Kauf genommen hatte. Mit einemmal tat sich die tiefe Kluft zwischen den »Kemalisten« und den breiten Massen insbesondere auf dem Lande, die von den »Reformen von oben« gar nicht oder kaum berührt waren, wieder auf. Die charismatische Gestalt des Staatsgründers hatte dies überdeckt; und die Härten des Krieges, die breiteste Teile der Bevölkerung gespürt hatten, sowie die Herausforderungen der Außenpolitik hatten die Aufmerksamkeit auf die Bedürfnisse des täglichen Lebens und die Erfordernisse der Staatssicherheit gelenkt. Mit einem Systemwandel hatte sich kaum jemand befassen, geschweige ihn betreiben können.

Folgerichtig richtete sich die neue Partei in ihrer Agitation vornehmlich an die breite Masse der Landbevölkerung. Sie bezichtigte die CHP, das Land über Jahrzehnte vernachlässigt zu haben. Das war tatsächlich unbestreitbar. Um das nur an einem Beispiel zu illustrieren: Noch im Jahre 1953 waren in der Türkei nur ganze zehn Dörfer an das Elektrizitätsnetz angeschlossen, also 0,025 Prozent der 40 000 Dörfer. Obwohl die Erzeugung von Elektrizität zwischen 1923 und 1943 um das Zehnfache angewachsen war, blieb Strom eine Errungenschaft der Städte – hatte doch die Türkei gegen Ende dieses Zeitraumes ein Leitungsnetz von insgesamt nur etwa 14–15 Kilometern.[41]

Ein anderes Thema wurde bald die »Vernachlässigung des Islam« seitens der an der Macht befindlichen Politiker. Damit war insofern ein wunder Punkt berührt, als tatsächlich von den Kemalisten kaum Anstrengungen ausgegangen waren, der Landbevölkerung die Veränderungen in der Türkei plausibel und akzeptabel zu machen. Von der Ausdehnung des Schulwesens hatten in erster Linie die Städte profitiert; auch die Medien, die sich langsam zu entfalten begonnen hatten, hatten die Landbevölkerung – schon wegen der unterentwickelten Infrastruktur – nicht erreicht. Auch waren ohnehin nur wenige des Lesens kundig. Das alte Gefälle von West nach Ost war nicht nur nicht abgebaut worden, sondern hatte sich

– zumindest geistig – eher noch verschärft. Jedenfalls lag jetzt auf der Hand – und dies sollte sich bald auswirken –, daß das Verhältnis von Islam und Gesellschaft in der Türkei nicht hatte dadurch gelöst werden können, daß man den Laizismus, ein der Masse der Menschen fremdes Prinzip, der Bevölkerung auferlegt hatte. Auch die Republikanische Volkspartei spürte das veränderte Klima. Noch bevor es zu einem Machtwechsel in Ankara kam, machte sie nun gleichfalls in religiösen Angelegenheiten Zugeständnisse. Damit setzte eine Bewegung ein, die als »Re-Islamisierung« der Türkei nach und nach wieder ein verändertes Gesicht geben sollte.

Die »liberale« Alternative?

Die Niederlage der Republikanischen Volkspartei war unvermeidlich geworden. Daß sie in den Wahlen vom 14. Mai 1950 so dramatisch ausfiel, daß es geradezu eine vernichtende Niederlage sein würde, war kaum vorauszusehen gewesen. 80 Prozent der Wähler gingen diesmal zu den Urnen; die Wahlen verliefen frei von Manipulation und Betrug. Von den 477 Sitzen der Großen Türkischen Nationalversammlung konnte die Republikanische Volkspartei nur 69 gewinnen. Die restlichen Sitze – mit Ausnahme der zehn, die meist an Unabhängige gingen – errang die Demokratische Partei.

Wieder fällt auf, wie ruhig sich der Übergang vollzog. Als besäßen die Türken jahrzehntelange Erfahrung mit der Demokratie, wurden Celâl Bayar zum Präsidenten und Adnan Menderes zum Ministerpräsidenten gewählt. Für Ismet Inönü wurde es eine weitere Stunde der politischen Bewährung. Er war nicht nur der Gefährte Atatürks und dessen Nachfolger als Staatspräsident gewesen. Seine Aura als »Pascha«, als General, umgab ihn nach wie vor. Und es war die Armee – und dies ist bis heute so geblieben –, die sich dem Erbe Atatürks verschrieben hatte. Waren nicht die »Demokraten« dabei, dieses Erbe des Staatsgründers zu verspielen? Nicht nur, daß sie die Religion wieder ins Bild brachten, die Atatürk rigoros von der politischen Bildfläche entfernt hatte (daran hatte sich auch die Republikanische Volkspartei während der letzten Jahre beteiligt). Indem sie nun Ismet Pascha von der Staatsspitze verdrängten, schienen sie sich auch an einem Idol des Militärs zu vergreifen. Eine der ersten Entscheidungen des neugewählten Parlaments war die Wahl Celâl Bayars zum Präsidenten der Republik.

Für die Armee war es schwierig, diese Veränderung untätig hinzunehmen. Sollte man nicht das Rad der Geschichte wieder zurückdrehen? Obwohl die Einzelheiten nicht ganz klar sind, scheint es Elemente im Militär gegeben zu haben, die Inönü anboten, zu putschen und die Wahlen zu annullieren. Der »zweite Mann« lehnte ab. Nach 14 Jahren als Ministerpräsident und 12 Jahren als Präsident würde er sich jetzt an die Rolle des Oppositionsführers gewöhnen müssen. So markiert die Wahl von 1950 eine denkwürdige Entwicklung in der Türkei. Die türkische Demokratie schien unter günstigen Vorzeichen geboren. Zugleich aber traten Kräfte und Geister wieder hervor, die Atatürk entschlossen in die Flasche gesteckt hatte. Wenn der Geist des Islam nun wieder herausgelassen würde, wäre er wohl zu kontrollieren? Die jüngsten Entwicklungen im Lande haben die Brisanz dieser Frage zugespitzt.

Die Machtübernahme durch die Demokratische Partei bedeutete ein neues Phänomen in der Geschichte der Türkischen Republik. Zum ersten Mal beruhte die Herrschaft einer Partei auf einer wirklich breiten Basis; zum ersten Mal hatte diese die Möglichkeit gehabt, sich frei und ungehindert zu artikulieren. Doch die Anhängermassen der Partei hatten zugleich auch einen Bezugspunkt in Gestalt einer Persönlichkeit. Tatsächlich werden die fünfziger Jahre durch die charismatische Gestalt des DP-Chefs und türkischen Ministerpräsidenten Adnan Menderes dominiert. Der 1889 Geborene entstammte einer Großgrundbesitzerfamilie aus Aydın. 1919 schloß er sich der anatolischen Guerilla-Bewegung an. Die politische Bühne betrat er 1930 – und das ist signifikant für seine politische Laufbahn – als örtlicher Parteichef von Fethi Okyars Freier Republikanischer Partei; jener Partei also, die schon zwei Jahrzehnte zuvor im Handumdrehen eine beachtliche Popularität gewonnen hatte und gerade deswegen bald wieder verboten worden war. Erst 1931 wurde er Mitglied der Republikanischen Volkspartei.

Auf der anderen Seite macht der politische Niedergang von Menderes Probleme deutlich, die die türkische Demokratie auch in den folgenden Jahrzehnten immer wieder behindern sollten. Wenn das demokratische System stets von neuem unter inneren Druck geriet, so hat das natürlich zahlreiche Ursachen, von der »politischen

Kultur«, das heißt den Traditionen im weitesten Sinne, die in Politik und Gesellschaft noch wirkten, bis zu dem gesellschaftlichen und wirtschaftlichen Wandel, der sich unter Menderes beschleunigte und seit den sechziger Jahren teilweise überstürzte. Die einsetzende Bevölkerungsexplosion, die Bevölkerungsverschiebung vom Land in die Stadt und von Ost nach West, die voranschreitende Verländlichung, aber auch die Proletarisierung der Städte und die wachsende Einbindung der Türkei in den Weltmarkt ließen politische Belastungen für ein Land entstehen, das unterentwickelt, relativ bevölkerungsarm und, im Schatten von Weltpolitik und Weltwirtschaft gelegen, von einer zentralen Schaltstelle aus relativ leicht zu kontrollieren gewesen war. Die zehnjährige Herrschaft der De-

8 Adnan Menderes

mokratischen Partei ist ein Beispiel für das prekäre Verhältnis zwischen der jeweils regierenden Partei zu anderen gesellschaftlichen und politischen Gruppen innerhalb des durch die Verfassung vorgegebenen Rahmens.

Der Machtapparat der Regierungspartei steht an der Spitze »des Staates« *(Devlet)*. Der Staat aber ist eine allgewaltige Einrichtung, eine Wertordnung an sich, der Gesellschaft und ihren Mitgliedern übergeordnet. Ein Gutteil der islamischen Auffassung vom Staat als dem Vollzugsorgan des Göttlichen auf Erden wird dahinter sichtbar. So stehen im politischen Denken und Handeln des Türken das Kollektiv, die Nation und ihre politische Organisation, der Staat, noch immer über dem einzelnen und seinen Rechten. Der Staat – das war die osmanische Herrschaft, »der Staat« wurde später durch die Kemalisten gerettet und durch die Republikanische Volkspartei regiert. Dieser »Staat« war nunmehr der DP in die Hände gelegt.[42]

Vor dem Hintergrund dieser Einstellung haben sich Regierungsparteien bis heute mit der jeweiligen politischen Opposition schwer getan. Wer »den Staat« verwaltet, hat viele Ressourcen zu gewinnen und zu verteilen; er teilt sie ungern. Opposition ist nicht so sehr ein in der Demokratie notwendiges Korrektiv als vielmehr ein unwillkommener Widersacher; die Abgabe der Macht ist nicht ein selbstverständlicher Teil des demokratischen Prozesses, sondern ein herber Rückschlag. Hinzu kam, daß es eine Tradition der politischen und gesellschaftlichen Wechselbeziehung zwischen den Machthabern und denen, die von ihnen beherrscht wurden, nicht gab. Auf die tiefe Kluft zwischen »Zentrum« und »Peripherie« unter der osmanischen Herrschaft wird gleich noch einzugehen sein. Auch die CHP hatte keinerlei Anstrengungen unternommen, sie zu überwinden. Die Dialog- und Kompromißfähigkeit türkischer Parteien läßt selbst heute noch zu wünschen übrig. Die Folge davon war, daß in den sechziger Jahren »politische« Auseinandersetzungen in gewalttätige Ausschreitungen umschlugen.

Mißtrauisch gegenüber der Opposition, die naturgemäß in der Verwaltung, der Intelligenz und dem Militär starke Stützen hatte, wurde Adnan Menderes jedoch nicht zuletzt auf Grund der zunächst vorzeigbaren wirtschaftlichen Erfolge – gerade im Bereich der Landwirtschaft – durch eine Welle der Zustimmung vor allem von seiten einer ländlichen Bevölkerung getragen, die bislang von der regierenden CHP weitgehend ignoriert worden war. Billige Kredite und – künstlich – hohe Preise für landwirtschaftliche Produkte steigerten die Einkommen der Landwirte; die technische Modernisierung machte die Ausdehnung der landwirtschaftlich nutzbaren Fläche möglich. Die Infrastruktur verbesserte sich mit den Jahren sichtlich und spürbar.

So fiel das Ergebnis der Wahlen vom 2. Mai 1954 noch eindeutiger als das der vorangegangenen aus. Die DP weitete ihren Anteil der Stimmen (von 53,6) auf 58,4 Prozent aus, während die CHP von 39,9 auf 35,1 Prozent zurückfiel. Das Sitzverhältnis im Parlament lag jetzt bei 503 zu 31.

Die Wahlen markieren den Höhepunkt der Popularität der DP. Es rächte sich jetzt, daß die Regierung auf kurzfristige Erfolge gesetzt und eine langfristige und geplante wirtschaftliche Umgestaltung vernachlässigt hatte. Zu vieles hatte zur selben Zeit gemacht werden sollen. Ein wachsendes Handelsbilanzdefizit war die Folge; es lag 1954 um ein Achtfaches über dem von 1950. Massive Anleihen bei der Zentralbank ließen die Inflation in die Höhe schnellen. Projekte, die aus politischen Motiven angegangen worden waren, schlugen fehl. Am Ende sah die Bilanz für den Bürger gemischt aus: Zwar konnte die Landwirtschaft modernisiert und konnten die Grundlagen für den Industrialisierungsprozeß des Landes gelegt werden. Auf der anderen Seite der Bilanz aber standen riesige Staatsdefizite, Schulden, Inflation und ein blühender Schwarzmarkt.

Das politische Klima war durch die Jahre gespannt geblieben. Insbesondere bestimmte das Mißtrauen gegenüber Ismet Inönü, dessen großen Einfluß namentlich bei der Armee man kannte, anhaltend die Beziehungen zwischen Regierung und Opposition. Im Dezember 1953 beschloß das von der DP dominierte Parlament die Einziehung der materiellen Vermögenswerte der Republikanischen Volkspartei und überschrieb sie der Staatskasse.

Das Wahlergebnis vom 27. Oktober 1957 war der Beweis für den politischen Abstieg der Demokratischen Partei. Trotz unübersehbarer Manipulation verlor die Regierungspartei die absolute Mehrheit der Stimmen, blieb aber mit 424 Sitzen die mit Abstand stärkste Partei. Immerhin steigerte sich die CHP auf 178 Sitze. Die Opposition witterte Morgenluft; Menderes seinerseits versuchte sie mehr oder minder offen auszuschalten. Mit gesetzlichen Maßnahmen sollten

Angehörige und Sympathisanten der Opposition aus öffentlichen Ämtern gedrängt werden. Die Kontrolle über die Universitäten und das Rechtswesen wurde verschärft, die Pressefreiheit eingeschränkt.

Der erste Schlag gegen die Regierung der DP kam nicht von der Opposition oder vom Militär; er kam aus den eigenen Reihen. Im Dezember 1955 spaltete sich unter Führung von Fevzi Lûtfi Karaosmanoğlu die Freiheitspartei *(Hürriyet Partisi, HP)* ab; sie wurde schlagartig zur stärksten Oppositionspartei. Hinter ihr standen Wirtschaftskreise, die eine stärkere Wirtschaftsplanung forderten, die Menderes nicht leisten wollte oder konnte.

Über den Putsch des Militärs vom 27. Mai 1960 wird im Kapitel über die türkische Armee mehr zu sagen sein. Erste Anzeichen dafür, daß die Dinge zwischen Regierung und Armee nicht zum besten standen, hatte es schon im Januar 1958 gegeben: Neun Offiziere waren unter dem Vorwurf der Verschwörung gegen die Regierung festgenommen worden. Die Ereignisse spitzten sich zu, als diese im April 1960 Anstalten machte, die Opposition vollständig zu unterdrücken. Gegen die Unruhen, vornehmlich seitens der Studenten in Istanbul und Ankara, wurde die Armee eingesetzt; ein Student wurde getötet.

In einem Klima extremer Polarisierung und offener politischer Unruhe setzte die Armee am 27. Mai 1960 der Ära Menderes durch einen Putsch ein Ende. Sie hatte sich nie mit der Herrschaft von Menderes anfreunden können – und dies, obwohl der Ministerpräsident das Land 1952 in die NATO geführt hatte. So hat der Putsch von 1960 auch etwas von der Restauration einer Ordnung an sich, in der die staatliche Elite und die Armee ein gemeinsames Erbe zu verwalten hatten. Die traditionelle Führungskaste hatte sich noch einmal gegen stärker mit dem Volk verbundene Kräfte durchgesetzt. Der Putsch beendete eine Ära der türkischen Demokratie, die zunächst verheißungsvoll begonnen hatte; auf der anderen Seite war er der Vorbote einer neuen soziopolitischen Ordnung, die – wieder einmal – durch eine von oben verordnete Verfassung vorgezeichnet werden sollte.

Alle Mitglieder der Regierung wurden verhaftet, einschließlich Ministerpräsident Menderes' und Präsident Bayars. Die DP wurde verboten. Der Massenprozeß, der 1961 in einem schwer bewachten Gefängnis auf einer Insel im Marmarameer stattfand, ist bis heute umstritten. Am Ende wurden zahlreiche Freiheitsstrafen und vier Todesurteile ausgesprochen, auch gegen Menderes und Bayar. Letzteren rettete sein Alter vor dem Tode. Für die anderen kamen aus dem Ausland Gnadengesuche; auch Inönü schloß sich ihnen an. Vergeblich – am 17. September 1961 wurde Menderes gehängt, einen Tag nach den beiden anderen Verurteilten.

Trotz seines ruhmlosen Endes bewahrten weite Teile der türkischen Öffentlichkeit Adnan Menderes ein Andenken, das über seine politische Leistung hinausging. Namentlich die Bevölkerung Anatoliens sah in ihm einen Staatsmann, der sich ihrer angenommen hatte. Der vernachlässigten Bevölkerung wurde unter ihm größere Aufmerksamkeit zuteil; und dem Bedürfnis nach offener Praktizierung des Islam und nach öffentlichem Respekt für die Religion wurde zum ersten Mal seit langem wieder Rechnung getragen.

Atatürk hatte zunächst die anatolische Bevölkerung noch im Zeichen der islamisch-osmanischen Ordnung mobilisieren können. Ein Gutteil des Erfolges des Befreiungskrieges hatte eben darin gelegen, daß Mustafa Kemal die Menschen als Muslime anzusprechen verstand. Nicht umsonst zögerte er lange, das Kalifat abzuschaffen, welches diesen öffentlichen Respekt der islamischen Religion noch so sichtbar manifestierte. Mit dessen Abschaffung hatte seine Politik zeitweise islamfeindliche Züge bekommen. Damit begann sich ein Graben in der Bevölkerung des Landes aufzutun. Zwar hatte er seine Hauptstadt von Istanbul, der kosmopolitischen »westlichen« Stadt, nach Ankara, dem provinziellen, aber anatolischen Nest, verlegt. Am Zentralismus freilich und an der Machtausübung »von oben«, wie sie jahrhundertelang die Herrschaft des Sultans und seines Hofes charakterisiert hatte, hatte sich nichts verändert. An die Stelle des Sultans, des Hofes mit seinen zivilen, militärischen und religiösen Funktionen, war praktisch die zentralistische Machtausübung der kemalistischen Elite getreten. Der Islam war in der Öffentlichkeit zur Bedeutungslosigkeit verbannt worden.

Menderes schien da anfangs einen neuen Typ zu verkörpern. Selbst anatolischem Milieu entspringend, war der Populist der Seele des Anatoliers näher. Daß er die Grenzen der politischen Kultur der Türkei allerdings nicht überspringen konnte, zeigte sich, als sein Populismus mit den wachsenden wirtschaftlichen Schwierigkeiten Kratzer bekam. Eine Opposition zu akzeptieren, um am Ende nach den Spielregeln der Demokratie abzutreten, das war auch seine Sache nicht. Gleichwohl bleibt Menderes bei vielen Türken aller Bevölkerungsschichten unvergessen. Ein anderer – noch stärker islamisierender – Populist, Turgut Özal, der 1983 Ministerpräsident und 1989 Präsident wurde, hat die sterblichen Überreste von Menderes (und seinen beiden mit ihm zusammen hingerichteten Ministern) im September 1990 nach Istanbul überführen und ihnen dort ein Mausoleum errichten lassen. Im April 1993 wurde er neben Menderes bestattet.

Elitenwandel

Mit der Demokratischen Partei hatte sich sichtbar ein Elitenwandel in der türkischen Politik vollzogen. Dies wird etwa deutlich, wenn man einige soziale Charakteristika der DP-Abgeordneten betrachtet. Die Unterschiede zu jenen der kemalistischen Epoche sind auffallend: die Abgeordneten der DP waren im Durchschnitt jünger, und sie waren stärker in ihren Wahlkreisen verwurzelt. Es hatten nicht mehr so viele eine Hochschulbildung, dafür kamen mehr aus dem Geschäftsleben. Der auffallendste Unterschied gegenüber der Republikanischen Volkspartei war der Umstand, daß praktisch keiner der Abgeordneten in der Verwaltung oder im Militär Karriere gemacht hatte.

Die revolutionären Umbrüche nach 1918 und die radikale Umgestaltung des osmanischen Vielvölkerstaates zum territorialen Nationalstaat der Türken mußten naturgemäß auch eine tiefgreifende gesellschaftliche Umgestaltung mit sich bringen. Das betraf zuallererst die Elite selbst. Im Osmanischen Reich stand der Sultan an der Spitze der Gesellschaftspyramide zusammen mit seiner Familie, gefolgt von der Bürokratie und einer differenzierten höfischen Hierarchie, den obersten militärischen Führern und der Geistlichkeit. Das kosmopolitische Istanbul war das Zentrum des Reiches. Hier lebten Türken zusammen mit Christen, vornehmlich Griechen und Armeniern. Aber auch Juden waren hierhergezogen, nachdem der Sultan den Juden Zuflucht in seinem Reich gewährt hatte, als sie 1492 aus Spanien vertrieben worden waren. Seit Jahrhunderten hatten sich in der Stadt auch Christen aus vielen Teilen Europas niedergelassen, vornehmlich Diplomaten und Geschäftsleute. Sie waren zwar nicht Untertanen des Sultans, prägten aber in hohem Maße das kulturelle Kolorit Istanbuls mit. Der Hof und seine Umgebung waren der Mittelpunkt des kulturellen Lebens. Von der Kleidung bis zum Stil der Hochsprache wurde hier alles geprägt, was unter den Untertanen Achtung genoß.

Diesem Zentrum des Reiches schlechthin standen die beherrschten und verwalteten Gebiete außerhalb der Hauptstadt gegenüber. Sie waren gleichsam die Peripherie; an den Entscheidungen, die die Geschicke des Reiches bestimmten, hatten sie keinen Anteil. Wechselbeziehungen im Sinne von Mitbestimmung oder Interessenwahrnehmung zwischen der »Peripherie« und dem »Zentrum« gab es nicht. Der Aufstieg in die Elite erfolgte ausschließlich über die Bestallung durch die Hauptstadt. Da, im Prinzip jedenfalls, Ämter, Würden, Pfründen und Lehen nicht erblich waren, boten sich innerhalb der politischen und gesellschaftlichen Hierarchie beachtliche Aufstiegschancen.

Eine »bürgerliche« Gesellschaft im europäischen Sinne hatte sich vom 19. Jahrhundert bis zum Ende des Reiches allenfalls im Ansatz gebildet. Dazu fehlte auch die wirtschaftliche Grundlage, da der Handel und die ohnehin nur schwach entwickelte industrielle Produktion überwiegend in den Händen von Nicht-Türken, hauptsächlich Griechen, Armeniern und Juden, lagen.

Das Ende des Hauses Osman nach mehr als 600 Jahren Herrschaft bedeutete auch das Ende dieser solide gefügten alten Zeit, die im wesentlichen noch mittelalterlich und nur zum Teil vom Europa des 19. Jahrhunderts geprägt war. Wie die Türkische Republik das Gegenbild des osmanischen Staates mit seinen vielen Völkern und Kulturen darstellte, so war Ankara, das 1923 zur Hauptstadt gemacht wurde, ein überaus krasses Gegenstück zu Istanbul. Der Kontrast zwischen dem kosmopolitischen Istanbul mit seinen herausragenden Kulturdenkmälern, die Epochen und Kunststile aus mehr als anderthalb Jahrtausenden widerspiegelten, sowie seiner Lage an den Wassern von Bosporus und Dardanellen und der verstaubten Kleinstadt inmitten der Steppen Anatoliens hätte nicht größer sein können.

Die Führung ging nunmehr auf jene Kräfte über, die sich dem kemalistischen Entwicklungsweg verschrieben hatten und die Türken auf diese Weise ins 20. Jahrhundert zu führen suchten. Dies waren im wesentlichen ehemalige Offiziere, Angehörige der freien Berufe, Intellektuelle und lokale Größen. Letztere fühlten sich zwar den Kemalisten in Ankara politisch verbunden, unternahmen jedoch ihrerseits kaum Anstrengungen, die Masse der ländlichen Bevölkerung, die tief in den herkömmlichen Werten und Gesellschaftsvorstellungen verharrte, zu erreichen. Bewußt machten die Kemalisten das Erziehungswesen zum wichtigsten Instrument einer »Umerziehung« des Volkes im Sinne der neuen Ideen. Damit verbreitete sich die türkische Elite räumlich; doch blieb sie geistig von den ländlichen Massen so weit entfernt, wie es seit eh und je die »Peripherie« vom »Zentrum« gewesen war.

Nun sollte – mit dem Übergang zum Mehrparteiensystem – abermals eine Wandlung in der Qualität der türkischen Elite eintreten. Die Demokratische Partei hatte der privaten Wirtschaft größeren Raum gegeben (ohne freilich damit der türkischen Staatswirtschaft einen spürbaren Schlag zu versetzen). Diese Liberalisierung ließ Ansätze einer »Verbürgerlichung« in der Türkei entstehen. Gleichwohl traten dabei aber Elemente traditioneller Wertvorstellungen, hergebrachter kultureller Ausdrucksformen und religiöser Sinngebungen wieder zutage. Die religiöse und religiös-kulturelle Tradition, von der die Kemalisten die neue Türkei und die »neuen Türken« so radikal wie möglich zu trennen versucht hatten, um sie einer neuen Westorientierung zu verpflichten, feierte eine sichtbare Renaissance. Die neue Elite war zwar aus der kemalistischen Bewegung hervorgegangen; ja sie selbst machten nicht wirklich Anstalten, die Grundelemente des Kemalismus (so auch den Laizismus) ernsthaft zu unterminieren. Aber sie hatten ihre Fühler näher am Volk, und so begannen sie, das kemalistische Entwicklungskonzept einer durch kulturelle und religiöse Traditionen noch immer geprägten Gesellschaft anzupassen. Diese Auseinandersetzung zwischen einer »Staatselite«, die die Schlüsselpositionen in der Verwaltung und unter den Intellektuellen behauptete und ihren letzten Rückhalt in der Armee hatte, und einer »bürgerlichen Elite«, die ein Konzept der Modernisierung zu verwirklichen suchte, das sich wieder öffnete für Geschichte, Kultur und Religion der Türken, sollte die türkische Geschichte seit 1945 wie ein roter Faden durchziehen. Sie ist nach wie vor nicht entschieden.

Diese Auseinandersetzung läßt sich personifizieren. Man erkennt sie wieder in der politischen Rivalität zwischen Ismet Inönü und Adnan Menderes sowie seit Mitte der sechziger Jahre zwischen dem »Sozialdemokraten« Bülent Ecevit und dem »Populisten« Süleyman Demirel. Ab den sechziger Jahren kleidete sich die Auseinandersetzung in ideologische Begriffe. Einer am Sozialismus orientierten Republikanischen Volkspartei und ihrer sozialistischen Kemalismus-Interpretation stand die den wirtschaftlichen Liberalismus verteidigende Gerechtigkeitspartei *(Adalet Partisi, AP)* als Nachfolgerin der Demokratischen Partei gegenüber. Auch der im April 1993 verstorbene Präsident Turgut Özal war so ein gespaltener »Kemalist«, der sich auf der einen Seite – wie der »Vater der Türken« – auf die Aufholjagd mit Europa einließ, auf der anderen aber die moderne Türkei stärker als je zuvor wieder in Tradition und Religion zu verankern suchte.

So hat man zutreffend von einer »Anatolisierung« der türkischen Elite gesprochen: Während die Gründer und politischen Führer der jungen Republik durchweg den Städten des westlichen Landesteiles (wenn nicht sogar – wie Atatürk – den europäischen Teilen des Reiches außerhalb der heutigen Landesgrenzen) entstammten (Inönü beispielsweise wurde in Izmir geboren), kommen zahlreiche Vertreter der neuen Elite aus Anatolien: Demirel aus Isparta und Turgut Özal aus Malatya.

Atatürk hatte sich geweigert, gesellschaftliche Verwerfungslinien in der türkischen »Nation« in der Weise zu akzeptieren, daß daraus Belastungen und Spannungen für die Richtung des Entwicklungsweges der Türkei hätten entstehen können. Er hatte dies im Prinzip des »Populismus« zum Ausdruck zu bringen gesucht und in der Republikanischen Partei ein Instrument gesehen, das gesamte Volk aus dem osmanischen Mittelalter in die europäische Modernität zu führen. Mit dem Übergang zum Mehrparteiensystem wurde nun mit einemmal deutlich, wie tief die Trennlinien in der türkischen Gesellschaft tatsächlich waren. Der Graben zwischen der Führungselite des Landes und der Masse, insbesondere der Menschen auf dem Lande, war nicht nur nicht überwunden, sondern hatte sich eher noch vertieft.

Das anatolische Dorf *(Köy)* war eine Welt für sich geblieben; dies gilt für den materiellen Entwicklungsstand ebenso wie für die tiefe Verhaftung in den religiösen und kulturellen Traditionen. Und so wird es kaum ein literaturgeschichtlicher Zufall sein, daß dieses Köy von einer sozialkritischen Literatur geradezu entdeckt wurde. Das Büchlein »Bizim Köy« (»Unser Dorf«) schlug 1950 wie eine Bombe unter einer ganzen Reihe von Darstellungen ein, die als »Dorfliteratur« bald eine eigene literarische Kategorie bildeten. Mahmut Makal, der Autor, beschreibt die desolaten Lebensbedingungen der Menschen auf dem Lande, die damals noch über 80 Prozent der Gesamtbevölkerung ausmachten. Eher ein Tatsachenbericht als ein literarisches Kunstwerk, legte der Dorfschullehrer aus Zentralanatolien schonungslos offen, wie sehr der besitzlose anatolische Kleinbauer auch ein Vierteljahrhundert nach Einführung der Republik noch Stiefkind der Nation war. »In unseren Städten kennt man die Petroleumlampe als primitives Gerät der Vergangenheit. Aber in unseren Dörfern ist sie, als Bote der Zivilisation, noch nicht einmal eingezogen...«[43] Auch Yaşar Kemal, seit Jahrzehnten

9 Straßenszene vor einem Kaffeehaus in einem kleinen Ort des südöstlichen Anatolien

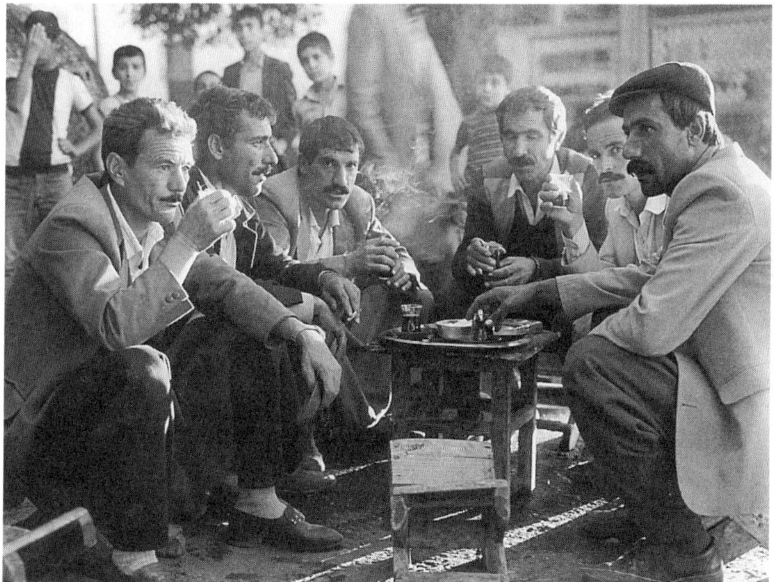

in Deutschland der bekannteste türkische Schriftsteller der Gegenwart, dessen berühmtester Roman »Ince Memed« 1955 (»Memed, mein Falke«, dt. 1960) herauskam, entspringt dieser Strömung, die sich der ungeschminkten Offenlegung einer bis dahin schamhaft verschwiegenen Wirklichkeit der Türkei verschrieben hatte.

Doch auch die Elite war gespalten; das sollte sich zeigen, als gegen Ende der Menderes-Ära die unüberbrückbaren Gegensätze zur Opposition schließlich zur ersten Militärintervention in der Nachkriegsgeschichte der Türkei führten. In den siebziger Jahren vertieften sich diese Spaltungen noch und mündeten gegen Ende des Jahrzehnts in bürgerkriegsähnliche Auseinandersetzungen. Mitte der neunziger Jahre sucht ein wachsender Teil der Türken Zuflucht im Lager der fundamentalistischen Wohlfahrtspartei, die eine radikale Alternative zum kemalistischen Weg verheißt.

Das Leben der Bevölkerung auf dem Lande war in jener Zeit weitgehend bestimmt durch ihre Zugehörigkeit zu Stammesverbänden, Familienclans oder Großfamilien. Der Großgrundbesitzer, *Agha*, war der Repräsentant traditioneller feudaler Besitzverhält-

10 »Memed, mein Falke«, berühmtester Roman des bedeutenden türkischen Autors Yaşar Kemal

nisse. Auch im politischen Leben bestimmten die Familienhierarchien und der Agha die Entscheidungen. Das galt und gilt bis hin zu Wahlentscheidungen.

Für viele junge Türken war der Wehrdienst die einzige Gelegenheit, den engen lokalen Kreis einmal zu verlassen und mit dem modernen Staat in Berührung zu gelangen. Der Dienst in der Armee konnte (und kann) deshalb nicht nur unter dem Aspekt der Landesverteidigung gesehen werden. Vielmehr kam und kommt ihm – nicht zuletzt durch die dort vermittelte Schulbildung – gerade im Hinblick auf die gesellschaftliche Integration der Türken ein nicht unbeträchtlicher Stellenwert zu.

Der Arm der Zentralregierung war auf dem Lande in vielen Fällen weit entfernt. Konflikte wurden – und werden vielfach noch – auf traditionelle Weise geregelt, zum Beispiel durch Blutrache. Auch die traditionelle Mehrehe, seit der Einführung des Schweizerischen Zivilgesetzes durch Atatürk abgeschafft, war verbreitete Praxis und wird noch immer praktiziert. Die Ehe wird vom Geistlichen, dem *Imam*, geschlossen, ohne Einschaltung des staatlichen Standesamtes. Im Abstand von weniger als zehn Jahren sah sich der türkische Staat immer wieder gezwungen, solche »Imam-Ehen« im nachhinein zu legalisieren, da deren Abkömmlinge ohne eine solche nachträgliche »Absegnung« der Ehe illegitim wären, das heißt ihnen zum Beispiel Nachteile bei der Erbschaft erwachsen würden.

Vor diesem Hintergrund konnte der Eingriff des Militärs in die türkische Politik im Mai 1960 nur ein relativ oberflächlicher Einschnitt sein. Der rasche gesellschaftliche, wirtschaftliche, kulturelle und politische Wandel im Land sollte weitergehen. Überhaupt sind die Interventionen des Militärs, wie sie nach 1960 noch zweimal erfolgten, eher Notbremsen gewesen. Neue innere Festigkeit im Sinne des kemalistischen Verständnisses von gesellschaftlicher Kohäsion konnten sie dem politischen Leben des Landes nicht vermitteln.

Auf dem Weg zur Pluralität

Am Morgen des 27. Mai 1960 wurde die türkische Bevölkerung über die neue Lage unterrichtet. Verlesen wurde die Botschaft von Oberst Alparslan Türkeş, der hier zum ersten Mal vor die türkische Öffentlichkeit trat. Seither hat er in der türkischen Politik – durchweg mehr hinter als vor den Kulissen – eine wesentliche, wenn auch stets umstrittene Rolle gespielt.

Umgehend aber beauftragte das Komitee der Nationalen Einheit, in dessen Händen de facto die Macht lag, eine Gruppe von Rechtsprofessoren, die Ausarbeitung einer neuen Verfassung vorzubereiten. Über die Macht- und Richtungskämpfe innerhalb des Komitees wird später etwas zu sagen sein. Was die Verfassung betrifft, so zogen sich die Diskussionen länger hin als zunächst angenommen. Wie sollte sie beschaffen sein? Sollten die Politiker durch detaillierte Festlegungen an eine kurze Leine gelegt werden? Oder sollte man ihnen breiten Raum einräumen, das System auszugestalten? An-

11 Alparslan Türkeş

fang Januar 1961 konstituierte sich die Verfassunggebende Versammlung; ihr »Oberhaus« bildete das Komitee, ihr »Unterhaus« setzte sich aus 272 Abgeordneten der nach den Verboten noch übriggebliebenen politischen Parteien zusammen.

Die neue Verfassung unterschied sich erheblich von jener des Jahres 1924. Man glaubte, den Schuldigen gefunden zu haben; es war die Machtfülle der Regierung, die den Mißbrauch seitens der Regierungspartei, in diesem Falle von Adnan Menderes, geradezu provoziert hatte. So wurde die neue Verfassung ein liberales Dokument, das der regierenden Partei bei ihrer Machtausübung zahlreiche Kontrollen und Gegenkräfte gegenüberstellte. Diese bestanden etwa in einer Zweiten Kammer *(Senato)* und einem unabhängigen Verfassungsgericht. Dem Rechtswesen, den Medien und den Universitäten wurde volle Autonomie eingeräumt.

Am Ende war die Verfassung eine weitgehende Kopie westlicher Vorbilder. Nicht zu Unrecht hat man von der Zeit ab 1961 als der »Zweiten Republik« gesprochen. Es sollte freilich nicht lange dauern, und sie erwies sich als geradezu abgehoben vom politischen und gesellschaftlichen Entwicklungsstand einer Türkei, die in weiten Bereichen noch alle Züge der Unterentwicklung aufwies, und türkischer Politiker, die mit einem so ausgeklügelten System von *Checks and balances* nicht umzugehen wußten.

So sollte einer Einrichtung der Verfassung bald wachsende Bedeutung zukommen: dem Nationalen Sicherheitsrat *(Millî güvenlik kurulu)*. Unter dem Vorsitz des Präsidenten (bzw. Ministerpräsidenten) sollte er die Regierung in Fragen der inneren und äußeren Sicherheit beraten. Angehören würden ihm neben den jeweils zuständigen Ministern der Generalstabschef sowie die Oberkommandierenden der Teilstreitkräfte. Ausgestattet mit einem eigenen Sekretariat, nahm der Nationale Sicherheitsrat in den folgenden Jahrzehnten einen erheblichen Einfluß auf die türkische Politik. Bis in die Gegenwart hinein, da er vor allem die Kurden-»Politik« dominiert, wurde er ein machtvoller »Wachhund«, der nicht selten das Kabinett als Zentrum der Regierungsgewalt verdrängte.

Wenn, wie vom Komitee behauptet, die Demokratische Partei an den politischen Fehlentwicklungen, die zur Intervention des Militärs geführt hatten, schuld war – und das war durch die Hinrichtung von Adnan Menderes »belegt« –, dann war es nur gerechtfertigt, ihren Namen zu verbieten. Man konnte freilich nicht verhindern, daß umgehend eine neue Partei entstand, die nur wenig Hehl daraus machte, Nachfolgerin der verbotenen zu sein. Sie nannte sich Gerechtigkeitspartei *(Adalet Partisi, AP)*, und schon bald (ab 1964) begann der Mann in ihr die führende Rolle zu spielen, der bis in die Gegenwart die Geschicke der Türkei mitbestimmen sollte: Süleyman Demirel.

Daß das etwa einjährige militärische Intermezzo an der politischen Großwetterlage nichts Wesentliches geändert hatte, zeigte sich schon beim Referendum über die neue Verfassung. Zwar sprach sich die Mehrheit für deren Annahme aus (61,7 Prozent). Mit 38,3 Prozent war allerdings die Zahl derjenigen beachtlich hoch, die dagegen votierten. Nach der intensiven Propaganda für ihre Annahme im Vorfeld des Referendums wurde die hohe Zahl der Gegenstimmen als »Menderes-Effekt« und Absage an die Politik des Komitees (und damit des Militärs) gewertet.

Kaum hatten die Militärs zum Rückzug geblasen, erwies sich, daß das Zweiparteienstück der fünfziger Jahre nur ein Vorspiel für ein sehr viel komplizierteres politisches Drama gewesen war. Neben der Republikanischen Volkspartei (CHP) und der Gerechtigkeitspartei (AP) als Erbin der Demokratischen Partei begannen sich bald an den politischen Rändern der Linken und Rechten extremistische Parteien herauszubilden. Ihre Propaganda und Programme brachten weltanschauliche und politische Elemente in das politische Leben ein, die bis dahin nicht offen hatten in Erscheinung treten dürfen. Vielleicht noch nachhaltiger wirksam als das Gewicht der extremistischen Parteien selbst war ihr Einfluß auf außerparlamentarische Kräfte und Gruppierungen, die sich zunächst auf der Linken und seit der zweiten Hälfte der sechziger Jahre auch auf der Rechten formierten. Die Auseinandersetzungen zwischen ihnen verschärften sich ständig und nahmen – unterbrochen durch das neuerliche Eingreifen des Militärs (1971–73) – Ende der siebziger Jahre anarchische und bürgerkriegsähnliche Züge an.

Die Verfassung der Zweiten Republik und das türkische Strafgesetzbuch ließen eine Kommunistische Partei nicht zu; doch die Regierung stand der Gründung linker und fast unverhüllt kommunistischer Parteien und Gruppen kaum im Wege. 1961 konstituierte sich die Türkische Arbeiterpartei *(Türk Işçi Partisi, TIP)*. Nach außen hielt sich ihr Programm an die kemalistischen Grundsätze, doch bei näherem Hinsehen entpuppte es sich als eine marxistische Interpretation des »Kemalismus«. Immerhin konnte die Partei bei den Wahlen von 1965 mit 15 Abgeordneten ins Parlament einziehen. Bemerkenswert war, daß sie eine Zeitlang ziemlich deutlich kurdische Autonomiewünsche unterstützte. Nicht zuletzt dies war ein Grund dafür, daß die Partei 1971 verboten wurde. Nach ihrer Neugründung 1974 hat sie dann freilich kaum mehr Bedeutung erlangen können. Die extreme Linke spaltete sich in unzählige kleine und kleinste Grüppchen auf.

Verglichen mit der Geschichte der organisierten Linken reicht die Tradition der extremen Rechten weiter zurück, wenn sie auch ihre volle politische Wirksamkeit erst in der zweiten Hälfte der sechziger Jahre zu entfalten begann. Das linke Programm der Arbeiterpartei zwang die Rechte, sich ein klareres ideologisches Profil zu geben. Gegenüber der Linken stellte sie sich in den nächsten anderthalb Jahrzehnten geschlossener dar, obwohl sie in zwei Strömungen mit unterschiedlichen programmatischen Schwerpunkten auftrat. Die Partei der Nationalistischen Bewegung *(Milliyetçi Hareket Partisi, MHP)* vertrat einen türkisch-völkischen Nationalismus; die Nationale Heilspartei *(Millî Selamet Partisi, MSP)* einen islamischen Fundamentalismus, der auf die Wiedererrichtung einer »islamischen Ordnung« abzielte.

Wie mit den kommunistischen Gruppierungen auf der Linken, so waren mit den beiden extremistischen Parteien auf der Rechten neue Kräfte im politischen Leben der Türkei gegeben. Im Januar 1970 gründete Necmettin Erbakan die Partei der Nationalen Ordnung *(Millî Nizam Partisi, MNP)*. Der in Aachen im Fach Maschinenbau promovierte Ingenieur Erbakan war in religiösen Kreisen seit langem bekannt. Mit seiner neuen Partei schuf er gleichsam ein Sammelbecken für alle jene, denen die Politik Süleyman Demirels, der ab 1964 Vorsitzender der Gerechtigkeitspartei und seit 1965 Ministerpräsident war, nicht »islamisch« genug erschien. Die Partei wurde 1971 verboten, ein Jahr später aber, im Oktober 1972, unter anderem Namen, eben als Nationale Heilspartei, neu gegründet.

Die Heilspartei bedeutete eine neue Qualität der Islamisierung in der Innenpolitik. Daß der Islam eine Tastatur war, auf der die Politiker hatten spielen können, war ja schon mit dem Ende der Ein-

Parteien-Herrschaft vor 1950 deutlich geworden. Aber die Maßnahmen, die seit Menderes und der Demokratischen Partei getroffen worden waren, hatten weitgehend nur das äußere Erscheinungsbild des Landes berührt. Auf dem Lande begannen die Moscheen wie Pilze aus dem Boden zu sprießen. So sehr aber die Politik der Demokratischen Partei dem Willen Atatürks, die Religion gänzlich aus der Gesellschaft zu verbannen, widersprochen haben mag und so sehr Maßnahmen der »Re-Islamisierung« auch das Militär befremdeten – nirgendwann hatten Menderes oder Staatspräsident Bayar das Prinzip des Laizismus in Frage gestellt. Auch sie selbst hatten sich, wenn auch in einer verschwommenen Weise, als Kemalisten verstanden.

12 Necmettin Erbakan

Dies war nun mit der Heilspartei definitiv anders geworden. Die Partei strebte nach der Wiedereinführung des islamischen Gesetzes und damit nach der Restauration einer islamischen Ordnung. Ohne daß es irgendwo in dieser krassen Form schon in den sechziger oder siebziger Jahren gesagt worden wäre, ist die Heilspartei dennoch unübersehbar antikemalistisch gewesen.[44] Erst in den neunziger Jahren sollte dies dann auch vom einen oder anderen Mitglied der Partei, die nach dem Militärcoup von 1980 im Jahr 1983 als Wohlfahrtspartei *(Refah Partisi, RP)* wiedererstand, unverhohlen zum Ausdruck gebracht werden.

So hatte der Islam erneut Einzug in die türkische Politik gehalten. Sein Einfluß verstärkte sich in den nächsten Jahren, bis er Mitte der neunziger Jahre eine Kraft darstellt, ohne die türkische Politik nicht mehr verstanden werden kann.

Mit der Partei der Nationalistischen Bewegung (MHP) trat gleichfalls eine weitere politische Kraft in die Arena der türkischen Innenpolitik. Neben dem Kommunismus und dem islamischen Fundamentalismus organisierte sich ein radikaler türkischer Nationalismus mit bisweilen rassistischen Untertönen. Parteiführer Alparslan Türkeş, ein ehemaliger Oberst, war im Zusammenhang mit dem Militärputsch von 1960/61 zum erstenmal politisch aufgefallen. Profil zu gewinnen suchte die Partei, deren Anfänge in die Zeit vor 1960 zurückgehen, zunächst in einem vehementen, ja militanten Antikommunismus. Um die Türkei zu nationaler Größe zu erwecken, mußten die nationalen Energien der Türken mobilisiert werden; nur eine straffe Führung würde das zustande bringen können. Doch damit nicht genug. Türkeş war auf Zypern geboren und hatte am eigenen Leibe erfahren, was es heißt, Mitglied einer türkischen Minderheit und den Repressalien, Schikanen, ja tätlichen Übergriffen einer Mehrheit ausgesetzt zu sein. Nur eine starke Türkei würde die Türken, wo immer sie leben, schützen können. Ja, da der Türke – nach einem verbreiteten Sprichwort – außer dem Türken keinen Freund hat, würde türkische Politik darauf gerichtet sein müssen, die Türken in all ihren Wohngebieten zu vereinen. Eine »pantürkische« Perspektive tat sich auf.

Als Atatürk entschied, den neuen türkischen Staat im kleinasiatischen »Rechteck« zu errichten, hatte er sich nicht zuletzt von den schwärmerischen Zielen jener abgewendet, die in einem pantürkischen Verbund den politischen Raum für ein Wiedererwachen der Türken sehen wollten. Mit einer Persönlichkeit wie Alparslan Türkeş und der kleinen, aber straff organisierten Partei trat der Pantürkismus als politische Spielart erneut ins Rampenlicht.[45] Der Fall des sowjetischen Imperiums nun hat gegen Ende des Jahrhunderts dieser Ideologie, die aus dem Zerfall des Osmanischen Reiches einhundert Jahre zuvor hervorging, neue Attraktivität verliehen.

Das Auftreten der drei extremistischen Gruppierungen belastete von der zweiten Hälfte der sechziger Jahre an zunehmend die türkische Innenpolitik. Nicht nur bestand zwischen den Kommunisten und den Anhängern von Türkeş buchstäblich eine Todfeindschaft; daß es auch zwischen den Kommunisten und den Religiösen keinerlei gemeinsame Basis gab, braucht kaum erwähnt zu werden. Doch zwischen den Religiösen und den Nationalisten herrschten ebenfalls Spannungen. Denn die Vision des Alparslan Türkeş und seiner Gefolgschaft von »dem Türken« war bestimmt durch den Rückblick auf den Türken in den zentralasiatischen Steppen vor der – wie sie es damals noch sahen – Überfremdung durch den Islam. Von Anfang an war es nach ihrer Überzeugung die Absicht des »arabischen Islam« gewesen, das Türkentum seiner Kraft zu berauben. Nur eine Aussonderung des Islam, die Rückbesinnung auf das reine Türkentum Zentralasiens würde zu wirklicher Stärke führen. Erst nach 1970 konnte sich die Partei der Nationalistischen Bewegung darauf verstehen, den Islam als Element der türkischen Identität locker mit ihrem rassistischen Konzept zu verbinden.

Es waren nicht nur radikale Ideologien, die den scheinbaren kemalistischen Konsens zu zersetzen begannen; alle drei Gruppierungen hatten auch – jede auf ihre Weise – Vorbehalte gegenüber der Demokratie. So nimmt es nicht wunder, daß in der zweiten Hälfte der sechziger Jahre politische Militanz auf den extremen Flügeln des politischen Spektrums ausbrach. Organisierte linke Gruppen suchten den Konflikt mit den radikalen Nationalisten und umgekehrt. Die Auseinandersetzung wurde durch militante Gruppierungen auf die Straße getragen. Dabei taten sich insbesondere die »Grauen Wölfe«, eine Jugendorganisation der Partei der Nationalistischen Bewegung, hervor. Schon das Symbol des »grauen Wolfs« sagt viel über das Selbstverständnis und die politischen Ziele der Partei. Auf dieses Symbol des Lebens der Türken in der Steppe ist bereits hingewiesen worden, als über die zentralasiatische Herkunft der Türken gesprochen wurde.

Die Entwicklung der politischen, gesellschaftlichen und wirtschaftlichen Großwetterlage begünstigte schließlich das Auftreten militanter extremistischer Gruppen. Darauf, daß der Eingriff des Militärs zwar eine neue Verfassung, aber keine durchgreifende Veränderung der Kräftekonstellation im Lande bewirkt hatte, wurde schon im Zusammenhang mit dem Verfassungsreferendum im Jahr 1961 verwiesen. Der »Menderes-Faktor« war auch noch spürbar, als die türkischen Wähler wenige Monate später – am 15. Oktober (genau einen Monat nach der Hinrichtung von Menderes) – zu den Urnen gerufen wurden. Sehr zur Enttäuschung Inönüs reichte es für die Republikanische Volkspartei wieder nur zu 173 Sitzen (36,7 Prozent), unwesentlich mehr als die soeben neugegründete Gerechtigkeitspartei unter ihrem (Übergangs-)Vorsitzenden Ragip Gümüşpala, einem Ex-General, erzielte. Die kleineren Parteien wie die Partei der Neuen Türkei *(Yeni Türkiye Partisi, YTP)* und die Nationale Partei des Republikanischen Bauern *(Cumhuriyetçi Köylü Millet Partisi, CKMP)* – aus der später Türkeş's Partei der Nationalistischen Bewegung hervorging – erhielten beachtliche 13,9 bzw. 13,4 Prozent der Stimmen.

Auf Druck des Militärs übernahm Inönü das Amt des Regierungschefs – diesmal als Führer einer Koalition mit der Gerechtigkeitspartei. Es war eine fragile Konfiguration, die bald wieder zerfiel. 1962 und 1963 folgten Koalitionen ohne breitere Basis und ohne bemerkenswerte politische Wirksamkeit. Dieser politische Dämmerschlaf wurde erst mit den Wahlen vom Oktober 1965 beendet. Die Gerechtigkeitspartei, nun unter Süleyman Demirel, erhielt mit 52,9 Prozent die absolute Mehrheit der Stimmen. Die Republikanische Volkspartei blieb mit 28,7 Prozent abgeschlagen auf der Strecke, so auch die anderen Parteien, von denen keine über 7 Prozent hinauskam.

Demirel ist vielleicht nicht der in seinem Wirken wichtigste Staatsmann der Türkei geworden, wohl aber der ausdauerndste. 1993 – nach dem Tode von Turgut Özal – übernahm er 28 Jahre nach seinem ersten Wahlsieg das Amt des Staatspräsidenten. Der 1924 in einem anatolischen Dorf bei Isparta Geborene hatte sich ohne Hilfe hochgearbeitet und war zum Teil im Öffentlichen Dienst, zum Teil in der Privatwirtschaft tätig gewesen. Menderes hatte ihm die Verantwortung für den Bau von Staudämmen übertragen; nach 1960 hatte er für ein amerikanisches Unternehmen gearbeitet. Als Politiker besaß er wie Menderes die Gabe, das Ohr der Massen zu erreichen, eine Fähigkeit, die dem klassischen Typus des kemalistischen Politikers, so auch Inönü, abging. Noch 30 Jahre nach seinen ersten Erfolgen hat er sich diese Volkstümlichkeit in Habitus und Rede erhalten.

In der zweiten Hälfte der sechziger Jahre war die Gerechtigkeitspartei die bestimmende politische Kraft. Die Republikanische Volkspartei hatte 1965 eine innerparteiliche und programmatische Erneuerung eingeleitet und sich nach links zu öffnen versucht. Gleichwohl erhielt sie in den Wahlen von 1969 nur enttäuschende 27,4 Prozent

13 Süleyman Demirel

der Stimmen. Demirels Problem war also nicht die Opposition; es war vielmehr seine eigene Partei selbst. Diese bildete ein Konglomerat aus Industriellen, kleinen Händlern und Handwerkern, Bauern und Großgrundbesitzern, islamischen Traditionalisten und westorientierten Liberalen. Demirels Regierungs«kunst« bestand zu einem Gutteil im Taktieren und Lavieren sowie darin, zwischen diesen Schichten und Gruppen einen Ausgleich zu schaffen. Hinzu kam, daß ihm die neue Verfassung mit ihren Kontrollinstanzen und autonomen Einrichtungen (zum Beispiel Universitäten, Radio und Fernsehen) einen engeren Spielraum zur Machtausübung ließ, als ihn Menderes hatte. Zwar verlor die Gerechtigkeitspartei bei den Wahlen 1969 die absolute Mehrheit, hatte aber mit 46,0 Prozent gleichwohl weiterhin eine komfortable Mehrheit.

Die Sechziger waren Jahre eines raschen Wandels. Die Mobilität wuchs, gesellschaftlich wie physisch. Die Zahl der Universitätsabsolventen stieg rasch, ebenso das Industrieproletariat. Da ein linkes Auffangbecken – trotz der einsetzenden Linksöffnung der Republikanischen Volkspartei – in der politischen Mitte nicht vorhanden war, suchten diese neuen gesellschaftlichen Kräfte teilweise Zuflucht in radikaleren Gruppierungen, etwa in der Arbeiterpartei bzw. den Ende der sechziger Jahre entstehenden linksextremen Gruppen. Die Gerechtigkeitspartei demgegenüber war auf der Rechten verwundbar. Ihre Wählerbasis bestand in Bauern und Kleinhandwerkern, aber mit ihrer Politik verfolgte sie die Interessen der industriellen Bourgeoisie und der Großwirtschaft. Ihre frustrierten Wähler wurden so zunehmend Zielgruppen der islamischen und ultranationalistischen Parteien.

Es war die Linke, die mit gewalttätigen Aktionen begann und die politische Auseinandersetzung auf die Straße trug. Anläßlich amerikanischer Flottenbesuche im Juli 1968 und Februar 1969 kam es zu Zusammenstößen mit Polizei und Sicherheitskräften, mehrere Menschen starben. Es gab Bombenexplosionen, Banküberfälle und Entführungen. Außerdem sprangen die Studentenunruhen aus Westeuropa auf die Türkei über. Von Ende 1968 an jedoch reagierte darauf die militante Rechte, vornehmlich die Grauen Wölfe, die Jugendorganisation Alparslan Türkeş's.

1969/70 wurde Gewalt ein Teil des politischen Alltags. Demirel war geneigt, die Augen davor zu schließen; auch sonst machte der

Regierungschef wenig Anstalten, auf die sich zuspitzenden gesellschaftlichen und politischen Probleme eine Antwort zu finden. Zu sehr war er mit seinen parteiinternen Problemen beschäftigt. Am 12. März 1971 war es soweit. Der Generalstabschef übergab dem Ministerpräsidenten ein Memorandum, in dem es hieß: Eine starke und glaubwürdige Regierung solle gebildet werden, die in der Lage wäre, die »Anarchie« zu beenden und Reformen in »kemalistischem Geist« durchzuführen. Das war noch keine direkte Machtübernahme, sondern eher die Androhung einer solchen, falls die Regierung nicht in der Lage sein würde, den Terrorismus wirksam zu bekämpfen und die geforderten Reformen umzusetzen. Das Schicksal Demirels war damit gleichwohl vorerst besiegelt. Das Memorandum zwang ihn praktisch zum Rücktritt.

Es folgte eine über zweijährige Phase militärisch gelenkter Politik in der Türkei. Anders als 1960 (und 1980) wurden weder die Verfassung außer Kraft gesetzt noch das Parlament und die Parteien aufgelöst. Die Regierung wurde von – zum Teil parteilosen – Technokraten geführt. Nach dem Willen des Militärs gehörte es zu deren wesentlichen Aufgaben, an der Verfassung Änderungen mit dem Ziel vorzunehmen, die Staatsorgane bei der Eindämmung der Gewalttätigkeiten zu stärken. Diese nur halbherzigen und punktuellen Maßnahmen sollten sich dann auch als wenig wirksam erweisen.

Was hatten die Militärs wirklich gewollt? Am Ende war es zwar die Militärführung gewesen, die das Heft in die Hand genommen hatte. Wie geschlossen aber waren die Reihen des Militärs wirklich? Es gibt nicht wenige Indizien, die darauf schließen lassen, daß die Initiative zum Eingreifen gar nicht einmal von der Spitze des Militärs, sondern von unteren Offiziersrängen ausging, die wohl eher sozialpolitische Reformen im Auge hatten. Darauf wird noch einmal zurückzukommen sein, wenn es um die Rolle des Militärs in der türkischen Politik geht.

Abgleiten ins Chaos

Jedenfalls war auch diese Intervention des Militärs nicht von langer Dauer. Im Oktober 1973 wurde erneut gewählt. Es waren Wahlen, die vor den Augen kritischer westlicher Beobachter bestehen konnten. Viel schien sich auf den ersten Blick nicht verändert zu haben. Die alten Politiker bestritten mit den alten Parteien das Rennen. Die Ausnahme bildete nur Necmettin Erbakan; die Partei der Nationalen Ordnung war aufgelöst worden. »Seine« Partei nannte sich nunmehr Nationale Heilspartei *(Millî Selamet Partisi, MSP)*.

Es sollte sich freilich bald zeigen, daß die Maßnahmen des Militärs nicht geeignet gewesen waren, die angestrebte innere Stabilisierung zu erreichen. Wenn reformistische Kräfte im Offizierskorps den Eingriff zunächst betrieben haben sollten, so waren die Dinge dann ihren hierarchischen militärischen Gang gegangen und schnell in einen Sieg der konservativen Kräfte innerhalb des Militärs umgeschlagen. Wesentliche liberale Züge der Verfassung waren (durch 44 Verfassungsänderungen) eingeschränkt; der Einfluß des »Nationalen Sicherheitsrates« wurde ausgedehnt. Eigens geschaffene Staatssicherheitsgerichte verurteilten über 3000 Menschen, bevor sie 1976 wieder aufgelöst wurden. Notwendige gesellschaftliche Reformen jedenfalls waren ausgeblieben. Aber auch der Kampf gegen die Gewalttätigkeit hatte keinen dauerhaften Erfolg. Die extreme Rechte, ohnehin von Programm und Organisation her schwerer zu verfolgen, hatte aber wohl am Ende doch im Militär hinreichend viele Freunde, um die zwei Jahre indirekter Militärintervention nahezu unbehelligt überstehen zu können. Ja, sie hatte sich in den Jahren des Ausnahmezustands sogar stärken können. Insgesamt hatte der Eingriff die Polarisierung zwischen der Rechten und der Linken nicht nur nicht eindämmen können, sondern im Gegenteil verschärft. So standen die Vorzeichen nicht gut, als im Oktober 1973 der Demokratie eine neue Chance gegeben wurde.

Die Wahlen brachten eine doppelte Überraschung: die eine bestand in einem steilen Wiederaufstieg der Republikanischen Volkspartei. Drohte diese mit den Wahlen von 1950 von der politischen Bühne zu verschwinden, so entpuppte sie sich jetzt unerwartet als wirkliche »Volkspartei«. Mit 33,5 Prozent der Stimmen erreichte sie das beste Ergebnis seit ihrer vernichtenden Niederlage von 1950; eine neue Partei schien da erstanden. Dieser Erfolg der CHP war das Ergebnis eines langjährigen Erneuerungsprozesses. Von einer Gruppierung elitärer Bürokraten, die je länger um so weniger die Hand am Puls des Volkes gehabt und das Erbe des Staatsgründers in einer Weise verwaltet hatten, die von den Massen immer weniger angenommen wurde, hatte sie sich fast unbemerkt in eine moderne sozialdemokratische Massenpartei gewandelt. Hinter dieser Entwicklung stand ein Name, Bülent Ecevit. Geboren 1925, war er bereits 1965 Generalsekretär geworden und hatte dabei als Politiker wie als Theoretiker maßgeblichen Einfluß auf den politischen und programmatischen Wandel der Partei ausgeübt. »Links von der Mitte« *(Ortanın solu)* sollte jetzt der Standort der Partei sein. Die Zukunft der Partei würde in der Mobilisierung der Stimmen des Proletariats liegen – und der Bewohner der *Gecekondus,* der »über Nacht« errichteten Vororte großer Städte.

1972 gelang Ecevit die Palastrevolution. In einer dramatischen Abstimmung löste er den langjährigen Parteivorsitzenden Ismet

14 Bülent Ecevit

Inönü ab, den Gefährten Atatürks und Steuermann des türkischen Staatsschiffes durch so viele Fährnisse vergangener Jahrzehnte. Dieses Ereignis stürzte nicht nur einen Bannerträger der alten kemalistischen Garde und bedeutete nicht nur einen Generationswechsel unter den Kemalisten. Verbunden damit war auch eine Neuinterpretation des Kemalismus durch einen Vertreter der gemäßigten Linken. Die gesellschaftliche Wirklichkeit der Türkei würde dreieinhalb Jahrzehnte nach dem Ableben des Staatsgründers mit neuen Begriffen interpretiert und nach neuen Strategien umgestaltet werden müssen. Ecevits Leistung lag darin, daß er es am Ende schaffte, die interpretierbaren Prinzipien des Kemalismus für eine Strategie sozialdemokratischer Gesellschaftsentwicklung zu nutzen. Von dem oben angedeuteten gesellschaftlichen Wandel konnte die Partei nun profitieren.

Die zweite Überraschung war der Erfolg der Nationalen Heilspartei, die mit 48 Sitzen (von 450) als drittstärkste Gruppierung ins Parlament einzog. Bemerkenswert war allein schon die Tatsache, daß es die Partei noch (bzw. nach dem Verbot der Partei der Nationalen Ordnung wieder) gab. Denn Zweifel an der Verfassungsmäßigkeit einer Partei auf religiöser Grundlage waren auch jetzt mehr als berechtigt. Ließ sich schon der Erfolg der Sozialdemokraten als ein Resultat tiefgreifender gesellschaftlicher Umgestaltung und eines wirtschaftlichen Entwicklungsprozesses erklären, so galt das erst recht für den Erfolg der Heilspartei. Sie konnte ihre Wähler namentlich aus jenen Kreisen rekrutieren, die mit dem raschen wirtschaftlichen und gesellschaftlichen Wandel im Lande, insbesondere mit der Industrialisierung seit Mitte der sechziger Jahre, nicht hatten Schritt halten können, von gesellschaftlichem Abstieg bedroht waren und den kulturellen Halt verloren hatten. In der »islamischen Ordnung«, wie sie die Heilspartei propagierte, suchten sie ihre Zuflucht.

Das Ergebnis der Wahlen vom Oktober 1973 freilich barg ein Dilemma, das die türkischen Politiker am Ende nicht zu bewältigen vermochten. Die beiden großen Parteien, die Republikanische Volkspartei und die Gerechtigkeitspartei unter Süleyman Demirel, der das »Memorandum« – wie sich bald zeigen sollte – schadlos überstanden hatte, mußten Koalitionspartner gewinnen, um überhaupt eine regierungsfähige Mehrheit im Parlament bilden zu können. Wie schwierig das war, zeigte sich schon in den Monaten nach Ecevits Wahlerfolg. Die Koalitionsverhandlungen dauerten Monate; und das Ergebnis war überraschend: Ecevit ging eine Koalition mit der religiösen Nationalen Heilspartei von Necmettin Erbakan ein. Es entstand also ein Regierungsbündnis zwischen einer sich sozialdemokratisch verstehenden und einer islamisch-fundamentalistischen Partei, deren Ziel die Wiedererrichtung einer politischen Ordnung auf der Grundlage des islamischen Gesetzes war.

Im nachhinein ist klar, daß mit dieser Koalition auch der Anfang vom Ende der »Zweiten Republik« eingeläutet war. Dadurch, daß am Ende den Führern der großen Parteien der Mitte jedes Koalitionsmittel recht war, um an die Macht zu gelangen, wurde das Land unregierbar. Denn die Zünglein an der Waage in Form der relativ kleinen Parteien verlangten natürlich als Preis für die Koalition, über die die ambitionierten Führer der großen Parteien in den Sattel steigen wollten, eine überproportional hohe Regierungsbeteiligung. Der direkte und indirekte Einfluß der Extreme und Extremisten in der türkischen Politik auf beiden Seiten des politischen Spektrums wurde damit in den kommenden Jahren gefährlich hoch.

Von Anfang an war abzusehen, daß die Koalition zwischen Ecevit und Erbakan nicht lange halten würde. Für den Regierungschef schien die Gelegenheit, sich des Koalitionspartners zu entledigen, mit der Krise um Zypern gekommen. Daß der Sozialdemokrat und »Pazifist« im Sommer 1974 entschied, türkische Truppen zum Schutz der dortigen türkischen Minderheit auf die Insel zu schicken, was schließlich zur Besetzung von etwa 40 Prozent zyprischen Territoriums durch die türkische Armee führen sollte, verschaffte ihm für einen historischen Augenblick persönliches Charisma. Ecevit hoffte, mit diesem Pfund wuchern, damit Neuwahlen abhalten und schließlich eine neue Regierung ohne lästigen Koalitionspartner bilden zu können. Er sollte sich täuschen. Im Parlament fand sich keine Mehrheit für Neuwahlen, und nach langem politischen Hin und Her gelang es Anfang 1975 Süleyman Demirel, seinerseits eine Koalition zusammenzubringen. Auch diese war ein für das Wohlergehen des Landes fragwürdiges Gebilde. Hochtrabend als »Nationalistische Front« *(Milliyetçi cephe)* bezeichnet, waren in ihr diesmal gleich zwei rechtsextreme Parteien – die religiöse Nationale Heilspartei und die Partei der Nationalistischen Bewegung – unverhältnismäßig stark vertreten.

Was Wunder, daß unter solchen Bedingungen die Regierungen weder imstande waren, der immer gravierender werdenden wirtschaftlichen Lage zu begegnen, noch durch Reformen zur Lösung der akut werdenden gesellschaftlichen Krise (so etwa der Verschärfung der Einkommensunterschiede, der raschen Verstädterung, der sprunghaft ansteigenden Arbeitslosigkeit oder auch der Entstehung eines akademischen Proletariats) beizutragen. Was Wunder auch, daß sich der Kampf um »Erneuerung«, die im parlamentarischen Raum nicht mehr stattfinden konnte, immer mehr auf die Straße verlagerte. Natürlich nunmehr nicht mit Argumenten und sachdienlichen Entscheidungen oder Kompromissen, sondern durch Gewalt. In dem Maß, in dem Polarisierung und Niedergang des politischen Lebens in der Türkei voranschritten, begannen sich die Linke und die Rechte Straßenkämpfe zu liefern, die immer mehr in Mordanschläge gegen Vertreter des politischen Gegners ausuferten.

Die Wahlen von 1977 brachten keine Änderung der Ausgangslage. Zwar war bemerkenswert, daß die Heilspartei die Hälfte ihrer Sitze verlor, während die andere extremistische Partei, die Partei der Nationalistischen Bewegung, die Zahl ihrer Abgeordneten von drei auf sechzehn steigern konnte. Mit 41,4 Prozent der Stimmen für Bülent Ecevit – dem besten Wahlergebnis, das die Republikanische Volkspartei bei freien Wahlen je erzielte – und 36,9 Prozent für die Gerechtigkeitspartei schien die Türkei wieder zum Zwei-Parteien-System zurückkehren zu können. Doch der Schein trog. Auch jetzt war eine Regierungsbildung nur in Koalitionen mit den extremistischen Parteien möglich.

Die Warnlampen einer neuen inneren Krise, die 1978 schon jene Schwelle weit überschritt, die noch 1971 zum militärischen »Memorandum« geführt hatte, leuchteten nunmehr unaufhörlich. Trotzdem sollte sich die politische Gesamtsituation in Ankara nicht ändern. Aus den unterschiedlichen politischen Programmen heraus war zwischen Ecevit und Demirel mit der Zeit auch eine tiefe persönliche Animosität erwachsen. Beide weigerten sich auf jede nur erdenkliche Weise, die politische Patt-Situation durch eine große Koalition zu überwinden. Wenn sie es auch so nicht sagten: Beiden großen Parteien und ihren Führern ging es allein um Machterhalt.

Ecevit sah in einer möglichen großen Koalition mit der Gerechtigkeitspartei eine Blockierung seiner sozialistischen Umgestaltungspläne für die Türkei. Demirel fürchtete – gar nicht mehr programmatisch argumentierend – nach dem Wahldebakel der Heilspartei von 1977 einen Abfall der Wähler auch von seiner Partei.

In dieser Situation uferte eine Praxis aus, die in der türkischen Demokratie seit eh und je Tradition hatte: nämlich der Kauf von Abgeordneten, um diese zum Wechsel ins eigene Lager zu bewegen. Geldzahlungen und die Zusage von Ministerposten ließen 14 Abgeordnete aus den Reihen der Nationalen Front ins Lager von Ecevit überwechseln, dem es auf diese Weise Anfang 1978 erneut gelang, eine Regierung zu bilden. Doch auch dadurch war eine weitere Verschlechterung der wirtschaftlichen Lage nicht zu verhindern. Insbesondere heizten die endlosen Streiks, in denen sich der radikalsozialistische Gewerkschaftsverband DISK (Föderation der Gewerkschaften revolutionärer Arbeiter) profilierte, und die meist mit allzu freigiebigen Lohnsteigerungen beendet wurden, die Inflation weiter an. Der Stillstand in der Regierungsarbeit lähmte zunehmend auch die Verwaltung. Das war insbesondere im Hinblick auf die Sicherheitskräfte fatal, die terroristische Akte nun nicht mehr so wirkungsvoll verfolgten. In zahlreichen öffentlichen Organisationen und Institutionen, namentlich an den Universitäten, setzten sich militante Kräfte der einen oder anderen Seite durch und blockierten ein ordentliches Funktionieren. Auch die Sicherheitskräfte wurden von dieser Polarisierung mehr und mehr gelähmt. Eine objektive Instanz zwischen den sich bekämpfenden Ideologien, Parteien, Bewegungen, Gruppierungen und Zellen war kaum noch vorhanden. Nicht nur war die türkische Politik blockiert; die Gesellschaft selbst befand sich im Zustand der Auflösung und des inneren Zerfalls.

Im November 1979 übernahm Demirel wieder die Regierung, nachdem die Volkspartei bei den Wahlen zum Senat im Oktober starke Verluste hatte hinnehmen müssen. Lebensmittel wurden knapp, und der Staat war nicht mehr in der Lage, die Ölversorgung sicherzustellen. Schon dies machte den Winter 1979/80 für die meisten türkischen Bürger unerträglich. Eine Woge des Terrorismus, der einem Bürgerkrieg immer näher kam, verwandelte das öffentliche und private Leben in ein Trauma. In dieser Situation verkündete die Regierung im Januar 1980 ein neues Programm zur wirtschaftlichen Stabilisierung. Mit seiner Umsetzung wurde ein Mann betraut, der bis zu diesem Zeitpunkt in der Öffentlichkeit kaum sichtbar hervorgetreten war, Turgut Özal. Über ihn, der der Mann der achtziger Jahre werden und die Türkei abermals tiefgreifend umgestalten sollte, wird noch zu reden sein. Sein Programm, das eine Abkehr von der bisherigen Wirtschaftspolitik bedeutete, die erheblich zu der katastrophalen Krise des Landes beigetragen hatte, zeigte freilich angesichts der parlamentarischen Schwäche der Regierung und eines Terrorismus, der 1980 täglich 25–30 Menschenleben kostete, kaum noch Wirkung. Wie nachhaltig das politische Leben in der Türkei gestört war, belegt nichts deutlicher als die Tatsache, daß es dem Parlament 1980 über sechs Monate lang nicht gelang, einen neuen Staatspräsidenten zu wählen.

Am 12. September 1980 übernahm das Militär zum dritten Mal seit dem Übergang zum Mehrparteiensystem die Macht. Am 6. September hatten sich 40 000 Anhänger der Heilspartei in ihrer Hochburg Konya versammelt; dabei wurden Slogans gegen die Republik und das Verfassungsprinzip des Laizismus vorgetragen; einige protestierten gegen das Absingen der Nationalhymne. Nicht nur durch den Terror auf der Straße, auch ideologisch wurden die Grundlagen der Republik in Frage gestellt.

Woran war die »Zweite Republik« gescheitert? Unübersehbar war, daß die politische Elite Probleme hatte, mit den Spielregeln der Demokratie, wie sie in der Verfassung von 1961 festgelegt waren, umzugehen. Diese Spielregeln waren einmal mehr von Europa abgeschrieben worden. Aber konnte ein Land, das noch tief in Unterentwicklung befangen war, in dem nur ein Teil der Bürger lesen und schreiben konnte und die Masse der Menschen vornehmlich auf dem Lande stark in herkömmliche soziale Bindungen eingebunden war, im europäischen Sinne demokratisch sein? Möglicherweise hatte die Zweite Republik von vornherein den Geburtsfehler, daß die Meßlatte der Demokratie zu hoch gelegt war und die Türken nicht in der Lage waren, sie zu überspringen.

Dennoch bildet die Phase zwischen 1961 und 1980 einen wichtigen Abschnitt der politischen sowie namentlich der wirtschaftlichen und gesellschaftlichen Entwicklung des Landes. Durchaus positive Entwicklungen sind im Rückblick zu erkennen: Auf das eine oder andere wird noch zurückzukommen sein, so das rasche wirtschaftliche Wachstum und die sich beschleunigende Industrialisierung, vor allem im Zeitraum zwischen 1963 und 1976. Hinzuweisen ist aber auch auf die Entwicklung einer zeitweilig freien Presse als eines Grundpfeilers der Demokratie sowie auf die Entfaltung eines vielfältigen dynamischen Geisteslebens. Eine große Zahl von Verbänden und Interessengruppen quer durch alle Berufe und gesellschaftliche Schichten hatte sich gegründet. Auch das pluralistische Parteienwesen, das sich nach und nach ausgebildet hatte, war ja im Prinzip eindrucksvoll. Es waren die Menschen, denen es offenbar an politischer Reife und demokratischer Erfahrung fehlte. Die Entwicklung stagnierte, als die Türkei nach 1976 eine Beute von Anarchie und Terror wurde.

15 Kenan Evren

Das Ende der »Zweiten Republik«

Die Machtübernahme durch das Militär erfolgte zu einem Zeitpunkt, als die politische Ordnung in Auflösung begriffen war, die öffentliche Verwaltung vor dem Zusammenbruch stand und die terroristische Militanz zwischen extremistischen Gruppen auf der Linken und Rechten sich ausweitete. Das Parlament wurde aufgelöst und die Verfassung außer Kraft gesetzt. Unter Führung des Generalstabschefs Kenan Evren übernahm ein Nationaler Sicherheitsrat die Macht, dem die Kommandeure der Teilstreitkräfte und der Gendarmerie angehörten. Damit war die »Zweite Türkische Republik« an ihr Ende gekommen.

Die Tatsache, daß das Parlament aufgelöst und die Verfassung außer Kraft gesetzt wurden, bewies, daß es die Generäle diesmal wieder ernst meinten. Kein »Memorandum«, keine Kosmetik an der verfassungsmäßigen Ordnung; es ging ums Ganze. Um vier Uhr morgens spielte das Radio den Armeemarsch ab: »Vorwärts, Türke, vorwärts ...« Dann meldete sich Generalstabschef Kenan Evren: Bestehen und Unabhängigkeit der Türkischen Republik, »uns« vom großen Atatürk anvertraut, seien durch innere und äußere Feinde in Gefahr. »Das Ziel dieser Operation ist, die Integrität des Landes zu schützen, die nationale Einheit zu sichern ... und die Hindernisse für ein ordnungsgemäßes Funktionieren der Demokratie zu beseitigen.«[46]

So ließen die Generäle zwar von Anfang an keinen Zweifel daran, daß sie früher oder später die Macht an die Politiker zurückgeben würden. Doch machten sie klar, daß die Wiedereinführung der Demokratie nicht die Rückkehr zur Demokratie der siebziger Jahre bedeuten sollte. Für die »neue Türkei« setzten sie sich drei Ziele: die Wiederherstellung von Ruhe und Ordnung; die Schaffung eines politischen Systems, in welchem sich die Zustände der Zeit vor dem Coup nicht mehr wiederholen würden; und die Verwirklichung einer neuen Wirtschaftsordnung – hatte doch die wirtschaftliche Krise der ausgehenden siebziger Jahre zur Verschärfung der politischen Krise beigetragen.

In Anbetracht der chaotischen inneren Situation in jener Zeit gab es für das neue Regime zwei Prioritäten: die Wiederherstellung der inneren Sicherheit und die Bekämpfung des Terrorismus. Dabei suchte es die Fehler von 1971 zu vermeiden. War damals nur die Linke konsequent verfolgt worden, so war das Militär nach 1980 bemüht, Verbrechen und Gewaltakte auf beiden Extremen des politischen Spektrums gleichermaßen zu bestrafen. Wenn dennoch die Zahl verhafteter und vor Gericht gestellter Personen, die dem linken Spektrum zuzurechnen waren, weitaus höher war als diejenige der Angehörigen des rechten Spektrums, so dürfte dies dem tatsächlichen Kräfteverhältnis in der Gesellschaft und namentlich auch der Zersplitterung der linken Gruppen, die mehr und mehr auch gegeneinander vorgegangen waren, entsprechen. Offensichtlich versuchte das Militärregime diesmal, den Ruch der Parteilichkeit, der früheren Eingriffen des Militärs angehangen hatte, zu vermeiden.

Auf der anderen Seite ist es angesichts der Radikalität, mit der die Militärs die Wucherungen des Terrorismus einzudämmen suchten, zu zahlreichen Exzessen gekommen. Immer wieder wurde deshalb im westlichen Ausland Kritik an den Maßnahmen des türkischen Militärs laut; ja, es mußte sich den Vergleich mit lateinamerikanischen Juntas gefallen lassen. Besonders verwerfliche Begleiterscheinungen der Verfolgungen waren Folterprak-

16 Demonstrationen gegen Menschenrechtsverletzungen in der Türkei (1989)

tiken, die die Regierung ignorierte und zu vertuschen versuchte. Es bedurfte erheblichen ausländischen Drucks, um das Regime in Ankara zu sensibilisieren, und selbst dann ging man nicht immer mit angemessener Härte und Konsequenz dagegen vor. Immer unüberhörbarer wurde das Stichwort »Menschenrechte« ein Stein des Anstoßes in den Beziehungen zwischen der Türkei und ihren westlichen Verbündeten. Dazu trugen nicht zuletzt das Vorgehen der Sicherheitskräfte in den kurdischen Gebieten sowie die Zustände in türkischen Gefängnissen bei.

Das Thema der Menschenrechtsverletzungen sollte von da an ein Dauerthema bleiben, wenn von der Türkei die Rede war. Folterungen und fragwürdige gerichtliche Praktiken haben auch die demokratisch gewählten Regierungen nach dem Ende der Militärherrschaft 1983 nicht nachhaltig unterbinden und abschaffen können. Zwar verweisen türkische Politiker immer wieder darauf, daß Fortschritte bei der Bekämpfung der Mißstände erzielt worden seien. Und mit den Jahren trat Ankara auch einschlägigen internationalen Konventionen bei. So 1988 der Europäischen Anti-Folterkonvention; bereits im Januar 1987 hatte die türkische Regierung das Recht der Individualbeschwerde gemäß Artikel 25 der Europäischen Menschenrechtskonvention anerkannt. 1990 folgte die Anerkennung der Rechtsprechung des Europäischen Gerichtshofs für Menschenrechte. Doch durchschlagende Veränderungen konnten nicht erreicht werden. Es scheint, als könne sich die Regierung gegenüber einer »Subkultur« nicht durchsetzen, die zur Erbmasse der langen Vergangenheit gehört. Jedenfalls genießt der einzelne trotz des Bemühens um den Erhalt einer pluralistischen Demokratie in der Türkei noch nicht den Schutz, der ihm nach europäischem Verständnis zukommt. Daß zwischen der Erkenntnis eines Handlungsbedarfs in Sachen Menschenrechten und der Praxis Welten liegen, mußte dann kein anderer als Süleyman Demirel erleben, als sich für ihn in den Wahlen von 1991 die Möglichkeit auftat, erneut an die Regierung zu gelangen. Das damals formulierte, geradezu idealistisch anmutende Regierungsprogramm wurde bis zum Ende der Regierung »seiner« Partei des Rechten Weges im Herbst 1995 nicht einmal in Ansätzen verwirklicht. Denn die Türkei trat abermals in eine innenpolitisch und wirtschaftlich schwierige Phase.

Zunächst aber galt es, etwa ein Jahrzehnt lang, die Erbschaft der Generäle abzuarbeiten. In ihrer Sicht lag die Wurzel der Krise in der tiefgreifenden Politisierung aller Bereiche der türkischen Gesellschaft – von den Gewerkschaften über den öffentlichen Dienst bis zu den Universitäten. Weite Bereiche der administrativen, gesellschaftspolitischen, rechtlichen und politischen Maßnahmen waren deshalb darauf gerichtet, die türkische Gesellschaft zu entpolitisieren. Dem »Kemalismus« verpflichtet, sah sich Kenan Evren, der Führer des Militärregimes, in gewisser Weise in der Rolle des Staatsgründers: als »Erzieher« der Türken, der ihnen einen Weg innerer Entwicklung weisen würde, auf dem sie sich in dauerhafter Stabilität weiter entwickeln könnten.

Neben den Parteien hatten die Militärs zwei andere Sündenböcke als Mitschuldige an der Krise ausgemacht: die bürokratische Elite und die Intelligenz. Bald nach der Machtergreifung setzten Säuberungen großen Stils unter den Angehörigen des öffentlichen Dienstes ein, von denen Zehntausende betroffen waren. Noch tiefgreifender war der Eingriff in die Universitäten. Durch die Einsetzung eines »Rates für höhere Bildung« sollten nicht nur Ernennungen und Berufungen von Professoren sowie die Verleihung akademischer Grade, sondern es sollte der gesamte Ablauf des akademischen Betriebs staatlich kontrolliert werden. Darüber hinaus wurde allen Hochschulangehörigen untersagt, sich politischen Parteien anzuschließen.

Wie aber könnte vermieden werden, daß sich die Zustände wiederholen würden, unter denen sich das Militär 1980 zum dritten Mal gezwungen gesehen hatte, einzugreifen? Diese Frage stellte sich für das Militär um so dringender, als es – wie gesagt – von Anfang an entschlossen gewesen war, die Regierung wieder in die Hände von Politikern zurückzugeben. Eine neue Verfassung mußte geschaffen werden, und ein neues Parteiensystem würde zu errichten sein, um das öffentliche Leben der Türkei auf lange Sicht zu »disziplinieren« und zu »entpolitisieren«.

So nahmen die Generäle bereits auf die Ausarbeitung der Verfassung durch eine von ihnen berufene Verfassunggebende Versammlung intensiven Einfluß. Nachdem der Entwurf am 18. Juli 1982 veröffentlicht und der öffentlichen Diskussion unterbreitet worden war, erhielt dieses Dokument durch den Nationalen Sicherheitsrat seine letzte Fassung. Am 7. November 1982 wurde diese in einer Volksabstimmung mit 91 Prozent der Stimmen angenommen. Mit diesem Referendum hatte man bewußt die Wahl des Vorsitzenden des Nationalen Sicherheitsrates zum Staatspräsidenten für einen Zeitraum von sieben Jahren verbunden. Juntachef Kenan Evren war ohne Zweifel zu diesem Zeitpunkt noch eine populäre Figur. Seine soldatische Strenge in Verbindung mit einem väterlichen Habitus kam bei vielen Türken an, die in ihm einen Retter aus dem Chaos von 1980 sahen und ihm zutrauten, die Türkei wieder in eine stabile Demokratie überführen zu können. Dies mag das Abstimmungsergebnis erklären, das freilich von vergleichbaren Akten im totalitären, realexistierenden Sozialismus nicht so weit entfernt lag.

War die Verfassung der »Zweiten Republik« ein extrem liberales Dokument, so verzettelte sich das Grundgesetz von 1982 in einem Dschungel von detaillierten Regelungen. Den Belangen des Staates wird durch die Begrenzung der individuellen Freiheiten Rechnung getragen. Die Grundrechte sind zwar generell verbrieft, ihrer Wahrnehmung sind aber mit Rücksicht auf die staatliche Einheit sowie auf die öffentliche Ruhe und Ordnung enge Grenzen gesetzt. Relativ machtvoll ist die Stellung des Staatspräsidenten. Der Stärkung des Staates entspricht das Bemühen, Gesellschaft und Staat zu entpolitisieren. In diesem Sinne ist die Bestimmung zu verstehen, die es »Richtern und Staatsanwälten ... Lehrpersonen an Hochschulinstitutionen, ... Studenten und Mitgliedern der Streitkräfte untersagt, einer politischen Partei anzugehören« (Artikel 68). Auch dürfen die politischen Parteien keine »Frauenabteilungen, Jugendabteilungen ... bilden und keine Stiftungen gründen« (Art. 68).

Neben der Verfassung bildete die »Einrichtung« eines neuen Parteiensystems das zweite Kernstück der neuen Demokratie. Hier standen die Generäle zunächst vor einem Dilemma: Zwar hatten sie von Anfang an klargestellt, daß die Militärherrschaft nicht von Dauer sein und die Demokratie wieder eingeführt würde, sobald die Grundlagen dafür geschaffen seien. Auf der anderen Seite aber hatten sie die alten Parteien und ihre Politiker so nachhaltig der Schuld an »den Zuständen« vor 1980 – letztlich am Zusammenbruch des Staates – bezichtigt, daß auch auf die Idee der parlamentarischen Demokratie ein Schatten gefallen war. Die Wiederherstellung des Parteienwesens würde folglich einen völligen Neubeginn erforderlich machen. Also würde es notwendig werden, neue Gesichter und neue Parteien ins politische Leben der Türkei zu bringen.

Die Verbitterung des Militärs über die »alten Politiker« hatte sich schon in der Verfassung niedergeschlagen. Am Übergangsartikel IV war es denjenigen, »die am 1. Januar 1980 und zu einem späteren Termin Vorsitzender, Stellvertreter oder Vertreter des Vorsitzenden, Generalsekretär, deren Stellvertreter und Mitglied eines zentralen Führungsgremiums oder eines ähnlichen Organs waren«, untersagt, eine Partei zu gründen, Mitglied einer Partei zu werden oder sich als unabhängiger Kandidat wählen zu lassen. Ähnliche Bestimmungen galten für gewöhnliche Abgeordnete und Senatoren. Damit, so glaubte man, würde das Terrain für neue Persönlichkeiten und Gruppierungen vorbereitet sein, nachdem ja ohnehin die alten Parteien bereits verboten worden waren.

Was die Generäle da vorhatten, ist später schnell Geschichte geworden. Selten haben sich vom Militär verhängte Maßnahmen so rasch überlebt. Eigentlich hätte ein Zwei-Parteien-System entstehen sollen mit je einer Partei auf der rechten und linken Seite des politischen Spektrums – Parteien mit neuen Führern und neuen Namen. So wurde relativ unproblematisch eine Staatspartei unter dem Namen National-Demokratische Partei aus der Taufe gehoben; ihr Führer wurde ein ehemaliger Militär, der in den siebziger Jahren stellvertretender Chef des Generalstabs gewesen war. Eine künstliche Oppositionspartei unter dem Namen Populistische Partei wurde kreiert; ihr Führer wurde ein ehemaliger Provinzgouverneur und Privatsekretär zweier früherer Staatspräsidenten. Weitere Versuche, Parteien zu gründen, wurden schon im Ansatz einfach dadurch blockiert, daß die Aufsichtsbehörden die Antragsteller hinderten, die notwendige Zahl »akzeptabler« Gründungsmitglieder zum Stichtag am 24. August 1983 zusammenzubekommen.

Lediglich einem Mann gelang es, noch buchstäblich in letzter Minute eine Partei zu gründen, der die Militärs die Teilnahme an den Wahlen nicht versagen konnten. Es handelte sich um Turgut Özal, den Architekten jenes Programms einer neuen türkischen Wirtschaftspolitik, die als Marktwirtschaft noch von Demirel kurz vor seinem Sturz 1980 zur wirtschaftspolitischen Leitlinie erklärt worden war. Özal war im Juni 1982 von seinem Posten als stellvertretender Ministerpräsident zurückgetreten. Es wäre widersinnig gewesen, ihn an einer Parteigründung zu hindern. So konnte er die Mutterlandspartei (*Anavatan Partisi, AnAP*; nach deutschem Sprachgebrauch eher »Vaterlandspartei«) ins Rennen schicken. Zwar war dies keine richtige Partei, denn, wie sich bald herausstellte, in ihr fanden Elemente aller möglichen politischen und ideologischen Strömungen zunächst Unterschlupf. Gleichwohl aber sollte sich diese Gruppierung bis heute als eine der starken politischen Kräfte im Lande erweisen.

Vielleicht ist es gerade der Umstand gewesen, daß Staatspräsident und Junta-Führer Kenan Evren kurz vor den Wahlen noch einmal für »seine« Parteien Propaganda machte und – ohne ihn beim Namen zu nennen – sich unüberhörbar gegen die Wahl Özals wandte. Wieder einmal aber bewiesen die türkischen Wähler politische Reife. Am 6. November 1983 votierten sie mit klarer Mehrheit gegen das Konzept der Generäle. Mit 45,15 Prozent der Stimmen und 211 von 400 Sitzen für die Mutterlandspartei wurden die vom Militär begünstigten Parteien wahrhaft vernichtend geschlagen. Die politische Ordnung des Militärs war gescheitert, bevor sie noch Realität geworden war.

Das Ergebnis zeigte, daß die türkischen Wähler nicht bereit waren, eine auferlegte »demokratische« Ordnung hinzunehmen, die den tatsächlichen politischen und gesellschaftlichen Kräften nicht entsprach und die an der Tradition der demokratischen Entwicklung in der Türkei seit dem Ende des Zweiten Weltkrieges vorbeiging. Ohne Zweifel war die türkische Öffentlichkeit in ihrer überwältigenden Mehrheit dafür dankbar gewesen, daß das Militär den Staat aus dem Chaos gerettet hatte. Sie war aber nicht willens, sich auf unabsehbare Zeit vom Militär oder einer militärisch angehauchten politischen Ordnung regieren und gängeln zu lassen. Die Wahlen wurden so einmal mehr zu einer überzeugenden Bekundung dafür, daß die Zustimmung zu Demokratie und Pluralismus mittlerweile tief in der türkischen Wählerschaft verwurzelt ist.

So hatte bereits ein Wandel der vorgezeichneten Ordnung eingesetzt, bevor diese sich etabliert hatte. Dies um so mehr, als sich am Wahltag mit der Sozialen Demokratie-Partei *(Sosyal Demokrasi Sartisi, SoDeP)* und der Partei des Rechten Weges *(Doğru Yol Partisi, DYP)* Gruppierungen abzeichneten, die sich nach Programmen und

Personen als Nachfolgeorganisationen der beiden großen Parteien vor dem Putsch (Republikanische Volkspartei und Gerechtigkeitspartei) zu erkennen gaben. Einmal mehr aber trat auch die persönliche Dimension türkischer Politik ins Bild. Den Sozialdemokraten war es gelungen, Erdal Inönü, den Sohn von Ismet Inönü, für die Partei zu gewinnen. Erdal Inönü war als Professor für Physik an der Universität Ankara bis dahin eher ein Mann des akademischen Lebens gewesen. Politischen Ehrgeiz hatte er nicht gezeigt. Seine neuen Parteifreunde aber vermochten ihn davon zu überzeugen, daß ihre Gruppierung eine Nachfolgepartei jener Republikanischen Volkspartei sein sollte, zu deren Gründungsvätern sein Vater gehört und der dieser viele Jahrzehnte vorgesessen hatte, bis 1972 ein jun-

17 Erdal Inönü

ger Parteisekretär kam und ihn aus dem Vorsitz verdrängte. Dieser freilich, Bülent Ecevit, ging bald seinen eigenen Weg.

Ihr konservatives Pendant, die Partei des Rechten Weges, machte kein Hehl daraus, daß sie sich als Nachfolgerin der Gerechtigkeitspartei verstand, deren Führer Süleyman Demirel die Generäle für ein Jahrzehnt von der politischen Arbeit hatten fernhalten wollen. Es war unschwer zu erkennen, wer tatsächlich hinter dem Programm und der politischen Tagesarbeit der Partei stehen würde. So war die entstandene Situation durchaus ein Übergang. Doch war ein Neuanfang gemacht, der dann in den Wahlen vom 29. November 1987 besiegelt werden sollte.

Dem war ein bemerkenswerter Schritt vorausgegangen: Am 6. September 1987 war in einer Volksabstimmung darüber entschieden worden, ob die von den Militärs für zehn bzw. fünf Jahre in die Wüste geschickten Politiker auf die politische Bühne würden zurückkehren dürfen. Enthusiastisch fiel der Zuspruch für die Politikerkaste von gestern nicht aus. Nur eine hauchdünne Mehrheit von 0,32 Prozent sprach sich dafür aus. Immerhin waren sie damit alle an Deck: vom Sozialdemokraten Bülent Ecevit über den konservativen Süleyman Demirel bis zu den beiden Rechtsaußen Necmettin Erbakan und Alparslan Türkeş.

Sieger der Wahlen vom 29. November 1987 wurde mit 36,29 Prozent der Stimmen und 229 Mandaten die Mutterlandspartei unter Turgut Özal; gefolgt von den Sozialdemokraten, nunmehr genauer der Sozialdemokratischen Volkspartei *(Sosyal Demokrat Halkçı Parti, SHP)*, mit 99 Mandaten und der Partei des Rechten Weges, jetzt wieder unter ihrem »angestammten« Führer Süleyman Demirel mit 59 Mandaten. Alle anderen Parteien scheiterten an der Zehn-Prozent-Klausel.

Die Ära Özal

In den Jahren seit 1983 war Turgut Özal, der »neue Mann« in der türkischen Politik, die bestimmende politische Gestalt in Ankara gewesen. Özal, Jahrgang 1927, war in Malatya geboren, stammte also – wie Demirel – aus dem tiefsten Anatolien. Auch er war Ingenieur; er hatte am Polytechnikum in Istanbul und dann in den USA eine Ausbildung zum Elektroingenieur und Volkswirt absolviert. 1965 hatte ihn Demirel zu seinem technischen Berater gemacht. 1971 war Özal zur Weltbank gegangen und hatte seit 1973 in der Privatwirtschaft gearbeitet, bis Demirel ihn erneut rief und er im Kabinett für die Durchführung des wirtschaftlichen Reformpakets zuständig wurde, das die Türkei seither tiefgreifend verändern sollte. Politisch war Özal seit den siebziger Jahren eher dem religiösen Lager zuzurechnen gewesen. Turgut Özal wurde der Architekt der Rückkehr zur Demokratie. Er war aber auch der Architekt einer Abkehr der Türkei von einer abgewirtschafteten Staatswirtschaft, die durch das kemalistische Prinzip des »Etatismus« praktisch für alle Zeiten zementiert zu sein schien, und der Hinwendung zur Marktwirtschaft

18 Turgut Özal

europäischen Zuschnitts. Energisch betrieb er den Eintritt der Türkei in die Europäische Gemeinschaft durch einen Antrag auf Vollmitgliedschaft, den Ankara 1987 in Brüssel stellte. Und ebenso energisch versuchte er noch der Türkei nach dem Ende der Sowjetunion eine »neue Rolle« in der Weltpolitik zu vermitteln. Auf all das wird noch einzugehen sein.

Für seine Partei war er eine Integrationsfigur. Denn die Mutterlandspartei war ein eher bunt zusammengewürfelter Haufen von Politikern aller Schattierungen, die in der neuen Partei die Chance zum Wiedereintritt ins politische Leben ergriffen hatten. Bemerkenswert war die Polarisierung zwischen einem liberalen Flügel, angeführt von Mesut Yılmaz, und einem fundamentalistisch-religiösen Flügel unter Führung von Mehmet Keçeciler, einem Abgeordneten aus Konya, traditionell einem Zentrum strenggläubiger islamischer Ausrichtung. Geschickt spielte Özal die parteiinternen Gegensätze aus und verschaffte sich so eine unangefochtene Stellung – allerdings um den Preis einer spürbaren Islamisierung, das heißt einer Verstärkung des Islam im politischen Leben des Landes.

Seit 1989 war die wachsende Unzufriedenheit mit der Politik der Mutterlandspartei in breiten Teilen der Bevölkerung jedoch nicht mehr zu überhören. Grund dafür war in erster Linie eine hartnäckige Inflationsrate von rund 80 Prozent, derer die Regierung trotz aller Versprechungen nicht Herr zu werden vermochte. Bei den Kommunalwahlen im März 1989 machten die Sozialdemokraten Gewinne (31,7 Prozent). Die Regierungspartei kam hinter der Partei des Rechten Weges (23,7 Prozent) nur auf den dritten Rang (22,9 Prozent). Dies war die innere Situation, in der die Amtszeit des Präsidenten und Ex-Generals Kenan Evren auslief. Buchstäblich erst in letzter Minute ließ Özal erkennen, daß er an dessen Nachfolge denke – wohl um in seiner Partei einen Streit darüber auf ein Minimum zu reduzieren. Am 1. Oktober wurde Turgut Özal zum Präsidenten gewählt; er war der zweite zivile Staatspräsident nach Celâl Bayar (1950–60) in der Geschichte der Türkischen Republik. Wie umstritten die Art und Weise war, mit der sich der Ministerpräsident zum Präsidenten befördern ließ, zeigte die Tatsache, daß Özals Vereidigung im Parlament vor halbleeren Rängen stattfand. Die Opposition blieb der Zeremonie aus Protest fern.

Auch als Präsident war Özal das Zentrum der türkischen Politik.

Zwar hatte die Verfassung von 1982 dem türkischen Präsidenten eine stärkere politische Stellung eingeräumt als vergleichsweise die deutsche dem Bundespräsidenten. Daß aber Özal ständig die dem Amt von der Verfassung eingeräumten Kompetenzen überschritt, war nicht nur der Opposition ein permanentes Ärgernis, sondern schadete auch der von ihm gegründeten Partei, die trotz ihres schwachen Abschneidens bei den Kommunalwahlen und trotz immer lauter werdender Rufe nach Neuwahlen die Macht in Händen hielt. Mit Yıldırım Akbulut war im November 1989 ein schwacher Nachfolger als Ministerpräsident gewählt worden, den Präsident Özal nach Gutdünken lenken konnte.

Mit einer Reihe von zum Teil spektakulären Maßnahmen suchte Özal das Gesicht der Türkei zu verändern. Während er selbst und seine Familie sich immer wieder Vorwürfen der Korruption und Begünstigung ausgesetzt sahen, suchte er doch dem Land ein Gesicht zu geben, das es den Europäern erleichtern würde, die Türkei als Mitglied der Europäischen Gemeinschaft zu akzeptieren. In Sachen Menschenrechte war Ende der achtziger Jahre einiges in Bewegung geraten, das ist schon gesagt worden. 1991 wurden die Paragraphen 140–142 und 163 des Strafgesetzbuches gestrichen. Als sogenannte »Kommunismusparagraphen« hatten die Paragraphen 141 und 142 unter drakonische Strafen gestellt, »wer in der Absicht, die Diktatur einer Gesellschaftsklasse über andere zu errichten ... Vereinigungen organisiert oder Propaganda verbreitet«. Und der Paragraph 163 hatte das Strafmaß für religiöse Missionierung sowie für Bestrebungen zur Wiedereinführung des islamischen Rechts *(Şeriat)* festgelegt.

Auf der anderen Seite freilich wurde am 12. April – gleichsam als Ersatz für die gestrichenen Paragraphen – ein als »Antiterrorgesetz« deklariertes Gesetzespaket verabschiedet. Zwar sollte es in erster Linie der Terrorbekämpfung dienen; doch sind in das Gesetz eine Reihe von Vorschriften »hineingepackt«, die nachhaltige Eingriffe in die Menschen- und Bürgerrechte eröffnen. Dies gilt namentlich für Artikel 8, der jegliche Art von Propaganda und Demonstration für separatistische Ziele unter Strafe stellt. Er berührt das Recht auf freie Meinungsäußerung und hat tatsächlich seit 1991 den Gerichten einen verhängnisvollen Freiraum gegeben, gegen Meinungsäußerungen vor allem mit Bezug auf die kurdische Frage strafrechtlich vorzugehen. Davon waren seither kurdische Parteien und Politiker ebenso betroffen wie Journalisten, Intellektuelle und Künstler, die unter dem Vorwurf »separatistischer Propaganda« vor Gericht gestellt und teilweise zu hohen Freiheitsstrafen verurteilt wurden.

Das im Oktober 1983 verabschiedete »Sprachengesetz« wurde annulliert. Es hatte die öffentliche Benutzung aller Sprachen verboten, die nicht erste Amtssprache eines von der Türkei anerkannten Staates sind. Mit anderen Worten: Es hatte sich vornehmlich gegen den Gebrauch der kurdischen Sprache gerichtet.

Daneben gelang es dem »Zivilisten« Özal, den Einfluß des Militärs in der türkischen Politik deutlich zurückzudrängen. Symptomatisch dafür war der Rücktritt von Generalstabschef Necip Torumtay am 3. Dezember 1990, also fast am Vorabend des Ausbruchs der alliierten Kampfhandlungen gegen den irakischen Diktator Saddam Husain zur Befreiung Kuwaits. Der Rücktritt erfolgte zwei Tage nach einer Sitzung des Nationalen Sicherheitsrates, in der die letzten Entwicklungen der Golfkrise beraten worden waren. Torumtay, bekannt für seine ablehnende Haltung gegenüber einer direkten Beteiligung der Türkei angesichts eines drohenden militärischen Angriffs gegen den Irak, begründete seinen Rücktritt mit den Worten: »Die Prinzipien, an die ich glaube, und mein Verständnis vom Staat machen es mir unmöglich, meinen Dienst fortzusetzen.« Özal hatte seine Politik einer engen Einbindung in die Allianz gegen Saddam Husain weitgehend ohne Konsultation mit der militärischen Führung verfolgt.

In der ersten Hälfte 1991 gingen die innerparteilichen Machtkämpfe in der regierenden Mutterlandspartei unvermindert weiter. Mit Blick auf eventuell vorgezogene Neuwahlen versuchte die AnaP auf einem Parteitag Mitte Juni, ihr angeschlagenes Profil aufzupolieren. Der Parteitag wählte am 15. Juni den im Vorjahr als Außenminister zurückgetretenen Mesut Yılmaz zum neuen Parteivorsitzenden. Tags darauf trat Yıldırım Akbulut als Ministerpräsident zurück, und Yılmaz wurde von Präsident Özal mit der Regierungsbildung beauftragt.

Wenn etwas dafür spricht, daß sich seit 1983 unter der Führung Özals die türkische Demokratie gefestigt hatte, dann war es die kurze Amtsführung von Yılmaz. Der neue Ministerpräsident konnte sich bei den zahlreichen Umfragen keine Illusionen über den Ausgang vorgezogener Neuwahlen machen, die er gleich nach seiner Vereidigung zu betreiben anfing. Sie wurden auf Oktober festgelegt.

Tatsächlich büßte die Mutterlandspartei die Macht ein. Sie erhielt nur 24 Prozent der Stimmen und einen Anteil von 115 Sitzen. Als stärkste Gruppierung ging die Partei des Rechten Weges von Süleyman Demirel aus den Wahlen hervor; sie erreichte mit 27 Prozent der Stimmen und 179 Sitzen jedoch nicht die absolute Mehrheit. Drittstärkste Partei wurde mit 21 Prozent die Sozialdemokratische Volkspartei (SHP). Bemerkenswert war, daß sich unter ihren 86 Abgeordneten 22 ehemalige Mitglieder der kurdischen Volksarbeiterpartei *(Halk Emek Partisi, HEP)* befanden. In den mehrheitlich kurdischen Südostprovinzen waren sämtliche auf die SHP-Liste gesetzten Kandidaten der HEP gewählt worden. Über die Rolle der kurdischen Partei wird noch einiges im Kapitel über die Kurden zu sagen sein.

Noch etwas anderes war am Urnengang von 1991 von weitreichender Vorbedeutung. Die beiden Parteien der extremen Rechten, Nachfolgerinnen der Ende der sechziger Jahre gegründeten, die türkisch-nationalistische Partei der Nationalistischen Arbeit *(Milliyetçi Çalışma Partisi, MÇP)* und die fundamentalistische Wohlfahrtspartei (RP), die bei den Wahlen vier Jahre zuvor noch an der Zehn-Prozent-Hürde gescheitert waren, konnten auf einer gemeinsamen Liste 17 Prozent der Stimmen erringen. Von den 63 Parlamentssitzen entfielen 19 auf die von der MÇP gestellten Kandidaten. Das Bündnis zerfiel wohl wenig später, und es brachen die alten Gegensätze zwischen einer fundamentalistischen Partei und einer Gruppierung auf, die einen türkischen Nationalismus zum Kernpunkt ihres Programms macht, bei dem »türkisch« sich nicht in erster Linie in Verbindung mit dem Islam definiert. Die ideologische und politische Vernunftehe, die in den siebziger Jahren geschlossen worden war, erwies sich also als nicht haltbar.

Der Wahlerfolg der beiden extremistischen Parteien, namentlich aber der größeren Wohlfahrtspartei, veränderte jedoch mit einem Schlag deren Bewertung in der türkischen Öffentlichkeit. Bis dahin war ihr Führer, Necmettin Erbakan, eher als skurriler religiöser Eiferer belächelt worden. Jetzt trat das Gespenst einer Türkei wieder ans Licht, in der eines Tages »iranische Verhältnisse« herrschen würden. Diese Befürchtungen sollten zweieinhalb Jahre später neue Nahrung erhalten: Bei den Kommunalwahlen im März 1994 konnte die Heilspartei noch einmal zulegen. Seither stellt sie den Bürgermeister in sechs Metropolen sowie in zweiundzwanzig Provinzhauptstädten des Landes. Besonders spektakulär war, daß es ihr gelang, die Rathäuser in Istanbul, der größten türkischen Stadt, und in der Hauptstadt Ankara zu erobern.

Nach dem Wahlerfolg der Partei des Rechten Weges blieb Präsident Özal nichts anderes übrig, als seinen langjährigen Rivalen, ja politischen Gegner, Süleyman Demirel mit der Regierungsbildung zu beauftragen. Ein Vierteljahrhundert nachdem Demirel 1965 sein erstes Kabinett gebildet hatte und nachdem er zweimal vom Militär abgesetzt worden war (1971 und 1980), war der schwergewichtige Stehaufmann der türkischen Politik einmal mehr am Zuge. Diesmal in Koalition mit der Sozialdemokratischen Volkspartei. Mesut Yılmaz hatte es abgelehnt, mit Demirel zu koalieren.

Als das Parlament am 30. November 1991 dem neuen alten Ministerpräsidenten das Vertrauen aussprach, hofften viele Türken, einen anderen Demirel vor sich zu haben. In der Außenpolitik schien die Türkei hinsichtlich des Kaukasus und Zentralasiens nach dem Ende der Sowjetunion eine »neue Rolle« spielen zu können. Im Inneren standen eine Weiterentwicklung der Demokratie und eine durchgreifende Verbesserung im Bereich der Menschenrechte auf dem Programm. Mit einer Revision der noch von den Generälen diktierten Verfassung sollte das politische System auf eine neue, zeitgemäße Grundlage gestellt werden.

Die Regierungserklärung Demirels verriet zwar Einsicht in das politisch Notwendige. Von einer Türkei des Friedens, der Toleranz, der Sicherheit und des Wohlergehens war da die Rede. Den Menschenrechten werde die Regierung besondere Aufmerksamkeit zukommen lassen; alle Regelungen und Einschränkungen, die der Demokratie entgegenstünden, würden im Lichte universaler Werte und Normen geändert. Die Spuren des 12. September 1980 würden beseitigt. Die Folter werde bekämpft. Ohne die kurdische Frage direkt anzusprechen, ließ Demirel erkennen, daß er sich ihrer bewußt sei: Unterschiede der Sprache und der Kultur wären eher eine Stärke des Einheitsstaates als eine Schwäche. Man werde entsprechende Probleme im Rahmen des Rechts, der Menschenrechte und der Demokratie lösen.[47]

Damit freilich hatte es sein Bewenden. Von da an sollte die Türkei innenpolitisch auf der Stelle treten. Ja, der Zustand der türkischen Demokratie begann sich zu verschlechtern. Die Kämpfe im Südosten zwischen der Kurdischen Arbeiterpartei (PKK) und ihren Anhängern auf der einen und den Sicherheitskräften auf der anderen Seite nahmen im Laufe der folgenden Jahre bürgerkriegsartigen Charakter an. Die wirtschaftliche Lage verschlimmerte sich. Und das alte Übel der politischen »Kultur« in der Türkei, daß nämlich Politiker zuvörderst an ihre Pfründe denken und ihr politisches Überleben dem Wohl des Ganzen überordnen, verhinderte eine durchgreifende Reform des Systems bis heute.

Der plötzliche Tod von Präsident Özal am 17. April 1993 schließlich hinterließ ein Vakuum, das kein Politiker füllen konnte – auch nicht Frau Tansu Çiller, die im Juni zur ersten Ministerpräsidentin der Türkei gewählt wurde. Man wird Turgut Özal vieles vorwerfen können: vor allem, daß er bewußt die religiösen Kräfte in der türkischen Politik zu stärken suchte. Ohne Zweifel trug dies zu einer Verschärfung der geistigen, gesellschaftlichen und politischen Verwerfungen bei. Zutreffend hat man von ihm gesagt, sein Herz habe im islamischen Orient geschlagen, sein Verstand jedoch im Westen gearbeitet. Denn ohne Scheu nahm er die Herausforderungen des Westens an, wenn sie ihm geeignet schienen, die Entwicklung der Türkei voranzubringen.

Özal habe, so viele, die Türkei gleichsam wie ein gigantisches Wirtschaftsunternehmen »gemanagt«. Die Durchsetzung der Marktwirtschaft, die Fortentwicklung der Demokratie, die Rückdrängung des politischen Einflusses des Militärs, die Abschaffung des Informationsmonopols des staatlichen Radios und Fernsehens sowie schließlich seine realistische Reaktion auf die kurdische Frage, die mit den Kämpfen im Südosten des Landes und insbesondere mit der Vertreibung von Hunderttausenden von Kurden aus dem Irak über die Grenze in die Türkei nach dem Ende des zweiten Golfkrieges (1991) in neuer Weise gestellt war, das waren nur einige, freilich wichtige Bereiche, in denen pragmatisch gehandelt werden mußte, wenn das »Unternehmen Türkei« auf Erfolgskurs gebracht werden sollte.

In der Außenpolitik erwies Özal sich nicht nur als überzeugter Gefolgsmann der USA; mit dem Antrag auf Vollmitgliedschaft in der

EG suchte er 1987 einen gordischen Knoten zu durchhauen, den Generationen türkischer Politiker vor ihm nur noch komplizierter geschnürt hatten. Und sein Tod ereilte ihn nur zwei Tage nach der Rückkehr von zwei ausgedehnten Reisen durch die jungen turksprachigen Republiken Zentralasiens und durch den Balkan, auf denen er für eine enge politische und wirtschaftliche Partnerschaft zwischen der Türkei und ihrem neuen Umfeld geworben hatte.

Die Zukunft und ihre Probleme

Den durch Özals Tod freigewordenen Köşk in Çankaya, den Sitz des Staatspräsidenten in Ankara, bezog im Mai 1993 Süleyman Demirel. Damit zog sich dieser auf ein Amt zurück, das ihn der Tagespolitik eher entrückt. Das Ergebnis des Gerangels um seine Nachfolge als Vorsitzender der Partei des Rechten Weges und Ministerpräsident war kurz und endete mit einer Sensation. Die Wahl fiel auf Tansu

19 Tansu Çiller

Çiller. Frau Çiller war bis dahin politisch wenig aufgefallen. Sie hatte im akademischen Bereich als Professorin für Volkswirtschaft Karriere an der renommierten Bosporus-Universität gemacht. Lange Zeit hatte sie auch an amerikanischen Universitäten verbracht. In die Politik kam sie durch Demirel, der sie im Herbst 1991 als Staatsministerin für Wirtschaft in sein Kabinett geholt hatte.

Politisch ohne Erfahrung, ohne »Stallgeruch« in der Partei, der sie erst seit kurzem angehörte, aber von enormem Ehrgeiz, trat sie gegen eine männliche Konkurrenz an, die allerdings wenig eindrucksvoll war. Ihren spektakulären Wahlsieg verdankte sie dann wohl auch weniger ihrer politischen Qualifikation als der Tatsache, daß die Mehrheit der Abgeordneten der Partei ein neues Gesicht an der Spitze sehen wollte.

An warnenden Stimmen fehlte es nicht, und es sieht so aus, als sollten diese recht behalten. Jedenfalls waren die zwei Jahre der Regierung Tansu Çillers bis zu ihrem Rücktritt im September 1995 eine Zeit erheblicher Rückschläge für das Land. Die Professorin für Volkswirtschaft erlitt ihre vielleicht stärkste Schlappe mit einer drastischen Verschlechterung der wirtschaftlichen Gesamtsituation. Bis Mitte 1995 kletterte die Inflationsrate wieder auf etwa 140 Prozent, und in der Bewertung ihrer internationalen Kreditwürdigkeit wurde die Türkei zurückgestuft. Im Inneren trat das Militär, das Özal erfolgreich hatte zurückdrängen können, wieder stärker in den Vordergrund. Dies machte sich insbesondere im Südosten bemerkbar, wo die Armee den »Terror der PKK« buchstäblich mit allen militärischen Mitteln bekämpfte. Anfang 1996 standen dort etwa 400 000 Soldaten im Einsatz.

Der Wahlerfolg der fundamentalistischen Wohlfahrtspartei bei den Kommunalwahlen im März 1994 reflektierte am deutlichsten die tiefe Krise der türkischen Politik. Wirtschaftliche Härte und politische Frustration über die verbrauchte politische Klasse trieben viele zu einer Partei, die eine radikale Alternative zu der bestehenden Ordnung verheißt. Zwar blieb bei diesen Wahlen der ganz große Einbruch für die Ministerpräsidentin aus. Ihre Partei des Rechten Weges war mit 22 Prozent der Stimmen noch immer stärkste Gruppierung. Darin mag man einen gewissen Erfolg ihrer populistischen Politik sehen, die darauf ausgerichtet war, dem Geschmack der einen durch militante Töne in der Kurdenfrage, der anderen durch Konzessionen an islamische Bestrebungen sowie den von der Inflation stark betroffenen breiten Schichten durch Wahlgeschenke entgegenzukommen.

Doch trennten die Partei des Rechten Weges von der Wohlfahrtspartei ganze drei Prozent. Und auch ihr Rivale, Oppositionsführer Mesut Yılmaz, schnitt nur um einen Prozentpunkt schlechter ab. Der große Verlierer der Wahl waren die Sozialdemokraten. Nach dem Rücktritt von Erdal Inönü hatte der Bürgermeister von Ankara, Murat Karayalçın, im September 1993 dessen Nachfolge als Parteivorsitzender und stellvertretender Ministerpräsident angetreten. Ohne den Rückenwind einer erfolgreichen Regierungsarbeit, ohne klares eigenständiges Profil und dominiert von einer populistischen Ministerpräsidentin erreichte die Sozialdemokratische Volkspartei nur ganze 13 Prozent.

Anfang 1995 konnte die Partei eine Scharte auswetzen, die sie sich 1992 selbst zugefügt hatte. Als mit Wirkung vom 19. Juli dieses Jahres ein Gesetz die Wiedereinführung der 1981 aufgelösten Parteien gestattete, hatte sich neben den Sozialdemokraten die Republikanische Volkspartei, ihre Vorgängerin und zugleich die »Mutter« aller politischen Parteien in der Türkei, neu konstituiert; das hatte natürlich eine weitere Schwächung der Linken bedeutet. Mit der Wiedervereinigung der beiden Parteien unter dem klassischen Namen der Partei Atatürks Anfang 1995 konnten die Sozialdemokraten ein wenig politischen Boden zurückgewinnen. Am 10. September wurde Deniz Baykal, der notorische »linke« Kemalist, zum Vorsitzenden dieser neuen CHP gewählt. Als er am 20. September der Ministerpräsidentin die Gefolgschaft aufkündigte, war die Regierung Çiller am Ende.

Auf der Rechten suchten die Religiösen der Wohlfahrtspartei Politik und Gesellschaft zu durchdringen. Die nichtreligiösen Parteien waren unsicher, ob sie nicht die Wohlfahrtspartei gelegentlich noch brauchen, und leisteten nur geringen Widerstand. Daß in dieser virulenten »Re-Islamisierung« der Türkei gerade auch die religiöse Minderheit der Alewiten unter Druck gerät, zeigten die Zusammenstöße in Istanbul im März 1995. Andererseits suchte die Partei mit ihrer »supranationalistischen« islamischen Ideologie in wachsendem Maße Wähler unter den Kurden anzusprechen. Dabei profitierte sie von der Frustration der kurdischen Bevölkerungsteile.

Die Rolle der nationalistischen Kreise, die der Partei der Nationalistischen Bewegung und ihrem historischen Führer Alparslan Türkeş nahesteht, ist dagegen nur schwer zu bestimmen. (Auch Türkeş hatte 1992 die Gelegenheit ergriffen, den »vertrauten« Namen seiner Partei wieder einzuführen.) Zwar konnte die Partei bei den Gemeinderatswahlen im März 1994 nur 7 Prozent gewinnen; Umfragen sahen sie Mitte 1995 bei circa 12 Prozent. Doch geht der tatsächliche Einfluß weit über das Ergebnis an den Wahlurnen hinaus. Straff organisiert, scheint sie mit ihrer nationalistischen Ideologie einer starken Türkei über großen Einfluß in der Armee und den Sicherheitskräften zu verfügen, bis hin zu paramilitärischen Kräften, zu deren Kontrolle die Regierung nicht mehr willens oder in der Lage ist.

Das Ergebnis der vorgezogenen Parlamentswahlen vom 24. Dezember 1995 hat gezeigt, wie sehr sich das politische Leben in der Türkei kompliziert hat. Einerseits konnte Türkeş's Partei überraschend die Zehn-Prozent-Hürde nicht überspringen. Andererseits aber liegt das Problem darin, daß drei Parteien nahezu gleichauf sind: Stärkste Partei wurde die Wohlfahrtspartei mit 21,3 Prozent, gefolgt von der Mutterlandspartei (19,6) und der Partei des Rechten Weges (19,2). Alt-Premier Bülent Ecevit, der mit seiner Partei der Demokratischen Linken *(Demokrat Sol Partisi, DSP)* nach 1983 einen eigenen Weg gegangen war und zeitweilig in der politischen Bedeutungslosigkeit zu verschwinden schien, kam auf respektable 14,6 Prozent (während die sozialdemokratische Republikanische Volkspartei die zehn Prozent nur haarscharf überspringen konnte). Unabhängig von der Frage nach der Koalitionsfähigkeit der islamischen Wohlfahrtspartei steht über jeder Form künftiger Koalitionen ein Fragezeichen: Werden sie überhaupt in der Lage und willens sein, die schwerwiegenden Probleme des Landes anzugehen? Erfahrungen mit früheren Koalitionen lassen hier Zweifel fortbestehen.

Die krisenhaften Züge im Erscheinungsbild der Türkei sind also unübersehbar. Wenn der griechische Begriff der »Krisis« die Bedeutung der »Entscheidung« hat, dann befindet sich das Land tatsächlich in einem »kritischen« Zustand. Die Frage nach dem politischen und gesellschaftlichen Stellenwert des Islam und nach der Integration eines kurdischen Nationalismus in den türkischen Staat bedarf grundsätzlicher Entscheidungen von seiten einer politischen Elite, die ideologisch auf das Staatskonzept des Laizismus und Türkentums fixiert war, auf dem die Türkische Republik beruht. Auf diese grundlegenden Herausforderungen muß deswegen noch ausführlicher eingegangen werden.

Damit hängt eine dritte »Entscheidung« zusammen: die Fortsetzung der Orientierung des Landes nach Europa. Auf die außenpolitischen Aspekte der türkisch-europäischen Beziehungen wird an anderer Stelle zu sprechen sein. Hier stellt sich zunächst die Frage nach der Wertegemeinschaft. Die Entscheidung für Europa bedeutet innenpolitisch die Vertiefung der Demokratie und den Respekt der Menschenrechte. Die Demokratie- und Menschenrechtsdefizite in der Türkei haben jedoch die europäisch-türkischen Beziehungen in den letzten Jahren zunehmend belastet.

Wie ernst ist es der türkischen Elite mit der Verwirklichung europäischer politischer Wertvorstellungen? Die Türkei ist aus einem anderen geschichtlichen und kulturellen Kontext hervorgegangen als demjenigen, aus dem heraus Europa entstanden ist. Ihre »politische Kultur« ist mithin anders geprägt als die der europäischen Völker und Gesellschaften. Dies erklärt, warum sich die Türkei mit »europäischen« politischen Werten so schwer getan hat.

Zu Recht besteht »Europa« darauf, daß die türkische Elite größere Anstrengungen unternimmt, sich diesen Werten zu verpflichten. Viel ist da aber nicht geschehen. Süleyman Demirels Regierungserklärung vom November 1991 ist praktisch im politikleeren Raum verhallt. Ist da im Sommer 1995 etwas in Bewegung geraten? In dem Maße, in dem über die Zollunion zwischen der Türkei und der EU eine weitere wirtschaftliche und politische Annäherung hergestellt werden soll, steht unabwendbar auch die »Entscheidung« in der Werte-Frage ganz oben auf der politischen Agenda.

Unter diesem Zwang haben die türkischen Politiker zu reagieren begonnen. Erstes Ergebnis war eine am 23. Juli 1995 im Parlament beschlossene Änderung der Verfassung in 16 Artikeln. Dadurch wurden einige von den Militärs nach 1980 eingeführte Einschränkungen beseitigt, die demokratischen Institutionen gestärkt sowie die Möglichkeiten pluralistischer Mitwirkung erweitert.

Nach europäischer Auffassung kann es sich dabei nur um einen ersten Schritt handeln. Die Prozesse, Verfolgungen und Verhöre, die seit 1991 auf der Grundlage von Artikel 8 des »Antiterrorgesetzes« durchgeführt wurden, bildeten einen besonders dunklen Flecken auf dem Erscheinungsbild der Türkei. Eine grundlegende Überarbeitung des Gesetzes im Licht europäischer Maßstäbe für Menschen- und Bürgerrechte wird Aufschluß darüber geben, wie aufrichtig die politische Klasse in der Türkei darum bemüht ist, eine Wertegemeinschaft mit Europa einzugehen.

Ein Blick nach Ankara läßt etwas Skepsis aufkommen. Die »politische Klasse« ist ohne Führung durch eine starke Persönlichkeit und ohne klare Orientierung. Wie schon Ende der siebziger Jahre die großen Parteien und ihre Führer den Machterhalt bzw. Machtgewinn über das Wohl des Staates stellten und damit die Dinge an den Punkt treiben ließen, da schließlich das Militär eingreifen mußte und sich als Retter des Vaterlandes aufspielen konnte, so gaben sie sich auch Ende 1995 wieder ihren »Spielchen« hin. Die politische Klasse erscheint verbraucht. Der Rücktritt Tansu Çillers mutete so gleichzeitig wie deren Bankrotterklärung an.

Da ist es unwahrscheinlich, daß Außenseiter heranwachsen können, die in absehbarer Zeit der türkischen Politik wieder Konsistenz und eine dezidiert an Europa orientierte Marschrichtung geben würden. Neue – liberale – Töne hört man von Cem Boyner. Der etwa vierzigjährige Abkömmling einer der bekanntesten Industriellenfamilien der Türkei hat als ehemaliger Präsident des einflußreichen Arbeitgeberverbandes gute Kontakte zu türkischen und internationalen Kreisen in Finanz und Politik aufgebaut.

Im Dezember 1994 ließ er seine Neue Demokratiebewegung *(Yeni Demokrasi Hareketi, YDH)* als Partei registrieren. Erstaunlich schnell haben sich ihr Intellektuelle aller Schattierungen, aber auch Größen aus der Geschäftswelt und kurdische Politiker, bekannte Persönlichkeiten aus dem linken und konservativen Lager und ehemalige Mitglieder der Wohlfahrtspartei angeschlossen. Ob daraus freilich eine Volkspartei werden und von ihr eine Erneuerung der politischen Klasse in der Türkei ausgehen kann, darf bezweifelt werden. Cem Boyners Scheitern an den Wahlurnen am 24. Dezember 1995 zeigt an, daß eine solche »liberale« Partei – wenn überhaupt – einen langen Weg zum türkischen Wähler zu gehen hat.

Daß, wie 1980, das Militär die Macht übernehmen könnte, ist eher unwahrscheinlich. Aber das ist auch überhaupt nicht notwendig. Denn der Einfluß des Militärs, namentlich über den Nationalen Sicherheitsrat, hat ohnehin seit Özals Tod zugenommen. Es hat das Sagen in allen Aspekten der inneren Sicherheit. Zugleich aber führt das Versagen der politischen Mitte dazu, daß die Kräfte an den Rändern Zulauf erhalten. Auch unter diesem Aspekt jedenfalls muß das Erstarken der fundamentalistischen Wohlfahrtspartei gesehen werden. Und der Einfluß der nationalistischen Kräfte um Alparslan Türkeş wirkt zwar anhand der Wahlergebnisse unbedeutend; doch hinter den Kulissen hat sich ein dichter Filz rechtsextremer, auf »Law and order« bedachter politischer Kräfte gebildet.

Die Aussenpolitik an der Nahtstelle zweier Welten

Aus dem Zweiten Weltkrieg hatte sich die Türkei heraushalten können. Mit großer »Geschmeidigkeit« hatte es die Regierung geschafft, sich dem Druck der einen oder anderen Kriegspartei zu entziehen, an ihrer Seite in den Krieg einzutreten. Gewiß, die Türkei hatte am 23. Februar 1945 Deutschland den Krieg erklärt – und damit die Voraussetzung geschaffen, Gründungsmitglied der Vereinten Nationen zu werden. Darüber hinaus aber sollte bald deutlich werden, daß das Land der Herausforderung gegenüberstand, seine Außenpolitik den raschen Veränderungen der Weltpolitik anzupassen, die mit dem Ende des Krieges aufbrachen.

Politischer Gezeitenwechsel

Die Schwächung der europäischen Mächte während des Zweiten Weltkrieges mußte früher oder später Auswirkungen auf ihre Machtstellung im Nahen Osten haben. Frankreich und England, die beiden Mächte, die sich vor Jahrzehnten den Nahen Osten aufgeteilt hatten, um dort ihre politischen und wirtschaftlichen Interessen zu sichern, waren auf dem Rückzug. Ihre Präsenz im Mittleren Osten war nur noch eine Frage der Zeit. Rasch kam die französische Macht ans Ende; der Libanon (1943) und Syrien (1943), wo sich Frankreich mit dem Sykes-Picot-Abkommen (1916) eine dominierende Rolle vorbehalten hatte, mußten in die Unabhängigkeit entlassen werden. Daß Paris im – für die Türkei – fernen Maghreb, vor allem natürlich in Algerien, seine beherrschende Stellung zu erhalten suchte, war für die türkische Führung von geringer Bedeutung.

Aber Englands Rückzug war ebenfalls nicht aufzuhalten. Im Irak hatte London seine Rolle weiter gespielt, obwohl das Land bereits 1932 seine – wenn auch bedingte – Unabhängigkeit erhalten hatte.

Spätestens mit der Revolution von 1958 war auch dort Großbritanniens Rolle ausgespielt. In Palästina verlor London mehr und mehr die Kontrolle über die Entwicklungen, die 1948 zur Gründung des Staates Israel führten. Natürlich blieb hier und da ein starker britischer Einfluß bestehen – so in Jordanien, am Persischen Golf und im Südjemen. Aber dies war nicht mehr die gestaltende Rolle, die England zwischen den Weltkriegen zum mächtigsten politischen Faktor im Nahen Osten gemacht hatte.

Im Juni 1956 kündigte der ägyptische Staatschef Gamal Abd al-Nasser (Naser) das Suezkanal-Abkommen, welches England besondere Rechte in Ägypten eingeräumt hatte. Die anschließende Invasion britischer und französischer Truppen, die aber auch Israel zur Besetzung der gesamten Sinai-Halbinsel auszunutzen suchte, scheiterte ruhmlos am Widerstand der Vereinigten Staaten. Ein Zeichen, daß die Karten im Nahen Osten neu gemischt waren.

Die USA sollten die neue Vormacht in der Region werden. Das war eine nahezu notwendige Folge des Umstandes, daß mit der Schwächung Englands ein Vakuum in der Region entstand und zugleich amerikanische Unternehmen sich immer stärker in der Erdölproduktion dieser Region engagierten. Mit dem Ende des Krieges hatte sich der Nahe Osten also tiefgreifend verändert. Zahlreiche Staaten waren selbständig geworden, und ein neuer Staat, Israel, trat im Mai 1948 ins Leben, für den sich die USA sehr bald politisch, wirtschaftlich und militärisch einsetzten. Und in Sachen Erdöl begannen die USA im saudiarabischen Königreich eine dominierende Rolle zu spielen. Im übrigen ließ Washington keinen Zweifel daran, daß es zu den Zielen amerikanischer Politik in der Region gehöre, den europäischen Kolonialismus zu beenden. Von daher erklärte sich auch der amerikanische Widerstand gegen das Abenteuer Großbritanniens und Frankreichs am Suezkanal im Jahre 1956, ein letztes, aber vergebliches Aufbäumen zweier Mächte, die lange den Nahen Osten für ihr exklusives Einflußgebiet gehalten hatten.

Bald sah sich auch Ankara gezwungen, sich mit den neuen Machtverhältnissen auseinanderzusetzen. Im März 1945 ließ der sowjetische Diktator Josef Stalin wissen, daß Moskau den türkisch-sowjetischen Freundschaftsvertrag von 1925 nicht verlängern werde. Wenig später, zunächst im Juni in einem Gespräch zwischen Außenminister Molotow und dem türkischen Botschafter in Moskau und dann auf der Konferenz von Potsdam (im Juli 1945), präzisierte die Sowjetunion ihre Forderungen an die Türkei: Der Meerengen-Status sollte neu verhandelt werden; Stalin forderte die Kontrolle sowie eine gemeinsame Verteidigung der Meerengen durch die Türkei und die Sowjetunion – unter Einschluß der Errichtung einer sowjetischen Militärbasis. Darüber hinaus sollten auch die 1921 an die Türkei zurückgegebenen Gebiete von Kars und Ardahan, die zwischen 1878 und 1918 zu Rußland gehört hatten, an die Sowjetunion, genauer gesagt an die Armenische Sowjetrepublik, zurückkehren.

Für die Türkei war damit eine bedrohliche Situation entstanden. Einmal mehr sah sie sich der Konfrontation mit dem »Erzfeind« vergangener Jahrhunderte ausgesetzt. Das bedeutete zugleich, daß sie die Unterstützung von Verbündeten benötigte, die sie bis dahin noch nicht hatte. Vielmehr hing ihr die Schaukelpolitik des Zweiten Weltkrieges bei denen nach, auf deren Unterstützung sie nun angewiesen war: der USA und der europäischen Mächte.

Darüber hinaus erwies sich die Forderung aus Moskau schnell als lediglich ein Glied in einer Kette sowjetischer Versuche, zwischen dem Balkan und Iran eine Sphäre direkter oder indirekter Einflußnahme zu schaffen. In Griechenland tobte seit der Befreiung von deutschen Truppen 1944 ein Bürgerkrieg, der bis 1949 andauern sollte und in dem das Land Gefahr lief, wie der übrige Balkan in den Einflußbereich des Kommunismus zu geraten. In Iran verzögerten sowjetische Truppen nach Kriegsende ihren Abzug und hatten in der Provinz Aserbaidschan sowie in der kurdischen Region um Mahabad, zwei unmittelbar an die Türkei angrenzenden Gebieten, politische Gebilde zu gründen geholfen, die unabhängigen Staaten nahekamen. Mit Jugoslawien schloß Ankara zwar im September 1947 ein erstes Handels- und Zahlungsabkommen, dennoch kam es bis zum Austritt des Landes aus der Kominform (1949) wiederholt zu Belastungen. Bezeichnend sind die Todesurteile gegen vier Muslime im jugoslawisch-mazedonischen Skopje im Januar 1948, denen Umsturzpläne mit türkischer Hilfestellung vorgeworfen wurden. Und der schon erwähnte »Balkan-Pakt« mit Jugoslawien (und Griechenland, 1953/54) erwies sich in dem Maße als wirkungslos, in dem sich seit 1955 die türkisch-griechischen Beziehungen über Zypern verschlechterten. In Bulgarien schließlich wurde Druck auf die türkische Minderheit ausgeübt, das Land zu verlassen. Am 14. August 1950 überreichte Bulgarien in Ankara eine Note, in der die Umsiedlung von 250 000 Bulgarien-Türken verlangt wurde. In der folgenden Zeit verließen 140 000 Türken das Land und wurden in der Türkei angesiedelt.

Eintritt ins westliche Bündnis

Der innere Aufbruch zur politischen Öffnung des Ein-Parteien-Systems ging also mit einer außenpolitischen Neuorientierung einher. Bemerkenswert ist die Kontinuität der türkischen Außenpolitik in den kommenden zweieinhalb Jahrzehnten – unabhängig vom Wechsel der Regierungen. Es war noch Ismet Inönü, der die ersten Schritte in Richtung auf die Westorientierung unternahm. Sein Rivale Adnan Menderes, der 1950 die radikale innenpolitische Alternative in die Wege leiten sollte, führte dann das Land 1952 in die NATO. An dieser Ausrichtung hat es in Ankara auch unter den folgenden Regierungen, die Militärs naturgemäß eingeschlossen, keine Änderung gegeben. Erst in den siebziger Jahren sollte die Außenpolitik in der Türkei Gegenstand der innenpolitischen Auseinandersetzungen werden.

Die Bedrohung durch die Sowjetunion gab schließlich den Anstoß zum Eintritt in das westliche Verteidigungsbündnis. Daß der Westen entschlossen war, die Türkei zu schützen, hatte bereits am 12. März 1947 der amerikanische Präsident Truman deutlich gemacht, als er in der nach ihm benannten »Doktrin« feststellte, die nationale Integrität und Souveränität Griechenlands und der Türkei sei für die Sicherheit der USA und aller freiheitsliebenden Menschen von Bedeutung. Die USA würden »freien Völkern«, deren Existenz durch äußeren Druck oder durch militante Minderheiten im Inneren gefährdet wären, zur Seite stehen. Damit war der Weg zu massiver Militär- und Wirtschaftshilfe des Westens frei. Der Beitritt zum westlichen Verteidigungssystem stand nun im Vordergrund des nationalen Interesses des Landes. Außenminister Mehmet Fuat Köprülü brachte dies vor der Großen Nationalversammlung klar zum Ausdruck, als er im Dezember 1951 feststellte: »Unsere nationalen Interessen sind von jedem Standpunkt aus mit den gemeinsamen Interessen des nordatlantischen Bündnisses und mit dessen geographischen und militärischen Erfordernissen identisch.«[48] Mit

Blick auf die späteren Querelen um die NATO und die Beziehungen zum Westen muß es geradezu als ein politisches Wunder erscheinen, daß am 18. Februar 1952 das türkische Parlament die Aufnahme in die NATO mit 440 Jastimmen bei einer Gegenstimme und einer Enthaltung billigte. Die Türkei war auf einem neuen Weg. Einem Weg, der auf politische Annäherung an den Westen, ja Eingliederung in diesen zu weisen schien.

Schon zuvor hatte sie zu den Gründern der Organisation für Wirtschaftliche Zusammenarbeit in Europa (OEEC) gehört (April 1948) und war am 8. August 1949 dem Europarat zusammen mit Griechenland beigetreten. Dasselbe gilt für alle anderen (west)europäischen Zusammenschlüsse jener Jahre, von der Europäischen Konvention zum Schutz der Menschenrechte und Grundfreiheiten bis zur Europäischen Zahlungsunion (EZU). Mag dieser Schritt auch eine Abweichung von der eher isolationistischen Außenpolitik Atatürks gewesen sein, so weist er doch den gleichen Realismus auf, mit dem der türkische Staatsgründer seine politischen Reformmaßnahmen von Fall zu Fall unter kalkulierbaren Rahmenbedingungen vorangetrieben hatte.

Brückenkopf des Westens im Nahen Osten

Die Türkei hing also nun am politischen und wirtschaftlichen Tropf der USA. Schon am 5. April 1946 war der erste amerikanische Flottenbesuch in Istanbul durch das Schlachtschiff »Missouri« auf türkischer Seite nicht nur zu einer Demonstration der Freundschaft zu den USA geworden; er war auch ein Signal im Rahmen des Kalten Krieges gewesen, das in Moskau wohl verstanden wurde. Am 12. Juli 1947 und 4. Juli 1948 wurden die ersten der in der Folge weit über hundert türkisch-amerikanischen Verträge geschlossen, die einer engen Kooperation auf den verschiedensten Gebieten die rechtliche Basis gaben. Ihre Verbundenheit brachte die Türkei im Korea-Krieg zum Ausdruck: Die 4500 Soldaten, die der türkische Ministerpräsident Adnan Menderes im Sommer 1950 entsandte, haben sich in Korea bewundernswert geschlagen. Dies war nicht nur eine Empfehlung im Hinblick auf die Absicht, der NATO beizutreten, sondern stellte zugleich die Vertragstreue gegenüber den

Vereinten Nationen, deren Sicherheitsrat am 27. Juli 1950 zur Truppenentsendung aufgefordert hatte, unter Beweis.

Die Festschreibung des Status der Türkei in der internationalen Politik, das heißt ihre entschlossene Eingliederung in das westliche Bündnis und die Gefolgschaft gegenüber den USA, hatten in diesen Jahren außenpolitisch ohne Zweifel absolute Priorität. Demgegenüber trat das regionale Umfeld zurück. Das gilt auch für den Nachbarn Griechenland. Auf grundsätzliche Aspekte des schwierigen Verhältnisses und die kemalistische Politik des Ausgleichs ist bereits hingewiesen worden. Nach dem Krieg ergab sich eine merkwürdige Ambivalenz: Auf der einen Seite erschienen die Türkei und Griechenland fast wie siamesische Zwillinge auf der internationalen Bühne. Gemeinsam stellten sie die Aufnahmeanträge an den Europarat und die NATO, und für die NATO bildeten beide Länder zusammen die Verteidiger der »Südostflanke«, wobei das eine strategisch so unverzichtbar war wie das andere. Das nachdrückliche Eintreten der Türkei für Griechenland während der langwierigen Debatten in den Vereinten Nationen über den griechischen Bürgerkrieg ergänzt das Bild einer ungewöhnlichen Interessenidentität.

Auf der anderen Seite war aber auch nicht zu übersehen, daß das Verhältnis beider Länder zueinander allein schon durch die türkische Neutralitätspolitik im Zweiten Weltkrieg stark strapaziert war. In den Jahren nach 1945 kam sofort das Ägäis-Problem mit einem seiner Teilaspekte, dem Fischereirecht, belastend hinzu. Auch das fortdauernde Streben nach der *Enosis*, der Vereinigung aller Griechen mit dem Mutterland, mußte zu anhaltenden Belastungen führen. Mit der Gewinnung der Inselgruppe der Dodekanes von Italien durch den Friedensvertrag von Paris am 10. Februar 1947 konnte Griechenland einen wichtigen Erfolg in dieser Richtung verzeichnen, durch den aber auch weitere 25000 Türken unter griechische Herrschaft kamen. Wenn das Zypernproblem bis 1952 noch keine Rolle zwischen der Türkei und Griechenland spielte, so war es doch nur eine Frage der Zeit, bis es akut würde. Mit der Volksabstimmung vom 15. Januar 1950, in der sich 96 Prozent der Zyperngriechen für die Enosis aussprachen, unter Übernahme der Führung durch Erzbischof Makarios am 28. Oktober 1950, waren allerdings die Weichen für den Ausbruch des offenen Konflikts von 1954/55 an gestellt.

Der Nahe Osten trat demgegenüber für die türkische Außenpolitik erst langsam ins Bild. Auch zeigte die türkische Seite keine Eile, sich dort zu engagieren, nachdem es Atatürks Prinzip gewesen war, sich aus dieser Region, in die die Türken jahrhundertelang verstrickt gewesen waren, herauszuhalten. Konflikte freilich sollten sich dort bald abzeichnen; ebenso war klar, daß die Türkei nicht vollkommen würde abseits stehen können. Die erste schwierige Entscheidung war die Einstellung gegenüber dem Staat Israel, der im Mai 1948 ins Leben trat. Noch 1947 hatte sich Ankara in den Vereinten Nationen gegen die Teilung Palästinas ausgesprochen, doch mußte es seine Politik bald revidieren. Der Wunsch nach enger Kooperation mit den USA ließ divergierende Einstellungen zum jüdischen Staat nicht zu. Und so erklärte sich die Türkei 1949 als erster Staat der Region zur Anerkennung Israels bereit; 1952 wurden volle diplomatische Beziehungen zwischen den beiden Staaten aufgenommen.

Die fünfziger und frühen sechziger Jahre markieren den Höhepunkt der Beziehungen der Türkei zum Westen – zu den USA und zu Europa. Die Freundschaft beschränkte sich nicht nur auf die Regierungen und politischen Führungsschichten in Ankara und Washington; sie wurde von breiten Teilen der türkischen Bevölkerung getragen. In diesem Klima gedieh auch das Verhältnis zur 1958 gegründeten Europäischen Wirtschaftsgemeinschaft (EWG). Am 31. Juli 1959 stellte die Türkei einen Antrag auf Assoziierung. Damit bekundete die türkische Führung ihre Absicht, für die weitere Zukunft an die Seite vorrangiger Beziehungen zu den USA die Integration in Westeuropa treten zu lassen.

Die Außenpolitik freilich war in diesem Jahrzehnt – wie traditionell schon früher in der Türkei – kein Thema für Diskussionen in einer breiteren Öffentlichkeit. So hatten es die Regierungen in Ankara relativ leicht, Entscheidungen zu treffen, die am wirtschaftlichen, politischen und sicherheitspolitischen Interesse des Landes ausgerichtet waren. Emotionen, wie sie bald in die Außenpolitik eindringen sollten, spielten damals noch keine Rolle. Das erklärt auch die Geradlinigkeit der türkischen Außenpolitik in diesen Jahren. Welche Partei die Regierung stellte, ob die Republikanische Volkspartei oder die Demokratische Partei, auf die Außenpolitik hatten Regierungswechsel fast keinen Einfluß.

So bestand kein Zweifel, daß die türkische Politik in ihrem näheren und weiteren Umfeld amerikanischem Design folgte. Die Sowjetunion blieb der erklärte außenpolitische Gegner der Türkei. Auch mit dem Beginn der Entspannung Ende der fünfziger Jahre änderte Ankara seine Haltung zunächst kaum. Daß »nur« ein Gesundheitsminister im Dezember 1959 als erster Minister seit 1939 in die Sowjetunion reiste, beweist die deutliche Zurückhaltung der Türkei im Vergleich zur allgemeinen Tauwetterstimmung jener Jahre ebenso wie die Spionageflüge des Aufklärungsflugzeugs U2 von türkischem Boden, das Beharren auf der Stationierung amerikanischer Jupiter-Raketen und die strikte Bündnistreue in der Kuba-Krise. Signale, daß man in Moskau nach dem Tode Stalins (1953) bereit war, ein neues Kapitel in den Beziehungen zu Ankara aufzuschlagen, fanden dort wenig Beachtung. Und es waren nicht zuletzt die Entwicklungen im Nahen Osten, die ein Auftauen der Beziehungen bis auf weiteres verhinderten.

Dort nämlich hatte mit der Revolution der Freien Offiziere in Ägypten (1952) unter der Führung Nassers eine Kette von Entwicklungen eingesetzt, die im folgenden Jahrzehnt weite Teile der Region tiefgreifend und revolutionär verändern sollten. Dies aber konnte im Zeitalter des Kalten Krieges nicht ohne Auswirkung auf die Stellung und das Engagement der beiden Supermächte bleiben, war der Nahe Osten doch für beide Seiten von hohem strategischem, aber nicht zuletzt auch wirtschaftlichem Gewicht. Der Stellenwert des Nahen und Mittleren Ostens für die türkische Außenpolitik nahm folglich im Jahrzehnt nach 1952 deutlich zu.

In Washington hatte der amerikanische Außenminister John F. Dulles 1953 das strategische Konzept eines »Nördlichen Gürtels« (Northern tier) verkündet: zum einen die Fortsetzung des NATO-Sicherheitssystems gegen die Sowjetunion im Nahen und Mittleren Osten, zum anderen ein Bindeglied zu einer südostasiatischen Verteidigungsorganisation, an deren Gründung man in Washington arbeitete. Letztere nahm am 8. September 1954 durch die Gründung der Südostasiatischen Bündnisorganisation *(South-East Asian Treaty Organization, SEATO)* Gestalt an. Der »Nördliche Gürtel« bekam eine sicherheitspolitische Struktur, als am 24. Februar 1955 der Bagdad-Pakt geschlossen wurde.

Die Türkei war mithin ein wichtiges Bindeglied in der amerikanischen Politik des Containment, der Eingrenzung sowjetischer Expansion im Nahen und Mittleren Osten, geworden, eine Entwicklung, die nachdrücklich durch die »Eisenhower-Doktrin« vom 5. Januar 1957 untermauert wurde. Zehn Jahre nach der Truman-Doktrin versicherte der amerikanische Präsident in einer Botschaft an den Kongreß alle Staaten im Nahen Osten der Unterstützung gegen eine Bedrohung seitens des Kommunismus – wirtschaftlich und militärisch, einschließlich des Einsatzes amerikanischer Streitkräfte zur Sicherung und zum Schutz der territorialen Integrität und politischen Unabhängigkeit gegen eine Aggression welchen Staates immer, der vom internationalen Kommunismus kontrolliert wird.

Ankara hat nicht gezögert, auch hier seinen Platz an der Seite der USA einzunehmen. Eine Allianz, die zugleich nach außen kraftvoll bekundet werden sollte. Ein Beispiel dafür bot die Teilnahme der Türkei an der Afro-Asiatischen Konferenz von Bandung (19.–24. April 1955). Die Türkei stellte sich dort zusammen mit nur fünf anderen der insgesamt 29 vertretenen Länder – Iran, dem Irak, Pakistan, Libanon und den Philippinen – den Anfängen einer blockfreien Politik entgegen, wie sie vor allem von Indien und seinem Ministerpräsidenten Jawaharlal Nehru und Ägypten unter Präsident Nasser betrieben wurde. Der türkische Außenminister wandte sich auf der Konferenz wiederholt gegen eine neutralistische »Politik des mittleren Weges« und unterstrich die Notwendigkeit einer Abwehr der expansiven Politik der Sowjetunion.

Der Bagdad-Pakt sollte also die Doktrin des *Containment* in die Praxis nah- und mittelöstlicher Politik umsetzen. Bis Ende 1955 schlossen sich ihm neben der Türkei und dem Irak Pakistan, Iran – und England an. Die Teilnahme Englands verdient deswegen Beachtung, da der Bagdad-Pakt damit über die anderen regionalen Sicherheitsverträge der Türkei seit dem Balkan-Pakt und dem Abkommen von Saadabad hinaus, die Jahrzehnte zuvor von Atatürk geschlossen wurden, zum ersten Mal eine der Großmächte außerhalb der Region einschloß. Die USA kooperierten auf dem Weg über gesonderte bilaterale Verträge und als Beobachter.

Genau dies aber verhinderte, daß der Pakt politische Bedeutung gewinnen konnte. Seine psychologische Wirkung und die seiner Nachfolgeorganisation war nicht nur gegenüber dem Ostblock negativ, sondern – was nicht minder zählte – auch gegenüber der jungen Blockfreien-Bewegung. Die Verträge trugen dazu bei, daß Ägypten wie Indien in jenen Jahren besonders schlechte Beziehungen zur Türkei unterhielten. Die Revolution im Irak vom 14. Juli 1958, durch die König Faisal II. gestürzt wurde, bedeutete das Ende des Bagdad-Pakts. Abd al-Karim Kassem, der neue Militärmachthaber in Bagdad, erklärte am 24. März 1959 den Austritt aus dem Pakt. Übrig blieb tatsächlich nur der »Nördliche Gürtel«, bestehend aus der Türkei, Iran und Pakistan. Am 20. August 1956 trat die Zentrale Bündnisorganisation *(Central Treaty Organization, CENTO)* – das Mittelstück zwischen NATO und SEATO – an seine Stelle.

So mußte die Türkei in den Augen der jungen revolutionären arabischen Regime als Erfüllungsgehilfe amerikanischer Politik gelten. Mehr und mehr wandten sie sich der Sowjetunion zu. Die Türkei indessen zeigte sich bereit, der Politik der USA im Nahen Osten Rückhalt zu gewähren. Besonders deutlich wurde dies während der Suez-Krise von 1956 und den anschließenden Krisen in den Jahren 1957 und 1958 in Syrien, im Irak und im Libanon. Am auffälligsten – und innenpolitisch in der Türkei von seiten der Republikanischen Volkspartei durchaus nicht unumstritten – war, daß den USA die Möglichkeit eingeräumt wurde, von der Luftwaffenbasis Incirlik in der Südost-Türkei aus Hilfsflüge für ihre Operationen im Libanon zu starten. Mit Syrien blieben die Beziehungen wegen der syrischen Ansprüche auf Hatay, die syrische Provinz, die 1939 mit französischer Hilfestellung der Türkei überlassen worden war, schlecht. Nassers Ägypten, ohnehin der wichtigste Gegner der türkischen Außenpolitik im Nahen und Mittleren Osten, mußte mit der Gründung der Vereinigten Arabischen Republik (VAR) im Jahre 1958, einem Zusammenschluß von Ägypten und Syrien, sofort auf den Widerstand der Türkei stoßen. Dasselbe galt für den Irak nach der Revolution von 1958. Konfliktverschärfend kam hier hinzu, daß die revolutionäre nationalarabische Regierung in Bagdad im Zusammenhang mit dem Kurdenaufstand im Irak und der Ausrufung eines unabhängigen Kurdenstaates unter Mustafa al-Barzani (März 1961) mehrmals Kurdendörfer in der Türkei bombardieren ließ.

Deshalb fand sich die Türkei in der Region relativ isoliert, als 1963 auf Zypern ein Problem aufbrach, das die politische Führung in Ankara bald dazu bringen sollte, die Außenpolitik des Landes einer Revision zu unterziehen. Jedenfalls machten es die zahlreichen Debatten in der UNO um Zypern 1964 notwendig, sich auch in der Region nach neuen Freunden umzutun.

Der Konflikt um Zypern – eine aussenpolitische Wasserscheide

Der Krise um Zypern war der erste tiefgreifende Dissens zwischen Ankara und Washington vorausgegangen. Er stand im Zusammenhang mit der Krise um Kuba (1961). Kernpunkt des bis heute diskutierten Streites ist, ob der amerikanische Präsident John F. Kennedy entgegen seinen offiziellen Erklärungen insgeheim der Forderung des damaligen Generalsekretärs der KPdSU, Nikita Chruschtschow, gefolgt ist, den Rückzug der sowjetischen Raketen von Kuba gegen den Abzug der amerikanischen Jupiter-Raketen aus der Türkei einzuhandeln, obwohl Ankara wiederholt auf dem Verbleib dieser Raketen in der Türkei beharrt hatte. Immerhin aber war in der türkischen Öffentlichkeit der Verdacht geweckt, daß Washington amerikanische Sicherheitsinteressen den türkischen überzuordnen entschlossen sein könnte. Zweifel stellten sich ein, inwieweit das bestehende Sicherheitssystem der Türkei überhaupt noch den »nationalen Interessen« angemessen wäre.

Einen nationalen Schock aber löste drei Jahre später der amerikanische Präsident Lyndon B. Johnson aus, als er auf dem Höhepunkt der Krise um Zypern, die seit 1963 immer mehr ins Zentrum der türkischen Außenpolitik gerückt war, am 5. Juni 1964 an Ministerpräsident Ismet Inönü schrieb: »Ich hoffe, Sie verstehen, daß Ihre NATO-Verbündeten noch keine Gelegenheit hatten zu erwägen, ob sie der Verpflichtung unterliegen, die Türkei gegen die Sowjetunion zu schützen, im Falle die Türkei einen Schritt unternimmt, der zu einer sowjetischen Intervention führt, ohne die volle Zustimmung und das Einvernehmen ihrer NATO-Verbündeten.« Die Antwort Inönüs am 14. Juni macht deutlich, wie gründlich das von der Türkei her immer auch als Freundschaftsverhältnis angesehene Bündnis damals Schaden gelitten hat: »Herr Präsident, Ihre Botschaft war nach Wortwahl und Inhalt enttäuschend für einen Verbündeten wie die Türkei, der stets für seine Bündnisbeziehungen mit den USA die ernsthafteste Aufmerksamkeit aufgebracht hat; auch hat sie erhebliche Meinungsverschiedenheiten über eine Reihe grundlegender Sachverhalte mit Bezug auf diese Beziehungen zutage treten lassen...«[49]

Was war geschehen? Kernstück des türkisch-griechischen Konflikts um Zypern war und ist die staatsrechtliche Ausgestaltung des Zusammenlebens der türkischen und griechischen Volksgruppen und des völkerrechtlichen Status der Insel. Zypern war bis 1878 Teil des Osmanischen Reiches gewesen. Auf dem Berliner Kongreß wurde es dann, obgleich weiterhin unter osmanischer Oberhoheit, zur Besetzung und Verwaltung Großbritannien überlassen und von diesem 1914 annektiert.

Das Grundproblem lag in der Tatsache, daß sich die Gesamtbevölkerung von in den fünfziger Jahren etwa 620 000 Menschen aus 500 000 Griechen und 120 000 Türken zusammensetzte. Zwar hatten sich erste Spannungen im Verhältnis der beiden Volksgruppen schon in den vierziger Jahren gezeigt. Doch erst mit Beginn des bewaffneten Kampfes der griechisch-zyprischen Nationalen Organisation Zypriotischer Kämpfer (Akronym der griechischen Bezeichnung: EOKA) gegen die britische Herrschaft für die Vereinigung der Insel mit Griechenland *(Enosis)* im Jahre 1955 setzten auch blutige Auseinandersetzungen zwischen den Volksgruppen ein. Die türkischen Zyprioten gründeten Gegenorganisationen zur griechisch-zyprischen Bewegung (zum Beispiel die Türkische Widerstandsorganisation, *Türk Mükavement Teşkilâtı*). Nach 1955 wurde der bewaffnete Kampf von der EOKA und der türkischen Seite auch in die Dörfer getragen. Es kam zu ersten Vertreibungen.

Unter dem Druck der Ereignisse sah sich Großbritannien schließlich gezwungen, seine Dominanz über die Insel zu beenden. Nach langwierigen und komplizierten Verhandlungen wurde Zypern 1960 in die Unabhängigkeit entlassen. Grundlage dafür waren zwischen Großbritannien, Griechenland und der Türkei in Zürich (Februar 1959) und London (Dezember 1959) geschlossene Verträge.

Dagegen hatten die Griechen von Anfang an das Recht auf Selbstbestimmung geltend gemacht und angesichts der überwältigenden Mehrheit des griechischen Bevölkerungsteils den Anschluß an Griechenland gefordert. Ein erster Schritt in diese Richtung war die vom zypriotischen Staatspräsidenten Erzbischof Makarios verkündete Änderung der Verfassung in 13 Punkten (1963), welche das Ende des bikommunalen Charakters der Insel bedeutet und die Inseltürken in den Status einer Minderheit innerhalb eines zyperngriechischen Staatswesens versetzt hätte. Für die Insel- wie für die Festlandstürken, die seit 1955 in die Rolle des Beschützers ihrer zyprischen Volksgruppe hineingewachsen waren, war eine solche Veränderung unannehmbar.

Schon im September 1955 hatte sich die Brisanz Zyperns für das griechisch-türkische Verhältnis gezeigt. Nachdem am 5. September eine Bombe in der Nähe des Geburtshauses Mustafa Kemal Atatürks in Thessaloniki explodiert war, war es am 6. und 7. September in Istanbul und Izmir zu schweren Ausschreitungen gegen die dortigen Griechen gekommen. Allein in Istanbul blieben nur 9 von 80 griechisch-orthodoxen Kirchen unbeschädigt, 29 wurden völlig zerstört, dazu Tausende von griechischen Geschäften und Wohnhäusern. Die Vorgänge brachten die Türkei und Griechenland zum ersten Mal seit 1922 an den Rand eines Krieges.

Seit Mitte der fünfziger Jahre war der politische Status der jeweiligen Volksgruppe auf der Insel ein Bestandteil des wechselseitigen Ringens der Mutterländer um politisches Prestige geworden. Die Aufkündigung des Verfassungskompromisses von 1960 durch Erzbischof Makarios nach drei Jahren ständiger Querelen zwischen der griechischen Mehrheit und der türkischen Minderheit war also nicht ein Geschehen am Rande, sondern ein Schlag gegen die nationale Ehre der Türkei. Der Brief des amerikanischen Präsidenten mußte deshalb alle Türken tief verletzen. Er mußte ihnen zugleich vor Augen führen, wie tief die Kluft zwischen ihrer weitgehenden politischen Selbstaufgabe im Rahmen des westlichen Bündnisses und den »nationalen Interessen« des Landes geworden war. Als am 8./9. August 1964 die ersten türkischen Bomben auf Zypern fielen, markierte dies einen tiefen Einschnitt in der türkischen Außenpolitik seit dem Ende des Zweiten Weltkrieges. Für die nächsten zehn Jahre wurde der Zypernkonflikt darüber hinaus nicht nur zum wichtigsten Problem der türkischen Außenpolitik überhaupt, sondern er führte schließlich 1974 zu einem direkten militärischen Eingreifen auf der Insel, für das es in der türkischen Außenpolitik seit der Staatsgründung 1923 keine Parallele gab und das bis heute zur entscheidenden außenpolitischen Zäsur geworden ist.

Um weitere Konflikte zwischen Griechen und Türken zu vermeiden, bedurfte es des ersten friedenserhaltenden Einsatzes der UNO im Raum Mittelmeer/Naher Osten. Auf Betreiben Großbritanniens und der Türkei beschloß der Sicherheitsrat im März 1964 die Aufstellung einer Truppe, die sich als UNFICYP durch die Jahrzehnte hohe Verdienste um die Stabilität auf der Insel (mit Unterbrechungen) erwerben sollte. Die United Nations Forces in Cyprus sind nicht nur die erste, sondern auch die längste UNO-Operation dieser Art überhaupt. Darin offenbaren sich die Komplexität und Schwierigkeit des Konflikts. Zugleich sind die Vereinten Nationen damit Partner auf der Suche nach einer Lösung geworden.

Gemeinsam nach Europa?

Vor der Zerrüttung ihrer Beziehungen freilich sollte sich für die Türkei und Griechenland noch einmal ein Punkt gemeinsamer Orientierung ergeben, auf den sich beide im Gleichschritt zubewegten: die Mitgliedschaft in der Europäischen Gemeinschaft (EG), damals noch Europäischen Wirtschaftsgemeinschaft (EWG). Der unmittelbare Anlaß für die Türkei, die Assoziierung mit der Gemeinschaft zu betreiben, war der Abschluß eines entsprechenden Abkommens mit Griechenland (30. März 1961), das zum 1. November 1962 in Kraft trat. Nach zum Teil schwierigen Verhandlungen kam es am 12. September 1963 zur Unterzeichnung des Abkommens in Ankara, das schließlich am 1. Dezember 1964 Wirksamkeit erhielt. Es kann kein Zweifel bestehen, daß damit der letzte Stein in das Gebäude der Eingliederung der Türkei in das westeuropäische Bündnissystem eingefügt werden sollte, an dessen Anfang der Eintritt in die OEEC im Jahre 1948 gestanden hatte. Wie weit die Bindung der Türkei an die westeuropäischen Staaten bereits war, ist daran abzulesen, daß kein Mitglied der EWG Einwände unter Bezug auf die Römischen Verträge von 1958 erhob, in denen ausdrücklich bestimmt worden war, daß nur europäische Länder Mitglied der EWG werden könnten. Und nicht weniger deutlich ist die lapidare Feststellung des damaligen Präsidenten der EWG-Kommission, Walter Hallstein, bei der Unterzeichnung des Vertrages von Ankara: »Die Türkei ist ein Teil Europas.«[50]

Die Laufzeit des Abkommens war in drei Phasen gegliedert. Die »Vorbereitungsphase« der Assoziierung sollte bis zum 1. November 1969 laufen, wurde jedoch bis August 1971 verlängert. Am 30. Juli 1968 wurde der EG-Kommission vom Ministerrat das Mandat erteilt, Verhandlungen über die Ausgestaltung der »Übergangsphase« aufzunehmen. Da sich die Verhandlungen länger als erwartet hinzogen, konnte das Zusatzprotokoll, das die Durchführung der »Übergangsphase« regelt, erst am 23. November 1970 unterzeichnet werden. Am Ende der zweiundzwanzigjährigen »Übergangsphase« sollte in der »Endstufe« die Zollunion verwirklicht sein. Damit wären die Weichen für eine Vollmitgliedschaft der Türkei in der EG gestellt. Türkische Arbeitsuchende würden das Recht auf Freizügigkeit in den Mitgliedsländern haben.

Freilich, als das Assoziierungsabkommen am 1. Dezember 1964 in Kraft trat, war die »Westorientierung« der Türkei bereits im Lande selbst nicht mehr unumstritten. Gruppierungen begannen sich zu artikulieren, die die Ausrichtung nach Europa, vor allem aber die vollständige politische Integration aus unterschiedlichen ideologischen Gesichtspunkten in Frage stellten. Teils in Zusammenhang damit, teils unabhängig davon setzte aber auch bald eine Diskussion über die wirtschaftlichen Aspekte ein. Die Bandbreite der Argumente reichte dabei von totaler Ablehnung bis zu nachdrücklicher Zustimmung – dem Argument, daß die Assoziierung die türkische Industrie ruinieren werde, stand die These gegenüber, daß von der Assoziierung entscheidende Impulse für die weitere Entwicklung der türkischen Industrie ausgehen würden.

In dem Vierteljahrhundert, das seit dem Eintritt in die »Übergangsphase« mittlerweile verstrichen ist, haben die Beziehungen der Türkei zu Europa, aber auch zum Westen insgesamt gesehen, ein Auf und Ab durchlebt. Wenn die Vollmitgliedschaft heute noch in weiter Ferne liegt, dann hat das nicht nur ökonomische Ursachen und Gründe. Vielmehr sind auf beiden Seiten immer wieder Zweifel aufgetaucht, daß die Türkei ein »Teil Europas« sei, bzw. daß die Vollmitgliedschaft in der EG/EU der Schlußstein bei der Errichtung des außenpolitischen Gebäudes der Türkei sein würde. Mit der Krise um Zypern, die ausbrach, als das Abkommen von Ankara unterzeichnet wurde, begann die Außenpolitik Teil innenpolitischer Auseinandersetzungen im Lande zu werden. Sie verlor damit die

Geradlinigkeit, mit der seit Atatürk die politische Elite den Platz der neuen Türkei im internationalen System bestimmt hatte. Das Aufkommen neuer politischer, gesellschaftlicher und ideologischer Strömungen, die in Ankara um Macht und Einfluß rangen, konnte nicht ohne Auswirkung auf die außenpolitische Orientierung des Landes bleiben. Diese wurde vielmehr ein zentraler Gegenstand des innenpolitischen Kräftemessens.

Suche nach Eigenständigkeit

Der ominöse Johnson-Brief hatte die Türken weit über die engeren politischen Zirkel hinaus alarmiert. Was hatte es mit der Freundschaft Amerikas und der Mitgliedschaft in der NATO, denen man sich fast um den Preis der Selbstaufgabe angedient hatte, auf sich, wenn man am Ende alleingelassen würde, wo es um ein unabdingbares Interesse der Türken ging? Ein Rundblick mußte den Türken zugleich vor Augen führen, wie sehr sie sich durch ihre hingebungsvolle Politik an den Westen in den vergangenen Jahren isoliert hatten. Bezeichnend ist hierfür eine Zypern-Resolution der UNO-Vollversammlung vom 18. Dezember 1965, die trotz des heftigen Widerstandes der Türkei mit 47 Jastimmen bei 6 Neinstimmen und 54 Enthaltungen[51] zugunsten der Resolution ausfiel. Es waren die Stimmen der meisten blockfreien Länder, die dieses Ergebnis bewirkten, während mit der Türkei nur die USA (eine Genugtuung für den Johnson-Brief), Iran, Pakistan, Libyen und Albanien stimmten. Die Länder des Ostblocks wie des westlichen Lagers enthielten sich der Stimme. Sieger war Erzbischof Makarios, der Führer der zypriotischen Griechen und Staatspräsident der Insel, der bei den Vereinten Nationen so die Früchte seiner konsequenten Annäherung an die Blockfreien-Bewegung ernten konnte.

Es setzte also in der Türkei eine Diskussion um die Außenpolitik ein. Gleichzeitig begann sich der treue Wächter am Bosporus darüber klar zu werden, daß im Zeitalter eines beginnenden Tauwetters zwischen den beiden Supermächten auch Ankara zu einer Neuorientierung gezwungen sein würde. Die einseitige Bindung der Türkei an die USA und die NATO, so die Argumente türkischer Politiker, war dem nationalen Interesse, nämlich die türkische Volksgruppe auf Zypern zu schützen, zu dessen Wahrnehmung sich Ankara auf Grund der Verträge von Zürich und London berechtigt glaubte, nicht nur nicht förderlich, sondern stand diesem sogar entgegen. Weder gelang es den USA, nun selbst auf Makarios mäßigend einzuwirken, noch konnte die Türkei, bedingt durch die starre Haltung gegenüber den Staaten des Ostblocks und ihre Isolierung unter denen des Nahen Ostens und der Dritten Welt – eine Folge ihrer blinden Gefolgschaft gegenüber den USA – hoffen, ihren Standpunkt in der UNO wirkungsvoll zu vertreten.

Antiamerikanismus und Propaganda gegen die NATO-Mitgliedschaft, die seit 1964 die Diskussion um die türkische Außenpolitik zunehmend bestimmten, waren nicht nur Ausdruck einer vorübergehenden Unzufriedenheit in einer außenpolitischen Krise der türkischen Nation. Beide waren Symptome eines inneren Umbruchs, dessen Faktoren – wachsende soziale Spannung und Unsicherheit über die kulturelle Orientierung – an anderer Stelle schon beschrieben worden sind. So wurden namentlich die extremen Flügel des gesellschaftlichen und weltanschaulichen Spektrums zu Verfechtern eines virulenten Antiamerikanismus: Die Linke sah die amerikanisch-türkischen Beziehungen als eine Strategie des amerikanischen Kapitalismus, weniger entwickelte Staaten in Abhängigkeit zu bringen und auszubeuten. Gefordert wurden die totale Lösung der Bindungen, eine umfassende und unabhängige Industrialisierung, die vollständige Unabhängigkeit von ausländischem Kapital und die Annäherung an die sozialistischen Staaten. Die antiamerikanische Propaganda der Linken zielte auf den verletzten türkischen Nationalstolz breiter Teile der türkischen Öffentlichkeit, die die allzu große Abhängigkeit von den USA als demütigend zu empfinden begonnen hatten. Und in dem Maße, in dem sich die religiöse Rechte politisch organisierte, reihte auch sie sich – wenngleich ideologisch ganz anders begründet – in die antiamerikanische und antiwestliche Front ein: Für sie war die islamische Religion die Grundlage der türkischen Identität; dies müßte auch in der außenpolitischen Orientierung zum Ausdruck kommen. Die Extremisten auf der Linken und auf der – religiösen – Rechten zogen außenpolitisch, wenn auch aus anderen Motiven, am selben Strang.

Unter den großen Parteien der Mitte suchte die Gerechtigkeitspartei angesichts der fortbestehenden Abhängigkeit der Türkei von den USA und zahlreicher gemeinsamer Interessen in Politik und Wirtschaft eine allzu negative Rückwirkung auf die Beziehungen zu den USA zu verhindern. Im Gegensatz dazu nahm die Republikanische Volkspartei eine reserviertere Haltung gegenüber den USA ein. Während die Blütezeit der Zusammenarbeit in die fünfziger Jahre, das heißt in die Regierungszeit der Demokratischen Partei (der Vorgängerin der Gerechtigkeitspartei) gefallen war, waren die ersten beiden großen Krisen der amerikanisch-türkischen Beziehungen mit der Regierungszeit der Republikanischen Volkspartei nach 1961 verbunden: der Rückzug amerikanischer Jupiter-Raketen aus der Türkei im Zusammenhang mit der Kuba-Krise und besagter Brief des amerikanischen Präsidenten Johnson an Ismet Inönü in Sachen Zypern. Die Mitte der sechziger Jahre vollzogene Öffnung der Partei »links von der Mitte« ließ auch die Forderung nach einer stärker »nationalen« Außenpolitik lauter werden. Mit der Bildung eines linken Parteiflügels wurde die Kritik an den Außenbeziehungen der Türkei heftiger: Die Beziehungen zu den USA, die Mitgliedschaft der Türkei in der NATO und die Beziehungen zur Sowjetunion waren die Hauptpunkte der Diskussion. Nur knapp unterlag der linke Flügel der Volkspartei mit seinem Kandidaten Deniz Baykal auf dem Parteikongreß von 1975 Bülent Ecevit. Baykal setzte sich für den Abschluß eines Nichtangriffspakts mit der Sowjetunion ein. Wenn er sich auch innerparteilich nicht hat behaupten können, so war doch sein indirekter Einfluß auf die Ausrichtung der außen- und sicherheitspolitischen Konzeption seiner Partei nicht zu übersehen.

Ein Weg zwischen den Blöcken?

Die Kritik an den USA griff in der zweiten Hälfte der sechziger Jahre auch auf die Mitgliedschaft der Türkei in der NATO über, eine Entwicklung, die freilich nicht nur als Folge von Veränderungen der internationalen Gesamtlage oder als eine Trotzreaktion auf die Verletzung nationaler Empfindlichkeiten – vor allem auf Zypern – zu verstehen war. Die Diskussion wurde vielmehr grundsätzlich geführt: Vielen Türken wurde abermals bewußt, daß die geopolitische Lage des Landes an den Meerengen, am Rande Europas und in

Nachbarschaft zur Sowjetunion sowie die Brückenfunktion zwischen Europa und Asien spezifische Anforderungen an das türkische Sicherheitssystem stellen mußten. Auch die vielhundertjährige Geschichte des Landes prägte nun das Bewußtsein von der Eigenart seiner »natürlichen« Beziehungen stärker. Die von einem kleinen Machtzentrum zustandegebrachte Einordnung des Landes in das westliche Sicherheitssystem wurde mit zunehmender innerer Pluralisierung von vielen als Konstrukt empfunden, das so in der geopolitischen Lage und Tradition, in einem sehr weiten Sinne, keine Entsprechung mehr hatte. Erst von hier gewinnt die Übertragung der Empfindlichkeit in nationalen Angelegenheiten auf die Zugehörigkeit zur und den Status der Türkei in der NATO ihre Erklärung: Das Unverständnis, das die NATO den Interessen der Türkei in einer nationalen Frage entgegenzubringen schien, die in ihrem Ursprung in der Lage der Insel wie in der Geschichte des Osmanischen Reiches wurzelte, war für viele Türken ein Symptom für eine Interessendivergenz zwischen dem NATO-Block, dessen Prioritäten und Struktur an den Sicherheitsbedürfnissen Westeuropas und der USA orientiert waren, und der Türkei, deren Interessen ganz wesentlich von ihrer spezifischen Lage und Geschichte nicht zu trennen sein würden. Die »Ungebundenheit« Atatürks als außenpolitisches Prinzip trat wieder ins Blickfeld.

Trotz der damals um die NATO-Mitgliedschaft geführten Diskussionen hat die Türkei bis zum Eingreifen des Militärs im März 1971 ihre Mitarbeit in der NATO nie einschneidend modifiziert oder – nach dem damals auch in der Türkei viel diskutierten Vorbild Frankreichs – die militärische Zusammenarbeit aufgekündigt. Alle Veränderungen und Belastungen der türkisch-amerikanischen Kooperation, der Rückzug amerikanischen Militärpersonals, die Übergabe von Flugplätzen und Kommunikationsstationen an die Türken, die Stärkung der türkischen Mitsprache bei der Nutzung amerikanischer Einrichtungen, das Verbot von Aufklärungsflügen gegen die Sowjetunion von türkischem Boden aus, die Weigerung, den USA während des »Yom-Kippur-Krieges« im Oktober 1973 die militärischen Einrichtungen der Türkei als Ausgangsbasen für eine Intervention zugunsten Israels zur Verfügung zu stellen, eine striktere Handhabung der Meerengen-Konvention von Montreux etc. haben nicht die Integration der Türkei in der NATO berührt. Dennoch war das Verhältnis getrübt, und die Türkei begann, in ihren bündnispolitischen Entscheidungen in wachsendem Maße die sich seit der Zypernkrise von 1964 verbessernden Beziehungen zur Sowjetunion zu berücksichtigen.

Zwangsläufig mußte die Bestandsaufnahme der türkischen Außenpolitik auch das Verhältnis zur Sowjetunion einbeziehen. Die Mitte der sechziger Jahre einsetzende Entfremdung im türkisch-amerikanischen Verhältnis brachte denn auch ein Tauwetter in den bis dahin frostigen türkisch-sowjetischen Beziehungen mit sich. Ein erstes sichtbares Resultat dieser Entwicklung war ein Wirtschaftsabkommen über circa 200 Millionen Dollar, das die Durchführung einer Reihe von Großprojekten mit sowjetischer Ausstattung vorsah. Eine politische Nebenwirkung zeigte sich dann bereits im israelisch-arabischen Krieg im Juni 1967, als Ankara sich offen auf die Seite der Araber und Moskaus stellte und die Passage einer Reihe von Kriegsschiffen zur Verstärkung der dritten sowjetischen »Eskadra« im Mittelmeer gestattete. Der Moskau-Besuch des damaligen türkischen Ministerpräsidenten Süleyman Demirel im September 1967 (in Erwiderung eines Besuches des sowjetischen Ministerpräsidenten Alexei Kossygin 1966 in Ankara) markierte schließlich deutlich einen Neubeginn in den türkisch-sowjetischen Beziehungen.

Diese Beziehungen festigten sich – wenn auch nicht frei von Rückschlägen – in den kommenden Jahren: Im April 1972 stattete das damalige Staatsoberhaupt Podgorny Ankara einen Besuch ab. Bei dieser Gelegenheit wurde eine »Erklärung über die Grundsätze gutnachbarlicher Beziehungen« unterzeichnet, in der die Achtung der territorialen Integrität, der Souveränität, der Nichteinmischung, des Rechts auf eine eigene Gesellschaftsordnung, der Nichtzurverfügungstellung des Territoriums für Aggression oder subversive Aktivitäten gegen den anderen betont wurden. Im vierten Nahostkrieg, dem schon erwähnten Yom-Kippur-Krieg, hat dann die Türkei die Unterstützung der arabischen Seite mit Kriegsgerät durch die Sowjetunion stillschweigend hingenommen. Und als im Juli 1976 der sowjetische Flugzeugträger »Kiew« das Schwarze Meer durch die Meerengen verlassen wollte, haben die zuständigen türkischen Behörden nicht nur die Bestimmungen des Vertrages von Montreux bis aufs äußerste gedehnt, sondern auch die zuständigen NATO-Stellen nicht einmal konsultiert.

Daneben verbesserten sich die Wirtschaftsbeziehungen deutlich. Die Sowjetunion zog die ihr zur Verfügung stehenden Register, um sich als ein Partner einzuführen, der zur wirtschaftlichen Entwicklung der Türkei einen erheblichen Beitrag würde leisten können. 1967 wurde das erste türkisch-russische Kreditabkommen unterzeichnet, die Voraussetzung für eine Beteiligung der Sowjetunion am Bau zahlreicher industrieller Großanlagen. Als sich im Zusammenhang mit der Verhängung des amerikanischen Embargos gegen die Türkei – Washington suchte so Druck auf Ankara auszuüben, seine Truppen von Zypern zurückzuziehen, die es während der Militäraktion im Juli/August 1974 auf die Insel übergesetzt hatte, und eine politische Lösung auszuhandeln – die türkisch-amerikanischen Beziehungen seit 1975 verschlechterten und zugleich die Unzufriedenheit der Türken mit den Wirtschaftsbeziehungen zur EG wuchs, ließ Moskau dies nicht ungenutzt: Weitere Abkommen über umfangreiche sowjetische Wirtschaftshilfe und wirtschaftliche Zusammenarbeit wurden geschlossen, die vor allem die Durchführung neuer und die Erweiterung bestehender industrieller Großprojekte vorsahen.

Dies alles bedeutete freilich gegenüber der Sowjetunion noch keinen grundsätzlichen politischen Kurswechsel. Unter der Regierung Demirel (1975–77) bestand verständliche Zurückhaltung hinsichtlich einer allzu weiten Öffnung gegenüber dem nördlichen Nachbarn: Die politische und weltanschauliche Orientierung der Gerechtigkeitspartei selbst stand dem ebenso im Wege wie der ausgesprochen militante Antikommunismus der beiden rechtsextremen Koalitionspartner in der Nationalen Front. Dabei drängte die Sowjetunion auf eine vertragliche Formalisierung der politischen Beziehungen: Direkt oder indirekt wurden Erwartungen signalisiert, die sich auf eine Erneuerung des 1925 geschlossenen Freundschaftsvertrages oder auf einen Nichtangriffspakt richteten – einen Vertrag jedenfalls, der inhaltlich über das hinausgehen würde, was in der Deklaration von 1972 schon zum Ausdruck gebracht worden war. Die Regierung Demirel zeigte sich in diesem Punkt unnachgiebig. Für die konservative Regierung war der Verbleib in der NATO unzweifelhaft; ein Nichtangriffspakt mit der Sowjetunion aber wäre damit nicht vereinbar gewesen.

Aus der Sicht Moskaus schien der Sozialdemokrat Bülent Ecevit sowjetischem Werben offener. Moskau hatte wiederholt seine Sympathie für den Kurs der linken Mitte Bülent Ecevits bekundet. 1972 drückte die sowjetische Zeitung »Prawda« in ihren Ausgaben vom 11. Mai und 19. Juli die Erwartung aus, daß Ecevit die »feudalistischen Reste« in der Wirtschafts- und Sozialstruktur der Türkei beseitigen werde. Der Kurs Ecevits könne »das Vakuum auf der Linken« füllen und die Interessen der Jugend, der demokratisch eingestellten Intelligenz im Lager der Bourgeoisie und der Arbeiterklasse artikulieren. Tatsächlich war Ecevits »sozialdemokratische« Grundeinstellung dem Sozialismus gegenüber offener als das Weltbild Demirels. Die Entwicklungskonzeption des sozialdemokratischen Parteiführers, seine Vorstellungen von einer starken Rolle des Staates in der Wirtschaft, das Streben nach wirtschaftlicher und politischer Unabhängigkeit – bereits Elemente der türkisch-russischen Beziehungen unter Atatürk – schienen eine größere Affinität zu schaffen.

In der Tat erfuhren die türkisch-sowjetischen Beziehungen unter der Regierung Ecevit, die Süleyman Demirel ablöste, auch auf der politischen Ebene Impulse. Im April 1978 besuchte der sowjetische Generalstabschef Ogarkow die Türkei – der erste Besuch eines sowjetischen Generalstabschefs seit 1933. Ecevit selbst reiste im Juni 1978 nach Moskau. Bei dieser Gelegenheit wurden sowohl im wirtschaftlichen wie im politischen Bereich neue Akzente gesetzt: In das Handelsabkommen wurden erstmals technologisch höherwertige sowjetische Güter einbezogen, deren Lieferung bislang weitgehend dem Westen vorbehalten gewesen war. Ein »politisches Dokument über die Prinzipien der gutnachbarlichen und freundschaftlichen Zusammenarbeit« wurde unterzeichnet, das freilich nicht allzu weit über die Erklärung von 1972 hinausging. Beide Regierungen bekennen sich darin nicht nur zu Souveränität, Gleichheit und Nichteinmischung, sondern auch zum Respekt vor der »Lebensweise« und der »Gesellschaftsordnung« der anderen Seite. Außerdem verzichten beide auf Gewaltanwendung und »Zurverfügungstellung des eigenen Territoriums für eine Aggression oder für eine subversive Handlung«. Eine Veränderung der politischen Grundorientierung der Türkei war daraus jedoch nicht abzulesen.

Einer uneingeschränkten Vertiefung der politischen Beziehungen stand auch die Zypernfrage entgegen. Hier waren von beiden

Seiten immer wieder unterschiedliche Akzente gesetzt worden. Zwar stimmten sie darin überein, daß die Unabhängigkeit des zyprischen Staates gewährleistet werden müsse und eine Lösung der Krise auf dem Verhandlungswege zwischen den zwei Volksgruppen selbst zu suchen sei. Innerhalb dieses vagen Rahmens der Übereinstimmung aber bestanden auf beiden Seiten in einigen Punkten Divergenzen. So forderte Moskau den Abzug aller fremden Truppen, also auch der türkischen, von der Insel, was für die Türkei – bis in die Gegenwart hinein – als Vorleistung unakzeptabel ist. Und unbeirrt ging die Sowjetunion in ihrer Zypernpolitik davon aus, daß es ein einheitliches zyprisches Volk gebe, das vom Staatspräsidenten, der von der griechischen Mehrheit gestellt wird, repräsentiert werde. Deshalb waren die Beziehungen zwischen Erzbischof Makarios, dem ersten Präsidenten der Republik Zypern, und der Sowjetunion stets sehr eng. Die türkische Seite anerkannte diese sowjetische Grundannahme naturgemäß nicht. Nach der Proklamation des »Türkischen Föderativen Staates« (Februar 1975), durch den eine Teilung der Insel und ihrer Volksgruppen faktisch besiegelt worden war, eine Teilung, die – nach türkischer Vorstellung – allenfalls in einer Föderation mit weitgehender Autonomie der Föderationsstaaten würde überwunden werden können, war die Grundlage der sowjetischen Zypernpolitik unrealistischer als je zuvor.

Die Zypernfrage jedenfalls blieb eine nicht unerhebliche Barriere auf dem Weg der Fortentwicklung der türkisch-sowjetischen Beziehungen. Die Position Moskaus war nicht einfach, da es zugleich auch gute Beziehungen mit Griechenland und Zypern aufrechtzuerhalten suchte. Wie groß freilich das Interesse der Sowjetunion an guten Beziehungen mit der Türkei war, ist daran abzulesen, daß die Widersprüche der Positionen in der Zypernfrage nicht in den Vordergrund gestellt wurden. Diesen Schluß jedenfalls konnte man aus den entsprechenden Passagen des Protokolls ziehen, das zum Abschluß des Besuchs von Bülent Ecevit in Moskau (Juli 1978) veröffentlicht wurde: Danach stimmten beide Seiten darin überein, daß der Konflikt durch konstruktive Gespräche zwischen den zwei Volksgruppen auf der Insel beigelegt werden sollte.

Der Nahe Osten und der Balkan

Der Schock der Zypernkrise 1963/64 verschob nicht nur die internationale Ausrichtung der türkischen Politik, sondern ließ Ankara auch den Blick wieder auf sein regionales Umfeld richten. Daß die Handlungsspielräume hier zunächst gering waren, kann im Zeitalter des Kalten Krieges nicht verwundern. Die Tatsache aber, daß sich alle arabischen Staaten in der Krise von 1963 hinter Griechenland und den zyprischen Präsidenten, Erzbischof Makarios, stellten, zwang zum Handeln. So suchte Ankara nach 1965 die Beziehungen mit den wichtigsten arabischen Staaten zu verbessern. Zwar konnten die Beziehungen zu den Nahoststaaten nicht zu einer »Alternative« der Bindungen der Türkei an den Westen werden. Aber ihre Aufwertung war die Voraussetzung dafür, den Handlungsspielraum türkischer Außenpolitik zu erweitern und jene »nationalen Interessen« besser wahrnehmen zu können, über die sich die westlichen Mächte, insbesondere die USA, in der Zypernkrise so eklatant hinweggesetzt hatten.

Aber auch wirtschaftliche Interessen ließen es geraten erscheinen, auf das regionale Umfeld, insbesondere im Nahen Osten, zuzugehen. Anfang der siebziger Jahre setzte eine Revolution der Ölpreisgestaltung ein. Die Preise wurden nunmehr einseitig von den Regierungen der ölproduzierenden Staaten festgelegt, was in kurzer Zeit zu einer dramatischen Preissteigerung führte. Namentlich ärmere rohstoffabhängige Staaten wie die Türkei gerieten damit in finanzielle Engpässe. Auf der anderen Seite wuchsen die Einnahmen der ölproduzierenden Staaten rasant. Das bedeutete zugleich neue Chancen wirtschaftlicher Entwicklung in diesen Ländern; neue Chancen aber auch für die Industrieländer, ihre Produkte dort abzusetzen. Ankara mußte es darum gehen, durch eine Verbesserung der Beziehungen mit den nunmehr machtvoll gewordenen Nachbarn einen möglichst günstigen Rohölpreis zu erzielen, Kredite seitens der ölreichen Staaten einzuwerben und einen Markt für türkische Exporte aufzutun.

Zum Teil konnte man dabei an bereits bestehende Strukturen anknüpfen. 1964 war zwischen der Türkei, Iran und Pakistan eine Organisation mit dem Namen Regionale Zusammenarbeit für Entwicklung *(Regional Cooperation for Development, RCD)* gegründet worden – damals das wirtschaftliche Gegenstück zum militärischen CENTO-Bündnis. Bis dato freilich war diese Organisation trotz mehrerer Anläufe als Rahmen für die Stärkung der regionalen Wirtschaftsbeziehungen nur unzulänglich mit Leben gefüllt worden. Zu mächtig waren die nationalen Eigeninteressen der Mitglieder gewesen, abgesehen davon, daß die chronische wirtschaftliche Schwäche aller drei Partnerländer den Aufstieg der Organisation nachhaltig behinderten. Jetzt bot der RCD immerhin den Rahmen, die Wirtschaftsbeziehungen mit dem Nachbarn Iran, der bis zur Revolution in Teheran im Jahre 1979 im Rahmen des OPEC-Kartells eine führende Rolle spielen sollte, zu verbessern.

Neben dieser seit längerem institutionalisierten Zusammenarbeit suchte Ankara seit 1972 einen engeren Anschluß an den arabischen Wirtschaftsraum. Angesichts eines langsamen Anstiegs der türkischen Industrieproduktion, der Schwierigkeiten mit den westlichen Industrienationen beim Absatz von Agrarprodukten und der wachsenden Zahl von Arbeitslosen in der Türkei wurde der arabische Raum als Markt zunehmend wichtig. Während Überlegungen über einen arabisch-türkischen Gemeinsamen Markt folgenlos blieben, begannen die bilateralen Beziehungen zu einer Reihe von arabischen Staaten, etwa Libyen, dem Irak, Saudi-Arabien und den Emiraten am Golf, erste Früchte zu tragen. Arabische Kapitalhilfe, ein Tausch von Erdöl (wenn auch in begrenzten Mengen) gegen türkische Fertigprodukte und Agrarerzeugnisse sowie eine – wenngleich letztlich stets bescheidene – Migration türkischer Arbeitskräfte an den Golf oder nach Libyen sind immerhin erwähnenswert.

Auf der politischen Ebene mußte Ankara daran gelegen sein, für seine Position in der Zypernfrage Unterstützung zu gewinnen und die offenkundige Isolierung zu durchbrechen, in die es mit den Jahren geraten war. Solange Erzbischof Makarios, einer der Führer der Bewegung der Blockfreien, lebte, waren die Sympathien der meisten arabischen Staaten durchweg auf seiner Seite. Obwohl Ankara auch in der großen Krise um Zypern im Jahre 1974 davon überzeugt war, daß die Intervention auf der Insel im Juli/August mit den bestehenden, die Insel betreffenden Verträgen in Einklang stünde, war es gleichwohl auf allen weltpolitischen Foren, insbesondere in der UNO, isoliert. Erst der Tod des Erzbischofs im August 1977, der auf der griechisch-zyprischen Seite der Insel ein Vakuum hinterließ, sollte auch die Möglichkeiten einer Annäherung an die arabischen Staaten vergrößern. Hinzu kam, daß die Türkei – gleichsam als Gegengabe für eine aus türkischer Sicht konstruktivere Haltung der Araber zur Zypernfrage – zunehmend die arabische Position im Nahostkonflikt zu unterstützen begann. Sie machte sich die arabische Forderung nach dem Rückzug der Israelis aus allen Gebieten, die sie 1967 besetzt hatten, und nach der Anerkennung der »legitimen Rechte der Palästinenser« zu eigen. Am deutlichsten wurde der türkische Stellungswechsel, als Ankara – wie schon erwähnt – während des vierten Nahostkrieges im Oktober 1973 sowjetische Schiffe mit Nachschub für die arabische Seite durch die Meerengen passieren ließ und Überflüge gestattete, die dem gleichen Zweck dienten. Das war zum einen eine Geste gegenüber der Sowjetunion, signalisierte aber zugleich ein Werben um die Gunst der arabischen Staaten.

Die wirtschaftlichen und politischen Avancen der Türkei gegenüber den Staaten des Nahen und Mittleren Ostens hatten freilich noch eine innenpolitische Dimension. Die Kräfte, die im Inneren nach einer Wiederherstellung der türkischen Identität durch eine Wiederbelebung des islamischen Elements strebten, sahen in einer Annäherung an den arabisch-islamischen Raum die Alternative zur Bindung an den Westen. In dieser lag nach der Überzeugung der islamischen Kräfte die Ursache dafür, daß die Türkei schließlich isoliert sein mußte, wenn es um ihre eigenen wirtschaftlichen und politischen Interessen ging.

Diese neue Dimension der türkischen Außenpolitik sollte sich in der Haltung Ankaras zur Organisation der Islamischen Konferenz (OIK) am deutlichsten ausdrücken. Dieses Forum war Ende der sechziger Jahre von dem 1975 ermordeten saudiarabischen König Feisal ins Leben gerufen worden. Es sollte eine Sammlungsbewegung islamisch-konservativer Staaten gegenüber dem arabisch-sozialistischen Lager unter Führung des ägyptischen Präsidenten Nasser darstellen. Seit dessen Tod im September 1970 war die OIK im Verlauf der ersten Hälfte der siebziger Jahre zu einem politischen Instrument der islamischen Welt insgesamt, vor allem aber der arabischen Staaten in ihrem Kampf gegen Israel geworden. Die Türkei hatte sich naturgemäß gegenüber dieser Einrichtung zunächst zurückgehalten. Die Versammlungen und Konferenzen beschickte sie zu Anfang mit rangniederen Vertretern, und stets brachte die Regierung in Ankara einen allgemeinen Vorbehalt ein, in dem auf die Wahrung der Grundsätze der türkischen Verfassung, insbesondere auf das Prinzip der Trennung von Religion und Staat, hingewiesen wurde. Nach 1973 gab Ankara dann diese Distanzierung auf. Die Einladung der siebten Islamischen Außenministerkonferenz nach Istanbul Ende Mai 1976 schließlich und der Beitritt als Vollmitglied zur OIK sowie die Unterzeichnung der »Charta der Islamischen Konferenz« bedeuteten eine signifikante Aufwertung der islamischen Dimension in der türkischen Außenpolitik. Die islamische Welt sollte als Partner der Türkei ein größeres Gewicht erhalten, soweit es türkische Interessen erforderten.

Eine Bilanz der Beziehungen zur arabischen und islamischen Welt in den siebziger Jahren muß nüchtern ausfallen. Es erwies sich, daß die religiöse Komponente in der neuen türkischen Orientierung auf den Nahen und Mittleren Osten noch nicht zwangsläufig gesteigerten außenpolitischen Erfolg verbürgte. Zwar konnte Ankara auf der zehnten Islamischen Außenministerkonferenz im Mai 1979 in der Zypernfrage wieder einen Erfolg verbuchen: Die Konferenz sprach sich für die Errichtung eines binationalen, föderativen Staates aus, eine Konzeption, die von der Türkei seit langem verfolgt wurde (und wird). Auf der anderen Seite war das Bild, das sich Türken und Araber voneinander machten (und bis heute machen), noch immer durch die imperiale Vergangenheit des Osmanischen Reiches mitgeprägt: Die Aversion des Unterworfenen gegen den Herrschenden und die Überheblichkeit des Herrschenden gegenüber dem Unterworfenen blieben politisch wirksam. Und die gläubigen Muslime verzeihen der Türkei nach wie vor nicht den Schlag, den Atatürk dem Islam 1924 durch die Abschaffung des Kalifats, des sichtbaren Vertreters einer islamischen Ordnung, zugefügt hatte. Für die Araber waren die »islamischen Konferenzen« in erster Linie ein Forum zur Propagierung ihrer Politik gegenüber Israel. Solange die Türkei arabischen Forderungen ein größeres Gewicht verleihen konnte, war sie ein willkommener Partner. Ansonsten blieben beide Seiten einander eher gleichgültig. Erst mit dem Ausbruch der Krise um Bosnien im Jahre 1992 sollte sich für die OIK wieder ein übergreifendes gemeinsames Interesse ergeben, das die Türkei stärker an den Rest der islamischen Welt rückte.

Insgesamt stießen sich Wunschdenken und Wirklichkeit in der Belebung der Beziehungen der Türkei zu ihrem regionalen Umfeld hart im Raum: Von weitreichenden großen Perspektiven wirtschaftlicher Zusammenarbeit blieben vor allem im Falle Libyens und des Irak nur einige 100 Millionen Dollar an Krediten, einige 10 000 Gastarbeiter, ein begrenzter Export türkischer Agrarprodukte und Baumaterialien sowie die Lieferung einer sehr geringen Menge preislich begünstigten Rohöls. Wiederholt wurde die weitere Verbesserung der Wirtschaftsbeziehungen seitens arabischer Staaten an kaum verhüllte politische Bedingungen geknüpft: etwa an den vollkommenen Abbruch der diplomatischen Beziehungen zu Israel; an die offizielle Anerkennung der PLO als der legitimen Vertretung des palästinensischen Volkes (die mit der Eröffnung eines PLO-Büros mit diplomatischem Status in Ankara im Sommer 1979 erfolgte); an die Annäherung an »fortschrittliche« islamische Länder und an eine weitere Distanzierung von der westlichen Welt – Forderungen, die an die Grundlagen der türkischen Politik rühren mußten und nur schwerlich von den Regierungen in Ankara akzeptiert werden konnten.

Gleichwohl deutete die Orientierung auf den Nahen Osten mehr noch als die Öffnung zur Sowjetunion an, daß die klare Westausrichtung, die dem türkischen Staat durch Atatürk vorgezeichnet war und die sowohl einen inneren Modernisierungsprozeß wie einen außenpolitischen Kurs beinhaltete, durch neue Elemente stärker traditionalistischen und restaurativen Charakters verwischt zu werden begann. Andererseits wurde diese politische Orientierung keineswegs nur von religiös orientierten Kräften gefördert. Für die Linke – und das galt auch für einen Teil der Republikanischen Volkspartei – waren die nahöstlichen Staaten ein Bindeglied zu den Blockfreien, mit denen sie mehr und mehr liebäugelte. Wie Atatürk – so wurde argumentiert – sein Land aus der wirtschaftlichen Rückständigkeit und Abhängigkeit vom Ausland befreit habe, so sei auch der Islam als eine antikoloniale Kraft zu verstehen. Die Türkei müsse sich wieder in jene Bewegung, in der sie einst eine Vorkämpferrolle gespielt habe, einreihen. Ihre politische Zukunft müsse daher zwischen den Weltmächten und ihren Blöcken liegen.

Die Revolution in Iran im Frühjahr 1979 und der Ausbruch des Krieges zwischen dem Irak und der Islamischen Republik Iran im

September des darauffolgenden Jahres mußten auch die türkische Politik im Nahen Osten einmal mehr tiefgreifend berühren. Politisch war die türkische Diplomatie gefordert. Auf der wirtschaftlichen Seite sollte sich bald zeigen, daß der Krieg an den Ressourcen der Region, die sich im vorausgegangenen Jahrzehnt deutlich verbessert hatten, zehrte. Die wirtschaftlichen Blütenträume, die sich auf den nahöstlichen »Markt« gerichtet hatten, waren rasch verblüht.

Die Zypernkrise von 1974

Das Verhältnis mit Griechenland war nicht nur durch die fortbestehende Zypernkrise, sondern auch durch mehrere andere strittige Punkte anhaltend belastet. Und dreimal, 1964, 1967 und 1974, schien der Ausbruch eines *unthinkable war* zwischen den beiden Partnern im NATO- und im EG-Rahmen in der Luft zu liegen. Daß es nicht dazu kam, lag nicht nur an den permanenten Schlichtungsbemühungen der Alliierten, sondern genauso an der unbestreitbaren militärischen Unterlegenheit Griechenlands.

Zum Zypernproblem kam das Ägäis-Problem mit ständigen Querelen über die Frage der Hoheitsgewässer, des Festlandsschelfs, der Lufthoheit und der Remilitarisierung griechischer, Kleinasien vorgelagerter Inseln. Anfang 1974 war ein Konflikt über die türkischen und griechischen Rechte, in den Gewässern der Ägäis nach Erdöl zu bohren, ausgebrochen. Das Problem war insofern handfest, als die Ausbeutung möglicher nennenswerter Ölvorräte in der Ägäis für beide Staaten eine Entlastung ihrer durch die gestiegenen und weiter steigenden Ölausgaben stark strapazierten Haushalte bedeutet hätte. Als Antwort auf die im türkischen »Staatsanzeiger« veröffentlichte Ankündigung, daß der Turkish Petroleum Company die Erlaubnis gegeben werde, an genau bezeichneten Stellen der Ägäis nach Öl zu bohren, protestierte Athen am 7. Februar 1974 und nahm für sich die vollen Rechte des Festlandssockels für die der türkischen Küste vorgelagerten griechischen Inseln in Anspruch. Ankara reagierte prompt. In einer Note vom 27. Februar stellte es fest, daß das Gebiet, in dem Konzessionen vergeben worden seien, die natürliche Fortsetzung Anatoliens darstelle, die griechischen Inseln dagegen keinen eigenen Festlandssockel hätten. Dieser Streit um den Festlandssockel sollte also bereits vor dem Ausbruch der dramatischen Ereignisse vom Juli/August 1974 die Beziehungen beider Staaten einmal mehr in eine tiefe Krise stürzen.

Im August kam dann, um das Maß der Gegensätze vollzumachen, noch die Frage der Lufthoheit hinzu. Voraussetzung hierfür war eine Abmachung der International Civil Aviation Organization (ICAO) von 1952, auf Grund derer der zivile wie militärische Flugverkehr über der Ägäis mit Ausnahme eines schmalen Streifens vor der westanatolischen Küste dem Funkfeuer Athen unterstehen sollte. Am 4. August teilte die Türkei der ICAO mit, daß die Vereinbarung außer Kraft sei und alle Flugzeuge östlich der Mittellinie der Ägäis der türkischen Flugkontrolle unterstünden. Griechenland, dessen ostägäische Inseln dadurch unter türkische Flugkontrolle gekommen wären, lehnte dies rundweg ab und erklärte im Gegenzug am 13. September den Luftraum über der Ägäis zur unsicheren Zone. Der direkte Flugverkehr zwischen Griechenland und der Türkei sollte damit für Jahre unterbrochen werden. Es entbehrt nicht der Absurdität, daß daraufhin NATO-Offiziere auf dem Flug von und nach der Türkei Flugkontrollhilfe aus dem Raum des Warschauer Paktes in Anspruch nehmen mußten.

Höhepunkt der mittlerweile über mehr als ein Jahrzehnt anhaltenden türkisch-griechischen Spannungen über Zypern waren die beiden Militäraktionen der Türkei im Sommer 1974: Die Landung auf Zypern am 20. Juli und das erneute Vorrücken vom 14. bis 16. August bis zur sogenannten Attila-Linie, durch das rund 40 Prozent der Insel mit etwa 60 Prozent der Industrie, 65 Prozent der Landwirtschaft und 80 Prozent des Tourismus unter türkische Kontrolle kamen. Vor allem aber führte die Flucht von rund 120 000 Griechen und 40 000 Türken zur gewaltsamen Entflechtung eines großen Teils der ethnischen Gemengelage auf der Insel. Die später auf dem Balkan praktizierte »ethnische Säuberung« erfuhr 1974 auf Zypern ein trauriges Vorspiel.

Die Ursache der Krise von 1974, die die Türkei und Griechenland erneut an den Rand des Krieges brachte, liegt unbestritten in dem von der griechischen Militärjunta unter Diktator Papadopoulos in Athen gesteuerten Putsch der griechisch-zyprischen Nationalgarde gegen Erzbischof Makarios. Dahinter stand noch immer das Ziel der

Vereinigung mit dem Mutterland. Ankara mußte alarmiert sein. Einmal mehr schien es zu einem Ausbruch des Konflikts zwischen den beiden Volksgruppen zu kommen. Jedenfalls sah sich die Türkei in ihrer Eigenschaft als Garantiemacht der Verträge, auf denen die Unabhängigkeit und Verfassung Zyperns beruhten, herausgefordert, zum Schutz der türkischen Volksgruppe zu intervenieren. Ohnehin aber war die Situation durch die bis dahin ungekannte Verschärfung des Ägäis-Konflikts gespannt. Wie unversöhnlich die Standpunkte geworden waren, zeigt allein schon eine Formulierung aus der Erklärung der türkischen Regierung vom 14. August, »daß Griechenland den zyprischen Staat weiterhin als griechische Insel ansah und nicht die geringste Absicht hatte, auf seine hochgesteckten Ziele zu verzichten, die Insel zu annektieren und anzugliedern, wenn sich eine Gelegenheit böte«. Und dagegen der neue griechische Ministerpräsident Karamanlis nach dem Sturz der Junta am 15. August 1974: »Der Aufschrei gegen diese schändliche türkische Aktion hat in der ganzen Welt Widerhall gefunden. Aber Griechenland stellt sie vor ein unmittelbares, ernstes Dilemma: Sollten wir Gewalt mit Gewalt, Verrat mit Verrat vergelten? Sollten auch wir zum Gesetz des Dschungels Zuflucht nehmen?«[52]

Die Entwicklungen auf Zypern seit der türkischen Invasion haben Fakten geschaffen, deren normative Kraft eine Rückkehr zum Status quo ante für die Türken unakzeptabel und unmöglich macht. Im Februar 1975 rief der Führer der türkischen Zyprioten, Rauf Denktaş, den Türkischen Föderativen Staat auf der Insel aus, proklamierte also die totale Autonomie des türkisch besetzten Nordens und besiegelte damit die türkische Auffassung, daß es auf der Insel kein einheitliches Staatsvolk gibt. Auch die Rückkehr zu einer zentralistischen Verwaltung sollte nun unmöglich gemacht werden. Zwischen dem insel-türkischen und insel-griechischen Teil würde es nur noch eine verhältnismäßig lockere Föderation geben können. Dies vor allem, nachdem das türkisch-zyprische Parlament, den Übergang vom Militärregime zur Demokratie in Ankara im Herbst 1983 nutzend, am 15. November die Unabhängigkeit der Türkischen Republik Nordzypern ausrief. Eine formelle Anerkennung wurde dem Separatstaat allerdings nur seitens der Türkei zuteil.

Drei Probleme haben sich mit Blick auf eine Lösung der Zypernfrage herauskristallisiert: Zum einen die Größe des von der türkischen Volksgruppe zu beanspruchenden Territoriums. Obwohl sie etwa 18 bis 20 Prozent der Gesamtbevölkerung stellt, hat die türkische Volksgruppe seit jeher einen größeren Anteil am Gesamtterritorium der Insel gefordert. Ihre Begründung war, daß der türkische Landbesitz an der Gesamtfläche Zyperns über dem Anteil der Türken an der Gesamtbevölkerung liege. Klar ist freilich – und auch von der türkischen Seite wird dies in ihren Verhandlungsvorschlägen eingeräumt –, daß darüber verhandelt werden muß. Sie ist bereit, einen Teil der von ihr besetzten 40 Prozent des zyprischen Territoriums zu räumen. Allerdings hat sich die Zahl der auf Zypern lebenden Türken seit 1974 auf Grund türkischer Einwanderung vom Festland auf die Insel vermehrt.

Mit dem territorialen Problem verknüpft ist die Frage der Rücksiedlung der Flüchtlinge: Eine solche Maßnahme würde wieder eine gemischte Bevölkerung bedeuten, die die türkische Seite nach all den schlechten Erfahrungen der Vergangenheit ablehnt. Schließlich gehört auch die Frage der Freizügigkeit zwischen dem griechischen und türkischen Teil in diesen Zusammenhang.

Das größte Problem liegt in der künftigen Verfaßtheit des neu zu schaffenden zyprischen Staates. Während die türkische Seite nach der Aufkündigung der Verfassung von 1960 durch Erzbischof Makarios und den Krisen von 1963/64 und 1974 ein hohes Maß an Autonomie für die Teilstaaten anstrebt und nur wenige Kompetenzen bei der Zentralregierung belassen will, fordert die griechische Seite eine starke (und von ihr dominierte) Zentralregierung und will so der türkischen Volksgruppe nur ein begrenztes Maß an Selbstverwaltung belassen. Mit der Ausrufung der Türkischen Republik Nordzypern 1983 hat diese diesbezüglich Realitäten geschaffen, hinter die sie unter keinen Umständen zurück will.

Die türkische Seite strebt eine Bundesverfassung für einen »unabhängigen, souveränen, blockfreien, bikommunalen und bizonalen Bundesstaat« an: Die Vorstellungen zielen auf einen bizonalen Staat mit einem den beiden gleichberechtigten föderativen Gebieten übergeordneten Bundesparlament und einer Zentralregierung mit freilich wenigen Kompetenzen. Alle zentralen Instanzen der Insel sollen paritätisch von Angehörigen der griechischen und türkischen Volksgruppe besetzt werden.

Was die griechische Seite betrifft, so gehört die Enosis heute als

Lösungsoption der Vergangenheit an. Zwar sind die Beziehungen zwischen den Griechen auf der Insel und Griechenland auf allen Gebieten sehr eng. Aber die Mehrheit der Zypern-Griechen hat sich auf ihrem Inselstaat gut eingerichtet; das wirtschaftliche Niveau und der Lebensstandard übersteigen das Niveau im Mutterland. Auch für die Zypern-Türken ist ein Anschluß des türkischen Teils der Insel an die Türkei keine allzu verlockende Perspektive (wenngleich sie nicht ausgeschlossen werden kann).

Die griechisch-zyprische Seite favorisiert eine Lösung, die so nah wie möglich am Ideal der Wiedervereinigung liegt: eine föderative Staatsordnung mit möglichst umfassenden Kompetenzen der Zentralregierung. Ihre Politik basiert auf vier Prinzipien: dem Abzug der türkischen Truppen sowie der aus der Türkei eingewanderten Siedler; der völligen Verwirklichung der »drei Grundfreiheiten« (Recht auf Freizügigkeit, Recht auf Eigentumserwerb und auf Niederlassung sowie Recht auf Rückkehr der Flüchtlinge); einer bundesstaatlichen Lösung unter griechisch-zyprischer Hoheit; und territorialen Konzessionen durch die türkischen Zyprioten. Dem Grundgedanken Rauf Denktaş', des schon fast traditionellen Führers der Türkisch-Zyprioten, von der Existenz zweier Völker und der vollständigen Gleichheit der beiden Volksgruppen steht der Grundgedanke der zypern-griechischen Führung von einer gemeinsamen zyprischen Identität und der Existenz *eines* Volkes gegenüber.

Die Militäraktion von 1974 brachte die türkische Seite im Zypernkonflikt in eine Position der Stärke, die sie bis dahin niemals gehabt hatte und die ihr bis heute von niemandem genommen werden konnte. Der Preis für diesen unbestreitbaren Erfolg war allerdings hoch: Beginnend mit dem Scheitern der Genfer Drei-Mächte-Konferenz vom 25. Juli bis 14. August 1974, über Sicherheitsratsresolutionen, die immer wieder den Rückzug des türkischen Militärs von der Insel und die Rückkehr an den Verhandlungstisch forderten, bis zu ähnlich lautenden Erklärungen der westlichen Verbündeten wie der gesamten Blockfreien-Bewegung – die starre türkische Haltung brachte Ankara zeitweise an den Rand außenpolitischer Isolierung. Bezeichnend war auch die Haltung der Sowjetunion und ihrer Verbündeten: Die Landung der Türkei am 20. Juli wurde gebilligt, interpretierte man sie doch als Aktion zur Verhinderung des Anschlusses Zyperns an die NATO – was mit der Enosis sicherlich gegeben gewesen wäre. Erst das zweite Vorrücken Mitte August stieß auf den Widerstand des Ostblocks.

Eine schwerwiegende Folge der türkischen Militäraktionen war noch die Verhängung eines Waffenembargos gegen die Türkei durch die USA. Die von der griechischen Lobby in Washington geschürte antitürkische Stimmung führte Anfang 1975 zu einem Beschluß im amerikanischen Kongreß, nach dem der Türkei keine weiteren amerikanischen Waffen mehr geliefert werden durften. Hatte Ankara die Waffen – so wurde argumentiert – gegen einen Verbündeten eingesetzt, so sollte dieser Boykott nicht eher aufgehoben werden, als die Türkei ihre Positionen auf Zypern wieder räumen würde. Im Gegenzug schloß die Türkei 26 amerikanische Einrichtungen auf ihrem Territorium, darunter seinerzeit wichtige, gegen sowjetisches Territorium gerichtete Beobachtungsstationen.

Das Embargo ließ die türkische Außenpolitik nach einer noch größeren Eigenständigkeit im internationalen Kontext suchen. Sicherlich blieb die Bündnistreue gegenüber den westlichen Alliierten, und zwar vertreten von den Regierungen der Gerechtigkeitspartei wie der Republikanischen Volkspartei, weiterhin das kaum erschütterte Grundprinzip türkischer Außenpolitik. Dennoch hinderte dies nicht, daß konzeptionell wie in der konkreten Politik in erstaunlicher Weise Tendenzen sichtbar wurden, die Außenbeziehungen weiter zu diversifizieren, um die noch gegebene feste Einbindung und Abhängigkeit vom politischen, sicherheitspolitischen und wirtschaftlichen Kontext des westlichen Lagers zu lockern. In der sicherheitspolitischen Diskussion hat dies Bülent Ecevit am deutlichsten auf den Punkt gebracht. Wie sein Rivale Süleyman Demirel betonte er zwar die Bündnistreue der Türkei als Basis ihrer Außenpolitik, verband dies aber mit Überlegungen zum Recht der Türkei, ihre nationalen Interessen vorrangig wahren zu müssen – vom Balkan über das östliche Mittelmeer bis zum Nahen und Mittleren Osten. Die Perspektive einer Einbettung der Türkei in den Rahmen der »Dritten Welt« wurde damit zum ersten Mal seit der Hinwendung des Landes zum westlichen Sicherheitssystem unmittelbar nach dem Zweiten Weltkrieg eine ernsthaft in Betracht gezogene politische Option.

Im Sommer 1978 stimmte der amerikanische Kongreß der Aufhebung des Embargos zu. Amerikanische Waffen konnten wieder an die Türkei geliefert werden, unter der Bedingung freilich, daß bei der Lösung der Zypernfrage Fortschritte erzielt würden. Äußerlich wenigstens befanden sich die türkisch-amerikanischen Beziehungen damit auf dem Wege der Normalisierung. Das Militärhilfeabkommen, das 1976 geschlossen worden war, konnte nun in die Praxis umgesetzt werden; auch Verhandlungen über einen amerikanischen Beitrag zum Aufbau einer türkischen Rüstungsindustrie wurden aufgenommen.

Hinter der Fassade hatten sich die Dinge jedoch verändert. Das sich über Jahre erstreckende Embargo hatte den türkischen Nationalstolz getroffen. Als 1980 mit den neuen Verteidigungs-, Wirtschafts- und Stützpunktabkommen zum dritten Mal nach den türkisch-amerikanischen Verträgen von 1954 und 1969 ein Neubeginn gemacht werden sollte, konnte von einer unbelasteten Rückkehr der Türken zu ihrem früheren, als Freundschaft verstandenen Verhältnis zu den USA nicht mehr die Rede sein. Der Poker um die Unterzeichnung des Abkommens, die schließlich am 29. März 1980 vorgenommen wurde, zeigte es: Der Fortbestand der während des Embargos bis auf Incirlik gesperrten amerikanischen Basen in der Türkei wurde regelrecht als politisches Druckmittel eingesetzt. Mit immer kurzfristigeren Ultimaten suchte Ankara die USA dazu zu bringen, sich türkischen Forderungen zu beugen: Am 9. Oktober 1978 eine Terminsetzung von einem Jahr, am 9. Oktober 1979 von drei Monaten, am 9. Januar 1980 von 45 Tagen. Der Sachverhalt spricht für sich; er läßt erkennen, in welch kritisches Stadium die türkisch-amerikanischen Beziehungen eingetreten waren. Daß Washington schließlich nachgab, erklärte sich unter anderem aus der damals wieder stark gestiegenen strategischen Bedeutung der Türkei im Zusammenhang mit der Revolution in Iran und dem sowjetischen Einmarsch in Afghanistan. Auch zur Überwachung der Abmachungen im Rahmen der Rüstungsbegrenzungsverhandlungen zwischen NATO und Warschauer Pakt *(Strategic Arms Limitation Treaty, SALT II)* kam der Türkei noch immer unersetzliche Bedeutung zu.

Unwille über die EG

In diesen Jahren der Irritationen wurden auch die Barrieren größer, die auf dem Weg der Türkei nach Europa, genauer gesagt zur Vollmitgliedschaft in der Europäischen Gemeinschaft, lagen. Der Unwille Ankaras über einzelne »Unzulänglichkeiten« der Assoziierungspolitik war Ausdruck des Gefühls, die Türkei werde in diesem Bereich von der Gemeinschaft benachteiligt. Die politische und strategische Bedeutung, die das Land für den Westen hatte, stand nach türkischer Überzeugung im Widerspruch zu dem Grad an Vorzugsbehandlung, den die Gemeinschaft im Rahmen ihrer Mittelmeerpolitik mit den Jahren anderen, politisch weniger exponierten Staaten eingeräumt hatte.

Freilich waren die Probleme in den Beziehungen zwischen der Türkei und der EG nur zum Teil wirtschaftlicher Natur. Ein hemmendes Element war vielmehr auch die allgemeine politische, gesellschaftliche und weltanschauliche Krise im Lande. Die Kräfte, die die Grundlagen des Staates und die Orientierung des Landes insgesamt zu verändern suchten, machten sich genauso in den Beziehungen zu Europa bemerkbar. Der Kreis derer, die eine Vollmitgliedschaft innerhalb der EG anstrebten, schien kleiner zu werden. Das mehr durch Emotionen als durch rationales Handeln gekennzeichnete innen- und wirtschaftspolitische Klima erschwerte die Zusammenarbeit und die Bestimmung einer gemeinsamen Basis für die Lösung der anstehenden Probleme. Das strukturelle Zahlungsbilanz-Problem etwa durch Auslandsanleihen und Auslandsinvestitionen zu überbrücken, war kaum gangbar. Denn diese wurden dahingehend diffamiert, »beutegieriges Auslandskapital« warte nur darauf, in der Türkei große Gewinne zu machen; oder es wurde unter Hinweis auf halbrichtige Parallelen in der Geschichte der europäisch-osmanischen Beziehungen unterstellt, auf diesem Wege sollten historische Abhängigkeiten – übel beleumundet unter dem Begriff »Kapitulationen« – erneuert werden. Die Verteufelung der EG als einer neokolonialistischen oder der eigenen Kultur fremden Macht vergrößerte auch nicht die Bereitschaft, durch Zollsenkungen den Wettbewerb mit der europäischen Konkurrenz aufzunehmen und die eigene Industrie stärker auf den Export zu orientieren. Die Konzeptionen der Parteien der Mitte, die überhaupt noch zu einer Zusammenarbeit mit der EG bereit waren, zielten statt dessen auf möglichst umfassende Importsubstitutionen mit dem Ziel wachsender wirtschaftlicher Autarkie.

1978 schließlich fror die türkische Regierung, zu diesem Zeitpunkt mit Bülent Ecevit als Ministerpräsident, die Beziehungen zu Brüssel erst einmal für fünf Jahre ein: Der weitere Zollabbau wurde ausgesetzt, um in diesem Zeitraum der Regierung die Möglichkeit zu geben, die wirtschaftliche Situation des Landes, die sich 1977/78 fast dem Zusammenbruch näherte, wieder auf ein gesundes Fundament zu stellen.

So war die türkische »Westpolitik« widersprüchlich geworden. Die Veränderung der türkisch-amerikanischen Beziehungen hatte das Gewicht Westeuropas im Rahmen der Außenbeziehungen der Türkei erhöht. Dennoch taten sich beide Seiten immer schwerer, den Beziehungen eine Qualität zu geben, die den Absichten der Väter des Assoziierungsabkommens entsprochen hätte. Den Wünschen der Türken nach massiver europäischer Finanz- und Wirtschaftshilfe und nach stärkerer politischer Verantwortung in der NATO konnte nicht entsprochen werden. Auch die Forderung nach einer Einbeziehung der Türkei in die außenpolitische Abstimmung im Rahmen der Europäischen Politischen Zusammenarbeit (EPZ) blieb ungehört. Daß die Beziehungen keineswegs einfacher werden würden, wenn erst Griechenland von 1981 seinen Platz als EG-Vollmitglied einnehmen würde, zeichnete sich bereits ab.

Als das Militär am 20. September 1980 zum dritten Mal die Macht übernahm, ist dies in westlichen Regierungskreisen nahezu mit Erleichterung aufgenommen worden. Die chaotischen Verhältnisse im Inneren machten das Land mehr und mehr unregierbar – jedenfalls ließ die politische Klasse in Ankara den ernsthaften Willen vermissen, der Staats- und Gesellschaftskrise energisch zu begegnen. Der Verbündete am Bosporus, einem trotz des Entspannungsprozesses noch immer vitalen Brennpunkt westlicher Sicherheitspolitik, drohte handlungsunfähig – also selbst fast ein Sicherheitsrisiko – zu werden. Die Westbeziehung des Landes schien zunehmend für innenpolitische Punktgewinne instrumentalisiert zu werden. Das galt für die Beziehungen zu den USA ebenso wie für die zur EG.

Auf der anderen Seite darf man aber nicht übersehen, daß auch deren Türkei-Politik nicht mehr auf einer klaren Einschätzung des Stellenwerts der Türkei für das westliche Bündnis und Europa beruhte. In Washington war die Politik gegenüber der Türkei gleichfalls zwischen die Mühlsteine der Innenpolitik geraten. Und die meisten Regierungen der EG konnten nur mit Mühe verbergen, daß sie an einer Mitgliedschaft der Türkei nicht mehr interessiert waren, ja in ihr eine Belastung für die EG sahen. Die Argumente reichten von Besorgnissen über die innere Stabilität und politische Verfaßtheit, über den wirtschaftlichen Entwicklungsstand bis zur fast panischen Vorstellung einer über Europa hereinbrechenden Flut türkischer Arbeitssuchender.

Mit der Machtübernahme durch das Militär war das Thema Türkei erst einmal in den Hintergrund getreten. Die Türken würden zunächst innenpolitisch ihre Hausaufgaben machen müssen – das hieß im wesentlichen, die innere Stabilität wiederherzustellen und den Weg zur Demokratie zu finden haben.

Zum dritten Mal – das Militär greift durch

Im großen und ganzen kann man nicht sagen, daß die dritte Militärintervention einen tieferen Einschnitt für die türkische Außenpolitik bedeutet hätte. Allenfalls wurden – nicht zuletzt durch die teilweise Isolierung des Militärregimes bedingt – Akzentverschiebungen vorgenommen. Die Beziehungen des Landes zur NATO und zu den USA begannen sich wieder zu festigen. In manchen Hauptstädten des Westens war Erleichterung über den Militärcoup zu spüren.

Erstaunlich ungerührt nahm auch Moskau die Veränderungen in Ankara auf. Die Entwicklung der Beziehungen zur Türkei ähnelte damit derjenigen gegenüber Griechenland nach 1967, wo die antikommunistisch orientierte Militärregierung ebenfalls keineswegs an einen Abbruch der Beziehungen zur Sowjetunion gedacht hatte. Dabei fehlte es seitens der Junta nicht an markigen Kampferklärungen an die Linke, denen repressive Maßnahmen folgten. Von Moskau lagen bereits im Herbst 1980 betont freundliche Äußerungen über die neue türkische Regierung vor, und die Wirtschaftsbeziehungen wurden ohnehin fortgesetzt. Im November 1982 nahm

Ministerpräsident Bülent Ulusu an den Beerdigungsfeierlichkeiten für Leonid Breschnew, den verstorbenen Generalsekretär der KPdSU, in Moskau teil, und im Dezember desselben Jahres reiste Außenminister Ilter Türkmen zu einem schon länger geplanten Besuch in die sowjetische Hauptstadt. Dieser ähnelte in seinem Verlauf in vieler Hinsicht den Besuchen von Demirel 1967 und Ecevit 1978 in der Sowjetunion sowie von Podgorny 1971 in der Türkei: Trotz diesbezüglichen sowjetischen Drängens kam es wiederum nicht zum Abschluß eines neuen Freundschaftsvertrages. Das Abschlußkommuniqué nahm lediglich ausdrücklich auf die Erklärungen von 1971 und 1978 Bezug.

Schwieriger gestaltete sich das Verhältnis zur EG. Der September-Coup hatte die Beziehungen zwischen Brüssel und Ankara erst einmal auf den Nullpunkt absinken lassen. Grundlage des Assoziierungsverhältnisses waren demokratische Zustände in Ankara. Mit Unterbrechungen fortgeführt wurden nur die Verhandlungen über die grundsätzlich schwierige Frage der Freizügigkeit für türkische Arbeitnehmer in der EG, die Ankara glaubte vertragsgemäß zum 1. Dezember 1986 einfordern zu können. Auch die immer wieder in der parlamentarischen Versammlung des Europarates eingebrachten Resolutionsentwürfe zur Lage in dem Land ließen die Beziehungen kalt bleiben. Wie dünn das Eis war, das die Fortsetzung der Beziehungen zwischen dem Europarat und der Türkei trug, zeigte eine Abstimmung vom Juli 1982, in der sich die Abgeordneten mit nur 105 gegen 100 Stimmen bei 9 Enthaltungen für den Verbleib der Türkei im Europarat aussprachen. Mehrmals drohte Ankara seinerseits mit dem Austritt.

Nicht ausbleiben konnte es unter diesen Voraussetzungen, daß auch das Verhältnis zur Bundesrepublik Deutschland starken Belastungen ausgesetzt wurde, obwohl die Bundesrepublik weiterhin dasjenige Land des westlichen Bündnisses blieb, das die engsten und freundschaftlichsten Kontakte zur Türkei wahrte. Auf die Entwicklung dieser Beziehungen wird noch ausführlicher einzugehen sein.

Das Verhältnis zum regionalen Umfeld der Türkei wurde von der Militärherrschaft ebenfalls nicht wesentlich berührt. Bemerkenswert freilich war die weitere Verschlechterung des ohnehin seit spätestens 1964 schlechten und seit 1974 heillosen Verhältnisses zu Griechenland. Ursache dafür war wesentlich der Wahlsieg von

Andreas Papandreou am 18. Oktober 1981. Der Nationalismus Papandreous hatte sich seit der Gründung seiner Partei, der Panhellenischen Union (PASOK), im September 1974 mehrfach mit ungewöhnlich polemischer Schärfe gegen die Türkei und die USA gewandt. Die »Gefahr aus dem Osten« gehörte seit der türkischen Zyperninvasion von 1974 zum festen Vokabular des brillanten Demagogen. Und obwohl er nach der Übernahme des Ministerpräsidentenamtes dem türkischen Botschafter demonstrativ einen Ölzweig geschickt hatte, galt seine Erklärung vom 26. April 1981 nach wie vor unmißverständlich: »Das große Thema für uns ist die Türkei. Sie stellt eine langfristige Gefahr für Griechenland dar... Das heißt nicht, daß ich an Krieg glaube..., aber die Gefahr nicht zu sehen und uns nicht darauf vorzubereiten, ist ein nationales Verbrechen.«[53] Wie seit jeher hätte die Türkei mit dieser feindseligen Haltung weiterhin leben können. Doch mittlerweile war eine Veränderung eingetreten, die der griechischen Haltung gegenüber der Türkei größeres internationales Gewicht gab: Am 1. Januar 1981 war Griechenland Vollmitglied der Europäischen Gemeinschaft geworden. Mit der Vollmitgliedschaft war Athen, ähnlich wie schon seinerzeit bei der Assoziierung, Ankara zeitlich zuvorgekommen. Athen hatte damit einen der Schlüssel zu den Toren der EG, die Ankara auf dem Wege dahin würde passieren müssen, in der Hand. Es hat dieses Instrument zu nutzen gewußt.

Fast zwangsläufig verschärfte sich mit der Regierungsübernahme durch Papandreou auch der Streit über Zypern von neuem. Als erster griechischer Ministerpräsident seit der Unabhängigkeit der Insel im Jahre 1960 besuchte er im Februar 1982 Zypern, wo er mit allen rhetorischen Mitteln zu einem »weltweiten Kreuzzug« gegen die Türkei aufrief. Als der türkische Ministerpräsident Ulusu im Gegenzug im Mai 1982 nach Nordzypern kam und den Zypern-Türken versicherte, die Türkei werde sie niemals im Stich lassen, wandte sich Griechenland mit heftigen Protesten an die EG, die NATO und die UNO. Die Zypernfrage sollte schließlich eine neue Dimension bekommen, als der nordzyprische »Präsident« Rauf Denktaş am 15. November 1983 die unabhängige Türkische Republik Nordzypern ausrief. Noch vor dem Regierungsantritt Turgut Özals am 13. Dezember des gleichen Jahres kam es damit in der Zypernfrage zu einer einschneidenden Zäsur.

Keine wesentlichen Veränderungen, aber neue Akzentsetzungen, brachte die Ära der Militärherrschaft für die Beziehungen der Türkei zu den islamisch-arabischen Ländern. Im Oktober 1980 fanden die ersten Islamischen Olympischen Spiele in Izmir statt, im November 1980 in Ankara die erste Islamische Konferenz für Wirtschaftliche und Industrielle Kooperation. Im Januar 1981 nahm Ministerpräsident Bülent Ulusu am Islamischen Gipfeltreffen im saudiarabischen Taif teil. Dies mußte in den islamischen Ländern auf besondere Aufmerksamkeit stoßen, weil damit zum erstenmal ein türkischer Regierungschef bei einem derartigen Treffen präsent war. Nicht genug damit – im Anschluß an die Konferenz reiste Ulusu in Pilgerkleidung nach Mekka weiter. Noch aufsehenerregender verlief die 6. Jahresversammlung der Islamischen Entwicklungsbank im Mai 1982 in Istanbul. Sie begann mit einer Koran-Rezitation; danach hielt Staatspräsident und Juntachef Kenan Evren die Eröffnungsrede, in der er wörtlich ausführte: »Die Türkei ist ein untrennbares Glied der islamischen Welt.«

Auch eine politische Annäherung an die Araber, verbunden mit einer klareren Distanzierung von Israel und seiner Politik, als dies bisher der Fall gewesen war, ging mit diesen Entwicklungen einher. Die israelische Invasion im Libanon im Sommer 1982 wurde in Ankara scharf verurteilt. Wie schon bei früheren Gelegenheiten untersagte die Regierung in Ankara den USA im September 1983, türkische Stützpunkte als Nachschubbasen für Operationen im Libanon zu benutzen, wo amerikanische Soldaten immer stärker terroristischen Anschlägen vor allem islamistischer Gruppen ausgesetzt waren.

Turgut Özal – ein »Pragmatiker«

Hat es unter den Militärs keine einschneidenden Veränderungen in der türkischen Außenpolitik gegeben, so gilt dies auch für die Zeit nach der Rückkehr zur Demokratie im Herbst 1983. Erst mit dem Zusammenbruch der Sowjetunion sollten sich für die türkische Politik dann neue Perspektiven eröffnen.

Die wichtigste Achse der Außenpolitik Ankaras blieben die Beziehungen zu Washington. Das mag auf den ersten Blick als ein

Paradox erscheinen, kam der neue Ministerpräsident Turgut Özal doch aus der »islamischen Ecke«. Aber dies wurde mehr als aufgewogen durch die hohe Bewunderung, die der »Pragmatiker« Özal für die wirtschaftliche und politische Macht Amerikas hegte. So stand die wirtschaftliche Zusammenarbeit im Vordergrund, auch wenn diese keinesfalls der Probleme und Vorbehalte entbehrte. Etwa wenn Washington seine Hilfe an Fortschritte in der Zypernfrage – im Klartext: an den Rückzug der türkischen Truppen von Zypern – zu knüpfen suchte. Ankara andererseits erneuerte zwar regelmäßig das Abkommen über militärische Zusammenarbeit mit den USA, war aber mit Blick auf die guten wirtschaftlichen Beziehungen zu den islamischen Staaten im Nahen Osten weiterhin nicht bereit, die Nutzung türkischer Militäreinrichtungen für amerikanische Operationen in der Region zu gestatten.

Am stärksten wurde das Verhältnis durch Bestrebungen im amerikanischen Kongreß belastet, den 24. April zum Tag des Gedenkens an den »Genozid« zu machen, den die osmanische Regierung 1915/16 an den Armeniern, vor allem in Ostanatolien, verübt hatte. So wurde – wieder einmal – am 30. September 1989 ein entsprechender Resolutionsentwurf in den amerikanischen Senat eingebracht. Ankara setzte alle Hebel in Bewegung, um seine Annahme zu verhindern. Als dies im juristischen Ausschuß des Senats gleichwohl geschah, ergriff die türkische Regierung Maßnahmen zur Beschränkung der militärischen Präsenz der USA in der Türkei. Sie wurden erst aufgehoben, als der Senat den Antrag am 27. Februar 1990 ablehnte.

Neue Anstöße jedoch erhielten die türkisch-amerikanischen Beziehungen durch den Überfall des irakischen Diktators Saddam Husain auf Kuwait am 2. August 1990. Beim Aufruf von Präsident George Bush zu einer Allianz zur Befreiung Kuwaits zögerte Turgut Özal nur einen kurzen Augenblick. Trotz der damit verbundenen – insbesondere wirtschaftlichen – Nachteile und politischen wie militärischen Risiken entschied er sich, dem Ruf Bush's vorbehaltlos zu folgen. Die aus dem Irak durch die Türkei ans Mittelmeer führende Ölpipeline wurde geschlossen; das Embargo wurde – von offizieller Seite wenigstens – strikt eingehalten. Als der Krieg am 17. Januar 1991 ausbrach, konnten amerikanische Flugzeuge von Militärflugplätzen in der Südosttürkei aus Einsätze fliegen. Und für den Schutz der von Saddam Husain drangsalierten Kurden konnte sich die internationale Rettungsoperation auf Militäreinrichtungen in der Südosttürkei stützen.

Für Özal war dies nicht nur ein Beweis seiner Gefolgschaft gegenüber den bewunderten USA und eine politische Entscheidung mit Blick auf eine weitere Verbesserung der amerikanisch-türkischen Beziehungen. Er sah darin vielmehr ein außenpolitisches Signal, das den Anspruch auf eine »neue Rolle« der Türkei, die sich nach den weltpolitischen Veränderungen der Jahre 1990/91 ergeben würde, unterstreichen sollte. Am Golf reklamierte Özal nunmehr eine Rolle der Türkei als »regionale Macht«. Im Übergang zu einer »neuen Weltordnung« wurden somit zugleich Weichenstellungen der türkischen Außenpolitik vorgenommen. Die Achse Ankara-Washington schien dafür die beste Voraussetzung, und sie wurde auf höchster Ebene geschmiedet: Vom 27. März bis 1. April hielt sich der türkische Präsident in Washington auf. Mit dem Gegenbesuch von Präsident George Bush im Juli war seit 32 Jahren zum ersten Mal wieder ein amerikanischer Präsident in der Türkei zu Gast.

Als »wirtschaftspragmatisch« könnte man das Verhältnis zwischen der Türkei und der Supermacht vor der Haustür, der Sowjetunion, deren Tage freilich gezählt sein sollten, bezeichnen. Politisch tat sich nicht viel in den Beziehungen, auch wenn es gelegentlich zu Besuchen auf hoher und höchster Ebene kam. Die Politik war dem ehrgeizigen Ziel Özals untergeordnet, den bilateralen Handel bis zum Ende des Jahrzehnts auf sechs Milliarden US-Dollar zu erweitern. Verbundprojekte im Energie- und Erdgasbereich sollten dafür die Grundlage schaffen. Die Öffnung eines Grenzübergangs zwischen der Türkei und Georgien bei Sarp am Schwarzen Meer im September 1988 hatte so symbolischen Charakter.

Wie weitgehend Özal bereit war, langfristige Wirtschaftsinteressen gegenüber Moskau Schwankungen der Tagespolitik überzuordnen, sollte sich als eine seiner wenigen außenpolitischen Fehlleistungen Anfang 1990 erweisen. Um den 20./21. Januar herum eskalierten Unruhen im transkaukasischen Aserbaidschan zu einem nationalen Aufstand, in dessen Verlauf immer lauter die Unabhängigkeit des Landes gefordert wurde. Zehntausende von Menschen versammelten sich um den Sitz der Kommunistischen Partei, das bei vielen verhaßte Symbol russischer Dominanz. Die Truppen des sowjetischen Innenministeriums griffen ein, es kam zu einem Blutbad. Die aserbaidschanische Provinz Nachitschewan, die einige Kilometer gemeinsamer Grenze mit der Türkei hat, erklärte ihre Unabhängigkeit.

Präsident Özal wurde von diesen Entwicklungen während eines Aufenthalts in den USA überrascht. Bemüht, durch die Ereignisse die Beziehungen mit Moskau nicht zu gefährden, ließ er verlauten, daß die Aserbaidschaner mehr mit den schiitischen Iranern gemein hätten als mit den sunnitischen Türken. Womit er auf die schiitische Religionszugehörigkeit der turksprachigen Aserbaidschaner anspielte und zum Ausdruck bringen wollte, daß sich die Türkei tunlichst aus der Angelegenheit heraushalten und nicht Partei ergreifen sollte. Nach Ankara zurückgekehrt, mußte er erkennen, mit welch starken Emotionen breite Teile der türkischen Öffentlichkeit und der Medien bereits die Sache der Aserbaidschaner unterstützten. Von nun an bis zu seinem Tode im April 1993 wurde Özal zum Vorkämpfer eines umfassenden türkischen Engagements in Zentralasien.

Tatsächlich aber war die Sowjetunion über den Punkt, an dem eine türkische Politik in Zentralasien, welche in den folgenden Monaten erste Konturen annahm, die Beziehungen zu Moskau hätte ernsthaft gefährden können, bereits hinweg. Im März 1991 reiste Özal zu einem fünftägigen Staatsbesuch nach Moskau, 70 Jahre nachdem die ersten Abkommen zwischen der im Entstehen begriffenen neuen Türkei und der jungen Sowjetunion geschlossen worden waren.

Mit dem Zusammenbruch der Sowjetunion haben die Beziehungen zwischen der Türkei und Rußland eine neue – fast möchte man sagen: historische – Dynamik erhalten. Beide sind heute einander Partner und Rivale zugleich. Die geschichtliche Dimension schien auf, als Ende Mai 1992 Ministerpräsident Demirel in Moskau einen »Vertrag über Freundschaft und Zusammenarbeit« unterschrieb. Und in der Tat haben sich seither zahlreiche Formen der »Zusammenarbeit« entwickelt. Sie liegen insbesondere im Bereich der Wirtschaft, des Handels und auch der Rüstungskooperation. Rußland ist zu einem größeren Rüstungslieferanten der Türkei geworden.

Die »Freundschaft« ist freilich weniger sichtbar. Anläßlich des

Besuches Demirels war die Einrichtung eines roten Telefons zwischen Ankara und Moskau vereinbart worden. Und es ist nicht auszuschließen, daß man an Punkte kommen könnte, es zu gebrauchen. Schon die politische Großwetterlage in Zentralasien hat beide Mächte zu Rivalen gemacht: Beide ringen um politischen und wirtschaftlichen Einfluß in der Region. In Moskau sieht man sich durch einen Ankara unterstellten Pantürkismus bedroht; Ankara fürchtet das Konzept eines strategischen Großraums der gesamten Gemeinschaft Unabhängiger Staaten (GUS) unter Einschluß des Kaukasus und Zentralasiens. So weigert sich die russische Regierung mit Blick auf den Kaukasus, ihren Verpflichtungen im Rahmen des »Vertrages zur Reduzierung der konventionellen Streitkräfte in Europa« (KSE-Vertrag) nachzukommen. Wie empfindlich das Verhältnis ist, zeigte sich Ende Oktober 1994: Während sich in Istanbul zum zweiten Mal die Staatsoberhäupter der turksprachigen Staaten trafen, fand in Moskau eine Konferenz zur Geschichte der Kurden statt, an deren Ausrichtung die PKK unverhohlen beteiligt war. Wenig später eröffnete die PKK ein »Kurdisches Haus« in Moskau.

Im Konflikt zwischen Armenien und Aserbaidschan um die armenische Enklave Nagorny Karabach stehen beide in feindlichen Lagern. Rußland sieht in Armenien einen Partner für seine Interessen im Kaukasus und unterstützt die armenische Seite auch aktiv militärisch. Für die Türkei ist Aserbaidschan das Tor nach Zentralasien, was Ankara eng an die Seite Bakus bringt. Offensichtlich aber nicht eng genug: Denn mit der militärischen Überlegenheit der Armenier hat Ankara die erste Runde im türkisch-russischen Ringen verloren. Es war die Sorge um das türkisch-russische Verhältnis, das Ministerpräsidentin Tansu Çiller veranlaßte, ihren ersten Auslandsbesuch nach der Regierungsübernahme im September 1993 in Moskau zu machen.

Mit dem Poker um die Ölrouten, über die das Erdöl Aserbaidschans und Zentralasiens zu den Verbrauchern gebracht werden soll, lastet auf den Beziehungen ein weiteres Element der Spannung. Der im Herbst 1995 erzielte Kompromiß, nach dem »frühes Öl« bis auf weiteres erst einmal hälftig sowohl durch russische als auch durch türkische Transitrouten fließen soll, muß noch nicht das letzte Wort sein.

Daß es Moskau diesbezüglich ernst ist, alle Mittel zur Verwirklichung seiner Interessen einzusetzen, wurde Ankara Ende 1994 mit der militärischen Invasion in Tschetschenien vor Augen geführt. Wenn auch die dort durchlaufende Pipeline nicht das einzige Argument zur Erklärung des russischen Schrittes war, belegte er doch die Entschlossenheit, auch an der Grenze zur Türkei vor militärischen Maßnahmen nicht zurückzuschrecken, wenn russisches Interesse es erheischt. Das Dilemma Ankaras lag auf der Hand: Einerseits kann der Krieg in Tschetschenien die Türkei aus vielerlei Gründen nicht gleichgültig lassen – schon weil in der Türkei Millionen von Nachkommen jener Kaukasusvölker leben, die emotional auf der Seite der Tschetschenen stehen. Auf der anderen Seite bestand für die türkische Regierung kaum ein Spielraum für eine wirkungsvolle politische oder militärische Reaktion – nicht zuletzt auch deshalb, da man im eigenen Land eine Minderheit hat, mit der man ähnlich verfährt.

So haben die türkisch-russischen Beziehungen heute ein doppeltes Gesicht. Darauf, daß auch auf dem Balkan unterschiedlich gelagerte Interessen die Beziehungen nicht leichter machen, wird noch einzugehen sein.

Brüssel sagt nein

Präsident Özals bemerkenswertester Versuch, der türkischen Außenpolitik neue Horizonte zu eröffnen, waren seine Bemühungen, Eintritt in die Europäische Gemeinschaft zu erhalten. In die Beziehungen war 1985 wieder Belebung gekommen, nachdem sie mit dem Coup der Generäle 1980 auf Eis gelegt worden waren.

Sich wieder an den Verhandlungstisch zu setzen war – aus türkischer Sicht – nicht zuletzt deshalb notwendig geworden, da türkische Arbeitnehmer nach Auffassung Ankaras vom 1. Dezember 1986 das »Recht haben sollten, sich freizügig zwischen der Türkei und den Mitgliedsländern der Europäischen Gemeinschaft zu bewegen«. Dies jedenfalls war die Lesart, die die türkische Regierung entsprechenden Abmachungen gab, die im Zusatzprotokoll von Ankara aus dem Jahr 1970 standen.[54] Nun hatte sich bei einzelnen Mitgliedsländern der Gemeinschaft freilich mittlerweile eine Veränderung der Interessenlage ergeben, die ihnen eine Öffnung der

Grenzen für türkische Arbeitnehmer nicht länger geraten erscheinen ließ. Namentlich in Deutschland wurde das Schreckgespenst einer anrollenden Woge türkischer Arbeitssuchender gemalt, die nur darauf warteten, nach Europa auszuwandern. Am Ende des unerfreulichen diplomatischen Gezerres mußte sich die türkische Regierung mit einem Paket von Ersatzleistungen zufriedengeben. Sie kosteten die europäischen Regierungen nichts, stellten zugleich aber Kompensationen dafür dar, daß Brüssel mit fragwürdigen rechtlichen und politischen Argumenten gegen eine – wie man in Ankara meinte – verbindliche Abmachung verstoßen hatte.

Als weitere Bemühungen der Türkei um die Fortentwicklung des Assoziierungsverhältnisses nicht zuletzt am ständigen Veto Griechenlands scheiterten, begann sich die türkische Regierung seit Anfang 1987 darauf vorzubereiten, einen Antrag auf Vollmitgliedschaft in der Gemeinschaft zu stellen. Grundlage dafür war nicht nur Artikel 237 der Römischen Verträge von 1958, sondern vielmehr das Assoziierungsabkommen von 1963 selbst. Es sah als Ziel der Assoziierung die Errichtung einer Zollunion zwischen der – damaligen – Europäischen Wirtschaftsgemeinschaft (EWG) und der Türkei vor, die in eine Mitgliedschaft würde münden können. Voraussetzung würde allerdings sein, daß im Verlaufe der Assoziierung das Land in die Lage versetzt würde, alle Verpflichtungen einer Mitgliedschaft zu übernehmen. Eine Vollmitgliedschaft also sollte sich nicht automatisch ergeben.

Ebenso frustriert über anhaltende Störmanöver aus unterschiedlichen Ecken der Gemeinschaft wie unbeirrt durch den sichtbaren Mangel an Begeisterung auf seiten ihrer europäischen Partner reichte die türkische Regierung am 14. April 1987 offiziell ihren Antrag auf Vollmitgliedschaft ein.

Während der Schritt in der Türkei in weiten Kreisen von Politik und Wirtschaft sowie der Medien und der Öffentlichkeit begrüßt wurde und teilweise euphorische Reaktionen auslöste, fiel die Reaktion in den Mitgliedstaaten der Gemeinschaft zurückhaltend aus. So erklärte etwa die Bundesregierung, daß sie ihre Haltung zum türkischen Antrag im Rat der Europäischen Gemeinschaft im Kabinett festlegen werde. Sie lasse sich dabei von der Erwägung leiten, daß die Anstrengungen der Türkei für eine weitere Annäherung an Europa zu begrüßen seien, und gehe davon aus, »daß die laufenden

Bemühungen fortgesetzt werden, das zwischen der Türkei und der Gemeinschaft bestehende Assoziierungsverhältnis mit Leben zu erfüllen«.[55] Nur Griechenland zögerte – einmal mehr – nicht, seine Ablehnung offen auszusprechen. Deutlich negativ waren auch die ersten Reaktionen der Sozialistischen Fraktion im Europäischen Parlament, die sich mit dem europäischen Gewerkschaftsbund darin einig war, daß vor einer eventuellen Mitgliedschaft der Türkei weitere erhebliche innenpolitische Schritte in Richtung auf eine liberale demokratische Ordnung notwendig seien. Immerhin leitete der Ministerrat gegen den erklärten Willen des griechischen Vertreters den Antrag auf seiner Sitzung am 27. April 1987 ohne weitere Erörterung an die Kommission weiter.

Am 18. Dezember 1989 veröffentlichte die Kommission der Europäischen Gemeinschaft in Brüssel ihre Reaktion auf den türkischen Antrag. Der Bescheid fiel nicht eben freundlich aus. Zwar wird die »grundsätzliche Beitrittsfähigkeit« der Türkei nicht in Frage gestellt. Die Gemeinschaft werde eines Tages mit der Türkei in Beitrittsverhandlungen treten können. Jenseits davon aber läßt die Brüsseler Behörde keinen Zweifel daran, daß die Türkei weder politisch noch wirtschaftlich für eine Mitgliedschaft in der Europäischen Gemeinschaft reif sei. Gewiß, das Land habe erhebliche wirtschaftliche Fortschritte gemacht; dann aber wird der Finger auf die zahlreichen Ungleichgewichte und Unterschiede, die zu den EG-Ländern bestehen, gelegt. So erreiche das durchschnittliche Einkommen der türkischen Bevölkerung nur ein Drittel jenes in der EG; etwa die Hälfte aller Türken arbeite noch immer in der Landwirtschaft. Würde die Türkei der Gemeinschaft beitreten, wären zahlreiche Wirtschaftszweige des Landes wegen des »Anpassungsdrucks« erheblich gefährdet. Eine neue Einwanderungswelle müßte sich in Richtung Europa ergießen. Dies um so mehr, als im Vergleich zum EG-Durchschnitt die soziale Sicherung der türkischen Bevölkerung deutlich schlechter sei.

Auch mit politischer Kritik wurde nicht hinter dem Berg gehalten. So an der Verfassung von 1982 und den Unzulänglichkeiten des parlamentarischen Systems. Die Politik der Regierung in Ankara müsse sich stärker den oppositionellen Gruppen wie auch den Menschenrechten öffnen. Außerdem seien beim Schutz der Minderheiten, insbesondere der Kurden, noch Wünsche offen, heißt es vorsichtig in dem Dokument der Kommission. Schließlich fördere der Streit zwischen Türken und Griechen den Wunsch der türkischen Regierung nicht, als dreizehntes Mitglied der EG beizutreten; auf die offene Zypernfrage wird ausdrücklich verwiesen.[56]

Ferner wird gerügt, daß die Türkei in den zurückliegenden Jahren ihre Hausarbeiten nach dem Abkommen von Ankara nicht gemacht habe. Seit 1976 sei sie mit der Beseitigung der Handelshemmnisse und mit den übrigen Verpflichtungen des Abkommens im Rückstand. Tatsächlich: Während die Gemeinschaft die Zölle für türkische Einfuhren weitgehend abgebaut hatte, hatte die Regierung in Ankara kaum Anstalten gemacht, die für die Vorbereitung der Zollunion notwendigen gesetzgeberischen Maßnahmen zu treffen. Schon daraus wird nach Brüsseler Angaben ersichtlich, welche Schwierigkeiten es der Türkei bereite, ihre Wirtschafts- und Handelsstrukturen denen der Gemeinschaft schrittweise anzupassen.

So war der Versuch, den gordischen Knoten in Sachen Europa zu durchschlagen, gescheitert. Zwar machte Ankara gute Miene zu dem bösen Spiel, indem man in Stellungnahmen hervorhob, daß wenigstens im Prinzip die Türkei Mitglied der Europäischen Gemeinschaft werden könne.

Tatsächlich hat es den Anschein, als habe das Ende des Ost-West-Konflikts und der Zerfall der Sowjetunion auf beiden Seiten ein verstärktes Interesse an der Verbesserung der Beziehungen entstehen lassen. In wie vielfältiger Weise die Türkei von den Auf- und Umbrüchen in ihrem Umfeld berührt ist, wird noch genauer dargestellt. Ankara seinerseits ließ kaum eine Gelegenheit aus, die Europäer daran zu erinnern, daß eine »neue Rolle« der Türkei dort im Interesse Europas in Brüssel eine Neubewertung des Anliegens der Türkei, Vollmitglied zu werden, notwendig mache.

So begann man, auf beiden Seiten die vertraglichen Beziehungen mit neuem Leben zu erfüllen. Die Verwirklichung der im Assoziierungsabkommen vorgesehenen Zollunion bot sich hierfür als zwar nicht leichter, aber machbarer Schritt an. Die Voraussetzungen schienen um so günstiger, als Ankara bereits seit 1988 Maßnahmen zum Abbau von Zöllen gegenüber der EG und zur Angleichung an den gemeinsamen Zolltarif der Gemeinschaft ergriffen hatte.

Bei einem Treffen des Assoziationsrates auf Ministerebene im

November 1992 wurde grundsätzliches Einverständnis über diesen Schritt erzielt, und ein Jahr später, im November 1993, verabschiedete der Rat ein umfangreiches Arbeitsprogramm. Dabei ging es um nicht weniger als die Verwirklichung fast all dessen, wofür das Assoziierungsabkommen ursprünglich einen Zeitraum von 20 Jahren vorgesehen hatte.

Ein gewaltiger Kraftakt – gerade auf türkischer Seite – machte es möglich, daß der Assoziationsrat EU-Türkei am 6. März 1995 die Zollunion beschließen konnte. Im Dezember ratifizierte das Europäische Parlament diese Entscheidung – trotz großer Bedenken und unter der Auflage, schrittweise die Demokratie zu vertiefen. Damit konnte die Assoziierung am 1. Januar 1996 in die Endphase eintreten.

Freilich, jenseits dieses formalen Beschlusses tun sich Unsicherheiten auf. Sie liegen zum einen im wirtschaftlichen Bereich: Denn unzweifelhaft bedeutet die Zollunion mit einem wirtschaftlich so übermächtigen Partner wie der EU eine schwere Herausforderung für die türkische Volkswirtschaft. Wird sie bestehen können? Unsicherheiten gibt es aber auch im politischen Bereich: Für die EU bedeutet die Zollunion mit Europa in erster Linie eine Orientierungsmarke für die Fortsetzung des Weges der Türkei in Richtung auf Europa. Eine verbindliche Zusage für die künftige Vollmitgliedschaft wird darin nicht gesehen.

Gerade dies aber ist auf seiten der türkischen Europa-Politiker der Fall. Sie verbinden die Zollunion, für die sie – wahrscheinlich nicht unerhebliche – Opfer bringen, mit der Vollmitgliedschaft. Aus dieser unterschiedlichen Interpretation des Schrittes vom 6. März 1995 könnten neue Irritationen und Frustrationen in Ankara erwachsen. Dies um so mehr, als mit dem Beschluß die nationale Souveränität des Landes in allen für den Außenhandel relevanten Entscheidungen eingeschränkt wird. Wenn sich dann gleichwohl die Türkei als Nicht-Mitglied der EU auf Dauer von den Entscheidungsprozessen in Brüssel ausgeschlossen sieht, könnte die Zollunion ein wirksames Instrument der Europa-Gegner gegen die noch immer westorientierten Teile der türkischen Elite werden.

Griechenland lässt nicht locker

Griechenland hatte sich seine Zustimmung zur Zollunion mit der Türkei durch Konzessionen abhandeln lassen. Aber bis zum letzten Augenblick hatte es Athen offengelassen, wie die Entscheidung ausfallen würde; wiederholt hatte man gedroht, den Vertragsabschluß scheitern zu lassen. Noch immer also erwies sich Griechenland als eine der stärksten Hürden auf dem Weg der Türkei nach Europa. Dabei hatte sich Anfang 1988 eine erhebliche Verbesserung in den Beziehungen abzuzeichnen begonnen. Den Auftakt bildete am 31. Januar die Verabschiedung eines neun Punkte umfassenden Kommuniqués zwischen Ministerpräsident Özal und seinem griechischen Amtskollegen Papandreou anläßlich des europäischen Wirtschaftsforums in Davos. Am Rande des NATO-Gipfeltreffens in Brüssel Anfang März vereinbarten beide Staatsmänner weitere Entspannungsbemühungen. Erste Schritte in Richtung auf die angestrebte Entspannung waren der Besuch des Athener Bürgermeisters bei seinem Istanbuler Kollegen Ende Februar, der Gegenbesuch des Istanbuler Bürgermeisters in Athen Anfang Mai, der Besuch der griechischen Kultusministerin Melina Mercouri Mitte desselben Monats in Ankara und die Visite Özals einen Monat später in Athen. Zwei in Davos vereinbarte Kommissionen tagten Ende Mai in Athen und in Ankara. An der zweiten Tagung Anfang September nahm der griechische Außenminister Papoulias teil, und der türkische Staatsminister Kahveci reiste nach Athen.

Die Erwartungen, die in der Türkei in den »Geist von Davos« gesetzt wurden, erfüllten sich allerdings nicht in vollem Umfang. Aus den Vereinbarungen ausdrücklich ausgeklammert worden war die Zypernfrage. Sie wurde im Laufe des Jahres mehrfach von Griechenland der Türkei gegenüber ausgespielt. Auch innerhalb der NATO blieben die griechisch-türkischen Gegensätze bestehen. Nachdem Ankara gegen ein griechisches Flugkontrollsystem auf Rhodos Vorbehalte angemeldet hatte, weil es sich um ein militärisches Projekt innerhalb einer vertraglich vereinbarten entmilitarisierten Zone handelte, legte Griechenland am 19. Oktober 1989 ein Veto gegen das gesamte Türkei-Kapitel im NATO-Budget für 1990 in Höhe von 300 Millionen Dollar ein. Gegen Ende des Jahres erreichten die Beziehungen einen erneuten Tiefstand. Zwar hatten Özal und Papandreou während der NATO-Feierlichkeiten in Brüssel zum vierzigjährigen Bestehen des Bündnisses (29.–30. Mai) die in Davos getroffenen Vereinbarungen bekräftigt und noch einmal versichert, es nicht zum Krieg zwischen beiden Ländern kommen zu lassen. Die Kontroversen aber zwischen den beiden NATO-Partnern lähmten die Initiativen der NATO bei den Wiener Abrüstungsgesprächen über konventionelle Waffen gegenüber dem Warschauer Pakt. Die Türkei weigerte sich – im Interesse ihrer nationalen Sicherheit –, den Süden des Landes (speziell das Gebiet um den Hafen Mersin) in die Abrüstungs-Vorschlagszonen einzubeziehen. Griechenland dagegen beharrte auf der Einbeziehung der Zypern im Norden gegenüberliegenden Gebiete, also insbesondere des Gebiets von Mersin.

Unter der konservativen Regierung von Ministerpräsident Konstantinos Mitsotakis, der im April 1990 die Regierungsgeschäfte übernahm, stabilisierten sich die Beziehungen von neuem ein wenig. Der »Geist von Davos« wollte freilich zu keinem Zeitpunkt wieder aufkommen. Zu groß waren und blieben bis heute die Differenzen bezüglich der Anwesenheit türkischer Truppen in Nordzypern, des griechischen Anspruchs auf die Vorherrschaft im Ägäischen Meer und die von der Türkei kritisierten griechischen Verstöße gegen Grundrechte der ethnisch-türkischen Minderheit in Westthrazien. Konkret steht die griechische Absicht im Raum, die Hoheitsgewässer um die Inseln im Ägäischen Meer von sechs auf zwölf Seemeilen auszudehnen; eine Maßnahme, die nach internationalem Seerecht statthaft wäre. Für diesen Fall, der eine weitgehende Einschränkung des Zugangs vom türkischen Festland zur Ägäis bedeuten würde, hat die türkische Regierung militärische Schritte angedroht. Oder im Klartext: Ein derartiger Schritt wäre der *Casus belli*.

Auch die Zypernfrage bildet einen Sprengsatz, der der weiteren Entwicklung in den türkisch-griechischen Beziehungen etwas Unvorhersehbares verleiht. Deshalb sind in neuerer Zeit Versuche unternommen worden, den Status quo zu überwinden. Immer wieder hat sich sogar die UNO, häufig in Gestalt ihrer Generalsekretäre selbst, vermittelnd eingeschaltet. Zuletzt brachte Butros Ghali einen »Set of ideas« ein: Danach sollte ein zukünftiger Bundesstaat eine völkerrechtliche Einheit (mit einer einzigen Staatsbürgerschaft) bilden, bezüglich der Siedlungsstruktur bizonal in zwei Kantone geteilt sein und verfassungsmäßig bikommunalen Charakter besitzen. Während die griechische Seite den »Set« als Verhandlungsgrundlage akzeptierte, äußerte Rauf Denktaş viel weiterreichende Ansprüche an die Souveränität eines zukünftigen zyperntürkischen Staates und an die Gleichberechtigung und Gleichvertretung der türkischen Volksgruppe mit der griechischen. So scheiterte der UNO-Plan.

Unverdrossen beschloß der Sicherheitsrat am 25. November 1992 eine Reihe vertrauensbildender Maßnahmen, in der Hoffung, diese würden dann zu weiterer Annäherung führen. Beiden Seiten wurden darin wirtschaftliche Vorteile in Aussicht gestellt: Der griechischen durch die Wiedereröffnung der von der zyperntürkischen Seite als eine Art »Faustpfand« gehaltenen »Geisterstadt« Famagusta *(Varoşa)*. Da die Hotels und Grundstücke bis 1974 fast ausschließlich Zypern-Griechen gehört hatten, wäre eine Wiedereröffnung vor allem diesen zugute gekommen. Und der türkischen durch die Wiedereröffnung des internationalen Flughafens von Nicosia, der seit 1974 ungenutzt in der UNO-kontrollierten »Pufferzone« liegt. Eine gemeinsame Nutzung hätte die zyperntürkische Seite ein Stück weit aus ihrer wirtschaftlichen Isolierung befreien können. Diesmal war Denktaş bereit, auf die UNO-Vorstellungen einzugehen; doch die Zypern-Griechen waren nicht gewillt, ihre wichtigste »Trumpfkarte«, das Embargo gegen den Norden, für ein relativ bescheidenes Zugeständnis auszuspielen.[57]

Wird die Europäische Union, die sich seit 1989 verstärkt in Sachen Zypern engagiert, den Stillstand überwinden können? Nahezu alle europäischen Gremien haben klargemacht, daß eine Aufnahme der Türkei als Vollmitglied eine Lösung der Zypernfrage voraussetzt; Ankara lehnt ein solches Junktim ab. Im Zusammenhang mit der Entscheidung über die Zollunion stellt sich nun aber die Aufnahme Zyperns in neuem Licht dar: Im Juli 1990 hatte der griechisch-zyprische Außenminister einen entsprechenden Antrag gestellt, der freilich seither von seiten Brüssels deutlich hinhaltend behandelt worden war. In dem Beschluß vom 6. März 1995 wurden nun die Verwirklichung der Zollunion mit der Türkei und die Aufnahme von Beitrittsverhandlungen mit Zypern gekoppelt, ohne daß vorher eine einvernehmliche Lösung erzielt werden muß. Wird dies einen Druck auf die Türkei und die Regierung des nordzyprischen Gebildes ausüben, zu einer Lösung über Zypern zu kommen? Oder werden Beitrittsverhandlungen ohne die gebührende Berücksichtigung der türkisch-zyprischen Interessen in der Türkei ein Anti-EU-Klima schaffen, dem sich keine Regierung in Ankara entziehen kann? Töne, daß letzteres zu einer definitiven Spaltung der Insel, ja zu einer Vereinigung der Türkischen Republik Nordzypern mit der Türkei führen könnte, sind sowohl aus dem türkischen Teil der zyprischen Hauptstadt, türk.: *Levkoşa*, als auch aus Ankara zu hören gewesen.

Die Nachbarn im Osten

Weniger explosiv, aber alles andere als normal stellten sich die Beziehungen mit den arabischen Nachbarn und Iran dar. Die Frage des Wassers von Euphrat und Tigris, das kurdische Problem, das die Türkei mit Syrien, dem Irak und Iran teilt, und die – natürlichen – Spannungen zwischen dem laizistischen System der Türkei und der islamistischen Ordnung der Islamischen Republik erwiesen sich immer wieder als Stolpersteine für den Aufbau eines gutnachbarlichen Verhältnisses.

Darauf, daß die Beziehungen zu Syrien schon durch die Geschichte belastet sind, wurde schon hingewiesen. Die Unsicherheit darüber, wieviel Wasser der Euphrat in absehbarer Zukunft noch über die türkisch-syrische Grenze bringen wird, macht Syriens Haltung gegenüber der Türkei nicht eben entspannter. Diese Unsicherheiten hängen mit dem Südostanatolien-Projekt *(Güney Doğu Anadolu Projesi, GAP)* zusammen, einem gigantischen landwirtschaftlichen und energiewirtschaftlichen Entwicklungsprojekt, auf das noch im Zusammenhang mit der Wirtschaftsentwicklung kurz einzugehen sein wird.

Ausgangspunkt einer Wasserkrise zwischen den Ländern ist der Entwicklungsbedarf der Türkei, Syriens und des Irak, dem eine Begrenztheit des »Rohstoffs« Wasser gegenübersteht. Alle drei Länder haben eine rasch wachsende Bevölkerung. Das erfordert einen kontinuierlichen Zuwachs auch der Nahrungsmittelproduktion; dies um so mehr, als Syrien und die Türkei keine Ölländer sind, also nicht über die notwendige Finanzkraft verfügen, um in erheblichem Maße Nahrungsmittel importieren zu können. Auch die Anforderungen im Energiebereich steigen. Die Tatsache, daß die beiden Länder nur sehr bedingt Öl zur Energieerzeugung einsetzen können, zwingt sie, vor allen Dingen auf Wasserressourcen zurückzugreifen.

Nach Schätzungen werden der syrischen Bevölkerung bis zum Jahre 2000 pro Kopf etwa 1000 Kubikmeter Wasser zur Verfügung stehen. Das liegt unterhalb der Knappheitsgrenze. Im Irak sind die Zahlen etwas besser: Bis zum gleichen Zeitpunkt werden es dort etwa 1300 und in der Türkei etwa 2300 Kubikmeter sein. Angesichts der Erwartung, daß die türkische Bevölkerung bis zum Jahre 2030 auf etwa 100 Millionen Menschen anwächst, ist freilich auch dort Knappheit zu erwarten.

Dieser demographischen Entwicklung steht, was den Euphrat betrifft, ein jährlicher Durchlauf von etwa 32 Milliarden Kubikmeter gegenüber. Davon dürfte Syrien gegenwärtig etwa 6,6 Milliarden entnehmen; bis zum Jahre 2000 werden es 8,3 Milliarden sein. Die Entnahme des Irak wird bis dahin auf 13 Milliarden ansteigen. Da-

20 Der umstrittene Karakaya-Staudamm am anatolischen Euphrat

mit beläuft sich der Bedarf allein Syriens und des Irak auf 21,3 Milliarden Kubikmeter. Vor dem Hintergrund des zur Fertigstellung anstehenden Südostanatolien-Projekts dürfte sich die Türkei mit den restlichen etwa 10 Milliarden Kubikmetern kaum zufriedengeben. Mindestens aber, so wird kalkuliert, wird sie einen Entnahmebedarf von 11 Milliarden Kubikmeter haben. Dies sind Minimalschätzungen. Die Maximalschätzungen der Wasserentnahme durch die drei Länder beläuft sich auf 41 Milliarden Kubikmeter. Was den Tigris betrifft, ist die Problematik entspannter: Auf 33 Milliarden Kubikmeter beläuft sich die Entnahme durch die Türkei (6), Syrien (2) und den Irak (25) – bei einer zur Verfügung stehenden Gesamtwassermenge von 42 Milliarden.

Der Interessenkonflikt um das Euphrat-Wasser baute sich in den sechziger Jahren auf, als die Planungen für den künftigen Bedarf einsetzten. Damals verlangten der Irak 18, Syrien 13 und die Türkei 14 Milliarden Kubikmeter; die geltend gemachten 45 Milliarden Kubikmeter gingen also deutlich über das hinaus, was der Fluß liefern kann. 1974 war es zu einem ersten Konflikt gekommen – nicht zwischen der Türkei und ihren arabischen Nachbarn, sondern zwischen Syrien und dem Irak. Er entzündete sich am Bau des Asad-Staudammes, des größten syrischen Projekts am Euphrat. Als die Syrer begannen, den Stausee auflaufen zu lassen, sank die in den Irak hinüberfließende Wassermenge buchstäblich über Nacht von 920 auf 197 Kubikmeter in der Sekunde. Damals standen beide Staaten hart am Rande eines Krieges, wenn nicht die Arabische Liga eingegriffen und vermittelt hätte; Damaskus war gezwungen, Konzessionen einzugehen. Zwischen 1974 bis 1992 haben dann etwa 20 Verhandlungsrunden zwischen den drei Mächten auf unterschiedlicher Ebene, der Ministerpräsidenten und der Außenminister, stattgefunden. Bis heute freilich wurde noch keine bindende Einigung zwischen ihnen über die Wasserverteilung erzielt.

Seit 1984 begann sich die Wasserfrage mit der Kurdenproblematik, also einem inneren Problem der Türkei, zu überschneiden. Auf der einen Seite faßte die türkische Regierung den Beschluß, das Südostanatolien-Projekt weiterzubauen. Auf der anderen Seite ereigneten sich im Herbst jenes Jahres die ersten Attentate der Kurdischen Arbeiterpartei (PKK) in der Türkei, eine Herausforderung, auf die – darauf wird noch einzugehen sein – die türkische Regierung bis heute keine Antwort gefunden hat. Die PKK wurde so ein Instrument in der Hand der syrischen Regierung, die Türkei in der Wasserfrage unter Druck zu setzen. Die Ausbildungslager der Organisation entstanden zunächst in Syrien und wurden später in den Libanon verlegt.

Parallel dazu freilich rissen die diplomatischen Bemühungen in Sachen Wasser nicht ab. Ihr Höhepunkt mag im Jahre 1987 gesehen werden, als Ministerpräsident Turgut Özal nach Damaskus reiste, um mit der syrischen Regierung unter anderem auch Gespräche über die Wasserverteilung zu führen. Ein Protokoll hält fest, daß sich die türkische Seite verpflichtet, Wassermengen von mehr als 500 Kubikmeter in der Sekunde über die türkisch-syrische Grenze laufen zu lassen. Die syrische Seite hat diese Kröte geschluckt, aber niemals verdaut. Sie verlangt noch immer 700 Kubikmeter. Ein Durchfluß von 500 Kubikmeter in der Sekunde würde eine Gesamtmenge pro Jahr von 15,5 Milliarden bedeuten. Bei 700 Kubikmeter in der Sekunde würde sich diese auf 22 Milliarden vergrößern. Wenn nun, wie ursprünglich gewollt, Syrien 13 Milliarden beanspruchen würde, blieben für den Irak ganze 2,5 Milliarden. Das heißt, in jedem Fall wäre die Wassermenge, die nach Syrien und in den Irak weiterfließt, zwischen Syrien und dem Irak neu zu verteilen und läge weit, ja dramatisch unter dem, was man ursprünglich glaubte, als entwicklungspolitisch notwendig einplanen zu müssen.

Die Probe aufs Exempel ließ dann auch nicht lange auf sich warten. Sie kam im Januar 1990 mit der Entscheidung Ankaras, hinter der Staumauer des Atatürk-Staudammes, der erst zwei Jahre später, Mitte 1992, offiziell eingeweiht werden sollte, für einen Monat Wasser einlaufen zu lassen. Die Maßnahme erfolgte insofern zu einem sehr ungünstigen Zeitpunkt, als das Jahr 1989 sehr trocken gewesen war und die Wassermenge des Euphrat in Höhe von 32 Milliarden Kubikmetern vom Regenfall abhängig ist. Unter diesen Bedingungen traten in Syrien bald Trockenheitserscheinungen auf. Die arabische Seite reagierte sofort: Der irakische Erdölminister, der sich in Ankara aufhielt, überreichte eine Protestnote. Die beiden verfeindeten Regime in Bagdad und in Damaskus begannen sich einander anzunähern; kriegerische Töne wurden in den Hauptstädten laut. Syrien und der Irak verständigten sich, wenn auch nur verbal, auf einen Verteilungsschlüssel. Danach würden auf Syrien 42 Prozent und den Irak 58 Prozent des zur Verfügung stehenden Wassers entfallen.

Eine Dreier-Konferenz im Juni 1990, wenige Wochen vor dem Ausbruch des Zweiten Golfkrieges, blieb ohne Einigung. Der irakische Ölminister drohte, das Wasser sei weiterhin ein Hindernis im irakisch-türkischen Verhältnis. 1992 war es dann die Türkei, die drohte, diesmal der syrischen Seite. Das Wasser werde man als Druckmittel einsetzen, falls Syrien die PKK weiter unterstütze.

Wie verknüpft die beiden Probleme, des Wassers und der Kurden, sind, zeigten die nachfolgenden Verhandlungen zwischen der Türkei, Syrien und Iran (der Irak konnte auf Grund der durch die UNO verhängten Sanktionen nicht teilnehmen). Iran ist zwar nicht von der Wasserfrage betroffen, wohl aber von der Kurdenproblematik. So ging es in den Dreiergesprächen dann auch nicht um das Wasser als vielmehr um die Kurden. Alle drei Regierungen verpflichteten sich – mehrfach seither –, gegen die jeweils anderen Länder gerichtete politische Aktivitäten nicht zu unterstützen; vielmehr würde politische Agitation, die sich gegen die anderen Teilnehmer an der Abmachung richtete, unterbunden. Im übrigen werde es keinen kurdischen Staat geben.

So bleibt die Wasserfrage ungelöst – eine tickende Zeitbombe oder ein Feld künftiger Zusammenarbeit? Der Türkei scheint es für den Augenblick gelungen, die sie am stärksten bedrängende kurdische Frage einseitig in den Vordergrund zu rücken. Nach den Drohungen von 1992 sieht es jedenfalls nicht so aus, als ob man in der Wasserfrage auch nur einen einzigen Schritt vorangekommen sei. Im Gegenteil, es hat den Anschein, als sei die türkische Regierung wenig interessiert, der arabischen Seite Avancen zu machen oder Konzessionen einzugehen. Sie spielt auf der Klaviatur populistischer Demagogie; da gehören Konzessionen in der Wasserfrage nicht zu den Stücken, die Gehör finden. Türkische Politiker unterschiedlicher Couleur haben in der letzten Zeit keinen Zweifel daran gelassen, daß sie Euphrat und Tigris als »Bodenressourcen der Türkei« betrachten und jeden rechtlichen Anspruch Syriens und des Irak, die grenzüberschreitenden Ströme als »internationale Wasserressourcen« zu verstehen, ablehnen. Wasser sei ein Bodenreichtum der Türkei – genauso wie das Erdöl ein Bodenschatz der arabischen Staaten sei.

Syrien seinerseits hat die Unterstützung der PKK nicht völlig aufgegeben. Wohl wurden die Ausbildungslager im Libanon anscheinend geschlossen, nachdem die Türkei deren Bombardierung angedroht hatte. In Syrien aber und im syrisch-libanesischen Grenzland bewegt sich PKK-Chef Abdullah Öcalan wie ein Fisch im Wasser – zwar unter syrischer Aufsicht, zugleich aber mit syrischer Duldung. Von dort aus leitet er die Operationen vom Südosten der Türkei bis nach Europa.

Zum Jahreswechsel 1995/96 erfuhren die türkisch-syrischen Wortgefechte eine bis dahin kaum gekannte Verschärfung. So unterstellte der türkische Außenminister der syrischen Regierung, sie fordere nur deshalb mehr Wasser aus dem Euphrat, um ihre in Blut getränkten Hände waschen zu können (dies nach einem Bericht in der »Neuen Zürcher Zeitung« vom 8. Januar 1996).

Was Öcalan möglicherweise im Libanon hat aufgeben müssen, konnte wohl in der kurdischen Zone im Norden des Irak, deren Kontrolle Bagdad nach dem zweiten Golfkrieg erst einmal entzogen wurde, als die UNO die Region zur »Schutzzone« erklärte, wieder aufgebaut werden. So ist auch in den türkisch-irakischen Beziehungen in den letzten Jahren keine geradlinige Entwicklung zu erkennen. Sie blieben nicht ohne Widersprüche und Brüche. Insbesondere auf der wirtschaftlichen Seite hatten sie sich in den achtziger Jahren für die Türkei vorteilhaft entwickelt. Deshalb fiel es Präsident Özal – trotz der türkisch-irakischen Irritationen in der Frage des Euphrat-Wassers – nicht leicht, sich der Allianz gegen den irakischen Diktator, der am 2. August 1990 Kuwait besetzt hatte, anzuschließen.

Tatsächlich stand für Ankara wirtschaftlich viel auf dem Spiel. Bei nüchterner Abwägung aber mußten die politischen Vorteile überwiegen, die sich die Türkei davon versprechen konnte, wenn es die USA und die internationale Gemeinschaft in ihren Bemühungen, dem Völkerrecht Geltung zu verschaffen und für eine »neue Weltordnung« zu kämpfen, unterstützen würde. Am 12. August übertrug das Parlament der Regierung die Vollmacht, im Falle eines irakischen Angriffs den Kriegszustand zu erklären, und am 5. September ermächtigte es mit deutlicher Mehrheit die Regierung, türkische Truppen ins Ausland zu entsenden sowie die Stationierung ausländischer Truppen im Lande zu gestatten. Die gegen den Irak verhängte Blockade beachtete die Türkei trotz wirtschaftlicher Bedenken in vollem Umfang. Sie sperrte unter anderem die beiden irakischen Pipelines zum Mittelmeerhafen Yumurtalık, und sie befolgte strikt die am 26. September durch den UNO-Sicherheitsrat beschlossene Luftblockade. Lediglich von der Blockade ausgenommene Lebensmittel- und Medikamentensendungen durften nach vorheriger Kontrolle die Grenze zum Irak passieren. Am 17. Januar 1991 begannen die Alliierten mit den militärischen Operationen gegen den Irak. Nach den ersten irakischen Angriffen auf Israel mit Scud-Raketen am 18. Januar erlaubte Ankara direkte alliierte Luftangriffe vom US-Stützpunkt Incirlik bei Adana aus.

Das Ende der Kampfhandlungen konfrontierte die Türkei mit dem Flüchtlingsdrama, zu dem es infolge der Niederschlagung des kurdischen Aufstandes im Norden des Irak durch die irakischen Republikanischen Garden kam. Im Gegensatz zu Iran war die Türkei nicht bereit, ihre Grenzen dem Flüchtlingsstrom aus dem Irak zu öffnen. Abgesehen von innenpolitischen Auswirkungen auf das eigene Kurdenproblem hätte die Aufnahme von mehreren hunderttausend irakischen Kurden die Wirtschaft der an sich schon strukturschwachen Südostregion überlastet. Die humanitären Hilfsaktionen für die Flüchtlinge im Grenzgebiet unterstützte die Türkei jedoch nach Kräften. Sie gestattete den alliierten Truppen, den Abwurf von Hilfsgütern über den Bergcamps von der Türkei aus zu organisieren. Militärflugzeuge fremder Staaten mit Hilfsgütern – darunter ein Flugzeug aus Israel – durften in Diyarbakır landen, und ausländische und internationale Hilfsorganisationen erhielten nahezu uneingeschränkte Bewegungsfreiheit im türkischen Grenzgebiet. Die Idee, im Irak durch die UNO bzw. durch alliierte Truppen gesicherte Schutzzonen einzurichten, griff Ankara willig auf. Zur Überführung von rund 460 000 Flüchtlingen aus den Grenzgebieten in die Schutzzonen – insgesamt befanden sich etwa 230 000 Flüchtlinge auf der türkischen und 240 000 auf der irakischen Seite der Grenze – gestattete die Türkei Zwischenlager auf ihrem Gebiet. Bis Mitte Juli war die Rückführung abgeschlossen.

Aus Furcht vor erneuten Flüchtlingsströmen war Ankara an der Sicherung der Schutzzonen im Irak auch nach dem Rückzug der alliierten Truppen interessiert. Die Regierung stimmte daher am 18. Juli der Stationierung einer multinationalen Schnellen Eingreiftruppe im grenznahen Silopi zu, an der sie sich personell zur Hälfte beteiligte. Bis Oktober wurden die ausländischen Kontingente dieser Truppe auf die Basis Incirlik verlegt.

Unübersehbar ist, daß Ankara etwa fünf Jahre nach diesen Ereignissen (1996) daran gelegen ist, die Stagnation in den Beziehungen zum Irak zu überwinden. Da dies aber nur möglich ist, wenn die Sanktionen gegen das Land aufgehoben werden und der Irak wieder auf die politische Bühne zurückkehrt, versucht die türkische Regierung, ihren Einfluß in Washington und in den Vereinten Nationen diesbezüglich geltend zu machen. Sie macht aus ihrem Unbehagen über die anhaltende Situation kein Hehl. Die Befürchtungen wachsen, daß aus der Schutzzone, in der 1992 Wahlen zu einem Kurdischen Parlament stattfanden, das die Kurdenregion zu einem Bundesstaat im Rahmen des Irak erklärte, – je länger die ungeklärte Situation dauert – der Kern eines unabhängigen kurdischen Staates werden könnte. Gegen einen solchen aber haben sich die Spitzen der türkischen Politik, namentlich auch Präsident Süleyman Demirel, wiederholt mit Nachdruck ausgesprochen. Diese Botschaft ist der irakischen Führung übermittelt worden. Daß sich hier türkische und irakische Interessen treffen, liegt auf der Hand. So dürfte es auch nicht irakischen Interessen widersprechen, daß das türkische Militär seit 1991 wiederholt militärisch in der kurdischen Schutzzone im Norden des Irak interveniert hat, um gegen Aktivitäten der PKK dort vorzugehen.

Das Unbehagen breiter Teile der türkischen Staatsführung und der Öffentlichkeit betrifft freilich auch die internationale Schutztruppe unter der Bezeichnung »Provide Comfort«, über deren Verbleib das türkische Parlament alle sechs Monate abstimmen muß. Wenn auch am Ende nach zum Teil heftigen Debatten aus politischer Rücksichtnahme gegenüber den USA ihr Verbleib regelmäßig verlängert wurde, betrachten doch viele Türken diese Truppe als eine Verletzung der türkischen Souveränität. Für andere, namentlich das Militär, steht sie auch einfach einer ungehinderten Durchführung militärischer Operationen in den kurdischen Gebieten im Wege.

1995 übernahmen die Türken wieder einmal die Regie im Grenzraum mit dem Irak: 40 000 türkische Soldaten drangen im März tief in den Nordirak vor – die größte Militäroperation der Türkei außerhalb der Staatsgrenzen seit der Invasion auf Zypern im Sommer 1974. Sie galt der Bekämpfung der PKK, die sich den jahrelangen Streit unter den Führern, Clans und politischen Gruppen im Nordirak zunutze gemacht und eine erhebliche militärische Präsenz dort aufgebaut hatte. De facto ist damit die amerikanische Politik der »Schutztruppe« für die irakischen Kurden zusammengebrochen. Folgerichtig hat Washington die türkischen Operationen als legitime Verteidigung im Kampf gegen Terrorismus gebilligt.

Aber nicht zuletzt auch aus wirtschaftlichen Gründen liegt Ankara an einer möglichst raschen Normalisierung der Beziehungen zum Irak. Die Einbußen, die das Land durch den Einbruch beim Handel, namentlich aber durch die Schließung der Pipeline hatte, gehen in die Milliarden US-Dollar. Angesichts einer sich verschlechternden wirtschaftlichen Gesamtsituation aber werden diese Einnahmen dringend benötigt. Von den negativen wirtschaftlichen Rückwirkungen sind insbesondere die an den Irak angrenzenden Regionen betroffen. An Handel und Wandel haben früher viele verdient. Der Wegfall dieser Einnahmen verschärft die wirtschaftliche Situation in einer Region, die ohnehin im Vergleich zu anderen Teilen des Landes unterentwickelt ist. Dies führt zu weiterer politischer Radikalisierung. Da aber zugleich dort zahlreiche Kurden leben, bedeutet die Verschärfung der wirtschaftlichen Situation zugleich eine Eskalation der türkisch-kurdischen Spannung. Von der Regierung alleingelassen, ziehen es viele Kurden vor, mit der kurdischen Bewegung gegen die Regierung in Ankara zu kämpfen.

So weisen die türkisch-irakischen Interessen in wachsendem Maße Konvergenzen auf. Auch wenn künftig Gegensätze fortbestehen – und die Wasserfrage ist nur einer von ihnen –, wird der Irak für die Türkei ein wichtiger Nachbar bleiben. Dies um so mehr, als auch der türkische Anspruch, am Golf im Rahmen eines regionalen Sicherheitssystems eine Rolle zu spielen, nur im Einvernehmen mit Bagdad wird verwirklicht werden können.

Nicht weniger widersprüchlich stellen sich die Beziehungen zum dritten Nachbarland im Nahen Osten, zur Islamischen Republik Iran, dar. Hier mischen sich starker Antagonismus der Systeme und tiefsitzende Abneigung der politischen Eliten für das jeweils andere System mit dem Zwang zu pragmatischer Zusammenarbeit. Für das islamische Regime in Teheran ist das laizistische System der

Türkei unannehmbar, und seinem Gründer ist es nicht erspart geblieben, unter die »Satane« eingereiht zu werden, denen sich das islamische System im engeren und weiteren Umfeld gegenübersieht. Für die laizistische türkische Elite ist die Verquickung von Politik und Religion ein Rückfall ins Mittelalter. Vielen Türken ist das Regime, dem sie unterstellen, daß es seine Revolution zu exportieren entschlossen ist, unheimlich. Und mancher sieht hinter dem Erstarken des Islam in der Türkei und in Terrorakten, die eine religiöse Einfärbung zu haben scheinen, die Hand Teherans.

Die Fassade der Beziehungen freilich ist eher durch pragmatische Zusammenarbeit gekennzeichnet. Die Revolution hatte Iran im regionalen Umfeld zunächst nahezu völlig isoliert. Die Isolierung vertiefte sich noch mit dem Ausbruch des irakisch-iranischen Krieges im September 1980. Um den teuren Krieg zu führen, war Teheran nicht nur darauf angewiesen, seinen Ölexport durch den Golf offen zu halten. Die Türkei wurde vielmehr zugleich die Nabelschnur, durch die das Land mit Gütern versorgt werden konnte – mit Nahrungsmitteln, zivilen Ersatzteilen und militärischem Gerät, das zu hohen Preisen auf dem internationalen Schwarzmarkt gekauft werden mußte. Die wirtschaftlichen und politischen Nützlichkeitserwägungen überwogen die weltanschaulichen und religiösen Animositäten. Mehrfach besuchte Ministerpräsident Özal Teheran; im Januar 1985 wurde ein Handelsabkommen über ein Volumen von immerhin drei Milliarden US-Dollar abgeschlossen. Weitere Besuche auf hoher und höchster Ebene folgten. Gelegentlich machte Ankara – freilich nicht sehr energisch und erfolgreich – den Versuch, im Krieg zu vermitteln. Zum letztenmal im Februar/März 1988.

Die Kette der Irritationen riß dennoch nicht ab. So weigerten sich Besucher aus Teheran, dem türkischen Staatsgründer durch den Besuch seines Mausoleums ihre Reverenz zu erweisen. Als Teherans Außenminister Ali Akbar Velayati im Februar 1988 Ankara besuchte, schlugen die Wellen der Empörung darüber in der türkischen Öffentlichkeit und in den Medien hoch. Auch weigerte sich die iranische Botschaft, zum Gedenken an den Todestag von Atatürk am 10. November halbmast zu flaggen. Im April 1988 protestierte Ankara offiziell gegen die Einmischung der iranischen Botschaft in die inneren Angelegenheiten des Landes, nachdem durch die Botschaft

»regierungsfeindliche« (weil antilaizistische) Flugblätter verteilt worden waren und sie Kontakte zu in der Türkei verbotenen religiösen Gruppen unterhalten hatte. Zu einem Eklat kam es, als vier iranische Diplomaten am 23. Oktober 1988 versuchten, einen sechs Tage zuvor in Istanbul verschleppten iranischen Oppositionellen im Kofferraum ihres Wagens nach Iran zu entführen. Im März 1989 sah sich das türkische Außenministerium veranlaßt, Iran in einer Verlautbarung aufzufordern, sich nicht in innere Angelegenheiten der Türkei einzumischen. Anlaß war die Mitteilung des iranischen Außenministeriums an den türkischen Botschafter in Teheran gewesen, daß eine Aufhebung des Kopftuchverbots an türkischen Universitäten »wünschenswert« sei.

Wie sensibel das türkisch-iranische Verhältnis ist, zeigte sich, als im Januar 1993 ein prominenter türkischer Journalist, Uğur Mumcu, durch eine Autobombe ermordet wurde. Sein Begräbnis gestaltete sich zu einer Massenkundgebung für den Laizismus, für den der Journalist nachdrücklich eingetreten war. Im Laufe der Ermittlungen verhaftete die Polizei Mitglieder einer radikalen fundamentalistischen Islamischen Bewegung, die auch mit früheren Morden an türkischen Journalisten, die den Laizismus verteidigt hatten, in Verbindung gebracht wurde. Mehrere Verhaftete sollten angeblich in Iran für ihre Untergrundtätigkeit ausgebildet worden sein, so lautete jedenfalls die Beschuldigung der türkischen Regierung, die von weiten Teilen der Öffentlichkeit und der Medien geglaubt wurde. Anfang Oktober verhaftete die türkische Polizei in Istanbul mehrere Iraner, die im Begriff waren, angereichertes Uran aus Beständen der ehemaligen Sowjetunion zu erwerben. Iran bestritt, daß es sich bei den Festgenommenen um iranische Geheimdienstagenten handelte. Demgegenüber verdächtigten iranische Oppositionsgruppen in der Türkei den iranischen Geheimdienst, auch hinter den Entführungen und Ermordungen von Dissidenten in der Türkei zu stehen.

Dennoch vermied die Türkei einen offenen Bruch mit Iran. Dies nicht zuletzt vor dem Hintergrund der anhaltenden Bemühungen der türkischen Regierung, des PKK-Terrors im Südosten Herr zu werden, Bemühungen, denen gegenüber Iran sich neutral verhalten muß, sollen sie wirksam sein. So verlangte Ankara nach einem PKK-Überfall Ende August 1993 Aufklärung darüber, wie die über

100 Mann starke PKK-Einheit über iranisches Gebiet gelangen konnte; und Iran seinerseits bestand auf einer Erklärung, warum türkische Soldaten und Hubschrauber bei der Verfolgung des Kommandos auf iranisches Gebiet übergegriffen hätten. Dem türkischen Innenminister, der sich im September in Teheran aufhielt, gelang es, ein Abkommen über Sicherheit und Terrorbekämpfung zu schließen. Es verpflichtete Iran, wirksame Schritte gegen Grenzübergriffe der PKK von iranischem Grenzgebiet aus zu unternehmen; und die Türkei erklärte sich bereit, die gleichen Maßnahmen gegen die iranische Opposition der Volksmudschahedin *(Mujahedin-e khalq)* zu ergreifen. Ende Oktober legte Ministerpräsident Demirel auf dem Rückweg von Pakistan einen Zwischenaufenthalt in Teheran ein, bei dem er vorwiegend über Fragen der Grenzsicherung auf iranischer Seite verhandelte.

Welche Gegensätze zwischen Ankara und Bagdad sowie Ankara und Teheran immer bestehen mögen – das Interesse an einem koordinierten »Management« der kurdischen Frage sowie an wirtschaftlicher Zusammenarbeit wird diesen übergeordnet. Um wirtschaftliche Zusammenarbeit geht es auch im Rahmen der Economic Cooperation Organization (ECO), die 1985 von der Türkei, Iran und Pakistan gegründet wurde und ihren Sitz und ihr Sekretariat in Teheran hat. Der Gründungsvertrag sieht hauptsächlich die Kooperation in technisch-wirtschaftlichen und kulturellen Bereichen, insbesondere Handel, Industrie, Transport, Verbindungswesen und Tourismus vor. Zwar wurde im Februar 1992 die ECO um ein großes Gebiet aus der Erbmasse der früheren Sowjetunion erweitert: Auf einem Gipfeltreffen in Teheran am 16. Februar 1992 wurden die zentralasiatischen Republiken Aserbaidschan, Turkmenistan, Usbekistan, Kirgisien und Tadschikistan als neue Mitglieder aufgenommen. (Kasachstan, wo fast jeder zweite Bewohner Russe ist, beließ es bei einem Beobachterstatus.) Der harte Kern der Organisation liegt aber in den Gründungsstaaten, namentlich aber in der Zusammenarbeit zwischen Teheran und Ankara.

Der weiteren Intensivierung der Zusammenarbeit zwischen Iran und der Türkei sollte dann auch der Staatsbesuch von Präsident Süleyman Demirel in Teheran im Juli 1994 gelten. Vor seiner Abreise nach Teheran ging Demirel so weit, Iran als seine »zweite Heimat« und das iranische Volk als »unsere Freunde und Brüder« zu bezeichnen. Fragen von gegenseitigem Interesse, die Entwicklungen im Nordirak, die Lage auf dem Balkan und Themen, die die ECO aus der Sicht Irans und der Türkei betreffen, sollten während seines Besuches besprochen werden. Damit scheinen auch Irritationen und Spannungen, die sich seit dem Zusammenbruch der Sowjetunion mit Blick auf den Kaukasus und Zentralasien verbreitet hatten, für den Augenblick jedenfalls der Vergangenheit anzugehören.

Eine neue Rolle in Zentralasien?

Ein Beben zerreißt die politische Tektonik zwischen dem Balkan und der chinesischen Grenze. Das Gefüge der Staaten, das im Gefolge des Ersten Weltkrieges geschaffen worden war, ist zusammengebrochen (Jugoslawien; Sowjetunion) oder kommt zumindest unter Druck (Türkei und der Irak). Das Ausmaß an Gewalttätigkeit, von dem dieses Beben weithin begleitet wird, steht zu dem Ausmaß an Gewalt, mit dem die »heile Welt« der vergangenen Jahrzehnte erhalten wurde, in deutlichem Verhältnis. Heute geht es in dem riesigen euro-asiatischen Großraum um nichts Elementareres, als daß Menschen, ethnische oder religiöse Gruppen, zu einer Identität finden, sich zugleich aber politisch organisieren und wirtschaftlich entwickeln müssen. Im Hinblick darauf zeigen die Konzepte von Nation und Nationalstaat gegenwärtig die größte Anziehungskraft.

Die Suche nach einer eigenen Identität, verbunden mit der Neuzeichnung der politischen Landkarte, setzte ein, noch bevor sich die Sowjetunion – Ende 1991 – staatsrechtlich aus der Geschichte abmeldete (vergleiche hierzu die Landkarte im hinteren Einband des Buches »Verbreitungsgebiet turksprachiger Völker«). Ein neuer politischer und kultureller Großraum zwischen dem Bosporus im Westen und dem Hindukusch im Osten zeigt erste Konturen. Mit dem Entstehen der Staaten zwischen Aserbaidschan und Kirgisien (die kleinen christlichen Staaten Georgien und Armenien nehmen eine Sonderstellung ein) war zugleich die Frage nach den Beziehungen dieser neuen Staaten untereinander gestellt. Denn geographische Nachbarschaft, ethnische und sprachliche Verwandtschaft sowie religiöse und kulturelle Gemeinsamkeiten wurden bestimmende Züge. Aber nicht nur das: Transkaukasien und Zentralasien sind geschichtliches, kulturelles und sprachliches Vor- oder Hinterland jener Region, die bis zum Ende des Kalten Krieges als der »Nördliche Gürtel« bezeichnet wurde; gemeint waren damit insbesondere die Türkei, Iran und Pakistan. In der Dimension von Geschichte und Kultur aber sind vor allem die beiden erstgenannten Länder nicht von den aus der südlichen Konkursmasse der Sowjetunion entstehenden Räumen zu trennen.

Die Ereignisse in Baku im Januar 1990 eröffneten, wie erwähnt, der türkischen Außenpolitik neue Perspektiven. Die politische Führung, die Medien und weite Teile der Öffentlichkeit ließen von Stund an keinen Zweifel daran, daß der Türkei bei der politischen, gesellschaftlichen, wirtschaftlichen und kulturellen Umgestaltung der bislang von Rußland kolonisierten, zumeist turksprachigen Gebiete eine besondere Rolle zufallen würde.

Mit ein wenig geopolitischer Phantasie kann das Ausmaß der großräumigen Umgestaltung verdeutlicht werden. Überkommene geopolitische Perzeptionen erweisen sich als überholt. So galten für Jahrzehnte die Republiken im Süden der ehemaligen Sowjetunion als deren »weicher Unterleib«; die sich im Süden anschließende Landmasse – zwischen Bosporus und Indus-Tal – als der »Nördliche Gürtel«. Die Sowjetunion, ein politischer Organismus, habe einen »weichen« Süden, agrarisch geprägt, islamisch und überwiegend turksprachig. Um den Durchstoß dieses »Organismus Sowjetunion« in die Regionen zu verhindern, an denen der Westen massive Interessen hatte und hat (vornehmlich der Mittelmeerraum und die Golfregion), wurde der »Nördliche Gürtel« arrangiert, eine Fortsetzung des westlichen Verteidigungssystems durch den Mittleren Osten hindurch.

Diesem Konstrukt gegenüber vollzieht sich seit 1990 eine geopolitische Neuordnung. Kein »weicher Unterleib« mehr und kein »Nördlicher Gürtel« – beide entpuppten sich als eine in sich interdependente, geopolitisch, sprachlich, ethnisch, historisch, kulturell und religiös geprägte Großregion.

Die geopolitische Phantasie entdeckt vielmehr die Entstehung eines neuen Großraumes, der sich – *cum grano salis* – als Dreieck charakterisieren läßt. Sein westlicher Punkt wäre der Bosporus, der östliche das Indus-Tal (das heißt die Grenzregion zwischen dem Mittleren Osten und Südasien); und den nördlichen Punkt des Dreiecks bildete Tatarstan mit der Hauptstadt Kazan – also der tatarisch-türkische Teil der Russischen Föderation. Dieser neue Großraum ist geprägt durch sprachliche Verwandtschaft, in erster Linie natürlich in Form der türkischen Sprachfamilie, geprägt auch durch gemeinsame Geschichte, Kultur und Religion, den Islam.

Der Zusammenbruch des russisch-kommunistischen Imperiums öffnet wieder den Blick in historische Dimensionen. Der Islam und die islamische Kultur gelangten nach Zentralasien wesentlich in ihrer persischen Ausprägung. Städte wie Buchara und Samarkand stehen für Höhepunkte der persisch-islamischen Kulturentfaltung. Wenn auch – mit Ausnahme der Tadschiken – ethnisch zu den Turkvölkern gehörend, war die Kultursprache der Menschen in Dichtung und Wissenschaft überwiegend persisch (und arabisch). Persisch-türkische Zweisprachigkeit war geradezu ein Charakteristikum der zentralasiatischen Zivilisation. Namen wie der des Philosophen Avicenna (Ibn Sina, geb. 980 in Buchara) und des Dichters Nizami, des Verfassers berühmter Epen (geb. 1141 im aserbaidschanischen Gandscheh), stehen für die Blüte iranischer Kultur in Transkaukasien und Zentralasien.

Über die Türken auf der anderen Seite wurde schon gesprochen, als es um die kulturellen, geschichtlichen und geographischen Dimensionen türkischer Politik von heute ging. Ihre Geschichte in Zentralasien läßt sich bis ins 6. Jahrhundert zurückverfolgen, und so können sie die entferntesten Teile Zentralasiens als ihre Urheimat betrachten. Sprachlich bildeten und bilden sie trotz der weiten Ausdehnung des Lebensraumes – von zum Teil erheblichen Eigentümlichkeiten des Dialekts abgesehen – weitgehend ein zusammengehöriges Gebiet. Die Sprache gestattet es auch heute, die Türkei-Türken in den ethnischen Kontext »der Türken« insgesamt zu stellen.

Der Mongolen-Führer Dschingis Khan (gest. 1227) und seine Nachkommen eroberten nicht nur die riesigen Steppengebiete zwischen der Mongolei und dem Schwarzen Meer. Sie gründeten auch Staaten zwischen China und dem Mittleren Osten. Ende des 14./Anfang des 15. Jahrhunderts suchte Timur (gest. 1405), vom Gebiet des heutigen Usbekistan aus – er machte Samarkand zu seiner Hauptstadt – dieses Reich zu erneuern. Auf einem seiner Feldzüge traf er 1402 bei Angora (Ankara) auf den Führer der jungen osmanischen Macht, Sultan Bayezit I. (regierte seit 1389). Er besiegte ihn, nahm ihn gefangen und führte ihn in einem Käfig mit sich. Der Sultan starb 1403 tief gedemütigt in der Gefangenschaft. Dieses Ereignis drohte nicht nur dem Osmanenreich ein frühes Ende zu bereiten, es schien auch die Geschicke Zentralasiens und des nun türkisch besiedelten und beherrschten Kleinasien zu verbinden. Doch es kam dann anders, und die Türkei-Türken und die Turkvölker Zentralasiens gingen eigene Wege.

Einer der von den Mongolen gegründeten Staaten war der Staat der »Goldenen Horde«. Diesem waren der russische Zar und das aufstrebende Russische Reich unterworfen und tributpflichtig, bis es Zar Iwan IV., dem »Schrecklichen«, 1552 gelang, mit der Eroberung von Kazan das »Tatarenjoch« endgültig abzuschütteln.

Zwar wurden die Nachfolgestaaten der »Goldenen Horde«, die Khanate Kazan (1552), Astrachan (1554) und Krim (1783) schon früh in das Moskauer Reich eingegliedert, doch blieb die Einheit des Lebensbereiches der muslimischen Völker erhalten; sie wurde erst durch den kolonialen Vorstoß Moskaus im 19. Jahrhundert zerrissen. Nach und nach wurde die Grenze der Machtausübung Sankt Petersburgs bzw. Moskaus bis zur Grenze der späteren Sowjetunion mit der Türkei, Iran und Afghanistan vorgeschoben. Sie trennte seither die nördlich und südlich dieser willkürlichen Grenze lebenden Aserbaidschaner, Tadschiken, Usbeken, Kirgisen und Turkmenen, (mit Ausnahme der persischsprachigen Tadschiken) ethnisch zusammengehörende Völker. Trotzdem haben diese Völker ihre gemeinsame islamische Identität bis zur Gegenwart nicht aufgegeben. Ihr religiöses Bewußtsein wurde vielmehr um eine bis dahin in der gesamten islamischen Gemeinschaft durchaus unbekannte nationale Komponente erweitert und sogar gestärkt: Das Bekenntnis dieser Völker zum Islam war weitgehend mit dem Bewußtsein identisch, nicht zum europäisch-russischen Staatsvolk zu gehören.

Auf Grund des Selbstbehauptungswillens der islamischen Völker sowohl gegen den kolonialen Zugriff Rußlands als auch gegenüber der darin verkörperten »modernen« europäischen Welt wuchs den Muslimen Zentralasiens ein erheblicher Beitrag in der Debatte um die Modernisierung der islamischen Welt zu, die im 19. Jahrhundert in weiten Teilen derselben geführt wurde. An den Repräsentanten dieser intellektuellen Bewegung läßt sich ablesen, wie sehr die Reformbewegung geistesgeschichtlich dem Hauptstrom der Erneuerung im Nahen und Mittleren Osten entsprang. Wie hier, so gab es auch unter den muslimischen Intellektuellen im von Rußland unterworfenen Zentralasien zwei unterschiedliche Auffassungen über den Weg der Erneuerung: Zum einen die »Traditionalisten«, die in Anlehnung an die »wahhabitische« Lehre, die sich seit dem 18. Jahrhundert von Saudi-Arabien aus verbreitet hatte, die einzige Chance, dem Druck zu begegnen, darin sahen, die muslimische Bevölkerung zur Reinheit der vom Propheten verkündeten Lehre zurückzuführen. Wie die Wahhabiten auf der Arabischen Halbinsel lehnten sie deshalb jegliche Anpassung des Islam an die »modernen« Geistesströmungen radikal ab. Nur durch eine Rückbesinnung auf die ursprünglichen Werte der islamischen Gesellschaft und durch deren Wiederbelebung war ihrer Überzeugung nach der islamfeindlichen Russifizierungspolitik der zaristischen Regierung wirklich zu begegnen.

Demgegenüber waren die »Modernisten« unmittelbar von den Ideen bedeutender muslimischer Reformer Indiens, Irans und Ägyptens beeinflußt. Auch sie wollten durchaus die Reinheit des Glaubens wiederhergestellt und gewahrt sehen. Im Unterschied zu den »Traditionalisten« gingen sie jedoch von der Überzeugung aus, daß dieses Ziel nur durch Reformen innerhalb des Islam im Sinne einer Anpassung an die »Moderne« zu gewährleisten sei. Und wie sich das Problem der »Moderne« für den Islam im Nahen und Mittleren Osten sowie auf dem Indischen Subkontinent vor allem in den Kolonialmächten Frankreich und England verkörperte, so für den Islam in Zentralasien in der Kolonialmacht Rußland.

Der sich beschleunigende Niedergang des Osmanischen Reiches ließ eine Debatte um die geistigen und politischen Grundlagen, auf denen das Imperium erneut würde gefestigt werden können, aufleben. Für eine Gruppe von Intellektuellen war der Panturkismus die Rechtfertigung des neuen Gemeinwesens. Ihr Votum ging in Richtung auf eine »nationale« Einheit aller Türken als eines »geschlossenen Zirkels« mit der Türkei als politischem und kulturellem Mittelpunkt. Alles in allem blieb der Panturkismus (oder auch Pantürkismus bzw. Panturanismus) bis zum Ende des Osmanischen Reiches eine Randerscheinung.

Unter den Türken außerhalb des Reiches aber war er eine einflußreiche Bewegung. Namentlich aserbaidschanische und tatarische Intellektuelle engagierten sich in ihm. Das Ende der zaristischen Herrschaft durch die Revolution des Jahres 1917 und der anschließende Zerfall des Reiches schienen einer Vereinigung der Türken für einen Augenblick eine neue Perspektive zu eröffnen. Doch wurde dieser Enthusiasmus von den Führern eines entstehenden türkischen Nationalstaates, namentlich von Mustafa Kemal Atatürk, nicht unterstützt. Für sie war das kleinasiatische Rechteck der geographische Ort eines türkischen Nachfolgestaates des zusammengebrochenen Vielvölkerstaates. Als der bereits mehrfach erwähnte Enver Pascha 1922 in Usbekistan im Kampf gegen die bolschewikischen Truppen fiel, war der romantische Versuch gescheitert, diesen ein »Turkistan« abzukämpfen.

Aber die Idee des Panturkismus blieb lebendig. Als deutsche Truppen vom August 1942 bis Februar 1943 den Kaukasus besetzten und der Zusammenbruch der Sowjetunion bevorzustehen schien, wurden pantürkische Töne auch aus der Türkei von neuem laut; sie wurden allerdings nach der Niederlage der deutschen Truppen bei Stalingrad wieder zum Verstummen gebracht. Pantürkische Elemente enthält das Programm der Partei der Nationalistischen Bewegung, unter Alparslan Türkeş, dem momentan einflußreichsten »Pantürkisten« im Lande. Vom mythischen Bild des »Grauen Wolfes« war im Zusammenhang mit der Partei bereits die Rede. Die Propaganda der Partei, nicht zuletzt über von ihr finanzierte Medien, ist heute in ganz Zentralasien zwischen Aserbaidschan und Kasachstan unübersehbar und unüberhörbar.

Auch die türkische Führung hat den Aufbruch Zentralasiens nicht ohne Emotionen gesehen; viel wird seither von der »neuen Rolle« der Türkei gesprochen – einer besonderen Rolle bei der politischen, wirtschaftlichen und kulturellen Entwicklung der Länder, einer Rolle auch als Mittler zwischen dem Westen und ihnen.

In türkischer Lesart bedeutet der Aufbruch der Turkvölker im Süden der ehemaligen Sowjetunion das Abschütteln eines über 140 Jahre währenden Kolonialismus; er setzte in der ersten Hälfte des 19. Jahrhunderts ein und wurde unter den Bolschewiken seit den beginnenden zwanziger Jahren unter anderem Vorzeichen fortgesetzt. Ein Aufbruch auch – zum erstenmal in der Geschichte – in eine neue nationale Identität. Diesen Selbsterkennungsprozeß zu unterstützen, sieht die Türkei als ihre Rolle an: die Türkei, der erste selbständige nationale Staat der turksprachigen Völker. Die Selbstverpflichtung der Türkei, bei dem Entwicklungsprozeß in Zentralasien Hilfestellung zu leisten, liegt in der Tatsache der kulturellen, geschichtlichen, sprachlichen und religiösen Verbindungen mit den Turkvölkern Zentralasiens begründet. Zugleich wird die türkische politische Klasse nicht müde zu suggerieren, daß sich die Eliten in den aufbrechenden Republiken ihrerseits die Türkei als Entwicklungsmodell eines gelungenen Übergangs aus überlebten traditionellen Verhaltensweisen in die Moderne zum Vorbild genommen hätten. Daß darüber hinaus handfeste – vor allem wirtschaftliche – Interessen beim Engagement Ankaras mitspielen, sei nur am Rande vermerkt.

Aus dieser Einschätzung der Entwicklungen und der Rolle der Türkei darin ergeben sich drei Ebenen der Wechselbeziehungen:

Der kulturelle Wandel: Dabei geht es unter anderem um die Verbreitung der türkischen Sprache und des lateinischen Alphabets. Es ist bezeichnend, daß angesichts der Komplexität des Aufbruchs die kulturelle Dimension im Vordergrund steht. Auch für Atatürk war die türkische Revolution in erster Linie eine Kulturrevolution gewesen. Zahlreich waren die Maßnahmen, die türkische Sprache in Verbindung mit dem lateinischen Alphabet zu fördern: so etwa die Verbreitung von turksprachigem Lehrmaterial, die Lieferung von Schreibmaschinen mit lateinischen Buchstaben, die Ausbildung von Studenten aus den Republiken an türkischen Universitäten und die Ausbildung von Lehrern. Unterstützt wurde dieser kulturelle Export durch das Satellitenprogramm Eurasia, welches über viele Stunden in der Woche, produziert vom staatlichen türkischen Fernsehen in Ankara, Sendungen nach Zentralasien ausstrahlt. Angestrebt ist damit die Schaffung einer einheitlichen türkischen Schriftsprache, welche die Vielfalt der Turksprachen vom Bosporus bis nach Westchina übergreift.

Die wirtschaftliche Transformation: Ankara ist bemüht, Unterstützung beim Übergang von der sozialistischen Wirtschaft in die Marktwirtschaft zu leisten. Auf diesem Gebiet haben die Türken Maßnahmen ergriffen, die von Krediten über technische Hilfe und Spenden bis zur Entsendung von Experten reichen. Darüber hinaus sind heute zahlreiche türkische private Unternehmen allenthalben in Zentralasien präsent.

Die politische Neuordnung: Nach dem Zerfall des sowjetischen Mosaiks soll ein neuer Großraum entstehen, in dem aus wirtschaftlicher Komplementarität die Voraussetzung für regionale Zusammenarbeit erwächst. Besonders hervorzuheben ist die Gründung des »Wirtschaftskooperationsraumes Schwarzes Meer« (Juni 1992); dabei ist der geographische Radius sehr weit geschlagen und umfaßt auch Griechenland, Albanien, Armenien und Moldawien.

Die Orientierung der turksprachigen Republiken am politischen Modell der Türkei hatte sich schon vor der Erlangung ihrer Unabhängigkeit abgezeichnet. Es sollte sich freilich bald zeigen, daß das Bekenntnis der politischen Führungen in den neuen Staaten zum türkischen Modell sehr selektiv war, am wenigsten ein Bekenntnis zu demokratischer Entwicklung; besonders die Wirklichkeit in den von den alten Machthabern nach wie vor diktatorisch regierten Ländern Usbekistan, Kasachstan und Turkmenistan belegt dies. Vielmehr war es in erster Linie ein Bekenntnis zum Prinzip des Laizismus, das zudem von der Hoffnung auf großzügigere Kapitalhilfe aus dem Westen bestimmt war. Wirklich ernst nahmen es mit der Verwirklichung des laizistischen demokratischen Modells bislang nur Kirgisien und – zeitweilig – Aserbaidschan.

Für ihre aktive Politik im Kaukasus und in Zentralasien konnte sich die Türkei der Unterstützung der USA sicher sein. Ziel der türkischen Präsenz dort sollte es sein, durch eine aktive politische und wirtschaftliche Mittlerstellung die neuen Staaten dem Westen anzunähern und iranischem Einfluß entgegenzuwirken. Diese angenommene Brückenfunktion der Türkei, die in Teheran als Instrumentalisierung des panturkistischen Traumes eines »Groß-Turkistan« gegen die islamische Revolution zurückgewiesen wird, wurde nach 1991 zu einem verbreiteten Klischee der Türkeipolitik des Westens.

Auch das türkische »Wirtschaftsmodell« wurde von den Führern der Turkrepubliken – zumindest verbal – zum Vorbild erklärt. Dies erschien nachvollziehbar, war es der Türkei doch gelungen, sich von einem rückständigen Land zu einem Schwellen- und Exportland zu entwickeln. Die Erwartungen waren hochgesteckt: Die Türkei stellte sich als ein Tor zum Westen dar; durch ihre Vermittlung und Erfahrung hoffte man, auf den Weltmarkt zu gelangen. Auch erwartete man von ihr den Zufluß westlichen Kapitals. Darüber hinaus sollte sie moderne Technologie nach Zentralasien bringen.

Die Türkei sollte schließlich helfen, neue Handelsstrukturen aufzubauen, und Hilfestellung bei der Errichtung eines Bankensystems sowie beim Aufbau der Infrastruktur, in erster Linie der Telekommunikation, leisten. Türkische Verwaltungsfachleute, Wirtschaftsberater und Manager wurden in allen Ländern Zentralasiens gefragte Fachleute.

Mit dem Zusammenbruch der Sowjetunion zerbrachen auch die wirtschaftlichen Verbindungen zwischen ihren einzelnen Völkern und Republiken. Das bedeutete, daß auch die wechselseitige Arbeitsteilung, auf der das Funktionieren der Volkswirtschaften beruht hatte, zum Erliegen kam. Zusammenarbeit aber wird auch in Zukunft eine Voraussetzung dafür sein, daß die neu entstandenen Staaten – gerade im Kaukasus und in Zentralasien – wirtschaftlich wieder auf die Beine kommen. So hat die Türkei Initiativen unternommen, größere Räume wirtschaftlicher Interaktion entstehen zu lassen.

Die Economic Cooperation Organization (ECO) wurde schon im Zusammenhang mit den türkisch-iranischen Beziehungen erwähnt. Im Juni 1992 wurde daneben auf Initiative von Präsident Turgut Özal in Istanbul der »Wirtschaftskooperationsraum Schwarzes Meer« *(Black Sea Economic Cooperation Zone)* ins Leben gerufen. Vorgesehen ist der Aufbau einer Freihandelszone mit Istanbul als Koordinationszentrum. Mitglieder sind neben der Türkei Albanien, Griechenland, Bulgarien, Moldawien, Rumänien, die Ukraine, Rußland, Georgien, Armenien und Aserbaidschan. Angesichts der tiefgreifenden Konflikte zwischen einigen der Mitgliedstaaten soll über aktive Wirtschaftsbeziehungen auch eine politische Stabilisierung in der Region erreicht werden. Langfristig soll der Kooperationsraum eine Brücke zur Europäischen Union sowie zum zentralasiatischen Markt schlagen.

Die weitreichenden Visionen und Planungen regionaler Vernetzung zwischen der Türkei und der chinesischen Grenze müssen freilich im Lichte der Entwicklungen seit Beginn der neunziger Jahre auch kritisch gewertet werden. Allein schon die Beschränkung der wirtschaftlichen Potenz der Türkei hat relativ enge Grenzen gesetzt. Darüber hinaus aber sind die Staaten Zentralasiens eindeutig darauf bedacht, nicht von der Türkei politisch oder wirtschaftlich ins Schlepptau genommen zu werden. Deutlich war dies auf den beiden Gipfeltreffen der Staatsoberhäupter der turksprachigen Staaten zu beobachten, die auf Initiative der Türkei im Oktober 1992 und zwei Jahre später in Istanbul zustande kamen. 1992 wurden in der »Erklärung von Ankara« in allgemein gehaltener Form Gemeinsamkeiten beschworen, die die bilaterale und multilaterale Zusammenarbeit auf dem Gebiet der Infrastruktur, die Verpflichtung auf die Prinzipien der Demokratie und der Achtung der Menschenrechte, den Säkularismus und die Marktwirtschaft sowie die Zusammenarbeit im kulturellen, insbesondere im sprachlichen Bereich betrafen.

Wenn man auch die Tatsache, daß in Ankara zum erstenmal die höchstrangigen Vertreter der Staaten der turksprachigen Welt zusammenkamen, als ersten symbolischen Schritt in Richtung auf ein zukünftiges wie auch immer geartetes Zusammenrücken der Turkvölker werten wollte, so wurden dennoch keine konkreten Absprachen über einen Zielkatalog der Ausgestaltung der Beziehungen, wie er von türkischer Seite vorbereitet worden war, der die Liberalisierung des Handels, einen Zollabbau und den Bau von Erdgas- und Erdölpipelines hätte beinhalten sollen, getroffen. Vor allem der kasachische Präsident Nursultan Nasarbayew, der auf die russischen Interessen und den hohen russischen Bevölkerungsanteil in seinem Land Rücksicht nehmen muß, wollte weder politische Aussagen zu Bosnien, zum armenisch-aserbaidschanischen Konflikt um die Enklave Nagorny Karabach oder Zypern machen noch Vereinbarungen unterschreiben, die sich allein auf die türkische Welt beziehen. Daneben wollten die erdölproduzierenden Länder keine verpflichtenden Bindungen eingehen, sondern sich alle Optionen offenhalten. Nasarbayew und der usbekische Präsident Islam Karimow schlossen zwar eine zukünftige politische und ökonomische Union der türkischen Welt nicht grundsätzlich aus, wandten sich aber zum damaligen Zeitpunkt gegen alle supranationalen politischen Institutionen im Rahmen einer ethnisch definierten Gruppierung. Diese könnten mit der Zugehörigkeit zur Gemeinschaft Unabhängiger Staaten (GUS) nicht in Einklang stehen. Ähnlich unverbindlich ging man auch zwei Jahre später vom Turk-Gipfel in Istanbul auseinander.

Zum dritten Treffen schließlich fand man sich in der kirgisischen Hauptstadt Bischkek zusammen. Das 1000-Jahre-Jubiläum des kirgisischen Epos vom Helden »Manas« im August 1995 hätte – nach den schon vor Jahren geäußerten Visionen des verstorbenen Präsidenten Özal – zum Symbol einer turkstämmigen Renaissance geraten sollen. Das Epos erzählt vom Leben eines mittelalterlichen Führers aus dem 10. Jahrhundert, der für die Vereinigung aller Reitervölker in dem riesigen, westlich von China gelegenen Land »Turkistan« gekämpft haben soll. Das Ergebnis des Turk-Gipfels freilich blieb blaß. Der erstarkte russische Einfluß in der Region lag wie ein Schatten über ihm. Unübersehbar fällt Zentralasien nach einer kurzen Zeit der Hoffnung auf größere Selbständigkeit wieder in die Realitäten der russischen Einflußsphäre zurück. Der Traum von einem zusammenrückenden wirtschaftlichen und politischen turksprachigen Raum ist dabei zu verblassen.

Demgegenüber ist eine erstarkende russische Machtpolitik spürbar. Rußland bleibt eine Macht, die in dieser Region, in der es jahrhundertelang eine dominierende Rolle gespielt hat, präsent ist, ja dominiert. Eine Reihe von Gründen spricht für ein anhaltendes russisches Interesse: zum einen die Rohstoffe Aserbaidschans, Kasachstans, Usbekistans und Turkmenistans, an denen Rußland kein geringeres Interesse hat als unter anderen die Europäer, die Amerikaner, die Chinesen, die Japaner oder die Südkoreaner. Zum anderen leben in der ganzen Region starke russische Minderheiten: Nahezu 40 Prozent der Bewohner Kasachstans sind Russen; und Russen sind in allen Republiken in unterschiedlicher Zahl ansässig. Sie alle in die Russische Föderation heimzuholen, ist bis auf weiteres nicht möglich. Auch sicherheitspolitisch bleibt ganz Zentralasien – vor allem mit Blick auf die Großmacht China – ein strategisch mit Rußland verbundener Großraum.

Vor diesem Hintergrund ist verständlich, daß es ein Ziel russischer Politik ist, die Entstehung eines »türkischen Gürtels«, der nach Einschätzung Moskaus zugleich islamisch eingefärbt wäre, zu verhindern. Dahinter tun sich historische Erinnerungen an das »tatarische Joch« auf, das die Russen jahrhundertelang zu tragen hatten, bevor sie es im 16. Jahrhundert endgültig abschütteln konnten. Auch leben 20 Millionen Angehörige turksprachiger Völker noch immer innerhalb der Russischen Föderation. Unter ihnen haben sich die Tataren in »Tatarstan«, dessen Hauptstadt Kazan ist, auch heute wieder zurückgemeldet. Im August 1990 haben sie, die nur etwa 50 Prozent der Bevölkerung in ihrer Republik ausmachen (ca. 1700000 Menschen), ihre Souveränität als Sozialistische Sowjetrepublik Tatarstan und im März 1992 einseitig ihre Unabhängigkeit ausgerufen. Anders als im Falle Tschetscheniens kam es zu einer politischen Lösung mit der Regierung der Russischen Föderation. Das im Februar 1994 geschlossene Föderationsabkommen räumt Tatarstan nicht nur die Verfügung über einen Teil seiner Erdölförderung ein; es werden ihm sogar in gewissem Rahmen Möglichkeiten der Gestaltung eigener Außen- und Außenwirtschaftsbeziehungen zugestanden.

An die alten historischen Verbindungen der Tataren zu den Türken ist schon erinnert worden. Heute lernen viele Tataren wieder Türkei-Türkisch als eine Art *Lingua franca*. Sezessionsbestrebungen dieses Volkes, die unweigerlich zu einer Unterdrückung seitens der russischen Armee führen würden, dürften die Türkei und die türkisch-russischen Beziehungen nicht unberührt lassen. So ist unzweifelhaft, daß eine Ausdehnung des türkischen Einflusses nördlich des Kaukasus bis zur chinesischen Grenze Rußland und tiefverwurzelte russische imperiale Erinnerungen herausfordern würde.

Mit dem Anspruch auf eine »neue Rolle« im Süden der ehemaligen Sowjetunion verband der Westen eine politische und strategische Aufwertung der Türkei als Ordnungsfaktor für die Krisengebiete des Kaukasus und Zentralasiens. In dem Maße, in dem Rußland nach der Unabhängigkeit Aserbaidschans im Jahre 1991 immer offener die Partei Armeniens in dessen Konflikt mit Aserbaidschan um die armenische Enklave Nagorny Karabach ergriff und zu dessen Schutzmacht wurde, rückte die Türkei näher an die Seite des turksprachigen Nachbarvolkes, das sich zunächst weigerte, der GUS beizutreten. Durch die Machtübernahme der Volksfront in Baku im Mai 1992 schien Aserbaidschan eindeutig in die türkische Einflußsphäre gefallen zu sein. Unverhüllt steuerte der damalige Präsident Ebülfeyz Elçibey einen einseitig protürkischen, gleichzeitig antiiranischen und antirussischen Kurs. Die enge Anlehnung an die Türkei sollte Aserbaidschan an den Westen, an die Demokratie und an die Marktwirtschaft heranführen. Die türkischen Interessen lagen in der Erschließung des ökonomischen Potentials von Aserbaidschan, vornehmlich des Öls, in der Schaffung einer Landbrücke nach Zentralasien sowie im Ausbau des Kaukasus zu einem Sicherheitsgürtel und zu einer Pufferzone zwischen der Türkei und Rußland.

Mit der gewaltsamen Ablösung Elçibeys im Sommer 1993, an der hinter den Kulissen Rußland mitwirkte, ist eine allzu enge Annäherung Bakus an die Türkei erst einmal gestoppt worden. Der Fall Aserbaidschan offenbart nicht nur die Schwierigkeiten der Türkei, eine wirklich bestimmende Rolle in der Region zu spielen. Vielmehr suchen die Überlebenden der alten Nomenklatura, die nahezu überall in Zentralasien noch an der Macht oder zumindest in einflußreichen Positionen sitzen, sich der politischen Unterstützung Rußlands zu versichern. Hinzu kommt, daß die Schwächeperiode der russischen Außenpolitik in der Zeit unmittelbar nach dem Zusammenbruch der Sowjetunion abgelöst wurde durch eine expansionistische, an den nationalen Interessen ausgerichtete Politik. Für das Territorium der ehemaligen Sowjetrepubliken beansprucht Moskau auf der Grundlage seiner neuen Doktrin, im Bereich des »nahen Auslands« privilegierte Interessen zu besitzen und eine besondere politische Rolle spielen zu können, als größte politische und vor allem militärische Macht das Recht, als alleiniger Stabilitätsgarant aufzutreten. Mit dieser Doktrin hat Moskau die amerikanische Strategie einer türkisch-amerikanischen Kooperation zur Einflußnahme in Zentralasien, die vor allem auch gegen den Einfluß Irans gerichtet und in der Aserbaidschan der Hauptpart zugedacht war, unverhohlen herausgefordert.

Daß sich Rußland mit dem türkischen Einfluß in Aserbaidschan nicht abfinden würde, liegt mit Blick auf die besondere geopolitische Lage des Landes an der Nahtstelle zwischen der Türkei und Zentralasien sowie als Durchgangsland zum Persischen Golf auf der Hand. Außerdem hat es dort massive wirtschaftliche Interessen. Die handfeste russisch-türkische Rivalität um die Frage, auf wessen Gebiet die Ölpipelines verlaufen sollen, durch die aserbaidschanisches – und kasachisches – Erdöl schließlich exportiert wird, läßt weitere Spannungen und Konflikte erwarten.

Mehr und mehr sind ferner auch die USA entschlossen, im Macht- und Rohstoffpoker um Zentralasien ihre Karten auszuspielen. Amerikanische Ölfirmen haben in Aserbaidschan und Kasachstan im Rahmen internationaler Ölkonsortien erhebliche Investitionen getätigt, die möglichst bald Gewinne bringen sollen. So ist Washington seinerseits an einer politischen Konstellation dort gelegen, die es gestattet, Einfluß im Sinne amerikanischer Interessen auszuüben. Angesichts des gestörten Verhältnisses zwischen Washington und Teheran und vor dem Hintergrund der Unsicherheiten über die politischen Verhältnisse in Moskau setzt auch Washington auf die Türkei als Transitland für die Ölexportrouten. Entsprechender amerikanischer Druck aber läßt nicht nur Moskau und Teheran näher aneinander heranrücken; er verschärft auch den machtpolitischen Antagonismus in Zentralasien zwischen Rußland und Iran auf der einen und der Türkei auf der anderen Seite. So scheint sich gegen Ende des Jahrhunderts das Great game (das große Spiel) zu wiederholen, das ein Jahrhundert zuvor schon einmal – damals zwischen Rußland und England – gespielt wurde. Seinerzeit ging es um die Abgrenzung der Macht- und Einflußbereiche Zentralasien (Rußland) und Südasien (England). Mehr und mehr könnten sich jetzt Rußland und die USA gegenübertreten; aber andere – regionale – Mächte schauen ebenfalls in die Karten. So etwa die Türkei und Iran, aber auch China kann nicht ausgeklammert werden. Die Einflüsse Pakistans und Indiens, ja selbst einer Reihe arabischer Staaten sollen hier nur angedeutet werden.

Die russische Militäraktion in Tschetschenien, die im Dezember 1994 begann, weist gleichfalls in diese Richtung. Zwar sind ihre Gründe und Hintergründe vielschichtig. Das Beharren Moskaus, Rußlands Territorium im Kaukasus zu erhalten, ist eine andere Facette der Entschlossenheit, die weitere Auflösung der Russischen Föderation entlang ethnischer und religiöser Bruchlinien zu verhindern. Wenn die Abspaltung der muslimischen Tschetschenen hingenommen würde – wo wäre dann ein Ende abzusehen?

Eine logische Folge der Erfahrungen, die Rußland in Aserbaidschan gemacht hat, ist die Weigerung, russische Truppen aus den ehemaligen Sowjetrepubliken abzuziehen, um nicht – wie in Aserbaidschan – antirussischen nationalistischen Kräften die Möglichkeit zu geben, in dieses Vakuum vorzustoßen. Die Strategie, Militärbasen in Konfliktzonen zu halten, um sie für friedenstiftende Operationen einzusetzen, ist für Aserbaidschan, den einzigen Staat der ehemaligen Sowjetunion, aus dem russisches Militär zunächst gänzlich abgezogen war, auch umkehrbar: nämlich die Entsendung von Friedenstruppen, das heißt die Rückkehr russischen Militärs, um die Einflußsphäre Moskaus zu sichern. Daß die Türkei als Ordnungsmacht einer unverblümten russischen Machtpolitik nicht viel entgegenzusetzen hat, ist in der Tschetschenien-Krise einmal mehr deutlich geworden. Ankara mußte den Truppen Moskaus das Volk im Kaukasus ohne nennenswerte Reaktion überlassen.

Für Moskau bedeuten die südlichen Grenzen der GUS wesentlich auch ein Vorfeld zur islamischen Welt – eben der Türkei, Iran und Afghanistan. So stehen russische Truppen in Tadschikistan, um ein Überspringen islamischer Unrast nach Zentralasien, an die Südgrenze der Russischen Föderation, zu verhindern. Genau aus diesem Grunde sucht die russische Führung insbesondere in Usbekistan und Kasachstan nicht nur politischen Einfluß, sondern auch eine militärische Präsenz zu wahren bzw. wieder auszubauen.

Neben Rußland aber dürfen die Interessen der Islamischen Republik Iran nicht übersehen werden. Wenn die Türken ihre Rolle in der Region aus der ethnischen Zusammengehörigkeit der Turkvölker begründen, so verweisen die Iraner auf die kulturelle Dimension.

So wird Zentralasien in Teheran unter kulturellen Vorzeichen ebenso als politisches Hinterland verstanden, wie dies in Ankara unter ethnisch-sprachlichen Aspekten der Fall ist. Eine einseitige Zumessung von »Rollen« durch westliche Politik wäre nicht zuletzt auch mit Blick auf die Islamische Republik um so unangebrachter, als sie einen machtpolitischen Konflikt zwischen der Türkei und Iran anheizen würde: Sein Brennpunkt läge – ebenfalls – in Aserbaidschan. Aserbaidschanisch-nationalistische Kräfte, nicht zuletzt um den ehemaligen Präsidenten Elçibey, propagieren eine Politik der Wiedervereinigung der beiden Teile Aserbaidschans. 1828 war das nördliche Aserbaidschan (heute die Aserbaidschanische Republik, damals Teil des iranischen Reiches) im Zuge der russischen Expansion nach Süden von Iran abgetrennt worden. Rußland hatte den nordkaukasischen Teil Aserbaidschans annektiert.

Eine Wiedervereinigung der beiden Teile im Rahmen eines unabhängigen aserbaidschanischen Staates würde bedeuten, daß Iran einen Teil seines Territoriums, nämlich Iranisch-Aserbaidschan, verlöre. Vergessen werden darf dabei nicht, daß der moderne iranische Staat am Beginn des 16. Jahrhunderts von der Dynastie der Safawiden gerade von Aserbaidschan aus, mit Zentrum in Ardabil, gegründet wurde. Auch ist die Sprache der iranischen Dynastien bis zum Ende der Qadscharen (1923) türkisch gewesen. Erst die Dynastie der Pahlewi, die von Reza Schah, dem Vater des 1979 gestürzten Schah Mohammed Reza, gegründet wurde, war persischsprachig.

So liegt hier ein erhebliches Konfliktpotential. Iran und die Türkei liefen Gefahr, in einen machtpolitischen Konflikt einzutreten, der nichts mit weltanschaulichen oder religiösen Gegensätzen zu tun hätte. Vielmehr würde es um Einfluß in einem weiten Hinterland, am Ende vielleicht sogar um die Zukunft umstrittener Territorien gehen.

Die entschlossene Parteinahme Ankaras auf seiten Aserbaidschans im Konflikt um Nagorny Karabach hat Teheran stärker alarmiert, als dies an der Oberfläche sichtbar wird. Symptomatisch für die untergründige Spannung ist ein Kommentar in der Teheraner Zeitung »Salam«, die von Hudschat al-Islam Ali Akbar Mohtashami, einem der Führer des radikalen Flügels im geistlich-politischen Establishment, der noch immer an der revolutionären Linie nach innen wie nach außen festhält, herausgegeben wird. Der Kommentar greift die Türkei wegen ihres »Engagements zugunsten des Volkes der neuen unabhängigen Republik Aserbaidschan« an und äußert den Verdacht, daß dies möglicherweise »von ihren Meistern befohlen« werde. »Diejenigen, die ständig betteln, an der Seite Europas stehen zu dürfen, und in frivoler Weise stolz darauf sind, religionsfeindlich eingestellt zu sein und das Banner der Kampagne gegen den ›Fundamentalismus‹ aufrechtzuerhalten, beanspruchen jetzt, mit den von Iran abgetrennten Aseris verwandt zu sein.« Der Anspruch wird als unbegründet zurückgewiesen; Aseris, die von Iran getrennt wurden, seien ein iranisches Volk wie andere auch – etwa die Kurden, Perser und Belutschen. »Obwohl die Debatte über Rassen und rassistische Vorrechte gefährlich und unklug ist, wird Iran anderen nicht erlauben, sich durch Lügen in den Vordergrund zu spielen, besonders da sie unter dem Vorwand eines ›Groß-Turkistan‹ den Interessen des Westens dienen. Die Aseris sind iranisch, und die schändlichen Pakte, die jetzt vergilbt sind, wie ›Gulistan‹ und ›Turkomanschai‹ (1813 bzw. 1828; in den beiden Verträgen mußte Persien schließlich alle kaukasischen Gebiete an Rußland abtreten, U.S.), können Gefühle der Freundschaft und Einheit unter den iranischen ethnischen Gruppen nicht verhindern.«[58]

Der Argwohn des iranischen Radikalen, der Eifer Ankaras habe auch etwas mit einer Kampagne gegen den »Fundamentalismus« zu tun, ist nicht ganz unberechtigt. Die türkische Führung macht kein Hehl daraus, daß sie die Entwicklung der neuen türkischen Staaten auf der Grundlage jenes westorientierten Entwicklungskonzepts fördert, das die türkische Elite selbst seit Atatürk verfolgt hat: Export des Kemalismus also mit allem, was dazu gehört, insbesondere Säkularisierung sowie zivilisatorische und kulturelle Verwestlichung. Symptomatisch dafür ist, wenn es um die Schaffung nationaler Kulturen geht, die nachdrückliche Propagierung einer Einführung des lateinischen Alphabets, das das kyrillische ersetzen soll. Auf diesem Gebiet sind die Türken teilweise erfolgreich gewesen. Eine Reihe von Regierungen und Parlamenten der turksprachigen Republiken, so in Aserbaidschan, Usbekistan, Turkmenistan und Kirgisien, haben sich für die Übernahme des lateinischen Alphabets entschieden. Zu Recht kann dies als eine wichtige Vorentscheidung der kulturellen Ausrichtung der Republiken angesehen werden. Mit der Einführung des lateinischen Alphabets auch in anderen Republiken könnte zugleich eine Weiche gestellt werden, das Türkei-Türkische zur *Lingua franca* zwischen den verschiedenen Turksprachen zu machen, die zum Teil doch erheblich voneinander abweichen. Dieser Erfolg ist um so bemerkenswerter, als Iran und eine Reihe anderer islamischer Staaten die Übernahme des arabischen Alphabets in Zentralasien propagiert hatten.

Auf dem Balkan von der Geschichte eingeholt?

Zentralasien aber ist nur eine Stelle, an der die politische Tektonik aufbricht. Auch der Umbruch auf dem Balkan bedeutet für die türkische Außenpolitik eine neue Herausforderung. Seit dem Beginn des 19. Jahrhunderts haben die Türken Zug um Zug ihre Herrschaft und Präsenz dort abbauen müssen. Nach dem Ersten Weltkrieg wurde schließlich hier ein Schlußstrich gezogen – nicht zuletzt in Form des schmerzlichen Bevölkerungsaustauschs mit Jugoslawien, Griechenland und Bulgarien, von dem schon berichtet wurde.

Natürlich haben Regierung, Parlament, Parteien, Öffentlichkeit und Medien in der Türkei durch die Jahrzehnte am Schicksal der

Türken auf dem Balkan Anteil genommen – so etwa in Bulgarien, wenn dort die türkische Minderheit drangsaliert wurde; und natürlich in Griechenland, wenn Rechte der dortigen türkischen Minderheit, die nicht einmal als »türkisch« bezeichnet werden darf, sondern – nach dem Abkommen von Lausanne – »islamische« Minderheit genannt werden muß, beschnitten wurden. Das drastischste Beispiel dafür, wie nachdrücklich die Auslandstürken die Außenpolitik Ankaras zeitweilig bestimmten, ist Zypern.

Die Türkei muß jetzt feststellen, daß sie mit dem Ende des Ost-West-Konflikts auf dem Balkan von ihrer Vergangenheit eingeholt wird. Die Auseinandersetzungen zwischen den Serben und den »Türken« – denn so heißen die muslimischen Bosniaken für viele Serben: Türken! – sind, oder können so verstanden werden, der letzte Posten auf einer langen Abrechnung der Serben mit den Türken, den jahrhundertelangen Kolonisatoren. Es lohnt sich in diesem Zusammenhang, wieder einmal einen Blick in den berühmten Roman »Die Brücke über die Drina« von Ivo Andric[59] zu werfen. Etwas von den Spannungen, die sich heute noch – und von neuem – entladen, nachdem sie sich über Jahrhunderte aufgestaut haben, wird dort am Brennpunkt der Brücke bei Wischegrad, an der sich bosnisch-serbisch-türkisches Schicksal vielfältig berührt hat, reflektiert.

Seit die Krise in Bosnien Mitte 1992 ausbrach, hat die türkische Führung gehofft, die internationalen Organisationen und Institutionen – die Vereinten Nationen, die Europäische Union, die Westeuropäische Union sowie die Organisation für Sicherheit und Zusammenarbeit in Europa (OSZE) – könnten die Kämpfe in Bosnien-Herzegowina beenden und eine Regelung auf der Grundlage internationalen Rechts durchsetzen. Von keiner dieser Institutionen gingen allerdings Impulse aus, die zur Befriedung der Region beigetragen hätten. Die Türken mußten zusehen, wie unfähig die internationale Gemeinschaft war.

So haben die Türken verstärkt auf die Organisation der Islamischen Konferenz (OIK) gesetzt. Wenn andere Organisationen nichts unternehmen würden, dann wenigstens diese, mit der sie freilich in der Vergangenheit durchaus nicht immer ungetrübte Beziehungen unterhalten haben. Immerhin hoffte Ankara, über die OIK, wenn nicht unmittelbar wirksame Interventionen mobilisieren, so doch wenigstens auf die internationale Gemeinschaft Druck ausüben zu können. Im Juli 1995 sprach die Bosnien-Kontaktgruppe der OIK, zu der auch die Türkei gehört, der UNO die völkerrechtliche Legitimation ihrer Politik und Resolutionen bezüglich Bosnien-Herzegowina ab. Die islamischen Staaten wurden aufgerufen, die Bosnier wirtschaftlich, humanitär und militärisch zu unterstützen. Daß Ankara diesen Beschluß mittrug, zeigte, unter welchen Druck die türkische Regierung seitens der Öffentlichkeit geraten war.

Seit dem Ende Jugoslawiens hatte Ankara an den Entwicklungen Anteil genommen. In einer breiten türkischen Öffentlichkeit war und ist das Bewußtsein vorhanden, daß die Türkei hier eine besondere Verantwortung zu übernehmen habe. Schließlich war das Osmanische Reich fünf Jahrhunderte lang die dominierende Macht in dieser Region. Und nach dem Ende der Osmanen behielt die Türkische Republik Westthrazien, ein Gebiet auf dem Balkan von der Größe Belgiens. Dabei war Ankaras Politik von zwei wichtigen Aspekten bestimmt: Zum einen unternahm die Türkei Anstrengungen, die wirtschaftliche und politische Zusammenarbeit mit allen Balkanstaaten sowohl auf multi- wie auf bilateraler Ebene zu verbessern. Zum anderen hegte die Türkei ein großes Interesse am Wohlergehen und an der Durchsetzung der Menschenrechte für ethnische Türken sowie für andere muslimische Minderheiten. Bosnien, Kosovo, Mazedonien und Albanien sollten sich rasch zu Brennpunkten einer türkischen Balkanpolitik entwickeln.

Auf den Zerfall Jugoslawiens reagierte die Türkei anfänglich mit Vorsicht. Nichteinmischung war angesagt. Dabei hatte Ankara zunächst keineswegs die Schaffung unabhängiger Staaten auf dem Gebiet des ehemaligen Jugoslawien befürwortet. Erst als die Unausweichlichkeit des Auflösungsprozesses mit der Anerkennung von Slowenien und Kroatien einerseits und der serbischen Aggressionspolitik andererseits deutlich wurde, entschied sich die Türkei für die Politik einer nicht-diskriminierenden Anerkennung. In Ankara war man der Ansicht, daß eine rasche Integration der neuen unabhängigen Staaten in die internationale Gemeinschaft deren Sicherheit gegenüber serbischen Aggressionsplänen stärken würde.

Die türkische Politik in dem Konflikt war zugleich Ausdruck

zweier grundlegender Besorgnisse. So mußte einmal verhindert werden, daß der Krieg zwischen den christlich-orthodoxen Serben und den bosnischen Muslimen dazu führte, die Kluft zwischen dem Westen und der islamischen Welt in den internationalen Beziehungen zu vertiefen; eine solche Entwicklung würde die Lage des laizistischen Staates Türkei komplizieren. Zum anderen mußte eine Ausweitung des Konflikts auf Kosovo, den *Sancak* und Mazedonien vermieden werden, wo bedeutende türkische Minoritäten (und erhebliche muslimische Gruppen) – in Kosovo über 90 Prozent der Bevölkerung – leben. Wenn etwa das zerbrechliche ethnische Gefüge in Mazedonien gestört würde, wäre es außerordentlich schwierig, den Krieg innerhalb der Grenzen des früheren Jugoslawien einzudämmen und eine Ausweitung auf den Balkan zu verhindern. Deshalb war Ankara darum bemüht, die religiösen und ethnischen Aspekte des Konflikts herunterzuspielen. Aus türkischer Sicht handelte es sich um einen Aggressionskrieg der Serben gegen die international anerkannten Staaten Kroatien und Bosnien-Herzegowina, Mitglieder der Vereinten Nationen und anderer internationaler Organisationen.

In Ankara fürchtete man einen Sieg der Serben. Ein solcher würde bedeuten, daß die internationale Gemeinschaft ethnisch reine Staaten billigt, selbst wenn sie durch »ethnische Säuberungen« und gewaltsame Grenzveränderungen entstanden wären. Dies würde zu einer Polarisierung ethnischer und religiöser Gegensätze und damit zu neuen Instabilitäten, Konflikten, ja möglicherweise sogar weiterem Genozid führen. Daß diese Befürchtungen die Stellung der türkischen Minderheiten auf dem Balkan betreffen, liegt auf der Hand. So machte die Türkei seit dem Beginn der Krise geltend, daß es in der Verantwortung der internationalen Gemeinschaft liege, den Prozeß der Säuberung und Entmischung aufzuhalten und umzukehren. Ankara hat seine Bereitschaft zu diesbezüglichen Maßnahmen erklärt, die auch die Anwendung von Gewalt unter der Regie der Vereinten Nationen oder regionaler Organisationen wie der NATO oder OSZE einschließen würden. Daß das türkische Militär bei seiner »Operation« 1974 auf Zypern selbst »ethnische Säuberungen« betrieb, indem die griechische Bevölkerung aus dem Norden der Insel vertrieben wurde, muß an dieser Stelle ausdrücklich erwähnt werden. Daß auch die türkischen Vorstellungen über eine Lösung des Zypernkonflikts auf ethnisch reinen Gebieten beruhen, ist bereits verdeutlicht worden.

Die Konturen einer auf den ganzen Balkan gerichteten Politik der Türkei sind nach und nach sichtbar geworden. Ihre Elemente sind wirtschaftliche Zusammenarbeit und politische Abmachungen, die sich auf freundschaftliche und gutnachbarliche Beziehungen erstrecken. Deutlichster Ausdruck dieses neuen Interesses auf dem Balkan war die Reise, die Präsident Turgut Özal im Februar 1993 – zwei Monate vor seinem Tod – nach Bulgarien, Mazedonien, Albanien und Kroatien unternahm.

Freilich bleiben skeptische Fragen über die Beziehungen der Türkei zu einer Reihe von Balkanstaaten bestehen. Das Verhältnis zu Bulgarien war in den achtziger Jahren durch die Versuche des kommunistischen Regimes in Sofia belastet, die türkische Minderheit von nahezu einer Million Menschen zu »bulgarisieren«. Noch 1989 war es zu einem Massenexodus von mehr als 300 000 Türken in die Türkei gekommen, was die Beziehungen zwischen den beiden Nachbarn aufs äußerste strapaziert hatte. Nach der Wende in Sofia entspannte sich die Lage; im bulgarischen Parlament gibt es heute sogar eine türkische Partei. Im Mai 1992 wurde in Ankara ein »Freundschaftsvertrag über gutnachbarliche Beziehungen, Sicherheit und Zusammenarbeit« unterzeichnet. Ressentiments und Mißtrauen auf beiden Seiten, der bulgarischen Mehrheit und der türkischen Minderheit, schwelen jedoch fort, und die jahrhundertelange Herrschaft der Türken, die erst 1878 abgeschüttelt werden konnte, ist unter den Bulgaren nach wie vor nicht vergessen. So dürften die türkisch-bulgarischen Beziehungen auch in Zukunft Belastungen ausgesetzt bleiben.

Im Mittelpunkt der Aufmerksamkeit Ankaras für den Balkan stand natürlich die Krise in Bosnien. Die Türkei erkannte den neuen Staat am 6. Februar 1992 an und nahm am 26. August diplomatische Beziehungen auf. Die konkreten Handlungsspielräume für Ankara freilich blieben begrenzt. Mit ihrer Forderung nach einem militärischen Eingreifen zugunsten der Bosnier – zumindest aber nach der Aufhebung des Embargos –, die die türkische Regierung von Anfang an erhob, konnte sie sich nicht durchsetzen. Auch die diplomatischen Aktivitäten reichten nicht sehr weit. So trafen sich im November 1992 auf Einladung des türkischen Außenministers

Delegierte und Außenminister aus den Balkan-Ländern Türkei, Albanien, Mazedonien, Kroatien, Slowenien, Bulgarien und Rumänien sowie aus Österreich, Ungarn und Italien zu einer Konferenz in Istanbul. Viel kam dabei konkret nicht heraus. Die Teilnehmer warnten vor einem Übergreifen des Konflikts auf andere Balkanstaaten und forderten die UNO auf, Schutztruppen in den Krisengebieten Kosovo, Mazedonien, Wojwodina und Sancak zu stationieren. Darüber hinaus plädierten sie für Sicherheitszonen für Flüchtlinge und militärisch geschützte Korridore für humanitäre Hilfe. Zahlreiche Teilnehmer setzten sich auch für eine militärische Intervention als friedenschaffende Maßnahme ein. Die Vorschläge von Istanbul verhallten nahezu ungehört.

Die Bosnien-Frage wurde in der türkischen Öffentlichkeit von Anfang an von großen Emotionen begleitet. So konnte sich die türkische Ministerpräsidentin Tansu Çiller großer Aufmerksamkeit sicher sein, als sie – zusammen mit der pakistanischen Ministerpräsidentin Benazir Bhutto – Anfang Februar 1994 überraschend zu einem Sympathiebesuch in Sarajewo erschien. Bekleidet mit kugelsicheren Westen und Stahlhelmen, wollten die beiden Politikerinnen ihren Besuch als eine »Mission von Müttern mit humanitären Zielen« verstanden wissen und dabei, wie Frau Çiller hinzufügte, »ihre Solidarität mit den notleidenden Menschen in Bosnien-Herzegowina zum Ausdruck bringen«. Es sei schockierend, daß diese abstoßende menschliche Tragödie im Herzen eines Kontinents stattfinde, der sich selbst auf sein Engagement für die Menschenrechte und seinen Respekt für die menschliche Würde viel zugute halte. Sie forderten die Weltgemeinschaft auf, die Zerstörung von Bosnien-Herzegowina und die Ermordung von Zivilisten zu beenden.

Ungeteilte Zustimmung erfuhr auch die Entsendung von über 1000 türkischen Blauhelmen auf der Grundlage eines Beschlusses der Vereinten Nationen. Mitte Mai 1994 traf das Vorauskommando in der Nähe von Zenica ein – wie die türkische Presse, nicht frei von Sentimentalität, bemerkte: Die ersten türkischen Soldaten, die seit 1912 – dem ersten »Balkankrieg« – in diesem Teil des Balkans wieder in Erscheinung treten.

Genau vor diesem Hintergrund war der UNO der Beschluß zur Entsendung türkischer Blauhelme allerdings nicht leichtgefallen. Und tatsächlich erscheint er im Lichte der Geschichte problematisch. Schon auf der Balkankonferenz in Istanbul hatte der bulgarische Vertreter die Balkanländer gewarnt, sich an einer eventuellen militärischen Intervention der UNO zu beteiligen, weil dadurch alte Feindschaften und Vorurteile wachgerüttelt werden könnten. Die Entscheidung der UNO, türkische Blauhelme nach Bosnien-Herzegowina zu entsenden, ist dann auch prompt auf lebhafte Ablehnung namentlich der Serben, aber auch der Griechen und – im Hintergrund – der Russen gestoßen. Die Serben, so ein Sprecher, würden die Entsendung der Türken als eine Erneuerung der türkischen Besatzung der Region betrachten. Der bulgarische Präsident Shelef brachte in einem Brief an UNO-Generalsekretär Butros Ghali die Ablehnung Sofias zum Ausdruck.[60]

Der Abschluß des Abkommens von Dayton zwischen den Kriegsparteien in Bosnien-Herzegowina löste in Ankara – verständliche – Erleichterung und Zustimmung aus. Zugleich bemühte sich die türkische Regierung darum, künftig an weiteren Beratungen über das frühere Jugoslawien beteiligt zu sein. Die besondere Rolle und Verantwortung der Türkei wurde dadurch hervorgehoben, daß die OIK Ankara beauftragte, die Hilfe der islamischen Welt für Bosnien zu koordinieren. Auch entsendet die Türkei weitere Truppenkontingente zur Durchführung der NATO-Mission.

Das Profil der Türkei auf dem Balkan wird also künftig noch deutlicher sichtbar. Türkische Militärberater werden nach Sarajewo entsandt; außerdem wird Ankara versuchen, radikale islamische Kräfte aus Bosnien herauszuhalten. Daran, daß die Türkei entschlossen ist, rasch zu handeln, hat Tansu Çiller bei ihrem Besuch in Sarajewo am 28. November 1995 keinen Zweifel gelassen. Sie war nicht nur der erste Premierminister überhaupt, der die Stadt nach dem Abkommen von Dayton besuchte; sie wurde auch von einer Gruppe türkischer Geschäftsleute begleitet.

Rücken die Muslime auf dem Balkan unter türkischer Regie enger zusammen? Die türkischen Minderheiten (und generell die Muslime auf dem Balkan) gehören zum Erbe des Osmanischen Reiches, welches noch bis zu Beginn dieses Jahrhunderts über weite Teile dieser Region herrschte. Sie machen heute 44 Prozent der Bevölkerung in Bosnien-Herzegowina (circa 2 Millionen) und 34 Prozent in Mazedonien (700 000) aus. Weiter sind 70 Prozent der Albaner vor der Machtübernahme des kommunistischen Regimes unter Enver Hodscha Muslime gewesen (2300000). Hinzu kommen mehr als eine Million Muslime, Türken und Pomaken (muslimische Bulgaren) in Bulgarien und weitere 120000 in Nordgriechenland. Schließlich hat Rest-Jugoslawien mit 3100000 Menschen die größte muslimische Minderheit (30 Prozent). Davon leben 1700000 im Kosovo mit einer zu etwa 90 Prozent albanischen Bevölkerung. Seitdem der Nationalitätenkonflikt in Jugoslawien offen ausgebrochen ist, beruft sich Ankara auf seine kulturellen, historischen und religiösen Bindungen zu den Muslimen auf dem Balkan.

Um ihre Politik besser zu koordinieren, gründete die türkische Regierung Anfang 1992 ein für die Balkanländer und den Kaukasus zuständiges Generaldirektorat im Außenministerium. Im Januar desselben Jahres vereinbarten die Generalstabschefs Albaniens und der Türkei in Ankara eine engere Zusammenarbeit im Bereich der militärischen Ausbildung, Militärtechnik und Wissenschaft. Ankara soll sich dabei unter anderem verpflichtet haben, in der Türkei albanische Offiziere auszubilden und Albanien mit Rüstungsgütern zu versorgen. Auch die Zusammenarbeit in der Rüstungsindustrie soll vertieft werden. Im übrigen haben die Beziehungen zwischen der Türkei und Albanien tiefe geschichtliche Wurzeln. Muslimische Albaner haben in Militär und Verwaltung des Osmanischen Reiches hohe Posten innegehabt; und unter der türkischen Bevölkerung leben heute Millionen von Menschen albanischer Herkunft.

Wiederholt sind – bei aller Zurückhaltung der türkischen Regierung – in den Verlautbarungen von Politikern und in Kommentaren der Presse Worte wie »Schutzmacht« und »Mitspracherecht« gefallen. Gerüchte liefen um, wonach das türkische Außenministerium im Februar 1994 konkrete Pläne ausgearbeitet habe, um in Bosnien als Gegengewicht zu den proserbischen Russen eine türkische Präsenz aufzubauen; türkische Kommentatoren begannen zu fragen, warum die Präsenz der probosnischen türkischen Soldaten nicht akzeptiert werde, wohl aber der Einzug der proserbischen Russen.

Tatsächlich trafen Anfang 1994 russische UNO-Truppen in Sarajewo ein. In Ankara wurden damals Zweifel über den Sinn der überraschenden russischen Intervention im Balkankonflikt geäußert. Moskau vertrete seit Ausbruch des Krieges in Ex-Jugoslawien eine klar proserbische Haltung, lautete die verbreitete Meinung. Der damalige türkische Außenminister Hikmet Cetin übermittelte dem bosnischen Präsidenten Izetbegović die Verbitterung Ankaras über die neueste Entwicklung. Die Serben hätten ihre Freunde, die Russen, nach Bosnien geholt; die Bosnier ihrerseits würden darum gerne türkische Soldaten auf dem Territorium ihrer Republik im Einsatz sehen.

Bilden sich hier – historisch gesehen – neue alte Konfliktkonfigurationen heraus? Die türkische Balkanpolitik ist nicht ohne Widersprüche. So betonten Präsident Süleyman Demirel und Ministerpräsidentin Tansu Çiller immer wieder, daß es sich in Bosnien um keinen religiösen, sondern um einen nationalen Konflikt handele. Auch die türkische Politik auf dem Balkan habe keinerlei religiösen Hintergrund. Für den außenstehenden Beobachter aber sind die religiösen Untertöne in der Begründung einer türkischen »Rolle« auf dem Balkan unüberhörbar.

Zwei durch religiöse Elemente geprägte Lager scheinen im Entstehen begriffen. Auf der einen Seite das orthodoxe: In ihm befänden sich neben Griechenland Serbien und Montenegro sowie Bulgarien – mit Rußland als der orthodoxen Großmacht im Hintergrund. Auf der anderen Seite das muslimische Lager: Ihm ließen sich Bosnien, Albanien und – obgleich nur zur Minderheit islamisch – das von Griechenland und Serbien bedrängte Mazedonien zuordnen – mit der islamischen Großmacht Türkei als Schutzmacht.

Die türkisch-russische Rivalität, die schon im Kaukasus und in Zentralasien erkennbar war, könnte sich demnach auch auf dem Balkan entfalten. Wie nach dem Ende des Ost-West-Konflikts in der Region allenthalben im kleinen Auseinandersetzungen mit ethnischen, religiösen und historischen Elementen aufbrachen, könnte sich eine ähnlich komplexe Konfliktlage in der politischen Großwetterlage aufbauen. Der jahrhundertealte Kampf um Einfluß am Bosporus zwischen dem zaristischen Rußland und dem Osmanischen Reich, der nach dem Ersten Weltkrieg in eine begrenzte Zusammenarbeit zwischen der Türkei und der Sowjetunion überging und nach dem Zweiten Weltkrieg erneut aufbrach und Teil des globalen Konflikts zwischen dem Westen und Osten, dem Atlantischen Bündnis und dem Warschauer Pakt wurde, scheint mit Blick auf die Zukunft wieder am politischen Horizont heraufzuziehen. Vom möglichen Zusammenprall zwischen den Doktrinen des »Nahen Auslands« und des »Neo-Osmanismus« war im Zusammenhang mit dem Kaukasus und Zentralasien schon gesprochen worden. Ist es zu weit hergeholt, auf dem Balkan eine rivalisierende Dynamik des »Neo-Osmanismus« und des »Panslawismus« zu erkennen?

Vor diesem komplexen und spannungsgeladenen Hintergrund erhalten die türkisch-griechischen Beziehungen eine besondere Brisanz. Als im Februar 1993 Präsident Turgut Özal in Bulgarien, Mazedonien, Albanien und Kroatien für Frieden und Stabilität auf der Balkanhalbinsel warb, wurde seine Reise gleichzeitig als Signal an Griechenland und Serbien aufgefaßt, daß auch die Türkei auf dem Balkan mitzureden gedenke. Besuche des kroatischen Präsidenten Franjo Tudjman in der Türkei, 29. April–2. Mai 1993, des bosnischen Präsidenten Alija Izetbegović, 3.–5. September, und des rumänischen Präsidenten Jon Iliescu am 9. September trugen dem türkischen Mitspracheanspruch Rechnung.

Die Dauerquerelen, die Griechenland mit der internationalen Gemeinschaft wegen der Mazedonien-Frage vom Zaun gebrochen hat, die Spannungen in den griechisch-albanischen Beziehungen und die – türkische – Verweigerung von Fortschritten in der Zypernfrage haben die griechisch-türkischen Beziehungen eher wieder auf Konfrontationskurs gebracht. Wie gespannt sie heute sind, wurde schlagartig Anfang Juni 1994 deutlich. Damals drohte die türkische Ministerpräsidentin Tansu Çiller mit der Besetzung der ostägäischen Inseln, falls Griechenland seine Hoheitsgewässer von sechs auf zwölf Meilen ausdehnen sollte. Ein solches Vorgehen sei für die Türkei ein »Kriegsgrund«, und Frau Çiller fügte hinzu: »Falls Athen versucht, die Ägäis zu einem griechischen Meer zu machen, werde ich innerhalb von 24 Stunden die Inseln besetzen.«[61] Die Äußerungen wurden hinterher abgeschwächt, ließen aber für einen Augenblick nicht nur Türken und Griechen, sondern die ganze internationale Gemeinschaft aufhorchen.

Regionalmacht Türkei

Ein zusammenfassender Blick läßt deutlich hervortreten, in welch hohem Maß die türkische Außenpolitik von der Suche nach einem Standort inmitten eines sich tiefgreifend verändernden regionalen Umfeldes bestimmt ist. War früher der regionale Radius durch die internationale Großwetterlage bestimmt, so sind jetzt regionale Interessen des Landes wesentlich mitentscheidend für die Beziehungen zu den großen Mächten in der internationalen Politik. Die Ränder zu den Nachbarn sind weicher und durchlässiger geworden. Das schafft der türkischen Außenpolitik neue Gestaltungsräume, führt aber auch zu neuen Risiken. Bestünde die Gefahr, daß sich die Türkei militärisch in Konflikte in ihrer Nachbarschaft hineinziehen läßt?

Seit 1991 hat die Türkei mehrfach im benachbarten Irak interveniert. Die Begründung war immer die Bekämpfung der kurdischen Terrororganisation PKK, die das Machtvakuum im Irak nutze und von dort aus über die Grenze hinweg in der Türkei operiere. Dies trifft zwar zu, und doch bleibt ein Beigeschmack von türkischer Machtpolitik jenseits der Landesgrenzen zurück. Präsident Özal hatte nach dem »Wüstensturm« am Golf 1991 festgestellt, daß die Türkei eine Regionalmacht sei. Damit hatte er der Türkei politische Aufgaben in einer Region zugeschrieben, aus der sie sich in der Vergangenheit – ebenso wie auf dem Balkan und im Kaukasus – jahrzehntelang herausgehalten hatte. Hier und da tauchten auch Gerüchte über Pläne auf, die ölreiche Region von Mossul im nördlichen Irak, auf die Ankara auf britischen Druck hin in den zwanziger Jahren schweren Herzens verzichtet hatte, anzuschließen. Beweise dafür gibt es bislang (1996) nicht. Aber unübersehbar ist, daß die Karten in der ganzen Region vom Balkan über den Mittleren Osten bis nach Zentralasien neu gemischt werden. Und ohne Zweifel ist die Türkei ein Teilnehmer an diesem Spiel.

Angesichts der Unklarheiten, ja Spannungen in den Beziehungen Ankaras zu seinen arabischen Nachbarn hat die Türkei ihrem Verhältnis zu Israel eine neue Qualität gegeben; der arabisch-israelische Friedensprozeß hat dies natürlich erleichtert. Die weitreichenden Erwartungen auf profitable wirtschaftliche Zusammenarbeit mit den Arabern am Golf und die guten politischen Beziehungen zur islamischen Welt insgesamt zu Zeiten, da man nach dem Militärputsch von 1980 international weitgehend isoliert war, hatten die türkische Führung veranlaßt, die politischen Beziehungen zu Israel immer weiter herunterzufahren. Unter den gegebenen politischen Bedingungen in der Region selbst wie auf der internationalen Bühne scheint es Ankara heute angezeigt, die Beziehungen zu Jerusalem wieder nachhaltig aufzuwerten. Für die Türkei sind die Araber noch immer eher potentielle Gegner als Freunde. Deshalb bedeutet eine Achse Ankara-Jerusalem eine Stärkung der außenpolitischen Position der Türkei. Für Israel verbindet sich damit die Aussicht, an die von Präsident Özal weiland propagierte »Friedenspipeline« angeschlossen zu werden, sollte sie sich jemals verwirklichen lassen. Der Staatsbesuch des israelischen Präsidenten Chaim Herzog in Ankara im Januar 1994 und der Abstecher von Ministerpräsidentin Tansu Çiller nach Israel vom 3. bis 5. November 1994 auf der Rückreise vom nahöstlichen Superwirtschaftsgipfel in Casablanca (30.–31. Oktober 1994) werfen ein Schlaglicht auf den hohen Stand, den die türkisch-israelischen Beziehungen in den letzten Jahren erreicht haben.

Die Türkei zwischen Vergangenheit und Zukunft

Der Beginn des letzten Jahrzehnts dieses Jahrhunderts erweist sich immer deutlicher als ein Einschnitt in der politischen Entwicklung der Türkei. Nicht nur, weil sich dem Land mit dem Zusammenbruch der Sowjetunion ein weites Hinterland öffnete. Eine »asiatische Option« gewinnt von neuem an Gestalt. Auch auf dem Balkan wurde die Türkei von ihrer Geschichte eingeholt. Das Interesse an den Vorgängen in Bosnien ist in breitesten Teilen der türkischen Öffentlichkeit hellwach; zugleich wird die Befürchtung laut, daß sich der Konflikt zwischen Muslimen und ihrem christlichen – zumeist orthodoxen – Umfeld zum Beispiel auf das Kosovo mit seiner muslimisch-albanischen Mehrheit, aber auch andere Türken des Balkans ausweitet. Würde die Türkei dann »neo-osmanisch« reagieren, wie die Völker argwöhnen, die jahrhundertelang unter osmanischer Herrschaft gelebt haben?

Wird die Türkei an der Ausrichtung auf Europa festhalten, die ihren klarsten Ausdruck in dem Assoziierungsverhältnis von 1964 gefunden hatte? 1989 aber hatte Brüssel einem Antrag Ankaras auf Vollmitgliedschaft in der EG eine Absage erteilt. Mittlerweile gewinnen die Europa-Gegner an Stärke. Auch in den Parteien der Mitte wird das Unbehagen darüber größer, daß sich die Türkei von Europa hinsichtlich der Vollmitgliedschaft »herumschubsen« lasse, mit Argumenten, die von der unzulänglichen wirtschaftlichen Lage bis zu den Defiziten bei der Beachtung der Menschenrechte reichen. Am rechten Rand aber gewinnen die islamischen Integristen in der Wohlfahrtspartei Zulauf, die aus den Parlamentswahlen am 24. Dezember 1995 als stärkste Partei hervorgingen. Diese Partei, die von der Wiedererrichtung einer islamischen Ordnung träumt, ist gegen eine weitere Annäherung an Europa. Die Verstärkung des islamischen Trends könnte negative Auswirkungen auf die türkisch-europäischen Beziehungen haben.

Auch die kurdische Frage hat die Außenpolitik des Landes zu belasten begonnen. Die Kämpfe im Südosten zwischen der PKK und dem türkischen Militär haben zeitweise bürgerkriegsähnliche Ausmaße angenommen. Das kurdische Problem aber hat eine nationale Dimension. Die Gründungsphilosophie des Landes, daß nämlich die Türkei der Staat der Türken sei, beginnt fragwürdig zu werden, da immer mehr Bürger in diesem Land eine kurdische Identität entdecken und diese in ihrem kulturellen und politischen Leben zum Ausdruck zu bringen wünschen. Gerade wenn es nicht eines Tages zu einer Abspaltung der kurdischen Region kommen soll, muß ein politisches Konzept für ein Zusammenleben von Türken und Kurden gefunden werden. Anhaltende oder gar eskalierende Kämpfe könnten zu einer Entfremdung zwischen Europa und der Türkei beitragen. Einmal mehr könnte das Land sich im Zwiespalt zwischen seiner Einbindung in westliche Vertragssysteme und »nationalen Interessen« sehen.

Die unvollendete Verwestlichung

Konsequent wie kein anderer Reformer im islamisch geprägten Nahen und Mittleren Osten hat Mustafa Kemal Atatürk die Modernisierung mit Verwestlichung bzw. Europäisierung gleichgesetzt. Die Türken sollten sich nicht nur für Wissenschaft und Technik vorbehaltlos öffnen; auch Äußerlichkeiten wie die Kleidung (denken wir an das Verbot des Fes als Kopfbedeckung) oder die Einrichtung des Sonntags als wöchentlichen Feiertag (anstelle des islamischen Freitags) sollten die Zugehörigkeit zum Westen dokumentieren.

Die Einführung der lateinischen Schrift demonstrierte die Hinwendung zu Europa ebenso wie die Reinigung der Sprache von ihren zahllosen arabischen und persischen Elementen, die eine Abkehr vom nahöstlichen Kultur- und Religionskreis deutlich machen sollten. Von besonderer Bedeutung war außerdem die kompromißlose Einführung des europäischen Rechts.

Auch das geistige Leben stand jahrzehntelang im Zeichen einer radikalen Verwestlichung. Die literarischen Ausdrucksformen paßten sich europäischen Vorbildern an: Der poetische Realismus eines Yaşar Kemal, des vielleicht im Ausland bekanntesten türkischen Autors, läßt die Türkei in den Ausdrucksformen europäischer Literatur plastisch und dramatisch hervortreten. In einigen größeren Städten wurden Theater und Opernhäuser eröffnet. Und europäische klassische Musik hielt in Konzertsälen Einzug (wenngleich sie nie die Popularität der traditionellen türkischen Musik erreichte). Türkische Orchester, insbesondere türkische Solisten, brechen mit Klassikprogrammen zu internationalen Tourneen auf.

Die türkischen Medien bemühten sich, mit dem Demokratisierungsprozeß, den das Land durchmachte, Schritt zu halten. Tagespresse und politische Zeitschriften vermitteln das Bild einer westlichen Demokratie. Die – zahlreichen – privaten Rundfunk- und Fernsehkanäle sind in ihrer Machart europäischen und amerikanischen nachempfunden und in ihrer Mischung aus Politik und Unterhaltung, Werbung sowie *Sex and crime* kaum weniger fragwürdig als ihre westlichen Vorbilder.

Gleichwohl hat sich der Weg nach Europa als dorniger und länger erwiesen, als der Staatsgründer und seine Generation angenommen haben. Die wirtschaftliche Entwicklung schritt nur langsam voran. Auf seinem Weg zu einer westlichen Demokratie wurde das Land immer wieder durch innere Krisen zurückgeworfen; und der Islam erwies sich als eine beharrende Kraft, der zahlreiche Türken nicht nur in ihrem privaten, sondern in ihrem gesellschaftlichen Leben verbunden geblieben sind.

Mit den Jahren zeigte sich auch der Graben zwischen der Republik und dem Osmanischen Reich weniger tief als von Atatürk beabsichtigt. Mehr und mehr entdecken heute Historiker, Kulturhistoriker, Politik- und Gesellschaftswissenschaftler Verbindungen zwischen der neuen Türkei und Traditionen, die im Osmanischen Reich prägend waren und ohne die die besondere Entwicklung auch der modernen Türkei nicht zu verstehen ist. Dazu gehören Nachwirkungen in den gesellschaftlichen Strukturen, der politischen Kultur, dem Elitenverhalten, aber genauso den Beziehungen des Landes zu seinem außenpolitischen Umfeld. Stärker als die »Kemalisten« wahrhaben wollen, ist die Türkei von ihrer Geschichte eingeholt worden. »Eingeholt«, aber ganz gewiß noch nicht überholt.

Wandlungen und Variationen des Kemalismus

Durch die Demokratisierung nach dem Zweiten Weltkrieg sind neue politische und weltanschauliche Bedingungen geschaffen worden, die auch auf das Verständnis des »Kemalismus« als der bis dahin für die Modernisierung der Türken richtungweisenden »Ideologie« zurückwirken mußten.

So wurden Bemühungen unternommen, den »Kemalismus« neu auszulegen und ihn den sich wandelnden gesellschaftlichen Tatbeständen anzupassen. Während die liberale Rechte (nach der Demokratischen Partei vornehmlich die Gerechtigkeitspartei) seit den fünfziger Jahren versuchte, ihn mit Elementen der Tradition zu verbinden, gab ihm die Republikanische Volkspartei schließlich eine sozialdemokratische Färbung.

Zugleich aber bildeten sich an den Rändern extremistische Orientierungen heraus, die mit dem Kemalismus brachen: Auf dem linken Spektrum erschien er einer intellektuellen Schicht, die sich vor allem aus Hochschulabsolventen rekrutierte, zur Lösung der tatsächlich schärfer werdenden gesellschaftlichen Schwierigkeiten unangemessen und zu wenig »wissenschaftlich«. Sie wandte sich dem Marxismus zu, der ihr ein wirksameres Instrumentarium an die Hand zu geben schien, als es die verschwommenen Formeln des Kemalismus vermochten.

Auf der Rechten tat sich »rechts« von den Liberalen eine islamisch-fundamentalistische Strömung auf, die in der Entwicklung der Türkischen Republik und in den kemalistischen Reformen von Anfang an einen Irrweg – weil einen Abfall vom Islam – sah und deshalb die Wiedererrichtung einer »islamischen Ordnung« forderte. Sie organisierte sich Ende der sechziger Jahre als politische Partei. Die Nationale Heilspartei (heute Wohlfahrtspartei) war die bekannteste Gruppierung.

Vom Kemalismus entfernt hatte sich auch die Partei der Nationalistischen Bewegung, die einen aggressiven türkischen Chauvinismus mit faschistischen Elementen zu verbinden trachtete. Ende der achtziger Jahre hatten sich die beiden extremistischen Strömungen auf der Rechten einander angenähert, eine Tendenz, die mit dem rasanten Aufstieg der Wohlfahrtspartei in den neunziger Jahren wieder aufgegeben wurde.

Der Kemalismus bleibt auch in den neunziger Jahren der Prüfstein gesellschaftlicher Entwicklung in der Türkei. Zwei grundlegende Tendenzen zeichnen sich ab. Zum einen eine bewußte Tolerierung des Islam. Das interessanteste, aber zugleich auch komplexeste Indiz für eine Annäherung zwischen dem Staatsverständnis der Kemalisten und der gesellschaftlichen Wirklichkeit ist die Entkrampfung des herkömmlichen Spannungsverhältnisses zwischen Kemalismus und Islam. Dies gilt auch für die Gralshüter des Kemalismus, das Militär. Die ersten Verlautbarungen nach der Übernahme am 12. September 1980 bezogen sich auf ihn; und in der von den Militärs »verpaßten« Verfassung wird er an mehreren Stellen (auch im Amtseid des Präsidenten) als grundlegende Orientierung der Türkei genannt. Die Forderung nach Einhaltung des Laizismus steht meistens in unmittelbarer Nachbarschaft zu dieser Referenz. Und in der am 12. September 1980 um vier Uhr früh nach dem Abspielen des Armeemarsches verlesenen Botschaft wurde der »Atatürkismus« dem »Fundamentalismus und anderen pervertierten Ideologien« gegenübergestellt.

Zu diesen grundsätzlichen Aussagen steht die Tatsache in Kontrast, daß dem Islam als religiösem und gesellschaftlichem Phänomen seit 1980 in bisher nicht gekannter Weise Rechnung getragen worden ist. Zu den diesbezüglichen Maßnahmen zählen: die Wiedereinführung des obligatorischen Religionsunterrichts in Grund- und weiterführenden Schulen (Art. 24 der Verfassung); der Ausbau der Beziehungen zu den islamischen Ländern auf vielen Ebenen, offiziell begründet mit der »Unwandelbarkeit der kulturellen Bande«; die öffentliche Rehabilitierung einer »islamischen Moral«; die Zulassung islamischer Finanzierungsinstitutionen (zum Beispiel Al-Baraka Türk; Faisal Finans Kurumu); die Aufnahme eines Mitglieds der »Direktion für Religiöse Angelegenheiten« in das für die Durchsicht von an die Jugend gerichteten Publikationen zuständige Komitee; der gesetzliche Schutz religiöser Praktiken (Gesetz vom

9. Januar 1986 zum Schutz der »Himmelsreligionen«), in dem Blasphemie, Entweihung von Kultstätten und die Störung von Kulthandlungen unter Gefängnisstrafe gestellt wurden. Eine Auflistung der zahlreichen Ausdrucksformen eines praktizierten Islam selbst in den höchsten politischen Rängen würde hier zu weit führen.

Notabene – es geht hier nicht um einen Islam, der in Widerspruch zum Laizismus stünde (obwohl auch dieser in seiner Erscheinung unübersehbar aktiver geworden ist, worauf noch einzugehen sein wird). Es geht um die Feststellung, daß der Islam in der Türkei die politische und gesellschaftliche Szene zu durchdringen begonnen hat und daß er sich zudem als eine Komponente des öffentlichen Lebens umfassend durchzusetzen vermochte. Seit 1923 hat er jedenfalls zu keinem Zeitpunkt eine derart breite Anerkennung gefunden.

So muß die – zentrale – Frage nach dem Stellenwert des Kemalismus gestellt werden. Zwar weist dieser – auf vielfältige Weise verankert – die Grundorientierung der Entwicklung von Staat und Gesellschaft; dazu gehören so allgemeine Inhalte wie Ausübung der Souveränität des Volkes, Laizismus, Unverletzlichkeit des türkischen Territoriums und Modernisierung. Auf der anderen Seite ist damit jedoch nicht länger ein strikter Anspruch verbunden, alle gesellschaftlichen, politischen, wirtschaftlichen und kulturellen Kräfte ein für allemal durch rigorose Inhalte festzulegen. So konnte die Forderung nach etatistischer Wirtschaftsentwicklung aufgegeben werden – und dies gerechtfertigt im Namen des Kemalismus. Die Interpretation solcher Begriffe und Programme wie Modernismus und Laizismus durch breite Kreise der Elite, die die kemalistische Staats- und Gesellschaftsidee vertritt, ist heute versöhnlicher als in der Vergangenheit: Modernismus wird nicht mehr mit kultureller und politischer Nachahmung des Westens gleichgesetzt und Laizismus nicht mehr in die Nähe des Atheismus gerückt. Vielmehr ist heute die Suche nach einer neuen, historisch verwurzelten sozio-kulturellen türkischen Identität gestattet. Im Hinblick auf die Festigung nationaler Einheit und gesellschaftlicher Solidarität erkennt die Staatselite traditionellen Symbolen einen Nutzen zu.

Die zweite grundlegende Entwicklung hinsichtlich des Kemalismus liegt in einer zunehmenden Verschärfung des Konflikts zwischen Laizisten und islamischen Fundamentalisten. Die Gemeinderatswahlen vom 26. März 1994 hatten den Fundamentalisten in der Türkei, konkret: der Wohlfahrtspartei etwa 19 Prozent der Stimmen eingebracht. Zu den mehr als zwei Dutzend Rathäusern in den größeren Städten, die die Partei erobern konnte, gehörten auch die von Istanbul und Ankara. Die etwa 21 Prozent bei den Parlamentswahlen vom 24. Dezember 1995 bedeuten eine weitere Stärkung der Partei in der türkischen Politik.

Das Selbstbewußtsein der Partei wurde durch die Wahlergebnisse deutlich gestärkt. Ebenso deutlich hat sich aber die innenpolitische Konfrontation zwischen ihren Anhängern und jenen verschärft, die am laizistischen Grundprinzip des türkischen Staates festhalten und dies noch immer an der Gestalt seines Gründers Mustafa Kemal Atatürk festmachen.

Ein für die Entwicklung seither nicht untypischer Vorfall ereignete sich im April 1994 in Ankara. Zehntausende folgten den reißerischen Aufrufen des Fundamentalisten-Fernsehkanals InterStar und eines entsprechenden nationalistischen Gegenstücks und demonstrierten gegen ein angeblich von bosnischen Serben in Goražde verübtes Giftgas-Massaker, dem Tausende von Muslimen zum Opfer gefallen sein sollten. Zu den islamischen Eiferern gesellten sich Anhänger der rechtsextremistischen Partei der Nationalistischen Bewegung von Alparslan Türkeş. Es kam zu schweren Ausschreitungen: Die Demonstranten belagerten die UNO-Vertretung am Atatürk Boulevard, rissen dort die Flagge der Vereinten Nationen vom Mast und wandten sich anschließend der gegenüberliegenden Botschaft der USA zu. Hunderte kletterten über den Zaun um die amerikanische Botschaft, zertrümmerten mit Steinwürfen die Fensterscheiben und zerrten das Sternenbanner herab. Neben dem Schlachtruf »Unsere Armee nach Bosnien!« skandierten fanatisierte Demonstranten Sprechchöre, mit denen sie die Einführung der Scharia und die Rückkehr zum Kalifat forderten.

Necmettin Erbakan suchte diesen Vorfall politisch für die Wohlfahrtspartei auszuschlachten. Er zeigte Verständnis für die Gewalttätigkeiten und nannte sie einen »Aufstand gegen Ausbeutung«. Vorgezogene Parlamentswahlen müßten noch im Oktober abgehalten werden; andernfalls werde sich die Regierung einer Revolte gegenübersehen. »60 Millionen Menschen werden entscheiden, ob der Übergang blutig sein wird oder nicht.«[62] Die Äußerungen riefen einen innenpolitischen Sturm hervor. Erbakans politische Gegner argwöhnten, daß damit die Wohlfahrtspartei ihr wahres Gesicht gezeigt habe und zum Sturm auf den laizistischen Staat und die kemalistische Demokratie blasen könnte. Zwar behauptete Erbakan, von der Presse falsch zitiert worden zu sein; doch nahm der Staatssicherheitsgerichtshof Ermittlungen gegen ihn auf. Einige Politiker beschuldigten Erbakan, den Terrorismus (auf religiöser Seite) zu unterstützen.

Die Angelegenheit fand um so mehr Beachtung, als es schon vor den Wahlen aus den Reihen der Wohlfahrtspartei zu – teilweise rüden – Angriffen gegen den laizistischen Staat und seinen Gründer gekommen war. Ende Februar 1994 wurde bekannt, daß Hasan Mezarcı, Abgeordneter der Wohlfahrtspartei, in einem Buch die Behauptung aufgestellt hatte, Atatürks Mutter habe als Prostituierte in einem Bordell gearbeitet. Auch hatte er das Regime in der Türkei als eine »säkularistische Diktatur« bezeichnet, die den Leuten aufgezwungen worden sei.[63] Die politische Mehrheit verurteilte erregt die Angriffe Mezarcıs; die Kemalisten versammelten sich zu öffentlichen Gegendemonstrationen.

Eine Auseinandersetzung um den Kemalismus ist seither entbrannt, wie sie das Land in dieser Schärfe noch nicht gekannt hat. Sie bezieht Intellektuelle, die Medien und die Politiker ein. Es scheint, als sei der Lebensnerv der Türkei selbst getroffen.

Auch hier – wie in der kurdischen Frage – ist die Auseinandersetzung auf die Ebene nahezu täglicher Gewaltanwendung durchgesickert. Relativ unerheblich noch, aber gleichwohl bezeichnend war der Vorfall am 10. November 1994 anläßlich der Zeremonien zum sechsundfünfzigsten Todestag Atatürks. Ein offensichtlich fundamentalistischer Demonstrant unterbrach die Feierlichkeiten am Eingang zum Mausoleum Atatürks. »Beugt euch nicht vor Steinbrocken und vor Knochen, die weder sehen noch hören können. Fürchtet die Vergeltung Gottes. Verehrt nicht Götzenbilder. Gott ist groß!«[64] Vermehrt muß auch die Polizei die allgegenwärtigen Büsten und Standbilder des Staatsgründers vor Übergriffen und Schändungen schützen.

Am besorgniserregendsten freilich ist eine Serie von Anschlägen auf türkische Intellektuelle, die für ihre prononciert laizistische Einstellung bekannt waren. Am stärksten erschüttert wurde die Öffentlichkeit durch den Mord an Uğur Mumcu, der am 24. Januar 1993 durch eine Autobombe umkam. Er arbeitete als Journalist für die in Istanbul erscheinende Tageszeitung »Cumhuriyet« (Die Republik). Ursprünglich das Sprachrohr der kemalistischen Erneuerungsbewegung, wird sie – ein Spiegel der Entwicklung des reinen Kemalismus – heute nur noch von einer relativ kleinen Schar betont kemalistischer, vor allem laizistischer Intellektueller gelesen. Mumcu hatte sich durch seine gut recherchierten Hintergrundberichte zu »heißen« Themen einen Namen gemacht. Nachdrücklich war er in seinen Kolumnen für den laizistischen türkischen Staat eingetreten und hatte die steigende Woge des islamischen Fundamentalismus wiederholt kritisiert. Mehrere islamisch-extremistische Organisationen reklamierten die Tat für sich; viele Türken sahen dahinter »das Ausland«, sprich die Islamische Republik Iran. Sein Begräbnis gestaltete sich zu einer Massendemonstration für den Laizismus.

Mit dem Erstarken des Islam im gesellschaftlichen und politischen Gefüge der Türkei spitzt sich die innere Krise weiter zu. Nachdem die »Linke«, die in den sechziger und siebziger Jahren wohl am stärksten das kemalistische Regime herausgefordert hatte, eher eine marginale Kraft geworden ist, geht die Herausforderung in wachsendem Maße vom islamischen Fundamentalismus aus. Zwar respektiert dieser in der Türkei die demokratischen Spielregeln, doch sucht er alle Gebiete von Gesellschaft und Politik zu durchdringen, wo die »kemalistischen« Bemühungen um eine Sinngebung von Herrschaft nicht mehr greifen.

Ein Symptom für sich verschärfende Verwerfungslinien entlang der religiösen Zugehörigkeit ist die wachsende Militanz zwischen fundamentalistischen Kräften aus dem Umfeld der Wohlfahrtspartei und der Religionsgemeinschaft der Alewiten. Über sie wird noch etwas zu sagen sein. An dieser Stelle sei nur an den Vorfall von Sivas im Juni 1993 und die Zusammenstöße im Istanbuler Stadtteil Gaziosmanpaşa im März 1995 erinnert. Ersterer geschah anläßlich der Gedenkfeierlichkeiten für Pir Sultan Abdal, einen im 15. Jahrhundert wirkenden alewitischen Geistlichen und auch heute noch äußerst populären Volksdichter. Aufgebracht über angeblich atheistische Äußerungen des bekannten Autors und Zeitungsherausgebers Aziz Nesin, begann am 2. Juli nach dem Freitagsgebet eine Demonstration sunnitischer Muslime. Aufgehetzte Demonstranten zündeten das Hotel an, in dem Nesin und andere alewitische Schriftsteller und Dichter abgestiegen waren. 37 Menschen kamen in den Flammen um. Nesin selbst entkam dem Anschlag.

In Istanbul kam es im März 1995 zu schweren Zusammenstößen, nachdem bewaffnete Provokateure in dem von Alewiten bewohnten Gaziosmanpaşa ein Teehaus unter Beschuß genommen hatten. 25 Menschen starben bei den anschließenden Auseinandersetzungen der aufgebrachten Menge mit der Polizei. Zwar ist der Hintergrund der Provokation im einzelnen nicht geklärt. Aber offensichtlich richtete sich die Attacke gegen eine Religionsgemeinschaft, die politisch gesehen durchweg links von der Mitte gestanden hat und steht. Für die Alewiten waren die kemalistischen Reformen eine Befreiung von jahrhundertelangem Druck durch die sunnitische Mehrheit und durch eine Staatsführung, die sich durch den sunnitischen Islam legitimierte. Mit nahezu religiösem Eifer verehren die Alewiten den Staatsgründer Mustafa Kemal Atatürk. Sie gehören zu den kompromißlosesten Verteidigern des Laizismus. Mit der wachsenden islamischen Durchdringung der türkischen Gesellschaft geraten die Alewiten von neuem unter religiösen und politischen Druck. Zwischen ihnen und den antikemalistischen Kräften, die sich in der Wohlfahrtspartei etwa vom Schlage eines Hasan Mezarcı ausbreiten, ist ein Konflikt angesagt, der zugleich religiös und politisch ist.

Die Regierung steuert weltanschaulich keinen klaren Kurs. Sie treibt populistisch zwischen Lippenbekenntnissen zum Kemalismus und Konzessionen an die Fundamentalisten dahin. Angesichts der Unsicherheiten über die zukünftigen türkischen Koalitionskonfigurationen wird man die Islamisten vielleicht noch politisch »brauchen«. Gleichzeitig zögert die Staatsgewalt bedenklich, gegen gewalttätige Fundamentalisten vorzugehen. So schritten die Sicherheitskräfte in Sivas erst ein, als es bereits zu spät war. Und in Gaziosmanpaşa riefen die aufrührerischen Alewiten am Ende nach der Armee, als noch glaubhaftem Garanten des Kemalismus, nachdem sie sich von der Polizei geradezu bekämpft gefühlt hatten. So trägt die Staatsführung mit daran Schuld, daß es immer schwerer wird zu ermitteln, wo eigentlich die geistigen Orientierungsmarken der Türkei heute liegen. Davon profitieren eindeutig die anti-kemalistischen Kräfte, die den Kemalismus durch eine *Adil düzen*, eine gerechte islamische Ordnung, zu ersetzen suchen.

Freilich, die Wohlfahrtspartei der Mitte der neunziger Jahre ist weit davon entfernt, eine Gruppe weltferner Muslime zu sein, die angesichts der dynamischen Wandlungen des Landes in den letzten Jahren auf der Strecke geblieben sind. Vielmehr hat sich die Partei in den achtziger Jahren gewandelt und sich ein zunehmend modernes Gesicht gegeben – dies, was Programme, Wahlstrategien und das Erscheinungsbild in der Öffentlichkeit betrifft. Die Neuerungen liegen dabei gar nicht einmal so sehr in der politischen Substanz als im Stil. Die Männer an der Spitze beherrschen die modernen Methoden der Werbung und des Marketings. Die Wohlfahrtspartei ist die am besten organisierte politische Gruppierung der Türkei geworden, mit einer straffen Organisation und professionell geführten Wahlkämpfen. Die Neuerer wollen die Partei auch Kreisen öffnen, die nicht aus religiösen Motiven für sie stimmen würden.

Bewegt sich die Gruppierung in Richtung auf eine Volkspartei mit pluralistischem Gesicht? Bewußt scheinen die Strategen die politischen Konturen zu verwischen. Nicht zuletzt auch die Wählergruppe der Frauen haben sie als Sympathieträger entdeckt.

Ob allerdings hinter der Fassade politischer Pluralität nicht doch die Entschlossenheit nistet, wenn es die Umstände gestatten, die politische Islamisierung voranzutreiben – ein solcher Verdacht ist noch nicht ausgeräumt. Möglicherweise würde die Partei im Falle einer Regierungsübernahme einer Zerreißprobe ausgesetzt werden. Bis auf weiteres aber schließen Beobachter eine Entwicklung nicht aus, die in Parallele zur Christlich Demokratischen Union in Deutschland eine Islamisch Demokratische Union entstehen läßt. Darin wäre das »Islamische« dann bald in ähnlicher Weise bedeutsam oder eben nicht wie das »Christliche« der CDU/CSU.

Die Konturen des Kemalismus sind also verschwommen. Ist er dennoch ein Rezept für eine fortschrittliche Entwicklung der Türkei? Inhaltlich reduziert er sich heute auf zwei zentrale Punkte: auf den türkischen Nationalismus und Laizismus (Säkularismus). Der türkische Nationalismus erweist sich in wachsendem Maße eher als Hindernis, die politischen und gesellschaftlichen Herausforderungen der Türkei zu erkennen, denen das Land nach dem Ende des Ost-West-Konflikts gegenübersteht. Eine dieser Realitäten besteht darin, daß die Türkei nicht nur ein Staat der Türken, sondern auch anderer Völker, vor allem der Kurden, ist. Ein starres, gleichsam ideologisches Festhalten an einer eng verstandenen Auslegung von Nationalismus schafft der Türkei zunehmend Probleme im Inneren wie in ihren Beziehungen nach außen, insbesondere zu Europa. Es sind eher die »Linken«, so etwa die Mehrheit der Sozialdemokraten, allen voran Ex-Ministerpräsident Bülent Ecevit, die an einem rigiden »kemalistischen« Nationalismus festhalten. Auf der »Rechten« finden sich demgegenüber gelegentlich Indizien für eine flexiblere und pragmatischere Haltung. Dies gilt für die Islamisten, die den Nationalismus durch die »islamische Gemeinde« ablösen wollen, ebenso wie für Teile der säkularistischen Parteien. Der Kemalismus – so könnte man zugespitzt formulieren – steht also objektiv gesehen einem notwendigen Umbau der politischen Ordnung in der Türkei im Wege.

Was die laizistische Facette des Kemalismus betrifft, so hält zwar die Masse der politisch bewußten Bürger in der Türkei noch an ihr fest. Dabei nimmt die Zahl der Ur-Kemalisten ab und die derjenigen zu, die in welcher Weise auch immer einen »Verschnitt« zwischen dem Laizismus und dem Islam anstreben. Der Kemalismus wird so dem Zeitgeist unterworfen. Häufig ist er kaum mehr als ein Feigenblatt, durch das politische Konzepte gerechtfertigt werden sollen, die zum Teil weit vom Entwicklungskonzept Atatürks entfernt sind. So reklamierten schon früher die Marxisten den Kemalismus für sich – Kemal wäre Marxist geworden, wenn er in ihrer Zeit gelebt hätte; ähnliches ist auch von einigen Fundamentalisten zu vernehmen.

Das ist natürlich absurd. Vielleicht kommt dem Kemalismus aber Turgut Özal näher, diejenige politische Persönlichkeit, die – nach dem Staatsgründer selbst – die Geschichte der Türkischen Republik am nachhaltigsten geprägt hat. Wenn der Kemalismus keine zeitlos fixierte Ideologie, sondern eher eine Abfolge realistischer Schritte war, um die Türkei in die Familie entwickelter Staaten vom Niveau Europas zu führen, dann wäre auch Özal ein »Kemalist« – trotz (vielleicht sogar gerade wegen) der religiösen Einfärbung seiner Politik und der Anerkennung einer »kurdischen Frage«.

Ein ideologisch verstandener »Kemalismus« polarisiert unter den gesellschaftlichen, politischen und geistigen Bedingungen der neunziger Jahre die Türkei nicht weniger als andere Ideologien, wie etwa der Marxismus und der islamische Fundamentalismus. Wichtig wäre, die Vision des Staatsgründers zu bewahren und sie im Lichte unabweisbarer Realitäten neu zu interpretieren. Hieran mangelt es in der nach-özalschen Türkei: Die politische Klasse trägt den Kemalismus auf den Lippen, macht aber Politik im Sinne enger persönlicher und/oder parteipolitischer Interessen. Im Taktieren der Politiker verkommt die kemalistische Vision. So hatte der achtzigjährige Aziz Nesin vielleicht doch recht, wenn er, mit Blick auf Sivas und Gaziosmanpaşa, verunsichert über einen immer bestimmender auftretenden Fundamentalismus und über die mangelnde Entschlossenheit der Regierung, den Bürger zu schützen, enttäuscht feststellte: »Atatürks Ideale existieren nur noch auf dem Papier.«[65] Aber war Aziz Nesin, der am 6. Juli 1995 starb, nicht selbst jemand, der mit einem rigiden Kemalismus herausfordernd und polarisierend wirkte?

Die Rolle des Islam

Der wachsende Einfluß des islamischen Fundamentalismus ist nur die Spitze einer »Re-Islamisierung«, die die Türkei seit Ende der vierziger Jahre durchmacht. Die Kemalisten waren der Überzeugung gewesen, daß es gelingen würde, den Islam völlig aus dem Erscheinungsbild der Türkei verschwinden zu lassen und ihn ausschließlich in die Sphäre der persönlichen Religiosität zurückzudrängen. Nach ihrem »Geschmack« mußte die Türkei ein europäisches Gesicht haben, das nicht durch »dunkle« religiöse Flecken entstellt werden durfte. Bereits Ende der vierziger Jahre hatte sich angedeutet, daß dies eine zu rationale, zu europäische Vorstellung von einer Türkei war, die bis zum Ende des Kalifats (1924) zutiefst vom Islam geprägt wurde.

Zwar war bereits im 19. Jahrhundert der Einfluß des Islam und islamischer Institutionen auf Politik und Gesellschaft zurückgedrängt. Aber bis zum Ende des Osmanischen Reiches war der *Müftü*, der für die Auslegung des islamischen Rechts zuständige Geistliche von Istanbul, *Şeyhülislam* genannt, die höchste religiöse Autorität geblieben. Er hatte zu befinden, ob die Entscheidungen des Sultans mit dem Gesetz des Islam in Übereinstimmung standen, und konnte – im Prinzip wenigstens – den Sultan mit religionsrechtlichen Einwendungen absetzen. Trotz einer einsetzenden Säkularisierung war aber die Entscheidung der Kemalisten, Politik und Religion radikal zu trennen, eine Revolution. Die religiösen Gefühle in weitesten Kreisen der türkischen Bevölkerung, vor allem in den unteren Schichten, konnten so nicht unterdrückt werden.

Die staatliche Verwaltung sollte nach dem Willen der Kemalisten auch für die Pflege der Religion zuständig sein. Zentrale Institution wurde das *Diyanet işleri reisliği* (Präsidium für Religiöse Angelegenheiten, kurz: *Diyanet*). Ihm oblag und obliegt die Überwachung der religiösen Literatur und die Verwaltung der geistlichen Ämter. Die islamischen Ausbildungsstätten wurden weitestgehend geschlossen oder durch staatliche Einflußnahme »ausgetrocknet«: So wurde die theologische Fakultät in Istanbul 1933 in ein Institut für Orientalistik an der philosophischen Fakultät umgewandelt, nachdem die Zahl der Studierenden von 284 (1924) auf 20 zurückgegangen war. Betrieben wurde diese Einrichtung nun von einem Arabisch-Lektor. Auf andere Maßnahmen wurde bereits im Zusammenhang der kemalistischen Revolution eingegangen.

Schnell begriffen die Politiker mit der Einführung des Mehrparteiensystems, in welch hohem Maße sie weite Teile der Türken auf der islamischen Wellenlänge ansprechen konnten. Der Religionsunterricht wurde wieder zugelassen, zunächst nur wahlweise an den Grundschulen; unter den Militärs im Jahre 1982 sogar obligatorisch an allen Schularten. Noch vor dem erdrutschartigen Wahlsieg der Demokratischen Partei im Jahre 1950 wurde 1949 in Ankara eine neue theologische Fakultät eröffnet. Korankurse, wenn auch staatlich organisiert und kontrolliert, erhielten Zulauf, ein intensiver Neubau von Moscheen setzte ein, verfallende Moscheen wurden restauriert. Das Auftreten einer religiösen Partei seit Ende der sechziger Jahre gab dieser »Islamisierung« dann eine bereits stärker politische Note.

Das Auftreten der Fundamentalisten ist um so bemerkenswerter, als die Gründung einer religiösen Partei durch Verfassung und Strafgesetzbuch verboten war. Die Tatsache, daß die Nationale Heilspartei in den siebziger Jahren trotzdem nicht nur Bestand haben, sondern sogar an Regierungskoalitionen teilnehmen konnte, läßt erkennen, wie schwer es ist, in einem Land, das zu etwa 80 Prozent aus sunnitischen Muslimen besteht[66], einen strikten Laizismus durchzusetzen. Zugleich macht es deutlich, daß sich in breiten Kreisen der türkischen Elite die Einstellung zum Islam überhaupt zu verändern begonnen hatte.

Spielarten des Islam haben die Gesellschaft zunehmend durchdrungen. Das Konzept einer türkisch-islamischen Synthese *(Türk-islam sentezi)* sucht eine Verbindung von Türkentum und Islam, Staat und Religion herzustellen. Ihre Ideologen und Wortführer, der Intellektuellenclub *(Aydınlar ocağı)*, haben sich seit den siebziger Jahren in Gestaltung und Ausführung von Verfassung und Gesetzgebung, nicht zuletzt auch über die Mutterlandspartei, eingeschaltet, die 1983–91 die Regierung stellte. Hauptanliegen des »Clubs« war es, salopp formuliert, »2500 Jahre (!) Türkentum, 1000 Jahre Islam und (nur) 150 Jahre westlichen Denkens in der nationalen Kultur der Gegenwart auf der Basis der einmaligen Verbindung aus Türkentum und Islam zur Synthese zu führen.« Dieses Anliegen wurde sowohl von einer nationalistischen wie einer islamischen Klientel verinnerlicht, die den Grundkonflikt zwischen gesteigertem türkischem Nationalbewußtsein und islamischer Identitätskrise bis dahin nicht zu lösen vermocht hatte. Zu den Gästen des Clubs zähl(t)en der verstorbene Präsident Turgut Özal, sein Nachfolger Süleyman Demirel, aber auch Nationalistenführer Alparslan Türkeş.[67]

Hatten die Kemalisten die Konvente und Mausoleen der machtvollen Derwischorden als »Horte der Reaktion« bereits im November 1925 geschlossen, so leben diese Orden und Religionsgemeinschaften wieder auf: *Nakşibendi, Kadiri, Mevlevi,* der Orden der bekannten »tanzenden Derwische« mit ihrem Zentrum in Konya, sowie zahlreiche andere, auch relativ junge bruderschaftliche Organisationen werden zunehmend in Bereichen aktiv, die bislang allein dem Staat und dem »staatlichen« Islam vorbehalten waren, so etwa an Privatschulen und mit Förderkursen für Schüler. Auf vielfältige Weise treiben sie Öffentlichkeitsarbeit durch eigene Verlage und Tageszeitungen sowie – in wachsendem Maße – durch private Rundfunk- und Fernsehsender.

Seit 1924 ist für das Bildungswesen, Religionsunterricht und Theologiestudium eingeschlossen, ausschließlich das Erziehungsministerium zuständig. In seine Zuständigkeit fallen Stellenbesetzungen, Lehrbücher und Lehrpläne. Bis in die Gestaltung der Lehrbücher in »Religionskultur und Ethikwissen« ist das Bemühen des Staates erkennbar, die laizistische Grundeinstellung deutlich zu machen. So sind ihnen Farbporträts Atatürks und die Nationalfahne samt dem Text der Nationalhymne, des »Unabhängigkeitsmarsches«, vorangestellt; eine Landkarte der Türkei mit allen Provinzen sowie eine Karte der »türkischen Welt«, die von Mitteleuropa über den Vorderen Orient und die zentralasiatischen Turkstaaten bis nach Jakutien in Ostsibirien reicht. Nicht nur religiöse Überzeugungen und Werte sollen vermittelt werden, sondern auch der Stolz darauf, Bürger des türkischen Staates zu sein.

Rasanten Zulauf haben in den letzten Jahren die »Predigerschulen« erhalten *(Imam-hatip-okulları)*, die für die Berufe des einfachen Imams und Predigers qualifizieren. Es ist eine der – freilich fragwürdigen – von Turgut Özal eingeführten Neuerungen, daß Absolventen dieser Schulen auch Zugang zu allen universitären Studiengängen haben. 60 Prozent des Lehrstoffs teilen sie mit den übrigen Schulen, 40 Prozent sind der Vermittlung des Arabischen und umfassender Kenntnisse des Islam gewidmet.

Ein Vergleich macht nicht nur die Ausweitung dieses Unterrichtszweiges deutlich, er ist zugleich bezeichnend für die Dynamik der Re-Islamisierung der türkischen Gesellschaft. Die ersten Kurse begannen 1949, dauerten 10 Monate und hatten 50 Absolventen; sie wurden 1951 zu Schulen ausgebaut. Im Schuljahr 1970/71 gab es an 72 Imam-hatip-Mittel- und 39 Oberschulen 1547 Lehrkräfte (davon 137 Frauen) und 49 208 Schüler (davon 873 Mädchen). Im Schuljahr 1991/92 waren sie auf 390 Schulen mit 13 917 Lehrkräften (davon 2893 Frauen) und 117 706 Schülern (davon 31 917 Mädchen) angewachsen. Im Schuljahr 1993/94 bestanden 508 Imam-hatip-Schulen mit 14 955 Lehrkräften (davon 3647 Frauen), aber 446 429 Schülern (davon 158 098 Mädchen).[68]

Diese Explosion der religiösen Erziehung ist nicht nur deswegen fragwürdig, weil für sie in den letzten Jahren im Vergleich zur säkularen Schulbildung unverhältnismäßig hohe Mittel aus dem Staatshaushalt aufgewendet wurden. Vielmehr produzieren diese Schulen auch erheblich mehr Studenten, als im Theologiestudium und in religiösen Berufen und Funktionen unterkommen können. Immer stärker haben sich die Absolventen in andere Studiengänge und in den Dienst der Behörden gedrängt und diese in den letzten zehn Jahren mehr und mehr unterwandert. Die Schulen haben eigene Religionsbücher ausgearbeitet, die zwar formal den allgemeinen entsprechen, inhaltlich aber religiöse Indoktrination betreiben und vielfach nicht dem Stand moderner Wissenschaft gerecht werden. Ähnlich ins Kraut geschossen sind die theologischen Fakultäten mit ihren Absolventen.

So hat sich der sunnitische Islam zu einer Staatsreligion entwickelt. (Die alewitische Glaubensrichtung, über die noch zu sprechen sein wird, findet hingegen keine öffentliche Anerkennung oder institutionalisierte Vertretung). Das läßt sich auch daran ablesen, daß per Gesetz vom September 1971 ein Teil der Mitarbeiter des Diyanet zu Staatsbeamten erklärt wurde. Freilich: Dies verpflichtet sie zugleich auf die Linie des laizistischen Staates, denn nach Verfassungsauftrag haben sie sich »im Einklang mit dem Prinzip des Laizismus jeglicher politischer Stellungnahmen zu enthalten sowie auf nationale Solidarität und Einheitlichkeit hinzuwirken«.

Dennoch, die Wirklichkeit sieht anders aus: Denn diese Behörde zur Kontrolle islamischer Aktivitäten hat sich zu einer mächtigen Institution der Förderung des Islam in der Türkei gewandelt und geht damit also deutlich über den Verfassungsauftrag hinaus. Ob religiöse Gutachten *(Fetwas)* oder religiöse Literatur, ob Predigt, Korankurs oder Wallfahrt nach Mekka – in alle religiösen Aktivitäten ist das Diyanet in der einen oder anderen Weise eingeschaltet. Der Präsident der Behörde, unterstützt durch 5 Vizepräsidenten und wiederum regional zuständig für 71 Provinz-*Müftüs*, verwaltet mittlerweile ein Heer von Mitarbeitern, dessen Zahl bei etwa 79000 liegt, überwiegend Personal der rund 72000 Moscheen. Jährlich kommen circa 1500 bis 2000 neue Moscheen hinzu. Spektakulärster Moscheebau der letzten Jahre war die große neue Moschee im Stadtteil Kocatepe in Ankara, die 24000 Gläubigen Platz bietet. Da türkische Gläubige auch mit Hilfe lokaler Fördervereine kaum in der Lage sind, die Kosten für die Errichtung und laufende Unterhaltung derart vieler Gebetsplätze aufzubringen, springen ausländische muslimische Organisationen ein. Die Islamische Weltliga in Mekka ist hier besonders aktiv.

Die Aktivitäten des Diyanet erhalten nicht zuletzt auch durch die Religionsstiftung der Türkei *(Türkiye diyanet vakfı)* eine materielle Basis. Alleiniger Zweck der Stiftung ist die finanzielle Förderung von Unternehmen der Behörde, deren Chef in Personalunion auch Präsident der Stiftung ist. Neben dem Bau der Moschee wird aus diesen Mitteln religiöse Propaganda und Unterweisung finanziert. So etwa die Korankurse, die unter der Aufsicht des Diyanet abgehalten werden, mit ihren jährlich etwa 180000 Absolventen.

Nicht minder wichtig sind die nahezu flächendeckende Kette religiöser Buchhandlungen in allen Städten der Türkei und die über 350 religiösen Verlage. Vom Koran bis zu Sammlungen religiöser Gutachten wird hier jede Art von Literatur in zum Teil aufwendiger Aufmachung verbreitet. Nicht nur das, auch propagandistische Literatur bis hin zu den Schriften arabischer Islamisten, die unverhohlen zur Errichtung einer »islamischen Ordnung« im Zeichen der Verfassung aufrufen, sind hier zu finden. Bedenklicher noch: auch antichristliche Schriften, Pamphlete gegen christliche Missionare, Zeugen Jehovas, Juden, Bahai und Alevi. Videos und Kassetten mit Koranlesungen und Gebeten runden dieses »Angebot« ab. Unübersehbar reflektiert dieses offen verbreitete Schrifttum die Tatsache, daß das Diyanet bis an die Spitze hin mit Angehörigen der fundamentalistischen Strömungen besetzt ist. Viele von ihnen machen daraus nicht einmal mehr ein Hehl.

Das Diyanet entfaltet auch im Ausland intensive Aktivitäten. Nicht nur ist es aufs engste mit islamischen Organisationen, Institutionen und Bewegungen in der ganzen islamischen Welt verbunden. Vielmehr unterhält es selbst Vertretungen im Ausland. Von seinen etwa 800 Mitarbeitern sind allein etwa die Hälfte in Deutschland angesiedelt, wo sie dazu beitragen, türkische Gläubige im Rahmen der Türkisch-Islamischen Union der Anstalt für Religion e.V. (DITIB) zu organisieren. Namentlich auch in Zentralasien entfaltet das Diyanet intensive Aktivitäten, wo es in der Verteilung von Koranen und der Unterstützung beim Bau und der Wiederherstellung von Moscheen und Heiligtümern mit anderen islamischen Ländern, etwa Saudi-Arabien, Ägypten und Pakistan wetteifert.

Genauso kann ausländisches Geld durch die Türkische Religionsstiftung kanalisiert werden. Sie hat einzig die Aufgabe, Unternehmen des Diyanet finanziell zu fördern. Soweit Stiftungen religiösen Zwecken dienen, können Mittel dazu eingebracht werden. Das gilt ebenso für ausländisches Kapital, das auf diese Weise »türkisiert« und kaum kontrollierbar dem jeweiligen Stiftungszweck zugeführt wird.

Der türkische »Staatsislam« hat sich folglich zunehmend wieder einen Platz im gesellschaftlichen und politischen Leben erobert. Durch die politische Öffnung seit Ende der vierziger Jahre haben mithin nicht nur die Politiker sich den Islam in vielfältiger Weise für ihre politischen Absichten und Interessen zunutze gemacht – bis zu dem Punkt, da heute, wenn auch in einem demokratischen Kontext, eine fundamentalistische Partei die Errichtung einer islamischen Ordnung programmatisch betreibt. Die Religionsbehörde selbst, deren engbegrenzte Aufgabe ursprünglich die Kontrolle der Religionsausübung durch den Staat gewesen ist, hat sich zu einem machtvollen Vorkämpfer eines Islam entwickelt, der das gesellschaftliche Leben allenthalben durchdringt. Vielfältige Institutionen und Gremien helfen eine Re-Islamisierung zu betreiben, deren Anhänger immer zahlreicher werden.

Finanzielle Mittel scheinen dabei kaum noch ein Problem zu sein. Fördervereine und Stiftungen sind Kanäle, über die Mittel einer spenden- und opferbereiten islamischen Bevölkerung weitgehend jenseits staatlicher Kontrolle religiösen Zwecken zugeführt werden können. Auch in Deutschland verdientes Geld gelangt so in die Türkei und wird für religiöse Aktivitäten gespendet. Insbesondere der fundamentalistischen Wohlfahrtspartei ist es gelungen, sich eine solide finanzielle Grundlage für ihre politischen, humanitären und sonstigen Aktivitäten zu schaffen. Erfolgreiche Geschäftsaktivitäten in Europa, vor allem in Deutschland, aber auch ausländisches Geld, namentlich wiederum aus Saudi-Arabien, fließen da zusammen.

Neben der vom Staat verwalteten Religion aber durchdringt der Islam in immer vielfältigeren Formen Politik und Gesellschaft. Von der »türkisch-islamischen Synthese«, einem gleichsam islamisch eingefärbten Kemalismus, war bereits die Rede. In ihm hat sich das Establishment seine ideologische Grundlage zurechtgelegt. Ebenso von der islamistischen Wohlfahrtspartei, dem Vehikel einer islamischen Bewegung, die die Religion zur Schaffung einer alternativen »gerechten Ordnung« instrumentalisiert. Daneben aber wären die zahlreichen Strömungen, Organisationen und Gruppen zu nennen, die mehr oder minder dem breiten Strom der islamischen Mystik zuzurechnen sind. Zwar besteht offiziell das von Mustafa Kemal verhängte Verbot dieser Tarikat noch immer fort. Und über die genaue Zahl ihrer Anhängerschaft gibt es keine Klarheit. Diese Orden, wie etwa die traditionsreichen Nakşibendis, verfügen über einen enormen politischen Einfluß, da ihre Vertreter vielfach in den Parteien wichtige Stellungen haben bzw. über andere Kanäle politischen Druck ausüben.

An ihre Seite treten Organisationen jüngeren Datums. In allen Fällen haben sie im Wirken charismatischer Persönlickeiten ihren Ursprung. Unter ihnen sind die von Said Nursi (1873–1960) ins Leben gerufenen Nurcular und die Süleymancılar (nach Süleyman

Tunahan, 1888–1959) die bekanntesten. In jüngster Zeit macht ein charismatischer »Wanderprediger«, Fethullah Gülen, in Politik und Medien von sich reden. Der Nurcu-Bewegung entstammend, steht er seit den sechziger Jahren Süleyman Demirel und dessen Partei nahe, heute also der Partei des Rechten Weges. Für sich selbst freilich nimmt er in Anspruch, über den Parteien zu stehen und der geistige Führer aller Konservativen zu sein, die überwiegend bekennende Muslime sind. Seine auf Kassetten verbreiteten Predigten finden im ganzen Land Zuhörer. Beobachter schätzen, daß die »Fethullah Hoca« – so seine Ehrenbezeichnung – folgenden »Fethulahcılar« heute die größte islamische Gemeinde in der Türkei darstellen.

Verflochten mit der politischen Klasse, lehnen die meisten »Orden« – anders als die islamistische Wohlfahrtspartei – das laizistische System der Türkei nicht ab, sondern haben sich darin eingerichtet. Für ihre Anhänger bilden sie ein Beziehungsnetz, das in der durch den raschen Gesellschaftswandel entstandenen Krise für diese eine hohe Bedeutung gewinnt. Sie sind nicht nur gesellschaftlicher und kultureller Treffpunkt, der Vereinsamungsprozessen, nicht zuletzt Folge der Abwanderung in die Städte, entgegenwirkt; auf einer praktischen Ebene sind sie der Gefolgschaft bei der Lösung ihrer täglichen Probleme wie der Suche nach Arbeit und Wohnung behilflich. Religion wird so in der »Ordensgemeinschaft« gelebt. Das Islamische liegt in der Betonung von Arbeit, Aufrichtigkeit, Korrektheit und Gerechtigkeit. Damit stehen sie zu der politisch und gesellschaftspolitisch radikaleren Wohlfahrtspartei in Konkurrenz, ja in Konflikt.

Die Vielfalt der religiösen Gruppen und Bewegungen wird durch vor allem studentische Zirkel ergänzt, die seit der Mitte der achtziger Jahre entstanden sind. Ihre Themen sind der Zustand der türkischen Gesellschaft, aber auch Fragen der religiösen Grundlegung der Wissenschaft im Rahmen eines islamischen Wertesystems. Die durch Moderne und Modernisierungspolitik ausgelöste Wertekrise bedürfe eines neuen Begründungszusammenhanges. Von der Intensität des religiösen und intellektuellen Lebens mit Bezug auf den Islam zeugen schließlich nicht zuletzt die Flut von Publikationen, die alle Themen berühren, die sich für eine Türkei stellen, in der der Islam heute nicht mehr politisches und intellektuelles Tabu ist.

Anders als in anderen islamischen Länder, etwa Algerien oder Ägypten, ist islamisch motivierte Gewalt, die die Scharia mit Waffen durchzusetzen sucht, noch kein verbreitetes Phänomen. Eine Bedrohung geht jedoch von zwei militanten Bewegungen aus: der Front der Soldaten des Islamischen Großen Ostens *(Islami Büyük Doğu Akıncılar – Cephe, IBDA-C)* und der Türkischen Hizbollah. Beide sind in der ersten Hälfte der neunziger Jahre für eine Reihe von Terroranschlägen verantwortlich: IBDA-C in westlichen Großstädten, der Hizbollah im kurdischen Südosten. IBDA-C ist aus einer kurdischen Umgebung hervorgegangen und propagiert einen großen föderativen islamischen Staat. Viele Anhänger des Hizbollah rekrutieren sich indessen aus islamistischen Kreisen der Sicherheitsorgane, die den kurdischen Separatismus bekämpfen.

So tritt der Islam heute in der Türkei in vielfältigen Varianten auf. Keine Gruppe, Bewegung oder Partei verfügt über ein Monopol. Hatten die diversen islamistischen Parteigründungen, die sich mit dem Namen Necmettin Erbakans verbinden, früher sozialen Protest in der Sprache des Islam zu artikulieren gesucht, so hat die islamische Bewegung in den neunziger Jahren in der Auseinandersetzung mit der türkischen Gesellschaft an Breite zugenommen. Bis in die siebziger Jahre noch ausgeschlossen oder zumindest marginalisiert, wurde sie in den achtziger Jahren ins Zentrum der türkischen Politik eingelassen – nicht zuletzt in der Erwartung, daß dies zur Stabilisierung des Systems beitrage. Inwieweit sie zu einem integralen Bestandteil der türkischen Demokratie werden könnte, ist eine der großen Fragen an die Türkei mit Blick auf die Zukunft. Die Bedeutung einer Antwort darauf aber geht weit über die Türkei hinaus und betrifft die Eliten in der ganzen islamischen Welt.

Gesellschaft im Aufbruch

Der revolutionäre Umbruch nach 1920 brachte für die Türkei auch eine tiefgreifende gesellschaftliche Umgestaltung. Das Reich war von einer schmalen Elite regiert worden. Eine bürgerliche Gesellschaft im europäischen Sinne hatte sich bis zum Ende des Reiches kaum entwickelt. Dafür fehlte die wirtschaftliche Grundlage. Wirtschaftliche Aktivitäten wie der Handel oder die ohnehin nur schwachentwickelte industrielle Produktion lagen überwiegend in den Händen von Nicht-Türken.

Mit der Ausbildung und dem schließlichen Sieg der nationalen Bewegung waren neue Perspektiven gesellschaftlicher Entwicklung eröffnet. Die Führung ging nunmehr auf jene Kräfte über, die sich der kemalistischen Ideologie verschrieben hatten. Dabei handelte es sich im wesentlichen um ehemalige Offiziere, Angehörige der freien Berufe, Intellektuelle und lokale Notabeln, auf die sich die Kemalisten stützten, da sie die Masse der ländlichen Bevölkerung nicht zu erreichen vermochten.

Mit dem Übergang zum Mehrparteiensystem, namentlich aber nach der Machtübernahme durch die Demokratische Partei 1950, begann sich dann abermals eine Verschiebung innerhalb der Struktur der türkischen Elite zu vollziehen. Die Wirtschaft wurde vorsichtig liberalisiert, und es entstanden Ansätze zur Verbürgerlichung der türkischen Gesellschaft. Zugleich aber wurden dabei zahlreiche Elemente traditioneller Wertvorstellungen, kultureller Ausdrucksformen und religiöser Bräuche wiederbelebt. Es war ein Vorgang, der Beobachter von einer »Re-Traditionalisierung« der türkischen Gesellschaft hat sprechen lassen.

Die neue Elite, die sich unter der Führung der Demokratischen Partei zu formieren begann, versuchte, das kemalistische Entwicklungskonzept einer Gesellschaft anzupassen, die durch jahrhundertealte eigene kulturelle und religiöse Traditionen geprägt war. Es begann eine Auseinandersetzung zwischen einer »Staatselite«, die die Schlüsselpositionen in der Verwaltung und lange auch an den Universitäten behauptete, ihren letzten Rückhalt in der Armee hatte und sich als eigentlichen Erben des Kemalismus verstand, mit einer »bürgerlichen Führungsschicht«, die für ein gemildertes und realistischeres Konzept der Modernisierung eintrat. Dieser Prozeß zieht sich gleichsam als roter Faden durch die Geschichte der Türkischen Republik seit 1945 bis in die Gegenwart. Er wird in der Auseinandersetzung zwischen Ismet Inönü und Adnan Menderes (also der »klassischen« Republikanischen Volkspartei und der Demokratischen Partei) ebenso deutlich wie in dem Ringen um die Macht zwischen Bülent Ecevit und Süleyman Demirel, zwischen einer nunmehr am Sozialismus orientierten Republikanischen Volkspartei und ihrer Kemalismus-Interpretation mit einer Gerechtigkeitspartei, die stärker einen wirtschaftlichen Liberalismus befürwortete. Turgut Özal, der zwischen 1983 und 1993 die Politik des Landes über ein Jahrzehnt bestimmte, kann als der herausragende Vertreter jener »liberalen« Elite gesehen werden. Der ihm angehängte »Pragmatismus«, mit dem er sich gegen verkrustete Strukturen und Prinzipien eines eng ausgelegten »Kemalismus« wandte, war letzten Endes nichts anderes als die Anerkennung einer Reihe unabweisbarer neuer Realitäten (so etwa der gesellschaftlichen Wirkung des Islam und der Existenz eines kurdischen Volkes). Es schien ihm unumgänglich, die in diesen Tatbeständen liegenden Herausforderungen aufzugreifen, wenn man Konflikte im gesellschaftlichen und politischen Gefüge der Türkei vermeiden und dem »Unternehmen Türkei« zum Erfolg verhelfen wollte.

Im Ganzen gesehen ist die türkische Gesellschaft noch immer tief gespalten. Der Graben zwischen der Führungselite des Landes und der Masse, vor allem der Landbevölkerung, ist trotz der angedeuteten Entwicklung keineswegs überwunden. Noch immer ist das anatolische Dorf *(Köy)* eine Welt für sich; dies gilt für den materiellen Entwicklungsstand ebenso wie für das Verhaftetsein in den religiösen und kulturellen Traditionen. Viele Angehörige der Oberschicht im Westen des Landes tun sich auch heute noch schwer, den Osten überhaupt zu bereisen oder dort berufliche Funktionen zu übernehmen.

Der Arm der Zentralregierung reicht auf dem Land in zahlreichen Fällen nicht weit. Wie bereits erwähnt, werden dort Probleme vielfach auf traditionelle Art, etwa durch Blutrache, gelöst, und es wird auch noch an der Mehrehe festgehalten.

Das Fortbestehen traditioneller Strukturen darf nicht darüber hinwegtäuschen, daß sich die türkische Gesellschaft in den etwa sieben Jahrzehnten seit der Gründung der Republik in raschem Tempo gewandelt hat. Vor allem aber seit der Öffnung zum Mehrparteiensystem hat sich dieser Wandlungsprozeß beschleunigt. Die Krisen der Türkischen Republik (die sich in den jeweiligen Eingriffen des Militärs zuspitzten) waren nicht zuletzt Krisen der gesellschaftlichen Entwicklung, die mit den durch die jeweils geltende Verfassung gegebenen Mechanismen nicht zu entschärfen waren.

Eines der schwerwiegenden Probleme war und ist die Bevölkerungsentwicklung. Auf der Höhe seiner Ausbreitung dürfte das Osmanische Reich eine Bevölkerung von circa 30 Millionen Menschen gehabt haben. Bei der Gründung der Republik betrug die Bevölkerung des neuen Staates nur etwa 10 Millionen. Jeweils in 30 Jahren hat sie sich (etwas mehr als) verdoppelt: So betrug sie 1950 20,9 und 1980 44,7 Millionen. 1990 war sie auf 56,5 Millionen Menschen angewachsen. 1995 waren die 60 Millionen deutlich überschritten.

Auf Grund der Ausdehnung des Landes ist die statistische Bevölkerungsdichte gleichwohl noch relativ niedrig, allerdings mit steigender Tendenz. Während sie 1950 bei 26 Menschen pro Quadratkilometer lag, war sie 1980 auf 56 angestiegen. 1950 gab es lediglich eine Provinz mit einer Dichte von über 100 Menschen je Quadratkilometer – Istanbul; 17 (von 67) Provinzen hatten eine Dichte von 20 und weniger. Ende der achtziger Jahre gehörten acht Provinzen zur ersten und nur zwei zur zweiten Kategorie.

Wichtiger als diese rein statistischen Rechnungen sind die ungleiche Verteilung der Bevölkerung innerhalb der Türkei und die Binnenwanderung, die in den sechziger Jahren einsetzte und in den wenigen Jahrzehnten seither das Gesicht des Landes weitestgehend verändert hat. Im Überblick gesehen besteht ein drastischer Unterschied der Bevölkerungsdichte zwischen den westlichen Provinzen und den inneren Teilen Anatoliens, ganz besonders aber den Provinzen im äußersten Osten. Die Landesteile mit der größten Bevölkerungsdichte sind um die Zentren beschleunigter industrieller Entwicklung herum entstanden: Der Großraum Istanbul und die Städte

Ankara, Izmir, Bursa sowie Adana sind Beispiele hierfür. Hinzu kommt, daß es sich bei den dichtbesiedelten Teilen in der Regel um Küstenprovinzen handelt; dies gilt für die Mittelmeer- wie für die Schwarzmeerküste. Mit der voranschreitenden Verwirklichung des Südostanatolien-Projekts dürfte sich die Gesamtsituation des ostanatolischen Binnenlandes erheblich wandeln.

Hinter der extremen Ungleichheit der Bevölkerungsdichte tut sich die auffallendste soziale Veränderung in der Türkei seit der Gründung der Republik auf: die Abwanderung der Landbevölkerung in die Städte und die Verstädterung als ein sozio-kulturelles Phänomen. Die türkische Wirtschaft ist traditionell ländlich bestimmt gewesen. Trotz der politisch und gesellschaftlich dominierenden Stellung der Stadt lebte die Masse der türkischen Bevölkerung auf dem Lande. Noch 1945 waren 82 Prozent dort und nur 18 Prozent in der Stadt heimisch; 1990 hatte sich das Verhältnis auf 60 zu 40 verschoben.

Die Stadtwanderung brachte eine Verschärfung der sozialen Spannungen mit sich. An den Rändern der Städte bildeten sich neue Quartiere (*Gecekondu*, das heißt, es wurde über Nacht errichtet. Damit wird auf einen alten islamischen Rechtsgrundsatz angespielt, der verbietet, jemandem sein einmal erbautes Dach über dem Kopf wieder wegzunehmen. Man macht daher die Häuser über Nacht »bezugsfertig«; bei längerer Bauzeit würden die Behörden vielleicht eingreifen). Die *Gecekondus* stellten nicht nur eine enorme Belastung für die Städte dar, da diese für den Anschluß an die Wasserversorgung, die Kanalisation und das Elektrizitätsnetz zu sorgen hatten. Vielmehr war mit der Übersiedlung an einen oft weit entfernten Ort der Verlust des gesellschaftlichen Rahmens verbunden, in den der einzelne integriert gewesen war. Dieser bestand (und besteht) auf dem Lande in der Großfamilie, einer in jeder Hinsicht auf sich selbst gestellten Wirtschaftseinheit, innerhalb derer jeder Angehörige zur Existenzsicherung des Ganzen beiträgt. So bedeutet die Großfamilie eine soziale Absicherung für den Fall, daß durch Krankheit, Alter oder aus anderen Gründen der einzelne hilfsbedürftig werden sollte. Dies um so mehr, als auch in der gegenwärtigen Türkei nur ein relativ kleiner Teil der Bevölkerung in den Genuß des Sozialsystems des Staates kommt.

Das städtische Leben mit seinem besonders in den oben genannten Ballungszentren relativ hohen Grad der Verwestlichung stand in scharfem Kontrast zu der dörflichen Welt der Zuwanderer und führte zur Entfremdung. Entwurzelung und Entfremdung wurden in vielen Fällen zum Nährboden weltanschaulicher und politischer Radikalisierung. In der Auseinandersetzung zwischen »der Linken« und »der Rechten«, die sich in den siebziger Jahren verschärfte, waren die städtischen *Gecekondus* ein Potential, aus dem sich militante Extremisten der einen wie der anderen Seite rekrutierten.

Ursache der Abwanderung in die Städte waren die Industrialisierung, die nach dem Zweiten Weltkrieg verstärkt einsetzte, und der von der Überbevölkerung auf dem Lande ausgehende Druck. Dies lenkt den Blick auf ein Grunddilemma der sozialen Situation in der Türkei: Das Gefälle zwischen dem entwickelteren Westen und dem trotz erheblicher Anstrengungen in der Ära Turgut Özals noch immer weithin unterentwickelten Osten. Auch dieser Umstand hat, wie so vieles in der modernen Türkei, seine Wurzeln in der Geschichte. Aus der Sicht der Reichsregierung in Konstantinopel hatte Anatolien nur einen untergeordneten Stellenwert als landwirtschaftliches Potential und als Pufferzone gegen den östlichen Nachbarn Iran, der seit dem 16. Jahrhundert lange Zeit und wiederholt eine Bedrohung darstellte. Probleme resultierten darüber hinaus daraus, daß die Bevölkerung Ostanatoliens zum Teil ethnisch nichttürkisch war und daß Teile von ihr der religiösen Gruppe der Alewiten angehörten, die im türkischen religiösen Establishment als nicht rechtgläubig galt. Wirtschaftlich und politisch maß die osmanische Regierung den europäischen Teilen des Reiches eindeutig höhere Bedeutung bei.

Naturgemäß berührten Atatürks Reformen den städtischen Westen, der europäischen Einflüssen geöffnet gewesen war, tiefgreifender als den weitgehend von der Außenwelt abgeschlossenen Osten. An eine weiterreichende Umwandlung des Ostens im Sinne der kemalistischen Reformen war schon deshalb kaum zu denken, weil Atatürk die traditionellen Autoritätspersonen in den entlegenen Landesteilen als Garanten der Ordnung in einer allen Neuerungsversuchen gegenüber resistent eingestellten Landbevölkerung benötigte und somit umfassendere soziale Reformen dort nicht angegangen wurden.

Auch die wirtschaftliche Entwicklung hatte sich bis in die fünfziger Jahre durchaus auf den Westen konzentriert. Ein wachsendes soziales und wirtschaftliches Gefälle war die Folge gewesen: Dies hatte sich unter anderem in der schon erwähnten Bevölkerungsdichte und im Pro-Kopf-Einkommen der Bevölkerung, dem Erziehungswesen, dem Stand der Literarisierung (landesweit sind noch immer 30 Prozent der Männer und 40 Prozent der Frauen Analphabeten) und der Gesundheitsversorgung niedergeschlagen. Zwar bemühte sich die Demokratische Partei um die Erhöhung der Produktion und der Einkommen in der Landwirtschaft; sie änderte jedoch nichts an der ungleichen Verteilung des Bodens. Ansätze zu Bodenreformen, die die Überreste des vorangegangenen Feudalismus hätten beseitigen und zur Verteilung von Land an landlose Bauern sowie an Bauern mit nicht ausreichender Bodenfläche hätten führen sollen, sind in der Vergangenheit wiederholt gescheitert. Die landlosen Bauern, die Saisonarbeiter, die Landarbeiter sowie die Bauernfamilien mit einem Landbesitz von weniger als zwei Hektar gehören zu den untersten Einkommensgruppen, die am Rande des Existenzminimums leben.

Bemühungen um eine systematische und umfassende Verbesserung der Gesamtsituation im Osten wurden allenfalls ansatzweise unternommen. Die Republikanische Volkspartei, die in den siebziger Jahren Anstrengungen in dieser Richtung unternahm, war nicht stark genug, sie durchzusetzen. Gleichwohl sollte nicht übersehen werden, daß auch der Osten der Türkei von der wirtschaftlichen Entwicklung in den letzten Jahren nicht vollkommen unberührt geblieben ist. Nicht zuletzt der Ausbau der wirtschaftlichen Beziehungen zu den östlichen Nachbarn – dem Iran und den arabischen Staaten – haben der Landwirtschaft, dem Handel und der industriellen Produktion der kleinen und mittleren Betriebe in Anatolien Impulse verliehen und zur Anhebung des Lebensstandards sowie zum Ausbau der Infrastruktur und des Kommunikationsnetzes in Teilen des Ostens geführt.

Im Bildungsbereich wurden gleichfalls Anstrengungen unternommen. So wurden in den größeren Zentren, wie unter anderem in Erzurum, Elazığ, Malatya, Kayseri, Diyarbakır, Konya, Sivas und Van Universitäten gegründet. Zeitweilig war das Lehrpersonal der großen Universitäten im Westen verpflichtet, in einem bestimmten

Turnus an den Hochschulen des Ostens zu lehren. Es ist anzunehmen, daß sich mit der Verwirklichung des Südostanatolien-Projekts auch das Entwicklungsniveau des Ostens weiter anheben und das soziale Gefälle zwischen den westlichen und östlichen Landesteilen abflachen wird.

Mit der wirtschaftlichen Entwicklung hat sich in der Türkei eine gesellschaftliche Differenzierung vollzogen. Trotz noch immer unübersehbar traditioneller Züge hat sie sich in Richtung auf eine westliche, von industrieller Produktion geprägte Gesellschaft gewandelt. Einer sich kontinuierlich ausbreitenden Schicht von abhängig Arbeitenden steht am anderen Ende der sozialen Skala eine Führungsschicht gegenüber, die sich aus den oberen Rängen der Bürokratie, den Managern in großen Konzernen und Holdinggesellschaften sowie den oberen Rängen des Militärs zusammensetzt. Mit der Ausweitung des Bildungssystems – namentlich der universitären Ausbildung – und der Ausdehnung freier Berufe ist ein Mittelstand entstanden. Die soziale Differenzierung hat nicht nur die Parteienentwicklung bestimmt, sondern auch den Organisationsgrad auf allen Ebenen der Gesellschaft erhöht. Es entstanden Berufsverbände und Arbeitgeberorganisationen. Bis zum Militärcoup von 1980 sind jedoch die Gewerkschaften die machtvollsten Organisationen gewesen, die nicht nur das gesellschaftliche Kraftfeld geprägt, sondern auch zeitweise die türkische Politik mitbestimmt haben.

Die ersten Ansätze gewerkschaftlicher Aktivitäten reichen zwar bis 1962 zurück, doch konnten sie erst nach Inkrafttreten des Gewerkschafts-, Tarifvertrags- und Streikgesetzes (1963) an Einfluß gewinnen. Im politischen Klima der sechziger Jahre verschärften sich die ideologischen Gegensätze. Dies führte 1966 dazu, daß sich vom Gewerkschaftsdachverband *Türk-Iş* (türkische Abkürzung für Konföderation Türkischer Arbeitergewerkschaften) ein linker Flügel abspaltete, der einen neuen Gewerkschaftsverband mit sozialistischem (zeitweise marxistischem) Programm gründete. Vor allem die ausgedehnten Streiks für eine weitreichende wirtschaftliche und gesellschaftliche Umgestaltung des Landes haben zudem in den siebziger Jahren zur Verschärfung der Wirtschaftskrise, aber auch zur politischen Polarisierung beigetragen. So haben auch die Parteien auf der Rechten seit 1975 Einfluß auf die Gewerkschaften zu nehmen versucht; es entstanden Gewerkschaften unter anderem »nationalistischer«, ja »gottesfürchtiger« Arbeitnehmer.

Diese Politisierung der Gewerkschaften ist auch der Hintergrund dafür, daß die 1982 verabschiedete Verfassung das Betätigungsfeld der Gewerkschaften eingeschränkt hat. Dies gilt nicht nur im Hinblick auf gewerkschaftliche Tätigkeiten allgemein, das Streikrecht und die Gestaltung der Tarifverträge, sondern es wird auch ausdrücklich festgestellt, daß die Gewerkschaften »keine politischen Ziele verfolgen, keine politischen Aktivitäten entfalten, keine Unterstützung durch politische Parteien erfahren« dürfen (Art. 51). Der entsprechende Paragraph wurde erst mit der Verfassungsreform vom 23. Juli 1995 gestrichen. Das Auseinanderdriften der Einkommen und das Anwachsen der Arbeitslosigkeit haben die Gewerkschaften nicht verhindern können.

Den Wandel in der türkischen Gesellschaftsstruktur reflektiert auch die Entwicklung des Bildungswesens. Das Schulwesen des Osmanischen Reiches beruhte weitgehend auf dem klassischen

21 Fertigungsstraße einer Firma in Istanbul

islamischen System der *Medrese*, in welcher eine Reihe religiöser Fächer (wie Koran und Traditionslehre), aber im fortgeschrittenen Stadium auch Mathematik und Medizin gelehrt wurden. Dieser wahrhaft mittelalterliche Schultyp fiel schon 1924 der kemalistischen Revolution zum Opfer. Eine Universität im europäischen Sinne gab es nicht. Eine Art Vorläufer war lediglich die 1859 gegründete *Mülkiye* gewesen, eine Schule für Zivilbeamte, aus der die meisten hohen Bürokraten und Diplomaten in der Endphase des Reiches hervorgingen.

Mit der Einführung der lateinischen Schrift anstelle der arabischen (1928) war die Voraussetzung für eine Alphabetisierung weiter Teile der Bevölkerung geschaffen. Die Reinigung des Türkischen von arabischen und persischen Bestandteilen durch die Bildung neuer, aus türkischen Wurzeln abgeleiteter Wörter schuf mit dem *Öztürkçe* (dem »reinen Türkisch«) den Ausdruck einer nationalen Ideologie und nationaler Bildungsinhalte.

Atatürk war überzeugt, daß Wissenschaft und Bildung die Wegweiser zu einer modernen türkischen Gesellschaft sein würden. Sein 1924 in Samsun vor Lehrern getaner Ausspruch »Der wahrhaftigste Führer im Leben ist das Wissen – *Hayatta en hakiki mürşit ilimdir*« steht wie schon erwähnt als Leitsatz über der Universität Ankara. Der Verbreitung der Schulbildung haben die türkischen Regierungen große Bedeutung beigemessen. 1960 gab es in 17100 Grundschulen etwa 1,6 Millionen Schüler; 1985 waren es bei 49000 Schulen 6,6 Millionen. Noch eindrucksvoller ist die Entwicklung im Sekundarschulbereich: Noch 1950 gab es nur 88 höhere Schulen, die 21000 Schüler ausbildeten; 1981 waren es 1166 mit 530000 und 1985 1300 Schulen mit etwa 628000 Schülern. Im Schuljahr 1992/3 war die Zahl der Mittel- und Oberschulen weiter auf 3038 Schulen mit 1066000 Schülern angewachsen. Im Bereich der Hochschulausbildung entstanden bis 1992/3 über 450 Einrichtungen wie Universitäten, Akademien und Fachhochschulen für Lehrer, Ingenieure, Geistliche und andere Berufe.[69]

Auch die Stellung der Frau in der türkischen Gesellschaft steht im Spannungsfeld zwischen Vergangenheit und Gegenwart. Aufgeklärte Türken verweisen mit Bezug auf die Stellung der Frau gern darauf, daß diese in der vorislamischen Zeit der Türken der des Mannes durchaus ebenbürtig gewesen sei. Tatsächlich läßt sich dies mit türkischen Quellen belegen. In der osmanischen Zeit ist die Stellung der Frau durch jene Züge gekennzeichnet gewesen, die man auch heute noch mit Blick auf fortlebende traditionelle Gesellschaften im Nahen und Mittleren Osten als »islamisch« zusammenfaßt: Mehrehe, rechtliche und soziale Zurückstellung sowie besondere Bekleidungsvorschriften, namentlich die Verschleierung außerhalb des Hauses.

Wie in allen Bereichen der Gesellschaft, so hat Atatürks Revolution auch die Stellung der Frau tiefgreifend verändert. Mit den nach 1924 getroffenen Maßnahmen wurden die Rechte der Frauen erweitert und ihre Gleichstellung hinsichtlich Erziehung, Rechtsstatus, Berufschancen und der politischen wie bürgerlichen Rechte gesichert. Die Einführung des Schweizer Zivilgesetzbuches (1926) und die Verleihung des aktiven und passiven Wahlrechts (1934) haben die völlige Gleichberechtigung festgeschrieben. Durch die Ausweitung der wirtschaftlichen Produktion nach dem Zweiten Weltkrieg schließlich haben Frauen auch in der Wirtschaft ihren Platz gefunden. In einigen Bereichen, zum Beispiel im höheren Erziehungswesen, haben sie heute einen höheren Anteil als in manchen europäischen Gesellschaften.

Das Problem in der gesellschaftlichen Stellung der türkischen Frau heute liegt in der Kluft zwischen Stadt und Land, namentlich in Zentral- und Ostanatolien. In der dortigen ländlichen Gesellschaft wird die Frau noch immer neben ihrer Rolle im Hause und in der Familie als billige ländliche Arbeitskraft gesehen. Berufliche und schulische Ausbildung werden deshalb generell weiter vernachlässigt. So ist der Anteil der Frauen an der Analphabetenrate deutlich höher als der der Männer; und derjenige der Frauen Anatoliens liegt erheblich über demjenigen ihrer Geschlechtsgenossinnen im Westen.

Andererseits ist der allgemeine Wandel in der Türkei in den letzten Jahrzehnten an den Frauen nicht spurlos vorübergegangen. Die Einführung des Fernsehens hat die Frau gerade im Osten mit der Außenwelt insofern in Berührung gebracht, als sie über die »modernen« Aspekte des gesellschaftlichen Lebens informiert wird. Die Mechanisierung mit ihren Auswirkungen hat ebenso zu einer Arbeitserleichterung beigetragen wie die Entlastung durch die Einführung von Fertigproduktion etwa in Ernährung und Kleidung. Besonders aber der Weggang der Männer zur Arbeit in die Stadt oder ins Ausland hat das Leben türkischer Frauen auf dem Lande verändert: Durch die finanziellen Überweisungen sind die Frauen stärker Verbraucherinnen geworden; die häusliche Eigenproduktion verringerte sich. Auf Grund der Abwesenheit ihrer Männer konnten die Frauen in Tätigkeiten eintreten, die bislang jenen vorbehalten waren.

Die Differenzierung der städtischen Gesellschaft hat auch die Frauen erfaßt. Zwischen den vom Lande in die Stadt gewanderten und noch in *Gecekondus* lebenden Frauen, den unteren städtischen Schichten sowie Frauen der Mittel- und Oberschicht ergeben sich naturgemäß vielfältige Unterschiede hinsichtlich Bildungsgrad, Arbeitsplatz und auch der Emanzipation gegenüber ihrem Umfeld. Ein Emanzipationsschub ist außerdem ohne Zweifel von jenen Frauen ausgegangen, die ihren Männern bzw. Vätern nach Europa gefolgt sind und dort Arbeit angenommen haben. Rasch hat dies zu einem veränderten Rollenverhalten gegenüber ihrer traditionellen Umgebung geführt. In nicht wenigen Fällen war dies auch mit menschlichen und gesellschaftlichen Konflikten verbunden.

Wertvorstellungen und Einstellungen in bezug auf die Rolle der Frau liegen heute deutlich hinter dem raschen Wandel der Türkei zurück. Stereotypen hinsichtlich der Rolle der Geschlechter werden noch immer weithin verbreitet und praktiziert. Sieht man von den Mittel- und Oberschichten ab, so zählen Knaben noch immer mehr als Mädchen; auf dem Land wird die Frau zuvörderst als Hausfrau und Mutter gesehen. Herkömmliche Praktiken wie die Zahlung eines Brautgeldes oder Wertvorstellungen wie die Jungfräulichkeit vor der Ehe finden weiter – auf dem Lande natürlich deutlich stärker als in der Stadt – Beachtung.

Erziehung und Sozialisation der Frau betonen nach wie vor ihre Unterordnung und Passivität. Demgegenüber werden die Autorität und die patriarchalische Stellung des Mannes herausgestellt. So lebt die türkische Frau gerade dort, wo die Modernisierung in anderen Bereichen Einzug gehalten hat, in einem Rollenkonflikt einerseits zwischen scheinbarer Statusgleichheit mit dem Mann und Emanzipation und andererseits einer im Islam wurzelnden Ideologie, die Ehe und Mutterrolle in den Vordergrund stellt.

Eine multikulturelle Gesellschaft?

Das ungelöste Kurdenproblem

Wenn heute von der Türkei die Rede ist, dann dauert es nicht lange, daß auch vom »Kurdenproblem« gesprochen wird. Dies nicht zuletzt deswegen, weil dieses »Problem« Europa, vor allem aber Deutschland, zunehmend unmittelbar berührt. Im Kampf der militanten Kurdischen Arbeiterpartei *(Partîya Karkerân Kurdistan, PKK)* gegen den türkischen Staat um die Stellung des kurdischen Volkes in der Türkei ist Deutschland ein Nebenschauplatz geworden. Darüber wird im Kapitel über die deutsch-türkischen Beziehungen noch mehr zu sagen sein. Das »Kurdenproblem« ist aber auch Gegenstand westlicher Kritik, wenn es um die unzureichende Verwirklichung von Menschen- und Minderheitenrechten in der Türkei und damit um die Zukunft der Beziehungen des Landes zu Europa geht.

Der Graben zwischen Fundamentalisten und Laizisten ist nicht die einzige Verwerfungslinie, die die türkische Gesellschaft heute durchzieht. Ein weiterer Graben, der sich rasch vertieft, tut sich zwischen der türkischen Mehrheit und einer kurdischen Minderheit im Lande auf; er ist ethnischer und kultureller Natur. Und eine dritte Verwerfungslinie beginnt erneut hervorzutreten: zwischen der sunnitischen Mehrheit und der alewitischen Minderheit. Sie überschneidet sich zum Teil mit der zweiten.

Die Zukunft des kurdischen Volkes berührt drei Staaten: die Türkei, den Irak und Iran (am Rande auch Syrien). Unübersehbar findet bei den Kurden ein nationaler Aufbruch statt; immer mehr unter ihnen empfinden eine eigene nationale Identität und Solidarität über die bestehenden Grenzen hinweg. Wenn es nicht gelingt, eine politische Lösung des »Kurdenproblems« zu finden, könnte es sich zum »Palästinaproblem« des 21. Jahrhunderts entwickeln.

In der Türkei belastet das Kurdenproblem in wachsendem Maße nicht nur die Innenpolitik und die Wirtschaft; nachhaltig negative Auswirkungen hat es auch auf die Außenbeziehungen des Landes, insbesondere zu Europa. Längst ist der Konflikt nicht mehr nur ein Kampf zwischen einer linksextremistischen Gruppe, die sich auch terroristischer Mittel bedient, das heißt der Kurdischen Arbeiterpartei, und den Sicherheitskräften. Er hat sich zu einem Bürgerkrieg ausgewachsen, in dem mittlerweile auch diese zu allen Mitteln greifen – einschließlich des Terrors gegen die unbeteiligte kurdische Bevölkerung. Dieser Gegenterror des Militärs ist es im wesentlichen, der immer größere Teile der kurdischen Bevölkerung in die Arme der PKK treibt.

Seit der Staatsgründung hat die türkische Politelite systematisch zu leugnen gesucht, daß es Kurden als ein ethnisch, sprachlich und kulturell eigenständiges Volk auf dem Gebiet des neuen Staates gibt. Mit zum Teil kuriosen Argumenten wurde die Tatsache weggedeutet, daß innerhalb der türkischen Staatsgrenzen Millionen von Menschen leben, deren Muttersprache nicht das Türkische ist und deren kulturelle Traditionen eigene Wurzeln haben. Sie wurden als Türken vereinnahmt, wenn auch als sprachlich, zivilisatorisch und kulturell primitive »Ausgaben« der Türken, etwa zum Beispiel als »Bergtürken«.

Der lange Weg zur kurdischen Nation

Der Ursprung der Kurden und ihre Einwanderung nach »Kurdistan«, in das Land, in dem sie in geschichtlicher Zeit lebten, liegen im Dunkel. Ausführliche Nachrichten über sie hat man erst seit der arabischen Eroberung im 7. Jahrhundert; und immer wieder haben sie danach in die wechselvolle Geschichte des Nahen Ostens eingegriffen. Der glanzvollste Name unter den Herrscherpersönlichkeiten kurdischen Ursprungs ist Sultan Saladin (Salah ad-Din, 1169–93) aus der Dynastie der Ayyubiden. Mit ihm verbindet sich vor allem auch die Rückeroberung Jerusalems (1187) aus den Händen der Kreuzfahrer.

Unter den osmanischen Sultanen entstand eine Reihe kurdischer Lehensstaaten. In der Pufferzone zwischen dem Osmanischen und

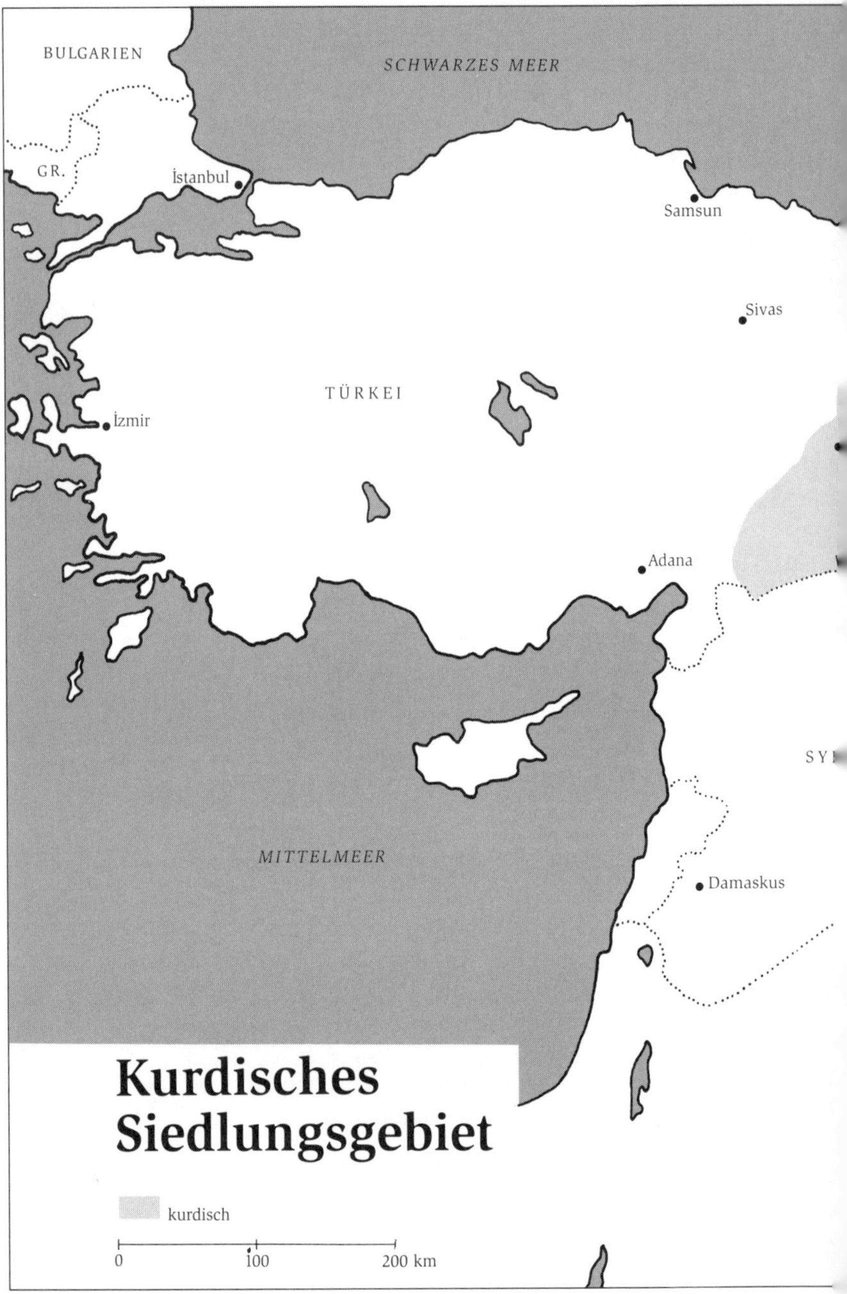
BULGARIEN
SCHWARZES MEER
GR.
İstanbul
Samsun
Sivas
TÜRKEI
İzmir
Adana
SY
MITTELMEER
Damaskus
Kurdisches Siedlungsgebiet
kurdisch
0
100
200 km

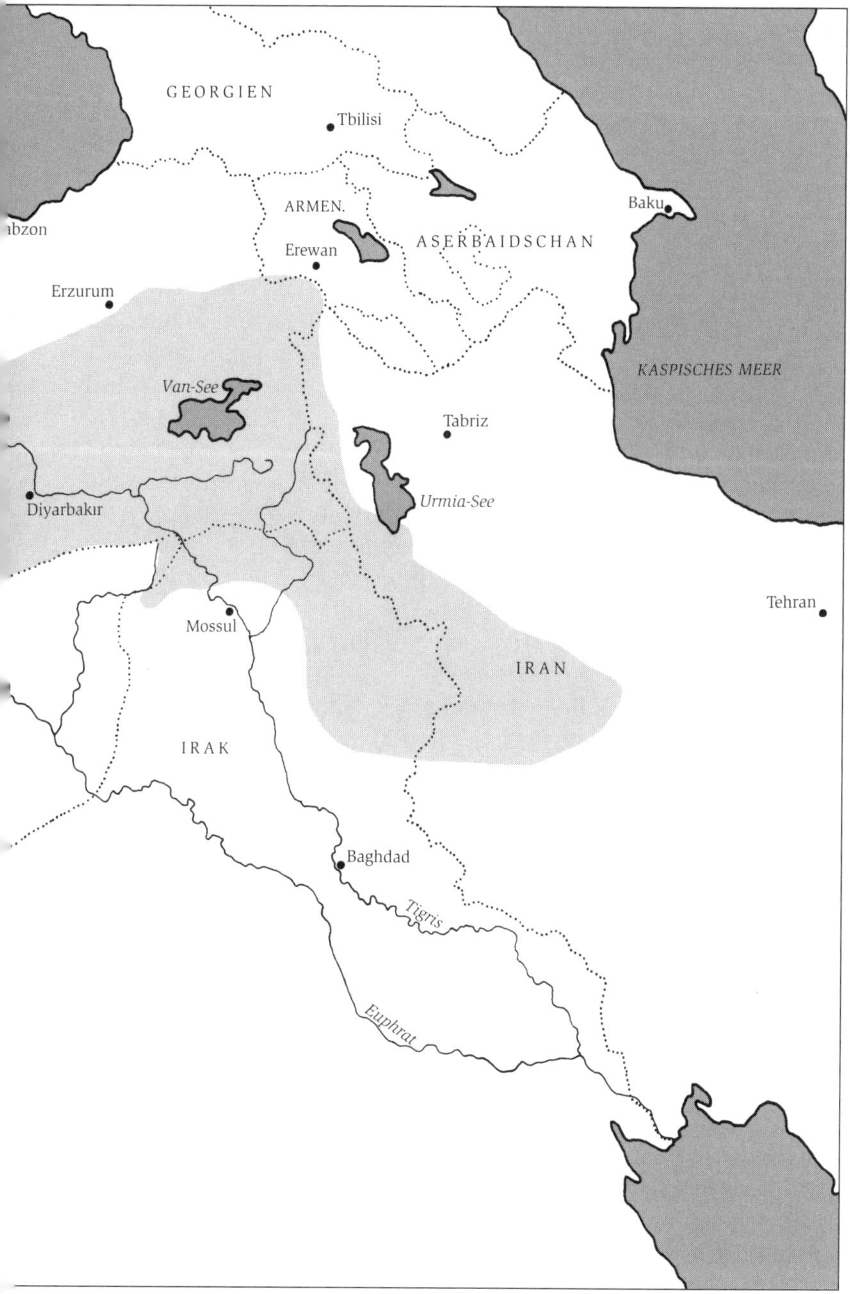

GEORGIEN
Tbilisi
ARMEN.
Erewan
ASERBAIDSCHAN
Baku
abzon
Erzurum
KASPISCHES MEER
Van-See
Tabriz
Urmia-See
Diyarbakır
Tehran
Mossul
IRAN
IRAK
Baghdad
Tigris
Euphrat

dem persischen Reich der Safawiden gelegen, das Anfang des 16. Jahrhunderts entstand, hatten sie einen relativ breiten Raum politischer Eigenständigkeit gegenüber ihren machtvollen Nachbarn. Erst im 19. Jahrhundert verschwanden die letzten, weitestgehend selbständigen kurdischen Fürstentümer auf osmanischem Boden; sie fielen nun den Bemühungen der Sultane um die Zentralisierung der Reichsverwaltung zum Opfer.

Bis zum Beginn dieses Jahrhunderts hat es für die osmanische Staatsführung jedoch ein »Kurdenproblem« kaum gegeben. Trotz der Zentralisierung bestanden die großen Stammesverbände fort, und die von Kurden besiedelten Provinzen lebten ein gewisses Sonderdasein, das von der osmanischen Regierung auch respektiert wurde, sofern der »Großherr« nicht gelegentlich das Bedürfnis empfand, seine Autorität zur Geltung zu bringen. Dabei ging es in der Regel um die gewaltsame Erhebung von Steuern oder die Rekrutierung von Soldaten für die osmanische Armee. Andere Dinge interessierten die Hohe Pforte weniger, so daß von einer straffen Beherrschung der kurdischen Landstriche durch die Zentralregierung schwerlich die Rede sein konnte.

Freilich wurde mit dem Ausbau einer zentralistischen Regierung durch die Hohe Pforte etwa seit Sultan Mahmut II. die Lage der kurdischen Provinzen schwieriger. Schon Helmuth von Moltke, den wir schon einmal im Zusammenhang mit dem »tragischen« Sultan Mahmut II. zitierten, beschreibt die brutalen Praktiken der Repression, mit denen der Sultan und das osmanische Heer die kurdischen Landesteile unter unmittelbare Kontrolle zu bringen suchten. Seine Berichte über den Feldzug der »Taurus-Armee« im kurdischen Südosten gehören zu den bedrückendsten Teilen seiner Briefe. Der Kurde als Untermensch – Moltke schreibt: »Unter dem Tore trat mir ein Kurde entgegen, der seinen verwundeten Bruder trug; der arme Mensch war durchs Bein geschossen, und sein Führer erzählte mit Tränen in den Augen, daß er sich schon den siebten Tag hinquäle. Ich ließ den Feldscher kommen. ›Er ist ja ein Kurde‹, sagte dieser zu wiederholten Malen mit stets gesteigerter Stimme, wie man jemandem sagt: ›Begreifst du nicht, daß du Unsinn forderst?‹«[70] Die Praktiken scheinen sich bis heute kaum geändert zu haben: »Wenn ich daran dachte, wie diese armen Menschen in letzter Zeit von den Türken behandelt wurden, wie man ihre Dörfer verbrannt, ihre Saaten zertreten und ihre Söhne für den Dienst gewaltsam weggeführt, so blickte ich nicht ohne einiges Mißtrauen auf diese Szene...«[71] – »Der ganze Einsatz lastet nun fast ausschließlich auf Kurdistan; die Bewohner der Dorfschaften flohen in die Berge, sie wurden mit Hunden gehetzt, die Eingefangenen, oft Kinder und Krüppel, an lange Seile gebunden und mit geknebelten Händen abgeführt. Diese Soldaten, welche nicht einmal die Sprache ihrer Offiziere verstanden, mußten fortwährend als Gefangene behandelt werden...«[72]

Ein Nationalbewußtsein, wie es unter zahlreichen anderen Völkern, die Untertanen des Sultans waren, aufgekommen war und die Existenz des Reiches bedrohte, war den Kurden bis an die Schwelle dieses Jahrhunderts weitgehend fremd; die breite Masse des Volkes lebte in Abhängigkeit von den Stammesführern, die das Bindeglied zur türkischen Regierungsgewalt darstellten. Im allgemeinen huldigten die Kurden der Lebensweise der Nomaden; ihre Wanderungen machten vor der türkisch-persischen Landesgrenze nicht halt. Die Angehörigen der Oberschicht waren unterschiedlich türkisiert; eine Reihe kurdischer Notabeln hatte Verwendung im höheren Militär- und Verwaltungsdienst der Türkei gefunden.

Staatsbürger waren die Mehrheit der Kurden weder im europäischen noch im türkischen Sinne des Begriffes; mehr oder minder sahen sie in der rechtmäßigen Obrigkeit den Feind, der Steuern und Rekruten verlangte und mit dem man sich als dem Mächtigeren gutstellen mußte. Da die Kurden bewaffnet waren, über funktionierende Stammesorganisationen verfügten und abseits von den großen Verkehrsstraßen in unwegsamen Gegenden lebten, gelang es ihnen leichter, sich dem Zugriff der Staatsgewalt zu entziehen. Im großen und ganzen waren sie aber geneigt, für den Sultan/Kalifen zu kämpfen, sofern ihre Stammesfürsten dies für angezeigt hielten. Die Uneinigkeit zwischen den einzelnen Stämmen war im übrigen durchgängig ein Merkmal des politischen Lebens der Kurden. Sie brachte es auch mit sich, daß die türkische Staatsführung hier nicht einer geschlossenen Nation mit festem, nationalem Programm gegenüberstand. Die Verwaltung des Osmanischen Reiches verstand es, mit den Kurden zu einem praktischen Ausgleich zu kommen, der das Staatsgefüge notdürftig zusammenhielt, ohne an Detailfragen zu rühren.

Anzeichen für einen kurdischen Nationalismus machten sich gegen Ende des 19. Jahrhunderts bemerkbar. Viele Beobachter wollen – wenn auch nicht unumstritten – im Aufstand von Scheich Ubaidallah von Nehri zum ersten Mal nationale Elemente und Motive erkennen. Ubaidallah, als »Scheich« eine der herausragenden Persönlichkeiten des Ordens der Nakşibendi, war im Herbst 1880 in iranisches Gebiet eingedrungen. Zuvor hatte er den Sultan darüber informiert, daß er dessen Oberhoheit über die Gebiete, die er erobern werde, anerkennen werde. Der Aufstand scheiterte nicht zuletzt an den üblichen Streitigkeiten, die unter den Gefolgsleuten Ubaidallahs ausbrachen. Im weiteren Verlauf verlor er die Unterstützung Istanbuls, das sein Vorhaben zunächst gebilligt hatte. Im Oktober 1882 wurde er gefangengesetzt und nach Mekka verbannt, wo er ein Jahr später starb.

Hatte der Aufstand nationale Motive? Für die »nationale« Gesinnung Ubaidallahs gibt es zwei Quellen, die immer wieder ins Feld geführt werden: Bei der einen handelt es sich um einen Brief des Scheichs an den nordamerikanischen Missionsarzt Dr. Cochran und bei der zweiten um ein Schreiben an den persischen Statthalter von Urmia. Daraus wird üblicherweise folgendes zitiert: »Die kurdische Nation … ist ein Volk für sich. Ihre Religion ist anders, und ihre Gesetze und Sitten sind verschieden.« Und: »… sowohl die persischen als auch die türkischen Kurden sind entschlossen, sich zu vereinigen und eine einzige Nation zu bilden und für Ordnung unter sich zu sorgen …«[73] Andere wollen in dem Unternehmen Ubaidallahs noch keine Wende zu einem kurdischen Nationalismus sehen. Es habe sich um eine militärische Auseinandersetzung gehandelt wie viele andere zuvor – am Ende sei es lediglich eine gewöhnliche Razzia gewesen.

Tatsächlich zieht erst die Revolution von 1908 die Kurden ins politische Leben des ausgehenden Osmanischen Reiches hinein: Kurdische Zeitungen, Zeitschriften, Clubs beginnen, wie Pilze aus dem Boden zu schießen. Genannt sei unter ihnen die Gesellschaft zur Wiedererweckung und zum Fortschritt von Kurdistan *(Kürdistan ta'ali ve terakki cemiyeti)*. Sie entstand im Gefolge der jungtürkischen Revolution von 1908, als kurdische Notabeln in Istanbul die Organisation im Vertrauen auf eine fortschreitende innenpolitische Liberalisierung im Osmanischen Reich gründeten. Die Gesellschaft richtete Zweigstellen unter anderem in Diyarbakır, Mossul und Bagdad ein und trat auch mit einer Publikation (in Osmanisch) hervor. Nach inneren Turbulenzen wurde sie 1912 verboten.[74]

1910 entstand – zunächst illegal – die Organisation *Hevi* (Hoffnung). Die Vereinigung trat für einen separatistischen kurdischen Nationalismus ein. Als bei Kriegsausbruch 1914 die meisten ihrer Mitglieder zum Militär eingezogen wurden, hörte die Organisation praktisch auf zu existieren. Getragen wurden diese Vereinigungen von Angehörigen der kurdischstämmigen Elite in den Städten des Osmanischen Reiches, unter ihnen viele Intellektuelle und Offiziere. Eine breitere Bewegung konnten sie freilich nicht entfachen. Im Ersten Weltkrieg kämpften die Kurden an der Seite des osmanischen Sultans. Es gehört zu den dunkelsten Seiten der kurdischen Geschichte, daß Kurden bei den Vernichtungsmaßnahmen des herrschenden Triumvirats in Istanbul gegen die Armenier eine besonders aktive Rolle spielten. Damals wurden alte Rechnungen beglichen.

Vor diesem Hintergrund erschienen den Alliierten die Kurden als Feinde der Armenier nicht befreiungsbedürftig. Die während des Krieges geschlossenen Geheimverträge kennen jedenfalls noch kein »Kurdistan«. Die kurdisch-armenischen Gebiete wurden mehrfach zwischen Frankreich und Rußland aufgeteilt. Und erst mit dem Zusammenbruch des Zarenreiches wurde der politische Begriff »Kurdistan« geboren. Die Rede des britischen Premierministers Lloyd George vom 18. November 1918 vor dem Unterhaus zählte nunmehr auch die Kurden unter den Völkern auf, deren Befreiung vom türkischen Joch sich die britische Orientpolitik als vornehmstes Ziel gesetzt habe.

Die moralische Rückwirkung des osmanischen Zusammenbruches löste bei einzelnen kurdischen Führern den Wunsch aus, das sinkende türkische Staatsschiff zu verlassen und das kurdische Schicksal vom türkischen zu trennen. So wurde nach dem Waffenstillstand von Mudros die Gesellschaft zur Wiedererweckung Kurdistans *(Kürdistan ta'ali cemiyeti)* gegründet. Nicht ohne englische Ermutigung wurden kurdische nationale Ideen verbreitet; gleichzeitig versuchten die Briten in Kurdistan selbst Anhänger für den Gedanken einer Loslösung aus dem türkischen Reich zu gewinnen. Die Aspirationen der Gründer der Gesellschaft und das Interesse Großbritanniens, die Nordgrenze des besetzten Mossul-Gebiets vor

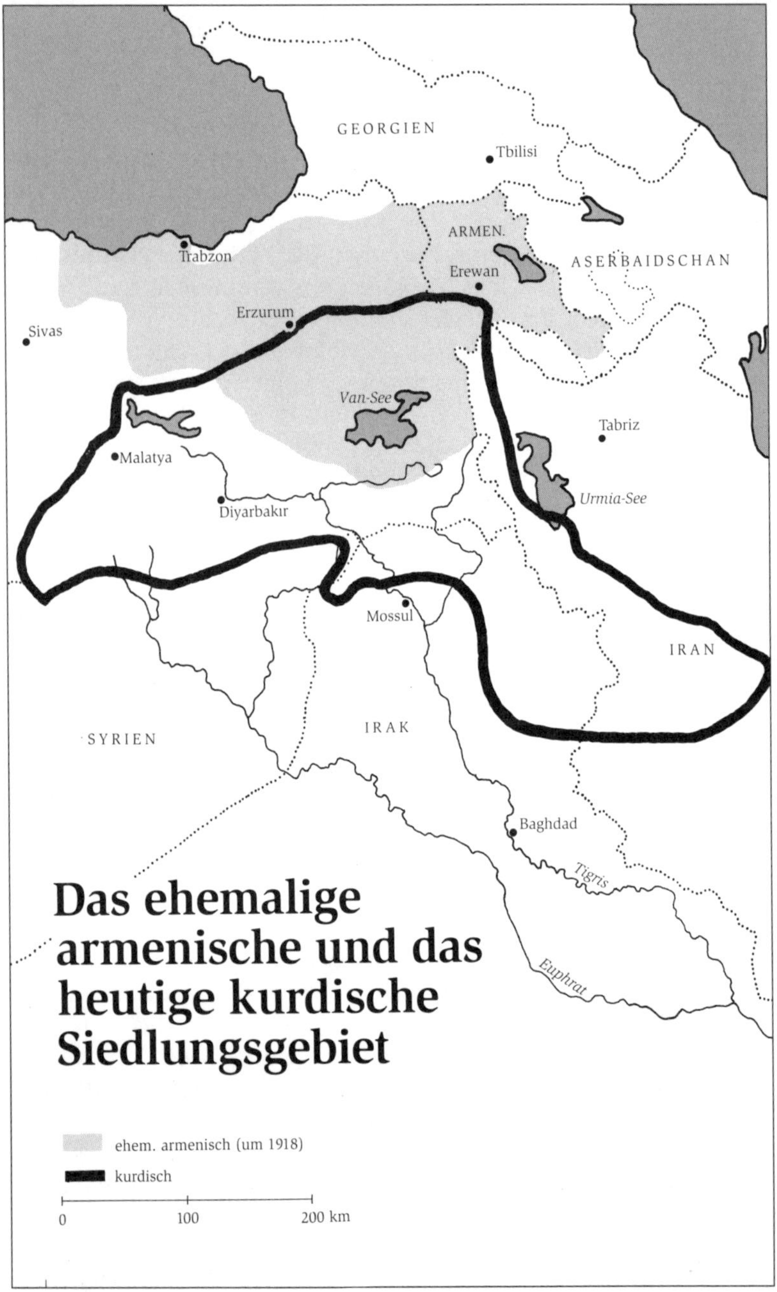

Das ehemalige armenische und das heutige kurdische Siedlungsgebiet

türkischen Einfällen zu sichern, gingen eine Weile Hand in Hand. Höhepunkt dieser Bemühungen, in den asiatischen Teilen des Osmanischen Reiches eine *Pax britannica* zu gründen, sollte der Friedensvertrag von Sèvres sein (10. August 1920), über den bereits an anderer Stelle gesprochen wurde. Auf dem Boden Anatoliens sollte neben Teilen eines armenischen Staates südlich seiner Grenze und nördlich der mesopotamisch-(später irakisch-)syrischen sowie östlich einer noch festzulegenden türkischen Grenze ein kurdisches Territorium eingerichtet werden, dem binnen Jahresfrist ein autonomer, unter bestimmten Bedingungen sogar unabhängiger Status eingeräumt werden sollte. Es sollte die Provinz *(Vilayet)* Diyarbakır und Teile der angrenzenden Provinzen Bingöl und Tunceli umfassen.

Die Bemühungen schlugen fehl, denn die breite Masse des kurdischen Volkes war sich mehr ihrer Zugehörigkeit zum Islam als eines nationalen Sonderdaseins bewußt. Sie blieben Untertanen des Sultans und Kalifen in Istanbul, der noch immer die Existenz eines islamischen Staatswesens, nicht eines türkischen Nationalstaates, manifestierte.

Mustafa Kemal hat diese Stimmung bei der Mobilisierung zum Befreiungskampf geschickt ausgenutzt. Tatsächlich gab es damals noch keine »kurdische Frage«. Mustafa Kemal hatte keine Schwierigkeiten, seine Autorität in den kurdischen Landesteilen durchzusetzen. Türken und Kurden führten den »Befreiungskampf« gegen den gemeinsamen Feind zunächst noch wesentlich im Zeichen der Erhaltung einer islamisch legitimierten Herrschaft über die Türkei.

Erst die Jahre 1923/24 markieren die Wasserscheide, an der sich Türken und Kurden auseinanderzuleben begannen. In den folgenden Jahrzehnten sollte immer wieder kurdischer Widerstand gegen das kemalistische Staatskonzept im Zeichen eines kurdischen Nationalismus aufflackern. In den die Minderheiten betreffenden Klauseln des Lausanner Vertrages fanden sich ausdrücklich nur noch die nicht-muslimischen religiösen Minderheiten berücksichtigt. Der Vertrag garantierte allen türkischen Staatsbürgern Religions- und Meinungsfreiheit sowie die Gleichheit ohne Unterschiede der Religion vor dem Gesetz. Weiterhin sicherte Artikel 39 allen türkischen Staatsbürgern den ungehinderten Gebrauch nichttürkischer Sprachen im privaten und öffentlichen Verkehr zu. Nichtturksprachigen Staatsbürgern sollten angemessene Erleichterungen beim mündlichen Gebrauch ihrer Sprache vor Gericht gewährt werden. Hierbei handelte es sich um die einzige Stelle im Vertragstext, die auch auf die Kurden bezogen werden konnte, die aber namentlich nicht erwähnt wurden. Auch von einem autonomen oder gar unabhängigen Kurdistan war keine Rede mehr. Was die Minderheitenfrage betraf, so hatte sich die türkische Regierung, namentlich der hartnäckige türkische Verhandlungsführer Ismet Pascha (Inönü), auf breiter Front durchgesetzt: Es gäbe in der Türkei keine muslimischen Minderheiten, hatte er gesagt, so wie man auch weder in der Lehre noch in der Praxis des Islam unter der türkischen Bevölkerung irgendwelche Unterschiede feststellen könne.

Die Gewinnung vollständiger Souveränität war begleitet von einschneidenden Maßnahmen der Säkularisierung und Zentralisierung. Die Abschaffung des Kalifats durch die Große Nationalversammlung am 3. März 1924 war in diesem Zusammenhang ein historischer Schritt. Begleitet wurde sie vom Gesetz zur Vereinheitlichung des Unterrichtswesens, das unter anderem die Schließung der *Medresen*, der religiösen Grundschulen, verfügte und ausschließlich die türkische Sprache als Unterrichts- und Amtssprache vorschrieb. Damit war eines der Minderheitenrechte, wie es noch im Artikel 39 des Lausanner Vertrages festgehalten war, vom Tisch gefegt.

Derartige Maßnahmen mußten in Kreisen, denen an der Erhaltung dieser Bestandteile der alten Ordnung gelegen war, zum Widerstand führen; ging es doch dabei direkt oder indirekt um ihre letzten Privilegien. Im Jahre 1922 war unter der Bezeichnung Gesellschaft zur Befreiung der Kurden *(Kürt istiklal cemiyeti)* eine Organisation gegründet worden, in der sich ehemalige kurdische Offiziere, Scheichs, Stammesführer und einige städtische Notabeln aus dem Osten des Landes zusammenfanden. 1923 umbenannt in *Jimiyata azadiya kurd*, kurz *Azadî* (Freiheit), bereitete diese Organisation einen allgemeinen Aufstand in den ostanatolischen Provinzen der Türkei vor. Als prominenten und einflußreichen Anführer hatte Azadî Scheich Said aus Palu für die Sache gewinnen können.

Viele Mitglieder der Gesellschaft hatten anfangs die kemalistische Bewegung mitgetragen, waren aber von ihr in dem Maße entfremdet worden, in dem sich der türkisch-nationalistische Charakter der neuen Ordnung immer deutlicher abzeichnete. Ihr

Ziel sahen sie nun in der Gründung eines kurdischen Staates, dessen Gebiet allerdings über die im Vertrag von Sèvres in Aussicht gestellten Grenzen um einiges hinausgehen sollte. Im Herbst 1924 wurden einige Drahtzieher des Aufstands verhaftet; andere setzten sich in den Irak ab. Der Aufstand brach verfrüht am 13. Februar 1925 aus. Er genoß breite Unterstützung der kurdischen Bevölkerung im Südosten der Türkei. Tatsächlich war er anfangs militärisch erfolgreich, und schon am 26. Februar wurde die Stadt Elazığ belagert. Im ersten wirklichen Gefecht aber mit regulären türkischen Truppen wurden die Milizen der Aufständischen schwer geschlagen. Sie zogen sich in die Berge zurück; die türkische Armee begann sie einzukesseln. Scheich Said gelangte am 15. April in türkische Gefangenschaft und wurde auf Grund eines Urteils jenes »Unabhängigkeitsgerichtes«, von dessen fragwürdigem Wirken schon berichtet wurde, am 4. September 1925 vor der Moschee in Diyarbakır öffentlich gehenkt.

Die Kemalisten haben versucht, die religiösen Aspekte, die der Aufstand des Scheichs Said ohne Zweifel hatte, zu instrumentalisieren, um ihn in eine religiöse Erhebung umzuinterpretieren. Dies ist aber bestenfalls nur eine Facette der Wahrheit. Nicht weniger zählen die tiefgreifenden Auswirkungen, die die neue türkische Nationalregierung durch ihre radikalen Reformen in den damals noch größtenteils feudal strukturierten kurdischen Stammesverbänden des anatolischen Ostens hervorrief. Der gutinformierte französische Autor Paul Gentizon weist in einer Abhandlung über den Aufstand im Jahre 1925 darauf hin, daß die Einführung laizistischer, nationalistischer und individualistischer Prinzipien durch die kemalistischen Behörden »auf ganzer Linie gegen das Jahrhunderte alteingesessene soziale System in dieser Landschaft« verstoßen habe.[75] Erstmals im Laufe ihrer mehrtausendjährigen Geschichte sollten sich die Kurden der Autorität eines modernen Staatswesens unterwerfen.

Weitere Gründe wären schließlich ins Feld zu führen: So hatte sich die ohnehin schlechte wirtschaftliche Lage in den Ostprovinzen für die breite Bevölkerung seit Beginn des Ersten Weltkrieges drastisch verschlimmert. Die Mittelschicht, vor allem die kurdischen Landbesitzer, hegte Befürchtungen über eine Beschneidung ihrer traditionellen Privilegien. Die Oberschicht der Stammesführer schließlich mußte um ihre Herrschaft und ihren Einfluß auf das Volk fürchten.

Wie stark waren die nationalistischen Motive des Aufstandes? Sie dürften für die Masse der Aufständischen eine untergeordnete Rolle gespielt haben. Allenfalls hätten sie das Ziel der Errichtung eines unabhängigen Staates bejaht, nicht um einer kurdisch-nationalen Unabhängigkeit an sich willen, sondern um unabhängig zu werden von den als unzumutbar empfundenen Einmischungen der aktuellen Regierung in Ankara. Jegliche Form von Autonomie, ob von Ankara oder sonst einer Macht gewährt, die eine ungestörte Fortexistenz des praktisch staatsfreien Raumes in Kurdistan erlaubt hätte, wäre ihnen wohl letztlich recht gewesen. Die Planer des Aufstandes hingegen dachten in eindeutig nationalistischen Kategorien. Sie kleideten ihr Anliegen vor allem aus pragmatischen Motiven in ein religiöses Gewand, obschon der Glaubenskampf bei so tiefreligiösen Menschen wie Scheich Said notwendig eine starke Motivation bedeutet haben muß. Die Azadî war trotz allem eine vorrangig nationalistische Gruppe, deren Vorgehen von Anfang an auf eine Massenerhebung zur Errichtung eines unabhängigen Staates zielte.[76]

Der türkische Staat reagierte brutal. Nicht nur wurden die Führer des Aufstands hingerichtet; in rascher Folge wurde außerdem eine Reihe von neuen Gesetzen erlassen, die teils die weitere Laizisierung des Landes betrafen, teils den Feudalherren im Osten der Türkei die ökonomische Basis entzogen. Darauf, daß Mustafa Kemal den Anlaß wahrnahm, um auch sonst mit der innenpolitischen Opposition gründlich aufzuräumen, wurde schon eingegangen.

Nach dem Aufstand von 1925 forcierte die türkische Nationalregierung nunmehr ihre Politik der Türkifizierung im kurdischen Anatolien und zentralisierte die Macht in Ankara. Im Herbst 1927 wurde ein Gesetz erlassen, das die kurdischen Provinzen einem Generalinspektor mit Sitz in Diyarbakır unterstellte. Gleichzeitig wurde das Gebiet hermetisch abgesperrt, um jede Beeinflussung von außen zu unterbinden und das Durchsickern von Nachrichten über die Methoden des »Befriedungswerkes« zu verhindern. Umsiedlungen wurden in großem Umfang vorgenommen. Kriegsrecht und Militärverwaltung blieben fortan bis über das Ende des Zweiten Weltkrieges hinaus bestehen.

Zeitgenössische ausländische Beobachter haben schon Ende der zwanziger/Anfang der dreißiger Jahre erkannt, welche Sprengkraft das kurdische Element für den jungen türkischen Staat in sich bergen könnte. So schreibt Kurt Ziemke in seiner voluminösen Abhandlung über die frühen Jahre der Republik: »Eine andere Frage ist es aber, ob das kurdische Element in der Türkei heute noch national entwurzelt werden kann.« Und brutal fährt er fort: »So erscheint der Erfolg der türkischen Politik der Entnationalisierung der Kurden in der Türkei im Hinblick auf den moralischen Rückhalt, den ihnen das selbstbewußt gewordene Kurdentum im Irak verleiht, außerordentlich fraglich, es sei denn, daß die nationale Entwurzelung mit einer Ausrottung gekrönt wird ... Es besteht also eine kurdische Gefahr für die Türkei ...«[77] Und er schließt: »Vorderhand entwickeln sich die kurdischen Dinge zu beiden Seiten der Mossul-Grenze in dem entgegengesetzten Sinne: Im Irak wird eine kurdische Nation aufgebaut (von England, U.S.), und in der Türkei wird die Axt an den kurdischen Stamm gelegt. Die persischen Kurden stehen dieser Entwicklung mit wachsendem Interesse gegenüber.« Und Norbert von Bischoff schreibt in seiner streckenweise rassistischen »Deutung des neuen Werdens in der Türkei«: »Ein einziger dieser Fremdkörper ist von so erheblicher zahlenmäßiger Stärke, daß seine Assimilation Schwierigkeiten bereitet hat und sicherlich noch weiterhin bereiten muß: Das Kurdenproblem ist noch nicht gelöst ... Zweier Menschenalter noch wird es bedürfen, die Türkisierung der anatolischen Kurden zu vollenden, wenn nicht gewaltsame Eingriffe von außen den Ablauf der Dinge hemmen oder verhindern.«[78] Seine Schlußfolgerungen haben sich allerdings im Lichte der Geschichte als unzutreffend bewiesen: »Schon heute aber vermag das Vorhandensein dieser letzten kompakten Minderheit angesichts der wirtschaftlichen und sozialen Rückständigkeit des Kurdenvolkes den national einheitlichen Charakter der türkischen Republik und des türkischen Gesellschaftskörpers nicht mehr in Frage zu stellen, der im wesentlichen durch die Austreibung der Armenier und der Griechen erzielt worden ist.«[79]

Nach mehr als »zwei Menschenaltern« aber ist die türkische Staatsklasse von einer »Türkisierung der anatolischen Kurden« weiter entfernt als je zuvor. Der Kampf um die kurdische Identität und eine ihr gemäße Form des politischen Status ist voll entbrannt. Daß man in dieser Hinsicht genausowenig das Geschick der Kurden im Irak außer acht lassen darf, auf die Kurt Ziemke anspielt, ist auch 70 Jahre nach den geschilderten Ereignissen von größter Aktualität.

Tatsächlich hat es auch in den folgenden Jahrzehnten kurdische Erhebungen gegeben. Ende der zwanziger Jahre organisierte sich im Ausland die erste eigentliche kurdische Nationalbewegung unter den Exilanten, die sich nach ihrer Flucht vor den Kemalisten teils im Irak, teils in Syrien aufhielten. Beirut im damals französischen Mandatsgebiet Syrien wurde zum Zentrum derartiger nationalistischer Umtriebe. Dort versammelten sich die entkommenen *Azadî*-Mitglieder und andere Intellektuelle, um den kurdischen Widerstand gegen die Politik der Kemalisten zu organisieren. Im Frühjahr 1927 wurde die Nationalbewegung *Khaibûn* (Unabhängigkeit) gegründet, die schon bald in Europa und in den USA Zweigstellen für ihre Emigranten unterhielt. Sie plante und unterstützte den von General Ihsan Nuri Pascha geleiteten Aufstand im Ararat-Gebiet von 1929/30. Auch gegen ihn ging die türkische Regierung entschlossen vor. Im Juni 1930 versuchten die Aufständischen, unterstützt von Stammeskriegern aus Iran und der einheimischen Bevölkerung, den Ring der türkischen Truppen mit einer Gegenoffensive nach Süden zu durchbrechen. Am 9. Juli wurden sie aber von einer erheblichen türkischen Übermacht geschlagen. Die letzten Reste des kurdischen Widerstands um den Ararat wurden im Frühjahr 1931 niedergekämpft.

Die in den folgenden Jahren erzwungene relative Ruhe kann nicht darüber hinwegtäuschen, daß die türkische Regierung weiterhin mit allen Mitteln versuchte, das kurdische Problem schon im Ansatz zu lösen. Das Gesetz Nr. 2510 vom 14. Juni 1934 *(Tunceli kanunu)* gab dazu die Handhabe. Es teilte zunächst die Türkei in verschiedene Siedlungszonen ein: in Regionen, die im Westen der Türkei für die Ansiedlung und – ausdrücklich – für die »Assimilierung« der kurdischen Bevölkerung vorgesehen waren; sowie solche (von Kurden zu entvölkernde) Regionen, die für türkisch-stämmige Neusiedler freigegeben werden sollten; und schließlich in jene Landesteile, in denen die türkische Kultur gefördert werden sollte (zu ungunsten der vorhandenen traditionellen kurdischen Strukturen). Schließlich war eine Zone für die vollständige Evakuierung vorgesehen. Artikel 11 B bestimmte: »Personen ohne Beziehung zur türkischen Kultur und Personen mit einer Beziehung zur türkischen Kultur, aber mit einer anderen Muttersprache können jederzeit auf Anordnung des Innenministeriums aus kulturellen, militärischen, politischen, gesellschaftlichen oder sicherheitsbezogenen Gründen umgesiedelt werden.«[80] Das Gesetz aberkannte den Stämmen jegliche moralische Autorität; Macht und Einfluß der Stammeshäupter, Aghas und Scheichs wurden gebrochen, Traditionen und Stammestrachten verboten. »Jenen, deren Sprache nicht das Türkische« war, wurde darüber hinaus die Neugründung geschlossener Siedlungen, selbst die gemeinsame Ansiedlung in einem Stadtviertel, untersagt. Obwohl wiederum die namentliche Erwähnung der »Kurden« und ebenso »Kurdistans« konsequent vermieden wurde, war das Gesetz für die Anwendung gegen diese geradezu maßgeschneidert.

Andere Maßnahmen kamen hinzu: so die Verbreitung der türkischen Sprache im Südosten, die Einführung von türkischen Familiennamen und die Türkisierung der Ortsnamen.

Eine systematische Vertuschung der Repressionen und Greueltaten führte dazu, daß die Nachrichten aus »Kurdistan« nur spärlich flossen. Unter den zahlreichen Protesten und Aufständen ragt der Aufstand in der Provinz Dersim hervor, der ausbrach, als im Sommer 1937 aus Ankara die Anweisung kam, alle Waffen abzugeben. Sayyid Rıza rief damals einige tausend Kämpfer zweier Stämme zu den Waffen. Nach Anfangserfolgen brach ein allgemeiner Aufstand aus. Bald aber hatte Ankara erneut seine Truppen entsandt, die die Aufständischen in die höheren Bergregionen des für militärische Operationen schwierigen Aufstandsgebiets zurückdrängten. Im November wurde der Aufstand dann erstickt. Sayyid Rıza und zehn weitere Anführer wurden am 18. November 1938 exekutiert. Die türkische Regierung befahl die Deportation aller in den Aufstand verwickelten Klans, nahezu 50 000 Personen. Die Ortschaft und die Provinz Dersim wurden in Tunceli umbenannt. Hier blieb das Kriegsrecht ununterbrochen bis ins Jahr 1946 bestehen.

Unübersehbar hatte sich ein nationaler Charakter der kurdischen Aufstände in der Türkei ausgeprägt. Mochte der Vorwurf, daß die kurdischen Aufstände als Aktionen rückständiger, in feudalem Denken verhafteter Stammeshäupter zu verstehen seien, auf die Revolte von 1925 noch zutreffen, so hatten sich die Realitäten der Erhebungen von 1930 und 1937/38 verändert. Die Ararat-Revolte (1930) war die kurdische Reaktion auf den türkischen Nationalismus, der mit einem eigenen kurdischen Nationalismus beantwortet wurde. Die Revolte von Dersim (1937/38) war allem Anschein nach vor allem aus der allgemeinen Empörung und der Furcht vor der anstehenden Deportation ausgebrochen. Der erste, noch zu einem beträchtlichen Teil aus traditionellen (auch religiösen) und feudalen Motiven herbeigeführte Aufstand (1925) hatte noch mit der Ablösung von der osmanischen Ordnung zu tun, während schon der zweite (1930) ausdrücklich nationalistisch orientiert war. Der dritte (1937) schließlich mutet wie das letzte Aufbegehren der schon in die Enge getriebenen Minderheit an, die sich noch einmal gegen die konkrete Bedrohung ihrer ethnischen, kulturellen und physischen Existenz in einem aussichtslos gewordenen Kampf zur Wehr zu setzen versuchte. Tatsächlich ist dies der letzte ernstzunehmende Aufstand gewesen, den die türkische Führung in ihrem Teil Kurdistans bekämpfen mußte.

Ist die »kurdische Frage« zu lösen?

Für ein halbes Jahrhundert sollte ein »kurdisches Problem« für die türkische Staatsführung nicht mehr bestehen. Die Kraft der Kurden, sich zu erheben, war erschöpft; viele wanderten seit Beginn der sechziger Jahren in die Städte im Westen des Landes ab, um dort, mit der einsetzenden Industrialisierung, ihren Lebensunterhalt zu verdienen. Der nach dem Zweiten Weltkrieg einsetzende Ost-West-Konflikt, der schließlich 1952 zur Aufnahme der Türkei in die NATO führte, die auch im Osten des Landes wichtige Militäranlagen installierte und regelmäßig militärische Manöver durchführte, ließ jede Diskussion über ein ethnisches Problem, ganz zu schweigen von der Unterstützung einer ethnischen Bewegung, als nicht angezeigt erscheinen. Eine »kurdische Frage« schien es in der Türkei – und auch für das Ausland – nicht mehr zu geben.

Daß der nationale Gedanke unter Kurden gleichwohl weiterlebte, wird an Entwicklungen in anderen Teilen der Region deutlich, in denen Kurden leben. Auf sie kann hier nicht eingegangen werden. Hingewiesen sei aber auf die Kurdische Republik von Mahabad, die am 22. Januar 1946 auf westiranischem Boden ausgerufen wurde. Als ihr Sprecher und Führer trat der islamische Richter Ghazi Mohammed aus der Familie der Saif Ghazis auf, der seiner Persönlichkeit wegen großes Ansehen und Autorität im Mahabad-Gebiet besaß. Dieser politische Schritt steht unlösbar in Zusammenhang mit der Anwesenheit der Sowjets im iranischen Nordwesten seit September 1941, die insbesondere auch im aserbaidschanischen Teil Irans starke Garnisonen unterhielten. Das südlich davon gelegene Kurdengebiet war somit weitgehend außerhalb der Kontrolle durch den iranischen Staat. Mit dem im Mai 1946 eingeleiteten Abzug sowjetischer Truppen gewann dann die iranische Regierung größeren Spielraum für militärische Aktionen. Im Herbst begannen iranische Truppen erfolgreich gegen die Mahabad-Republik vorzugehen. Am 13. Dezember mußte die Kurdische Republik schließlich kapitulieren. Ghazi Mohammed wurde gefangengesetzt und, am 31. März 1947 wegen Hochverrats zum Tode verurteilt, öffentlich gehängt. Auch in Iran war es dann mit einer kurdischen Nationalbewegung erst einmal vorbei – bis sie mit der Gründung der Islamischen Republik Iran (1979) wieder auf die politische Agenda trat.

Im Irak läßt sich gleichfalls eine lange Kette nationalistisch motivierter Aufstände seit den zwanziger Jahren verfolgen. Hier hatten die Briten die Entwicklung einer kurdischen kulturellen Identität teilweise bewußt gefördert. Der Kampf der Kurden um Selbstbehauptung gewann mit der Revolution von 1958, die zugleich eine prononcierte Arabisierung irakischer Politik mit sich brachte, an Schärfe. Auch nach der Machtübernahme durch die sozialistische und panarabische Baath-Partei im Juli 1968 schien sich die militärische Konfrontation zwischen der Regierung und den *Peschmergas* – dt. »derer vor dem Tod«, wie sich die traditionelle kurdische Guerilla selbst nennt – erneut zu verschärfen. Erst im März 1970 wurde zwischen der Zentralregierung und dem Kurdenführer Mustafa al-Barsani ein »Manifest über die friedliche Regelung der Kurdenfrage im Irak« ausgehandelt, welches im Kern kurdische Forderungen nach Selbstbestimmung, Selbstverwaltung und kultureller Eigenständigkeit anerkannte. So spricht denn auch die im Juli 1970 verkündete provisorische Verfassung des Irak von zwei Nationalitäten, aus denen das irakische Volk bestehe: der arabischen und der kurdischen. Die offizielle Sprache ist arabisch, in den kurdischen Gebieten kurdisch. Daß die irakische Führung das »Manifest« nie ernsthaft umsetzte, hat seit Beginn der siebziger Jahre zu einem Dauerkonflikt zwischen den Kurden des Irak und der Zentralregierung geführt, der nur selten durch Feuerpausen und Verhandlungen unterbrochen wurde. Nach der vernichtenden Niederlage des Regimes von Präsident Saddam Husain gegen die internationale Allianz zur Befreiung Kuwaits im Februar 1991 gingen die Kurden zu einem allgemeinen Volksaufstand über, der umgehend blutig niedergeschlagen wurde. Die kurdische Schutzzone nördlich des sechsunddreißigsten Breitengrades, die daraufhin durch einen Beschluß der Vereinten Nationen geschaffen wurde, hat – trotz aller Schwierigkeiten und innerer Konfrontationen – erste Konturen kurdischer Staatlichkeit im Norden des Irak entstehen lassen.

Als am 15. August 1984 eine bis dahin kaum bekannte Gruppe aus dem extrem linken Parteienspektrum bei einem Anschlag im Südosten der Türkei zwei türkische Soldaten ermordete, war wohl kaum einem bewußt, daß hier ein neues Kapitel der kurdischen Frage aufgeschlagen worden war. So schmerzlich es sein mag, den Terrorismus als Strategie zur Durchsetzung politischer Ziele zu akzeptieren, so wenig wird man mehr als zehn Jahre später die Einsicht verdrängen können, daß der in den folgenden Jahren eskalierende Terror der PKK das Thema der Kurden auf jede Tagesordnung gesetzt hat, die der Situation in der Türkei gilt.

Die Kurdische Arbeiterpartei (PKK) war 1975 im Rahmen der Revolutionären Kulturvereinigung des Ostens gegründet worden. Die Gruppe um ihren Gründer Abdullah Öcalan machte ab 1976 als *APOcular*, die »APO-Aktivisten«, von sich reden. APO, kurdisch »Onkel«, war zugleich die Verkleinerungsform von Abdullah, das heißt von Abdullah Öcalan, dem Gründer und seither diktatorischen Führer der Partei.

Ziel der Aktivitäten der Gruppe waren die Abschaffung der feudalen Verhältnisse in Kurdistan und die Gründung einer unabhängigen sozialistischen Kurdenrepublik mit der Hauptstadt Diyarbakır. Bereits 1978/79 hatte die PKK die Gebiete um Hilvan und Siverek in der Provinz Urfa weitgehend unter Kontrolle. Sie schüchterte die Bewohner und staatlichen Sicherheitsorgane ein. Vor dem Eingreifen des Militärs im September 1980 sollen dem Terror der PKK bereits 250 Personen zum Opfer gefallen sein.

Ein Teil der PKK-Führung hatte sich vor den Verhaftungen nach dem September 1980 ins Ausland absetzen können. Abdullah Öcalan begab sich nach Syrien; und mehr und mehr wurden Ausbildung und Indoktrinierung von Parteimitgliedern in den Libanon verlegt, wo sie inmitten des Chaos des Bürgerkrieges unter syrischer Aufsicht agitierten. Zur Finanzierung der Partei ging man verstärkt zu Drogenhandel und -schmuggel sowie zur Eintreibung von Abgaben unter den türkischen Kurden in Europa über.

Ende der achtziger Jahre erweiterte die PKK ihre terroristischen Aktivitäten in eine systematische Guerillatätigkeit. Neben Angehörigen türkischer Streitkräfte waren von der Regierung in Ankara bewaffnete Kurden, namentlich die »Dorfschützer«, bevorzugtes

22 Abdullah Öcalan

Objekt des Kampfes; dabei scheute sich die Gruppe nicht, von der Auseinandersetzung nicht unmittelbar Betroffene wie Frauen und Kinder umzubringen. Auf der anderen Seite eskalierten auch die Übergriffe der türkischen Sicherheitskräfte, die ihrerseits zunehmend flächendeckend Repressalien ausübten. Dies sowie die Ermordung Unbeteiligter und schließlich die Ausweisung von Personen aus der Region, die Evakuierung von Dörfern und die Zerstörung von Ortschaften, denen die Unterstützung der PKK nachgesagt wurde, führten mit den Jahren zu einer zunehmenden Identifizierung immer breiterer Teile der kurdischen Bevölkerung im Osten und Südosten des Landes mit den Kämpfern in den Bergen. Immer stärker wurde die bewaffnete Herausforderung des türkischen Staates durch eine terroristische Gruppe zu einem Bürgerkrieg.

Die Entschlossenheit, das Kurdenproblem in einem Vernichtungsschlag gegen die PKK zu lösen, verfestigte sich in Kreisen der Regierung und des Militärs. Einige wenige Ansätze zur Vertrauensbildung im Südosten wurden namentlich vom Militär wiederholt unterlaufen. Erstmals zeigte sich dies während des kurdischen Neujahrsfestes *(Nevroz)* am 21. März 1992. Vor dem Fest hatte Ministerpräsident Demirel versprochen, daß es von allen Bevölkerungsteilen ungestört begangen werden dürfe und daß keine Gewalt gegen friedliche Versammlungen angewendet würde. Dennoch endete das *Nevroz* 1992 mit über 100 Toten und mehr als 340 Verletzten blutig.

Im folgenden Jahr signalisierte der PKK-Chef zum ersten Mal die Bereitschaft zu einer politischen Lösung. Er verkündete eine einseitige Waffenruhe vom 20. März bis 15. April 1993; in diesem Jahr verlief das *Nevroz*-Fest relativ friedlich. Die nach Ablauf der Frist von Öcalan auf unbestimmte Zeit verlängerte Waffenruhe erfuhr ein jähes Ende: Am 24. Mai wurden bei einem Massaker 33 unbewaffnete türkische Soldaten und 5 Zivilisten, die bei nächtlichen Straßensperren in der Provinz Bitlis aus Bussen geholt worden waren, ermordet. Im Westen verübten mutmaßliche PKK-Anhänger Bombenanschläge auf Tourismuseinrichtungen in Antalya und Kuşadası, bei denen 28 Personen, darunter 9 Deutsche, verletzt wurden.

Die türkische politische Klasse tut sich noch immer schwer, die Existenz einer »kurdischen Frage« im Land wahrzunehmen. Immerhin haben die Ereignisse sie dazu gezwungen, die Tabu-Schwelle deutlich zu senken. Wieder war es Turgut Özal, der die Wirklichkeit beim Namen nannte. Als Hunderttausende von Kurden nach Abschluß des zweiten Golfkrieges im März 1991 von den Republikanischen Garden des irakischen Diktators Saddam Husain an und über die türkischen Grenzen getrieben wurden und von der Türkei aus versorgt werden mußten, setzte er eine Diskussion über das Kurden-Problem im eigenen Lande in Gang. Er verhandelte mit Führern der irakischen Kurden und brachte eine Reihe von kulturellen Maßnahmen ins Gespräch, mit denen er kurdischen Forderungen nach einer eigenen kulturellen Identität entgegenzukommen beabsichtigte. Dazu gehörte der Vorschlag, Publikationen sowie Fernseh- und Rundfunksendungen in kurdischer Sprache zuzulassen. Einmal mehr schockierte er damit die Gralshüter des Kemalismus. Am 12. April 1991 wurde im Zusammenhang mit der Verabschiedung des »Antiterrorgesetzes« das Sprachenverbot abgeschafft. Eine Hinterlassenschaft der Generäle, hatte es die Benutzung aller Sprachen verboten, die nicht Amtssprache eines von der Türkei anerkannten Staates waren. Überflüssig zu sagen, daß vor allem das Kurdische betroffen war, das in keinem Land erste Amtssprache ist. Das Gesetz war nicht nur im Ausland immer wieder kritisiert worden. Es hatte auch im Inneren dazu beigetragen, auf kurdischer Seite Animositäten gegen »das Türkische« zu schüren.

Der Tod Özals im April 1993 bedeutete auch in der kurdischen Frage einen Rückschlag. Die im Juni gebildete Regierung unter Tansu Çiller erwies sich von Anfang an als zu schwach, sich dem Druck des Militärs zu widersetzen. Das Massaker von Bingöl wurde zum Anlaß genommen, die militärische Repression weiter zu eskalieren. Seither ging das Militär mit immer unverhohlenerer Rücksichtslosigkeit gegen die kurdische Bevölkerung vor. Selbst der türkische Minister für Menschenrechtsfragen räumte schwere Menschenrechtsverletzungen und die systematische Vernichtung von kurdischen Dörfern ein.

Die Entscheidung, im März 1995 in der kurdischen Schutzzone im Irak zu intervenieren, um die dortigen PKK-Stellungen und -Stützpunkte zu zerstören, war nur die logische Schlußfolgerung dieser Eskalation. Gelegentliche »Politikangebote« von Ministerpräsidentin Çiller, so etwa der Vorschlag, das kurdische *Nevroz*-Fest zu einem nationalen Feiertag in der Türkei zu machen, waren kurzatmig, mit niemandem abgestimmt und verschwanden mithin sofort wieder in der politischen Versenkung.

Ein weiterer schwerer Fehler war die Verfolgung von kurdischen Angehörigen des Parlaments in Ankara. Diese Entwicklung geht zurück auf das Wahljahr 1991. Nach den Bestimmungen des Wahlgesetzes durften nur Parteien an den Wahlen teilnehmen, die in mindestens der Hälfte aller türkischen Provinzen ihren organisatorischen Aufbau abgeschlossen hatten. Zu den Parteien, die diese Bedingungen nicht erfüllten, gehörte auch die im Juli 1990 gegründete Volksarbeitspartei *(Halk Emek Partisi, HEP)*, deren Kern aus der Sozialdemokratischen Volkspartei (SHP) ausgeschlossene bzw. ausgetretene kurdische Parlamentarier bildeten. Für die Wahlen im Oktober bot der SHP-Vorsitzende Erdal Inönü den HEP-Kandidaten Listenplätze seiner Partei an. Sie mußten allerdings formell aus der HEP aus- und in die SHP eintreten. Unter den 86 Abgeordneten, die die SHP ins Parlament brachte, befanden sich 22 ehemalige HEP-Mitglieder. In den Südostprovinzen waren sämtliche auf die SHP-Liste gesetzten Kandidaten der HEP gewählt worden. Zwei der kurdischen SHP/HEP-Abgeordneten lösten bei der Vereidigung der neuen Parlamentsmitglieder am 6. November Tumulte aus, als sie Zusätze zur Eidesformel sprachen – Leyla Zana auf Kurdisch.

Auf Grund der Regierungsbeteiligung der SHP blieben die HEP-Abgeordneten zunächst in der Partei. Im Juni 1992 entstand die kurzlebige Freiheits- und Gleichheitspartei *(Özgürlük ve Eşiklik Partisi, ÖZEP)*. Zu ihr gehörten 18 kurdische Abgeordnete, ehemalige Mitglieder der HEP, von denen 14 Ende März aus Protest gegen die Kurdenpolitik der Koalitionsregierung die SHP verlassen hatten. Die Parteigründung war eine üblich gewordene Formalität, um den verbotenen Parteien-Transfer von Abgeordneten zu umgehen. Nach der Verschmelzung der ÖZEP mit der HEP wählte ein außerordentlicher Parteitag in Ankara am 19. September Ahmet Türk zum Parteivorsitzenden. Der Kurde Türk, Großgrundbesitzer aus der Provinz Mardin, galt als Vertreter der »Moderaten«, obwohl er auch gute Beziehungen zur PKK unterhielt. Damit war nunmehr eine reinrassige kurdische Partei in der Großen Türkischen Nationalversammlung vertreten, die sich expressis verbis für die Belange einer ethnischen Gruppe einsetzte.

Der wachsenden Frustration über die Regierungspolitik und der sich verschärfenden Polarisierung zwischen Türken und Kurden fiel schließlich auch die HEP zum Opfer. Immer unverhohlener ließen Abgeordnete der Partei Sympathie und Verständnis für den Kampf der PKK erkennen. Am 14. Juli 1993 verbot das Verfassungsgericht die HEP wegen »separatistischer Propaganda«. Rechtzeitig vor dem endgültigen Verbot freilich waren die Parlamentarier der HEP zur Demokratie-Partei *(Demokrasi Partisi, DEP)* übergewechselt, die bereits zuvor als »Ausweichpartei« gegründet worden war. Vorsitzender der DEP wurde Ende des Jahres der als Sympathisant der PKK bekannte Hatip Dicle.

Die Partei stand allerdings von Beginn an unter erheblichem Druck. Anfang Mai 1994 beschloß das Parlament, die Immunität der DEP-Abgeordneten aufzuheben. Ihnen wurden separatistische Äußerungen zur Teilung der Türkei vorgeworfen, ein Vergehen, auf das nach Artikel 125 des Türkischen Strafgesetzbuches die Todesstrafe steht. Am 16. Juni wurde die Partei verboten. Sechs Abgeordneten gelang die Flucht nach Brüssel, wo sie um Asyl nachsuchten. Acht andere wurden in einem Prozeß, der im Ausland mit großem Interesse verfolgt wurde, am 8. Dezember zu hohen Freiheitsstrafen verurteilt. Zuvor hatte die Staatsanwaltschaft die Anklagepunkte nach Artikel 125 fallengelassen. Mittlerweile hatte sich die Volksdemokratie Partei *(Halk Demokrasi Partisi, HADEP)* konstituiert und am 26. Juni ihren ersten Kongreß abgehalten. Dabei war es zu Beifallsbekundungen von Sympathisanten der PKK gekommen.

So befindet sich der türkische Staat unübersehbar in einer Sackgasse. Mit der Ächtung der kurdischen Parlamentarier hat er sich selbst möglicher seriöser Gesprächspartner beraubt, mit denen er über eine Lösung der kurdischen Frage hätte verhandeln können. Mittlerweile hat sich der Terror der Sicherheitskräfte auf ein breites Spektrum von anderen »Sympathisanten« ausgedehnt. Weit über 20 Journalisten, die im Südosten recherchierten und berichteten, wurden ermordet, ohne daß es von den Tätern auch nur eine Spur gegeben hätte. Die kurdische Tageszeitung, die in türkischer Sprache zunächst unter dem Namen »Özgür Gündem« (»Freie Tagesordnung«) und dann »Yeni Ülke« (»Neues Land«) erschien, wurde schikaniert und zeitweilig unterdrückt, dann ganz verboten. Menschenrechtsgruppen wurden von den Behörden unter Druck gesetzt, ihre Mitglieder zum Teil ins Gefängnis gebracht. Die Bilanz des mehr als zehnjährigen Terrors und Gegenterrors sind wahrscheinlich mehr als 20 000 Tote.

Die kurdische Frage hat die türkische Gesellschaft zutiefst vergiftet und gespalten. Die Einsicht, daß der Konflikt eine Gefahr für die Stabilität des Landes darstellt, die wirtschaftliche Entwicklung behindert und die Türkei zu isolieren droht, ist weit verbreitet. Nicht nur Menschenrechtsgruppen fordern ein Ende der Kämpfe und mahnen eine politische Lösung an. Auch aus Teilen der türkischen Wirtschaft kommt Kritik. Cem Boyner, ehemals Präsident des türkischen Arbeitgeberverbandes, ist eine typische Stimme aus diesem Lager: Er kenne keinen anderen Staat der Welt, der seine eigenen Bürger bombardiere. Über die von ihm Ende 1994 gegründete Neue Demokratie Bewegung wurde schon berichtet. Aber auch türkische Zeitungen und Zeitschriften kritisierten die Regierungspolitik. Gemeinsam ist ihnen die Sorge, daß ein anhaltender Konflikt die noch immer schwache türkische Demokratie gefährden könnte. Sie fordern eine politische Lösung durch eine radikale Demokratisierung von Staat und Gesellschaft.

Anfang 1996 scheinen die Fronten verhärtet. In Ankara konnten sich die Tauben nicht gegen die Falken durchsetzen. Signale des PKK-Chefs Öcalan im Laufe des Jahres 1994, einen Waffenstillstand zu vereinbaren und Verhandlungen aufzunehmen, beantwortete Ankara mit neuen umfassenden »Säuberungsaktionen« seitens der Sicherheitskräfte im Südosten. Ein neuerliches Waffenstillstandsangebot vom Dezember 1995 verhallte in Ankara – nicht nur wegen der Regierungskrise – ungehört. Nahezu systematisch wurden die Militäroperationen 1995 in den benachbarten Irak ausgedehnt. Auf das Übergreifen des kurdischen Konflikts nach Deutschland wird noch zu sprechen sein, wenn es um die deutsch-türkischen Beziehungen geht.

Nicht nur gewaltsam, sondern auch politisch suchen sich die Kurden Gehör zu verschaffen. Im April 1995 wurde in Den Haag ein kurdisches Exilparlament gegründet. In einem Aufruf wird unterstrichen, daß es sich dabei nicht um verdeckten Separatismus handele. Vielmehr werde sich das Parlament für Gleichheit und demokratische Einheit des türkischen und kurdischen Volkes einsetzen. Es suche einen Beitrag zu einer politischen Lösung zu leisten.[81]

Die 65 Abgeordneten wollen ein breites Spektrum der kurdischen

Bevölkerung repräsentieren. Dem Parlament gehören im Exil lebende Abgeordnete der DEP sowie vertriebene Bürgermeister kurdischer Ortschaften an; ferner Vertreter der Union der Alewiten Kurdistans, der Union der Yeziden Kurdistans, der Assyrischen Föderation, dreier religiöser Minderheiten also; der Islamischen Bewegung Kurdistans, der Bewegung Freier Frauen Kurdistans und natürlich – der PKK und ihres bewaffneten Armes, der Nationalen Befreiungsfront Kurdistans. Die PKK zusammen mit ihr nahestehenden Organisationen bildet die stärkste Fraktion im kurdischen Parlament.

Ob und in welcher Weise dieses Exilparlament einen Beitrag zur Lösung des kurdischen Problems leisten kann, wird die Zeit zeigen. Erste Reaktionen aus Ankara waren ausgesprochen feindselig. Die türkische Regierung machte deutlich, daß sie in der Gründung des Parlaments einen weiteren Schritt in Richtung auf die Loslösung der kurdischen Gebiete aus dem türkischen Staatsgebiet sieht.

Tatsächlich kann der »Kurdenstaat« kein realistisches Konzept für eine Lösung der kurdischen Frage sein. Nicht nur, weil er in der ganzen Region auf entschlossenen Widerstand stößt und international kaum Unterstützung erfährt. Vielmehr haben sich durch die Wanderungsbewegungen der letzten Jahrzehnte Türken und Kurden zunehmend vermischt. Das gilt im besonderen für die großen Städte im Westen des Landes wie Istanbul oder Izmir, aber auch für Ankara oder Adana. Zwar gibt es naturgemäß keine verläßlichen Zahlen. Verbreitete Schätzungen aber besagen, daß mindestens die Hälfte aller Kurden in der Türkei (circa 12–15 Millionen) außerhalb der Kurdenprovinzen im Osten und Südosten des Landes lebt. Die Anerkennung kultureller Rechte für die Kurden bzw. die Schaffung föderaler Strukturen wären Schritte, mit denen sich realistisch der Anspruch einer wachsenden Zahl von Kurden, eine eigene Identität zu demonstrieren, mit dem Anspruch des türkischen Staates auf Wahrung seiner territorialen Integrität verbinden ließe.

Ein Wiedererwachen Anatoliens? – Die Alewiten

Am Abend des 12. März 1995 überfielen, wie bereits erwähnt, unbekannte Bewaffnete im Istanbuler Stadtteil Gaziosmanpaşa vier Teehäuser und eröffneten das Feuer. Zwei Menschen wurden tödlich getroffen. Wenn niemand die Täter kannte, so benannten die Medien die Opfer: Alewiten. Die Bewohner von Gaziosmanpaşa seien Alewiten, die aus dem Südosten der Türkei nach Istanbul gewandert seien. Als sich anderentags die Menge zu einem Protestmarsch in Bewegung setzte, wurde sie von Polizeikräften daran gehindert. Die angestaute Aggression entlud sich in Zusammenstößen mit den Sicherheitskräften. Dabei starben 23 Menschen durch Polizeikugeln, über 100 wurden verletzt, circa 200 Menschen als vermißt gemeldet. Zwei Tage später, am 14. März, protestierten in Ankara Tausende von Menschen gegen das Vorgehen der Polizei in Gaziosmanpaşa. Der Protestzug, der zum Regierungssitz der Ministerpräsidentin führen sollte, wurde von der Polizei gewaltsam aufgelöst; vier Menschen verloren das Leben.

Auch die Regierung mußte einräumen, daß es sich hier um Unruhen handelte, die in der religiösen Zugehörigkeit einer Gruppe ihre Wurzeln hatten. Ansonsten erging sie sich in wilden Spekulationen über die Urheberschaft: Der Innenminister verdächtigte als Drahtzieher der Teehaus-Anschläge drei Gruppierungen: eine religiös-extremistische, eine links-extremistische und die nationalistisch-extremistische PKK. Ministerpräsidentin Tansu Çiller beschuldigte gar den Nachbarn Griechenland, hinter den Anschlägen zu stehen.

Die Wellenschläge der jüngsten Krise erreichten umgehend auch Deutschland: In der Nacht des 14. März wurden auf einen türkischen Familien-Verein und auf die Ahmet-Yesevi-Moschee in Hamburg Brandanschläge verübt. Aus dem Bekennerschreiben ging hervor, daß es sich hierbei um Racheakte für die Überfälle in Gaziosmanpaşa handele.

Etwa zwei Jahre zuvor war die Öffentlichkeit schon einmal weit über die Landesgrenzen hinaus auf die Lage der alewitischen Glaubensgemeinschaft in der Türkei aufmerksam geworden. Im Juli 1993 hatten sich im Rahmen einer Kulturwoche zu Ehren des großen alewitischen Dichters Pir Sultan Abdal eine Vielzahl bedeutender Schriftsteller, Dichter und Künstler in Sivas aufgehalten. Provokateure aus den Reihen der Islamisten hetzten nach dem Freitagsgebet die Menschen auf die alewitischen Gäste. Als diese in ihrem Hotel Schutz suchten, um der aufgebrachten Menge zu entgehen, zündeten fanatische Gläubige unter religiösen Gebeten und Flüchen das

Hotel an und verursachten den Tod von 33 alewitischen Künstlern und Schriftstellern, bevor die zaudernden Sicherheitskräfte eingriffen. Der Vorfall hatte um so größere Aufmerksamkeit erregt, als sich unter den – geretteten – Künstlern der international bekannte türkische Erzähler Aziz Nesin befand.

Wer sich weiter zurückzuerinnern vermag, denkt an die bürgerkriegsähnlichen Zustände gegen Ende der siebziger Jahre, bei denen ebenfalls gelegentlich die Alewiten involviert waren: so bei blutigen Zusammenstößen in Sivas, Kahramanmaraş, Çorum und Yozgat, wo blutige Auseinandersetzungen zwischen alewitischen und sunnitischen Glaubensanhängern nach zwei Jahrzehnten der Ruhe und des friedlichen Zusammenlebens unvermittelt ausgebrochen waren.

Folglich liegt die Frage nahe, ob sich nicht über die hier schon dargestellten tiefen Verwerfungen in der türkischen Gesellschaft hinaus zwischen Fundamentalisten und Laizisten, Türken und Kurden Konturen eines dritten Konflikts abzeichnen: zwischen politisch konservativen, ja extremistischen Sunniten auf der einen und Angehörigen der alewitischen Glaubensgemeinschaft auf der anderen Seite, die durchweg politisch dem Kemalistisch-laizistischen, ja linken Lager zuzurechnen sind.

Die angedeuteten Ereignisse lassen erkennen, daß sich eine zunehmende Zahl von Menschen auf beiden Seiten der sunnitisch-alewitischen Trennlinie auch wieder stärker der religiösen Dimension ihrer politischen Auseinandersetzungen bewußt wird; ja, daß sie die religiöse Andersartigkeit der jeweils anderen Seite wahrnehmen, sich selbst also im Gegenbild des anderen religiös identifizieren. In dem hier schon dargestellten Klima der »Re-Islamisierung« kann dies auch nicht ganz unerwartet kommen.

Gesellschaftliche Aussenseiter

In der Türkei bilden die Alewiten nach den sunnitischen Muslimen die zahlenmäßig größte Religionsgemeinschaft. Die hier und da genannten Zahlen schwanken zwischen 10 und 40 Prozent der Türken; zutreffend dürfte sein, daß der Anteil der Alewiten 20 Prozent der Bevölkerung der Türkei nicht übersteigt. Ihre Mitglieder leben über das ganze Land verteilt, wobei die Siedlungsschwerpunkte in den westlichen Provinzen Ostanatoliens liegen. Ihr Status als Minderheit, ihre eigene Rechtsprechung, das Verbot der Heirat mit Nicht-Alewiten und eine Reihe von kultisch-religiösen Regeln führten dazu, daß sich die Alewiten zu einer geschlossenen Gemeinschaft am Rande der türkischen Gesellschaft entwickelten.

Das Alewitentum wurzelt tief in anatolischen Traditionen und ist nicht auf eine unmittelbare Stiftung oder Offenbarung zurückzuführen. Anatolien gilt als »Wiege der Kulturen«, und es sind vielfältige Völker, Kulturen und Religionen über das Land hinweggegangen und haben – eine um die andere – ihre zivilisatorische, kulturelle und religiöse Erbschaft hinterlassen. Als mit dem 11. Jahrhundert Turkmenenstämme erst zurückhaltend, dann als ein breiter Strom in das anatolische Gebiet einwanderten, gerieten sie in diesen »anatolischen Schmelztiegel«.[82]

Das Alewitentum ist das Ergebnis einer religionsgeschichtlichen Entwicklung. Deutlich sind christliche und gnostische Schichten in der alewitischen Religion zu erkennen. Am auffallendsten aber sind zugleich radikal schiitische Züge, die in der Vergöttlichung Alis gipfeln, des Vetters und Schwiegersohns des Propheten Mohammed. Ali und Mohammed sind aus dem gleichen »Lichtpartikel« Gottes geschaffen, noch vor Adam; es ist also ein präexistentes Engelwesen, das im Menschen Ali leibliche Gestalt angenommen hat. Die gnostische Lehre der göttlichen Emanation, des sich Verströmens in die Welt, die in Kleinasien auf vielfältige Weise fortgelebt hatte, findet sich auch in der alewitischen Religion wieder.

Weder dem seldschukischen Reich noch seinem historischen Nachfolger, dem Osmanischen Reich, gelang es, Anatolien in ein sprachlich und kulturell einheitliches Ganzes zu verschmelzen. Im Gegenteil: Stets konnten die überkommenen anatolischen Religions- und Kulturkreise ihre Existenz wahren. Freilich tolerierten die seldschukischen Herrscher, die dem orthodoxen sunnitischen Islam anhingen und die Staatsführung nach seinen Regeln gestalteten, neben ihrem eigenen Glauben keine zweite »islamische« Richtung. So wurden Anhänger jener Sekten, aus denen schließlich die Alewiten hervorgingen, gezwungen, ein kulturelles und religiöses Untergrunddasein zu führen.

Neuen Halt fanden die nichtorthodoxen »islamischen« religiösen

Gruppen beim mystischen Orden der Safawiden im nordwestiranischen Ardabil, dessen Oberhaupt viele von ihnen als religiöse Autorität anerkannten. Dieser wandte sich im 15. Jahrhundert selbst der schiitischen Richtung zu. Unter dem Einfluß des Ordens erhielt die bisher diffuse Volksreligion der Turkstämme festere Konturen. Ihre Anhänger, nach ihrer Kopfbedeckung, einem roten Turban, Kızılbaş (Rotkopf) genannt, wuchsen durch die nun festgelegten und für alle geltenden Regeln zu einer homogenen Glaubensgemeinschaft zusammen. Nach der Niederlage des safawidischen Schahs Ismail gegen die Osmanen bei Çaldıran im Jahr 1516 fand die Mehrheit der anatolischen Kızılbaş eine neue geistige Leitung im Orden des türkischen Mystikers Haci Bektaş Veli, bei den Bektaşis. Dieser Orden war im 13. Jahrhundert durch den aus Khorasan (im heutigen Nordostiran) stammenden Haci Bektaş gegründet worden und hatte sich über ganz Anatolien ausgebreitet.

Auch die Osmanen verweigerten den Alewiten die Anerkennung ihrer Religion und zwangen sie zur Assimilation, der diese sich in blutigen Aufständen widersetzten. Ins gesellschaftliche und politische Abseits gedrängt und ausgegrenzt, waren sie gezwungen, ihre Kultur und Religion vor staatlichen Instanzen zu verbergen, um sich und ihre Angehörigen nicht in Gefahr zu bringen. So schloß sich die Gemeinschaft enger zusammen und zog sich zugleich immer weiter zurück. Auf diese Weise entstanden die verstreut liegenden, rein alewitischen Ortschaften. Die Verbindung zwischen den Gemeinden wurde durch die religiösen Würdenträger *(Dede)* sowie durch die gemeinsam begangenen großen Festtage aufrechterhalten.

Besonders belastend für die gesellschaftliche Stellung der Alewiten wirkte sich aus, daß sie sich über charakteristische islamische Rituale wie etwa das fünfmalige Gebet am Tag, die Wallfahrt und das Fasten im Monat Ramadan hinwegsetzen. Den Koran und das islamische Gesetz galt und gilt es nicht in seiner wörtlichen Bedeutung zu nehmen, sondern spirituell auszudeuten. Dies aber war einem kleinen Kreis »Eingeweihter« vorbehalten. Eheschließungen und Tischgemeinschaften mit Nicht-Alewiten waren untersagt. Rechtsstreitigkeiten wurden durch eigene Gerichte geschlichtet. So entstand ein eigenes Rechtswesen. In vielen Fällen wirken im Brauchtum, im Recht und im gemeinsamen Leben der Gemeinde noch althergebrachte Stammesbräuche nach. In der Tradition der türkischen Stämme der vorislamischen Zeit traten Frauen an der Seite der Männer gleichberechtigt öffentlich auf. Ein Reflex dieser Gleichstellung ist es, wenn Frauen an den religiösen Versammlungen *(Cem)* unterschiedslos teilnehmen. Dies, aber auch der erlaubte Genuß von Wein sowie überhaupt die bemerkenswerte Indifferenz gegenüber der islamischen Pflichtenlehre brachte den Alewiten in ihrem sunnitischen Umfeld den Ruf des Libertinismus und der Unmoral ein.

So handelt es sich bei der alewitischen Religion um eine Glaubensgemeinschaft allenfalls am Rande des Islam. Und die Diskussion, wo der Alewismus religiös zu verorten sei, ist immer wieder geführt worden. Naturgemäß klafften die Standpunkte dabei weit auseinander. Der Auffassung, daß das Alewitentum eine Weiterführung der islamischen Religion sei (und dieser damit überlegen), steht der Vorwurf der Häresie diametral gegenüber. Andere wiederum knüpfen an der starken Ausrichtung des alewitischen Lebens an ethisch-moralischen Werten an und verweigern dem Alewismus überhaupt den Status einer Religion.

Die Reformen Mustafa Kemal Atatürks, insbesondere die Verdrängung der Religion aus Gesellschaft und Staat, mußten für die Alewiten eine gewaltige Befreiung sein. Isolierung, Marginalisierung, Zwangsislamisierung und Repression seitens der Verwaltung der sunnitisch-kalifischen Zentralgewalt hatten nun ein Ende. So nimmt der türkische Staatsgründer in der Verehrung vieler Alewiten auch heute noch einen hohen Rang ein. Es gibt kaum eine alewitische Publikation, die dieser Verehrung nicht sichtbar Rechnung trägt.

Gleichwohl erlebten Alewiten auch in der Türkischen Republik Unterdrückung und Diskriminierung. Denn zum einen war ein Teil der Alewiten kurdischer Volkszugehörigkeit, und die allgemeine Unterdrückung der Kurden machte auch vor den Alewiten nicht halt. Zum anderen konnte sich der sunnitische Islam trotz des laizistischen Fundaments der Republik unter staatlichem Schutz entfalten. Von orthodox-sunnitischer Seite jedoch stufte man die Alewiten als eine vom wahren religiösen Weg abgekommene islamische Glaubensgemeinschaft ein. Während sich der sunnitische Islam seit den fünfziger Jahren die Unterstützung seitens der

Staatsführung sichern konnte, wurde das Alewitentum zu keinem Zeitpunkt offiziell als Religionsgemeinschaft anerkannt.

Mit der Entfaltung des Mehrparteienwesens konnten die Alewiten dann deutlicher politisch Position beziehen. Die Älteren blieben der Republikanischen Volkspartei treu; viele schlossen sich der sozialdemokratischen Bewegung an. Besonders auffallend aber war das Abdriften jugendlicher Alewiten in den Marxismus. Die Ideologie von der klassen-, ausbeutungs- und unterdrückungslosen Gesellschaft mußte ihnen die plausibelste und zugleich dynamischste Systematisierung der Ziele sein, um deren Erreichung die Alewiten schon immer, wenn auch bis dahin erfolglos, gekämpft hatten. Deshalb wurden sie seit den siebziger Jahren in die militant politischen Auseinandersetzungen mit der rivalisierenden Rechten hineingezogen. Während dieser Zeit wurden bei Massakern seitens militanter Sunniten und Nationalisten Hunderte von Alewiten umgebracht; die historische Feindschaft zwischen beiden Gemeinschaften brach aufs neue auf.

Im großen und ganzen jedoch war die alewitische Glaubensgemeinschaft dabei, in der säkular und westlich geprägten türkischen Gesellschaft aufzugehen. Sie lief Gefahr, an Profil und Identität zu verlieren und somit nun endlich zu »verschwinden«. Mit der Flucht der Menschen in die westlichen Großstädte der Türkei seit Ende der vierziger Jahre vollzog sich eine Durchmischung der türkischen Gesellschaft. So schien es, als könne keiner nunmehr ohne weiteres eine religiöse Zuordnung des anderen vornehmen. Viele Alewiten lebten in Großstädten mit Sunniten in gleichen Stadtteilen und Gebäuden zusammen, ohne daß die Differenzierungen nach außen sichtbar geworden wären. Auch hier verschwiegen die Alewiten erfolgreich ihre Identität. Tatsächlich gingen die Menschen bei ihrer Flucht in die Großstädte zunächst landsmännische Allianzen ein und suchten den Schutz und die Hilfe von Menschen gleicher regionaler Herkunft. Man nahm an, daß für die Menschen nun ihre ethnische Zugehörigkeit eine größere Rolle spielen würde als ihre religiöse Zuordnung. Alewitische Kurden sympathisierten eher mit sunnitischen Kurden als etwa mit Türken alewitischen Glaubens, und es schien, als hätten religiöse Unterschiede ihre gesellschaftliche Relevanz verloren.

Dies aber hatte vor der Wirklichkeit keinen Bestand. In Wahrheit wurden unmittelbare Kontakte zwischen den Alewiten und Sunniten weiterhin nicht gepflegt. Immer stärker zogen Menschen gleicher religiöser Zuordnung in dieselben Bezirke. Ein Austausch auf sozio-kultureller und religiöser Ebene fand nicht statt. Aus dem Nebeneinander der Menschen wurde zu keinem Zeitpunkt ein Miteinander, da sich die sozio-kulturellen Systeme beider Gruppen durch die Jahrhunderte zu verschieden entwickelt hatten und kaum Berührungspunkte mit dem anderen existierten. Die Angehörigen beider Religionsrichtungen duldeten und achteten einander, ohne daß sie sich tatsächlich gegenseitig akzeptierten.

Mit dem Militärputsch von 1980 setzte eine neue Welle staatlicher Assimilationspolitik gegenüber den Alewiten ein. Um eine Entpolitisierung der Gesellschaft zu erreichen, wurden vom Staat nationale und religiöse Strömungen, das heißt vornehmlich der sunnitische Islam, unterstützt. Der Staat unter Führung von Präsident Kenan Evren verordnete den Bau von Moscheen in allen alewitischen Dörfern, um diese endgültig zu assimilieren und für den sunnitischen Islam zu gewinnen. Die Alewiten besuchten erwartungsgemäß die Moscheen, ließen sich aber nicht zum sunnitischen Islam bekehren. Viele pflegten im Untergrund die eigene Religion weiter.

Seit mehr als einem Jahrzehnt ist eine neue alewitische Glaubensgemeinschaft in der Türkei im Entstehen begriffen. Sie findet zurück zu ihrer alewitischen Identität; zugleich sucht sie nach neuen Formen, ihre Stellung in der Gesellschaft zu verbessern und den veränderten gesellschaftlichen, politischen und wirtschaftlichen Gegebenheiten anzupassen. Bei diesem Wandel hat die Migration ins Ausland eine nicht unerhebliche Rolle gespielt. Früher und verhältnismäßig zahlreicher als ihre sunnitischen Landsleute ließen sie sich als Arbeitskräfte ins Ausland anwerben. Sie nutzten die neuen Chancen, die sich ihnen für ihre berufliche Stellung und ihre Ausbildung – nicht zuletzt an Universitäten – boten. So entstand von den sechziger Jahren an eine neue alewitische Mittelschicht, die Anwälte, Ingenieure, Unternehmer, Journalisten und ähnliche hervorbrachte. Ihnen fallen bei der Neuorganisation der Gemeinschaft heute Führungsaufgaben zu.[83]

Zugleich offenbarten die Rückschläge in den achtziger Jahren, daß die Flucht in säkularistische »Religionen« wie Sozialismus und Internationalismus nichts gebracht hatte. Ein Identitätsvakuum war spürbar geworden, indem man zunehmend auf alte religiöse Identifikationsmuster zurückgriff. In einer sich stetig stärker religiös orientierenden Umwelt suchte und sucht man sich durch die Betonung eigener gleichwertiger Kriterien von dieser abzusetzen. Die Re-Islamisierung, die die Alewiten eigentlich hätte in den Schoß des Islam ziehen sollen, wurde so auch zum Fanal, eine neue Grenze zwischen der eigenen Identität und der Mehrheitsreligion sowie der von ihr bestimmten Gesellschaft zu suchen. Abgerissene Traditions- und Wissensvermittlungen werden wieder aufgenommen. Hatten die religiösen Amtsträger in den siebziger Jahren ihre Autorität fast vollständig eingebüßt und waren sie als »Volksverdummer« und »Ausbeuter« von der jungen Generation diffamiert worden, so wendet man sich den traditionellen Wortführern der Gemeinde heute erneut zu und läßt sich von ihnen »Anschauungsunterricht« in alewitischer Tradition geben. Dazu dienen wieder die *Cem*, die freilich damit einen Funktionswandel erfahren haben. Mitglieder der neuen, weitgehend säkularisierten alewitischen Intelligenzia treten vielfach an die Stelle der traditionellen Religionsführer, an denen der 30 Jahre währende alewitische Niedergang nicht spurlos vorübergegangen ist. Das Alewitische erhält eine »laizistische« Dimension, das heißt, es wird zu einer quasi ethnisch-religiösen Bewegung. Die Zahl der Buchveröffentlichungen alewitischer Autoren steigt inflationsartig an. Die Auseinandersetzung mit der Identität ist also in vollem Gange.

Innerhalb der türkischen Gesellschaft können sich die Alewiten heute ohne gesetzliche Beschränkungen selbst darstellen. Nicht nur in Publikationen, auch in anderen Medien sind sie gut sichtbar: So war die Veranstaltung in Sivas, von derem bitteren Ende schon die Rede war, als solche fast ein normaler Vorgang. Denn kulturelle Festivals sind an der Tagesordnung. In vielen Landesteilen verfügen die Alewiten über Radiosender, ja sogar einen Fernsehkanal, um der türkischen Bevölkerung den alewitischen Glauben frei von Vorurteilen und Stigmatisierung näherzubringen. Die Debatte über das, was das Alewitentum sei, ob »echte Schia« bzw. »wahrer Islam« oder »türkischer Islam« oder aber eine »humanistisch-revolutionäre Ideologie«, tobt heute heftiger als je in der Vergangenheit.[84]

Selbstbewußt formulieren die Alewiten ihre Forderungen an den türkischen Staat: Anerkennung als Religionsgemeinschaft; anstelle der Errichtung von Moscheen den Bau von Cem-Häusern, Schulen und Bibliotheken in den alewitischen Dörfern; Beendigung der Zwangsunterrichtung in sunnitischer Religion an den staatlichen Schulen; Zuweisung von Mitteln aus dem Etat des Präsidiums für Religiöse Angelegenheiten mit dem Recht der Selbstverwaltung; ein Ende der Einflußnahme staatlicherseits auf die Pflege des eigenen kulturellen Erbes; Objektivierung des Unterrichtsmaterials an den staatlichen Schulen; Berücksichtigung der Gemeinschaft in den staatlichen Medien.

Der offizielle sunnitische Islam weigert sich freilich noch immer, den Alewismus als eigenständige Religionsgemeinschaft anzuerkennen. Die staatlichen Organe haben sie in der Vergangenheit vor allem als sunnitische Muslime behandelt. Aus diesem Grund gibt es an staatlichen Schulen ausschließlich sunnitisch-islamischen Religionsunterricht und werden auch in rein alewitischen Gemeinden Moscheen eingerichtet und keine Gelder zur Förderung des religiösen Lebens der Alewis zur Verfügung gestellt. Als deshalb das hierfür verantwortliche Präsidium für Religiöse Angelegenheiten von alewitischer Seite kritisiert wurde, sah sich der Leiter dieses Amtes 1990 zu einer Stellungnahme veranlaßt. Diese hatte zum Inhalt, daß es hinsichtlich der Glaubensgrundlagen keine schwerwiegenden Unterschiede zwischen Alewis und Sunniten gäbe. Existierende Abweichungen seien regional begrenzt und in der dortigen Tradition begründet. Diejenigen, die auf den auch den Alewiten zustehenden Rechten wie der religiösen Rehabilitierung und der offiziellen Einrichtung von Gebetshäusern bestehen, werden vom Staat als Separatisten gebrandmarkt.[85] »Wir Sunniten sind keine Separatisten! Sollen die Alewiten doch auch in die Moschee gehen, die Pilgerfahrt nach Mekka antreten und im Ramadan fasten. Dann bestehen keine Hindernisse, sie in unsere Mitte aufzunehmen!« – so der Standpunkt des offiziellen türkischen Islam.[86] Im Präsidium ist im übrigen kein einziger Alewi beschäftigt; »ein Zufall«, so sein Leiter.

Der wachsende Einfluß rechter Kräfte hat die Situation der Alewiten in der Türkei wieder verschlechtert. Der gesellschaftliche und weltanschauliche Raum, innerhalb dessen sich das alewitische Wiedererwachen und die religiöse, politische und kulturelle Selbstvergewisserung der Glaubensgemeinschaft vollziehen, ist enger geworden. Für den traditionellen Sunnismus ist der Alewismus eine

Irrlehre. Für die islamischen Fundamentalisten, die nach einer islamischen Ordnung streben, müssen die Alewiten, die die Scharia zurückweisen, bekämpft werden. Und für die Verfechter eines chauvinistischen türkischen Nationalismus, der hinter den Kulissen entschieden machtvoller ist, als es seine parlamentarische Vertretung erwarten läßt, sind die Alewiten als Linke weltanschauliche und politische Gegner. Bei den Auseinandersetzungen in Sivas und Istanbul standen sich die beiden religiösen Richtungen, Alewitentum und Sunnismus, gegenüber. Die Bewohner der Unruhebezirke in Istanbul gehören überwiegend dem alewitischen Glauben an. Die Anschläge auf die Teehäuser in Istanbul lassen sich mithin als Anschläge auf die alewitische Glaubensgemeinschaft verstehen.

Die Slogans, die bei den blutigen Auseinandersetzungen in Sivas und Istanbul gerufen wurden, ähneln sich sehr. In ihnen bekunden die Alewiten ihr Eintreten für eine laizistisch-kemalistische Staatsführung und ihre Ablehnung der Scharia. So stellt sich die Frage, ob in einem laizistischen Staat wie der Türkei die Entwicklungen so weit fortgeschritten sind, daß Religionsausübung einen politischen Tatbestand darstellt und der Staat die Konfession seiner Bürger aus politischem Kalkül heraus als Machtmittel einsetzt. Die Regierung läßt der »Rechten« breiten Raum. Zum einen ist diese in Teilen der Verwaltung und in den Sicherheitskräften schon so tief eingegraben, daß der Versuch, sie hinauszudrängen, zu einer Machtprobe mit unkalkulierbarem Ausgang und Risiko führen würde. Zum anderen bildet die Rechte – sowohl in ihrer islamistischen wie nationalistischen Einfärbung – mit ihrem weitreichenden Einfluß in der Gesellschaft ein politisches Reservoir, das die Parteien der Mitte glauben für sich nutzen zu können, falls die parlamentarischen Mehrheitsverhältnisse das Regierungsgeschäft unmöglich machen würden.

Auch die Regierung bestritt offiziell, daß es ein alewitisches Problem gibt. Sie stellte andere Erklärungsmuster für die Auseinandersetzungen in Istanbul bzw. Sivas bereit. Aber selbst Vertreter der Islamisten wie auch der alewitischen Gemeinde in der Türkei wollten von einem sunnitisch-alewitischen Konflikt nicht sprechen und gaben die Schuld an den blutigen Ausschreitungen feindlichen Kräften aus dem Ausland, die die nationale Einheit des Landes und den inneren Frieden zerstören wollten. Nach Ansicht der Ministerpräsidentin und des Staatspräsidenten waren die Ausschreitungen Provokationen. Für die Ereignisse in Istanbul war ihrer Meinung nach Griechenland verantwortlich. Hinter den Ausschreitungen in Sivas stecke Iran, in Erzurum und Erzincan hätte Armenien die Hand im Spiel gehabt, in Tunceli Syrien.

Während in der Vergangenheit der gemeinsame Glaube die wichtigste Grundlage bildete, auf der sich die Alewiten als Gemeinschaft identifizierten und solidarisierten, sind heute im Alewitentum Differenzierungstendenzen zu beobachten, die entlang ethnischer und/oder sprachlicher Trennlinien verlaufen. Der Gemeinschaft droht von innen her Gefahr. Bislang hatten die türkischen Alewiten mehrheitlich voller Stolz auf ihre Rolle als Bewahrer des türkischen Nationalerbes hingewiesen und verlangt, vom Staat nicht länger als oppositionelle Minderheit behandelt zu werden. Gegen diese Verbindung nationaler und religiöser Elemente setzen sich nun die kurdischen Alewiten entschieden zur Wehr. Sie betonen die Gleichheit der Menschen als einen der zentralen alewitischen Glaubenssätze. Im gleichen Atemzug fordern sie jedoch die Solidarität ihrer Glaubensbrüder mit dem Kampf des kurdischen Volkes gegen den türkischen Staat, was wiederum von der Mehrheit der türkischen Alewiten abgelehnt wird. Sie wollen auf keinen Fall mit militanten Kurden in Verbindung gebracht, geschweige denn gleichgesetzt werden. Umgekehrt bemächtigt sich auch der kurdische Nationalismus der alewitischen Religion und ihres Erbes. Die »türkische These« wird gleichsam umgekehrt, und das Alewitentum wird für »die Kurden« reklamiert. Nach ihnen soll die alewitische Religion eine Glaubensform sein, die durch das kurdische Volk ins Leben getreten sei. Ja, ursprünglich sollen alle Kurden Alewiten gewesen sein; erst später sei ein Teil von ihnen »sunnitisiert« worden.

Daß die PKK den Versuch macht, diese »Kurdisierung« des Alewitentums auf die Mühlen ihres Befreiungskampfes zu leiten, ist verständlich. Schon nach dem Hotelbrand in Sivas wurden zwei Dörfer in der Gegend von Erzincan und Erzurum von der PKK überfallen. Als Rache für Sivas wurden etwa 50 Menschen ermordet. Bei den Ortschaften handelte es sich um ein türkisches und ein kurdisches Dorf, deren Bewohner sunnitischen Glaubens waren. Während daraufhin der türkische Staat an sunnitische Dörfer der Region Waffen zur Selbstverteidigung verteilte, verweigerte er diese den alewitischen Orten. Und auf die Gewalttätigkeiten von Istanbul im März 1995 reagierte der militärische Arm der PKK in Europa mit der Erklärung, man werde für das Massaker in Istanbul Rache nehmen. Dort »wurde der Versuch unternommen, ein Massaker an Demokraten, Patrioten und Menschen alewitischen Glaubens anzurichten… Diejenigen, die in Kurdistan den schmutzigen Krieg führen, schicken in Istanbul Mörderbanden unter das Volk. Es handelt sich ganz offensichtlich um ein Staatskomplott, das darauf abzielt, die Nevroz-Feierlichkeiten und den Kampf unseres Volkes für Demokratie und Selbstbestimmung zu verhindern. Tatsächlich sind die Bewohner der beiden Viertel Kurden oder Kurden alewitischen Glaubens.«[87] Alewiten, Demokraten und Patrioten werden in einen Topf geworfen. Die PKK erklärt sich zur Speerspitze ihres Kampfes gegen den Staat, die Reaktion etc.

Die Allgegenwart der PKK, anderer prokurdischer Organisationen und linksextremer Gruppierungen bei den Auseinandersetzungen in Gaziosmanpaşa macht deutlich, daß es Kräfte gibt, die den ursprünglich religiös begründeten Konflikt zwischen den Alewiten (gleichgültig ob türkisch oder kurdisch) und ihrem religiös-islamischen Umfeld nunmehr in einen ethnischen Konflikt zwischen Kurden und Türken ummünzen wollen. Es hat sich gezeigt, daß die auf religiösen Verschiedenheiten basierenden Differenzen mit fortschreitender Zeit immer stärker auch eine ethnische Dimension erhalten haben.

Die kurdische und die alewitische Frage stellen mit Blick auf die Zukunft des Landes schwere Hypotheken dar. An der kurdischen Frage könnte die Türkei zerbrechen. Und die alewitische birgt alle gegenwärtig in der Türkei ausgetragenen Konflikte in sich, sei es in ethnischer, religiöser oder weltanschaulicher Hinsicht. Ohne eine politische Lösung ist die Stabilität der Türkei anhaltend gefährdet. Eine solche aber muß auf drei Ebenen gesucht werden: Der türkische Nationalismus, der nicht selten chauvinistische, ja xenophobe Züge enthält, erweist sich am Ende des Jahrhunderts als ein Hindernis, neue gesellschaftliche und politische Realitäten zu erkennen und angemessen darauf zu reagieren. »Der Türke ist des Türken einziger Freund« ist zudem eine Maxime, die es schwer macht, Freund und Feind zu unterscheiden. Zum anderen gilt es, den Demokratisierungsprozeß, auf den sich die türkische Elite seit

Jahrzehnten eingelassen hat, zu vertiefen. Nur die Wahrung der Menschenrechte und der Respekt vor Pluralität können ein friedliches Zusammenleben von Menschen so unterschiedlicher Volks- und Religionszugehörigkeit, wie sie in der Türkei gegeben ist, gewährleisten. Schließlich steht einer politischen Lösung der rigide Zentralismus – ein Erbe der Vergangenheit – entgegen. Ein höheres Maß an Verantwortlichkeit unterschiedlicher ethnischer bzw. religiöser Gruppen und Gemeinschaften für ihre Angelegenheiten, das heißt Formen von Autonomie, die andererseits die staatliche Integrität nicht sprengen, wäre wohl geeignet, einem politischen Druck zu begegnen, der sich im vergangenen Jahrzehnt aufgestaut hat.

Zwei grundlegende Tatbestände aber wären vor diesem Hintergrund zu hinterfragen: zum einen das Verhältnis von »Staat« und »Gesellschaft«. Hinter dem türkischen Staatsverständnis wird noch ein Rest von der islamisch-osmanischen Auffassung vom Staat als dem Vollzugsorgan des göttlichen Willens auf Erden sichtbar. So sind im politischen Denken und Handeln der Türken das Kollektiv, die Nation und ihre politische Organisation, der Staat, dem einzelnen und seinen Rechten noch immer übergeordnet. Daß eine Maßnahme im hohen Interesse des Staates liegt, ist in vielen Fällen eine ausreichende Rechtfertigung für Entscheidungen in Regierung und Verwaltung – auch für die Ausgrenzung, ja Verfolgung ganzer Gruppen. Zum anderen wird es unvermeidlich sein, die Stellung des Islam in Staat und Gesellschaft neu zu definieren. Dazu ist schon einiges gesagt worden. Wenn der Islam im Selbstverständnis der Türken wieder einen höheren Stellenwert einnimmt, so sollte das dennoch nicht zu neuerlicher Diskriminierung, ja Konfrontation führen. Eine neue Form der Toleranz muß gefunden werden, die »Recht«gläubige, Ungläubige und Andersgläubige ohne Diskriminierung nebeneinander leben läßt. Das kann nicht eine kritiklose Rückkehr zum »Kemalismus« bedeuten. Denn auch dieser ist alles andere als tolerant gewesen. Die Voraussetzung wäre, den anderen erst einmal in seiner Andersartigkeit zu erkennen und anzuerkennen und darauf aufbauend dann realistische politische und gesellschaftspolitische Maßnahmen zu treffen.

Das türkische Militär – Vorkämpfer des Fortschritts oder Hort der Reaktion?

Wer an die Türkei denkt, der assoziiert damit auch das Militär. Insbesondere nach 1980, als sich die Generäle zum dritten Mal der Macht im Staate bemächtigten, waren Begriffe wie »Junta«, »Militärdiktatur« usw. in Medien und Öffentlichkeit Deutschlands zeitweise untrennbar mit der Türkei verbunden.

Wo steht das Militär heute? Was hat es überhaupt mit der Stellung des Militärs in der Türkei auf sich? In einer Zeit, da die Türkei nicht mehr – wie im Kalten Krieg – von außen bedroht ist, scheint die »Bedrohung« mehr und mehr von innen zu kommen. Wir haben gesehen, daß das Kurdenproblem und die Islam-Frage die Grundlage der kemalistischen Türkischen Republik selbst zu erschüttern drohen. Wenn sich aber diese Tendenzen zuspitzen – wo wäre der Punkt, an dem das Militär ein viertes Mal eingreifen könnte, um »den Staat zu retten«?

Das ist keine rhetorische Frage mehr. Scheint doch das Militär entschlossen, die kurdische Frage auf seine Weise zu »lösen«. Spätestens mit dem Tod von Staatspräsident Turgut Özal im April 1993 wurde diese zur Militärsache. Mit der Reduzierung auf eine »terroristische Herausforderung« wird eine militärische Antwort gerechtfertigt. Diese läßt sich nun nicht mehr länger kaschieren: nicht nur vor den Kulissen im täglichen Krieg in den kurdischen Regionen, sondern auch hinter den Kulissen in dem schmutzigen Vorgehen etwa gegen Journalisten und Menschenrechtsaktivisten, das in der Regel nicht aufgeklärt werden kann. Aber auch im politischen Raum macht das Militär Vorgaben. Die Äußerung von Ex-Generalstabschef Doğan Güreş, der die Abgeordneten der kurdischen DEP-Partei öffentlich als »Banditen und Verräter« gebrandmarkt hatte – man brauche nicht in den Südosten zu gehen, um Separatisten zu verfolgen, man habe sie im Parlament in Ankara –, war der Startschuß zum parlamentarischen Ausschlußverfahren und zur gerichtlichen Verfolgung der kurdischen Parlamentarier.

Und doch wird man das türkische Militär nicht einfach mit lateinamerikanischen Juntas oder afrikanischen bzw. arabischen Militärregimen vergangener Jahrzehnte gleichsetzen dürfen. Denn anders als dort ist das Militär in der Türkei nicht eine Truppe, die gleichsam von außen die politische Bühne betritt, um dann auf ihr jahre-, ja jahrzehntelang den Hauptdarsteller bzw. gar Alleinunterhalter zu spielen. In der Türkei hat das Militär von Anfang an einen eigentümlichen Part in der Politik innegehabt. Hier könnten wir weit zurückgehen – bis in die Entstehungsgeschichte des Osmanischen Reiches. In ihm waren politisches Establishment und militärische Ordnung nicht zu trennen. Der Sultan war Herr des Reiches und oberster militärischer Führer. An der Spitze seiner Truppen eroberte er – solange das Reichsgefüge noch intakt war – neue Gebiete, die die militärischen Führer dann verwalteten. Verdiente Soldaten wurden mit Land belohnt und hatten dafür als Reitersoldaten zur Verfügung zu stehen, wenn der Sultan sie rief.

An der jungtürkischen Bewegung hatte das Militär von Anfang an entscheidenden Anteil. Es stellte den harten Kern des Komitees für Einheit und Fortschritt. Die Revolution von 1908, das heißt die Wiedereinsetzung der Verfassung von 1876, war wesentlich das Werk der Militärs. Die Überzeugung, daß die Armee um des Wohlergehens der Bürger willen das Recht habe, auch gegen die im Amt befindliche Staatsgewalt vorzugehen, gab der Aktion in den Augen der militärischen Führer ihre Rechtmäßigkeit. Diese Überzeugung sollte künftig dem Selbstgefühl und dem Handeln der Armee zugrunde liegen.

Freilich, auch im Komitee saßen Militärs und Zivilisten zusammen. Und bis zur Übernahme weitestgehender Machtbefugnisse durch das »Triumvirat« im Jahre 1913 war das Parlament der Schauplatz politischer Entscheidungen. Das Militär war so zwar eine bestimmende Kraft; keineswegs aber hegte es einen totalitären Machtanspruch. Und über die Frage, ob das Militär überhaupt eine politische Rolle spielen bzw. wie weit es bei der Ausübung von Politik gehen sollte, gab es schon unter den Jungtürken und innerhalb des Komitees Konflikte. Letzten Endes hat die Verwicklung des Militärs in die Tagespolitik des Osmanischen Reiches nach 1908 die

Schlagkraft der Armee erheblich beeinträchtigt. Dies hat zu der Kette vernichtender Niederlagen seit den Balkankriegen beigetragen.

Der politische und der militärische Raum standen also bis zum Ende des Reiches in untrennbarer, wenn auch schließlich kontroverser Wechselbeziehung. So sehr Mustafa Kemal – hier wie in so vielen anderen Punkten ganz in der jungtürkischen Tradition – von der Verantwortung der Armee für die Geschicke des Staates überzeugt war, so nachdrücklich war er andererseits bemüht, den Grundsatz zu verwirklichen, daß eine gewählte Regierung der einzig legitime Ort sei, die Geschicke des Landes zu lenken.

Der nationale Befreiungskampf wurde naturgemäß von der Armee getragen. Und Mustafa Kemal war ihr charismatischer Führer. Aber auch die politische Revolution konnte nur gelingen, solange die Armee hinter ihm stand. Wenngleich es einzelne militärische Führer gegeben hat, die die radikalen Schritte der Revolution nicht mehr mittragen wollten, so bildete doch die Loyalität der Armee als Ganze eine feste Grundlage seines politischen Wirkens.

Mit der Gründung der Republik mußte die Armee folgerichtig in den Hintergrund treten. Daß in dem ersten Kabinett, das nach der Konstituierung der Großen Nationalversammlung am 23. April 1920 gebildet wurde, die Militärs mit 29 Prozent die stärkste Gruppe bildeten, dürfte kaum jemanden verwundern; war doch ihr Präsident selbst »Pascha«, also General. Mit dem Gesetz vom 19. Dezember 1923 wurde jedoch verordnet, daß alle Offiziere, die für das Parlament kandidierten, den aktiven Dienst zu quittieren hätten. Die Armee sollte aus der Politik herausgehalten werden. Hier wirkte die Erfahrung der Zeit ab 1908 nach. Gleichwohl blieb der Anteil von Ex-Militärs in Parlament und Regierung bis zum Ende des Ein-Parteien-Systems unmittelbar nach dem Ende des Zweiten Weltkrieges beträchtlich: Er lag bei 14 bis 20 Prozent bei den Abgeordneten und bei 17 bis 33 Prozent unter den Kabinettsmitgliedern.[88]

Atatürk hat seinen Offizieren ein hohes Sendungsbewußtsein hinterlassen. Immer wieder hat er ihnen dieses bei Anlässen, an denen der junge Staat sich selber feierte, vorgehalten. So etwa in einer Rede am 22. Februar 1931: »Wann immer die türkische Nation einen Schritt nach vorn machen wollte, hat sie stets auf die Armee geblickt... als Führerin von Bewegungen zur Erreichung erhabener nationaler Ideale... Die türkische Nation betrachtet die Armee als die Hüterin ihrer Ideale.« Oder anläßlich der Parlamentseröffnung 1937: »Die Armee, die große Schule nationaler Disziplin, wird in unserem wirtschaftlichen, kulturellen und politischen Kampf hilfreich an der Seite stehen.«[89] Noch am 12. September 1980, dem Tag der dritten militärischen Intervention in die türkische Politik, hat sich General Kenan Evren indirekt auf dieses kemalistische Ethos bezogen, als er von dem Ziel sprach, »unsere nationale Kultur auf die Höhe der zeitgenössischen Zivilisation zu bringen – wie von dem großen Atatürk verordnet«.[90]

Ein Überlegenheitsgefühl gegenüber Normalsterblichen wird dem türkischen Offizier auch heute noch buchstäblich eingepaukt. Sprüche wie: »Kameraden, ihr seid einer Pflicht ergeben, die zu wichtig ist, als daß sie mit materiellen Dingen aufgewogen werden könnte«; oder: »Seid euch stets bewußt, daß ihr jedem und jedweder Sache überlegen seid und daß ihr hier ausgebildet werdet, um überlegene Kenntnisse und überlegene Qualitäten zu haben...«[91] muß sich der Offiziersanwärter auf der Militärakademie täglich anhören. Das hat Folgen bis in den physischen Habitus: »Vergeßt nicht auch nur für einen einzigen Augenblick, daß jeder einzelne Schritt, den ihr macht, die Ehre der glorreichen türkischen Armee in sich trägt. Aufrecht gehen, Brust raus! Zeigt, daß ihr Männer seid, die vorbereitet sind, eines Türken hehrste Pflicht zu erfüllen!«[92]

Auf der anderen Seite hat Atatürk durch die Errichtung ziviler Institutionen die Voraussetzung geschaffen, das Militär aus der Politik herauszuhalten. Putschende Generäle fanden sich also im Spannungsfeld zwischen zwei kemalistischen Prinzipien: einzugreifen, um einmal mehr »die Nation« zu retten, und dabei doch die Regel zu verletzen, daß aktive Offiziere nicht für die Ausübung der Regierungsgewalt im Lande zuständig sind.

Ohne Zweifel hat das Militär den Übergang zur Mehrparteiendemokratie mit gemischten Gefühlen gesehen. In der jahrzehntelang allein regierenden Republikanischen Volkspartei hatten Ex-Militärs die stärkste Gruppe gebildet. Es wurde bereits angedeutet, daß Ismet Inönü wiederholt von Generälen angetragen worden war, das Rad der Demokratisierung, das er selbst ins Rollen gebracht hatte, wieder zurückzudrehen. Die Hinwendung von Adnan Menderes zu den konservativen, traditionsverhafteten Schichten der Bevölkerung, die den kemalistischen Reformen bestenfalls mit Desinteresse, wenn nicht mit Abneigung gegenüberstanden, mußte sie befremden, auch wenn offiziell der Laizismus nicht zur Disposition stand.

Der Coup vom 27. Mai 1960 ist dann auch nicht leicht zu entschlüsseln. Sicherlich ging es um den Erhalt der Demokratie, die von vielen Militärs mittlerweile als »fortschrittlich« akzeptiert worden war. Aber im Hintergrund tat sich doch wieder die alte Verbindung zwischen dem Militär und der kemalistischen Avantgarde in der Republikanischen Volkspartei auf. Der Ablauf läßt das erkennen. Im Frühjahr 1960 hatte die Regierung begonnen, die Armee gegen politische Aktivitäten der Republikanischen Volkspartei einzusetzen. So im April, als das Militär Ismet Inönü an einem Auftritt in Kayseri hindern mußte. Am 18. April beschloß die demokratische Mehrheit im Parlament, eine Kommission mit weitreichenden Vollmachten einzusetzen, um die Aktivitäten der Opposition zu untersuchen. Für die Dauer der Untersuchung (drei Monate) sollten dieser alle politischen Aktivitäten untersagt sein. Gegen Proteste aus Kreisen von Hochschullehrern und Studenten wurde ebenfalls die Armee eingesetzt. Dagegen protestierten wiederum in einer Schweigedemonstration am 21. Mai die Kadetten der Kriegsakademie. Am 25. Mai kündigte Menderes überraschend an, die Ergebnisse der Untersuchungskommission – nach nur einem Monat Arbeit – zu veröffentlichen. Es ist bekannt, daß die Kommission ihr Augenmerk auch auf mögliche Verbindungen zwischen der Armee und der Republikanischen Volkspartei gerichtet hatte. Möglicherweise hat das zum Losschlagen am 27. Mai geführt.

Schnell zeigte sich aber schon damals, was sich in späteren Interventionen wiederholen sollte: Immer wieder taten sich im Militär Risse auf – so zwischen »Radikalen« und »Gemäßigten«, also Offizieren, die eine weitreichende Umgestaltung von Gesellschaft und politischem System anstrebten, und anderen, die sich mit politischer Kosmetik oder dem Kurieren von Symptomen begnügen wollten – was sich freilich mit steigender Tendenz in den folgenden Interventionen als brutaler und blutiger Eingriff erweisen sollte.

Spannungen innerhalb des Komitees der Nationalen Einheit *(Millî Birlik Komitesi)* traten schon Anfang August 1960 zutage. Ohne Zweifel auf Druck der Radikalen innerhalb des neununddreißigköpfigen Komitees, deren Anführer Oberst Alparslan Türkeş war, wurden 235 Generäle und etwa 5000 Obristen und Majore aus der Armee entlassen. Im Oktober folgten ihnen 147 Professoren und andere Lehrkräfte an den Unversitäten. Wie weitreichend die von der radikalen Gruppe geplanten Veränderungen waren, wurde dann im Oktober deutlich, als sie den Plan einer Türkischen Union für Ideale und Kultur *(Türkiye ülkü ve kültür birliği)* verkündeten. Dabei handelte es sich um den kaum verhohlenen Plan, eine Art totalitären Zugriff auf das ganze kulturelle Leben des Landes zu versuchen. Damit waren sie freilich über das Ziel hinausgeschossen. Am 13. November 1960 wurde die »Gruppe der 14« aus dem Komitee ausgeschlossen.

Im Verlauf der sechziger Jahre vollzog sich innerhalb der Armee eine doppelte politische Standortverschiebung, die sich vereinfachend als wachsender Konservativismus bei den oberen Rängen und steigende Tendenz zu radikal-reformerischen und sozialkritischen Ideen bei den unteren und mittleren Rängen beschreiben läßt. Auch zwischen den Waffengattungen scheint es Spannungen gegeben zu haben: Dabei tritt das Heer eher auf der Seite der konservativen, die Luftwaffe mit ihrem hohen Potential an technischem Sachverstand eher der sozialreformerischen Kräfte in Erscheinung. Am Ende freilich blieb stets die Hierarchie gewahrt. Schon 1960 waren es jüngere Offiziere in den Rängen zwischen Hauptmann und Oberst gewesen, die den Coup vorbereitet hatten. Und die Armeeführung hat auch nach dem Ausschluß der »Vierzehn« zum Komitee – bei aller Gemeinsamkeit der Ziele – kritische Distanz gehalten und über eine eigens gegründete Union der Bewaffneten Streitkräfte eine eigenständige politische Rolle zu spielen gesucht. Insgesamt freilich gelang es der Armeeführung immer wieder, die Befehlsschiene intakt zu halten, obgleich – wie auch 1971 wieder – im Vorfeld Druck seitens rangniederer Offiziere ausgeübt wurde oder hinter den Kulissen Auseinandersetzungen innerhalb der Armee stattfanden. Das hat dann gelegentlich dazu geführt, daß im Verlauf der »Aktion« größere und kleinere Gruppen aus der Armee ausgeschlossen wurden.

Über die Umstände, die 1971 zum »Coup per Memorandum« führten, haben wir im Zusammenhang mit den innenpolitischen Entwicklungen bereits gesprochen. Unentschlossen und konzeptlos wirkt – gegenüber 1960 – die Intervention des Militärs vom März 1971.

Klar treten diesmal schon im Vorfeld Divergenzen zutage. Zum ersten Mal seit dem Zweiten Weltkrieg schien das Land in den Strudel gewalttätiger Auseinandersetzungen gegensätzlicher Weltanschauungen zu geraten. Die Regierung Demirel war nicht in der Lage oder nicht willens einzuschreiten. Die in der Verfassung geforderten Reformen waren nicht umgesetzt worden. Die Gefährdung des Staates, Besorgnis um die Gültigkeit kemalistischer Prinzipien, vor allem des Laizismus, und Ungeduld über die Verschleppung der Reformen erzeugten vor allem unter jüngeren Offizieren einen Handlungsdruck.

Am Ende kam die militärische Hierarchie eventuellen Maßnahmen von unten zuvor. Doch war es diesmal kein echter Coup. Die Regierung wurde »per memorandum« abgesetzt; technokratische Kabinette von Militärs Gnaden sollten die notwendigen Reformen durchführen. Schritt um Schritt setzte das Militär in den nächsten zwei Jahren Verfassungsänderungen durch, die darauf gerichtet waren, die Sicherheitslage zu verbessern. Das war begleitet von einer Verfolgung, ja Hexenjagd vor allem auf die Linke. Als die Politiker 1973 wieder die Bühne betraten, zeigte sich allerdings, daß das Militär sein Ziel verfehlt hatte, dem Land Stabilität zu geben.

Als das Militär am 12. September 1980 um vier Uhr morgens zum dritten Mal die Macht übernahm, hatte sich einiges verändert. Das gilt zum Beispiel für die alten Verbindungen des Militärs zur »klassischen« Partei Atatürks, der Republikanischen Volkspartei. Der sozialdemokratische Linksschwenk ihres Vorsitzenden Bülent Ecevit, der 1972 den »zweiten Mann«, Ismet Inönü alias Ismet Pascha, abgelöst hatte, wurde von der Armee nicht mitgetragen. Noch 1960 war der Schulterschluß zwischen Partei und Militär gegen den »Newcomer« Menderes ein wichtiges Motiv des militärischen Eingreifens gewesen. Jetzt hatte das Militär im politischen Raum keinen wirklich verläßlichen Verbündeten mehr.

Auch war die Lage entschieden unübersichtlicher geworden; das gesamte System schien sich überlebt zu haben. So mußte diesmal der Coup wahrlich generalstabsmäßig vorbereitet werden. Mehmet Ali Birand, einer der bestinformierten türkischen Journalisten, beschreibt in seinem Buch über den »Coup der Generäle«[93] faszinierend anschaulich, wie das Netzwerk geknüpft wurde. Sorgfältig wird die militärische Ausführung geplant, werden auch die politischen Hausaufgaben verteilt, die einzelne Offiziere zu leisten haben würden; präzise werden die Aktionen zwischen den einzelnen Kommandeuren koordiniert. Vorsichtig wird unter den NATO-Verbündeten, vor allen Dingen in Washington, sondiert, wie man einen Coup in Ankara aufnehmen würde. In seiner Ansprache zum Jahreswechsel 1979/80 schließlich warnt Generalstabschef Kenan Evren noch einmal die Politiker und fordert sie auf, gemeinsam zu handeln. Erst als diese Forderung ohne Wirkung verhallt, folgt nach langem Vorlauf die Ausführung.

Die Armee hatte sich verselbständigt, hatte sich verselbständigen müssen angesichts der Unfähigkeit der Politiker, sich zusammenzutun und vor allem den täglichen Terror zu bekämpfen und so den Zusammenbruch des Staates zu verhindern. Die – nunmehr funktionslosen – Parteien wurden schließlich (1981) verboten. Über die Grundzüge einer neuen Verfassung scheinen sich die Militärs schon klar gewesen zu sein, als sie die alte abschafften. Keine geringere Aufgabe hatte sich die Armee gestellt, als »den Staat« zu retten, wie es Juntachef Evren formulierte, als er sich am 12. September in einer Ansprache über die Medien an die türkischen Landsleute wandte. So sehr freilich die Armee diesmal allein auf der politischen Bühne handelte, nicht zuletzt, weil die Politiker, an die man sich um Zusammenarbeit wandte, diese verweigerten, so sehr hatte die Armee doch die Bevölkerung auf ihrer Seite. Immerhin ist ja auch schwer zu sehen, was aus der Türkei geworden wäre, hätte es keine Instanz gegeben, die den sichtbaren Verfall des Staates erst einmal aufzuhalten vermocht hätte.

Diesen Verfall abgewandt zu haben – darin liegt die Bedeutung des Militärcoups von 1980. Ansonsten gelang es den Generälen nicht, dem Land wirklich eine neue »Ordnung« zu geben. Als sich die Türken beim Urnengang vom Oktober 1983 gegen die Parteien entschieden, die ihnen von den Militärs angeboten wurden, und für den »neuen Mann« Turgut Özal stimmten, war die militärische »Ära« schon Geschichte. Bemerkenswert ist freilich, wie das Gespann Evren – Özal nach 1983 funktionierte. Die relative Stabilität der Türkei in diesen Jahren, die Konzentration auf die wirtschaftliche Entwicklung und die Fortschritte in der Demokratisierung bis zu den Wahlen vom Herbst 1991 beruhen auf dem Zusammenspiel des pragmatischen Wirtschaftsmanagers und Politikers mit islamischen Neigungen und dem 1982 zum Präsidenten gewählten Ex-General, der zwischen der Politik und der Armee, die eine rasche Abkehr von »ihrer« Ordnung mit ansehen mußte, auszugleichen hatte.

Die Armee hatte sich an einen neuen Umgang zu gewöhnen. Als Özal 1989 Präsident wurde, war er es, der – gegen die Tradition der Jahrzehnte – seinen Kandidaten für das Amt des Generalstabschefs durchsetzte. Und als den Militärs seine Linie in der Golfkrise 1990/91 nicht paßte, nahm er den Rücktritt des Generalstabschefs an. Sein gespaltenes Verhältnis zum Militär ließ er durchblicken, wenn er militärische Ehrenbezeugungen in allzu salopper Haltung bzw. Kleidung, einmal sogar in Shorts und T-Shirt, entgegennahm.

Wird also das Militär zurückkommen? – Das war die Ausgangsfrage. Es ist schon wieder da. Zu einer umfassenden Übernahme der Macht sieht es freilich offenbar noch keine Veranlassung; nach den Erfahrungen früherer Interventionen dürfte es sich danach auch nicht drängen. Außerdem sind im Ausland Militärregimes heute weniger »in« als in früheren Jahren. Doch wie tief und wie unselig es in die Kurdenfrage schon verwickelt ist, wurde bereits beobachtet. Ohne den »Nationalen Sicherheitsrat« läuft heute auch in Sachen innerer Sicherheit nichts mehr. Über dieses Gremium reicht der Einfluß des Militärs tief in die Innenpolitik hinein. Mehr noch: Über Verflechtungen mit dem rechten Flügel des türkischen Parteienspektrums ist die gegenwärtige militärische Führung von der Regierung nicht mehr vollständig zu kontrollieren. Überraschend unverblümt hat der türkische Menschenrechtsminister im Mai 1995 bei seinem Besuch in Bonn zugegeben, daß er über die Sicherheitskräfte und deren Handlungen nicht mehr die volle Kontrolle ausübe.

Und dennoch: Sache des Militärs ist es, »den Staat zu retten«. Dieser (Selbst-)Auftrag hat seit 1950 unterschiedliche Facetten gehabt. Sie reichten von Bemühungen, die alte kemalistische Klasse wieder an die Macht zu bringen (aus Mißtrauen gegenüber den neuen Kräften, die nach 1945 die Entwicklung des Landes zunehmend bestimmten) über die Besorgnisse (vor allem unter jüngeren Offizieren) bezüglich des wirtschafts- und gesellschafts- oder auch kulturpolitischen Kurses der politischen Klasse bis hin zur Bekämpfung des Terrors, der das Staatsschiff zu zerbrechen drohte.

Immer aber war – 1960, 1971 und 1980 – das Unvermögen der politischen Führer, ihre »Hausaufgaben« zu machen, die erste Rechtfertigung der Militärs für einen direkten Eingriff in die Politik. Das gilt auch für die Gegenwart, in der die Zuspitzung der »kurdischen Frage« zuallererst aus einem Versagen der politischen Führung resultiert, das Problem realistisch zu sehen und entsprechend politisch zu handeln.

Das türkische Militär ist also nicht prinzipiell undemokratisch oder gar antidemokratisch. Die Macht wieder an die Politiker zurückzugeben, war zu keinem Zeitpunkt fraglich; fraglich war allenfalls das Wann und Wie. Der längste Zeitraum einer Militärherrschaft waren die drei Jahre von 1980 bis 1983. Es gibt zahllose Belege für Warnungen seitens militärischer Führer, einschließlich des Juntachefs General Kenan Evren, davor, die politische Macht auszuüben und so den Zusammenhalt der Armee selbst zu gefährden sowie zugleich den eigentlichen Auftrag aus dem Blick zu verlieren, den türkischen Staat, das »Geschenk« Atatürks an die türkische Nation, nach außen zu verteidigen.

Dies ist auch der Duktus, in dem die Offiziersausbildung an der Kriegsakademie abläuft. Offiziere haben eine politische Vereinnahmung zu vermeiden. Wieder und wieder werden sie mit Beispielen von Armeen konfrontiert, mit denen es auf Grund der Verstrickung in die Politik bergab gegangen ist.[94] Das Bild des Politikers ist bei den Soldaten eher negativ eingefärbt.

Die Stellung der Armee in der türkischen Gesellschaft hat sich in den letzten drei Jahrzehnten gewandelt. Nach wie vor genießen die Offiziere einen Elitestatus, doch sie stehen vor der Herausforderung, diesen einer Gesellschaft anzupassen, die von neuen Kräften regiert wird und sich ihrerseits in einem raschen Wandlungsprozeß befindet. Die Armee lebt wirtschaftlich noch immer auf einer Insel der Seligen, nicht zuletzt durch den 1961 eigens geschaffenen Unterstützungsfonds für die Armee *(Ordu yardımlaşma kurumu, OYAK)*. Sie wird aber gleichwohl wegen ihres Sonderstatus von immer mehr gesellschaftlichen Gruppen kritisch betrachtet und muß folglich in einer Welt, in der nach dem Ende des Ost-West-Konflikts die militärische Dimension in der internationalen Politik zurückzutreten scheint, ihr Selbstverständnis neu definieren. Und in dem Maße, in dem in der Türkei ebenfalls »der Staat« *(Devlet)* seine dominierende Stellung gegenüber der Gesellschaft einbüßt, verliert auch jene »Institution« ihren Sonderstatus, die sich berufen fühlte, »den Staat zu retten«.

Wirtschaftsordnung im Wandel

Die wirtschaftliche Hinterlassenschaft des Osmanischen Reiches war nicht weniger ein Fiasko als die politische. Schon Helmuth von Moltke bemerkte: »In einem Lande, wo dem Gewerbefleiß das Element fehlt, kann auch der Handel größtenteils nur ein Austausch fremder Fabrikate gegen einheimische rohe Stoffe sein. Auch gibt der Türke 10 Okka (das Okka etwa gleich 1,25 Kilogramm) seiner rohen Seide für ein Okka verarbeiteten Zeuges hin, von dem der Stoff auf seinem eigenen Boden erzeugt wird.«[101]

Was Moltke damit andeutet, war eines der Grundübel im wirtschaftlichen Niedergang des Reiches, der sich mit dem Schwinden der politischen Macht im 19. Jahrhundert beschleunigte. Die osmanische Wirtschaft unterlag auf den eigenen Märkten der übermächtigen ausländischen Konkurrenz. Die Auslandsschulden wuchsen, und so geriet auch die Finanzhoheit unter die Kontrolle ausländischer Banken, in deren Händen die »Osmanische Schuldenverwaltung« lag. Um ihre Forderungen einzutreiben, überwachten und zogen sie Teile der Reichseinnahmen aus Steuern und Exporterlösen ein.

Die Industrieproduktion beschränkte sich auf wenige Betriebe mit geringer Wirtschaftlichkeit in Wirtschaftszweigen wie Lebensmittel, Textil und Papier sowie im Bergbau. Dieser freilich befand sich zum großen Teil unter der Kontrolle des ausländischen Kapitals.

Schwierige Anfänge

Das Land war verkehrsmäßig kaum erschlossen. Das gesamte Eisenbahnnetz hatte 1923 nur eine Länge von 3756 Kilometern. Die Landwirtschaft litt unter der fehlenden Infrastruktur. Die Erträge waren niedrig; die Ursache dafür war ein Mangel an technischen Möglichkeiten und Fachkräften. Dazu trug die Preispolitik der osmanischen Regierung ein übriges bei, wie Moltke schrieb: »Im Inlande will sich niemand mit dem Getreidebau im Großen beschäftigen, weil die Regierung ihre Einkäufe zu Preisen macht, welche sie selbst festsetzt. Die Zwangskäufe der Regierung sind ein größeres Übel für das Land als Feuersbrünste und Pest zusammen. Sie untergraben nicht allein den Wohlstand, sondern sie machen auch die Quellen versiegen, aus welchen er fließt.«[102] Dennoch bildete die Landwirtschaft das wirtschaftliche Rückgrat des Reiches.

Nach Ausrufung der Republik begann 1923 eine Phase des wirtschaftlichen Aufbaus. Mit der staatlichen Souveränität erlangten die Türken auch ihre wirtschaftliche Handlungsfreiheit und die Finanzhoheit zurück. Die »Osmanische Schuldenverwaltung« wurde abgeschafft. Die ersten wirtschaftlichen Anstrengungen galten der verkehrsmäßigen Erschließung des Landes, dem industriellen Aufbau und der Verstaatlichung der Versorgungsbetriebe sowie des Bergbaus. Bis 1923 hatte die Regierung versucht, durch staatliche Förderung der Privatwirtschaft die Wirtschaftsentwicklung voranzutreiben. Die Ergebnisse freilich blieben enttäuschend, und die Weltwirtschaftskrise lastete schwer auf den Entfaltungsmöglichkeiten der jungen Volkswirtschaft. So mußte der Staat selbst als Promotor der Wirtschaft auftreten, ein Schritt, der von 1932 an entschlossen getan wurde. Der Etatismus wurde eines der Prinzipien des Kemalismus. Die Maßnahmen ahmten Vorbilder in der wirtschaftlichen Entwicklung in der noch jungen Sowjetunion nach. Tatsächlich waren die Wirtschaftsbeziehungen zwischen ihr und der Türkischen Republik in den zwanziger und dreißiger Jahren recht eng.

Ein geschichtlich gewachsenes Unternehmertum, wie man es aus der Industrialisierung der europäischen Staaten kennt, war in der Türkei der Gründungsjahre nicht vorhanden.[103] Die zahlenmäßig kleine Unternehmerschicht konnte hinsichtlich ihrer wirtschaftlichen Erfahrung, Fähigkeiten und Kapitalausstattung die anstehenden Probleme der Wirtschaftsentwicklung trotz massiver staatlicher Förderung nicht bewältigen. Die vorhandenen Betriebe waren zudem als Ausgangsbasis für eine Industrialisierung kaum geeignet. Sie hatten mehr Werkstatt- als Fabrikcharakter, arbeiteten mit geringer Produktivität und konnten somit den Ansprüchen eines modernen Industriesektors nicht genügen. Um die Schwächen der historisch überlieferten Wirtschaftsstruktur zu überwinden und einen raschen wirtschaftlichen Erfolg zu garantieren, beschloß die Regierung eine Beteiligung des Staates an der Wirtschaftsentwicklung durch die unmittelbare Übernahme der unternehmerischen Initiative und Verantwortung.

Mit dem Beginn der zweiten Phase der Wirtschaftspolitik im Jahre 1932 übernahm also der Staat selbst Wirtschaftslenkung und -führung. Diese Entwicklungsstrategie hatte eine gemischtwirtschaftliche Ordnung zum Ziel, in der das private Unternehmertum und ein staatlicher Industriesektor, den es nun aufzubauen galt, nebeneinander existieren und sich gegenseitig ergänzen sollten. Um den privaten und staatlichen Sektor aufeinander abzustimmen, wurden die wirtschaftspolitischen Ziele ab 1934 in Fünfjahresplänen festgehalten. Ergänzt wurden diese Fünfjahrespläne durch jährliche Investitionspläne, mit denen Art und Umfang der Wirtschaftstätigkeit für die beiden Sektoren in Grundzügen geregelt wurden. Die staatlichen Betriebe waren gehalten, die Planziele umzusetzen.

In relativ kurzer Zeit wurde eine Reihe von Branchen auf der Basis heimischer Rohstoffe etabliert. Auf diese Weise konnten die Landwirtschaft und der Bergbau in den Industrialisierungsprozeß einbezogen werden. Die Anzahl der staatlichen Betriebe stieg bis zum Ende der ersten Planperiode (1934–39) auf 111. Sie wurden in den Branchen Textil, Zement, Nahrungsmittel, Papier, Glas, Chemie sowie Eisen und Stahl gegründet und legten den Grundstock für eine moderne Industrie. Ein erster Stamm an Fach- und Führungskräften wurde ausgebildet. Die Staatsunternehmer gewährten vorbildliche Sozialleistungen, die für den Privatsektor richtungweisend wurden. Mit der modernen Produktionsweise leitete der staatliche Sektor den Übergang vom Zeitalter des traditionellen Handwerks in das Zeitalter der industriellen Arbeitsteilung ein.

Freilich, nicht immer war der »Etatismus« der Entwicklung eines produktionsorientierten Privatunternehmertums förderlich. Da die Staatsbetriebe in ihrer Produktion vom Privatsektor abhängig waren, wurde die Privatinitiative in die Handels- und Dienstleistungssektoren verdrängt. Dieses durch Handel verdiente Kapital konnte erst in den fünfziger Jahren allmählich in der Industrie investiert werden. Der Staat betrieb nicht nur eigene Unternehmen, sondern kontrollierte auch Preise und Löhne, regelte den Außenhandel durch Vorschriften und versuchte, eine wirtschaftliche Unabhängigkeit vom Ausland zu erreichen. Diese Wirtschaftspolitik konnte lediglich während des ersten Fünfjahresplanes konsequent verfolgt werden.

Mit dem Ausbruch des Zweiten Weltkrieges wurde die Wirtschaftspolitik den Zwängen einer Kriegswirtschaft unterworfen. Schon in dieser Zeit hatte sich das türkische Unternehmertum vom Staat weiter emanzipiert. Die einsetzende Demokratisierung nach dem Ende des Zweiten Weltkrieges schuf dann politische Rahmenbedingungen, die sich für eine marktwirtschaftliche Öffnung günstig auswirkten. Die etatistische Zwangsjacke wurde nach und nach zugunsten marktwirtschaftlicher Elemente ausgedehnt und nach 1950 als Wirtschaftsordnungsmodell weitgehend aufgegeben. Von der ursprünglichen etatistischen Wirtschaftsstrategie blieb zu diesem Zeitpunkt nur der staatliche Sektor übrig. Mit ihrer Erfahrung und ihrem Kapital konnten sich die Staatsfirmen allerdings zwecks Förderung der Privatinitiative an gemischtwirtschaftlichen Unternehmen beteiligen. Dadurch stieg der Anteil des staatlichen Sektors am Bruttosozialprodukt weiter an.

Der Übergang zum Mehrparteiensystem und zur parlamentarischen Demokratie bescherte der Türkei unter der Demokratischen Partei von Menderes eine Phase des wirtschaftlichen Liberalismus. Dank der Investitionen in der Landwirtschaft, der Industrie und im Straßenbau, deren Finanzierung zum Teil durch die Marshall-Hilfe der USA ermöglicht wurde, erlebte die Türkei einen wirtschaftlichen Aufschwung. Bald wurde jedoch spürbar, daß es dem Land an einer Wirtschaftsplanung mangelte. In einzelnen Wirtschaftsbereichen, deren Tätigkeit nicht aufeinander abgestimmt war, kam es zu Lieferschwierigkeiten. Dadurch wurde die gesamte wirtschaftliche Produktion erheblich eingeschränkt. Mangelerscheinungen in allen Lebensbereichen traten auf. Die außer Kontrolle geratenen Importe verursachten Leistungsbilanzdefizite, die seitdem chronisch waren. Mit der einsetzenden Inflation bildeten sich Schwarzmärkte und Käuferschlangen. Die wachsenden sozialen Spannungen gingen mit den politischen Unruhen Hand in Hand. Das Experiment des Wirtschaftsliberalismus scheiterte zunächst am Grundsatz des Laissez-faire sowie am fehlenden Reifegrad der gesamtwirtschaftlichen Kräfte.

Das Ende der Ära Menderes mit dem Militärputsch vom 27. Mai 1960 kennzeichnete zugleich eine Wende in der Wirtschaftspolitik. Mit der neuen Verfassung von 1961 kehrte man zu geordneten Verhältnissen zurück. Die Wirtschaftsentwicklung der sechziger und siebziger Jahre ist gekennzeichnet durch ein Auf und Ab von Industrialisierungserfolgen bei entsprechendem sozialen Wandel und wirtschaftlichen Rückschlägen insbesondere nach den beiden internationalen Ölpreiskrisen der siebziger Jahre. Die in den drei aufeinanderfolgenden Fünfjahresplänen angestrebte Wachstumsrate von 7 Prozent wurde zwischen 1963 und 1977 annähernd erreicht. Der Anteil der Industrieproduktion am Bruttoinlandsprodukt stieg von 15,4 im Jahre 1962 auf 19,1 Prozent in 1977. Die bislang vom Ausland eingeführten Güter wurden entweder auf Montagebasis mit Hilfe importierter Teile oder durch heimische Rohstoffe unter Einsatz importierter Maschinen im Inland hergestellt. Die Wirtschaft profitierte dabei von den hohen Schutzzöllen, die den Inlandsmarkt von der ausländischen Konkurrenz abschirmten, sowie von einer gegenüber den ausländischen Währungen überbewerteten Türkischen Lira.

Die weltweiten Ölpreissteigerungen offenbarten jedoch die Schwächen der türkischen Wirtschaftsstruktur: das heißt die hohe Importabhängigkeit der Industrie und der türkischen Volkswirtschaft insgesamt vom Energieträger Erdöl. In der Tat machten die Öleinfuhren 1978 knapp ein Drittel der Gesamtimporte aus. Die Türkei konnte ihre Auslandsschulden ab 1979 nicht mehr zahlen. Die 1980 eingeleiteten internationalen Hilfsmaßnahmen trugen in den achtziger Jahren zur wirtschaftlichen Sanierung bei.

Auf Drängen der Weltbank verpflichtete sich die Türkei zu einer radikalen Kursänderung in ihrer Wirtschaftspolitik. Zur Erfüllung der Auflagen des Internationalen Währungsfonds kündigte die Regierung Demirel am 24. Januar 1980 ein wirtschaftliches Sanierungsprogramm mit stark marktwirtschaftlichen Elementen an, das bis heute noch das wirtschaftliche Handeln bestimmt. Gleichzeitig wurde eine neue Entwicklungsstrategie – eine Industrialisierung auf der Grundlage von Exporterlösen – eingeführt. Der Architekt dieses wirtschaftlichen Strategiewandels war Turgut Özal.

Die Wirtschaftssektoren

Die türkische Wirtschaft befindet sich heute in einer Übergangsphase von einer rein agrarischen Gesellschaft in eine agro-industrielle. Die gegenwärtigen Wirtschaftsstrukturen sind gekennzeichnet durch einen – relativ gesehen – schrumpfenden Agrarsektor, eine wachsende Industrie sowie einen sich konsolidierenden Dienstleistungssektor.

In einem traditionellen Agrarland mit hohem Selbstversorgungsgrad kommt der Landwirtschaft eine besondere Bedeutung zu, wenngleich sie ihre einstige Größe eingebüßt hat. Zwischen 1955 und 1992 ist die Anzahl der in der Landwirtschaft Beschäftigten mit etwa 9,5 Millionen absolut konstant geblieben, während der relative Anteil von 80 auf 45 Prozent zurückging. Die landwirtschaftliche Nutzfläche beträgt etwa 36 Prozent der Gesamtfläche und setzt sich zusammen aus 87 Prozent Ackerland, 8,3 Prozent Obst- und Olivenanbau, 2,4 Prozent Gemüseanbau und aus 2,3 Prozent Weinanbau. 35 Prozent der Gesamtfläche wird als Weideland genutzt, während 26 Prozent auf die Wälder entfallen. Weizen, Gerste und Mais machen einen Großteil der landwirtschaftlichen Produktion aus. Andere wichtige Agrarprodukte sind Baumwolle, Tabak, Zuckerrüben, Reis und Sonnenblumen.

Die Strukturverbesserungen im landwirtschaftlichen Sektor sind teils von außen hineingetragen, teils aus eigener Kraft erzielt worden. So sind in erster Linie staatliche Fördermaßnahmen wie der Ausbau des Transport- und Kommunikationsnetzes sowie des Bewässerungssystems, verbilligte Kredite und Subventionen für landwirtschaftliche Erzeugnisse zu nennen, die zur Intensivierung der Agrarproduktion auf kapitalintensiver Basis mit wachsender Marktorientierung geführt haben. Die Entwicklung wurde zusätzlich getragen durch die schnelle Verstädterung, die die Nachfrage nach Agrarprodukten erhöhte. Mit Wachstumsraten von über 4 Prozent in den letzten Jahren lag der Zuwachs in der Landwirtschaft über der Bevölkerungswachstumsrate von 2,3 Prozent. Damit war der Selbstversorgungsgrad der Türkei mit landwirtschaftlichen Produkten auf hohem Niveau gewährleistet. Freilich: Die Produktivitätssteigerungen haben zugleich Arbeitskräfte freigesetzt und die Landflucht verstärkt. Berücksichtigt man noch die starke Zuwachsrate der ländlichen Bevölkerung, die im Durchschnitt bei 3 Prozent liegt, so muß trotz anhaltender Landflucht mit einer weiteren Zunahme des Arbeitskräftepotentials im Agrarbereich gerechnet werden.[104] Dies würde das Arbeitslosenproblem vom Land in die städtischen Ballungszentren verlagern.

Der innere Wandel der landwirtschaftlichen Struktur ist unterschiedlich und durchzieht nicht das ganze Land. Er ist regional zu differenzieren. Mechanisierung, Motorisierung und Elektrifizierung haben die traditionellen bäuerlichen Höfe, die sich einst selbst versorgten, zu den Märkten geöffnet, wenngleich mit unterschiedlichem Erfolg. Zwei der wichtigsten Ursachen dafür liegen in den unterschiedlichen Besitzverhältnissen sowie in der Verteilung der Agrarfläche entsprechend den geographischen und klimatischen Gegebenheiten. Es herrschen überwiegend kleine und mittlere Höfe vor. 1980 gehörten 95,2 Prozent der landwirtschaftlich genutzten Fläche zu Betrieben, die kleiner als 100 Hektar waren. Auf Betriebe bis zu 10 Hektar fielen 41,3 Prozent, zwischen 10 und 20 Hektar 23,8 Prozent und zwischen 20 und 100 Hektar circa 30,1 Prozent des gesamten landwirtschaftlich bebauten Bodens.

Die landwirtschaftlichen Großbetriebe befinden sich in den fruchtbaren küstennahen Regionen. Sie sind mechanisiert, motorisiert, verfügen über Fachkräfte und Bewässerungssysteme. Im Südosten dagegen, wo der Großgrundbesitz vorherrscht und das Wasser knapp ist, sowie an der Schwarzmeerküste, wo die kleinen Höfe überwiegen, wird noch zum Teil mit traditionellen Methoden gearbeitet.

Die uneinheitliche Agrarstruktur wird noch verstärkt durch die historisch gewachsenen regionalen Entwicklungsunterschiede zwischen der West- und Osttürkei sowie zwischen Küste und Binnenland. Dadurch bleibt der Gegensatz zwischen den kleinen Höfen mit starker Selbstversorgung und den am Markt orientierten Mittel- und Großbetrieben weiter bestehen. Das Südostanatolien-Projekt soll die Situation in den bisher benachteiligten Südostregionen durchgreifend verbessern. Insgesamt 13 Staudämme und Bewässerungssysteme am oberen Euphrat sollen zwischen Urfa, Diyarbakır und Mardin 2 Millionen Hektar landwirtschaftliche Fläche besser bewässern und so drei Ernten pro Jahr ermöglichen. Ende des Jahrhunderts soll die Region zur »Kornkammer« und zum »Gemüsegarten« des Nahen Ostens werden.

Staatliche wie private Unternehmen prägen die Struktur des Industriesektors. Im privaten Industriesektor existieren neben einem modernen Unternehmensbereich viele Kleinbetriebe – mit bis zu zehn Beschäftigten auf Werkstattniveau – mit geringer Produktivität. Ein besonderes Merkmal des Privatsektors ist die absolute Übermacht einer geringen Zahl großer Unternehmen. 1989 waren es nur knapp 800 Betriebe, die mehr als 100 Beschäftigte aufwiesen. Seit 1970 nimmt die Konzentration von Großunternehmen mit mehr als 1000 Beschäftigten zu. Waren es 1970 nur 36, so liegt ihre Zahl gegenwärtig bei circa 350 Großfirmen.

Insgesamt ist die Industrie von regionalen und strukturellen Unausgewogenheiten gekennzeichnet. Die Industriegebiete befinden sich an küstennahen Standorten mit den verkehrsgünstig erschlossenen Häfen von Istanbul, Izmit am Marmarameer, Izmir an der Ägäis, Mersin und Iskenderun am Mittelmeer sowie Zonguldak am Schwarzen Meer. An diese Industriegebiete schließt sich ein industriearmes Hinterland mit abnehmendem West-Ost-Gefälle an. Unter den Industrie-Ballungszentren der Türkei nimmt Istanbul den ersten Platz ein, gefolgt von den Provinzen Kocaeli, Izmir, Bursa, Icel, Adana und Zonguldak.

Nach einer Schwächeperiode zwischen 1977 und 1980, in der die Industrie bei niedriger Kapazitätsauslastung um ihre Substanzerhaltung kämpfen mußte, hat sie in den achtziger Jahren einen wirtschaftlichen Aufschwung erlebt, der von einer günstigen Inlandsnachfrage und vom Exportboom profitiert hatte. Die staatlichen Investitionsförderungsmaßnahmen und Exporthilfen trugen zur Verbesserung der Produktionstiefe und -breite bei. Mit einer Produktpalette von mehr als 2000 Gütern wurde der Exportanteil in wenigen Jahren mehr als verdoppelt.

Dennoch hat der Industriesektor auch in der Gegenwart noch wesentliche Strukturschwächen aus der Vergangenheit zu überwinden. Zu diesen kommen noch die aktuellen Probleme hinzu, die mit den hohen Inflationsraten zusammenhängen. Die starke Importabhängigkeit von ausländischen Rohstoffen und Investitionsgütern verursacht namentlich auch angesichts der fortlaufenden Abwertung der türkischen Währung eine Kostenexplosion und engt die Finanzierungsspielräume für neue Investitionen ein. Diese freilich braucht die Industrie für den Ausbau ihrer Kapazitäten und für die

Modernisierung, um international konkurrenzfähig bleiben zu können.

Die auf den Gebieten des ökonomischen Wachstums und der Exportwirtschaft nachweisbaren Erfolge der Türkei sind jener Wirtschaftspolitik zuzuschreiben, die seit 1980 weitgehend von den marktwirtschaftlichen Prinzipien getragen wird und die staatliche Eingriffe in das freie Spiel der Marktkräfte auf ein Minimum zu reduzieren sucht. Flexible Wechselkurse, außenwirtschaftliche Liberalisierung, Abbau staatlicher Subventionen, freier Kapitalverkehr, Investitionsförderprogramme und Privatisierung von Staatsunternehmen bilden die Grundpfeiler dieser Politik. Begünstigt durch die Ausweitung der Industrieproduktion, der Exporte sowie der privaten und staatlichen Investitionen stieg das reale Bruttosozialprodukt in den letzten Jahren um durchschnittlich 7 Prozent.

Der schwierige Weg zur Marktwirtschaft

Nach 1981 erlebte die Türkei eine wirtschaftliche Erholung, die vom Export wesentlich getragen wurde und wird. Der Wegfall von Importschranken und der Devisenbewirtschaftung sowie die Gewährung von zinsgünstigen Exportkrediten und steuerliche Anreize ließen die Ausfuhren in die Höhe schnellen. Der Exportwirtschaft gelang es, ihre Absatzorganisation zu verbessern, ihre Produktpalette zu erweitern und neue Märkte zu erschließen. Die Schattenseite des rasanten Wachstumstempos war seit 1986 eine Inflation, die mit hohen Kaufkraftverlusten der breiten Bevölkerung einherging und zur Negativbilanz dieser Wirtschaftsperiode bis heute zählt. Die Hauptursachen der Inflation sind die hohen Haushaltsdefizite als Folge staatlicher Investitionsausgaben für die Infrastruktur, die hohen Kreditzinsen, die fortdauernde Abwertung der Türkischen Lira, die wachsenden Einfuhren bei verschlechterten *Terms of trade*, das heißt bei steigenden Preisen für Einfuhrgüter und sinkenden für Ausfuhrgüter sowie die Auslandsschulden. Auch der hohe Kostenaufwand für die Kriegführung im Südosten des Landes und die gewaltigen Ausgaben für das Südostanatolien-Projekt schlagen hier zu Buche.

Zwar sind die Infrastrukturinvestitionen zum Großteil arbeitsintensiv und werden einkommensmäßig unmittelbar nachfragewirksam. Ihre Kapazitätseffekte jedoch führen erst langfristig zu Produktionserweiterungen, die die güterwirtschaftlichen Ungleichgewichte beseitigen helfen. Sozialpolitisch bedenklich ist die Auswirkung der hohen Inflationsrate auf die Einkommensverteilung, die den Gegensatz zwischen Arm und Reich stark forciert hat. Der liberalen Wirtschaftspolitik haftet noch immer der Makel an, die Tarifautonomie der Sozialpartner durch eine staatliche Schiedsstelle ersetzt zu haben. Sie wacht über die Lohnabschlüsse und läßt nur solche zu, die unter der jährlichen Inflationsrate bleiben. Dadurch sinkt der Lebensstandard von Beziehern fester Einkommen. Erst langsam kehrten in die Tarifpolitik die Spielregeln zurück, wie sie in westlichen liberalen Demokratien bestehen.

Gesamtwirtschaftlich unvorteilhaft ist auch die seit 1980 stetig wachsende Auslandsverschuldung. Zwischen 1988 und Ende 1995 stieg sie von 40,7 auf über 70 Milliarden US-Dollar. Als eine schwere Last für die türkische Volkswirtschaft erweist sich der jährliche Schuldendienst, das heißt Schuldentilgung und Zinszahlungen. Inzwischen macht er weit über 50 Prozent der türkischen Exporte aus. Zwar konnte die Türkei bis jetzt ihren Zahlungsverpflichtungen pünktlich nachkommen und ihre Kreditwürdigkeit unter Beweis stellen; dies war zum Teil jedoch nur durch Aufnahme neuer Auslandskredite möglich.

Nach Jahren anhaltenden Wachstums steht die Türkei Mitte der neunziger Jahre wirtschaftlich zwischen Hoffen und Bangen. Über die Jahrzehnte gesehen hat das Land seit der Gründung der Republik eine enorme Entwicklung durchgemacht. Mit einer grundsätzlich expansiv orientierten Wirtschaftspolitik hat es trotz periodisch wiederkehrender Wachstums- und Stabilisierungskrisen im wirtschaftlichen Entwicklungsniveau den Anschluß an die industrialisierte Welt gefunden. Heute übertrifft die Türkei alle unmittelbaren Nachbarländer an wirtschaftlicher Leistungsfähigkeit.

Die Türkei hat eine industrielle Grundlage, die sich auf eine ausreichende Rohstoffbasis stützen kann. Lediglich in der Energieversorgung besteht eine hohe Abhängigkeit von Importen. Die Landwirtschaft ist in der Lage, die Nahrungsmittelversorgung der Bevölkerung zu sichern. Ja, das Potential in der Bewässerungslandwirtschaft kann in dem Maße ausgeweitet werden, in dem das

Südostanatolien-Projekt in Betrieb genommen werden kann. Gute Chancen bestehen auch im Tourismus: Neben den Urlaubern aus Europa zieht die Türkei auch Touristen aus ihrer unmittelbaren regionalen Nachbarschaft an. 1995 haben rund 8 Millionen Menschen die Türkei besucht und dem Land fast 5 Milliarden Dollar gebracht.

Rückschläge – zum Teil hausgemachte – haben die türkische Wirtschaft immer wieder getroffen. So stagniert die Privatisierung der staatlichen Unternehmen, weil sie innenpolitisch bislang nicht durchsetzbar war; weiterhin also müssen die Relikte einer unrentablen Staatswirtschaft aus der Staatskasse alimentiert werden. Auch der Krieg im Südosten kostet den Staat viel Geld; Schätzungen schwanken zwischen 7,5 und 10 Milliarden Dollar. 1994 machte das Land wieder einmal einen tiefen Einbruch durch: Eine Rekordmarke der Inflation von 126 Prozent und ein negatives Wachstum des Bruttosozialprodukts von minus 6 Prozent ließen die Warnlampen aufleuchten. Amerikanische Kreditbewertungsunternehmen stuften die Kreditwürdigkeit der Türkei mehrfach zurück. 1995 ging es zwar erneut bergauf. Aber dennoch lag das Loch im Haushalt bei 5 bis 6 Milliarden Dollar und die Inflationsrate um die 80 Prozent. Die Verschuldung stieg weiter an. Schwere Arbeitskämpfe vor allem im öffentlichen Sektor belasteten die wirtschaftliche Entwicklung und die politische Stabilität.

Ein weiteres rasches Wirtschaftswachstum aber ist angesichts einer Zuwachsrate der Bevölkerung von noch immer 2,3 Prozent die unabdingbare Voraussetzung für innenpolitische Stabilität. Statistisch ist zwar das Prokopfeinkommen, gemessen am Bruttoinlandsprodukt, auf 1980 Dollar angestiegen. In der gesellschaftlichen Wirklichkeit aber klafft – insbesondere angesichts der Inflation – die Einkommensschere stetig weiter auseinander. Die Weltbank schätzte 1987 den in absoluter Armut lebenden Bevölkerungsteil landesweit auf 18 bis 23 Prozent. Durch das kräftige Wirtschaftswachstum der letzten Jahre mag hier ein Rückgang eingetreten sein. Ein Indikator für die relative Armut großer Gruppen ist jedoch die ungleiche Einkommensverteilung: Im Jahr 1987 entfielen auf die 20 Prozent der Haushalte mit dem niedrigsten Einkommen 5 Prozent, auf die obersten 20 Prozent jedoch 50 Prozent des Gesamteinkommens. Genaue statistische Berechnungen werden allerdings dadurch erschwert, daß es neben dem offiziellen Wirtschaftsbereich einen schwarzen oder Schattenbereich gibt, der nach Schätzungen etwa in der Größenordnung des offiziellen liegen soll.[105] Dort laufen aber die Transaktionen der unteren Einkommensschichten, die somit nur schwer statistisch zu erfassen sind.

Vor diesem Hintergrund ist der Beschluß der Zollunion zwischen der EU und der Türkei nicht ohne Risiko. Es wurde bereits darauf verwiesen, daß seine Motive in erster Linie im politischen Bereich liegen. Über die wirtschaftlichen Auswirkungen kann nur gemutmaßt werden. Sollten diese unter dem Strich negativ sein, sollte es vor allem flächendeckend zu Zusammenbrüchen türkischer Unternehmen kommen, die der europäischen Konkurrenz nicht gewachsen sind, und sollte sich so die Lage auf dem Arbeitsmarkt drastisch verschärfen, hätte die Türkei wirtschaftlich und sozial einen hohen Preis bezahlt. Es ist deshalb um so wichtiger, daß das Abkommen auch finanzielle Instrumentarien enthält, mit denen sich negative Folgewirkungen zumindest über einen begrenzten Zeitraum abfedern lassen.

Deutschland und die Türkei

Deutschland und die Türkei verbindet eine über einhundertjährige Beziehung. Durchweg war das Verhältnis von Zusammenarbeit und Freundschaftlichkeit geprägt. Hierin unterscheiden sich die deutsch-türkischen Beziehungen von denen anderer europäischer Mächte zu dem Land am Bosporus. Şefik Okday, der diese deutsch-türkische Freundschaft, ja Symbiose, geradezu persönlich verkörpert, ruft dies in seinem sympathischen Buch »Der letzte Großwesir und seine preußischen Söhne«[95] noch einmal ins Gedächtnis: »Ein großer Deutscher, Generalfeldmarschall von der Goltz, schrieb an einen Jugendfreund u.a.: ›Ich lerne hier (in der Türkei) viel, ein ganz neuer Gesichtskreis eröffnet sich mir, die ganze Lebensweise ist für mich eine andere, gesündere geworden.‹ Von der Goltz und vor ihm der große Moltke haben die türkische Armee modernisiert und dabei den Grundstein für die traditionelle deutsch-türkische Freundschaft gelegt. Der Erste Weltkrieg, in dem beide tapferen Völker Waffenbrüder waren, festigte diese Freundschaft, und der Deutsche genießt in der Türkei auch heute noch eine Vorzugstellung unter allen Ausländern. Als zum Beispiel die ersten Deutschen nach dem Zweiten Weltkrieg die Türkei besuchten, haben die meisten Taxifahrer von ihnen kein Geld genommen. Auch wurde ein Ehrenkonsul und Vorstand der Tabakfirma Reemtsma, aus lauter Freude, vom Portier des Park-Hotels kräftig umarmt. Als die Direktoren Roth und Thiemann von der Firma Klöckner-Humboldt-Deutz, Werk Magirus (Ulm), die Istanbuler Feuerwehr 1946 zum erstenmal besuchten, ließ der Branddirektor die Kapelle aufmarschieren.«

Verbindende Geschichte

So klang über Jahrzehnte türkischer Originalton. Der gemeinsame Kampf im Ersten Weltkrieg hat sich als Erinnerung an eine »Waffenbrüderschaft« im Verhältnis beider Völker festgesetzt – in der Erinnerung der Türken freilich mehr als der Deutschen. Der Beginn der Beziehungen reicht weit bis ins Jahr 1761 zurück. Friedrich der Große (1740–86) wollte mit der Hohen Pforte ein Bündnis eingehen; sein Ziel war es, die militärische Hilfe des Osmanischen Reiches, das den Balkan beherrschte, gegen Habsburg zu gewinnen. So akkreditierte er den ersten preußischen Gesandten beim Sultan. Am 2. April 1761 wurde der Freundschafts-, Schiffahrts- und Handelsvertrag zwischen Friedrich und dem osmanischen Sultan Mustafa III. (1757–74) unterzeichnet. Einen ersten osmanischen Botschafter gab es seit 1763 in Berlin. Die Grabstätte des dritten Botschafters, Ali Aziz Effendi, der 1798 starb und dessen Denkmal noch zu sehen ist, wurde zur Keimzelle des auch heute noch so genannten »Türkischen Friedhofes« in Berlin.

Bald nach Aufnahme diplomatischer Beziehungen wurden auch militärische Kontakte geknüpft, die schließlich zu der türkisch-deutschen Allianz im Ersten Weltkrieg führen sollten. Im Rahmen der seit Selim III. (1789–1807) unternommenen Versuche einer Modernisierung der osmanischen Armee verdichteten sich die Kontakte. 1835 wandte sich Sultan Mahmut II. (1808–39) an König Friedrich Wilhelm III. (1797–1840) und bat um preußische Instruktionsoffiziere.

Dieser entsandte einen Offizier, der später in Preußen noch große Karriere machen sollte: Am 23. November 1835 traf Hauptmann Helmuth von Moltke (1800–91) in Konstantinopel ein und hielt sich vier Jahre im Lande auf. Auf seine bemerkenswerten Analysen und Beschreibungen der politischen Situation, die er in seinen Briefen festhielt, ist schon mehrfach hingewiesen worden.

Diese punktuellen Kontakte nahmen nach 1880 systematischere Formen an: Für Reichskanzler Otto von Bismarck (1815–98) war das Osmanische Reich ein Partner vor allem gegen die Ausbreitung des russischen Einflußbereiches. Zugleich wurde das Osmanische Reich zur bedeutendsten Expansionszone des deutschen Imperialismus. Ansatzpunkt für die Einflußnahme in Konstantinopel wurde zum einen die Errichtung eines dichten Netzes von Militärmissionen. Die

Entsendung von militärischen und politischen Ratgebern zur Reorganisation der osmanischen Armee und die Ausbildung osmanischer Offiziere in Deutschland sollten dazu dienen, Einfluß auf die Führung des Osmanischen Reiches und somit auf Entscheidungen der Hohen Pforte zu gewinnen. Diese Politik beinhaltete auch Rüstungslieferungen, hatte mithin eine wirtschaftliche Dimension.

Eine zweite – wirtschaftliche – Schiene der Zusammenarbeit war der Ausbau der Eisenbahnen im Osmanischen Reich. Mit dem Bau der anatolischen Bahnen und der Bagdad-Bahn hoffte man in Berlin, Konstantinopel politisch und wirtschaftlich stärker an sich zu binden. Die Verstärkung des politischen und militärischen Einflusses, der Zugang zu den Rohstoffen der Region und Exporte von Fertigprodukten waren miteinander verknüpfte Ebenen beim Ausbau der deutsch-osmanischen Beziehungen. Mit der zweiten Reise Kaiser Wilhelms II. (1898) in den Orient begann das Jahrzehnt, in dem der Vertreter des deutschen Kaisers beim Sultan zur beherrschenden diplomatischen Gestalt in Konstantinopel wurde.

Es wäre jedoch historisch falsch, ein allzu glattes Bild der deutsch-türkischen Beziehungen in diesen Jahren zu zeichnen. Darauf kann und braucht an dieser Stelle nicht eingegangen zu werden. Freilich ist die geschichtswissenschaftliche Aufarbeitung um so dringlicher, als eine nüchterne Neubewertung der deutsch-türkischen Beziehungen mit Blick auf die Zukunft ansteht. Jedenfalls waren die Deutschen damals nicht nur beliebt. Militärisch, aber auch psychologisch gab es vielfache Reibungspunkte; und den von Şefik Okday zitierten Worten von der Goltz Paschas steht wohl insgesamt eine eher kritische bis abschätzige Einschätzung des Bündnispartners und seiner militärischen Leistungen seitens der Deutschen gegenüber.

Nur ein Originalton sei hier eingeblendet, der des österreichischen Militärattachés Joseph Pomiankowski, der seine Eindrücke 1927 in einem ausgesprochen aufschlußreichen Buch veröffentlicht hat. »Daß die Deutschen in der Türkei viele Feinde hatten, ist wohl sicher. Es gehörten zu denselben vor allem jene Jungtürken, welche vor der Revolution 1908/09 in Frankreich gelebt und von dort aus die Erhebung gegen den Sultan Abdülhamit – den Freund des Kaisers Wilhelm – vorbereitet hatten ... Größere Sympathien für Frankreich und infolgedessen eine gewisse Aversion gegen Deutschland empfanden auch jene nicht seltenen Offiziere und Beamte, welche, in französischen Instituten und Schulen ausgebildet, die französische Sprache beherrschten, dagegen deutsch nicht sprachen... Auch der jetzige Nationalheld und Diktator der Türkei, Mustafa Kemal Pascha, war damals ausgesprochen deutschfeindlich gesinnt.«[96] Die Schuld aber lag wahrscheinlich keineswegs einseitig bei den Türken. »Daß die Deutschen, besonders aber die Preußen, bei aller ihrer fachlichen Tüchtigkeit, nicht das Talent besitzen, sich beliebt zu machen, ist eine bekannte Tatsache.«[97]

Der Waffenstillstand von Mudros zerriß die Beziehungen zwischen Berlin und Konstantinopel, und die eigene Ohnmacht hinderte Deutschland, in Beziehungen mit Ankara einzutreten. Der türkische Freiheitskampf wurde ohne deutsche Unterstützung und ohne jede Fühlungnahme mit deutschen Politikern geführt. Deutschland war notgedrungen so mit sich selbst beschäftigt, daß es kaum Zeit besaß, die Entwicklung der türkischen Dinge auch nur von der Warte des bloßen Zuschauers zu betrachten. Wenn einige geflüchtete jungtürkische Führer wie Enver, Talât und Cemal vorübergehend in Deutschland das Gastrecht in Anspruch nahmen, so erfüllte die Reichsregierung damit nur eine selbstverständliche Pflicht.

Nach der Regelung der türkischen Frage durch den Vertrag von Lausanne (1923) trat Deutschland wieder in diplomatische Beziehungen zur Türkei. Die Grundlage der neuen Beziehungen bildete der deutsch-türkische Freundschaftsvertrag vom 3. März 1924. Er stellte Deutschland auf die gleiche Stufe mit den übrigen, nicht zu den Lausanner Vertragsmächten gehörigen Staaten, mit denen die Türkei in der Folgezeit ähnliche Abkommen einging. Diese Verträge hatten alle das gleiche Schema: Aufnahme der diplomatischen Beziehungen nach Maßgabe des allgemeinen Völkerrechts und Vorbehalt des Abschlusses von Handels- und Niederlassungsverträgen. Deutschland erkannte damit die Türkei als gleichberechtigt an und verzichtete auf die früheren »Kapitulationen«, wie überhaupt auf sämtliche Vorrechte und Privilegien der Vergangenheit. Auch die Kriegsvergangenheit wurde ausgelöscht; eine neue Phase der Beziehungen setzte ein. Von der Waffengemeinschaft im Weltkrieg blieb nur noch die Erinnerung.

In der Weimarer Republik gelang es rasch, die Beziehungen vornehmlich auf der wirtschaftlichen Ebene wieder zu intensivieren.

Bereits im Jahre 1928 war Deutschland mit 14 Prozent der türkischen Einfuhren der bedeutendste Lieferant der Türkei. Auch auf kulturellem und akademischem Gebiet gab es Verbindungen. Als die Nationalsozialisten 1933 die Macht übernahmen, bedeutete dies zunächst noch keine Zäsur in den bilateralen Beziehungen. Im Rahmen der nationalsozialistischen Weltherrschaftspolitik nahm die Türkei eine besondere Stellung auf Grund ihrer strategischen Lage, des Reichtums an Bodenschätzen, der kriegswichtigen Rohstoffe und der Agrarprodukte ein.

Erst langsam bildeten sich politische Spannungen heraus. Die Entstehung der Achse Berlin-Rom führte in Ankara zu Bedenken. Nach der deutschen Besetzung Prags im März und dem italienischen Angriff auf Albanien im April 1939 begann das Schaukelspiel der türkischen Außenpolitik zwischen den feindlichen Blöcken, um die Türkei aus dem Weltkrieg herauszuhalten. Deutschland war bemüht, mit wirtschaftlichen und diplomatischen Mitteln ein Zusammengehen der Türkei mit den alliierten Mächten zu verhindern; es versuchte das Land auf seine Seite zu ziehen und Ankara zur Aufgabe seiner Neutralität zu bewegen. Demgegenüber versuchten die Alliierten ihrerseits, die Türkei zum Kriegseintritt gegen Deutschland zu bringen. Mit welchen Winkelzügen es der Türkei schließlich gelungen ist, sich aus dem Krieg herauszuhalten, wurde bereits im Zusammenhang der Außenpolitik dargestellt. Wie eng die Beziehungen trotz der beiderseitigen politischen Winkelzüge während des Krieges waren, zeigt die Tatsache, daß Deutschland von 1941 bis 1944 der größte Handelspartner der Türkei war.

Ein besonderer Akzent in den Beziehungen während jener Jahre liegt in der Aufnahme deutscher Wissenschaftler, die vor der nationalsozialistischen Herrschaft ins Ausland hatten flüchten müssen. Die Emigranten, zu denen Wissenschaftler gehörten, die auch nach dem Ende des Krieges in Wissenschaft und Politik Beachtung fanden, bilden im Rückblick nach der »Waffenbrüderschaft« im Ersten Weltkrieg das stärkste Band in den deutsch-türkischen Beziehungen, bevor diese mit der Wanderung türkischer Arbeiter nach Deutschland abermals eine neue Qualität erhalten sollten. Für alle stellvertretend sei der spätere Regierende Bürgermeister von Berlin, Fritz Reuter, genannt. Die Emigranten, deren kultureller und wissenschaftlicher Beitrag für die Entwicklung der modernen Türkei von besonderem Wert war, wurden nach dem Zweiten Weltkrieg zu Multiplikatoren der Freundschaft. Zu den offiziellen Beziehungen vergangener Jahrzehnte war ein sehr persönliches Element hinzugekommen.

Grundlage der offiziellen, sprich staatlichen Beziehungen zwischen der Türkei und der Bundesrepublik Deutschland wurden der »Antikommunismus« sowie das neue »gemeinsame Schicksal«, das aus der Betroffenheit beider Staaten vom Kalten Krieg, aus der beiderseitigen sowjetischen Bedrohung und aus dem Westintegrationsprozeß beider Länder resultierte, der in der NATO-Mitgliedschaft seinen Höhepunkt erfuhr. Die Berlin-Krise von 1948/49 und die folgenden sowjetischen Noten an die Bundesrepublik und die Westmächte stellten die unmittelbaren Berührungspunkte dar. Für die Türkei waren die Spannungen mit der sowjetischen Regierung bereits im Anschluß an die Forderungen Stalins nach Gebietsabtretungen und nach der Revision des Meerengen-Statuts ausgebrochen.

Eine weitere Gemeinsamkeit im Schicksal der Türkei und der Bundesrepublik war die massive Unterstützung durch die USA in der Rolle als Hüter der freiheitlichen westlichen Demokratien. Die Unterstützung nahm in der Truman-Doktrin und im Marshall-Plan konkrete Formen an; die Bedeutung der Türkei und der Bundesrepublik Deutschland im Rahmen der internationalen Konstellation stieg stetig. Die Türkei wurde mit Blick auf das östliche Mittelmeer sowie den Nahen und Mittleren Osten, die Bundesrepublik Deutschland innerhalb Westeuropas zu einem tragenden Baustein des westlichen Sicherheitssystems. Die USA machten weltpolitisch deutlich, daß sie sich jedem Streben einer weiteren Ausdehnung der Sowjetunion widersetzen würden. Beide Länder spielten in diesem Konzept eine Schüsselrolle.

Neben das politisch Verbindende trat wiederum sehr schnell, schon Anfang der fünfziger Jahre, der wirtschaftliche Faktor. Denn früh war Deutschland ein bedeutender, bald der bedeutendste Handelspartner der Türkei. Durch die politische, wirtschaftliche und sicherheitspolitische Zusammenarbeit entstand die gegenseitige Gewißheit einer verläßlichen Partnerschaft. Diese bewährte sich an zahlreichen außenpolitischen Themen der Ost-West-Politik. Deutschland fand Ankara mit Zuverlässigkeit auf seiner Seite. Umgekehrt hat

Bonn während der türkischen Staatskrisen 1960, 1971 und 1980 die Verbindung nicht abreißen lassen. Die Bundesregierung und die deutschen Parteien haben alles getan, eine Rückkehr zu demokratischen Verhältnissen zu ermutigen.

Neben den Wirtschaftsbeziehungen stellte die entwicklungspolitische Zusammenarbeit beim Ausbau der deutsch-türkischen Beziehungen eine zweite Schiene dar. Bis in die jüngste Zeit war die Bundesrepublik der wichtigste Geber. Und weltweit war die Türkei nach Indien zweitwichtigster Empfänger deutscher Entwicklungshilfe. Besonders ausgeprägt war ferner die rüstungspolitische Zusammenarbeit. Rüstungshilfe in Höhe von mehreren hundert Millionen Dollar jährlich, die kostenlose Überlassung ausgemusterten Geräts sowie die Kooperation in der Rüstungsproduktion bildeten die wichtigsten Komponenten. Als Washington im Zusammenhang mit der fortgesetzten türkischen Militärpräsenz auf Zypern nach der Krise im Sommer 1974 in den Jahren 1975 bis 1978 ein Rüstungsembargo gegen die Türkei verhängte, stockte Bonn seine Militärhilfe deutlich auf, um einen Verfall der Kampfkraft der Armee des NATO-Partners zu verhindern.

Meinungsverschiedenheiten, Missverständnisse, Krisen

Die schöne Fassade der deutsch-türkischen Beziehungen bekam jedoch in den achtziger Jahren unübersehbare Risse. Zwar widerstand die Bundesregierung jedem Druck, nach dem Eingreifen der Militärs im September 1980 die Beziehungen abzubrechen; ja, auch die wirtschaftliche und entwicklungspolitische Zusammenarbeit wurde fortgesetzt. So war der Besuch von Bundeskanzler Helmut Kohl in Ankara im Juli 1985, die erste Visite eines westeuropäischen Regierungschefs nach 1980 überhaupt, durchaus als Bekundung der Entschlossenheit zu verstehen, die besonderen deutsch-türkischen Beziehungen aufrechtzuerhalten. Begleitet aber wurde er zugleich von Kommentaren wie »Vertragsbruch« – so aus Ankara – oder aber »Dammbruch«, »Bonn und die drohende Flut von Zuwanderern aus der Türkei«, »Ein goldener Damm gegen die Türken« oder – hoffnungsvoller – »Es gibt keine Invasion«. An solchen Metaphern wurden die Befürchtungen von Politikern, Journalisten und nicht zuletzt eines großen Teils der Öffentlichkeit in der Bundesrepublik Deutschland erkennbar, mit der am 1. Dezember 1986 in Kraft tretenden sogenannten Freizügigkeitsklausel des Assoziierungsvertrages zwischen der Türkei und der Europäischen Gemeinschaft würden die Schleusen für eine gestaute Flut anatolischer Arbeitssuchender geöffnet.

Welche Probleme durch diesen Disput in den türkisch-europäischen Beziehungen entstanden, wurde bereits angesprochen. Was die Bundesrepublik betrifft, so hatten alle Regierungen die Freizügigkeitsvereinbarung zwischen der Türkei und der EG stets mit unverhülltem Unbehagen betrachtet. Zwar hatte man in Bonn den Anspruch der Türkei auf die vertragsmäßige Zubilligung der Freizügigkeit nicht schlichtweg negiert, doch man hatte nach Wegen gesucht, wie der Auswanderungsdruck in der Türkei selbst entspannt und es damit der türkischen Regierung leichter gemacht werden könnte, nicht auf einer Verwirklichung der Freizügigkeit zu bestehen. Bei Regierung und Opposition in der Türkei jedoch bestand Konsens, daran festzuhalten. So erklärte Ministerpräsident Turgut Özal am Vorabend des Besuches von Bundeskanzler Kohl, ein Verzicht auf die Freizügigkeit komme »überhaupt nicht in Frage«.

Von dem Besuch des Bundeskanzlers hatte sich Bonn einen Handel erhofft, mit dem die so angsteinflößende Flut einwandernder Türken einzudämmen wäre: Ankara sollte den Anspruch auf Freizügigkeit für seine Bürger innerhalb der Europäischen Gemeinschaft im Austausch für ein Paket aus finanziellen, wirtschaftlichen und sozialen Zuwendungen aufgeben. Nun, eine Lösung des Problems konnte damals nicht gefunden werden und steht bis heute aus. Zwar haben sich die Türken damit abgefunden, daß erst im Rahmen einer weiterreichenden Vereinbarung zwischen der Europäischen Union und der Türkei auch das Problem der Freizügigkeit geregelt wird. In den deutsch-türkischen Beziehungen ist die damals aufgerissene Wunde seither jedoch nur oberflächlich vernarbt.

Auch eine Vollmitgliedschaft der Türkei in der Europäischen Gemeinschaft hat die Bundesregierung – außer mit Worten – kaum jemals tatkräftig unterstützt. Dies hat die türkische Regierung besonders schmerzlich erfahren, als sie im April 1987 einen diesbezüglichen Antrag stellte, obwohl sich nicht übersehen ließ, daß die Aufnahmebereitschaft in Brüssel dafür sehr gering war. Die deutsche Zurückhaltung hatte der deutsche Botschafter in Ankara bereits in einem Interview signalisiert, das er aus Anlaß des Besuches von Bundespräsident Richard von Weizsäcker im Mai 1986 gegeben hatte: »Die Bundesregierung bestreitet der Türkei selbstverständlich nicht das Recht, einen Antrag auf volle Mitgliedschaft in der EG zu stellen … Die Frage ist nur: Welcher Zeitpunkt könnte geeignet sein für diesen Schritt? Nach meiner Kenntnis werden nicht nur die Bundesregierung, sondern alle anderen Regierungen der EG-Staaten einen Zeitpunkt in diesem Jahr kaum für geeignet halten … Wenn ein solcher Antrag gestellt wird und die Antwort darauf negativ ist, könnte dies die Beziehungen zwischen den EG-Ländern und der Türkei ungünstig beeinflussen, ja, es könnte sogar zu einer Krise in den Beziehungen kommen. Gegenwärtig dürften die Mitgliedstaaten der EG nicht bereit sein, in Verhandlungen über eine Vollmitgliedschaft einzutreten … Eine solche Perspektive liegt in der Zukunft. Hierfür muß die Zeit reif sein.«[98] So kam, was zu erwarten gewesen war: Der Antrag wurde im Dezember 1989 abgelehnt. Der Zweckoptimismus, den die Türkei gegenüber diesem Bescheid an den Tag legte, konnte die große Enttäuschung der türkischen Elite nicht überdecken. Auch die deutsch-türkischen Beziehungen bekamen einen weiteren Kratzer.

In den achtziger Jahren sind also die Beziehungen ins Rutschen geraten. Psychologischer Schaden wurde nicht zuletzt auch durch Inhalt und Stil der Kritik angerichtet, die aus nahezu allen Lagern der deutschen Politik und von seiten der Medien an den Unzulänglichkeiten der türkischen Demokratie, insbesondere an den Menschenrechtsverletzungen, vorgetragen wurde. Die durchaus beachtlichen Fortschritte bei der Demokratisierung des Landes nach dem Ende der dritten Einmischung des Militärs fanden kaum eine Würdigung, während die Finger allein auf die ebenso unübersehbaren Menschenrechtsverletzungen – später auch auf die Repressalien gegen die kurdische Bevölkerung im Südosten – gelegt wurden. Die türkische Seite konterte mit Verweis auf die – lange vor der deutschen Vereinigung rollende – Woge ausländerfeindlicher Propaganda (»Türken raus«). Der Wille, zu einem differenzierteren Verständnis der herrschenden politischen, gesellschaftlichen und kulturellen

Verhältnisse zu gelangen und darauf die bilateralen Beziehungen zu gründen, war auf beiden Seiten kaum mehr zu erkennen. Die Kanäle wirklicher Kommunikation wurden so nach und nach verschüttet.

Rücksichten, die in den Zeiten des Kalten Krieges und der gemeinsamen Abwehr der Bedrohung durch den Warschauer Pakt genommen worden waren, schienen – diesen Eindruck gewinnt man jedenfalls von der deutschen Seite – in dem Maße entbehrlich zu werden, in dem mit dem sich nähernden Ende des Ost-West-Konflikts die Bedrohung in den Hintergrund trat. Wie weit sich beide Seiten selbst sicherheitspolitisch entfremdet hatten, zeigte sich dramatisch an dem beschämenden Zaudern und Zagen der deutschen Seite, als es Anfang 1991 darum ging, auf Bitten der Türkei das deutsche Kontingent an der Allied Mobile Force (AMF, Mobile Eingreiftruppe) zum Schutz gegen einen möglichen Angriff des irakischen Diktators Saddam Husain auf die Türkei als Mitglied der Golf-Allianz in den Südosten des Landes zu verlegen.

Mit der Vereinigung Deutschlands und dem Ende des Kalten Krieges vertieften sich die Irritationen. Über die Rüstungszusammenarbeit traten offene Meinungsunterschiede zutage, als im März 1992 von Deutschland gelieferte Waffen bei Operationen des türkischen Militärs gegen Basen der PKK im Norden des Irak und später zur Bekämpfung von Unruhen in den von Kurden bewohnten Gebieten im Südosten des Landes eingesetzt wurden. Der Briefwechsel zwischen den beiden Außenministern in der Angelegenheit belegte die höchst unterschiedlichen Ansichten, die beide Seiten zu den Waffenlieferungen haben, die in der Vergangenheit eine der tragenden Säulen der deutsch-türkischen Beziehungen gewesen waren. Der deutsche Außenminister äußerte in seinem Brief die Erwartung, daß Deutschland dem NATO-Partner militärpolitische Unterstützung zur Stärkung der Verteidigungsfähigkeit für den Bündnisfall gemäß Artikel 5 des NATO-Vertrages gewähre. Die Formulierung schloß nach Bonner Deutung die Verwendung im Kampf gegen den Terrorismus innerhalb der Türkei aus, weil sich der NATO-Vertrag auf die Abwehr eines Angriffs von außen beziehe. Der türkische Außenminister schrieb in seinem Brief, er teile die Auffassung Deutschlands. Doch fügte er einen Verweis auf Paragraph 13 des NATO-Kommuniqués von Rom vom November 1991 über das neue strategische Konzept des Bündnisses hinzu. Dieser Paragraph besagt, die Sicherheit der Allianz könne auch durch Akte des Terrorismus beeinträchtigt werden. Nach Auffassung der Bundesregierung liegt hier aber kein Bündnisfall vor. Insbesondere besteht Bonn darauf, daß Lieferungen nur stattfinden könnten, wenn die Türkei deutsche Waffen nicht gegen die Zivilbevölkerung einsetze. Die Türkei dürfe nur mit rechtsstaatlichen Mitteln gegen die PKK vorgehen. Auf der Grundlage dieser Einigung *to agree to disagree* wurden die Waffenlieferungen dann – bis zum nächsten Einbruch im März 1995 – wieder aufgenommen.

Das Problem besteht weiter. Denn die Kurdenfrage und die deutschen Waffenlieferungen haben breite Teile der Medien und der Öffentlichkeit erheblich sensibilisiert. Solange es für die Kurdenfrage keine politische Lösung gibt, tickt eine Zeitbombe auch für die deutsch-türkischen Beziehungen.

Die Reaktionen von seiten der türkischen Regierung auf den rüden Akt Bonns im März 1992 (unter Einschluß des damaligen Präsidenten Turgut Özal) und der türkischen Medien, die zeitweise den Boden des Rationalen verließen, dokumentierten das Ausmaß an Verstimmung und Verletzung, das sich gegenüber Deutschland inzwischen angesammelt hatte. Dies wiederholte sich 1995. Selbst die eingefleischtesten Vorkämpfer der deutsch-türkischen Freundschaft konnten nun nicht mehr übersehen, daß diese Freundschaft Gefahr läuft, in eine spezifische Form deutsch-türkischer Feindseligkeiten umzuschlagen. Der Aufruf zum Boykott deutscher Waren in einigen populistischen Medien machte deutlich, wie stark breite Kreise der türkischen Öffentlichkeit schon gegen Deutschland mobilisiert werden können.

Die Eskalation der Fremdenfeindlichkeit im vereinten Deutschland, die in den Attentaten von Mölln am 23. November 1992 und Solingen am 29. Mai 1993 traurige Höhepunkte fand, haben in der Türkei verständliche und berechtigte Empörung ausgelöst. Die *Gurbetçiler*, die Türken in der Fremde, sieht man Angriffen eines deutschen Rassismus ausgesetzt, der schon einmal Unheilvolles ins Werk gesetzt hat. Über die verständliche Empörung und Sorge hinaus aber bietet die Lage der Türken in Deutschland – ob tatsächlich oder propagandistisch herbeigeredet – den Aufhänger zu einer Retourkutsche, kann doch Deutschland nunmehr gezwungen werden, in einen Spiegel zu schauen, aus dem dann in Sachen Menschen- und Minderheitenrechte eben jenes häßliche Bild entgegenblickt, das die Deutschen ihrerseits jahrelang von der Türkei gezeichnet haben.

Türken in Deutschland

Tatsächlich ist in den deutsch-türkischen Beziehungen in den vergangenen 35 Jahren noch ein weiterer Pfeiler hinzugekommen: die zunehmende Zahl türkischer Arbeitnehmer und ihrer Familien in der Bundesrepublik Deutschland. Die Einwanderung aus der Türkei ist ein Phänomen, zu dem es in der Geschichte Deutschlands und der Deutschen nichts Vergleichbares gegeben hat.

Die massive Anwerbung ausländischer Arbeitnehmer Ende der fünfziger Jahre wurde auch auf die Türkei ausgedehnt. Die anfänglich private Anwerbungsinitiative wurde bald auf die staatliche Ebene verlagert. Der 31. Oktober 1961, der Tag des Abschlusses des »Abkommens zur Anwerbung türkischer Arbeitskräfte für den deutschen Arbeitsmarkt«, könnte somit als ein historisches Datum in den Beziehungen zwischen den beiden Völkern und Staaten bezeichnet werden.

Die meisten türkischen Arbeitskräfte in der Bundesrepublik Deutschland stammten ursprünglich aus dem Osten und Südosten der Türkei, einer Region also, die heute wie damals als extrem unterentwickelt gilt. Die 1000 Kilometer entfernte türkische Zentralregierung in Ankara zeigte kaum Interesse an einem wirtschaftlichen Engagement für diese Region des Landes. Darüber hinaus beherrschten Großgrundbesitzer weite Teile des Südostens; deren Macht erstreckte sich bei weitem nicht nur auf rein wirtschaftliche Angelegenheiten, sondern ähnelte in elementaren Strukturen dem mittelalterlichen Feudalsystem in Europa. Die hoffnungslos erscheinende Wirtschaftslage und die halbfeudalen, repressiven Sozialstrukturen veranlaßten viele Menschen, in wirtschaftlich attraktivere Regionen der Türkei abzuwandern. Mit der industriellen Entwicklung in den sechziger und siebziger Jahren stellten die Binnenmigranten das Gros der ungelernten Kräfte, die die am schlechtesten bezahlten Arbeiten durchführten.

Die türkischen Metropolen, die wie Magnete die Menschen aus dem ganzen Land anzogen, erwiesen sich für viele freilich eher als Fata Morgana denn als wirtschaftliche Oase. Die Neuankömmlinge trafen auf eine städtische Gesellschaft, die wenig Bedarf an ungelernten Arbeitskräften hatte. Folglich mußten Arbeitsplätze im Ausland den entwurzelten Migranten attraktiv erscheinen. Bei den nach Deutschland weiterwandernden Türken handelte es sich also in der Mehrzahl um solche, die bereits eine Binnenwanderung innerhalb der Türkei hinter sich hatten. Vor der Anwerbung durch deutsche Unternehmen hatten die meisten zunächst etwa zwei bis drei Jahre in türkischen Großstädten wie Istanbul, Ankara oder Izmir gelebt. Dort warteten und hofften sie auf Vermittlung durch das türkische Arbeitsamt oder durch deutsche Stellen vor Ort. So wollten die ersten türkischen Arbeitnehmer, die in die Bundesrepublik Deutschland kamen, nach einem begrenzten Aufenthalt mit ihren Ersparnissen und nach Möglichkeit mit neu erworbenen Fachkenntnissen wieder in die Türkei zurückkehren, um sich dort eine selbständige Existenz aufzubauen. An ein dauerhaftes Verbleiben in Deutschland dachten nur wenige.[99]

Die Ölpreisexplosion der beginnenden siebziger Jahre und die sich andeutende Rezession ließ eine Drosselung der Zuwanderung von Arbeitskräften geraten erscheinen. So verhängte die Bundesrepublik im Herbst 1973 einen Anwerbestopp. Wenn es das Ziel war, langfristig die Zahl der Ausländer in Deutschland zu verringern, so wurde dies nicht erreicht. Anders als in den Jahren zuvor, als den Türken die Möglichkeit offengestanden hatte, nach einer zeitweiligen Rückkehr in die Türkei doch wieder nach Deutschland zurückzukommen, gab es nun nur noch die Alternative, entweder für immer zu gehen oder auf längere Sicht in Deutschland zu bleiben. So konnte die Zahl der Türken in Deutschland trotz des Anwerbestopps weiter steigen. Auch der 1980 den Türken auferlegte Visumzwang vermochte den weiteren Anstieg der türkischen Einwanderung nach Deutschland nicht wirksam zu bremsen. Statt dessen bedeutete er gleichsam eine Warnlampe über den deutsch-türkischen Beziehungen: Zeigte er doch an, daß Deutschland – unabhängig von der Tatsache, daß die Türkei assoziiertes Mitglied der EG war – Maßnahmen durchzusetzen entschlossen war, die türkischem Interesse zuwiderliefen. Im historischen Rückblick wird die Maßnahme von vielen als ein Vorspiel zur blockierten Freizügigkeit türkischer Arbeitskräfte in Europa angesehen.

Die Mehrzahl der türkischen Arbeitnehmer hat sich für einen Verbleib in Deutschland entschieden. Mit der Anwesenheit von etwa zwei Millionen Menschen sind sie nicht mehr nur eine Gruppe, die politisch, gesellschaftlich, wirtschaftlich und kulturell immer stärker das Gesamtbild Deutschlands mitbestimmt. Sie werden zunehmend auch ein Element in den deutsch-türkischen Beziehungen. Bis weit in die achtziger Jahre haben Regierungen und Parteien in der Türkei die türkischen Arbeitnehmer in Deutschland im wesentlichen unter wirtschaftlichem Aspekt gesehen. Ihre Überweisungen und Investitionen bildeten einen willkommenen Zufluß an Devisen. Auch die Freizügigkeit der Arbeitnehmer wurde weitgehend unter dem Gesichtspunkt einer Entlastung des türkischen Arbeitsmarktes bewertet.

Die Verbrechen von Solingen und Mölln haben nicht nur die tür-

23 Moscheen wie diese in Lauingen/Donau entstehen derzeit an mehreren Orten in Deutschland

kische Öffentlichkeit tief erschüttert; die Anteilnahme der Öffentlichkeit bedeutete auch einen Druck auf die Politiker in der Türkei, die deutsch-türkischen Beziehungen unter dem Aspekt der Lage der türkischen Gemeinschaft in Deutschland zu betrachten. Delegationen aus der Türkei untersuchten die Menschenrechtssituation hierzulande, und Ankara wirbt nachdrücklich dafür, den Türken in Deutschland die doppelte Staatsbürgerschaft einzuräumen. Das sind neue Facetten in den Beziehungen.

Die Anwesenheit einer aus der Türkei kommenden starken Gemeinschaft von Ausländern (bzw. Einwanderern, wie sich viele verstehen) in Deutschland hat freilich noch einen anderen Aspekt, der sich zunehmend auf die Beziehungen auswirkt: In wachsendem Maße werden die Krisen und Konflikte in der Türkei nach Deutschland »exportiert«. Linke Organisationen aller Schattierungen waren schon in den siebziger Jahren in der Bundesrepublik aktiv; dies um so mehr, als sie in der Türkei, sei es während der Militärinterventionen, sei es durch die Gesetzgebung im allgemeinen – erinnert sei an die Paragraphen 141 und 142 des türkischen Strafgesetzbuches – verfolgt wurden. Ihre Programme und gesellschaftspolitischen Slogans konnte man an den Graffiti in »türkischen« Wohnvierteln deutscher Großstädte ablesen. Vom Bundesamt für Verfassungsschutz beobachtet, trugen sie ihre Auseinandersetzungen mit dem türkischen Staat und den ideologischen Gegnern nur relativ selten in Deutschland militant aus. Ähnliches gilt für die organisierte türkisch-nationalistische Rechte, von der in der Regel weniger zu hören war als von ihrem ideologischen und politischen Gegenspieler.

Dies hat sich – zeitweise dramatisch – geändert. Deutschland ist heute Schauplatz auch militanter Auseinandersetzungen von Konfliktparteien aus der Türkei selbst. Das gilt am spektakulärsten für die PKK. In den achtziger Jahren begann sie, in Deutschland (und Westeuropa) eine eigene politische und militärische Organisation aufzubauen. Nur gelegentlich aber traten kriminelle Operationen wie Schutzgelderpressung, Drogenschmuggel oder gewalttätige innerparteiliche Abrechnungen an die Öffentlichkeit. Im großen und ganzen war der Verfassungsschutz auf dem laufenden, und die Bundesregierung weigerte sich, dem Druck Ankaras nachzugeben und die Organisation zu verbieten. Auch dies führte gelegentlich zu Verstimmungen zwischen Bonn und Ankara.

In der zweiten Jahreshälfte 1993 eskalierten die von der PKK inszenierten und koordinierten Gewalttaten in Deutschland. Unübersehbar stand dies im Zusammenhang mit der Eskalation der militärischen Auseinandersetzungen in der Türkei unter einer Regierung, die nach dem Terroranschlag von Bingöl am 24. Mai die Lösung des »Terrorproblems« der PKK dem Militär überlassen hatte. Die Serie von Gewalttaten gegen türkische Einrichtungen und auf deutschen Straßen führte im November 1993 zum Verbot der PKK durch den Bundesinnenminister. Zugleich wurden zahlreiche, vornehmlich kulturelle kurdische Organisationen verboten, die der PKK nahegestanden hatten. Hinter den Kulissen hatte Bonn damit die Erwartung verbunden, daß die türkische Regierung verstärkte Anstrengungen unternehmen würde, zu einer politischen Lösung der Kurdenfrage zu kommen. Unverhohlen demonstrierte Ankara seine Genugtuung über die Bonner Maßnahme; politische Konsequenzen wurden dort freilich nicht gezogen.

Die Frustration unter den Kurden, die nun aller Möglichkeiten des Protests beraubt waren, und die Verhärtung der militärischen Situation in den kurdischen Gebieten der Türkei trieben immer mehr Kurden auch in Deutschland zur PKK, in deren Kampf sie zunehmend den einzigen Weg sahen, ihrer Sache Aufmerksamkeit zu verschaffen. Die rigide Entschlossenheit der deutschen Behörden, die Bestimmungen des PKK-Verbots, namentlich auch bei Demonstrationen, bis auf den I-Punkt durchzusetzen, war nicht geeignet, die Spannung zu mindern. Viele Kurden (und nicht nur PKK-Gefolgsleute) sahen darin eine Provokation und erklärten die Bundesregierung zum Erfüllungsgehilfen der Kurden-»Politik« Ankaras.

Einer breiten Öffentlichkeit in Deutschland ist durch diese Ereignisse deutlich geworden, daß zwischen den »Türken« hierzulande zu differenzieren ist. Ein Teil von ihnen sind gar keine Türken, sondern Kurden, die sich in steigender Zahl – insgesamt leben etwa 500 000 Kurden in Deutschland – und mit wachsendem Nachdruck als solche bekennen. Und nicht nur das: Im März 1995 komplizierte sich das Erscheinungsbild der »Türken« weiter, als es in Istanbul zu Unruhen kam, in die die Religionsgemeinschaft der Alewiten einbezogen war. Tatsächlich gehörten Angehörige der Alewiten zu den ersten Migranten aus der Türkei, die in Deutschland eine Verbesserung ihres Lebensstandards suchten. Eine Serie von Anschlägen gegen türkische Geschäfte und Reisebüros setzte nach den Ereignissen von Istanbul in Deutschland ein, die das Bild von der politischen Zuordnung der »Türken« noch komplizierter machte. Wer immer hinter den Anschlägen gesteckt haben mochte – es war nun nicht mehr zu übersehen, daß zu der ethnischen Konfliktlage in der Türkei wie in Deutschland auch eine religiöse würde gerechnet werden müssen.

Die religiöse oder besser: religiös-politische Schiene schließlich stellt eine weitere Verbindung zwischen der Türkei und Deutschland her. Die verschiedenen religiösen Gruppen, Strömungen, Vereine, ja auch Sekten unterhalten Ableger in Deutschland.[100] Dies ist so lange im Rahmen der deutsch-türkischen Beziehungen kein Problem, als sie hierzulande keine politischen Zielsetzungen verfolgen. Das gilt insbesondere für die Türkisch-Islamische Union der Anstalt für Religion e.V. *(Diyanet işleri türk islam birliği, DITIB)*, die die meisten der in Deutschland religiös organisierten Türken vertritt. Sie ist ein Ableger des türkischen »Staatsislam«. Mit der Gründung von DITIB im Jahre 1982 reagierte der türkische Staat auf die Situation, daß sich in der Bundesrepublik zahlreiche religiöse Vereine, zum Teil mit Unterstützung radikaler Elemente aus der Türkei, um die religiösen Belange der Türken kümmerten und dabei auch antilaizistische und antikemalistische Einstellungen vertraten. DITIB arbeitet eng mit dem staatlichen Präsidium für Religiöse Angelegenheiten in der Türkei zusammen. Die »Union« vertritt die offizielle laizistische Grundhaltung im Verhältnis von Staat und Islam und agiert in diesem Rahmen in Deutschland, das heißt, ihre religiöse Haltung entspricht weitgehend derjenigen der offiziellen Politik des türkischen Staates. Die Imame werden als Staatsbeamte vom türkischen Staat entsandt und bezahlt.

Zwei islamisch-»fundamentalistische« türkische Organisationen sind demgegenüber Ableger von religiös-politischen Kräften, die die Islamisierung des türkischen Staates und seine Integration in die islamische Staatengemeinschaft betreiben: der Verband der islamischen Vereine und Gemeinden e.V. *(Islam cemaatleri ve cemiyetleri birliği, ICCB)* in Köln und die Vereinigung der Neuen Weltsicht in Europa e.V. *(Avrupa milli görüş teşkilatları, AMGT)*. Der »Verband« wurde 1984 von Cemaleddin Kaplan in Köln gegründet. Sein Vorbild war Ayatollah Khomeini, was ihm den Beinamen »Khomeini von

Köln« eingebracht hat. Wie weit die Organisation nach dem Tode Kaplans 1995 weiterarbeiten wird, bleibt abzuwarten. In seinem Programm jedenfalls zielt der ICCB auf die Weltherrschaft des Islam, zumindest aber, als ersten Schritt dorthin, auf den Sturz des laizistischen türkischen Staatsgefüges. Aus seinen Feindbildern machte Kaplan kein Hehl: Sie hießen Kapitalismus, Demokratie, Laizismus und Parteiensysteme. Auf Grund solcher Äußerungen und öffentlicher Aufrufe zum gewaltsamen Sturz der türkischen Regierung wurde 1987 die politische Betätigung Kaplans in Deutschland beschränkt und schließlich im Februar 1993 völlig untersagt. In Deutschland sind dem ICCB derzeit etwa 70 Ortsvereine angeschlossen, die zusammen über schätzungsweise 3800 Mitglieder verfügen.

Die Vereinigung der Neuen Weltsicht entstand 1976, erhielt ihren heutigen Namen aber erst 1985. Der Name Neue Weltsicht geht zurück auf ein Buch des Vorsitzenden der fundamentalistischen Wohlfahrtspartei, Necmettin Erbakan. Gemeint ist damit »eine politische Perspektive im Hinblick auf die Errichtung einer Islamischen Republik Türkei«. Enge Beziehungen unterhält die »Vereinigung« mit der genannten Partei; organisatorische Verflechtungen werden aber zurückgewiesen. Die Gruppe strebt die politische Veränderung in der Türkei nicht mit gewaltsamen Mitteln an. Fernziel freilich ist die weltweite Islamisierung im Sinne eines rückwärtsgewandten und doktrinären Islamverständnisses. In Deutschland hat die Vereinigung gegenwärtig über 30 000 Mitglieder, und sie ist der am schnellsten wachsende türkische Verband hierzulande. Bemerkenswert ist die erhebliche Finanzkraft der Vereinigung. Denn die Mittel für ihre Aktivitäten kommen aus Spenden der Mitglieder sowie von Moscheevereinen, die ihrerseits wieder zur Deckung ihrer laufenden Kosten Gemischtwarenläden, Buchläden usw. unterhalten. Daß die AMGT aus radikal-islamischen Staaten finanzielle Unterstützung erhält, wird weithin gemutmaßt. 1995 hat die Organisation ihren Namen geändert und nennt sich jetzt Islamische Gemeinschaft Milli Görüş.

Die Kurdenfrage und das Problem des politischen Islam wirken nach Deutschland herüber. Sie sind aber hierzulande nicht lösbar. Wenn sie in der Türkei eskalieren, wird auch Deutschland zunehmend tangiert werden. Die Probleme mit den »Türken« hierzulande lassen sich auch nicht durch polizeiliche oder ausländerrechtliche Maßnahmen verdrängen. Regierung und Gesellschaft in der Türkei selbst müssen sie angehen. Die deutsche Außenpolitik kann und muß darauf gerichtet sein, bei der Lösung Hilfestellung zu leisten. Denn eine stabile Türkei ist für Deutschland wie für ganz Europa ein wichtiger Partner – in der Zukunft genauso wie schon in der Vergangenheit. Die deutsche Außenpolitik aber hat die Neugestaltung ihrer Türkeipolitik immer wieder vor sich hergeschoben. Jeder Krise folgte *business as usual.*

Daß dies nicht länger möglich ist, hat die Krise gezeigt, die sich einmal mehr im März 1995 mit der militärischen Operation der Türkei im Irak auftat. Wieder wurden aus Deutschland stammende Waffen gesichtet, wieder wurden die Waffenlieferungen abrupt eingestellt und wieder gingen in der Türkei die antideutschen Wogen der Emotionen hoch. Auch Bonn mußte einsehen, daß die Beziehungen heute weder mit dem Mythos von der Waffenbrüderschaft noch mit dem Hinweis auf das NATO-Bündnis zu lösen sind.

Und so kann man nicht einfach dort weitermachen, wo man 1992/93 buchstäblich ans Ende gekommen ist. Die Ausgestaltung der künftigen Beziehungen sollte von klar definierten wechselseitigen Interessen beider Seiten diktiert sein. Diese lassen sich zwischen drei Koordinaten festmachen: der dauerhaften Präsenz einer starken, aus der Türkei kommenden Bevölkerungsgruppe in Deutschland; einem neuen Verständnis des vereinten Deutschland von seiner Rolle und seiner Verantwortung in der Welt; sowie dem Gestaltungsspielraum türkischer Außenpolitik in den benachbarten Regionen.

Eine Verbindung mit Deutschland wird die Verankerung der Türkei in Europa festigen. Wenn auch die Frage nach der Vollmitgliedschaft des Landes in der Europäischen Union bis auf weiteres offenbleiben wird, so müßte Deutschland doch die Verpflichtung auf sich nehmen, die Türkei als einen für die EU insgesamt wichtigen Partner so nah an Europa heranzuführen, wie dies mit Blick auf den europäischen Einigungsprozeß realistisch ist.

Man griffe freilich zu kurz, wollte man die deutsch-türkischen Beziehungen und die Türken in Deutschland in der Gegenwart nur als etwas Problematisches sehen, das ständig zur Beunruhigung Anlaß gebe. Jenseits der Schlagzeilen und der Probleme besteht eher sehr viel Normalität. Das gilt für die Wirtschaftsbeziehungen – Deutschland ist als Wirtschaftspartner der Türkei die Nummer eins – ebenso wie für den Beitrag der Türken hierzulande zur deutschen Volkswirtschaft. Als Arbeitgeber und Arbeitnehmer, als Steuerzahler sowie Mitglieder des deutschen Sozialsystems sind sie nicht mehr fortzudenken. Und auch nicht aus dem kulturellen Leben. Gab es in den siebziger und achtziger Jahren so etwas wie eine »Gastarbeiterliteratur«, so leisten heute Türken, vor allem der »zweiten Generation«, wichtige Beiträge zum künstlerischen und intellektuellen Leben in Deutschland. Daß sie auch – ebenso wie jene Türken, die sich in der deutschen Politik engagiert haben – auf die Türkei zurückwirken, daß sie also dort zu politischer Modernisierung und geistiger Offenheit beitragen, ist eine neuartige Facette in den deutsch-türkischen Beziehungen.

So können die Einbrüche in den Beziehungen während der letzten Jahre als Herausforderung zu einer umfassenden Neugestaltung angesehen werden. Nach Lage der Dinge sind beide Seiten eigentlich zum Erfolg verdammt. Mit keinem Land hat Deutschland eine so lange Geschichte – über etwa ein Jahrhundert – enger und alles in allem freundschaftlicher Beziehungen wie mit der Türkei. Mit keinem Land ist Deutschland menschlich so eng und vielfältig verflochten wie mit der Türkei. Es wäre Torheit, ein solches Erbe nicht für die politische Gestaltung der zukünftigen Beziehungen zwischen den beiden Ländern zu nutzen.

Türkei, quo vadis?

Etwa sieben Jahrzehnte nach ihrer Gründung steht die Türkische Republik vielleicht vor der größten Herausforderung seit ihrer Gründung. Die türkische Elite beginnt unsicher zu werden, in welcher Richtung sich das Land zu entwickeln hat. Jedenfalls ist der Kurs, der dem türkischen Staatsschiff von seinem Erbauer und ersten Steuermann, Mustafa Kemal Atatürk, vorgegeben wurde, nicht mehr strikt verbindlich und über jede Diskussion erhaben. Darüber, wo der Kurs denn überhaupt liegt, den das Land am Bosporus, europäisch und asiatisch zugleich, einzuschlagen hat, ist eine Diskussion ausgebrochen. Und diejenigen, die das Ruder in den Händen halten, erscheinen verunsichert. Die Türkei befindet sich in der »Krise« – im ursprünglichen, griechischen Sinne des Wortes »Entscheidung«.

Unsicherheiten darüber, ob der außenpolitische Standort der Türkei den Interessen des Landes entspreche, hatte es auch in der Vergangenheit gelegentlich gegeben. So war die strikte Einbindung in das westliche Sicherheitssystem bisweilen als Zwangsjacke kritisiert worden, die es verhindere, nationalen Interessen, so etwa auf Zypern, nachzukommen. Der Sozialdemokrat Bülent Ecevit hatte darauf in den siebziger Jahren mit einem neuen türkischen Sicherheitskonzept zu antworten versucht. Die antiamerikanische Rhetorik fand hier und da Widerhall – freilich ohne nachhaltig greifbare Auswirkungen auf die konkrete Ausrichtung der Außenpolitik. Die innere Ordnung war 1980 weitgehend zusammengebrochen, und das Militär schritt ein, um sie wiederherzustellen. Eine neue Türkei ist daraus wohl nur im Bereich der Wirtschaftspolitik erwachsen. Die alte Parteienlandschaft kehrte – von Nuancen abgesehen – zurück. Die Mentalität der politischen Klasse blieb ebenfalls weitgehend die alte.

Insgesamt hatte – und hat – das Werk des Staatsgründers erstaunlicherweise Bestand. Die Entwicklung der Türkei ist relativ geradlinig verlaufen. Roter Faden war dabei die Ausrichtung auf den Westen, zu der es für Atatürk keine Alternative gegeben hatte, als kulturelle und zivilisatorische Größe, als politischen Partner und als Beispiel einer wirtschaftlichen Erfolgsstory, die es nachzuahmen galt. Was Atatürk gemäßigt diktatorisch auf die Schiene brachte, führte die Demokratie türkischer Spielart später fort. Die Außenpolitik, die zunächst auf Unabhängigkeit setzte, stand unter den Rahmenbedingungen des Kalten Krieges zur Mitgliedschaft im westlichen Bündnis durchaus nicht im Widerspruch und schon gar nicht zum Streben der türkischen Regierungen nach einer Vollmitgliedschaft in der Europäischen Gemeinschaft. Die Türkei als Teil eines Westens, dessen Entwicklungsstand und Identität sich sichtlich von einer islamischen Welt, die die Folgen des Untergangs des Osmanischen Reiches noch immer nicht überwunden hatte, abheben würde, und als Mitglied einer europäischen Staatengemeinschaft, als Verkörperung eines Landes der zivilisierten Welt – so etwa könnte sich der Staatsgründer das Ziel des von ihm beschrittenen Weges vorgestellt haben.

Aber eben nur »so etwa« – denn wollte Atatürk wirklich, daß sich der neugeschaffene Einheitsstaat vollständig in Europa integriere? Oder schwebte ihm nicht eher »lediglich« die Assimilierung der wissenschaftlich-technischen Zivilisation des Westens vor, in deren Überlegenheit er letztlich die Ursache für den Untergang des Osmanischen Reiches sah, dessen Schicksal er seinem neuen Staat ersparen wollte? Eine solche Zweideutigkeit drängt sich jedenfalls bei einer Analyse der Einstellung auf, mit der die türkische Elite den Weg der »Integration« in die Europäische Gemeinschaft beschritten hat. In dem Bestreben, der – vor allem wirtschaftlichen – Vorteile teilhaftig zu werden, ansonsten aber nur zögerlich Veränderungen zu betreiben, die sich auf die Bereiche von Kultur und politischen Wertekategorien konzentrieren. Bis in die Gegenwart hinein scheint sich die türkische Elite nicht wirklich damit auseinandergesetzt zu haben, welche tiefgreifenden Veränderungen – jenseits einer oberflächlichen Kosmetik in Wirtschaft und Politik – eine Integration in Europa mit sich brächte.

Der Zusammenbruch der Sowjetunion, des traumatisch übermächtigen Nachbarn im Norden, und das Ende des Ost-West-Konflikts, der den Türken einen klaren Standort in der internationalen

Politik zugewiesen hatte, markieren einen Wendepunkt. Nach außen ist dies unzweifelhaft dadurch deutlich, daß sich zwischen dem Schwarzen Meer und der Chinesischen Mauer nunmehr ein Raum auftut, der der türkischen Außenpolitik ein weites neues Hinterland eröffnet. Im Inneren sind die Kurdenfrage und das Erstarken eines islamischen Fundamentalismus zwei Herausforderungen an die Grundlagen der modernen Türkei als säkularer türkischer Nationalstaat.

Man könnte – zugespitzt – diese Veränderungen auf die Formel bringen, daß die Türkei wieder von ihrer Geschichte eingeholt wird. Die Kluft, die Atatürk zwischen der Vergangenheit und dem neuen türkischen Staat aufzureißen versucht hat, beginnt an Trennendem zu verlieren. Immer mehr Türken suchen nach einem Standort oder – anspruchsvoller – nach einer Identität. Dabei spielt die Tradition eine deutlich größere Rolle.

Wie so häufig aber kommen große Veränderungen auf Taubenfüßen. Das bedeutet auch im Falle der Türkei, daß die Dinge langsam herangereift sind, bevor sie dann, als sich die politische Großwetterlage veränderte, sichtbar hervortreten konnten. Die Ära Özal, von 1983 bis zu seinem Tode im April 1993, war dieses Jahrzehnt des Übergangs: Özal, ein Gefolgsmann des von Atatürk begründeten Systems auf der einen und ein Vorbereiter des Neuen auf der anderen Seite. Wie kaum ein anderer türkischer Politiker war er von Atatürks Willen besessen, die Türkei zu einem Staat zu machen, der sich unter den wirtschaftlich entwickelten Staaten in West und (Fern-)Ost würde sehen lassen können. Die ökonomischen Zuwachsraten übten dabei die gleiche Faszination aus wie die Vision eines Sitzes für sein Land in der Runde der Großen – etwa als Mitglied in der Europäischen Gemeinschaft oder unter den Mitgliedern der Golf-Allianz, die 1990/91 für nichts Geringeres als eine »neue Weltordnung« kämpfte. Pragmatisch mußte er dabei auch heilige Kühe schlachten, die Atatürk selbst genährt hatte. Das gilt zum Beispiel für die Wirtschaftsordnung des Etatismus, die Verdrängung einer kurdischen Identität und die außenpolitische Enthaltsamkeit unter dem Motto: »Friede daheim, Friede in der Welt«. Auf der anderen Seite traten damit Elemente der Tradition ins Bild, die geeignet waren, die Konturen der Türkischen Republik, wie Atatürk sie gezeichnet hatte, zu verwischen.

Namentlich seine Haltung gegenüber dem Islam mußte eine qualitative Veränderung in der inneren Verfaßtheit des Landes herbeiführen. Das bedeutet, daß nicht mehr die Abgrenzung von der Vergangenheit, sondern die Zuwendung zu ihr ein Element der Legitimation für eine neue Türkei und ihre Führung sein würde. Zwar hatten islamische Kräfte schon in der Vergangenheit versucht, die Türkei nicht nur äußerlich, sondern von innen heraus zu islamisieren. So etwa in den siebziger Jahren, als die Nationale Heilspartei an unterschiedlichen Regierungskoalitionen beteiligt war. Noch nie aber war eine Islamisierung von der Spitze und aus dem Inneren des Systems heraus so aktiv betrieben worden.

Tatsächlich hatte die Türkei begonnen, sich tiefgreifend zu verändern. Und der sich in den achtziger Jahren schrittweise entspannende Ost-West-Konflikt gab solchen Veränderungen einen Freiraum. Solange jedoch die beiden Blöcke einander gegenüberstanden, bestanden die Grenzen des Wandels dort, wo dieser eine negative Auswirkung auf das Bündnisverhalten des NATO-Mitglieds Türkei hätte haben können.

Die Frage, ob Atatürk, der Vater des »Kemalismus«, eher als Ideologe oder Pragmatiker zu verstehen sei, wurde meistens zugunsten des letzteren beantwortet. So gesehen hat Özal pragmatisch Atatürk weiterentwickelt; man könnte ihn als Kemalisten bezeichnen, und dies auch da, wo er – wie etwa in der Wirtschaftspolitik – auf Grund veränderter weltpolitischer und weltwirtschaftlicher Rahmenbedingungen von Atatürk abwich. Zugleich aber weist Özal in eine neue Ära, in der wohl eine kritische Auseinandersetzung mit dem Staatsgründer geführt werden muß.

Der Kemalismus als »ideologische« Grundlage der Türkischen Republik steht also zur Diskussion. Im politischen Raum wurde er längst durch islamische Kräfte herausgefordert. Aber auch als geistiges Konzept für die Modernisierung der Türkei steht er auf dem Prüfstand. Intellektuelle sprechen heute von der »Zweiten Republik«, wenn sie nach einer Türkei suchen, die sich auf mehr Demokratie und weniger auf einen laizistischen Nationalismus gründet. Die Entstehung einer »Zivilgesellschaft« soll den Staat samt seiner verkrusteten Führungselite zurücktreten lassen und der Artikulation gesellschaftlicher Kräfte Raum geben. Dabei werden Anleihen auch in der osmanischen Tradition gemacht. Angespielt wird auf das relativ tolerante Zusammenleben unterschiedlicher Völker und Religionen, aber – natürlich – auch auf den Islam als der Grundlage des Zusammenlebens der Türken. Außenpolitisch würde sich diese »zweite Republik« nicht mehr so sehr als Vorposten Europas und des westlichen Sicherheitssystems verstehen; gleichsam »neo-osmanisch« und weniger »türkisch-nationalistisch« hätte die Türkei nach dem Zerfall der Sowjetunion und dem Ende des Ost-West-Konfliktes eine Chance, dort wieder zu einem regionalen Zentrum aufzusteigen, wo das Osmanische Reich durch Jahrhunderte mit den Geschicken der benachbarten Völker verflochten war.

So meldet sich die Geschichte zurück. Das Tor nach Zentralasien ist aufgestoßen worden, und viele Türken blicken fasziniert in diese Welt, die nicht nur turksprachig ist, sondern in der auch die Ursprünge der Türkei-Türken liegen. An den Entwicklungen auf dem Balkan, einem der ehemaligen Herrschaftsgebiete der Osmanen, nehmen Öffentlichkeit, Medien und die politische Klasse mit großen Emotionen Anteil. Und in bezug auf die Region am Persischen Golf erklärte Özal nach dem »Wüstensturm« die Türkei zur Regionalmacht.

Die sicherheitspolitischen Parameter beginnen sich also zu verschieben. Waren sie bislang auf die Verteidigung im Rahmen der westlichen Allianz ausgerichtet, so sind sie nunmehr mit dem türkischen Bestreben verbunden, im politischen und geographischen Umfeld des Landes Einfluß zu suchen und dort politische, sicherheitspolitische und wirtschaftliche Interessen der Türkei zu wahren.

Wenn die verschiedenen Elemente dieser Interessen noch nicht zu einem kohärenten sicherheitspolitischen Konzept ausgestaltet wurden, so geistert dahinter doch schon das Wort vom »Neo-Osmanismus« herum. Vergleichbar der Doktrin vom »Nahen Ausland« des russischen Präsidenten Boris Jelzin, die eine russische Sonderrolle in den Gebieten der ehemaligen Sowjetunion untermauern soll, könnte so ein aktives politisches Ausgreifen der Türkei in ehemaligen Gebieten des Osmanischen Reiches angezeigt werden.

Eine »neo-osmanische« Außenpolitik – was immer dies konkret sein mag – ist nicht von einem stärkeren Einfluß des Islam im Inneren zu trennen. Damit ist keineswegs nur an die wachsende Stärke der fundamentalistischen Wohlfahrtspartei gedacht. Die Islamisierung hat breitere Schichten der Bevölkerung erfaßt. In der Ära Özal erhielt sie eine besondere Beschleunigung. Ein Rückgriff auf religiöse Traditionen der Türken und eine durch die Geschichte bestimmte politische Orientierung im Umfeld könnten die politische Elite dahin bringen, schrittweise eine Neubestimmung des Standorts der Türkei in der Welt insgesamt vorzunehmen.

In diesem Stadium innerer Verunsicherung wird auch die offene Kurdenfrage zu einer immer stärkeren Belastung der türkischen Außenpolitik. Bleibt eine politische Lösung weiterhin aus, wächst die Gefahr einer Isolierung des Landes in der internationalen Politik. Auf der anderen Seite reagiert der türkische Nationalismus, der von Atatürk geweckt wurde, empfindlich auf alle Versuche einer auswärtigen »Einmischung«. Schon immer hat sich türkischer Nationalstolz mit der inneren Verunsicherung darüber vermischt, was denn wohl »der Westen« mit der Türkei im Schilde führe. Diese Empfindlichkeit macht Versuche auswärtiger Mächte, in der Kurdenfrage politisch zu vermitteln, so schwierig.

Driftet die Türkei dann von Europa weg? Würde sie wieder zu einer stärker asiatischen Macht? Die weitere Annäherung an die turksprachigen Staaten Zentralasiens wäre eine denkbare Variante, wenngleich dies konkret zum gegenwärtigen Zeitpunkt kaum vorstellbar ist. Aber auch Atatürk war nicht frei von einer pantürkischen Faszination, obwohl er sich schließlich – realistisch – an das politisch Machbare, den türkischen Nationalstaat, hielt. Dies unterschied ihn von politischen Abenteurern wie Enver Pascha, an dem er sich während seiner ganzen Laufbahn gerieben hat.

Wie immer konkrete Szenarien aussehen mögen – ein Abdriften der Türkei von Europa hätte nicht nur kaum absehbare Auswirkungen auf die innere Verfaßtheit des Landes. Es brächte auch die Gefahr mit sich, daß sich die Spannungen mit den nächsten Nachbarn aufladen könnten: mit Rußland, den Balkanländern, den arabischen Nachbarn und Iran. Jedenfalls würde eine machtvoll auftretende Türkei, die den Ehrgeiz an den Tag legte, sich gegenüber dem Westen als unabhängige Macht zu manifestieren, von diesem mit Sorge betrachtet. In Zentralasien oder auf dem Balkan könnten »Nahes Ausland« und »Neo-Osmanismus« zu einer Wiederbelebung einer jahrhundertelangen historischen Konfrontation führen.

So steht die Türkei heute vor einer enormen Herausforderung.

Dem Land, daran sei noch einmal erinnert, ist mit dem Zerfall der Sowjetunion eine geopolitische Schlüsselposition zugefallen. Drei geopolitische Großräume berühren sich auf anatolischem Boden: Europa, die zentralasiatische Landmasse und der islamische Nahe Osten. Wird die Türkei die Belastungen und Spannungen, die daraus erwachsen, aushalten? Wird es eine mitgestaltende politische, wirtschaftliche und kulturelle Rolle spielen? Im Augenblick freilich sind erst einmal Friktionen aufgebrochen, die das Land bis auf weiteres zwingen, sich mit sich selbst zu beschäftigen. Neben dem sich immer deutlicher ausprägenden türkisch-kurdischen Konflikt vertieft sich die Polarisierung zwischen Säkularisten und Islamisten und treten alte Animositäten zwischen Sunniten und Alewiten wieder zum Vorschein.

In dieser Situation ist der rasche Ansehensverlust der politischen Klasse ein besonderes Unglück. Von inneren Spannungen zerrissen und wirtschaftlichen Problemen heimgesucht, sucht ein wachsender Teil der türkischen Öffentlichkeit nach politischen Alternativen. Ein neues Gesicht war Tansu Çiller, als es darum ging, das Vakuum in Ankara zu füllen, das mit dem Umzug des alten Populisten Süleyman Demirel als Staatspräsident nach Çankaya entstanden war. Tansu Çiller erfreute sich einer Woge großen Zuspruchs in breiten Teilen der Bevölkerung. Bald schon freilich sollte sich herausstellen, daß es mit der Fähigkeit und der Entschlossenheit der neuen Ministerpräsidentin, die anstehenden Probleme anzugehen, nicht weit her war. Allzu schnell sank ihre »Politik« in einen Populismus im negativen Sinne des Wortes ab. Fast identisch mit Opportunismus, suchte sie sich jeweils dort politisch zu profilieren, wo sie eine wechselnde Stimmung witterte, deren Berücksichtigung ihr den Machterhalt sicherte. Wo ein klares Konzept langfristiger Umgestaltung und Erneuerung des Landes im Inneren wie nach außen notwendig gewesen wäre, dominierte persönlicher Ehrgeiz. Und wo die türkische politische Klasse gefordert gewesen wäre, engagiert zu entscheiden, herrschte parteipolitisches Gezänk. Das türkische Staatsschiff wird immer heftiger von den Wogen innerer und äußerer Herausforderungen hin und her geworfen.

Vor diesem Hintergrund ist zu erwarten, daß Kräfte weiterhin Zulauf erhalten, die Lösungen anbieten, die wiederum das System selbst in Frage stellen. Dabei handelt es sich heute in erster Linie um die Islamisten, die eine neue Türkei propagieren, in der die Probleme des Landes – in erster Linie als Folge der engen Bindung der Türkei an den Westen gesehen – im Rahmen einer islamisch eingefärbten Ordnung gelöst werden sollen. Wer zuletzt lacht, lacht vielleicht auch in diesem Fall am besten. Jahrelang hat sich die laizistische türkische Elite über den »Politclown« Erbakan lustig gemacht. Jetzt ist sie gegen ihn in die Defensive geraten.

Das heißt natürlich nicht, daß die Türkei in absehbarer Zeit eine Islamische Republik würde. Aber die Gefahr wächst, daß die »westliche Berufung«, seit Atatürk der rote Faden türkischer Politik, verlorengeht oder zunehmend verblaßt. Demokratie und Menschenrechte – stets zwei Defizite in der Entwicklung der Türkei, aber eingefordert als Eintrittskarte in den Club der Europäischen Union – könnten noch weiter in den Hintergrund treten.

So steht die Türkei in einer wahrhaft historischen Situation vor einem Dilemma: Auf der einen Seite hat das Land tatsächlich mit dem Ende des Ost-West-Konflikts eine geradezu dramatische Aufwertung erfahren. Nach der verständlichen außenpolitischen Selbstbescheidung unter Atatürk und der Einbindung in das westliche Sicherheitssystem, die sich nach dem Zweiten Weltkrieg herausbildete, eröffnen sich Ankara weithin neue Politikfelder. Die »neue Rolle« als ein Trumpf türkischer Politik ist im Prinzip nicht von der Hand zu weisen. Auf der anderen Seite verfügt das Land jedoch im Augenblick nicht über eine politische Führung, die in der Lage wäre, mit einem gleichermaßen differenzierten und umfassenden politischen Konzept der »neuen Rolle« Profil zu geben. Dies würde bedeuten, neue Politikfelder zu erschließen und daneben gleichzeitig herkömmliche Verhaltensweisen aufzugeben.

Zugleich aber wäre auch eine Diskussion über eine »türkische Identität« zu führen. Atatürk hatte aus den Umständen seiner Zeit heraus seine Antwort auf die Frage, was eine »türkische Identität« sei, gegeben. Sie wurde durch die Jahrzehnte weitergereicht; die Diskussion darüber wieder aufzunehmen und im Wandel der Zeitläufte zu neuen Antworten und Ergebnissen zu kommen, war mehr oder minder tabu. Eher minder: Denn irgendwann in den sechziger Jahren wandte man sich ihr auf den Extremen des weltanschaulichen und politischen Spektrums zu und sah den »wahren Türken« durch die sozialistische, ultranationalistische oder islamistische

Brille. Erstere ist blind geworden. Namentlich letztere ist geblieben und fordert immer radikaler einen »Kemalismus« heraus, der mehr und mehr versteinert erscheint.

Ohne einen Wandlungsprozeß im Inneren wird das Land kaum in der Lage sein, die Herausforderungen einer neuen Ära aufzunehmen beziehungsweise sich ihnen gewachsen zu zeigen. Das aber wäre ein Unglück für das Land, für sein Umfeld und für die Beziehungen zwischen ihm und dem Westen, in die von beiden Seiten über so viele Jahre so viel investiert wurde.

Anhang

Anmerkungen

1 Milliyet, Istanbul, 2. November 1992.
2 Scharlipp, Wolfgang-Ekkehard: Die frühen Türken in Zentralasien. Eine Einführung in ihre Geschichte und Kultur. Darmstadt: Wissenschaftliche Buchgesellschaft 1992. S. 13 ff.
3 Tekin, Talât: A Grammar of Orkhon Turkic. Den Haag 1968. S. 263.
4 Das Buch des Dede Korkut. Ein Nomadenepos aus türkischer Frühzeit. Zürich: Manesse 1958. S. 275 f.
5 Ibn Ishâq: Das Leben des Propheten. Stuttgart: Edition Erdmann im Thienemanns Verlag 1982. S. 43 f.
6 Kreutel, Richard F. (Übersetzer): Vom Hirtenzelt zur Hohen Pforte. Frühzeit und Aufstieg des Osmanenreiches nach der Chronik … vom Derwisch Ahmed, genannt Aşık-Paşa-Sohn. Graz/Wien/Köln: Styria 1959. S. 24 f.
7 Zitiert nach Gost, Roswitha: Der Harem. Köln: DuMont 1993. S. 106.
8 Moltke, Helmuth von: Unter dem Halbmond. Erlebnisse in der alten Türkei. 1835–1839. Hg. v. Helmut Arndt. Stuttgart: Edition Erdmann im Thienemanns Verlag 1984. S. 344.
9 a.a.O. S. 352.
10 a.a.O. S. 353.
11 Vámbéry, Hermann: Das Türkenvolk in seinen ethnologischen und ethnographischen Beziehungen. Leipzig: F. A. Brockhaus 1885.
12 Lewis, Bernard: The Emergence of Modern Turkey. London/New York/Toronto: Oxford University Press. S. 317 ff.
13 Vgl. a.a.O. S. 272.
14 Irmak, Sadi: Kemal Atatürk. Leben und Werk des Gründers der neuen Türkei. Istanbul: Hisarbank 1981. S. 5.
15 Die Darstellung des Lebenslaufes von Atatürk orientiert sich u.a. an: Rill, Bernd: Kemal Atatürk. Reinbek bei Hamburg: Rowohlt 1985.
16 Aksan, Âkil (Hg.): Mustafa Kemal Atatürk – aus Reden und Gesprächen (Übersetzung Dr. Belma Emircan). Heidelberg: Julius Groos 1981. S. 2.
17 Rill: a.a.O. S. 36.
18 Rill: a.a.O. S. 37.
19 Benoist-Méchin, Jacques: Mustafa Kemal. Begründer der neuen Türkei. Düsseldorf/Köln: Eugen Diederichs 1955. S. 160. Nüchterner in: Türkiye Ansiklopedisi. Band 1. Ankara 1956. S. 279.
20 Atatürk. Sein Leben und sein Werk. Hg. aus Anlaß des 100. Geburtstages von Kemal Atatürk von der Türkischen Nationalen Kommission für UNESCO 1981. UNESCO. S. 94.
21 Rill: a.a.O. S. 84.
22 UNESCO: Atatürk. a.a.O. S. 186.
23 Türk Inkılâp Tarihi Enstitüsü Yayımları: Atatürkün söylev ve demeçleri I. Istanbul: Maarif Matbaası 1945. S. 193.
24 Siehe die Dokumente unter dem 14. August. a.a.O. S. 89 ff.
25 Benoist-Méchin, Jacques: a.a.O. S. 289 f.
26 Aksan, Âkil: a.a.O. S. 31.
27 Zitiert nach Rustow, Dankwart A.: Kemalism. In: Grothusen, Klaus-Detlef: Türkei. Südosteuropa-Hand-

buch. Band IV. Göttingen: Vandenhoeck und Rupprecht 1985. S. 240.
28 Siehe Lewis, Bernhard: a.a.O. S. 263 ff.
29 a.a.O. S. 263.
30 UNESCO: Atatürk. a.a.O. S. 222.
31 Rill: a.a.O. S. 96 f.
32 UNESCO: Atatürk. a.a.O. S. 224.
33 Vgl. Aksan, Âkil: a.a.O. S. 16 f.
34 Atatürkün söylev ve demeçleri II. S. 11 f.
35 Türk Devrim Tarihi Enstitüsü: Nutuk Kemal Atatürk. Band II. Istanbul: Millî Eğitim Basımevi 1970. S. 683 ff.
36 Aksan, Âkil: a.a.O. S. 22.
37 Hurewitz, Jacob C. (Hg.): Diplomacy in the Middle East. 2 Bde. Princeton/Toronto/New York/London: D. van Nostrand. Bd. 2. S. 214–216.
38 Gronau, Dietrich: Mustafa Kemal Atatürk oder Die Geburt der Republik. Frankfurt a.M.: Fischer 1994. S. 264.
39 Vgl. Grothusen, Klaus-Detlef: Außenpolitik. In: Ders. a.a.O. S. 103 f.
40 Hurewitz, Jacob C.: a.a.O. S. 226 ff.
41 Zürcher, Erik J.: Turkey. A Modern History. London/New York: L.B. Tauris 1993. S. 215.
42 Siehe Steinbach, Udo: Politische Kultur. In: Grothusen, Klaus-Detlef: a.a.O. S. 316–326.
43 Rummel, Friedrich von: Die Türkei auf dem Wege nach Europa. München: Hermann Rinn 1952. S. 44 f.
44 Landau, Jacob M.: The National Salvation Party in Turkey. In: Asian and African Studies (Jerusalem/Haifa). 11 (Sommer 1976) 1. S. 1–57.
45 Landau, Jacob M.: The Nationalist Action Party in Turkey. In: Landau, Jacob M.: Jews, Arabs, Turks. Selected Essays. Jerusalem: The Magnes Press 1993. S. 257–275.
46 Birand, Mehmet Ali: The Generals' Coup in Turkey. An Inside Story of 12 September 1980. London u.a.: Brassey's Defence Publishers 1987. S. 186 f.
47 Summary of World Broadcast (SWB. London BBC)/ME/1241/A/8 ff. 28. November 1991.
48 Grothusen, Klaus-Detlef: a.a.O. S. 110.
49 Document-President Johnson and Prime Minister Inönü. In: Middle East Journal. Washington 20 (1966). S. 386–393.
50 Grothusen, Klaus-Detlef: a.a.O. S. 120.
51 a.a.O. S. 133.
52 a.a.O. S. 134.
53 a.a.O. S. 160.
54 Siehe Schlegel, Dietrich: Pragmatismus zwischen der Türkei und Europa. In: Außenpolitik. Hamburg. 37 (1986) 3. S. 283–302.
55 Siehe Kramer, Heinz: Die Europäische Gemeinschaft und die Türkei. Baden-Baden: Nomos 1988. S. 120 ff.
56 Frankfurter Allgemeine Zeitung. 19. Dezember 1989. Neue Zürcher Zeitung. 20. Dezember 1989. Briefing. Ankara. 25. Dezember 1989. Zusammenfassend vgl. Gümrükçü, Harun: Die Stellungnahme der EG-Kommission zum Antrag der Türkei auf Beitritt zur Gemeinschaft. In: Nord-Süd aktuell. Hamburg 2/1990. S. 243–250.
57 Brey, Hansjörg: Auf der Suche nach einer Lösung des Zypernproblems: Optionen und Hindernisse. In: Südosteuropa Mitteilungen. München. 34 (1994) 1. S. 9–21; Gürbey, Gülistan: Unerfüllte Hoffnungen nach dem Ende des Kalten Krieges – das Zypernproblem in der Sackgasse? In: a.a.O. S. 22–42.
58 Siehe die Kapitel zur Außenpolitik Irans in: Nahost Jahrbuch 1992 ff. Hg. v. Koszinowski, Thomas und Mattes, Hanspeter. Deutsches Orient-Institut. Opladen: Leske und Budrich 1993 ff.; vgl. auch die Kapitel zur Lage im Kaukasus und in Zentralasien: a.a.O.
59 Andrić, Ivo: Die Brücke über die

Drina. Eine Wischegrader Chronik. München: Carl Hanser [4]1992.
60 Jordan Times. Amman. 26. März 1994. Turkish Daily News. Ankara. 25. März 1994.
61 Frankfurter Allgemeine Zeitung. 9. und 10. Juni 1994. Siehe auch Financial Times. London. 3. Oktober 1994.
62 Turkish Daily News. Ankara. 14. April 1994.
63 Turkish Daily News. Ankara. 26. Februar 1994.
64 Turkish Daily News. Ankara. 11. November 1994.
65 Die Zeit. Hamburg. 24. März 1995.
66 Diese Zahl ist naturgemäß nur ein grober Anhalt, da – wie im Kapitel über die Alewiten berichtet – die Schätzungen über deren Anteil an der Gesamtbevölkerung zwischen 20 und 40 Prozent schwanken.
67 Kappert, Petra: Atatürks Erben. In: Rotter, Gernot: Die Welten des Islam. Frankfurt a.M.: Fischer 1993. S. 128 ff.
68 Diese und andere wichtige Informationen in diesem Kapitel verdanke ich Ursula Spuler-Stegemann. Ihr Beitrag »Türkei« erscheint in der vierten, neubearbeiteten Auflage von Ende, Werner und Steinbach, Udo (Hg.): Der Islam in der Gegenwart. München: C.H. Beck 1996 (s. Literaturverzeichnis).
69 Türkei. Devlet Istatistik Enstitüsü: Statistical Yearbook of Turkey. Ankara: Devlet Istatistik Enstitüsü Matbaası 1994.
70 Moltke, Helmuth von: a.a.O. S. 258.
71 a.a.O. S. 273.
72 a.a.O. S. 324.
73 Siehe Behrendt, Günter: Nationalismus in Kurdistan. Hamburg: Deutsches Orient-Institut 1993. S. 216 ff.
74 Siehe Franz, Erhard: Kurden und Kurdentum. Zeitgeschichte eines Volkes und seiner Nationalbewegungen. Hamburg: Deutsches Orient-Institut 1986. S. 43.
75 Gentizon, Paul: L'insurrection Kurde. In: La Revue de Paris. 32 (1925) 20. S. 834–856. Hier: S. 841. Vgl. Behrendt, Günter: a.a.O. S. 387.
76 Behrendt, Günter: a.a.O. S. 363 ff. Vgl. auch Franz, Erhard: a.a.O. S. 45 f.
77 Ziemke, Kurt: Die neue Türkei. Berlin/Leipzig/Stuttgart: Deutsche Verlags-Anstalt 1930. S. 295 f.
78 Bischoff, Norbert von: Ankara. Eine Deutung des neuen Werdens in der Türkei. Wien und München: F. Bruckmann. S. 158 ff.
79 a.a.O. S. 160.
80 Franz, Erhard: Population Policy in Turkey. Family Planning and Migration between 1960 and 1992. Hamburg: Deutsches Orient-Institut 1994. S. 229.
81 Siehe Kurdistan Report. Hg. v. d. Kurdistan Informationsstelle. Bonn. Nr. 74/1995. S. 5–13.
82 Kemal, Yaşar: Das Lied der tausend Stiere. München 1985. (dtv Nr. 10377). Der Roman reflektiert mit dichterischer Sensibilität viele kulturelle und gesellschaftliche Eigenheiten der Alewiten Anatoliens.
83 Siehe dazu den sehr aufschlußreichen Aufsatz von Kehl-Bodrogi, Krisztina: Die »Wiederfindung« des Alevitentums in der Türkei. Geschichtsmythos und kollektive Identität. In: Orient 34 (1993) 2. S. 267–282.
84 a.a.O. S. 275 ff.
85 Cumhuriyet. Istanbul. 6. Januar 1995.
86 Cumhuriyet. Istanbul. 25. Mai 1993.
87 Kurd-A, Kurdisch-deutsche Presseagentur. Köln 13. März 1995.
88 Weiher, Gerhard: Militär und Entwicklung in der Türkei. 1945–1973. Opladen: Leske und Budrich 1978. S. 97.
89 Harris, George: The Role of the Military in Turkey: Guardians or Decision-Makers? In: Heper, Metin/Evin, Ahmet (Hg.): State, Democracy and the Military. Turkey in the 1980s.

Berlin/New York: Walter de Gruyter 1988. S. 181.
90 Hale, William: Transition to Civilian Governments in Turkey: The Military Perspective. In: a.a.O. S. 161.
91 Birand, Mehmet Ali: Shirts of Steel. An Anatomy of the Turkish Armed Forces. London/New York: I.B. Tauris 1991. S. 43 f.
92 a.a.O. S. 45.
93 Birand, Mehmet Ali: The Generals' Coup in Turkey. An Inside Story of 12 September 1980. London/Oxford/u.a.: Brassey's Defence Publishers 1987.
94 Birand, Mehmet Ali: Shirts of Steel. S. 68 ff.
95 Okday, Şefik: Der letzte Großwesir und seine preußischen Söhne. Göttingen/Zürich: Muster-Schmidt Verlag. S. 160.
96 Pomiankowski, Joseph: Der Zusammenbruch des Osmanischen Reiches. Erinnerungen an die Türkei aus der Zeit des Weltkriegs. Zürich/Leipzig/Wien 1928. S. 55.
97 a.a.O. S. 56.
98 Schlegel, Dietrich: a.a.O. S. 296.
99 Şen, Faruk: Türken in der Bundesrepublik Deutschland. In: Steinbach, Udo: Türkei. Informationen zur politischen Bildung. Nr. 223. Bonn. 2. Quartal 1989. S. 44 ff. Özcan, Ertekin: Türkische Immigrantenorganisationen in der Bundesrepublik Deutschland. Berlin: Hitit ²1992. S. 23 ff.
100 Şen, Faruk/Goldberg, Andreas: Türken in Deutschland – Leben zwischen zwei Kulturen. München: C.H. Beck 1994. S. 92 ff. Abdullah, Muhammad Salim: Was will der Islam in Deutschland? Gütersloh: Gütersloher Verlagshaus Gerd Mohn 1993. S. 38 ff.
101 Moltke, Helmuth von: a.a.O. S. 95.
102 a.a.O. S. 96.
103 Bei den folgenden Ausführungen stütze ich mich auf den Beitrag von Ileri, Muhlis: Die wirtschaftliche Entwicklung. In: Steinbach, Udo: Türkei. a.a.O. S. 22–27.
104 Franz, Erhard: Population Policy in Turkey. a.a.O. S. 183 ff.
105 Financial Times. London. 2. Mai 1995.

Literaturverzeichnis

Gemäß dem Charakter des Buches, das sich an ein breiteres Publikum richtet, handelt es sich bei nachstehenden Literaturhinweisen nicht um eine wissenschaftliche Spezialbibliographie. Aufgenommen wurden lediglich Titel, die es dem interessierten deutschsprachigen Leser ermöglichen, den einen oder anderen Aspekt der hier präsentierten Gesamtthematik zu vertiefen. Da sich die deutschsprachige Buchproduktion zur Türkei über die letzten Jahrzehnte nicht eben durch überbordende Reichhaltigkeit auszeichnet, andererseits aber nach der Republikgründung einiges auch heute noch Erwähnenswerte erschienen ist, wurden auch ältere Veröffentlichungen aufgenommen. Bücher in englischer Sprache wurden nur ausnahmsweise berücksichtigt.

Akurgal, Ekrem/Mango, C./Ettinghausen, R.: Die Türkei und ihre Kunstschätze. Genf 1966.

Atatürk, Mustafa Kemal: Die neue Türkei 1919–1927. Rede vom 15.–20. Oktober 1927. Band 1 (Der Weg zur Freiheit 1919–1920). Band 2 (Die nationale Revolution 1920–1927). Leipzig 1928.

Behrendt, Günter: Nationalismus in Kurdistan. Vorgeschichte, Entstehungsbedingungen und erste Manifestationen bis 1925. Hamburg 1993.

Binswanger, Karl: Türkei. In: Ende, Werner/Steinbach, Udo (Hg.): Der Islam in der Gegenwart. München ³1991. S. 212–220.

Birand, Mehmet Ali: The Generals' Coup in Turkey. An Inside Story of 12 September 1980. London/Oxford 1987.

Ders.: Shirts of Steel. An Anatomy of the Turkish Armed Forces. London/New York 1991.

Blaschke, Joachim/Bruinessen, Martin van (Hg.): Islam und Politik in der Türkei. Berlin 1985.

Bruinessen, Martin van: Agha, Scheich und Staat. Die soziale und politische Organisation Kurdistans. Berlin ²1987.

Deschner, Günther: Saladins Söhne. Die Kurden – das betrogene Volk. München 1983.

Dodd, Clement H.: Democracy and Development in Turkey. Hull 1979.

Duda, H.: Vom Kalifat zur Republik. Die Türkei im 19. und 20. Jahrhundert. Wien 1948.

Ende, Werner/Steinbach, Udo (Hg.): Der Islam in der Gegenwart. München (¹1984) ⁴1996.

Franz, Erhard: Population Policy in Turkey. Family Planning and Migration between 1960 and 1992. Hamburg 1994.

Ders.: Kurden und Kurdentum. Zeitgeschichte eines Volkes und seiner Nationalbewegungen. Hamburg 1986.

Gökalp, Ziya: Turkish Nationalism and Western Civilization. New York 1959.

Götz, R./Halbach, U. (Hg.): Politisches Lexikon GUS. München 1992.

Gronau, Dietrich: Mustafa Kemal Atatürk oder Die Geburt der Republik. Frankfurt a.M. 1994.

Grothusen, Klaus-Detlef: Türkei.

Südosteuropa-Handbuch. Band IV. Göttingen 1985.
Grunebaum, Gustave E. v. (Hg.): Der Islam. Band II: Die islamischen Reiche nach dem Fall von Konstantinopel. Frankfurt a.M. 1971. (Fischer Weltgeschichte. Band 15).
Hale, William: Turkish Politics and the Military. London 1994.
Hennerbichler, Ferdinand: Die für die Freiheit sterben: Geschichte des kurdischen Volkes. Wien 1988.
Heper, Metin: Historical Dictionary of Turkey. Metuchen. N.J./ London 1994.
Heper, Metin/Evin, Ahmet (Hg.): State, Democracy and the Military. Turkey in the 1980s. Berlin/New York 1988.
Hermann, Rainer: Die drei Versionen des politischen Islam in der Türkei. In: Orient 37 (1996) 1.
Hirsch, Ernst Eduard: Die Verfassung der Türkischen Republik. Frankfurt a.M./Berlin 1966.
Hütteroth, Wolf-Dieter: Türkei. Darmstadt 1982.
Ibrahim, Ferhad: Die kurdische Nationalbewegung im Irak. Eine Fallstudie zur Problematik ethnischer Konflikte in der Dritten Welt. Berlin 1983.
Işık, Haydar: Der Agha aus Dersim. München 1994.
Jäschke, Gotthard: Geschichtskalender der Türkei: Die Türkei seit dem Weltkrieg 1918–1928. In: Die Welt des Islams. Band 10. 1929–1934. In: a.a.O. Band 12 und 15. Die Türkei in den Jahren 1935–1941. Leipzig 1943.
Ders.: Die Türkei. Eine Auslandskunde. Berlin 1941.
Ders.: Nationalismus und Religion im türkischen Befreiungskriege. In: Die Welt des Islams. 18 (1936). S. 54–69.
Ders.: Der Turanismus der Jungtürken. Zur osmanischen Außenpolitik im Weltkriege. In: Die Welt des Islams. 23 (1941). S. 1–54.
Ders.: Der Turanismus und die kemalistische Türkei. In: Hartmann, Richard/Scheel, Helmuth (Hg.): Beiträge zur Arabistik, Semitistik und Islamwissenschaft. Leipzig 1944. S. 468–483.
Jeremejew, Dmitri: An der Nahtstelle zwischen Asien und Europa. Skizzen über die Türkei und die Türken. Leipzig 1987.
Karpat, Kemal H.: Turkey's Politics: The Transition to a Multi-Party System. Princeton, New Jersey 1959.
Kemal, Yaşar: Memed, mein Falke. Zürich (1955) [6]1989.
Ders.: Das Lied der tausend Stiere. München 1985 (dtv Nr. 10377).
Ders. »Anatolien Trilogie« 1) Der Wind aus der Ebene. 2) Eisenerde, Kupferhimmel. 3) Das Unsterblichkeitskraut. Zürich 1991, 1986, 1986.
Keskin, Hakki: Die Türkei. Vom Osmanischen Reich zum Nationalstaat. Werdegang einer Unterentwicklung. Berlin [4]1981.
Kienitz, Friedrich-Karl: Städte unter dem Halbmond. München 1972.
Kohn, Hans: Nationalismus und Imperialismus im Vorderen Orient. Frankfurt a.M. 1931.
Kössler, Armin: Aktionsfeld Osmanisches Reich. Die Wirtschaftsinteressen des deutschen Kaiserreiches in der Türkei 1871–1908. New York 1981.
Koszinowski, Thomas/Mattes, Hanspeter (Hg.): Nahost Jahrbuch – Politik, Wirtschaft und Gesellschaft in Nordafrika und dem Nahen und Mittleren Osten. 1987ff. Deutsches Orient-Institut. Opladen 1988ff.
Kral, A. Ritter von: Das Land Kemal Atatürks. Wien [2]1937.
Kramer, Heinz: Die Europäische Gemeinschaft und die Türkei. Entwicklung, Probleme und Perspektiven einer schwierigen Partnerschaft. Baden-Baden 1988.
Kreiser, Klaus: Kleines Türkei-Lexikon. München 1991.
Krüger, Karl: Die Türkei. Berlin 1951.
Kündig-Steiner, Werner: Die Türkei. Raum und Mensch, Kultur und Wirtschaft in Gegenwart und Vergangenheit. Tübingen/Basel 1974.

Lewis, Bernhard: The Emergence of Modern Turkey. London/New York/Toronto 1961.
Makal, Mahmut: Mein Dorf in Anatolien. Frankfurt a.M. 1971.
Matuz, Josef: Das Osmanische Reich. Grundlinien seiner Geschichte. Darmstadt 1985.
Meys, Werner/Şen, Faruk (Hg.): Zukunft in der Bundesrepublik oder Zukunft in der Türkei? Eine Bilanz der 25jährigen Migration der Türken. Frankfurt a. M. 1986.
Moltke, Helmuth v.: Unter dem Halbmond. Erlebnisse in der alten Türkei 1835-1939. Hg. v. Helmut Arndt. Berlin/Stuttgart 1984.
Neumark, Fritz: Zuflucht am Bosporus. Deutsche Gelehrte, Politiker und Künstler in der Emigration. 1933-1953. Frankfurt a. M. 1980.
Peters, R.: Die Geschichte der Türken. Stuttgart 1966.
Riemann, D.: Das Deutschlandbild in der modernen türkischen Literatur. Wiesbaden 1983.
Rill, Bernd: Kemal Atatürk. Reinbek bei Hamburg 1985.
Rumpf, Christian: Einführung in das türkische Verfassungssystem. Berlin 1996
Önder, Zehra: Die türkische Außenpolitik im 2. Weltkrieg. München 1977.
Robinson, Richard D.: The First Turkish Republic. A Case Study in National Development. Cambridge, Massachusetts 1963.
Rummel, Friedrich v.: Die Türkei auf dem Wege nach Europa. München 1952.
Schimmel, Annemarie u.a. (Hg.): Der Islam. Band III: Islamische Kultur – zeitgenössische Strömungen – Volksfrömmigkeit. Stuttgart/Berlin/Köln 1990.
Spies, Otto: Die türkische Prosaliteratur der Gegenwart. Die Welt des Islams. Band 25. Leipzig 1943.
Ders.: Die neue Türkei im Spiegel der modernen türkischen Literatur. In: Aus Politik und Zeitgeschichte. Beilage zur Wochenzeitung Das Parlament. Nr. 34/35. 10 (1960).
Spuler-Stegemann, Ursula: Türkei. In: Ende, Werner/Steinbach, Udo (Hg.): Der Islam in der Gegenwart. München [4]1996, S. 232-246.
Steinbach, Udo: Türkei, Informationen zur politischen Bildung, Nr. 223. Bundeszentrale für politische Bildung. Bonn 1989.
Steinbach, Udo/Hofmeier, Rolf/Schönborn, Mathias (Hg.): Politisches Lexikon Nahost/Nordafrika (mit Beiträgen zur Türkei und Zentralasien), München [3]1994.
Steinbach, Udo/Robert, Rüdiger (Hg.): Der Nahe und Mittlere Osten. Politik, Gesellschaft, Wirtschaft, Geschichte, Kultur. 2 Bde. Band 1: Grundlagen, Strukturen und Problemfelder. Band 2: Länderanalysen. Opladen 1988.
Steinhaus, Kurt: Soziologie der türkischen Revolution. Frankfurt a. M. 1969.
Unbehaun, Horst: Klientelismus und politische Partizipation in der ländlichen Türkei. Hamburg 1994.
Vali, Ferenc: Bridge across the Bosporus. The Foreign Policy of Turkey. Baltimore/London 1971.
Vanly, Ismet Chérif: Kurdistan und die Kurden. Band II: Türkei und Irak. Göttingen 1986.
Walach, Yehuda L.: Anatomie einer Militärhilfe. Düsseldorf 1976.
Werner, Ernst/Markov, Walter: Geschichte der Türken. Von den Anfängen bis zur Gegenwart. Berlin 1979.
Werner, Ernst: Die Geburt einer Großmacht. Die Osmanen (1300-1481). Ein Beitrag zur Genesis des türkischen Feudalismus. Berlin 1966.
Wittek, Paul: The Rise of the Ottoman Empire. London 1939.
Ziemke, K.: Die neue Türkei. Die politische Entwicklung 1914-29. Stuttgart 1930.
Zürcher, Erik J.: Turkey. A Modern History. London/New York 1993.

Zeittafel

3. Jh.	Im Gebiet zwischen den Gebirgszügen Altai und Sajan an der sibirisch-mongolischen Grenze und dem Altyn-Tagh (Dag)-/Altun-Shan-Gebirge an der Nordgrenze Tibets leben Turkstämme, die zum Verband der Hunnen gehören.
568	Der byzantinische Gesandte Zemarchos berichtet von einem türkischen Nomadenreich, das sich bis ans Schwarze Meer erstreckt. Byzanz und Türken schließen ein Bündnis gegen Persien. In der Folgezeit teilt sich das türkische Reich in eine Ost- und eine Westhälfte.
Um 970	Die Seldschuken, ein Unterstamm der Oghusen, nehmen unter ihrem Stammvater Seldschuk freiwillig den Islam an und treten in die Dienste der persischen Samaniden in Buchara.
1055	Die Turkmenen übernehmen in Bagdad, der Hauptstadt des islamischen Kalifats, unter Tuğril Beg Mohammed die Macht.
1071	Kaiser Romanos IV. Diogenes wird mit seinem Heer in der Schlacht bei Mantzikert (Manzikert, heute Malazgirt) (Ostanatolien) von den Turkmenen unter Alp Arslan (1063–1072) besiegt. Die Turkmenen besiedeln in der Folgezeit Kleinasien und werden so die Urahnen der heutigen Türken.
1134–1308	In Anatolien besteht das seldschukische Sultanat Rum mit der Hauptstadt Konya.
1220–1237	In der Regierungszeit von Sultan Alaeddin Keikubad erlebt die türkische Herrschaft in Kleinasien eine erste politische und kulturelle Blütezeit.
Um 1300	Osman I. Gâzi (1288–1326), Sohn des Oghusen Ertoğrul, gründet das Osmanische Emirat.
Um 1352	Unter Sultan Orhan (1326–1359) überschreiten die Osmanen die Dardanellen und dringen nach Europa vor.
1361	Die Osmanen erobern Adrianopel und machen die Stadt, nunmehr in Edirne umbenannt, zu ihrer Residenz.
1389	In der Schlacht auf dem Amselfeld (Kosovo Polje) unterwerfen die Osmanen die Serben.
15. Jh.	Vermutliche Niederschrift des Nomadenepos' der oghusischen Stämme »Das Buch des Dede Korkut«
1453	Die Osmanen erobern unter Sultan Mehmet II. Fatih Konstantinopel. Die Stadt wird zur Hauptstadt der Osmanen und in Istanbul umbenannt. Die Hagia Sofia wird eine Moschee.
1514	Sultan Selim I. Yavuz (1512–1520) schlägt in der Schlacht bei Caldıran, im Nordosten des Van-Sees, den Safawiden-Schah Ismail und besetzt die kurdischen Teile Anatoliens.
1517	Die Osmanen erobern Ägypten. Selim I. Oberhaupt des islam. Kalifats.
1529	Erster Versuch der Osmanen unter Süleyman (1520–1566), Wien zu erobern, scheitert.

1536	Die Hohe Pforte und Frankreich schließen einen Vertrag, genannt die »Kapitulation«, über Handels- und Rechtsfragen.
1566	Mit dem Tode Süleymans setzt ein Verfall des Osmanenreiches ein. Es beginnt die »Zeit der Weiberherrschaft« (1595 - 1656).
1656	Köprülü Mehmet wird Großwesir; er entmachtet Harem und Janitscharen, geht gegen die Verschwendungssucht am Hofe vor und bekämpft die Mißwirtschaft der Verwaltung. Sein Sohn Ahmet (1661 - 1676) setzt die Reformpolitik fort.
1683	Großwesir Kara Mustafa (1676 - 1683) versucht vergeblich das habsburgische Wien zu erobern.
1686	Die Heilige Liga (Habsburg, Polen, Venedig und der Papst) erobert die ungarische Hauptstadt Ofen (Budapest) von den Osmanen zurück.
1687	Nach der Niederlage in der Schlacht bei Mohács verlieren die Osmanen Ungarn vollständig.
1710 - 1730	In der »Tulpenära« kann sich das Osmanenreich erholen; es erlebt eine kulturelle Blüte und eine erste Öffnung nach Europa.
1774	Nach sechsjährigem Krieg mit Rußland verlieren die Osmanen im Frieden von Küçük Kaynarca große Gebiet auf dem Balkan und im Kaukasus und büßen ihre Stellung als Großmacht ein. Von nun an wird der Einfluß europäischer Mächte auf Istanbul stetig stärker.
1792	Im Frieden von Jassy zwischen Rußland und Konstantinopel muß das Osmanische Reich Gebiete im Osten abtreten; die neue Grenze bildet nun der Dnjestr.
19. Jh.	Seit Amtsantritt von Sultan Selim III. (1789 - 1807) werden im Osmanischen Reich ernsthafte Reformversuche in Verwaltung, Provinzverwaltung, Armee und Bildungswesen eingeleitet. Maßgeblich vorangetrieben werden diese Reformen durch Mustafa Reşit Pascha (1800 - 1858), der 1849 das Amt des Großwesirs übernimmt. Im Laufe des Jhs. erhalten zahlreiche Länder, die bislang dem Osmanischen Reich angehörten, ihre Unabhängigkeit. In den sechziger Jahren muß der Staat die Verwaltung der »Osmanischen Schuld« an ausländische Gläubiger abtreten und damit auch einen Teil seiner Hoheitsrechte. Europäische Investoren engagieren sich in der Türkei; die Deutsche Bank finanziert den Bau der anatolischen Bahnen und der Bagdad-Bahn.
1876	Der bürgerlich-liberal denkende Mithat Pascha läßt nach Unruhen den Sultan absetzen. Abdülhamit (Abd ül-Hamid) II. (1876 - 1908) gelangt auf den Thron, noch im gleichen Jahr werden ein Parlament gewählt und eine Verfassung verabschiedet.
1878	Abdülhamit löst das Parlament auf und beruft es erst 1908 wieder ein.
1908	Revolution. Kraftprobe zwischen dem Komitee für Einheit und Fortschritt (den türkisch-nationalistischen »Jungtürken«) und dem Sultan. Abdülhamit muß im Juli die Verfassung wiederherstellen. Die ersten Wahlen finden statt.
1912	Nach der Herausbildung von Oppositionsbewegungen im Parlament gegen das Komitee in den Jahren 1909 - 1911, finden nun Wahlen - mit dem »Knüppel« - statt, aus denen das Komitee aufgrund massiver Einschüchterung der Wähler knapp siegreich hervorgeht. Noch im Sommer wird das Parlament durch die Opposition aufgelöst, die Mitglieder des Komitees werden verfolgt und fliehen zum Teil ins Ausland. Es kommt eine Regierung der nationalen Einheit zustande.

1913	Im Januar holt das Komitee zum Gegenschlag aus; begründet wird dies mit den radikalen Gebietsabtretungsansprüchen der europäischen Siegermächte in den Balkankriegen (1912/13). Nach den bedeutungslosen Wahlen im Winter 1913/14 liegt die Macht bis zum Ende des Ersten Weltkrieges in Händen des »Triumvirats« – von Innenminister Talât, Kriegsminister Enver Pascha und Militärgouverneur der Hauptstadt Cemal.
1914	Das Osmanische Reich tritt auf seiten Deutschlands in den Ersten Weltkrieg ein.
1915/1916	Von April 1915 bis Januar 1916 vertreiben osmanische Truppen ein Expeditionskorps aus Briten, Australiern und Neuseeländern von der Halbinsel Gallipoli. Unter dem Oberkommando des deutschen Generals Otto Liman von Sanders gilt General Mustafa Kemal als eigentlicher Sieger. Die nationalistischen Bestrebungen der Armenier in Nordostanatolien führen zum Zusammenschluß armenischer und russischer Truppen. Die osmanische Regierung beschließt daraufhin die Zwangsumsiedlung der Armenier in die syrische Wüste. Überall im Reich finden Deportationen und Massaker an der Volksgruppe statt. Konservative Schätzungen gehen von 600 000 bis 800 000 Toten aus.
1918	Am 30. Oktober unterzeichnet die osmanische Regierung in Mudros auf der Insel Lemnos die bedingungslose Kapitulation. Am 31. Oktober übernimmt General Mustafa Kemal (1881–1938) das Kommando über die Streitkräfte in der Südtürkei.
1919–1922	Diese Zeit geht als Jahre des türkischen Befreiungskampfes in die Geschichte ein.
1919	Am 19. Mai landet Mustafa Kemal in Samsun auf Befehl des Sultans, um nationalistische Unruhen in Zentralanatolien zu beenden. Das ist der eigentliche Beginn der nationalen Widerstandsbewegung. Auf dem Kongreß von Sivas (4.–11. September) konstituiert sich die Gesellschaft zur Verteidigung der nationalen Rechte von ganz Anatolien und Thrazien; es wird ein Repräsentativkomitee gewählt, an dessen Spitze Mustafa Kemal steht. Im Dezember finden Parlamentswahlen statt, die Mehrheit erringen die Nationalisten und Gesinnungsfreunde Kemals. Das Repräsentativkomitee verlegt seinen Sitz nach Ankara.
1920	Am 20. Januar verabschiedet die Gruppe zur Rettung des Vaterlandes um Kemal den »Nationalpakt«, die programmatische Grundlage der Widerstands- und Befreiungsbewegung. Am 16. März besetzen britische Truppen Istanbul; nach der Inhaftierung führender Parlamentsmitglieder löst sich das letzte osmanische Parlament unter Protest auf. Kemal ruft die Parlamentarier auf, nach Ankara zu kommen und sich an einer Nationalversammlung zu beteiligen. Diese tritt unter dem Vorsitz Kemals am 23. April erstmals zusammen. Am 11. Mai unterzeichnet eine Delegation des Sultans den Friedensvertrag von Sèvres und erkennt die territoriale Beschränkung auf das Gebiet von Anatolien an. Im September gehen die Nationalisten unter Oberbefehl von Kâzım Karabekir militärisch gegen die neu gegründete Republik Armenien, die Kurden und die Kalifatsarmee vor. Griechenland erbietet sich, für die Durchsetzung des Vertrags von Sèvres zu sorgen, und dringt vom Marmarameer ins türkische Landesinnere vor. Rückzug der Nationalisten.

1921 Am 10. Januar besiegt die Widerstandsbewegung unter Ismet Pascha bei Inönü die griechischen Truppen. Mustafa Kemal beruft daraufhin am 20. Januar die Nationalversammlung ein und läßt das Gesetz über die grundlegende Organisation verabschieden, die De-facto-Verfassung der Widerstandsbewegung.
In der Folgezeit können die Nationalisten den Griechen weitere Niederlagen beibringen; am 13. September beginnen diese mit dem Rückzug. Die Durchsetzung des Vertrags von Sèvres wird von den Alliierten nicht mehr um jeden Preis angestrebt.

1922 Am 30. August erzielen die Türken den militärischen Durchbruch und treiben die griechischen Truppen in die Flucht.
Am 11. Oktober verhandeln die Alliierten mit Ismet Pascha über die Waffenstillstandsbedingungen; die Griechen müssen sich aus Kleinasien vollständig zurückziehen.
Am 1. November beschließt die Große Nationalversammlung die Aufhebung des Sultanats, das Kalifat bleibt unangetastet; zwei Tage danach löst sich die Regierung des Sultans auf, Mehmet VI. verläßt am 17. November das Land.

1923 Mustafa Kemal gründet nach den Wahlen im Juni/Juli die Volkspartei. Eine Opposition besteht praktisch nicht mehr.
Am 24. Juli wird die Türkei mit Unterzeichnung des Abkommens von Lausanne souverän und am 29. Oktober zur Republik mit der Hauptstadt Ankara erklärt. Präsident wird Mustafa Kemal und Ministerpräsident Ismet Pascha (Inönü).
Gleichzeitig erfolgt eine Zwangsumsiedlung von griechischen, türkischen und bulgarischen Minoritäten in ihre jeweiligen Heimatländer.

1924 Am 3. März wird das islamische Kalifat abgeschafft.
Im November wird die Volkspartei in Republikanische Volkspartei umbenannt. Zeitgleich entsteht die oppositionelle Fortschrittliche Republikanische Partei. Am 21. November wird Ismet als Ministerpräsident durch Ali Fethi Bey (Fethi Okyar) ersetzt.

1925 Im Februar bricht ein Kurdenaufstand los. Fethi muß zurücktreten, Ismet wird erneut Ministerpräsident. Im Mai ergeben sich die Kurden. Ihre Anführer werden gehängt. Gleichzeitig entledigt sich Kemal der Opposition. Beginn der kemalistischen Kulturrevolution. Kemal propagiert westliche Kleidung; im September wird die islamische Tracht (Fes und Pluderhosen) verboten; in Ankara wird die Universität eröffnet; die allgemeine Schulpflicht wird erlassen und die Klöster der populären Derwischorden werden geschlossen. Im Dezember wird die Einführung des Gregorianischen Kalenders beschlossen.
Die Türkische Republik schließt mit der Sowjetunion im Dezember einen Vertrag über Freundschaft und Neutralität, ihre Wirtschaftspolitik orientiert sich nunmehr am sozialistischen Modell.

1926 Das Türkische Bürgerliche Gesetzbuch, angelehnt an das Schweizer Recht, und das türkische Strafrecht nach italienischem Vorbild werden verabschiedet.
Im Juni stimmt Ankara dem Anschluß des Mossul-Gebiets an den Irak zu.

1928 Die lateinische Schrift wird eingeführt.

1930 Im Sommer wird erneut eine Oppositionspartei zugelassen, jedoch als staatsbedrohend im November wieder verboten.
Am 31. Oktober unterzeichnen Griechenland und die Türkei einen

Freundschaftsvertrag, der die alte Feindschaft zwischen beiden Staaten beenden soll.

1934 Im Februar unterzeichnen die Türkei, Griechenland, Jugoslawien und Rumänien den Balkan-Pakt.

1936 In Montreux wird im Frühjahr bei einer Konferenz aller Signatarmächte des Lausanner Vertrages der bislang unabhängige Meerengen-Status aufgehoben, das Gebiet untersteht nun türkischer Oberhoheit.

1937 Die Türkei, Iran, der Irak und Afghanistan schließen am 8. Juli in Saadabad einen Freundschaftsvertrag.

1938 Am 10. November stirbt Mustafa Kemal Atatürk. Ismet Inönü wird neuer Präsident der Türkei.

1939 Im Juli verkündet die unabhängige Republik Hatay ihren Anschluß an die Türkische Republik.
Im Oktober wird der Englisch-Französisch-Türkische Vertrag über wechselseitigen Beistand geschlossen. Die Türkei widersetzt sich jedoch der britischen Forderung nach einem Kriegseintritt.

1941 Die Türkei schließt mit Bulgarien und Deutschland jeweils einen Nichtangriffspakt.

1944 Im August bricht die Türkei die diplomatischen Beziehungen mit Berlin ab, bis dahin war Deutschland seit 1941 größter Handelspartner des Landes gewesen.

1945 Am 23. Februar erklärt die Türkei Deutschland den Krieg, ohne daß es noch zu einer militärischen Auseinandersetzung kommt. Im April kann die Türkei somit Gründungsmitglied der Vereinten Nationen werden. Damit ist die Westorientierung der Türkei für die kommenden Jahrzehnte vorgezeichnet.
Im Mai verkündet Inönü die Einführung des Mehrparteiensystems.

1946 Celâl Bayar und Adnan Menderes gründen im Januar die Demokratische Partei, die u. a. für tatsächliche Demokratie und Marktwirtschaft eintritt.

1948 Die Türkei ist Gründungsmitglied der Organisation für Wirtschaftliche Zusammenarbeit in Europa (OEEC).

1949 Die Türkei tritt dem Europarat bei.

1950 In den Parlamentswahlen kann die Demokratische Partei der Republikanischen Volkspartei eine vernichtende Niederlage beibringen. Celâl Bayar wird Präsident und Adnan Menderes Ministerpräsident.

1952 Am 18. Februar tritt die Türkei der NATO bei.
Nachdem die Türkei 1947 in der UNO noch gegen die Errichtung eines jüdischen Staates in Palästina gestimmt hatte, nimmt sie nun diplomatische Beziehungen mit Israel auf.

1953 Im Februar schließen die Türkei und Jugoslawien einen Vertrag über Freundschaft und Zusammenarbeit.

1954 Gründung der Südostasiatischen Bündnisorganisation (South-East Asian Treaty Organization, SEATO).

1954/1955 Erster Zypernkonflikt.

1955 England, die Türkei, Iran, Irak und Pakistan schließen den Bagdad-Pakt, die sicherheitspolitische Struktur des »Nördlichen Gürtels«.
Im Dezember spaltet sich die Freiheitspartei von der Demokratischen Partei ab und wird sofort zur stärksten Oppositionspartei.

1959 Nach dem Austritt des Irak aus dem Bagdad-Pakt wird letzterer in Central Treaty Organization (CENTO; Militärbündnis) umbenannt, als Mittelstück zwischen NATO und SEATO.

1960	Am 27. Mai übernimmt das Militär durch einen Putsch mit Alparslan Türkeş an der Spitze die Macht, Menderes und Bayar werden verhaftet, im September 1961 wird Menderes gehängt. Zypern, bislang unter britischer Dominanz, wird unabhängig. Erzbischof Makarios strebt die Eingliederung der Inseltürken in einen griechischen Staat an.
1961	Anfang Januar konstituiert sich die Verfassunggebende Versammlung. Es beginnt die »Zweite Republik«. Die Demokratische Partei wird verboten, an ihrer Stelle gründet sich unverzüglich die Gerechtigkeitspartei. Alparslan Türkeş ruft die radikalnationalistische Partei der Nationalistischen Bewegung mit der Jugendorganisation Graue Wölfe ins Leben. Nach der Wahl im Oktober übernimmt Inönü auf Druck des Militärs die Regierung; bis 1965 an der Spitze wechselnder Koalitionsregierungen.
1964	Erste türkische Bombardierung Zyperns. In der Folge stationiert die UNO Friedenstruppen auf der Insel. Das Assoziierungsabkommen der Türkei mit der Europäischen Wirtschaftsgemeinschaft wird wirksam. Die Türkei, Iran und Pakistan gründen die Organisation Regionale Zusammenarbeit für Entwicklung, das wirtschaftliche Gegenstück zum militärischen CENTO-Bündnis.
1965	Süleyman Demirel, seit 1964 Vorsitzender der Gerechtigkeitspartei, wird nach der Wahl im Oktober Ministerpräsident.
1970	Necmettin Erbakan gründet die Partei der Nationalen Ordnung; damit wird neuerlich eine Islamisierung der Innenpolitik eingeleitet.
1971–1973	Das Militär übernimmt die Regierungsgewalt, um das Abgleiten des Landes in einen Bürgerkrieg zu verhindern. Im Oktober 1973 finden Parlamentswahlen statt; Gewinner: Bülent Ecevit (Republikanische Volkspartei) und Necmettin Erbakan (Nationale Heilspartei); die Koalition der beiden läutet das Ende der Zweiten Republik ein.
1974	Auf Zypern stürzt die Regierung Makarios. Griechenland und die Türkei geraten in einen Konflikt über die Hoheitsrechte in der Ägäis. Türkische Truppen besetzen einen Teil Zyperns. Damit stehen die Türkei und Griechenland am Rand eines Krieges.
1975	Proklamation des Türkischen Föderativen Staates auf Zypern (Februar) durch Rauf Denktaş; die Insel ist faktisch geteilt.
1976	Die Türkei wird Vollmitglied der Organisation der Islamischen Konferenz (OIK).
1978	Im Januar übernimmt Ecevit die Regierung. Die innenpolitische Krise in der Türkei eskaliert weiter. Die türkische Regierung friert die Beziehungen zur EG für fünf Jahre ein.
1979	Im November bildet Demirel eine Minderheitsregierung.
1980	Turgut Özal wird im Januar mit der Durchsetzung eines Programms zur wirtschaftlichen Stabilisierung betraut. Bürgerkriegsähnliche Zustände im Land. Am 12. September übernimmt das Militär erneut die Macht (bis 1983).
1982	Im Juni tritt Turgut Özal vom Amt des stellvertretenden Ministerpräsidenten zurück. Im November wird in einer Volksabstimmung die neu geschaffene Verfassung angenommen und Kenan Evren wird Staatschef.

1983 Versuch der Etablierung eines Zwei-Parteien-Systems. Turgut Özal gründet die Mutterlandspartei, er wird als Regierungschef zum Architekten der Rückkehr zu Demokratie und Marktwirtschaft.

1985 Die Türkei, Iran und Pakistan gründen die Economic Cooperation Organization (ECO).

1987 Die Türkei erkennt das Recht auf Individualbeschwerde nach Artikel 25 der Europäischen Menschenrechtskonvention an.
Das Land stellt am 14. April einen Antrag auf Vollmitgliedschaft in der EU.

1988 Die Türkei tritt der Europäischen Anti-Folterkonvention bei.

1989 Turgut Özal wird am 31. Oktober Staatspräsident.

1990 Die EG lehnt im Februar den türkischen Antrag auf Vollmitgliedschaft ab.
Mit dem Ausbruch der Unruhen im transkaukasischen Aserbaidschan beginnt das türkische Engagement in Zentralasien.
Die Türkei beteiligt sich an der Blockade gegen den Irak nach der Besetzung Kuwaits.

1991 Im Januar beginnt der Golfkrieg gegen Saddam Husain; die Türkei stellt den USA ihre Militärflugplätze zur Verfügung. Ferner gestattet sie die Einrichtung von Lagern für irakisch-kurdische Flüchtlinge auf ihrem Gebiet.
In der Folge interveniert die Türkei mehrfach militärisch gegen die PKK auf irakischem Territorium.
Bei den vorgezogenen Neuwahlen im Oktober wird die Partei des Rechten Weges von Demirel stärkste Gruppierung, die Mutterlandspartei büßt ihre vorherrschende Stellung ein; die fundamentalistische Wohlfahrtspartei erstarkt. Demirel wird Ministerpräsident.

1992 Im Juni wird der Wirtschaftskooperationsraum Schwarzes Meer gegründet, mit dem die Türkei, Albanien, Griechenland, Bulgarien, Moldawien, Rumänien, Rußland, Georgien, die Ukraine, Armenien und Aserbaidschan die Errichtung einer Freihandelszone anstreben.
Im Oktober findet auf Initiative der Türkei das erste Gipfeltreffen der turksprachigen Staatsoberhäupter in Ankara statt.
Die Türkei erkennt Bosnien-Herzegowina offiziell an und nimmt diplomatische Beziehungen zu diesem Staat auf.

1993 Nach dem Tod von Turgut Özal (17. April) werden Demirel Staatspräsident und Tansu Çiller Ministerpräsidentin. Letztere und der Sozialdemokrat Erdal Inönü bilden im Juni eine Koalitionsregierung.

1994 Im April werden Maßnahmen zu einer Sanierung der Wirtschaft eingeleitet.
Anfang Juni droht Tansu Çiller Griechenland, falls dieses seine Hoheitszone weiter ausdehne, mit der Besetzung der ostägäischen Inseln.
Die Türkei entsendet Soldaten zur UN-Friedenstruppe in Bosnien-Herzegowina.

1995 Der Assoziationsrat Türkei-EG unterzeichnet am 6. März den Vertrag zur Zollunion.
Im März dringen etwa 40000 türkische Soldaten gegen die PKK im Südosten des Landes und im Irak vor.
Bei den Parlamentswahlen im Dezember wird die fundamentalistische Wohlfahrtspartei stärkste Gruppierung. Die Bildung einer Koalitionsregierung verzögert sich.

Register

Einzelne Stichworte sind zur systematischen Übersicht unter folgenden Themenstichworten aufgeschlüsselt: Banken, Konferenzen, Kriege, Kurden, Menschenrechte, Parteien, Reformen, Revolutionen, Verträge, Wahlen. Feststehende Begriffe, wie z.B. Balkan-Pakt, Bagdad-Pakt usw. sind dagegen alphabetisch geordnet.

Turksprachige Bevölkerung

Verbreitungsgebiet turksprachiger Völker

A	Österreich
AL	Albanien
ARM	Armenien
AZ	Aserbaidschan
BG	Bulgarien
BiH	Bosnien-Herzegowina
BY	Weißrußland
CZ	Tschechien
EW	Estland